宋育仁經學九種

宋育仁 ◎ 著

黃宗凱　邱夢艷 ◎ 點校

西南交通大學出版社

·成　都·

圖書在版編目（ＣＩＰ）數據

宋育仁經學九種 / 宋育仁著；黃宗凱，邱夢艷點校
. —成都：西南交通大學出版社，2020.12
ISBN 978-7-5643-7849-3

Ⅰ．①宋… Ⅱ．①宋… ②黃… ③邱… Ⅲ．①經學 –
研究 – 中國 – 近代 Ⅳ．①Z126.275

中國版本圖書館 CIP 數據核字（2020）第 245166 號

Song Yuren Jingxue Jiu Zhong

宋育仁經學九種

宋育仁　著

黃宗凱　邱夢艷　點校

責任編輯	吳　迪
助理編輯	羅俊亮
封面設計	原謀書裝

出版發行	西南交通大學出版社
	（四川省成都市金牛區二環路北一段 111 號
	西南交通大學創新大廈 21 樓）
郵政編碼	610031
發行部電話	028-87600564　　028-87600533
網址	http://www.xnjdcbs.com
印刷	四川煤田地質制圖印刷廠

成品尺寸	185 mm × 260 mm
印張	24.5
字數	609 千
版次	2020 年 12 月第 1 版
印次	2020 年 12 月第 1 次
書號	ISBN 978-7-5643-7849-3
定價	168.00 元

前　言

一、宋育仁其人

宋育仁（1858 年 12 月 27 日—1931 年 12 月 5 日），生於咸豐戊午年十一月二十三日，字子晟、芸子①，號芸岩、復庵、道復，別號問琴、問琴閣主，四川省敘州府富順縣大岩厸人（現屬自貢市沿灘區仙市鎮）。宋育仁既是近代有全國影響的維新思想家，又是蜀學第三次發展高潮中的典型代表②，曾与楊鋭一道被錢徐山譽爲"楊雄、宋玉再生蜀矣"，王闓運對其也讚譽有加，"稱爲蜀士冠冕"③。

1894—1895 年使歐期間，宋育仁鋭意考察和研究外國的政治、經濟、教育和宗教風俗，結納政治家、學者。他還經常出入英國議院、學校、工商各界。出使歐洲，宋育仁不僅能接觸和瞭解更多的西方社會的主流思想，爲其思考和求解中國現實中的政治、經濟、社會、文化教育等問題提供了知識、理論支撐，也爲其思考中國問題提供了新的視角及可資對比的新維度，使其思想更富見地；對資本主義的親歷、體驗，使宋育仁在資本主義世界的發達與中國落後的兩相對比中，對資本主義的西方和封建主義的中國的認識更加透徹。宋育仁晚年主要從事教育和文化著述，其著作涉獵甚廣，涉及經學、小學、政治、經濟、詩詞、文化教育、出版、法律、軍事外交、音樂等諸多領域。

宋育仁祖籍貴州黔西，1699 年（康熙三十八年），宋氏先祖宋應舉自貴州黔西遷徙入川，定居富順縣樓房沖，經幾代經營，宋氏家族成倒石橋大族。宋育仁出生地富順，於 576 年（北周建德五年）建縣，原名富世縣。近代，富順因鹽富甲全川。富順因重教而才子輩出。1036 年（宋仁宗景佑三年），太常博士周延俊任富順知監。周延俊努力興學，培育士子。1042 年（慶曆二年），富順縣考中第一個進士李冕。在周延俊的宣導下，1044 年（慶曆四年），富順集資建成文廟，内立石質雁塔碑以刻全縣中進士者。宋代在雁塔刻名的進士即有 67 人之多。明代富順中進士 134 人，接近四川省進士總數的十分之一，有"才子甲西蜀"之美譽。清代富順中進士 34 人，進士人數雖不及宋明，但全縣公、私辦學之盛，却超越明代。清代中後期，每屆歲、科兩次考試，到縣城赴考的學生中秀才者，常在 2 000 人左右。1827 年（道光七年）修建的試院座號達 3 200 之多。

大岩，現名仙市，古名仙灘，1934 年（民國二十三年）更名仙市鎮，是具有 1400 多年歷史的千年古鎮。仙市是自貢重要的鹽運驛站和水碼頭，自貢井鹽經仙市，由釜溪河入沱江，再經長江東出夔門，進入湖北、湖南、貴州。陸路商旅馬幫，水上鹽船彙集，井鹽運出，銷鹽之地物産經此運入。仙市因鹽業經濟發達，文化繁興。

---

① 顧廷龍主編《清代硃卷集成》（三三二）（上海圖書館珍藏）宋育仁"字子晟，號芸岩"。現存著作和他人稱呼多用"芸子"，"子晟"鮮見。
② 彭華在《宋育仁與近代蜀學略論》（《歷史教學問題》2011 年第 2 期）評價宋育仁是蜀學發展的第三次大高潮中的"典型代表之一"。
③ 《宋育仁·民國人物碑傳集》，四川人民出版社 1997 年版，第 341 頁。

富順乃至仙市發達的鹽業經濟，富順重學之民風，孕育了宋氏家族學風和文脈。宋育仁父親時儒，字子君，號味農，曾任浙江鎮海縣縣丞。據宋育仁修撰的家譜記載，宋時儒少好詩古文詞，博覽群書，著有《味農不定詩草》二卷。敕授宣德郎，例贈文林郎。母親高氏，乙卯科副榜、例授修職郎、廣元縣訓導諱廷俊字安山公女，科武舉廷傑公胞侄女，國學生名元吉公、國學生名元善公胞妹，名元哲公胞妹，科武舉號瀛洲公嫡堂妹。

1863 年（同治二年），宋育仁全家隨父親到浙江鎮海。與父親一起生活的宋育仁，受父親耳提面命。此閒還隨候選訓導曹學任學習。1865 年（同治四年），宋母高氏去世，1870 年（同治九年），父親死於仕所。父母雙亡、客居異鄉的宋育仁六姐弟幸得父親同僚知縣黃敬熙（廣西萍鄉人，進士出身）、典史史致道接濟，直到 1871 年（同治十年），二伯母遣人到浙迎柩、攜孤歸葬。二伯母視爲己處，撫養育仁姐弟。宋育仁回富順不久，赴漢州（今廣漢）隨漢州訓導堂伯父宋時湛學習。宋時湛任職漢州訓導期閒，曾將族中"有造化者"隨行帶到任所所在學堂就讀[①]。

宋育仁自小就養成了良好的學習習慣，終日手不釋卷，無需師長督責。宋育仁雖聰穎，記憶力強，但仍有他未諳熟者，於是他以紙條摘錄，貼滿屋壁。當體倦時，即起而往復循走，以當運動，且邊走、邊看、邊記，故年未加冠而已積學過人。

1874 年（同治十三年），宋育仁參加童試，考上秀才。1876 年（光緒二年），宋育仁通過歲考，以稟生資格入讀四川尊經書院。同時期尊經書院同學有：井研廖平、綿竹楊銳、廣漢張祥齡、名山吳之英、仁壽毛翰豐、宜賓彭毓嵩等。

張之洞（1837—1909），直隸南皮人，字孝達，號香濤、香岩，又號壹公、無競居士，晚年自號抱冰。同治二年探花，歷任翰林院編修、教習、侍讀、侍講學士及內閣學士等職。曾任四川學政、山西巡撫、兩廣總督、湖廣總督、兩江總督（多次署理，從未實授）、軍機大臣。張之洞時非常重視尊經書院辦學，不僅親訂書院章程，還撰寫《書目答問》《輶軒語》，作爲書院學生及本省初學者讀書和做學問的入門指南，并捐出俸祿添置圖書二百餘部。在選拔生員、制定學規、課程設置等方面，張之洞事必躬親。

1879 年（光緒五年），受四川總督丁寶楨之邀，晚清著名經史學家湖南學者王闓運，出任尊經書院山長。王闓運（1833—1916）晚清經學家、文學家，字壬秋，又字壬父，湖南湘潭人，是近代富有盛名的經學大師和詩文大家。曾入幕肅順、曾國藩等晚清重臣。《清史稿·儒林傳》有載："年十有五而明訓詁，通章句，二十四而言禮，二十八而達《春秋》微言，張《公羊》，申何（休）學，遂通諸經。"王闓運治學嚴謹，宣導通經致用，加之教學方法靈活，因此學生思想活躍，喜歡議論時政，臧否人物，使得尊經書院成爲四川學術文化中心。

尊經書院在短短二十幾年的辦學生涯中，培養出了一大批蜀學大家，如宋育仁、楊銳、廖平、蒲殿俊、羅綸、張瀾、吳虞、吳玉章、彭家珍、駱成驤、尹昌衡、謝無量等。

尊經書院的求學經歷，尤其是張之洞、王闓運等名師碩儒對宋育仁影響甚巨。在尊經書院通經致用的育人治學理念薰陶下，青年宋育仁不再是埋頭故紙的青年士子。宋育仁與楊銳、廖平、吳之英被稱"尊經四傑"，從書院學子中脫穎而出，成爲書院的佼佼者。山長錢徐山讚譽楊銳和宋育仁爲"楊雄、宋玉再生蜀矣。"王闓運對宋育仁"尤見推許，稱爲蜀士冠冕"[②]。1877 年（光緒三年），譚宗浚續任四川學政，視察尊經書院，作《尊經書院十六少

① 引自宋育仁撰修《宋氏家譜》，宋氏後人宋光輝提供。
② 《宋育仁·民國人物碑傳集》，四川人民出版社 1997 年版，第 341 頁。

年歌》，“短宋詞筆工雕搜，華幔五色垂旌游”，宋育仁爲其中年齡最小者。

1879 年（光緒五年），22 歲的宋育仁鄉試中舉。1883 年（光緒九年），資州（現資中縣）知州高培穀，延宋育仁主講藝風書院（一說聘宋育仁任山長）。其間，清代最後一名狀元、也是清代四川唯一的狀元駱成驤就讀其門下（駱成驤 1883 年入藝風書院，1884 年進尊經書院，1895 年中狀元）。主講藝風書院，是宋育仁教育實踐的初步嘗試。在尊經書院就讀與主講藝風書院時期，宋育仁著成《周禮十種》，其中《周官圖譜》爲“託古改制”繪製了藍圖，宋育仁還著成《説文部首箋正》作爲治經基礎，受到士林推重，聲響日隆。

1886 年（光緒十二年）春，宋育仁參加會試和殿試，列第三甲第四十六名進士（該科 319名）。清制，除一甲三人外，二三甲經考試選優秀者數十人爲翰林院庶吉士，入翰林院學習。宋育仁考取庶吉士入翰林院學習。1889 年（光緒十五年），宋育仁通過庶吉士結業考試，留任翰林院檢討一職（從七品）。同年，光緒加冠、大婚、親征，宋育仁獻二萬餘言的《三大禮賦》，工部尚書潘祖蔭評曰“雅管鳳琴，忠愛之忱溢於言表”。光緒大爲欣賞，命帝師翁同龢代爲接見。文廷式也予以高度評價，“如三大禮賦，直大手筆，何可褒貶！”李定夷《民國趣事》記載，李鴻章見到宋育仁，連連誇他後生可畏，并出人意料地指著自己的座位説“虛此待子矣”。

1891 年（光緒十七年），宋育仁寫成維新變法著作《時務論》。《時務論》以《周禮》爲理論基石，在批判頑固派和洋務派的基礎上，提出了完備的變法主張。《時務論》從十三個方面論證了西藝、西學及西政在中國古已有之，從十四個方面論述了復古改制，并形成了後來宋育仁自稱的“復古即維新”思想。可以説，宋育仁維新變法思想的重要來源就是經學，經學提供了理論、方法，提供了改革範式和目標。強學會會長陳熾讀了《時務論》，贊宋育仁是“管子天下才，諸葛真王佐”。光緒帝師翁同龢日記(1894 年 2 月 25 日，光緒二十年甲午二十日)亦有記載：“宋育仁以所作《時務論》數萬言見示，此人亦奇傑。”《時務論》成爲維新變法的先導著作之一，影響到青年學子。《時務論》是青年魯迅讀過的書籍之一。

同年，宋育仁外放廣西學政。

1892 年（光緒十八年），宋育仁上書恭親王，闡述其內政主張。力主發展工商實業，抵制外國資本主義的商品和資本輸出；并要求當政者開放新聞，發展教育，開通風氣，培養和選拔人才，求強致治。

1893 年（光緒十九年），宋育仁著《守御論》，“上下兢兢，知敵國之環窺，而不敢苟安於無事”，主張“大治軍旅以重邊防”。同年，爲陳熾《庸書》作序。陳熾，舉人，歷任户部郎中、刑部章京、軍機處章京，曾遊歷沿海各商埠以及香港、澳門，撰寫《庸書》內外百篇，倡言“核名實、明政刑、興教養，設報館、辦學校、興工商”，以強兵富國。同年由鄭觀應著作、陳熾作序的維新名作《盛世危言》面世。

1893 年（光緒十九年），廣西學政期滿，宋育仁回翰林院述職。掌院學士孫毓汶舉薦宋育仁出任駐英法意比四國公使參贊。1894 年（光緒二十年）初，宋育仁坐船從上海出發，經香港、麻六甲海峽入印度洋，經錫蘭（現斯里蘭卡）、埃及，穿蘇伊士運河，跨地中海，抵達法國馬賽。5 月初，渡海前往倫敦。（5 月到 7 月中旬，公使龔照瑗未到倫敦期間，宋育仁代理公使。宋育仁使歐期間，銳意考察和研究外國的政治、經濟、教育、宗教風俗，結納政治家、學者。曾與當時英著名政治家麥格·穆列，日本著名政治家望月小太郎，記者下田歌子等往還。他還經常出入英國議院、學校、工商各界。宋育仁將考察及思考所得記入《泰西各國采風記》。《泰西各國采風記》共五卷，分爲政術、學校、禮俗、教門、公法，卷五"公法"爲回國後於 1895 年 10 月完成。《泰西各國采風記》介紹西方的政治、文化教育、風俗、宗教等，進一步闡釋和豐富其維新變法思想。宋育仁《采風記》是一部介紹西方資本主義的力作，曾附《時務論》一起進呈光緒。《采風記》在知識分子中廣爲傳閱，增進了知識分子對西方資本主義的瞭解，爲維新變法製造了輿論。蔡元培在日記（1897 年 7 月 28 日）中評價《采風記》："宗旨是以西政善者，皆暗合中國古制，遂欲以古制補其未備，以附於一變主道之誼，真通人之論。"出使歐洲的經歷，進一步增強了宋育仁向西方學習、維新變法的決心和信心。從某種程度上說，這一不尋常經歷，是宋育仁成爲維新思想鉅子的重要原因。

1894 年（光緒二十年），中國在黃海海戰失利後，代理公使宋育仁與公使館參贊楊宜治、翻譯王豐鎬等密謀，擬借外款購兵艦五艘、魚雷快艇十艘、其他輔助艦艇若干艘，用前北洋水師提督琅威里爲統帥，在澳大利亞招募水兵 2 000 名，編練一支艦隊，由太平洋直襲日本長崎和東京。公使龔照瑗返倫敦，查知宋育仁"招募襲日"計劃，以"妄爲主事"罪名電告清廷，清廷下旨將訂船募兵事作廢，同時電召宋育仁回國。宋育仁在回國途中寫成《借籌記》，詳述此事經過。

1895 年（光緒二十一年）八月，康有爲、梁啓超在北京發起成立強學會，得到軍機大臣翁同龢和工部尚書孫家鼐等人支持，當時開明的中小官僚，如陳熾、張孝謙、沈曾植、汪伯棠、楊銳等都參與其中。強學會以陳熾爲提調，張孝謙爲副提調，梁啓超爲書記員，宋育仁被延爲都講，宣講中國自強之學。宋育仁根據自己的托古改制理論，結合歐洲的見聞和甲午戰爭後中國岌岌可危的現實，大力宣傳維新變法主張。

1896 年（光緒二十二年），宋育仁在《翰林院代奏呈請理財折》中，提出開礦、鑄幣、設行、行票理財四策，系統闡述其經濟思想與經濟主張。祭酒張伯熙以宋育仁熟悉外洋工商之學，舉薦他回四川辦理商務、礦務，恭親王命四川總督鹿傳霖予以協助。三月，宋育仁回到四川，在重慶設商務局，辦理四川礦務商務事宜。宋育仁針對洋務運動的得失與考察所得，制定興辦工商企業的原則，提出興辦企業公司的目的在於"保地產，占碼頭，抵制洋貨，挽回利權"，主張不招洋股，不借洋款，不動官款，由公司自主，商務局不得過問。宋育仁主持商務局期間，四川開辦了洋車、洋燭、玻璃、捲煙、藥材、白蠟、竹棕、青麻、煤油、煤礦、錦砂等 33 家公司，并設北京、上海、南洋、嘉定辦事處。

1897 年（光緒二十三年）十月，宋育仁在重慶創辦旬刊《渝報》，介紹國內外政治經濟形勢，宣傳維新變法政治主張，并提出改革學校制度等建議。《渝報》是四川第一張新聞報紙，宋育仁也因之成爲四川報業鼻祖，受到四川新聞界的景仰與紀念[①]。《渝報》爲旬刊，是一家民營刊物，宋育仁任總理（社長），楊道南爲協理，潘清蔭、梅際郇分別爲正、副主筆。館址先設白象街，後遷來龍巷。《渝報》效法《時務報》和《湘學報》，以宣傳維新思想、救亡圖強爲己任。《渝報》不設專職記者，而在各府州縣委託一人採訪消息，并代爲銷售。同時，向社會徵稿，并轉載其他報刊的文章和消息。《渝報》主要有以下四個方面的內容：一是鼓吹救亡圖存，反對外國侵略；二是宣傳西方資本主義國家的代議制，提出"興民權"的主張；三是主張振興商務，發展民族資本主義；四是要求改革科舉制度，培養新學人才。《渝報》辦至

---

① 2000 年，在第一個記者節上，四川新聞界在富順召開"宋育仁研討會"，紀念這位四川報業開創者。

1898 年 4 月第 15 期後，因宋育仁應聘至成都掌尊經書院而停刊。以《渝報》爲中心的救亡圖存、維新變法宣傳，掀起了四川近代史上第一次思想解放的潮流，啓迪了一代先進青年，使之走上維新或革命道路。

受廖平、吴之英的邀請，1898 年（光緒二十四年）宋育仁回到成都，出任尊經書院的山長。宋育仁在尊經書院主張"以經訓爲主，與主尚西人專門西學者有别；至格物窮理，無分中外，各求折衷至當，不得是彼非此"，"發揚聖道，講求實學"，約分倫理、政事、格致爲三大類：倫理以明倫爲主；政事首重群經，參合歷代制度，各省政俗利弊、外國史學、公法、律例、水陸軍學、政教農桑各務；格致講求古今中外語言文學、天文地生、化重光聲、電氣力、水火氣、地質、全體動植、算醫、測量、牧畜、機器製造、營建、礦學。宋育仁熔古今中外、社會自然爲一爐的教育方針，打破了近代四川思想閉塞，政治、經濟、文化科技落後的局面，促進了知識界的變革，培養了許多對近代四川乃至全國都産生了重要影響的人才。時人有評，"一時人文蔚起""蜀學勃興"。四川各地創辦的新式學校，一時蔚爲壯觀。如蓬溪的"崇實學堂"、遂寧的"經濟學堂"、成都的"中亞學堂"、江津的"西文學堂""算學堂"、彭縣的"經濟學舍"等。

同年三月，宋育仁與潘祖蔭、鄧鎔、廖平等在成都發起成立蜀學會，各府、州、縣設分會，以"通經致用、講求實學"爲宗旨。學會以集講爲主，分倫理、政事、格致三門講習，提出《學會六戒》——戒謬執、戒慢應、戒非笑、戒詆毀、戒忿爭、戒讒言作爲會員守則。學會購有書籍、儀器、圖册數百部，與成都中西學堂、算學館聯爲一體。

蜀學會在成都成立後，出版四川第一本學術定期刊物《蜀學報》作爲蜀學會會刊。《蜀學報》報館設於尊經書院内，宋育仁任總理，楊道南爲協理，吴之英爲主筆，廖平爲總纂，辦館旨在"昌明蜀學，開通鄰省"。首録諭折，次論撰，次近事，及分纂官士農工商五門成就。載文以"有關實用，可以考鏡得失"爲準。辟論撰專欄，宣傳變法救亡，採録譯報，登載學會講義和會員新得，供各地會友學習。《蜀學報》每期發行 2 000 份，共出 13 期。《蜀學報》大力宣傳維新變法思想，傳播西學，使尊經書院成了四川鼓吹維新變法的大本營。後來宋育仁還編印《蜀學叢書》，翻印《天演論》《原富》《法意》等書，介紹西學。

6 月 11 日，光緒頒布《定國是詔》，開始戊戌變法。宋育仁雖遠在成都，仍然密切注意和積極地支援這一運動。一方面，他與楊鋭函電往來頻繁，爲變法提供建議。另一方面，他却胸懷憂慮，認爲康有爲的變法主張"未從根本"，更慮參加主持變法諸人，操守不够，律己不嚴，會招致失敗。當慈禧下令逮捕改良派及傾向維新的官員時，宋育仁因河南巡撫劉樹棠、湖北巡撫譚繼洵、侍郎唐景崇等交章論薦，宋育仁復得專保，免於株連，解職回京賦閒。

庚子國難後，清廷於 1901 年（光緒二十七年）發布"變法"上諭。宋育仁抱著對清廷的幻想，積極上書，一爲理教務，一爲理財政，即《理財以疏國困折》。雖奉旨交議，而終究不行。因見朝政日非，屢謀不用，乞改外用。當時，張之洞爲湖北總督，宋育仁以道員身份，被張之洞委以湖北土藥稅務局總辦，駐宜昌。湖北官員素以此職爲美差，宋育仁處脂不潤，到卸任一無餘蓄。

1903 年（光緒二十九年），朝廷開經濟特科。宋育仁得江南督學唐景崇、侍郎張亨嘉舉薦，從湖北赴京參考。待特科報罷，知朝廷無意任用，於是受唐景崇之聘，先後擔任江南南菁學堂總教習、監督。

庚子之變後，清廷實行新政，派五大臣出洋考察政治，在上海設編譯所，令宋育仁總其事。此間，商約大臣呂海寰在上海同美使精琦議幣制。宋育仁參與議事，爲簽駁七十條，"面折精琦"，主張財政主權，外人不得干涉[①]。

隨後，宋育仁受聘於江西巡撫吳重熹，調任南昌，委以文案，專掌綜核該省財政。在查清銅圓廠侵蝕案後，宋育仁出任銅圓廠總辦。卸任時，將所得紅利二千五百兩捐建滕王閣。

1908 年（光緒三十四年），宋育仁入直隸總督楊士驤幕中，并任北洋造幣總廠總參議。其後，掛學部一等諮議兼學部圖書局總校、民政部圖志館總纂、郵傳部顧問、禮部禮學館纂修、禮部候補丞參和禮部典禮院直學士、京師大學堂經學教習。

1914 年（民國三年）6 月，王闓運長國史館，宋育仁往投，被聘爲協修，後延聘爲纂修，曾任國史館代館長。當年，清朝遺老勞乃宣倡清室復辟之謬說，并將《政續共和解》及《君主民主平議》印刷成冊，廣爲散布。11 月 13 日，宋育仁得人送閱，看後評論得失，認爲勞乃宣的見解，"徒欲就名詞以改政體"，"不如就政體以改名詞"，"援春秋託王稱公之義，定名大總統，獨稱公，則其下卿大夫士有所統系"。宋育仁雖"非附和勞義"，但被誤爲"主張變更國體，還政清室"，於 11 月 17 日，被步兵統領衙門拘禁。京師警廳在調查後，認爲從宋育仁寓所收集的信函文字，有可疑之處，但"查該員年老荒悖，精神眊亂"，"別有用心，尚無著手之實據"。11 月 23 日，袁世凱申令既往不咎。宋育仁又呈遞袁世凱大總統，"請爲農夫"。袁世凱因宋育仁"久仕前清，以廉吏故，特爲清苦"，賜資一千兩，遞解回籍。11 月 30 日晚，宋育仁起程，12 月 28 日，抵重慶，得巴縣知事盛情款待。1915 年（民國四年）1 月 15 日，宋育仁由渝起程回成都，寓居成都少城錦江街。

1916 年（民國五年），袁世凱欲稱帝，"陳宧承旨，糾紳耆勸進，且欲府君領銜，屢被脅迫，終不應。慮再召殺身之禍"，宋育仁逃之蒙山吳之英家，直到袁世凱復辟失敗，才返回成都。四川國學學校校長廖平（1914 年始任），邀宋育仁主講。1917 年（民國六年），宋育仁接任國學學校校長。之後教授高等師範學校。1920 年（民國九年）四川國學會成立，宋育仁被推舉爲會長。

1921 年（民國十年），宋育仁被聘爲四川通志局總纂。

1922 年（民國十一年），65 歲的宋育仁曾返故鄉富順，暫住城內馬腦山（名"小桃園別墅"）其弟輔仁家。同年主辦《國學月刊》，至 1924 年（民國十三年），出版 23 期，加特刊 4 期，共 27 期。

1924 年（民國十三年），重修四川通志局成立，宋育仁受任總裁，主修《四川通志》，後又被原籍富順縣延請主修《富順縣志》。此後，宋育仁專一修志著書，不問世事。晚年隱居成都東郊"東山草堂"。

1928 年（民國十七年），《富順縣志》編成，被稱爲宋志。宋志增設了新的圖表，體例文字，則純係史體，不稍蕪雜，精審完美，超出素負盛名的段玉裁所修《富順縣志》。

1931 年（民國二十年），宋育仁主修的《四川通志》初稿完成[②]，兼修的《富順縣志》刻印畢。同年宋育仁病逝，享年七十四歲，葬成都東山。宋育仁逝世後，弟子私謚"文康"。

---

① 宋維彝等撰《宋芸子先生行狀》，1931 年。
② 2015 年，宋育仁主編的《〈重修四川通志稿〉外一種》由國家圖書館出版社影印出版。歷 84 年，因保存不善，整理出版時已是殘卷。

二、宋育仁經學成就

宋育仁作爲經學大家，時人就有評價。1910 年（宣統二年），宋育仁委託弟子忠州秦嵩年編輯并序，由羊鳴山房刻印詩集《哀怨集》，在序中，秦嵩年稱譽宋育仁"談新政最早，治經術最深，著作等身，名滿天下"[①]。蜀學名家吳之英曾評價宋育仁"於學無所不通，於文無體不工。知之者以爲聖譯，不知者以爲文雄"。[②]吳之英與宋育仁同爲"尊經四傑"，在藝風書院、尊經書院共事，對宋育仁的學識，尤其是經學成就非常瞭解，并以"聖譯"贊之。

宋育仁在治學和治教過程中，留下了大量的經學著作，或於《問琴閣叢書》出版，或刊於《國學月刊》。四川大學楊世文教授在《清代四川經學著述的地域分布》中提到宋育仁經學著作 23 種，經學著作數量僅次於廖平，列清代四川經學家第二位。[③]筆者在整理宋育仁經學著作過程中，清理出宋育仁經學著作 40 餘種（不含小學），尚有部分有名無存。宋育仁經學著作列名如下：

群經類：《群經大義》《諸經説例》《經術公理學》《研究經籍古書方法》《正本學社講學類鈔·經學研究序例》《古篆沿革舉隅隸古寫經序》[④]《益部兩漢經師表序》。

易經類：《周易經別卦名隸古定解詁序》《易經卦名隸古定釋詁》《周易下經卦名隸古定釋詁》《成言乎艮解》《費氏易釋出處》《易經預言》《周易筮法舉隅書後》[⑤]。

書類：《尚書發微》《真古文尚書發微》《兑命學而》。

詩經類：《詩經講義》《詩經毛傳義今釋》《問琴閣叢書·詩經》《詩國風子夏傳説論救國》。

三禮類：《中庸大義》《富順宋氏考訂冠婚喪祭四禮》《周禮地域彪蒙》《禮運大同小康確解》《禮運第九》《鄉飲鄉射禮演説》《周禮孝經演講義後序》《祀典大義上下》《廟祀與釋奠之異》《問琴閣叢書·禮學》。

春秋類：《春秋大義》《春秋經世微》。

論語：《問琴閣叢書·論語》。

孝經類：《孝經講義》《孝經正義》《説孝經》《孝經正義鉤命訣》《明夷後訪録 孝經義發微》。

爾雅類：《爾雅今釋》《爾雅義》《問琴閣叢書·爾雅》。

孟子類：《〈孟子·王霸章〉斠解》《問琴閣叢書·孟子　國語》。

此外，《宋氏家譜》還列出：《易長編四十目叙例十卷》（稿佚待訪）、《尚書禮記分編目録》（成都國學會本）、《詩國風講義》十五卷（京師大學堂本）、《周禮略例》一卷（天津官書局本）、《周禮三十表二十卷附圖一卷》、《禮書稿》五十卷、《孝經衍義》（蜀學會刻本，有缺待補）、《校正續刊易名》、《六經實義》二十卷（原名《六經口義》，成都國學會本）、《道德經》上經講義一卷。

宋育仁上述經學著作之所以能夠較好地保存下來，一是，1924 年結集出版《問琴閣叢書》，其中有《孝經正義》《研究經籍古書方法》《詩經毛傳義今釋》《爾雅今釋》《中庸大義》《群經

---

① 秦嵩年撰《哀怨集序》。
② 董凌鋒選編《宋育仁文集》第 13 册 384 頁。
③ 楊世文《清代四川經學著述的地域分布》，《西華大學學報（哲學社會科學）》，2009 第 4 期。
④ 《古篆沿革舉隅隸古寫經序》可視爲小學，就其内容看，亦可列入經學。
⑤ 《周易經別卦名隸古定解詁序》《易經卦名隸古定釋詁》《周易下經卦名隸古定釋詁》本爲小學，因其基於《易經》卦名而作，亦可歸入宋育仁《易經》研究著作。

大義》《爾雅義》等，還有作爲"國學初級普及教科兼女學及補習同訂讀本"的問琴閣叢書：《詩經》《禮記》《論語》《孟子國語》。二是，宋育仁主辦的《國學月刊》爲經學著作提供了發表陣地，除納入叢書的經學著作，經學文章基本都發表於《國學月刊》。

宋育仁之所以成爲經學大家，還在於其經學教學經歷。宋育仁主講藝風書院，主掌尊經書院，還擔任過江蘇高等文科第一學堂監督、四川國學學校和成都高等師範學校教習，尤其是擔任了京師大學堂經學教員。宋育仁於 1917 年出任四川國學學校校長，1920 年出任四川國學會會長，1922—1924 年，主編四川《國學月刊》。

在治教過程中，宋育仁將自己的經學著作作爲經學教材和參考書，如《研究經籍古書方法》《諸經説例》《群經大義》《中庸大義》《爾雅今釋》《詩經講義》《孝經講義》《正本學社講學類鈔·經學研究序例》等，這些經學著作，既是宋育仁治經心得，又是其經學教學的教材和參考書。宋育仁還監訂刻印了初級普及教科兼女學及補習教材系列：《論語》《爾雅》《禮記》《孟子　國語》（合爲一種）、《詩經》《小學　管子　夏小正》（合爲一種）。

宋育仁經學成就的取得，與其求學以經學大家爲師①、自己的勤奮、從事國學與經學教育的經歷不無關係。此外，還有一個不容忽視的原因是宋育仁有很堅實的小學功底，宋育仁著有《説文部首箋正序》《説文部首箋正》《説文解字部首》《説文講義》《與英國麻博士議修各國通行字典説例》《同文解字序》《同文解字釋例》《説文質疑廣詁序》《夏小正文法舉例》《説文質疑廣詁序》等小學著作。

三、《宋育仁經學解》著述和整理説明

（一）宋育仁經學著作收録的範圍、分類及資料來源

宋育仁經學著作，主要包括如下幾個部分：第一類，宋育仁著的經學專著；第二類：宋育仁著的經學研究文章；第三類，宋育仁注、補注的經學著作；第四類，收入《問琴閣叢書》問琴閣監訂的經學著作。署名有：宋育仁、育仁、宋芸子、芸子、問琴閣、問琴閣閣主，均納入收録。

宋育仁經學著作主要分爲專著和單文兩類。受篇幅限制，出版時僅保留了宋育仁經學專著九部，並撰寫提要。每部專著的提要，對其內容、主旨、價值、版本等予以説明。

（二）校記

對於宋育仁著作引用的經文，一一核對，與今通行本不同的異文，力求保持原貌，同時予以校注説明；對於意思相同或接近者不作校記。對於錯字、脱字、衍字等則于文中徑改並出注。對於通假字、古今字，均不修改；異體字則儘量統一。對於漫漶不清之字，則用口代替。刪字用"（ ）"，增改字用"[ ]"。

（三）參考資料

本书參考了《十三經注疏》（全二册，上海古籍出版社出版，1997 年版）、《文淵閣影印版

---

① 宋育仁在《研究經籍古書方法》《爾雅今釋》等著作中，多次提及王闓運。

四庫全書》（人民出版社）、國學大師等國學網站，參考了中華書局"中華經典名著全本全注全譯叢書"，以及已經發表的有關國學研究著作，此處不能一一列舉，僅對借鑒和引用的前人研究成果表示感謝。

（四）其他説明

《宋育仁經學九種》是教育部 2016 年《宋育仁經學著作整理研究》（編號：16XJA770002）的研究成果《宋育仁經學解》的一部分，因爲出版經費和篇幅的限制，只從中選取了專著九種成書出版。該項目的完成，得到四川大學古籍研究所舒大剛等老師和《巴蜀全書》的支持。四川輕化工大學科技處、人文學院對完成課題的完成和該書的出版給予了各項支持和幫助。

十餘年前，與同事一起撰寫《宋育仁思想評傳》，囿於資料和學識的不足，未能涉及宋育仁經學思想，一直引爲憾事，《宋育仁經學九種》的出版聊作彌補。本書初稿完成於川大古籍研究所訪學期間（2018 年 3—7 月），2019 年 6 月完成修改。在斷句、標點、錄入核對、校記過程中，我們追求無錯，力求少錯，但囿於學力和學識的不足，定有錯誤和不當之處，敬請方家批判指正。

四川輕化工大學人文學院黄宗凱

2019 年 6 月 13 日

目 録

研究經籍古書方法

提　要

　　宋育仁（1858—1931），字芸子，號芸岩、道復、復庵，別號問琴、問琴閣主，四川省叙州府富順縣人（今四川自貢市）。宋育仁不僅是近代四川有全國影響的維新思想家、活動家，而且是清末民初重要的蜀學學者和經學家。

　　光緒二年（1876），宋育仁以稟生資格入讀四川尊經書院，光緒五年（1879）鄉試中舉。光緒十二年（1886）春，宋育仁參加會試和殿試，中進士。隨後，宋育仁考取庶吉士入翰林院學習；光緒十五年（1889）散館，宋育仁以翰林院檢討職（從七品）留任。光緒二十年（1894）至光緒二十一年（1895），宋育仁出任駐英法意比公使參贊，公使龔照瑗未到倫敦期間，宋育仁曾代理公使。光緒二十二年（1896）三月，宋育仁回到四川，在重慶設商務局，辦理四川礦商事宜。光緒二十三年（1897）十月，宋育仁在重慶創辦四川第一份報紙《渝報》（旬刊）。光緒二十四年（1898），宋育仁出任尊經書院山長，創辦四川蜀學會，出版《蜀學報》和《蜀學叢刊》。此後，宋育仁出任或者兼職過江西銅圓廠總辦、北洋造幣總廠總參議、學部一等諮議兼學部圖書局總校、民政部圖志館總纂、郵傳部顧問、禮部禮學館纂修、禮部候補丞參和禮部典禮院直學士、京師大學堂經文教習。民國三年（1914）六月，宋育仁被聘爲國史館協修，後延聘爲纂修，曾任國史館代館長。民國五年（1916），主講四川國學學校，之後教授高等師範學校。民國六年（1917），宋育仁接任國學學校校長。民國九年（1920），四川國學會成立，宋育仁任國學會會長。民國十年（1921），宋育仁被聘爲四川通志局總纂。民國十一年（1922）主辦《國學月刊》，至民國十三年（1924），出版 23 期，加特刊 4 期，共出版 27 期。民國十三年（1924），重修四川通志局成立，宋育仁受任總裁，主修《四川通志》和《富順縣志》。宋育仁晚年主要從事教育和文化著述，其著作涉獵甚廣，涉及經學、政治、經濟、法律、文化教育、出版、軍事外交、小學、詩詞、音樂等諸多領域。經學是宋育仁重要的學術領域，經學造詣頗高。時人稱其"治經術最深"[1]"聖譯"[2]。現存經學著作（不含小學）40 餘種，

---

① 秦嵩年《哀怨集序》（清宣統二年羊鳴山房鉛印本）："談新政最早，治經術最深，著作等身，名滿天下。"
② 吳之英題宋育仁"像贊"："於學無所不通，於文無體不工。知之者以爲聖譯，不知者以爲文雄。"載《國學月刊》特刊
　第三種（代《國學月刊》第 26 期，1924 年）。

列清代四川經學家第二位。①

《研究經籍古書方法》作爲《問琴閣叢書》之一，刻印於民國十三年（1924），全文一萬餘字。宋育仁在《研究經籍古書方法》中，分析了經籍古書的特點，進而提出研究經籍古書八法：字詁、字源、名詞、詞例、句例、文體、文例、義法。宋育仁指出，三代兩漢以來，中國文字歷經上千年的發展，字形、字義和名詞均有不少變化。故書古文，紛繁複雜，要讀懂經籍古書，必須以解字爲基礎；能解字，始能解古書。這是研究經籍古書的不二法門。那麼，如何解字？宋育仁指出："一須通字詁，二須知字源，三須識名詞。"宋育仁分八個部分，舉例詳析。

一是字詁。宋育仁指出，字有正義，有引申義，古書多通假字。宋育仁舉例介紹了轉相通假、轉寫通假、諺寫通假等三類通假字。二是字源。宋育仁認爲祇有熟悉字源，始能分別"某訓爲本義，某訓爲引申義，及由引申之轉義，然後能分別見於經籍之古字，孰爲原來通假，孰爲傳寫通假，孰爲後來諺寫承訛之通假。"

二是字源。宋育仁介紹了字的演變歷史，先有最初古文，次有古文奇字，次有鐘鼎古籀，次有篆文省改，次有隸書別體，次有草書變楷。篆文以上屬古文，研究經籍古書"必須先識篆文，知字形與字義兩不相離"。宋育仁列舉了兩種情形，其一，獨體古文，增加偏旁。解字時"除去其複體偏旁，求其最初獨體，尋得此字之源"。其二，小篆遞變古文，今字楷書、隸體與之相差甚遠，從而出現"今義普通訓義誤解古書，這需要先識許書篆文部首偏旁，據文字體，研究形義，以定其謬。"

三是名詞。經籍古書名詞有單字名詞和二字組合名詞兩種。宋育仁還指出在不同類別的古書中，名詞的用法表現出不同的特點。"在經傳之單字名詞，本經必前後一律；組合名詞，經傳中必有互證，至少必再見。"而子書則有所不同，"但組合名詞多有來歷出處，故加'是謂'爲言"。宋育仁認爲名詞是文句主干，"對勘互證，自得真詮；其不得互證者，須當求之詞例。"在經籍古書中，不能互證的名詞要結合詞例才能理解。

四是詞例。宋育仁著"詞例"一節，專門討論成語加狀況之句例。經籍古書中，有用古人成語及通俗方言，他說："如不知其爲古人成語，以意強解，必致辭氣扞格難通。"宋育仁還提到"聯迭狀況"之詞例。該詞例始於拼音時代，相承語音，書契以來，翻以形系之字。

五是句例。句子"有句中連帶子句，有長句綴合短句"，須要"分別其爲合上句屬讀，抑挈下句屬讀，始能與前後文義相印證，得其真詮"。宋育仁用句例分析方法分析了"其爲人也，孝弟而好犯上者，鮮矣"，指出，凡詞用先出也字，皆系述故有之名詞；下著者字，質解之如俗語之謂者。"明此句例，一字不可放過，始可與治經，以求通經術。"

六是文體。宋育仁認爲文體是理解經籍古書的重要路徑。文體即是經、傳、記的內在邏輯。經、傳、記體例不同，傳記互有出入。宋育仁分析了經、子書的經、傳和記，爲傳統的經部、子部的學習和研讀提供了新視角。

七是文例。宋育仁認爲"孔門遺書，專爲發揮學術，無意作文，則注在用字以達其言中之意，故曰：'詞達而已矣。'"《老子》之文"思精詞絜"，史家左丘明"已有意爲文"，屈子"留情於詩賦"，《莊子》"注意爲文論"。皆先通孔門六藝，並上溯道家。屈子、莊子應學衰之運，開文化之先。而《荀子》亦有詩賦之篇，《孟子》"已具文論之體"。兩漢學者，重發揮學術，亦

---

① 楊世文教授在《清代四川經學著述的地域分佈》[《西華大學學報》（哲學社會科學）2009 年第 4 期]指出：宋育仁經學著作 23 種，列四川經學家第 2 名。據不完全統計，宋育仁經學著作已達 40 餘種。

兼注修詞。魏晉以降，學術衰微，而文家日盛，始獵取典籍爲資料，專學爲文，於古書則相去遠矣。宋育仁批判了因不懂文體治經而導致的問題，今日舊學"乃不知稽古，但解作文，以爲孔子之道即在於此。詹詹小言，近於誣聖"，專尚考據之經學"務爲破碎支離，近於亂經。"

宋育仁認爲古書文例，即書的體例在於篇名和章法。其一，篇名。"一篇之文必切合其題，題篇之名必統括全篇之意"。其二，章法，即是經籍古書分章。宋育仁認爲"經、子、傳、記，分篇長短，各有取裁，而其爲綱領條貫，則同一致"。

八是義法。義法"亦名爲義例，淺言之即著述之體例"。義法有兩點，一爲名義。宋育仁以《孝經》爲例，予以分析説明。義法之二爲家法，亦謂之"師法"。宋育仁認爲"孔門師法謹嚴，弟子之言必分別箸名"，即是同門侍坐，共聞各記異同之語，亦必殊列其名。他還分析了《墨子》《莊子》"師法"表現。指出懂得家法"自能辯言，考據家之僞書考，無庸詞費矣。"

宋育仁從字詁、字源、名詞、詞例、句例、文體、文例、義法等八個方面論述了研究經籍古書方法，宋育仁首舉名詞，再結合經傳子書的分析案例予以説明。其所列方法、所舉案例既是可以幫助我們理解宋育仁的治學方法和路徑，也可以學以致用，用於對經籍古書的研讀、學習和研究。

《研究經籍古書方法》收入《問琴閣叢書》，於民國十三年（1924）刻印，後收入林慶彰主編的《民國時期經學叢書》（第六輯第3冊）和董凌鋒選編《宋育仁文集》。

三代、兩漢之書多古字，須能解字，始能解古書。一須通字詁，二須知字源，三須識名詞。凡遇舊解難通、諸家聚訟之處，正當以此求之。但同稱爲故書古文，而有初文，有演體，有先出，有晚出，有籀文，有篆文，有用正字，有用借字，要須剖解，始能了晰。分門舉例如後。

一、字　詁

有正義，有引申義，略涉於小學者皆知。惟古書用字多通假，而通假又有三例。

（一）古文原來通假

例如：胡何、侯遐、能耐、卬我，率以同母雙聲轉相通假。

（二）傳寫通假

初古文多獨體，一字數用，於後漸加偏旁以相識別。例如：維、惟，古文祇作隹；識、幟，古文祇作戠。雖增偏旁以類識別，而義仍相通。傳本寫定，或不增偏旁，或著以偏旁，仍互相通用，率以半體同音同義轉相通假。

（三）諜寫通假

古無刻印，皆由讀其書者手自照錄。先讀文句，逐句諜寫，各就所習熟之字，屬讀文句之義，信手譌成別體。例如：烝、寘、填、鎮，《詩經》如此例者甚多，率以音義相近而易；或由漢置寫書之官以後，寫書者不必讀書，則有形體相似之譌，習久相承，亦爲通假。

二、字　源

先有最初古文，次有古文奇字，次有鐘鼎古籀，鐘鼎文，係用古文奇字，與籀文複體相參合。次有篆文省改，省，係省籀文；改，係改古文。次有隸書別體，次有草書變楷。隸書以降爲今體，篆文以上屬古文。必須先識篆文，知"字形"與"字義"兩不相離，始能分別某訓爲本義，某訓爲引申義，及由引申之轉義；然後能分別見於經籍之古字，孰爲原來通假，孰爲傳寫通假，孰爲後來諜寫承譌之通假。

討論字源，亦有二例。

（一）最初古文不離乎獨體者，近是此後演體複體，多增偏旁，皆爲晚出孳乳之字。遇有迂回而難通者，當求之字詁以解句義，除去其複體偏旁，求其最初獨體，尋得此字之源，便能得此字真解。

（二）小篆雖已遞變古文而不離其宗，今字楷書多從隸體，其差甚遠。如：艸廿廾，隸體均作"廿"；大𠬞𠬞六，隸均作"大"。厥義不可得而説。先識《許書》篆文部首偏旁，則今字普通訓義誤解古書之處，可據篆文字體研究形義以定其謬。

三、名　詞

古文一字涵數義，多單字名詞；然二字組合爲詞者，亦復不少。其在經傳之單字名詞，本經必前後一律；組合名詞，經傳之中必有互證，至少必再見。子書則不盡然，但組合名詞多有來歷出處，故加"是謂"爲言。如《老子》"是謂玄牝""是謂忽恍""是謂無象之象"，《莊子》"是謂葆光""是謂吊詭"，皆出自其前之古書，已佚。"谷神、玄牝"一節，《陰符》引作黃帝之經可證。名詞乃文句之主幹，對勘互證，自得真詮；其不得互證者，須當求之詞例。

組合詞例，必有主詞、副詞、動詞、靜詞。詞主"所謂"無古今中外，其例一也。名詞即與詞例銜接，有名詞必有"所謂"，始能成句也。詞例，質言之即是"句法"，與前例名詞同條共貫。名詞爲詞主，合以"所謂"，成組合名詞；再綴以介系挈合，或增用副詞，或累用名詞，以成長短文句，各具句義。須先確定本句中之詞主，然後介系挈合詞，指副詞之附屬於詞主者，相得以解，煥然冰釋，怡然理順。古書句例雖多，具於《夏小正》一書。詳見問琴閣《夏小正文法今釋》。而孔門經傳以還，子家相承，有用成語加狀況之句，故分爲詞例、句例如後。

四、詞　例

有用古人成語，及通俗方言，如不知其爲古人成語，以意強解，必致辭氣扞格難通。例如："里仁爲美""人之過也，各於其黨"。"里仁爲美"是成語，日本物茂卿亦稱荻徂徠。《論語徵》[1]發明其義甚是。"里仁爲美"，古語相傳，人所習聞常言，故孔子引此爲譬解，爲之下一轉語，猶孟子言"曠安宅而弗居，舍正路而弗由"之喻。"各於其黨"，謂鄉黨之黨，鄉黨爲九族六姻世代聚處，人情莫不私其所親，故有"各於其黨"之古語。而其語意所涵，謂當然有所偏向，故孔子引之而增一語，以證明其意所指，即是"偏私之過"。但此亦是"仁"之見端，與"里仁爲美"之仁同義，故爲下斷語云"觀人群有偏私之過"，即此可以知仁偶之一端也。仁，《說文》："相人偶也。"又如《老子》"是謂長生久視之道"，《莊子》"是謂道樞""是謂葆光"等句，皆是引古語解釋之詞。其聯疊狀況之詞，始於拼音時代相承之語音。而書契以來，繢以形系之字。例如：《易》"乾"，乾本當作"乁乁"，本義即同"乙乙"，而音讀若"虔虔"，亦即《尚書》"文思晏晏"之"晏晏"。《屯》之初六"般桓"，義同於旋轉，而語爲"盤環"，故聯綿其詞以爲狀況。《詩》"關關雎鳩""伐木丁丁""鳥鳴嚶嚶""參差荇菜""窈窕淑女"，關關、丁丁、窈窕是借字，嚶嚶、參差是正字。《老子》"天下熙熙，我獨悶悶"，熙熙是借字，悶悶是正字。然均系通俗方言，先無其字，依聲托狀，迨摹乳浸廣。晚出之字，益以形聲取譬爲名。《莊子》"搏扶搖羊角而上"，《離騷經》"攝提貞於孟陬"，扶搖、攝提、陬，皆是拼音時代古語名詞，即《爾雅》所釋"飆風謂之扶搖"[2]"歲在寅曰攝提格""正月爲陬"。知其爲用古言，則知《爾雅》即是解詁，不致踵李巡、孫炎之誤，據形義以解繢音，愈解愈惑也。

---

① 《論語徵》：原作"《論語集覽徵》"。《論語集覽徵》應爲《論語徵集覽》，是松平賴胤（1811—1877）將伊藤仁齋（1627—1705）的《論語古義》與荻生徂徠的（1666—1728）《論語徵》，配上何晏《論語集解》及朱熹《論語集注》原文合刻而成。《論語徵集覽》，二十冊，和刻本，早稻田大學圖書館有藏。

② 飆風謂之扶搖：《爾雅·釋天》作"扶搖謂之猋"。

五、句　例

　　有句中連帶子句，有長句綴合短句，二例互相出入。須要分別其爲合上句屬讀，抑挈下句屬讀，始能與前後文義相印證，得其真詮。例如《論語》有子曰："其爲人也，孝弟而好犯上者，鮮矣。"舊解以"孝弟"合上句斷句，則下句承上，似謂"爲人孝弟之人，而好爲犯上者，其事鮮有"，則通章皆看作狹義。按古義是提出政教綱領之發明，則"其爲人也"正當斷句。"孝弟"二字，是述《周禮》六行之提綱，即發明《孝經》之旨要爲一子句，介立於上下兩句之間，謂施政教以範人倫，如所稱之孝道、弟道，則人群受範者多，而好犯上之人少矣。下文乃承上疊一句曰"不好犯上者而好作亂者"，則繫綴兩短句爲一長句，用"而"字挈合。故再下斷語，與上文"鮮矣"詞旨不同，直曰"未之有也"，所以結論重提"孝弟也者"。凡詞用"也者"，先出"也"字，皆系述故有之名詞；下著"者"字，質解之如俗語之謂"者個"[①]。明此句例，一字不可放過，始可與治經以求通經術。

　　子書惟《老子》最簡古閎深，句例謹嚴，一字不苟，與經同例。如章首以"道""名"對舉爲提綱，"道可道""名可名"，句首"道""名"二字爲詞主，語尾"道""名"，不易字而訓，化名詞爲所謂，與經傳"尊尊、親親、賢賢、貴貴、長長、君君、臣臣、父父、子子"用字一例，但增"可"字爲介系。句首"道""名"斷讀，例同於子句，連綴"可道""可名"爲正句，下句"非常道""非常名"，綴以負詞爲挈合。則上語即屬下言之子句，亦即是綴短句爲長句。如不明單詞子句、負詞介合之句例，順直屬讀，必將誤解爲"道之可道者，乃非常之道""名之可名者，乃非常之名"。則自此以下，全書皆講貫不通，是以《論語》《老子》古今迄無善注確解。又如《中庸》爲理學家道學之根據，而程子說"不易之謂庸"，即望文生義之說。"庸"字先見於《書經·虞書》"奮庸熙帝之載""疇諮若時登庸""舜生三十徵庸""庸庸祇祇威威""明試以功，車服以庸"，皆是"功用"之義，其訓爲"庸常"之義，最爲後起。"中庸"二字，合爲名詞，於他經傳不見互證，但本經於次章即引仲尼曰"君子中庸，小人反中庸"，直下注腳曰"君子之中庸也，小人之中庸也"。宋學家礙其與所主之義難通，乃於下句謬增"反"字。此非依句例反覆詳求深察無以明之，又不離乎解字以求古訓也。按，庸從"庚"，從"用"。《說文》："庚，實也；用，施爲也。"《周禮》"國功曰功，民功曰庸"，確是"庸"字正詁。民功者，謂如傭功之功作也；閑民無常職，轉移職事。古文祇作"庸"，晚出之字，乃增偏旁作"傭"。如作"尋常""平常"立解，究竟於中字之涵義爲同爲異，同則詞贅，異則詞支。凡組合名詞，即是短句之起例，必有詞主與"所謂"合成。如兩字平列，均當讀逗；斷，則非組合之名詞矣。此名詞必出於孔子，故引夫子論定之言，直下承擔曰："君子依中道作功，小人反以中道爲作用。"故上文顯揭爲正負之詞，而下文承語不易詞而訓，猶云"君子爲中之傭，小人以中爲傭"，詞例亦猶"道可道""名可名"，下字即上字，本字解本字，化靜詞爲動詞也。如此求解，然後於上句有"反"字，下句無"反"字，不擅改古本而能通。且於結論"小人而無忌憚"，乃如土委地。儻如舊說，無論義甚淺而詞難通，抑於全書之重提"君子"，屢見不一見者，皆屬贅文。而書中於下學上達，困知勉行，反覆諄諄，不但與宋學家直接心源之授受無關，亦且與學知利行之程度隔位。宋學以《大學》《中庸》爲主，講《大學》尚有心得，而格致之解，聚訟至今；講《中庸》則全以誨下學之主旨，誤說爲教中行之悟證，詳問琴閣《中庸釋義》[②]。

---

　　① 者個：即"這個"。
　　②《中庸釋義》：即宋育仁《中庸講義》。

而鄉願之亂德，胡廣之中庸，主持世界大惑者，終古不能明矣。本經"反中庸"，與反古之道同義互證。而望文生義者，於此則解作"反其道"，於彼則解作"復古道"，此由於不明經傳詞例、句例之前後相起也。《春秋傳説》[1]謂之"起文"，即前後互證。

眉批：初著《中庸正義》說同此義，今復作《宏道書》研究古今之界説，重尋章句，始得確解。經傳名詞，孔子立教以來，界斷爲今，則反古謂異學爭鳴，高談皇古。自注。

六、文　體

經、傳、記各有體例，傳、記則互相出入。《易》則卦詞、爻詞爲經，孔子《十繫》爲之傳記。《春秋》則孔子筆削者爲經，《左傳》《公羊》《穀梁》爲傳。《書》則伏生所誦二十八篇爲經，所傳《尚書大傳》爲傳。《詩》則子夏所序《大序》一篇爲大傳，餘篇"小序"首句"也"字斷句爲傳，"續序"演首句文義，則毛公以次後師所附益爲記。《禮》則《周禮》爲經，《儀禮》爲傳，《禮記》爲記。《易》舊説以象詞與爻詞誤合爲一段，或稱文王、周公作，不知句中多閒字語助，句尾用虛字斷詞，出自孔門製作，周公以前所無。《召誥》《洛誥》《多士》《多方》《梓材》《康誥》《周官[2]》諸大篇可證，其多用偶句，閒以詞助，亦非西周以前文體所有。故爭古、今文《尚書》之聚訟，但將伏生二十八篇，與偽孔增多之三十五篇列目分編，比較文體，可不煩引證考據閻、孫、江、段閻若璩、孫星衍、江聲、段玉裁，皆有考定古、今文《尚書》之書。滿家充棟之書，真偽自然懸解。詳見問琴閣《尚書禮記分編目錄》。《詩經》如不依據《小序》，以淺喻之，則譬如一部詩選皆無題，自易流於朱子説《詩》之笑柄，遑問"其何以爲經？""此之謂經，作何用處？"三禮以《周禮》爲經，《周官》三百六十舉其成數，每一官所掌爲《禮》之一經，是爲"經禮三百"，合《儀禮》與《禮記》爲傳記。劉向云"淹中古記與十七篇其文相似"，約舉條目，是爲"曲禮三千"，并須合以《大戴記》。當時小戴傳其家學，因原篇中參合有秦漢學者緒言，故刪去諸篇，例如"客歌驪駒"，今見《大戴禮》篇中，而《漢書》載"江翁問'此在何書？'王式云'在《曲禮》'"，可知原出古記，統名《曲禮》也。《儀禮》之爲傳，即依《周禮》朝野上下習行之典禮作整篇之記注。而附見之聘、射、燕、祭、冠、昏、鄉飲酒義及喪禮諸記均互見，於《禮記·喪服》經傳記合爲一編，尤爲明顯。故定此爲傳，而彼爲記也。詳見問琴閣《周官古經舉例》。合三傳始成爲《春秋》，《孟子》所謂"其事則齊桓晉文，其文則史"，"其義則丘竊取之也"，是即分説三傳以合詮《春秋》之總義也。後學門户之見，由於未識聖人之書如表之旁行斜上皆可讀，如圖之正面側面對照天空之皆可視。又譬如佛説大乘"常樂我净"四言，可以約開十義，路路皆通也。王湘綺師説畏聖人之言，非畏聖言厲責，乃畏其層累曲折，研究難盡。

子書亦有經傳文體之分。《老子》爲經，無人作傳，《關尹子》約略可爲《老子》之傳，而後人參益較多，不能針孔相符。孟、荀誦法孔門，故自居於傳列，其言皆依經立義也。《管子》則《內言》《外言》爲經，餘言爲傳。《莊子》，《內篇》爲經，《外篇》爲傳，雜篇爲記。《墨子》，《經説》上下[3]四篇爲經，餘篇爲傳，其篇中稱"子墨子"者爲記。《楚詞》首篇《離

① 《春秋傳説》：即宋人劉敞《春秋傳説例》。
② 官：原作"公"。按，《召誥》《洛誥》《多士》《多方》《梓材》《康誥》均爲《尚書》篇目，而《尚書》篇目僅有《周官》而無《周公》。
③ 此處疑脱《經》上下"三字，據宋育仁"《經説》上下爲經"可推"《經》上下"亦爲經，《經説》上下加《經》上下才合"四篇"。

騷經》爲經,《九章》《九歌》爲傳,餘篇爲記。《韓非子》《商君書》,文體已複雜。《吕覽》及《淮南子》則纂撮類書之開先,文體不一律,而宗旨亦不一方。惠施之五車,騶子之十數萬言,即鄒衍,《史記》作騶。其書雖不傳,而此後之學術日趨於踳駁,亦其學之支流餘裔矣。

七、文　例

前古著作孔門遺書,專爲發揮學術,無意作文,則注在用字以達其言中之意,故曰"詞達而已矣"。詞也者,各指其所之。《説文》:"詞(者)[①],意内而言外也。"其句法則具於《夏小正》,演之於《詩》三百篇,而《論語》益廣其例,盡文句之變,所用字詁與言意相符,斯文成而法立。《老子》之文,思精詞絜,無能學步。而其時舊史家左丘明,已有意爲文。洎孔門再傳以後,屈子留情於詩賦,莊子注意爲文論,皆先通孔門六藝,并上溯道家,各因其性情所好,發爲現相。屈子則詩學之遺,莊子則易文之蜕也。二子應學衰之運,開文化之先,而《荀子》亦有詩賦之篇,《孟子》已具文論之體。自是兩漢學者,雖重發揮學術,亦兼注修詞。魏晉以降,學術衰微而文家日盛,始獵取典籍爲資料,專學爲文,於古書則相去遠矣。唐文家,昌黎爲大宗,而云"非三代兩漢之書不敢觀"。弸其中者,彪其外;閟其中者,肆其外。至宋蘇子由尚知古之學者,曷嘗執筆學爲如此之文哉。今日舊學,乃不知稽古,但解作文,以爲孔子之道即在於此,"詹詹小言",《莊子》"大言炎炎,小言詹詹"。近於誣聖,而專尚考據之經學,務爲破碎支離,近於亂經。今欲爲絕學求源,須得指途識徑。古書文例,即今言"書之體例",求之簡要,先須校理篇章,約分二例如後。

(一)篇名

命篇即是命題。一篇之文,必切合其題,題篇之名,必統括全篇之意。例如:伏生真《尚書》,首題爲《虞夏書》;《堯》《舜》合一篇爲《帝典》;次《皋陶謨》稱謨,陳立政之事也;次《益稷》不稱謨,述行政之事也;次《禹貢》,佐二帝,地平天成,成功屬禹。始《帝典》終《禹貢》,三朝禪授,五臣佐治,具在於斯;分爲四篇,合爲一篇,但將題篇與其文勘合,名實具於篇中。講貫文句,從有疑難之處研究,不離其宗,終必求解得解。知此,則知偽托《尚書》題篇便錯,是後人纂書,非聖人删《書》之制作也。又如:《詩》首《周南》《召南》,次以《邶》《庸》《衛》,分爲正風、變風。夫子言"人而不爲《周南》《召南》,猶正墙面而立",又曰"誦《詩》三百,授之以政,不達;使於四方,不能專對;雖多,奚爲?"又曰"邇之事父,遠之事君",知此,即知三百篇之義必須依據小序爲鐵板注脚,始能推之其關係、世道、國政、人心、風化之故,不比於後人吟風弄月,但求工於詞也。如讀《離騷》不知《屈原列傳》,自不能求解《離騷經》命名之意,隨意指風説雨,則是語無倫次,不知所云也。《老子河上公注》是偽托,而其正文確係古本,其命篇之名,取篇中二字,或衹取一字,或别題二字,而皆統括本章旨要,又每章首尾相銜,上下經前後相起。如首章體道,固確乎不可移。前次各章曰"無源",曰"無用",確係揭"無"之來源,指"無"之作用。"玄符"即贊玄德之符,"玄用"即釋玄德之用,"還淳"即直指返薄還淳,"淳風"即驪括上世淳德。《上經》爲政,即獨攄政見;《下經》獨立,則發明政見專主小國寡民;《偃武》則銜接上篇《儉武》,

---

① 者:據《説文解字》爲衍詞。

曰"夫唯兵者，佳古文唯，作佳兵解，古無此義。不祥之器也"，君子"不得已而用之"。此略舉見例，其諸篇皆如絲入扣，最爲明净。謬本流傳竟作，第一章至八十一或仿《論語》篇目，取章首二字爲名，全經皆成無題之文。注家或以全書解作丹經，或以正言解爲借喻，任意妄説，殆於無知妄作者歟。《莊子》内篇《逍遥遊》《齊物論》《養生主》《大宗師》《人閒世》《應帝王》《德充符》，外篇之《繕性》《在宥》《天下》《天地》諸篇，旨喻顯然，亦復如是。《關尹子》依一、二、三、四綴詞，次第命篇，最爲整齊。雖出依托，亦可見古書文例之遺傳也。《荀子》全用此例，《儒效》則陳儒效，《勸學》則明勸學，《禮》①《樂論》則述禮樂，《王霸》篇則談王霸。《孟子》則循《論語》之例，命篇似無意義而章法以類相次，則首章爲各章之綱領，而取其章首二字爲命名，即示以代表全篇之意義也。

（二）章法

經、子、傳、記分篇長短各有取裁，而其爲綱領條貫則同一致。《老子》祇五千言，分爲上、下經，則其分章即是分篇。《論語》分篇以每篇首章句首爲名，則篇即是章；而每篇之分章，以類相從，比誼相次。所謂合類比誼，以見指揮，例如首章明"立學以教"，次章即明"政教之本"以起"爲仁"。次以"巧令鮮仁"爲人群交際，觀我觀人，示之程範；次以"省身涉世"，體諗人群之實際；次以"道千盛之國"，示政治知識之普通；此章"道"字本難解，當讀爲"非先王之法言不敢道"之"道"，示普通學者道國政之得失，祇能依此常識，道其大概而已，非綜覽篇章求之，不能得解。次以"教弟子"，示家庭教育之規則；次以"子夏承夫子講學"，而廣求之於末學。《爲政》中閒以"夫子自言學年"及"諸子問孝"，至"省回之私""誨由之知"，似乎不類。深察篇章之次，始知爲政必施教，用人施教，取捨考察，必有法戒，其意相承也。《八佾》乃反覆説禮，《里仁》乃反覆言仁，《公治長》是考究人品，《雍也》篇係品第門人，《述而》篇是述夫子所述與其自道所述，《顏淵問仁》篇多言政，此與《爲政》篇言教對照自明。《微子》論"天地閉，賢人隱"，歷論古今，明其常道，而以夫子自道異於逸民"無可無不可"，以顯至聖。《堯曰》述"夫子祖述堯舜，憲章政教，授受淵源"，而終以子張問政，垂"政治之宏謨"，結以"知命知言"，傳後來之學統。

《孝經》分章最爲明融貫澈。第一章《開宗明義》，先提"先王有至德要道"，終言"立身行道，揚名於後世，以顯父母"，以起後文《廣至德》《要道》②《廣揚名》章，即《春秋義》所謂"起文"。次天子、次諸侯、次卿大夫、次士、次庶人，各依名義分際，各盡其孝，即各盡其道，是以明王以孝治天下。聖人之德，亦無以加於孝。前後舒卷，如一筆書，全書不舉典禮條文，而處處皆根據發摅於典禮。聖人手訂之書，始克臻此絶詣，通《孝經》可統貫群經。舊《孔注》僞托，《明皇注》淺陋，此經晦而聖教不明。朱子乃據後世之觀念以疑《孝經》，不解分章之何謂矣。

八、義　法

亦名爲義例，淺言之即著述之體例，但其閒有關係大義、精義者存，故稱義法。亦分二例如後。

---

① 《禮》：即《禮論》。
② 《要道》：即《孝經》之《廣要道》。

（一）名義

經傳一律觸類旁通，如《孝經》爲立教之本，而分章即以天子、諸侯、卿大夫、士、庶人標目；《禮》之經傳記更隨處皆見，一切等威，皆從此出，此是大義，即是精義。宇宙之閒，天地定位，聖人成能，故以"位爲主觀，人爲客觀"。而推本於天，推原於道，以"德爲位之價格，以位爲德之代價"，德字包行、能、學術在内。《孟子》所謂"天爵""人爵"是也。庶人無位，即人之本位，庶士無爵，《禮·冠義》"士生無爵，死無謚"。爲"四選"之初階，合公、卿、大夫爲"四選"。大國之上士一命，天子之下士一命，中士再命，則爲命士，與庶士不同，而仍在四選初階。天子元士三命，則視子男，同於爵等。乃君子之本位，故曰"士不可以不弘毅，任重而道遠"，又曰"無恒產而有恒心者，惟士爲能"。子貢問："何如斯可謂之士？"夫子舉體用兼備者當之；"敢問其次？"始舉"孝弟"。《荀子》所以連稱其詞曰："可謂士君子矣。"《孝經·士章》所言"蓋士之孝"與《卿大夫章》祇有廣狹之别，而分量略同。士不易爲士之名、不易居，謂之"君子"。緣禮制，士仕至四十、五十，當命爲大夫，晋爲上大夫執政，即爲卿也。至於《庶人章》祇四句盡之，"謹身節用，以養父母"爲下斷詞，曰"此庶人之孝"，并不引《詩》爲證。禮不下庶人，以士爲主體。而貴貴、賢賢之例，又有老老，即是登進庶人之典，謂之"尚齒"。大凡謹飭能養父母之人，迨晚年增閱歷見聞，亦必進德，故六十曰"耆"，七十曰"老"。《曲禮》"人生十年"一節，皆以年下一字，斷句乃名爵，下言乃指其服務，舊説蒙混。卿、大夫、士之致仕者，爲"國老"，此爲"庶老"，故得預於養老之公宴、鄉射、鄉飲酒之典禮，耆老皆得預朝於庠，而與卿、大夫晋接揖讓。凡經傳之提名爲士者，統再命一命。未命已仕之士而言，其在進士以前，謂之"俊選"，尚等於庶人，不得用士制。凡言"耆老"，皆指庶人之老。六十、七十以上，士乃名爲"國人"，亦曰"正人"。民祇謂之"庶人"，亦曰"庶民"。俊選之士，未離乎庶民之例，謂之"俊民"。《書·洪範》曰"凡厥正人""凡厥庶民""俊民用章""俊民用微"，《詩》"宜民宜人"，《大學》引《詩》釋以"宜家人，而後可教國人"，其爲父子兄弟足法，指國人謂士也。而後民法之也。自士以上爲"君子"，即須修君子之行；普通庶民爲"小人"，祇各執其小人之業，此是古義。《詩》《書》之名詞，所謂"君子""小人"，皆此一義。時入春秋，王道廢，而君子小人易位。孔子乃依用大樂正"順先王《詩》、《書》、禮、樂以造士"之原則，於私家設學立教以造士，立君子之道，仍天爵之原位，定君子之名義，故於《論語》首章特表"立學""有朋"，不求人主之知而自求爲君子。"人不知而不愠"，指人君不見知，見獲狙來《論語徵》[1]，其義最確。所以《論語》每對舉"君子""小人"，舊解所謂以德言者，其實注重天爵之義者，即是講説人爵之義，所謂"君子思不出其位也"。其顯然不可諱説者，如"君子懷德"四語，"君子喻於義"兩言。"懷土""懷惠"，人之常情；"喻於利"，亦凡民之本等，即可知其非惡名。後世國家社會之交際，無人非懷惠而來；朝野上下所經營，無事非喻於利而往，所謂"皇皇求財利，惟恐不足者，庶民小人之事也"。故子夏承夫子設教西河，夫子戒之曰"汝爲君子儒，毋爲小人儒"，欲其與學者明辯爲利爲義也。

公、卿、大夫、士四選，爲組織國家之正等，一切禮教制度，皆依此規定。此外有特别提要名詞，稱爲"卿士""師尹"，先見於《洪範》曰"卿士惟月，師尹惟日，庶民惟星"，又曰"卿士從，庶民從"；次見於《詩》，卿士、大夫莫敢夙夜，"赫赫師尹，民具爾瞻"；又《左

---

[1]《論語徵》：原作"《論語集覽徵》"，見前。

傳》"鄭武、莊爲平王卿士"。"卿士"名義之解釋，在《周禮》外朝詢萬民之位，"左九棘，孤卿位焉，群士在其後"，主於義政，卿與士同班，故連文稱"卿士"。師者，一部局之長官，大如"載師""縣師"，小如"醫師""賈師"；尹者，職地方之吏，大如"尹茲東夏"，小如"三亳阪尹"，亦稱爲"吏"。職方之伯，對於天子，曰"天子之吏"，即《孟子》所言"天吏"，《周禮》司徒之職，退而頒之於其"鄉吏"。外朝之位，"右九棘，諸侯①位焉，群吏在其後"是也。"師"與"尹"皆行政官，故合詞爲稱。解得此特別名詞，始知其詞之所指，不致郢書而燕説。

對人之稱，如王父、王母、君舅、君姑、兄公、女公、夫人、小君、世婦、内子、女君、内主，見於《春秋傳》《爾雅》，皆各有其涵義界説。詳見問琴閣《爾雅講義》②。而《詩經》篇中之詞，尤與小序相應。例如：詞稱"子"，皆斥"大夫"；斥，指也。《毛傳》鄭箋，詞例如此。詞稱"人"者，皆斥"王士"。"子不我思，豈無他人？""子不我思，豈無他士？"謂"鄭突子忽爭國，子斥諸大夫，人斥王使來之王人祭仲"。又"不如子之衣，安且吉兮"，"繡③衣朱襮，從子於沃"，斥"晉大夫謀立曲沃伯之事"也。"子之昌兮，俟我忽堂兮"，譏"大夫不親迎"也。禮，大夫稱"子"，其妻稱"内子"。公子與大夫同等，故"之子歸""之子於歸"，乃稱"女公子""内子"之詞。"王士"使於列國稱"王人"，《春秋傳》所謂"王人雖微，加於諸侯之上"。據序文以推名義，則"自我人居居""自我人究究""執子之手，與子偕老"，不可解之詞皆可解，無著落之詞皆有著。而《論語》《禮記》，曾子、冉子、有子之稱"子"，亦以曾攝位大夫，從大夫之稱；而後世妄疑"門人私尊其師"，因而侮經、疑經之惑可以祛矣。子書不能如經傳之謹嚴，然如《老子》之稱"王公""天子""三公""王侯"，亦必知其爲詞主，始能通解所謂。而《墨子》之稱"子墨子"者，皆非其自著之言，又可不待辯而明矣，凡直攻孔子之言，其文上皆有"子墨子曰"，循文可見。

（二）家法

亦謂之"師法"。本師所傳之書，各依其師門之法，推例而可知也。孔門師法謹嚴，弟子之言必分別著名，即同門侍坐，共聞各記異同之語，亦必殊列其名，不相雜廁。如牢曰："子云：'吾不試，故藝。'"公西華曰："正唯弟子，不能學也。"又《檀弓》在以後再傳未親炙，諸人多記異聞，題篇即署名"檀弓"。疑以傳疑，盡而不誣，亦尚守孔門師法。汪中説，即傳《詩》之"駉臂子弓"。子家則各主極端，故弟子推演師説，取成一家之言，可以賡續合併，不必著爲某説。《鶡子》《管子》，全出述其學者所纂録，固無論矣，《墨子通義》各篇，皆三復其詞而文有小異，其二三篇爲弟子演説，故於師説精要四篇名以爲經。《莊子》則《内篇》純出己作，餘篇皆有後學參續，餘子皆然，與《爾雅》同例。詳見問琴閣《爾雅講義》。知此自能辯言，考據家之僞書考無庸詞費矣。

---

① 諸侯：《周禮·秋官司寇》作"公侯伯子男"。
② 《爾雅講義》：後易名爲《爾雅今釋》。
③ 繡：《詩·國風·揚之水》作"素"。

群經大義

提　要

　　《群經大義》是宋育仁教授成都高等師範學校期閒的經學講義，也是其經學總論之作。

　　《群經大義》分兩個大的部分：

　　第一部分，“學前□明”，這是《群經大義》緒言部分。宋育仁肯定三代及當代列邦士與民分途而教，別年、分科、遷地、辨等而授的教育制度，批評時下士民不分之教育制度。宋育仁介紹了三代學校制度、學制、學年、教學内容，指出普及教育“非淺近莫由”“非速期而畢”，而造士“非湛之於學久，不能成器而達”。

　　第二部分，“群經大義”，這是該著的主體部分。其一，宋育仁介紹了治經成學之階級，即治經五課：“首課訓詁，二課章句，三課考訂，四課制度，終課微言大義。”宋育仁還分析了治經由考訂而明制度，由明制度而通大義的内在邏輯。其二，宋育仁認爲政、教是孔經的兩大元素，從“政”與“教”兩個維度分别《周禮》《儀禮》《書》《詩》《易》《春秋》，明晰政教之關係，“由政體成立以後而論，則教屬於政之一部；推原於立政之先而言，則政爲教所演成，教乃政之元素”。其三，從五經開宗明義第一章大義講起，梳理“十三經”的内在邏輯，概述《易》《書》《詩》《周禮》《春秋》基本内容和主旨。其四，宋育仁認爲“四代造士教民之法，咸備於經”。高級師範應研究者，“莫切於教育學，欲明教育學之本源，莫切於求之經術”。故舉四代教科，以“六德”“六行”“六藝”鄉三物教萬民，并介紹了鄉學、國學的區别及不同的教學内容。宋育仁依據《周禮》製作了《周官學校教育選舉表》《周官工政表》《周官商政分職表》《周官經農政分職表》。此部分，還專門以“學制平議”爲名，評議了中國古代以來的學制，批判了新學界專欲崇重科學，舊學界仍欲墨守理學，“是皆不知物有本末”。其五，宋育仁介紹了《爾雅》的“群經之注解，六藝之總匯”之地位，概括《爾雅》内容與特點爲：“其精要所在，即在《釋親》一篇”，“此外各篇，皆釋六經之名物訓義，乃總群經傳記之注解”。并就《爾雅》治經的方法和古賢對《爾雅》的解讀，探究《爾雅》各篇内容深層次的聯繫。其六，介紹《孝經》内容，并與《論語》《中庸》《周禮》《春秋》等相互發揮，闡述“孝”與“位”，提出“位爲主格”“人爲客觀”的深刻見解，并在此基礎上重新對“建國親侯”和“封建軍禮”進行解讀。其後，宋育仁還概述了《春秋》及傳的大義、《周官》的制度，論述了道家、墨家及後"三教九流"之學術源流。宋育仁還通過比較今文《尚書》和古文《尚書》篇目，對《尚書》源流進行了探究，得出了較爲公允的結論。最後，宋育仁從用語習慣，分析了《禮記》主要篇章的成書歷史，歸納了《禮記》每篇"舉事例皆由近及遠，舉義例皆由淺入深，由家政以達於國政"之特點。

《群經大義》對於初涉經學、國學者，在瞭解各經主要內容和大義的同時，亦能瞭解宋育仁經學思想大概，其治經方法於今日之學人亦能有有益的啓發。

宋育仁以"通微言大義"爲治經之指歸，指出教授"雖範圍較狹，按本宣科"，但要"胸有原則"，以免"削踵就屨，訛謬相承"，從而通經致用。他還提出"國以農爲本，民以食爲天，此聖人之精義，亦即群經之大義""今外域之名爲哲學者，乃中國諸子之流也。老子純爲守舊，墨氏專主維新，孔子獨主溫故而知新，以四代典章爲底本而刪訂次叙，皆別有精義""余謂經文一篇之中，前後相發，豈可妄動章句。惟《禮記》《左傳》可有節本，《禮記》自有分篇讀法"等論斷，爲學習者洞悉各經之大義提供了極有價值的參考。

在治經方法上，宋育仁提出，講經"須一篇一章，從頭至尾，一直讀下，一直講去，首尾相貫，前後相起，如是始謂之通章句。不得斷章取義，斷句立解"。治經學"不離乎藝，然深之即可以見道。由此自修，自得於己，是之謂德"。治經捷徑簡法，"將兩本分目，訂爲上下二編，依次讀講，即不煩言而解書以道政"，爲治經者提供了可效仿、可實踐的治經方法。

宋育仁對各經的主要內容、主旨、內在邏輯等的概括和分析，有助於對各經的學習，正體現了《群經大義》的總論性質。

宋育仁在《群經大義》中，以教育反思爲主題，展開各經內容、大義的分析，并介紹治經學習方法，體現其通經致用的治學目的，而不是簡單地爲學經而學經。宋育仁把教育分成普及教育與人才教育，即教民與造士的教育，要學生分清，"普及教育，則教成民格足矣，與人才教育迥然不同，截然兩事，不可誤也"。分層教育，無疑是宋育仁對時下教育反思的結果。宋育仁要求高級師範的學生要重視教育學研究，而教育學的研究離不開經術，即離不開對四代教育制度的學習。這體現了宋育仁從中國傳統中尋找解決現實問題的基本思維模式，也體現了他通經致用的治經目的。作爲有過旅歐經歷的宋育仁，并沒有完全局限於中國傳統，而是結合了英國、德國教育予以反思，祇不過對歐洲的當代教育着墨不多。

其中所列"三表"，對經學文字內容進行梳理，有助於直觀理解經學內容。圖表應用，是宋育仁經學著作一大特色。

《群經大義》既爲宋育仁師範學堂之講義，應成書於民國五年（1916）之後。民國十三年（1924）收入《問琴閣叢書》之十八，聚昌公司代印。整理版本爲"四川師範學院圖書館藏"校正底本。

一、學前□[①]明

三代之學，士與民分途而教，即今列邦學制之善者，何莫不然？自膚剟者爲之，不審士與民之分理別異也，一概而相量，貌似將使民皆有士之程度以爲美談，而鹵莽耕且獲適以驅士，使同爲氓耳。以余觀先王之爲教者，異矣！別年、分科、遷地、辨等而授之，既設其程，即隨文而釋其理，深淺不相屬踰。觀於《學記》之粲然，可以知士與民各及之程雜而不越者矣。

夫普及之教育，欲其普及於衆庶，非淺近莫由；抑普及之教育，欲以普及於衆庶，非速期而畢，又何術以使之周易而遍？而造士深遠矣！將使爲政以教民，非湛之於學久，不能成器而達。先王知之矣，故爲之教民之學，曰"家有塾，黨有庠"。此閒學程名爲"小學"，入學之年以八歲爲正，"八歲入小學"是也；遲者以十歲爲期，"十年出就外傅"是也。外傅即塾師。古之仕者，歸而教其鄉，"大夫爲父師，士爲少師"。百家而合立一塾，塾設於里之門。農事畢登，餘子皆入學。三年畢業，進於黨庠；五年卒業，不獲書行能於黨正者，不與考射於州序，是爲教民。學校之正等，通率八年而易一班，凡族百家之閒子以次而遍。前此爲家庭教育之學期，則自六齡始矣。六年教之數與方名，比於今之兒童初級小學，則專授以書數。資有敏鈍，體有强弱，故入塾就傅之期差以二年。入學期遲以二年者，出學期遲亦二年，此其大較也。爲之造士之學，曰"術有序，國有學"。術序即州序。序者，射也，但以校射選士入國學爲主務，有考校而無程課。不中者，不入選；不選者，不入國學。國學者，統鄉於國，以國爲名，於稽《周官》之制：比、閭、族、黨、州、鄉。四閭爲族，乃始立塾；五族爲黨，乃立之庠，其學爲教民之高級。服於學者，皆廩其中，故曰："庠者，養也。"受普通教育之後，則人民可以出校自謀生業，不必悉入大學，故鄉大夫"興賢能"與"詢衆庶"分別言之。蓋五比之閒，僅"書其敬敏任恤"；四閭之族，僅"書其孝弟睦姻"，德行道藝不必兼全，而已足爲"學道易使之民"矣。

教民之學校與國學之教科，深淺時地固殊焉。而更考經文，乃見鄉之所屬，惟族、黨有教學之官所。其下比、閭，則有閭師之書其"敬敏任恤"之考，其上之州、鄉則設校而無課學之舍，故鄉飲者飲於黨，鄉射者射於州。所謂"習射尚功，習鄉尚齒"，皆爲考試，故國老朝於庠。庠者，黨之庠也。《周官》之文"黨正書其敬敏有學者"，此若生員等第錄造送考矣。有學無學之分途，即造士教民之分界。與於黨正之書者，始與於三年大比之考，考之於州射，《周禮》鄉大夫之職，"三年大比，考其德行道藝而興賢能"是也；不與於黨正之書者，謂之"衆庶"，所謂"退而以鄉射之禮五物詢衆庶"是也。是以本經於州序之後，獨標國學之目。而《左傳》隱括其詞，乃有鄉校之文，曰此其選者，即入於國學，其閒課程謂之大學矣。又徵之《王制》，曰："命鄉論秀士，升之司徒，曰'選士'。司徒論選士之秀者而升之學，曰'俊士'。升於司徒者，不徵於鄉；升於學者，不徵於司徒，曰'造士'。"學即言國學，鄉即言州選。其爲不設教科而專考試，經制甚明。然後乃言曰："樂正崇四術，立四教，順先王《詩》、《書》、禮、樂以造士。"如此其深切著明也，則教民與造士各有其程限而適得其分量。夫安有

---

① 蟲丁：無法辨識，疑爲"先"字。

一概而相量，相率而競者哉！

三代學校無中學之名，皆由小學入大學。不得書於黨正之籍，即不得與於州射之考，是爲小學教民之終期；其與於射而獲選者，乃爲造士之始進矣。由斯以談，則本經所舉七年小成之業，皆國學造士之初程也。"六藝"之禮、樂、射、御、書、數，惟舞勺在成童以前，與書數并授，入小學教科，其主課皆入國學，爲士者之始有事也。其斯爲國之俊選，通率年及二十而冠禮行焉。榮其選於眾庶而爲士也，乃與王太子、王子、群后之太子、卿大夫、元士之適子同入學而論齒，非氓庶之子所得而與。雖歐美尚質之邦，王子其甘與牧豎齒乎哉？此證於今，亦知其必不然矣，夫亦爲其俊而選也。按《春秋繁露》公、卿、大夫、士，謂之"四選"。公侯，君也，而與士同爲選人。士之位誠卑，其出身而加民，則與君一也，故曰："學也者，學爲君也。"①故於始士，特殊其名，謂之"俊選"，由小學以徑入大學，義無疑焉。夫由小學以入大學者，其非謂盡小學畢業之徒而群趨於國學而可以爲教也，如使盡小學畢業之徒而群趨於國學而可以爲教於國，則士民何別焉？夫士民無別，是賢愚無別，大亂之道也。

今之談歐政者，非昔之隱几者也。昔之隱几者，竊聞之德之儲備專門者，三年至九年。英之儲備實業者，四年至六年，其爲文科，爲道科，爲法科，其斯爲政教之選，每終身於所學，而要非徒恃學堂之課授以爲功。農工商之事，於小學普及之教育既訖而分業以治事。治事者，治生也，與學者各不相謀。昔《管子》有言："處工就官府，處商就市井，處農就田野，處士就燕閒。"②今各國未知其然，而同處以燕閒，必無冀矣，危乎！雖然，吾知其危矣，其將執此以與天下辨乎？其又必無冀矣。夫爲農工商者，自有奠其學之居，無慕乎處燕閒爲也。今世競談學，而五洲之設學，一是悉處以燕閒。夫處士以燕閒，其弊已不可止，而況處農工商以燕閒。而教課以爲開智，智競之不已而將安歸乎？不能已於言矣，不能盡於言矣！

二、群經大義

經學，以通微言大義爲指歸。昔在尊經都講，曾仿西教授法，分經學爲五課：首課訓詁，二課章句，三課考訂，四課制度，終課微言大義。治經成學之階級，固當如此也。

將舉全經之大義，須先識群經之先後緣起。論先後緣起，乃考訂之事，在第三課時期。由考訂緣起而知其世代源流，然後制度乃見。孔子修訂之名詞，合唐虞爲一代，并數夏商周三代，稱爲"四代"。四代同一制度，即經制也。與秦以後至今之制度異點甚多，精粗懸絕。大而名號境域，細而宮室輿服，組織周密，如一盤機器，拆開滿屋，千名萬品，見者莫名其妙；合成則無一合葉無用處，無一微管不相通。由此制度以組織支配，立政立教，舉其大綱，即是"大義"。故須先明其制度，能說其理由，始能通其大義。

孔經之元素，分兩大部分：一曰政，一曰教。群經合爲一制，或分或合，有分中有合。如《周禮》屬於政，而"春官"一官所掌皆屬於教；《儀禮》屬於教，而覲禮、聘禮，

---

① "學也者"句，語出《禮記·學記》，原作"師也者，所以學爲君也"。
② "處工就官府"句，語出《國語·齊語》，原作"管子對曰：'昔聖王之處士也，使就閒燕，處工就官府，處商就市井，處農就田野。'"

兼屬於政；《書》屬於政，《詩》屬於教，最爲易明；而"《易》本隱以之顯，《春秋》推見至隱"，其義深微，以概略簡單之語明之，則《易》即教經，《春秋》即公法也。但孔子制作，所謂際天蟠地，不能與諸子百家"持之有故，言之成理"各趨於一極端者相提并論。又以概略簡單之語明其大義，由政體成立以後而論，則教屬於政之一部；推原於立政之先而言，則政爲教所演成，教乃政之元素，更非外國之"教經自爲教經，政史別爲政史"之可比。

　　一部"十三經"，從何説起？先説五經大義。一部五經大義，又從何説起？先説五經開宗明義第一章之大義。《易》本隱以知顯者，《易》書出最古，伏羲有"十言之教"，即"乾、坎、艮、震、巽、離、坤、兌、消、息"是也。"本"以明天道之至教。至教者，不言之教，天道不言，以象示之而已。所謂"本隱"，文王乃繫以卦詞、爻詞。孔子深明《易》天道之奧，乃作《十翼》，由天道推演以明人事。所謂"以之顯"，其言曰"乾坤，其易之蘊"，又曰"乾坤，其易之門"，故《易》之大義，乾坤二卦具矣。《易》之大義，多參微言，談何容易？祇能勉就孔子《十翼》其言之顯者，簡單以明之。十翼者，《彖》一，《大象》二，《爻象》三，《文言》四，《繫傳上》五，《繫傳下》六，《説卦傳》七，《序卦傳上》八，《序卦傳下》九，《雜卦傳》十。知者孔子以前之書無語助斷句，自孔子以來，始立斷句之法。詞中有語助介系詞、末有語助斷句分別古今文體，以貽後學法守。證之群經典，隨處皆然，此屬考訂。

　　因欲舉夫子贊《易》之顯言，以明乾坤之大義，故先指明其界説，如"乾，元、亨、利、貞"，本言"天道之至教"。《彖》曰"大哉乾元，萬物資始，乃統天"一節，仍屬演釋天道之運行，而逗出"首出庶物，萬國咸寧"二語，即已説向人治。建國寧人者，宇宙一大事也，即乾元統天之一大現象也。至卦象曰"天行健，君子以自強不息"，"天行健"，是結上語，仍述天道。"君子以自強不息"，"以"字即"本隱以之顯"之"以"字。君子上法天行，所以以此爲教。此後諸卦，《大象》曰"先王以"、曰"大人以"、曰"后以"，則謂法此天道至教以演爲政也。坤卦，"至哉坤元，萬物資生，乃順承天"。地道即以順承天道爲道，是知坤道即是乾道，此皆一元之所生。其《大象》曰"地勢坤，君子以厚德載物"，與乾象一例。"地勢坤"是結上，其理本隱　"君子以厚德載物"，是"本隱以之顯"。至《文言》"元者，善之長也"一節，已專就人事發揮，再申以"君子體仁足以長人"四語，申之以君子行此四德，乃統論政之原理，即聖人修訂六經、制作政教之原素也。或疑"元者，善之長也"數語出於《左傳》述穆姜之言，已有語助斷句。不知當日占得此卦，向人解説是口語，至左氏述此段故事，乃羈飾爲文辭，故有語助斷句。且此亦屬考訂，欲學者袪疑，故并及之。

　　《易》之次則《書》爲最古，故曰"尚書"。孔子得帝魁百代之書，删存百篇，蓋又删存二十八篇。其百篇爲之序，以明政治沿革去取之跡，因以見統系源流。故二十八篇外，有目無書。今通習之僞《孔傳尚書》，乃東晋梅賾號稱得之於大桁頭，除今文所有二十八篇外，乃綴集散見於經、子所引之《尚書》斷句，兼采道經精語，按《書序》佚篇編成。故講《尚書》，祇講二十八篇，餘可存而不論。今本之《堯典》《舜典》，本屬一篇，《唐書》《虞書》《夏書》，本題爲"虞夏書"，原本"嬪於虞，往欽哉"之下，即接"慎徽五典，五典克從"，東晋本始分之爲兩篇，別題《舜典》，以"往欽哉"以前爲《堯典》，而於《舜典》之首，加"粤若稽古，帝舜曰，重華協於帝，濬哲文明，温恭允塞，玄德升聞，乃命以位”二十八字。夫子删（詩）[書]①斷自唐虞者，爲萬世立國制之極則。二帝共成治功，合爲一代，故篇首統於帝堯“粤若稽古”篇中，惟堯稱帝。其《皋陶謨》亦題“粤若稽古”者，舜將禪禹，禹首讓皋陶，卒就封東樓以讓於禹。篇首乃特題徽號以表君德，如後世褒崇讓皇帝之比例。粤，亏也；亏，大也。若，順也，讀爲“奉若天道”之“若”；“稽古”，鄭爲“同天”。冠此四字於帝之首，明有此大順，同於天德，乃得稱爲帝。天位者，人格之等差；貴者，賢之代價。通天地人之道爲“王”，執天下之公理爲“公”，明人之正鵠爲“侯”，德足長人爲“伯”，孳養百姓爲“子”，任治田里爲“男”。惟帝號至尊，而字義頗隱。帝，古文作“𢂤”，乃象草木之根蒂，推隱義爲顯號，莫能名其涵義界説，因標帝之涵義爲“大順同天”，猶謚法之“經天緯地曰文，聖善周聞曰宣”②之比例，所以漢師説此四字至數萬言而未已也。

凡講經，須一篇一章，從頭至尾，一直讀下，一直講去，首尾相貫，前後相起，起文，是《春秋公羊傳》説謂“相應”也。如是始謂之“通章句”。不得斷章取義，斷句立解。前後文各不相謀，則無有是處。如“欽明文思”一節，固是述帝堯之德，但言有倫次，語無重復，須要逐字研究，一匯講貫。“欽明文塞晏晏，古本作此，與文思安安意同。允恭克讓，光被四表，格於上下”，是述其内修有德，充實而有光輝。“格於上下”，是述其道德能感格天人，不合如舊説將“光被”二句作爲“治化成功之讚語”也，故接云“克明峻德，以親九族。九族既睦，平章百姓”。峻德者大德，大德者公德也。從内德發爲公德，隱德發爲顯德，則由己及人，自近而遠。先親九族，推及三黨六姻。所謂百姓，禮有“同姓”“異姓”“庶姓”之名。稱同姓者，謂九族以降，謂爲“親同姓”；異姓，即謂“三黨六姻”；庶姓者，乃“不通婚姻之國”。故禮，天子稱同姓謂之“伯父、叔父”，異姓謂之“伯舅、叔舅”。此經之“百姓”，即謂“異姓諸侯通婚姻之國”。下文“協和萬邦”，乃指“庶姓”而言。終以“黎民於變時雍”，化行自貴近，由分土之君以化及其分土之民，即是由宗室貴人以化及皇親國戚，由皇親國戚以化及華族士族，由華族士族以化及平民百姓也。此“百姓”乃後世語，但自春秋時已成習語。《論語》“百姓”已不用古義，今爛用中東古今名詞，取其達意。以下“乃命羲和”，乃條舉政綱，次再條説。

《詩》爲樂章，即教科之唱歌。自虞廷喜起，即有詩歌。古書所傳自葛天氏以來，但講經斷自唐虞者而不論。孔子時尚存三千餘篇，删之爲三百篇，即夫子所訂之教科書也。在周以前，祇存《商頌》，有如“衛歌”“夏諺”皆不著錄者，一則不足文獻之徵，一則不足適教科之用也。《詩》之爲教至普，自蒙誦以至師箴史諫，各有所用。其文至繁而賾，自多識以至感人神，和上下，無往不宜。《論語》昭示極詳，而疑義亦難索解，先就淺顯言之。夫子詔小子學《詩》，可以“興、觀、群、怨”四義，皆以家庭倫理爲主點。興，即是慕人之父子、夫婦、兄弟足法而興；觀，即觀人之父子、夫婦、兄弟足法與不足法，觀我之父子、夫婦、兄弟可觀與不可觀；群，即推家庭之群體，以及於社會國家之群體；怨，即始於室家不相得之怨，以推類於國家上下不相得之怨。《詩》首“二南”，而語伯魚，謂“不爲《周南》《召南》，其猶面牆而立”，明乎《詩》教之作用，即禮教之作用，注重在家庭，尤注重在夫婦也。文王后妃，道德程度雖高，其於室家之際，猶是人情也；地位雖富貴崇高之極，而家庭之際，猶是天性也，非不許人以效法之路也。夫聞風興慕，慕而效之者，不必

---

① 書：原作“詩”，據文意改。
② 唐玄宗開元二十七年（739）追謚孔子“文宣王”，其意“經天緯地曰文，聖善周聞曰宣”。

其能及之也，亦各視其境地之所處、資性所能至，所謂"'高山仰止，景行行止'，雖不能至，然心嚮往之"。立教之主點，固如此也。一部教科書，用爲樂章，本以文王之化，化成天下。首篇《關雎》，乃獨頌聖女，則孔子之注重女教。《詩》三百爲男女并授之教科，斷無疑也。不甯惟是，《周南》由后妃以及遊女，《召南》由諸侯夫人以迄王姬，皆言婦事，即主女教之證。國之本在家，家人"女爲奧主"，故必先修女教，而後家庭之道立；家庭之道立，而國俗成，然後教行如風，而政行如流水，故四詩始于"風"，《周南·關雎》以爲"風"始。昔在大學有《國風講義》，取次錄出，以質諸君。

　　禮有七名，詳見孔穎達《正義》，姑先就簡單言之。今稱"三禮"，《周禮》《儀禮》《禮記》是也。《周禮》爲政綱，《儀禮》爲教科，《禮記》爲説明兼演講。就教之一部而言，則注重課習，故孔門講習，以《儀禮》爲主。而《記》爲七十其子後學各述所聞之筆錄，所以漢師稱"十七篇"爲《禮經》。就政教全體而論，則《周禮》爲政綱。分禮典爲六典，一官之所掌，屬於政綱之一部，故班氏、鄭君又稱"《周官經》爲經也"。《周官》六篇，每篇首題"惟王建國"五句者。惟者，"惟"之一詞，非通三才之王，不可以言建國；非宅中建國，不能辨方正位。國體立而後經野，然後設之以官而分其職，要歸以爲民立極耳。此條乃政綱之政綱，即聖王以禮立國，以禮爲國之要素，故本經下文，乃立"天官冢宰"，乃立"地官司徒"，乃立"春官宗伯"。以此爲大政之綱，其政其教，乃依此而立。一部《周官》，條分件繋，文理密察，一綫到底，絲絲入扣，乃政治學至精之條理。而支配教育一部，尤至當而不易，故朱子稱《周禮》云"天理爛熟之書"也。建國以王都爲中方，即"職方"之"方"。由此起度，分辨方域，畫界九州，由地道遠近之差，定五服九服之制。位，即上下之位。"天子一位，公一位，侯一位，伯一位，子男同一位"，"君一位，卿一位，大夫一位，上士一位，中士一位，下士一位"。上下所處之位，各得其正，然後能"正朝庭以正百官，正百官以正萬民"。制定千里之王圻，三等五等之列邦，各成其國體，乃經其田野爲一國之公産，正其經界。天子一圻，諸侯一同，大夫一成，士一邑，此爲支配管領之分數。其實一圻函有百同，一同函有百成，一成函有百井。每一井安插庶民八家，中區爲公田，取爲國家税，以給行政之俸。其公分田産之單位，實以百畝爲一家。田産之本位，二十受田，六十歸田。歸田則受養於鄉黨，故有"門關之委積以養老孤"。甲所歸之田，轉授之乙，以户口爲主而分配其土田，不以土田附屬於户口，亦非以户口附屬於土田。庶人爲單位，確爲公産之制。下士與庶人在官同禄，禄足以代其耕，仍是本位。中士以上爲加等，亦隱寓受值之差，而明示優賢之義。於是設官以聯其統系，分職以清其權限，其要歸以爲民之準則，國爲民而建也。極者，紀限也，如天文家之紀限。儀，即《易》"太極"、《書》"皇極"之"極"。其義深微，以簡顯明之，猶云"準則"。《尚書·洪範》"五，皇極：皇建其有極"，時人斯其維皇之極。曰皇極之施行，終以無偏無黨，無反無側，會其有極，歸其有極。其大義即謂皇王先自建立無偏陂、無反側至中之準則，則時人必當思維繋其皇之所示之準則。而皇之準則，可實見諸施行，民乃相觀而善，無偏無黨，無陂無側，同會歸於皇建之準則。所謂"壹道德以齊俗也"，乃所謂"一道風同也"，是之謂"以爲民極"也。

　　《春秋》乃孔子手訂自著之書，所謂"筆則筆，削則削，游夏不能贊一詞"，雖因魯史之文，而實多點竄塗改，據先求百二十國寶書可證。以百二十國之史，勘合魯史二百四十年，豈得數萬言而止。則刊削者多，筆之於經者至簡鮮。如此謹嚴，故必字字有義例，前後相發起。《公羊傳》說"元年，春王正月"，公即位，爲建五始。即此開篇大義，皎然非魯史舊文可知。《大戴記》子夏問"何以不用'初哉首基'"，可知"始君之始年爲元年"，乃《春秋》以前所無。"春正月"中閒以"王"字，亦史例所無，皆夫子特筆之經例，故《左傳》釋之云"周王正月"，即含有"三正三統"之義。如係史之原文，則不必釋矣。《公羊傳》云："王者執謂？謂文王也。""何言乎王正月？大一統也。"據本經文，有"王二月""王三月"，又有"春王"而下不"月"，則知其逐字有義。以簡顯明之，詞外係紀年月，意内揭示本經爲經世之書，須體天之元，法時之春，奉周先王之文王，行經世之政。正者，政也。譬猶題曰"元春王正"，閒以年月日，即可順讀成爲編年，亦猶讀表之比例也。

四代造士教民之法，咸備於經。昔在江南南菁高等學堂初充總教，設朔、望演講經學大義，并設月課，令學生考求經傳所載學校教務，仍分統系、等級、學期、學齡、教科各目，以與今日學校稽合同異，可以比較優劣。優班學生通於經學者，頗能舉四代學制。今檢篋衍中猶存一卷，可備印證。本校爲高級師範，諸君應研究者，莫切於教育學；欲明教育學之本源，莫切於求之經術。今先爲舉出四代教科。

《周禮》地官司徒，"以鄉三物教萬（物）①民而賓興之"。何謂"三物"？六德、六行、六藝是也。六德：智、仁、聖、義、中、和；聖，古義爲通，後世語所謂"通人"。仁，古義"相人偶"也，即"人相愛"之義，今世語所謂"愛群"也，其主義不甚高深。至孔子設教，推論聖人之廣義，尊重二字之名詞，故曰："若聖與仁，則吾豈敢？"此等處，即聖門之名學。六行：孝、友、睦、姻、任、卹；六藝：禮、樂、射、御、書、數。

德是德，行是行。内修而有德於心之謂德，行之於與人接物之謂行，即前期所引《帝典》"欽明文思安安"，是内修，所謂德也；"允恭克讓"是内行，乃行也。聖門四科，分爲八類。注家囫圇說之，後世相沿，不求甚解，今世語更統而言之曰"道德修身"。其實，修身僅屬制行，尚未足以言入德，六德別無教授，即在教授"六藝"、考察"六行"之中。禮文、樂章、算術、字學，皆以開智，觀其所悟解，即覘其智識所到，故"六德"首智。又觀其能通某意，亦足以發，謂有所發明。即比於作者之林，作者謂聖，通義見前。故"六德"有聖。孝友睦姻以觀仁，睦姻任卹以觀義。五禮以教之中，六樂以教之和，射以觀德，曰和，曰容，曰和容。經有明文，更不煩言而解矣，故六藝又名爲道藝。州長、黨正所掌賓興賢能，屢言書其德行道藝。德即"六德"，行即"六行"，道藝即"六藝"也。禮、樂、射、御、書、數，其中皆有道存焉。由淺習而觀其深，乃入德之門也，譬如治經學仍不離乎藝，然深之即可以見道。由此自修，自得於己，是之謂"德"，禮樂其最顯然者也。

"六行"即以强迫執行爲教授法，所執行之條目即在《禮》書，故云"執禮"。州長以次，皆爲教職，隨時考察，即所以强迫履行，而書其賢者、能者，以備賓興之選。《禮記》之《少儀》《内則》《曲禮上》，《管子》中之《弟子職》等篇，是其教科書也。

"六藝"以書、數爲初課。十年就傅，學書計，肄簡諒。前此八年，教之數與方名。在家庭教育閒，責成父兄教授之。至此就學，引而進之耳。十二舞《勺》，成童舞《象》，乃習射御。禮即執禮，童年先令觀禮，所謂"佐長者視具"；成童習舞學射時期，乃課以履行也。樂即誦《詩》，《周禮》謂之"樂語"。《詩》乃樂章，先誦其詞，使之上口成誦，然後習歌以永言，即"曼聲之唱歌"也。

---

① 萬：其下衍一"物"字，據《周禮·地官司徒》刪。

以上皆鄉學教科，比於今之中、高、小三等學校，論歐學制，祇有高、小兩級。東學制，乃有中學一級，誤合教民、造士爲一條。別有演說《中外學制之異同》，載《教育雜誌》。乃教民之學也。進而國學，別組教科，樂正"崇四術，順先王《詩》、《書》、禮、樂以造士"。禮樂之教科名目如故，而授課深淺不同，於今可見者，《儀禮》經傳記爲習行之教科。此外，見於《周禮》之目錄者，如"八法""八則""九式""簡籍版圖"之屬，各有專官之專書及圖表以備教授。

禮樂自始徹終，教民之禮樂掌於地官司徒，所以地官謂之"教典"。其禮之目爲"六禮"：冠、婚、喪、祭、鄉、相見；其樂即誦《詩》，習吹管龠、舞《勺》舞《象》，音樂歌唱、體操合爲一科。至於國學之禮樂，其禮之目爲"五禮"：吉、凶、賓、（興）軍[①]、嘉是也。冠、婚屬嘉禮，祭屬吉禮，喪屬凶禮，鄉、相見屬賓禮。其有別者，小學祇習儀節，入大學再加研究，理由即《學記》所陳，暨《禮記》諸篇所論是也。加入軍禮，在黨庠、州序習射御以後，成人之所有事也。其樂則習合樂，所謂"歌詩三百、弦詩三百、舞詩三百，吹彈歌誦并習之"。不歌而賦謂之誦，即今讀詩，此則小學已童而習之；進而大學，則口誦心維，研究詩理，即今日治《詩經》學。冠而舞"大舞""九夏"，兼有兵式體操之教課在內矣。大學乃標目《詩》《書》爲教科，合禮、樂爲"四術"，題明謂之"造士"。誦《詩》，是於蒙誦時已誦之，而括之於"六藝"之樂，謂其知識尚淺，僅能誦樂章，不足以言治《詩》學也。《書》者，《尚書》，爲政治學之根本，即國學造士，以政治學爲主課之綱要。今所謂人才教育，不入大學者，不得聞爲"四術"，掌於春官大樂正，春官謂之"禮典"。此經"禮"字則範圍甚廣，所謂禮有七名，次再詳說。《記》所謂"春秋教以禮樂，冬夏教以《詩》《書》""秋習禮，典禮者詔之；冬讀《書》，典書者詔之。禮在瞽宗，《書》在上庠"。[②]則分期分班分課講授，其跡之顯然者也。

地官司徒之屬，所掌爲教民；春官宗伯之屬，所掌爲造士。教科各自不同，鄉學教科以"六藝"教民，國學教科以"四術"造士，此四代之規制，即群經之大義。知此則知經術之用，即知通經之所以致用。夫子論法四代，好古敏求，生繼衰周，國學鄉學浸廢，先王之澤已竭，欲爲東周不得，乃退而設教洙泗之間，仍依樂正四術，順先王《詩》、《書》、禮、樂以造士，故子雅言《詩》、《書》、執禮。《詩》三百篇，夫子皆弦歌之，興國家學於私家，移君道爲師道。無司徒之地位不得施行政之教育，故略於教民之教科，而專以造士爲教育，成爲政之人才，衍先王之學統，以守先待後爲當務。若其得爲政於天下，則司徒之"以九職授萬民，以世事教能"，則民不失職。所謂行政之教育，教民之學科，悉支配於鄉吏教典之中，教典主於教萬民，《周官》州長以下皆爲鄉吏。并無漏義。惟其自立學校，祇能及於造士，故仍依四術爲教科。中國世運當衰，明王不能繼作，預知後來人主不能行其政，而同倫之化當漸推漸廣於同軌同文之世紀，故於臨終現示，云"夫明王不興，而天下孰能宗予"而預言百世，可知百世以俟聖而不惑，於是乃贊《易》，修《春秋》。《易》《春秋》，"《易》本隱以之顯"，推天道以明人事之必然，"《春秋》推見至隱"，由內外之世以知文致太平，預推人事之必至以明天道，此乃孔子特別精微之制作，不以普授及門。而七十子自子夏受《春秋》之傳，此外諸賢皆得與聞其要旨，故相承於四術之外，加入《易》《春秋》，仍遵六藝之舊名，稱《易》、《書》、《詩》、禮、樂、《春秋》爲"六藝"。《漢書》以後，皆承其名。此孔子以前、洙泗以後教科之異同，學者宜知也。

---

① 軍：其前衍一"興"字，據文意刪。
② "秋習禮"句，語出《禮記·文王世子》；禮典，《禮記·文王世子》作"執禮"。

表一　周官学校教育选举表

	学　务	教　科	选　举	考　校
国子国学	大宰掌建邦之六典，二曰"教典"。小宰掌官府之六职辨邦治，二曰"教职"。大司徒掌建教法于邦国都鄙，使之各以教其所治民。小司徒掌建邦之教法，正岁则率其吏而观教法之象及大比六乡四郊之吏平教治。师氏掌国中失之事以教国子弟，凡国之贵游子弟学焉。大司乐掌成均之法以治建国之学政，而合国之子弟焉。乐师掌国学之政，以教国子小舞。大胥掌学士之版以待致诸子。诸子掌国子之倅，掌其戒令与其教治；凡国之政事，秋合诸射，春合诸学，以考其艺而进退之。都司马掌都之士庶子之政，以国法掌其政令教治。家司马亦如之。	师氏以"三德"教国子：一曰至德以为道本，二曰敏德以为行本，三曰孝德以知逆恶；教"三行"：一曰孝行以亲父母，二曰友行以尊贤良，三曰顺行以事师长。保氏掌养国子以道，乃教之"六艺"：一曰五礼，二曰六乐，三曰五射，四曰五驭，五曰六书，六曰九数。大司乐以乐语教国子：兴、道、讽、诵、言、语；以乐舞教国子：舞《云门》《大卷》《大咸》《大䪭》《大夏》《大濩》《大武》。乐师掌国学之政，以教国子小舞。舞师掌教国子舞羽龡籥。	诸子，凡国之政事，国子存游倅，国子游倅，使之修德学道，秋合诸学，春合诸射，考其艺而进退之。	诸子，凡国之政事，国子存游倅，国子游倅，使之修德学道，春合诸射，秋合诸学，以考其艺而进退之。
乡学	大宰掌建邦之六典，二曰"教典"。小宰掌官府之六职辨邦治，二曰"教职"。大司徒掌建教法于邦国都鄙，使之各以教其所治民。小司徒掌建邦之教法，正岁则率其吏而观教法之象及大比六乡四郊之吏平教治。乡师，乡大夫各掌其乡之所治，受教法于司徒，退而考其德行，察其道艺。州长各掌其州之所治。正月之吉，禁令，退而诵之于其乡吏，使各以教其所治，以考其德行，察其道艺。党正各掌其党之政令教治。	大司徒以"乡三物"教万民，一曰六德：知、仁、圣、义、中、和；二曰六行：孝、友、睦、姻、任、恤；三曰六艺：礼、乐、射、御、书、数。乡师，乡大夫各掌其乡之政教禁令，受教法于司徒，退而颁之于其乡吏，使各以教其所治，以考其德行，察其道艺。州长各掌其州之政令教治，以考其德行道艺而劝之，以纠其过恶而戒之，春秋以礼会民而射于州序。党正各掌其党之政令教治，及四时之孟月吉日，则属民而读邦法以纠戒之。族师各掌其族之戒令政事，月吉则属民而读邦法，书其孝弟睦姻有学者。闾胥既比则读法，书其敬敏任恤者。	大司徒以"乡三物"教万民，而宾兴之，以诏诛赏。乡师掌国大比三年大比，考其德行道艺而兴贤者、能者，乡老及乡大夫帅其吏与其众寡，以礼礼宾之，以贤能之书于王。州长三年大比，则大考州里，以赞乡大夫废兴。党正正岁属民读法而书其德行道艺，书其孝弟睦姻有学者。闾胥既比则读法，书其敬敏任恤者。	乡师，国则诏考诐，比则诏考诐，以诏诛赏。州长，三年大比则大考州里，以赞乡大夫废兴。

鄉學選舉圖

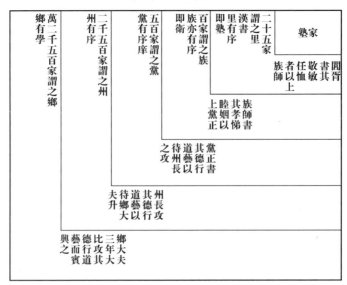

鄉學論升國學圖

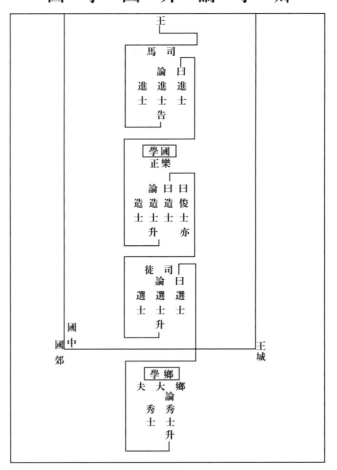

表二　周官工政表

	職　官	執　業	頒　材	庀　材	考　工
百工	大宰以九職任萬民，五曰"百工"，飭化八材。大司徒頒職事，十有二於邦國、都鄙，使登萬民。五曰"飭材"。閭師任工以飭材事		大府，凡頒材，以式法授之。邦，旬之賦，以待工事		司市，凡市偽飾禁，在工者十有二
木工		輪人為輪，為蓋。輿人為車。輈人為輈。車人為車，為耒，耜。弓人為弓。廬人為廬器。匠人營國，為溝洫。梓人為筍虡，為飲器，為侯		山虞，凡邦工入山林而論材，不禁。輪人斬三材必以時。山虞，凡服耜，斬季材以時入之	栗人，受財於職金以齎其工，書其等以饗工，乘其事試其弓督，以下上其食而誄賞
金工		築氏執下齊。冶氏執上齊。鳧氏為聲。㮚氏為量。段氏為鎛器。桃氏為刃			
皮工		函人為甲。鮑人之事。韗人為皋陶。韋氏裘氏	掌皮，以式法頒皮革於百工	掌皮，掌秋斂皮，冬斂革	
設色之工		染人掌染絲帛，掌凡染事，繪畫之事。鍾氏染羽。筐人㡛氏湅絲，湅帛	掌染草，掌以春秋斂染草之物，以權量受之，以待時而頒之	掌染草，掌以春秋斂染草之物，以權量受之	

职官	执业	颁材	庀材	考工
刮摩之工	玉人之事。楖人爲筍虡。磬氏爲磬。矢人爲矢。			
搏埴之工	陶人爲甗。旊人爲簋。			
女工	大宰以九職任萬民，七曰嬪婦，化治絲枲。大司徒以頒職事，十有二於邦國、都鄙，使以登萬民，七曰化材。内宰以婦職之法教九御，使各有屬，以作二事，正其服，禁其奇，表展其功。内宰掌治絲枲，帥外内命婦始蠶於北郊。閭師，任嬪以女事。鄭長各掌其鄉之政令，凡歲時皆聽之，稽其女功。九嬪掌教九御婦功	女御以歲時獻功事。縫人掌王官之縫綫之事以役女御，掌凡内之縫事	典絲於外内，工皆以物受之。典枲，掌布緦縷紵之麻草之物，以待時頒功而授齎		内宰以婦職之法教九御，使各有屬，以作二事。正其服，禁其奇，表展其功。歲終則會其入之稍食，稽其功，任後而受獻功者，比其小大與其粗良而賞罰之。典婦工掌女工之事賚，凡授嬪婦功及秋獻功，辨其苦良，比其大而書揭之。典絲綫入而辨其物，以其賈楬藏之。及獻功則受良功而藏之。典枲功而書其數，楬而藏之。頒絲於外内而受功，及獻功及獻功受苦功，辨其賈，楬而藏之

表三　周官商政分職表

次叙分地	立法	司法	行法
次叙分地	大宰以九職任萬民，六曰商賈，阜通貨賄。大司徒頒職事十有二於邦國都鄙，内宰以陰禮教六宮，佐后立市，掌達天下之道路，通其財利。内宰凡建國，佐后立市，設其次，置其叙。	載師以廛里任國中之地。閭師任國中之貨，以歲登萬民。司市佐后掌市之治教、政刑、量度、禁令。大市日昃而市，百族為主。朝市朝時而市，商賈為主。夕市夕時而市，販夫販婦為主。司市以次叙分地而經市。	司市，上旌於思，次以令市。市師涖焉，大訟。胥師賈師涖於思，小訟。司市上涖於思，市師涖焉，賈師涖於次。
陳肆辨物	内宰，凡建國，佐后立市，陳其貨賄，正其肆。	司市以陳肆辨物而平市。	司市，市之群吏肆其正。肆長而平其貨賄。各相近者相遠者，各相近者地，賈相近者地，辨其物而均平之。
禁物靡		司市以政令禁物靡而均市。凡市偽飾之禁在民者十有二，在商者十有二。	賈師，凡天患禁賣儥者使有恒賈。
阜貨	掌節、掌守邦節而辨其用，以輔王命、貨賄用璽節。	司市以商賈阜貨而行布。凡治市之貨賄、六畜、珍異，亡者使有，利者使阜，害者使亡，靡者使微。	司關掌國貨之節以聯門市，司貨賄者，則以節傳出之。
量度成賈	内宰，凡建國，佐后立市，共其度量，淳其器。	司市以量度成賈而征價。	司市，凡市入則胥執鞭度守門，市之群吏平肆、展肆、奠賈、守肆。賈師各掌其次之貨賄之治，而帥其屬而涖其禁令。凡賣儥者質劑焉，大市以質，小市以劑。凡會同、師役、市於國者，則各帥其屬而涖其禁令。若牛馬、兵器、珍異皆有賈焉。
質劑結信	小宰以官府之八成經邦治，七曰聽賣買以質劑。	司市以質劑結信而止訟。	司市，凡市入則胥次之以書契。質人掌稽市之書契，同其度量，壹其淳制，巡而考之，犯禁者舉而罰之。凡賣儥者質劑焉，大市以質，小市以劑。掌稽市之書契，凡賣儥國中一旬，郊二旬，野三旬，都三月，邦國期，期内聽。
禁偽		司市以賈民禁偽而除詐。凡市偽飾之禁，在民者十有二，在商者十有二。	司市，凡市入，則胥執鞭度守門。胥師、賈師各掌其次之貨賄而飾行儥慝者，而誅罰之。司稽掌巡市而察其犯禁者與其不物者而搏之，正其貨賄，凡市偽飾之禁，在民者十有二，在商者十有二。
禁訟	司市以刑罰禁虣而去盗。	司市以刑罰禁虣而去盗。	司虣掌憲市之禁令，禁其鬥囂者與其虣亂者出入，相陵犯者以屬遊。司稽掌巡市而察其犯禁者與其不物者而搏之。飲食於市者，若有惡市之征者，其刑各從其市。
同貨	朝士，凡得獲貨賄者，令以國法行之，犯令者刑罰之。	司市以東府同貨而斂除。	泉府掌以市之征布，斂市之不售貨之滯於民用者。以其賈買之，物楬而書之，以待不時而買者，買者各從其抵，以待時而斂者，凡國服為之息。凡賒者，祭祀無過旬日，喪紀無過三月。凡民之貸者，與其有司辨而授之，以國服為之息。

前期所示"國學鄉學表"所題"國學"屬抽象名詞，謂"國子之小學"，與前講義所提"國學"屬全體名詞有別，即所謂"禮有七名"，有共名，有別名，有大共之名，有小共之名，有大別之名，有小別之名，是其例也。

表所列之"國學"，謂"國子之小學"，故仍屬於司徒，所謂凡國之貴遊子弟造焉。講義所稱之"國學"，指"成均之大學"。何謂成均？謂"學成而德均也"。國子者，王太子、諸侯世子、卿大夫元士之適子，統謂之"國子"，即統而言，謂之"國之貴遊子弟"。何以又兼言子弟？以其立學之主義，則爲教爲君者而設，故專以太子至適子爲名。以其事實，則王之太子以次之王子，其於王族之名爲別子，其於國法之爵位，則位比於卿。天子之卿視諸侯，仍是一邦君也。諸侯之世子以次之公子，其於公族之名亦爲別子，其於國法之爵位，則位當大夫。故《春秋》之例，公子與大夫同等，《世本》有公子大夫譜。諸侯之別子，即不爲大夫，亦必立宗以統其後裔，同於大夫之禮，故宗法云"別子爲祖，繼別爲宗"。此經之卿、大夫、元士，主於王國而言。《周禮》提綱惟王建國政治之綱，以中央爲主點。列邦侯甸，乃受政治之支配者也，諸侯不能出政故也。天子之大夫視伯，天子之元士視子男，位與列邦之小諸侯相等。其次以下，皆當立宗有家，禮如小國大夫，故皆入國子之小學，同班教授。對於現居王朝之卿、大夫、元士而言，則其介弟也；對於正班入學之太子、世子、適子而言，則其貴弟也，故統言之曰"貴遊子弟"。此其人皆將君人者也，生於宮家，長於國都，自不能出就於鄉學，乃自然之勢，故合班而教於"國子之小學"。

《記》曰："小學在公宮南之左，大學在郊。"小學爲貴遊子弟所造之學校，故取就近在宮之前，大學則與國之俊選共之，故遠在城門之郊。國子由宮南之小學畢業而外出，俊選由鄉之黨庠小學畢業而内移，同入於成均之大學，故曰"王太子、諸侯之世子、卿大夫元士之適子，與國之俊選皆入焉"。凡入學以齒，至此程度相等，乃合班而教之。雖王太子與平民選進之學生以齒相叙，故《記》曰"將君我而與我齒讓，何也？"有父在則禮然，有兄在則禮然。"有父在"指天子、諸侯、卿大夫、元士而言，"有兄在"指太子、世子、適子而言也。以上所示，即四代學制之統系、階級略備於此。試思太子與鄉民升學之學生同班共學，相讓以齒，是何等文明制度！此今日歐洲極文明國度之所無。歐美王子遊學必異國，且隱其名。古則不然，明與士齒。故禮曰："雖天子之元子皆士也，天下無生而貴者也。"此造士之教育，即所謂人才教育。人才非能取富貴之謂人才，乃能舉政事之謂人才也。

若夫普及教育，則教成民格足矣，與人才教育迥然不同，截然兩事，不可誤也。士、農、工、商，謂之"四民"。士有三等，天子之元士，位尊視子男；諸侯之上士，謂之適士，即是長官；禮謂之官。即①其下士則與庶人之在官者同禄，雖名爲士，仍未尊於民，與在學校而未入仕之士相等。所謂士爲四民之首，於此分別而教之，惟士有升學之制。所謂俊選，先就鄉學遞級考校，書其賢者、能者，然後舉行鄉飲、鄉射之禮，以禮賓興賢能，

---

① 即：原作爲夾注内容，據文意，調整爲正文。

進於國學。其三民之教，則純全支配於行政之中。鄉學畢業，無賢能可書者。不與士選，年滿二十，其多數受田百畝爲農，其少數就其所習技能支配爲工、爲商。工商之家，亦授田五十畝，以工商之業不可耕且爲也，故減半授之，家有餘夫，率其婦子可以耕作。亦有閒民一種，爲人傭雇，《周禮》以九職授萬民，"九曰閒民，無常職，轉移執事"。此項（間）閒①民，即所謂罷讀疲。民，納之圜土，役諸司空，期滿而舍者。此爲《周禮》教罷民之專條。民有游惰，放棄職業及其他過犯者，則執而納之圜土，勒作工役。故云役諸司空圜土之罰役例如今之懲役場，罷民之罪名例如今之暫奪公權也。其前或未授田，或犯法奪田，罰役期滿而舍，不更授以田而令受雇於主家，得其傭值，故《詩》云"侯主侯伯，侯亞侯旅，侯疆侯以"。主伯，則主家之農夫；亞旅、疆以，則轉移執事之傭作也。其同井之家，亦教以通力合作，故孟子曰"鄉田同井，出入相友，守望相助，疾病相扶持，則百姓親睦"。除族塾、黨庠之外，其訓農之教，支配於行政，有田畯履行阡陌，督且教之。孟子所舉"春省耕而補不足，秋省斂而助不給"是其事也。此《管子》所謂"處農就田野"是也。

商之教法，悉支配於行政，仍隸於司徒。《周禮》司徒之屬司市、肆師、賈人一部分，與司關一部分相聯，交治商政。而教法即支配在行政之中，有《周官商政表》續出演講，舉隅可知。業於斯者即教於斯，教於斯者即仕於斯，終身不出於此途，此《管子》所謂"處商就市井"。

工之教法，亦悉支配於行政，則隸於司空。其大工作，教之於官府，"《周禮》之三十工"是也；小工作課之於圜土，"《周官》以圜土聚罷民"是也。其罰役細則，悉掌於司空，故云"役諸司空"。古義聚眾而治事之所曰"官"，器物財貨儲積之所曰"府"，故《周官》大府、玉府、泉府即國庫；而府史胥徒之府，即守藏典府之吏也。耳目口鼻之名爲"官"，五藏之副名爲"府"，亦即此義。古先名詞，字字有來歷根源，故云"治經學第一課，須先明訓詁也"。教於官府即仕於官府，所謂"日省月視，餼廩稱事"，亦終身不出於此途，其等級優者爲"國工"，亦名"邦工"。此皆爲庶人在官，與下士同祿，無升進而有加獎，不升學而有學級，例如今歐美之大工廠，就其中支配工學應有之教科。有"周官工政表"續出演講，舉隅可知，此《管子》所謂"處工就官府是也"。

至《管子》所謂"處士就閒燕"，乃專指國學之大學而言。《禮·學記》一篇，詳言大學之教法。所謂"藏焉，修焉，息焉，遊焉"，"優而遊之，使自求之；饜而飫之，自得之"。其教科全注重自修研究，樂群練習。教者詔其程課，以待問而答焉，不在上堂講授者。人才之教育，與普及之教育，深淺不同，故教法絕異。不能持口耳四寸之間，養成左右政教之人才也，故《記》明揭之曰"記問之學，不足以爲人師"，即可深長思也。

前說三民之教法，支配於行政，所謂"處農就田里，處工就官府，處商就市井"。而後選

---

① 閒：原作"間"，據《周禮·天官冢宰》改。

於農之秀者，由鄉學而升諸國學，處之以燕閒。其在鄉學黨庠，仍屬未成之士，所處仍在田里。與於賓興，謂之興甿；不與於賓興者，仍退歸於畝。所表示農政，即督農教農之長官，其下有田畯，蓋同於府史胥徒之史與胥。史者，如後世書辦；胥者，徒之什長，猶公役之領班矣。

以上所述，即四代學制之大義。學者尋繹而匯通之，可以知教育之原則，自能比較古今中外學制之淺深優劣、何得何失，始可以議學務。即分占一科之教授，雖範圍較狹，按本宣科，而胸有原則，庶不致眼光全集於歐美之國家人民性質，而忘其中國之國家人民性質，削踵就屨，譌謬相承。此亦通經致用之一端也。

升於大學，異於齊民，乃成爲士。是以處以燕閒之地，專修道德學業，其造士之法備於《學記》《樂記》兩篇。今略舉《學記》之綱要，可以推知人才教育爲立政立教之全體，關係造就此類人才，則行政施教同出一源，三民之教育即在行政之中，普及之教育不外三民而止矣。樊遲學稼圃，夫子自謂不如農圃，即是此意。原理雖博學可知，實業須實行練習，故曰"不如"。舊說誤以爲不屑，又或謂謙詞，皆由誤解相沿，以小人爲惡名詞，不知君子是加人一等，"小人"正謂平等之民，別有專說。彼經"小人"謂細民之事。下文三舉"上"字，而結以"襁負其子而至"之農民，正謂教農在行政耳。

《學記》開章云："發慮憲，求善良，足以謏聞，不足以動衆。"鄭注："憲，法也，言發計慮當擬度於法式也。"即可推知四代以來，皆爲立憲之制。《尚書》慎乃憲，欽哉！惟聖時憲，鑒於成憲。"憲"字確係《尚書》道政之特製名詞。《周禮》承用之，有布憲之官。先有成憲，故云"發慮"，擬度於憲法。求善良，即"集召國人而議國事"也，此爲政治之初基，故云"足以謏聞"。謏，小也，謂少也，可以稍稍有聞於世界，而不足動大衆之人民。"就賢體遠"，鄭注："就，謂躬下之；體，猶親也。"謂親賢下士，與謀國事，足以動衆矣。猶未足以化民，此何以故？爲其五方之民，各有秉性，成爲習慣，合乎人情者，未必盡合乎道。道之大原出於天，必有其原則，不可易也，故先王必將一道德以同風俗，則必深求之道藝。設學以化民者，必先自造就治民之人才始也，故曰："君子如欲化民成俗，其必由學乎！"繼其詞曰："玉不琢，不成器，人不學，不知道。"

《學記》分段演說，言外係說理由，意内皆有事實。第一段引《兌命》"念終始典於學"作結，謂始於士，終於王；始於入學，終於壽終，皆據學理奉爲憲典。第二段引《兌命》"學學半"又一結，謂大學之法，教者與學者交相切磋，各得其半也。第三段舉學級、學年，引《記》曰"蟻子時術之"一結，乃古《記》之語，喻學成之難，譬如蟻之爲垤，須積累精進不退。而第四段述教之七倫，引《記》"官先事，士先志"又一結。官即處工就官府，士即處士就燕閒，各有所重也。第五段專述習禮合樂爲大學之重要學科，引《兌命》又一結，皆云"此之謂乎？"此後反覆三段，明教之所由興廢，故"君子之教，喻也"一段，示爲師教人之法，引《記》作結，亦云備矣。

表四　周官　政分表

	教　政	辨土宜	選　種	培　養	去　害	簡　器
稼穡	大宰以九職任萬民，一曰三農，生九穀。二曰園圃，毓草木。十有二教，一曰樹藝。載師掌任土之法以均地，均地職而待其政令。土均掌平土地之政，以均地守，均地事，均地貢，均地職。閭師掌平土之法以均地，以歲時徵野之貢賦。遂人掌令各掌其政令刑禁，教之稼穡。遂師掌其政令，以時稼穡。遂大夫各掌其遂之政令，巡其稼穡，而移用其民，以救其時事。縣正各掌其縣之政令徵比，趨其稼穡，而賞罰之。鄙師各掌其邑之政令，趨其稼事，而賞罰之。凡歲時之戒令，趨其稼穡，趨其耕耨。里宰掌比其邑之衆寡，與其六畜兵器，趨其稼事，而賞罰之。凡歲時之戒令，趨其耕耨，趨其稼穡。	大司徒以土宜之法，辨十有二壤之物而知其種，以教稼穡樹藝，辨其名物，以辨九州之國，使同貫利。其東南曰揚州，其穀宜稻；河南曰豫州，其穀宜五種；正南曰荊州，其穀宜稻；河東曰兗州，其穀宜四種；正東曰青州，其穀宜稻麥；河內曰冀州，其穀宜黍稷；正西曰雍州，其穀宜黍稷；東北曰幽州，其穀宜三種；正北曰并州，其穀宜五種。土訓掌道地圖以詔地事，道地慝以辨地物而原其生，以詔地求。土方氏以辨土化之法而授任地者。草人掌土化之法以物地，相其宜而為之種。	司稼掌巡邦野之稼，而辨穜稑之種，周知其名，與其所宜地，以為法，而縣於邑閭。	土方氏以辨土化之法，而授任地者。草人掌土化之法以物地，相其宜而為之種。凡糞種：騂剛用牛，赤緹用羊，墳壤用麋，渴澤用鹿，鹹潟用貆，勃壤用狐，埴壚用豕，彊㯺用蕡，輕㯺用犬。	雍氏掌溝瀆澮池之禁。凡害於國稼者。春令為阱擭溝瀆之利於民者，秋令塞阱杜擭。薙氏掌殺草。春始生而萌之，夏日至而夷之，秋繩而芟之，冬日至而耜之。若欲其化也，則以水火變之。稻人掌稼下地。以豬畜水，以防止水，以溝蕩水，以遂均水，以列舍水，以澮寫水，以涉揚其芟，作田。凡稼澤，夏以水殄草而芟夷之。	車人為耒。稻人，以時決之。遂人，以時簡其稼器。遂師，簡其稼器。遂大夫，簡稼器。縣正，簡稼器。鄙師，各掌其稼器。司稼，歲時巡稼穡，簡其數。
林木	大宰以九職任萬民，二曰園圃，毓草木。三曰虞衡，作山澤之材。大司徒頒職事，二曰樹藝，三曰作材，使以登萬民，九曰生材。載師掌任土之法以均地，均地職而待其政令。土均掌平土地之政，以均地守，均地事。場人掌國之場圃，而樹之果蓏珍異之物，以時斂而藏之。	大司徒以土會之法，辨五地之物生：一曰山林，其植物宜皂物；二曰川澤，其植物宜膏物；三曰丘陵，其植物宜覈物；四曰墳衍，其植物宜莢物；五曰原隰，其植物宜叢物。以土宜之法，辨十有二土之名物，以相民宅而知其利害，以阜人民，以毓草木，以任土事。土方氏掌天下之地圖，以辨其邦國都鄙，辨其財用之數要。	場人掌國之場圃，而樹之果蓏珍異之物，以時斂而藏之。山師掌山林之名，辨其物與其利害。川師掌川澤之名，辨其物與其利害。原師掌平原丘陵墳衍原隰之名物，辨其利害，以時斂其茶。	山虞掌山林之政令，物為之厲而為之守禁。仲冬斬陽木，仲夏斬陰木，令萬民時斬材，有期日。春秋之斬木不入禁，以時入之，若斬木材，則受法於山虞，而掌其政令。	山虞，凡竊木者有刑罰。林衡掌巡林麓之禁令，而平其守，以時計林麓而賞罰之。川衡掌巡川澤之禁令，而平其守，犯禁者，執而誅罰之。	

029

	敷政	辨土宜	選種	培養	去害	簡器
林木	閭師任圃以樹事。任虞以澤事。山虞掌山林之政令，物爲之厲而爲之守禁。林衡掌巡林麓之禁令，而平其守。川衡①掌巡川澤之禁令，使其禁。澤虞掌國澤之政令爲之厲，使其地之人守其財物。	周知其利害，乃辨九州之國，使同貫利。東南曰揚州，其利金錫竹箭；河南曰豫州，其利林漆絲枲；河内曰冀州，其利松柏。載師掌任土之法，以物地事		川衡掌巡川澤之禁令，以時舍。犯禁者，執而誅罰之。澤虞掌國澤之政令。凡祭祀賓客，共其財物。杅氏掌攻草木及林麓。刊陽木而火之；刊陰木而水之。若其化也，則春秋變其水火。		
畜牧	大宰以九職任萬民，四曰藪牧，養蕃鳥獸。大司徒頒職事，十有二於邦國都鄙，使以登萬民，四曰藪牧，養蕃鳥獸。載師掌任牛田、牧田任遠郊之地。閭師掌國中之政以畜事。迹人掌邦田之地政，爲之厲禁。牧師掌牧地，皆有厲禁而頒之。牧人掌牧六牲而阜蕃其物。校人掌王馬之政。	大司徒以土會之法辨五地之生物：一曰山林，其動物宜毛物。以土宜之法辨十有二土之名物，以蕃鳥獸。職方氏掌天下之圖，以掌天下之地。辨其財用、六畜之數要，周知其利害。乃辨九州之國，使同貫利。東南曰揚州，其畜宜鳥獸；正南曰荆州，其畜宜鳥獸；河南曰豫州，其畜宜六擾；正東曰青州，其畜宜雞狗；河東曰兗州，其畜宜六擾；正西曰雍州，其畜宜牛羊；東北曰幽州，其畜宜四擾；河内曰冀州，其畜宜牛羊；正北曰并州，其畜宜五擾	校人辨六馬之屬，種馬一物，戎馬一物，齊馬一物，道馬一物，田馬一物，駑馬一物	掌畜掌養鳥獸而阜蕃之。牧人掌牧六牲，而阜蕃其物。夷隸掌役牧人役牛馬。鹽隸掌役人役牧人役。廋人掌十有二閑之政教，以阜馬，佚特，教駣，攻駒，及祭馬祖、祭閑之先牧，及執駒、散馬耳、圉馬。趣馬掌贊正良馬，而齊其飲食，辨四時之居，治其糧。圉師除蓐，釁廏，始牧。圉人掌養馬芻牧之事，以役圉師。牛人掌養國之公牛	馬質掌質馬②。綱惡馬。巫馬掌養疾馬而乘治之，相醫而藥攻馬疾。獸醫掌療獸病，療獸瘍。	

① 川衡條誤列。
② 質馬，原脫，據《周禮·夏官司馬》補。

學制平議

兩漢學界之教法，與其政界之治法，大略同一規模。其太守令長自辟功曹掾史，自行支配政綱條教，以發縱指使其所屬之鄉吏。時有三老、嗇夫、遊徼、亭長、里政等，皆鄉吏，謂之"少吏"。其時吏途不雜，爲守令者多明經之士，故得一循吏而善政具舉，地方稱治。其教授學界者，必先遊太學，受學於博士，通一經以上，有授受淵源，始能退而設學，亦始有人往從之遊，時人語皆稱爲"經師"；其有德行高俊者，乃謂之"人師"，故云"經師易得，人師難遭"。設學教授者皆經師，其次級之教授法，類由經師支配，令高弟子轉相傳授。西學所謂"有高深之學識，始能定淺近之教科"，此其理也。其鄉里委巷授徒之蒙館蓋寡，至一家專館，延師課讀者，則絕無聞焉。迨黨錮之禍興，而弦誦之響絕，六朝重門第，始各以家傳所學私其子弟，而共同之教法廢矣。隋氏始專用考試取士，士之欲求仕進者，自行投牒應考，以成唐以後迄於清末葉千數百年之士習。

唐設諸科取士，最高等級有"有道"及"明體達用""道侔伊呂"之目，專門科學有"明字""明算"等科。然舉既不常，應者絕寡。普通學界士流所趨者，祇"明經""進士"兩科。其所謂"明經"，與漢法絕異，乃抽書背書。而所抽背誦爲帖經者，非講經文，乃默記默寫注疏，毫無是處，不成學問。其進士則取策論詩賦，才智者競於此途，其誦習以《昭明文選》爲主。《文選》文體備而取材富，研究文理在此，多聞故實亦在此。此外，又自求之先達名輩著作，轉相師效，故唐一代文學人才最盛，隱隱寓有師法，如漢代經學淵源。文學到深境，條理密察，亦即可因文見道，推理知政。前有文仲子，後有昌黎子，皆具繼往開來識力。而政治人才如魏文貞、張曲江、宋廣平、李鄴侯、陸忠宣諸賢，皆以一身係治亂安危，直如立竿見影，非宋以後人才"各一是非，互有得失，論列不定"之可比。五季之亂，學術蕩然殆絕，而陳圖南、周茂叔、邵康節居於學絕時代，乃從道家悟《易》，由《易》以求孔門遺學，以啓二程聞聖賢之一端，因以推說群經，遂成宋以來迄於清中葉之理學，故程子自言"得絕學於遺經中"，言固不誣。特所得者乃聖人之一體，尚未企及具體而微，故其運量，祇能左右學界。以《四書》出題作文，雖始於明，實源於理學家之語錄，緣其質而文之，故八比考試時代，仍屬"理學持世時代"也。此千年間之人才，皆蓋棺不能論定，即此可恍然大悟。至朱、陸、王、張、楊、袁之異同，同出一途而互見彼己，自修之得失，無關於人材教育之得失也。

今五洲大通，學校之回響應於中國，乃理學代謝，聖學將明之期會。學者眼光縱不能仰觀三代，宜若當參考古今，審察中外，求所適宜，擬之而後議，議之而後言，論定然後行。知其爲古今改革一大事，當如何鄭重周詳而始出？乃當光緒變法，政界諸公僅據留學生數輩所聞，憑藉東文所轉抄之西學，照抄一通，率爾頒行天下，以訛傳訛，將錯就錯，既鑄成大錯，而大惑以終身，至今不解。新學界專欲崇重科學，舊學界仍欲墨守理學，一進一退，隱隱爭持，是皆不知物有本末。形上爲本，形下爲末。末者以藝爲主，其作用在農工商，乃物質文明之事；本者以道爲先，其注重在造士，乃政教文明之本也。夫道若大路然，即"人格模範"之謂也。使無人格模範，將何以運動物質文明；而欲立人格模範以運動物質文明，又不在高談理學。以理學爲教科，是爲躐等造士，且無效，況以教農工商乎？如但競物質文明，忽視人格模範，恐欲求堪勝教習之材，且不可得，何況政治之選乎？人才教育與普及教育截然兩事，專門科學教育又自爲一種教育，當分三種，時論并爲一談。考歐學制，普及教育，祇有高初兩級而止。其志入專門學校者，各就所應用之科學，分別支配，別爲預備學校一級，與普及教育自爲兩事。日本襲歐美學制，變而不善，目預備一級爲中學，增設普通中學校一級，遂連合普及教育與人才教育爲一條。_{我誤襲日本，又沿省制與京師爲上下階級，復增各省高等學校一級。}條理不明，統系紊亂，莫此爲甚。持此以往，而欲教育進化，是反踵而求前也。_{舊在《江南南菁學約》及《朔望講議》辨學制甚詳。}學者由鄙説以參考經傳，可悟三代學制精於歐美；略窺三代學制本源，以究學校統系，可斷歐洲學制優於日本。此即教育學之根源與經史學之關係。《管子》出於《周官》，今且引《管子》之立學制爲證，以見一斑。《管子》云：“處農就田里，處工就官府，處商就市井，處士就燕閒。”田里者，即二十五家之里門，設一小學，農事畢登，餘子皆入學。平明，里老坐於里門，女子同巷相從夜績，饑者歌其食，勞者歌其事是也。今未能辨此，則農桑學堂就場圃實習者近之，大學專門高等之農科無用也。官府者，聚而治事曰官，有藏曰府。四代之制，共工、考工掌之，而聚良工以辨_{辨辦古一字}。民器，謂之國工、邦工。今官設之工業廠近之，其空中演習儀器分化之工藝學堂無用也。市井者，闤闠相通爲“井”字之形，如今勸業場近之。但組織迷謬，惟令商賈賃屋貿易，而又於他處空立學校，教以空中演習，配以無甚關係之教科。兩俱無益，而又害之矣。由《管子》之法，乃各就其地而設學，各就所事而施教。所謂“以九職授萬民也”，非一律居以學堂之廣居，教成遊手好閒、似士而非士之政客也。至於“處士就燕閒”，則自黨庠以至於國學，乃特設之人才教育學堂。其教科主課，在“順先王《詩》、《書》、禮、樂以造士”，其所志之鵠，以模範人格爲先，而養成特別人才在後。故曰“藏焉、修焉、息焉、遊焉”“優而遊①之，使自求之”，是以必就燕閒，然後可以施其教育也。

治經以通訓詁爲第一課。不通訓詁小學，縱舉出群經大義，爲之演説，然聽者於古訓不明了，即於古義有扞格，不能領會於心，即不能宣白於口，於後來講授師資，必生障礙。茲於委曲繁重之經學，求一直捷簡要之程途，則惟有講貫《爾雅》以印證《詩》《書》之古訓，如《爾雅·釋訓》《釋詁》《釋言》，全屬釋《詩》《書》之名詞；《釋草》《釋木》《釋鳥》《釋獸》《釋魚》《釋蟲》諸篇，大半皆見於《詩》。《爾雅》授於孔子，傳之子夏，興學始於《詩》，故詳爲之解，即孔子詔《詩》“多識於草、木、鳥、獸之名”也。其詮釋古今之異名，又大半與《毛詩詁訓傳》相合。至於天地山水諸篇，則舉釋《詩》《書》禮之名物，學者就拙作講義，推例便明。其最關經術大義者，在《釋親》一篇。原講義已爲揭出綱領，説明旨要，所宜注意，此中國聖人立政教之根源也，今再爲演説大義如左。

“聖人，人倫之至也。”其立教之要言，曰：“親親而仁民，仁民而愛物。”其立政之界説，曰：“天下之本在國，國之本在家，家之本在身。”由家庭而社會，由社會而國家。四代以來，皆封建諸侯，分土而治，各國之人民，各有其國家，然後合多數國家以成爲一天下。是以家庭爲國家之雛形，天下乃國家之積體。教始於家庭，政即始於家庭，故或問“子奚不爲政？”夫子引《書》云‘孝乎，惟孝友於兄弟，施於有政。’是亦爲政”。故與其謂中國爲道德政治也，吾寧謂之人倫政治之爲當也。

父子祖孫之相及，夫妻子女之相保，兄弟姊妹伯叔姑姪之同居，是爲家庭家政。由此起外域無中國人倫之教，則所謂一家者，惟有夫妻子女，其祖孫已不相及，其兄弟已不相關，此外親屬自無論矣。無所謂家庭，自無所謂家政，故其政教不得不分離，自無從而施親親之教。惟聖人人倫之教，演爲人倫之政，其制度之組合，即其大義所昭垂。由家庭而社會，組

---

① 遊：《漢書·東方朔傳》作“柔”。

合於其閒者，有九族之親。"親親，以三爲五，以五爲九"，是謂微言，即兼大義。何謂"以三爲五？"父、身、子，三也。生我者爲父，我生者爲子，此爲最親，人所共知，故從此起點。何謂"以三爲五？"父之父爲祖，子之子爲孫，上溯下及，是五世也，是謂"以三爲五"。五代者從三代而推之，以我之父推而知父之父母，以我之子推而知子之子，其恩義相同。既立祖、孫之名，義即又從祖、孫立根，祖之祖爲高祖，孫之孫爲玄孫，是"九世"也。上從高祖發派，下逮玄孫，是爲"五服之親"。親盡於上，則服單於下。單，殫也；殫，盡也，古訓宜知。過此以往，謂之"親同姓"。良以相生相養之人事，至五世而不相及；相親相保之愛力，亦至五世而漸消，故曰"君子小人之澤，五世而斬"。惟有係之以姓而弗別，稱曰"親同姓"。從此以往，則由家族而入於社會之交際矣。社會之交際，則爲平等之人。此外域之平等主義所由起，而非中國先聖先王之所以爲教也。

由社會出而對於國家，據經之大義，則以士爲主體，故孟子曰"民無恒產則無恒心"，"無恒產而有恒心者，惟士爲能"。明乎士之異於三民，則可與言經術。何則？士者，民格之最高者也。而其所居之位，對於國之王公、卿、諸侯、大夫爲最卑；退居本位，則與農工商三民同等，謂之"四民"，《管子》所說"士農工商"是也。及其積累增高，進居上位，與公、卿、大夫同等，謂之"四選"，董子所說"公、卿、大夫、士，謂之四選"是也。然則所謂士者，上可列爲公卿之班，下可處於農工商之列。在於今日世界，無以明之，則且以今日現象明之。即鄙人與諸君可以比例，諸君進學位，即成博士，博士比昔之翰林，翰林本秩祇七品，而體制則與尚書平行；其不及學位，退爲農商，不爲辱没。是諸君在學之日，以至歸田之時，皆與農商同等也。鄙人在清末，一方面爲候補京卿，則在卿大夫之列；一方面爲大學堂教習，則與諸教員同等。是即經術之說，進則爲卿，退則爲士；進與公候爲比，退與農商并列。此雖借喻，其實經義不託空言，隨處皆從社會針對說法，如不能證諸事實，是謂空言。故《論語》爲孔門語錄，所用在發擿群經，而所說皆當日事實。又以別教之言譬之，所謂現身說法是也。且置閒談，再論原理，不易更端，仍再演說倫理如左。

《尚書》爲最古之書，了所雅言。刪《書》斷白唐虞，乃以唐虞爲斷，意謂以前不足爲法也。其所稱"粵若稽古"至"格於上下"，乃述其自修之德。上學期講義已言之，其言"克明俊德，以親九族"即是帝堯之第一政策、惟一政綱。所謂九族，即前所說之九族。"九族既睦，然後平章百姓"，百姓即百官之族姓。禮所謂之異姓，乃後世所謂外戚，今日本之所謂華族。再其次乃有庶姓，即今外域所謂民族，不與皇家通婚姻者也。此乃人倫政治組織之大法。百姓之貴族昭明，然後協和萬國以及黎民，先教貴近而後及遠。庶姓乃先代所遺舊國，新王立政，治化維新，存其舊國，乃優而容之，又必推而遠之。何則？如有能者，則舊朝不滅，今既代德而興，則當與爲更始。故孔子射於矍相之圃，使公罔之裘揚觶，則去者半，存者半；又使子路宣告於衆，則相率引去，僅有存者。可見孔子當日之望高道重，而當日觀射者皆世族貴遊，至於再次宣告，一哄而散，則當日觀射之徒，大率皆償軍之將、亡國之大夫。《太史公書》所稱"諸侯奔走，不得保其社稷者，不可勝數也。"即此推知孔子當日所處之世，正如今日之世，而我輩今日言學，且言經學，自當志存於孔子之學，乃所以爲學也。孔子之學，豈能幾及萬一，則亦曰誦讀孔子之經，尋繹孔經之義，求其近似者而已。

親親以男爲統系，而後父子有親。説見《爾雅講義·釋親》已詳，屬於人事，所宜參觀自見。女自外來而爲主於內，此本於天道陰陽之理，故曰"家人女爲奧主"，"男正位乎外，女正位乎內。"《穀梁傳》曰："獨陰不生，獨陽不生，獨天不生，三合然後生人。"此係《春秋》口説相傳微言，即是群經之大義，乃聖人人倫至教之所以然。天地之生人爲貴。孔門哲理，豈有不知天地之閒猶橐籥。老子哲學，已盡精微。由天之生氣傳度於男，乃由男體傳度於女，然後生人。雖母氣之中亦有天之生氣，但由男所傳度之生氣先至則成男，由女所傳度之生氣先至則成女，故謂“乾道成男，坤道成女”。而乾元統天，實爲主體，所謂“太極元氣，函三爲一”。老子云“一生二，二生三，三生萬物”，極精之哲理也。聖人本諸天道，制爲男統，至嘖而不可亂。夫之言“扶”，妻之言“齊”，分固平等。子女之對於父母，皆謂嚴君，皆爲至尊。《喪服傳》：“父至尊也，母至尊也。”《易》曰：“家人有嚴君，父母之謂也。”但血統以男爲主體，家世相承；女自外來，女生外相，故女爲副體，無專制之道，故又稱爲婦，服於人者也。妻者，正室之專名；婦者，統妻妾子婦之通稱，古文作媍、負，取誼於算數之正負，正負猶正副也。古誼同姓之尊稱父母，異姓之尊稱舅姑。子婦於夫之父母，仍稱舅姑，而其誼同父母。故《爾雅》又特標其稱曰“君舅”“君姑”，歿曰“先舅”“先姑”。君者奉其統之誼，先者爲之後之誼，故家人嚴君父母之謂，乃統括子婦而言。妾稱嫡爲“女君子”，婦稱舅之妾爲“少姑”，子稱父之姊妹亦爲“姑”也。男之有妾者，非寬於男而刻於女也，一爲廣嗣續；二爲佐嫡治其宫事；三爲支配男女之數，使女皆有所歸；四爲食禄之家，任養細弱之女。《周官·職方》算男女之數，通率女多於男。妾媵限制之數，士二，大夫三；王朝則士三，大夫五，外諸侯七；天子一娶九女，或言十二女者，并數三夫人，王后以並體至尊不數；三夫人比三公，不必備，惟其人，無則缺之。其制爲食禄以上富貴之家制之，庶人則匹夫匹婦不得有妾也。男子先生爲兄，後生爲弟；女子先生爲姊，後生爲妹。兄，長也；弟，次也；姊，秩也，謂有秩叙；妹，末也。其命名即其職分，是謂名義。兄道之所以尊者，爲佐父治家以教率弟。同母兄弟，有相差三十年者，異母更無論矣。即年差不遠，幼則抱持，長則服勞奉養之事，兄必相先，故傳重必於嫡長，立以爲宗，謂之“宗法”。禮於宗法組織甚密，然必如三代制度，分田世禄，始能行之。今雖禮壞樂崩，非一朝夕之故。然學者當求知禮意，乃所以維繫人倫兄道之尊，誼屬嫡長；其次以降，則相屬以名，其尊遞減，故《記》云介婦不得抗行於冢婦。姊對於弟不甚尊，而妹對於兄則甚卑，鄭君禮注屢云“妹卑”。亦緣宗道有遺嫁歸宗義務之故也。夫三代之所以授采分田世禄者，其導之以行禮之事至繁重，而所負荷宗族之責任尤多也，故曰“尊祖”“敬宗”“收族”也。

中國國度，由家庭而社會，由社會而國家，大分爲三級結合，而推究其元素，則仍以一己之身爲單位，俗所謂“個人”。經傳名詞所謂身也。推己身所由生，則上知有父；因知己之所自出，下知有子，而親親之道由此立，所謂“親親以三也”。原夫知有母而後知有父者，原人之本質常識所共同。母之生子，有目見之實證；子之認父，以生身之母爲實證，故《易》曰：“有夫婦，然後有父子。”《禮》曰：“夫婦[1]有别，然後父子親。”夫婦有别者，謂匹配不相亂。某氏之女某爲某之妻，相偶而生子，則證明某妻所生之子爲某之子也，故《昏義》[2]云“日月以告君，齋戒以告鬼神，爲酒食以召鄉黨僚友，以厚其别也”。此經“别”字，即證明夫婦有别之本誼。宋學所述夫婦之别，乃後起之誼也。據此原則，合父、身、子爲三代，而有同父所生之昆弟姊妹，上推與父同胞者爲伯父、叔父、諸姑，己子之妻爲子婦，兄弟之妻爲娣姒，兄弟之子爲猶子，結合以成家庭。如前所説“以三爲五，以五爲九”，推廣之爲宗族。出乎九族，乃入於社會之交際；又由社會然後直接國家，據此乃以五級組合而成。外域則由

① 夫婦：《禮記·郊特牲》作“男女”。

②《昏義》：應作《曲禮》。按，此句出自《曲禮》。

一己之單位，直接於社會，而閒接於國家，故無所謂家庭，亦無所謂宗族。惟社會之一級，出於人群之自然集合，故爲古今中外所同。但"社會"二字，乃中國經傳之名詞。東洋用漢文以譯歐語，究其實際，歐洲有會而無社。《禮》云："家主中霤，而國主社。"又曰："王爲群姓立社曰大社，諸侯爲國人立社曰置社。"①立社以聚民，三古之制也。中外國制度之不同，生於人民之原質，而國體遂以大異。其人民原質之異點，生於家庭；其家庭之異點，生於夫婦之倫。自由結婚，則男女無別，今名詞所謂"夫婦平權"，即男女一致。故無傳代之誼，而父子不親。不立男統，自不能認其血統，家庭自不能成立。由是而教育之主點，財產之權限，法律之原則，積差逾遠，迴乎不同。其敗點甚多，姑勿具論。論其優勝之處，祇有使人民無倚賴性，而競於生計之一端。即此一端，乃中國現時之弱點，但須分別此種弱點，係自秦以來改造國度，始造成此等現象。若孔經所垂政教之法，所述四代之治，絕不能有此現象也。秦并天下爲郡縣，勢不能不用中央集權。夫中央集權與地方自治，其原理與應用，均立於反對、絕對之地位。郡縣之制，斷不能行地方自治之政，既不能制其田里，即不得不行一切苟且之法，聽民田自相買賣。由此，富者田連阡陌，貧者無立錐之地，此患在漢初已然。素封相承，自長養其子孫，離國家之關係，踰社會之範圍，所謂富歲子弟多賴孟子正如此解，舊説誤也。風習遺傳以至今日耳。若經制所垂，則農之家授田百畝，工賈之家授田五十畝，庶人服官與下士同祿，比農夫百畝之收入，由上士至於卿，其嫡傳子孫，始有圭田五十畝，倚賴之性無由發生也。

　　如前所證，中國爲人倫政治，夫人倫與政治之關鍵，則在於禮。《中庸》説曰："仁者，人也，親親爲大；義者，宜也，尊賢爲大；親親之殺，尊賢之等，禮所生也。"謂人與人之相屬，有血統以爲憑，而仁之道乃立，故曰："立愛自親始。"推而漸遠，則愛力漸微，故曰"親親爲大"。尊賢者，天下古今之通義。不尊其賢，則是非善惡，至於好惡取捨一切迷惑，不知所從，任意自由，彼此妨害，無從救止，必致大亂，故揭出尊賢之義，爲事之所宜。賢者，有大有小，統論其涵義，即謂"先覺"。無論所覺有小有大，要之年長於己者，其所覺必先於己；雖後生有突過於先進者，但先進所覺之時期，必在於後生之先，故曰"立敬自長始"。敬兄之義，即從此始。兄者，同生之長；推之而有伯、叔之長，皆爲家庭之長；推之而有宗族之長、鄉之長，再進而有在學在官之師長，故《孝經》云"事兄弟，則敬②可以移於長"。其賢之等愈高，則所以尊之者愈隆，是謂尊賢之等。由親親而推曁者，其親漸遠而恩漸殺；由尊賢而起義者，其等愈高而義愈隆。先王制禮以範圍天下，所謂"納民於軌物"，即此仁、義之兩元素，化合製造以成禮經，故曰"親親之殺，尊賢之等，禮所生也"。聖道不明，後世知親親，而不知親親之殺。帝王則偏私其宗戚，草野則自私其族姻；知尊賢而不知尊賢之等，中國則以人爵棄天爵，外域則以權利教競爭。"堯舜之道，孝弟而已"，斯言何謂也？即本此"親親之殺，尊賢之等"以爲原則，推而放之四海而准耳。

　　禮之大名，統政教而言之，以禮爲教，即以禮爲政，是謂人倫政治，故曰治國"莫善於禮"。傳曰夫禮者，所以"經國家，定社稷，叙人民③，利後嗣者也"，此謂禮之關係於國治者也。《記》曰："夫禮者，所以定親疏，決嫌疑，別同異，明是非也。"此謂禮之關係於家庭社會者也。據"親親之殺、尊賢之等"兩大綱要，組織而成一部大憲章。今日就中夏而議憲法、

---

① "王爲群姓"句，語出《禮記·祭法》，原作"王爲群姓立社曰大社，諸侯爲百姓立社曰國社，諸侯自立社曰侯社，大夫以下成群立社曰置社"。

② 則敬：《孝經·廣揚名章》作"故順"。

③ 人民：《左傳》隱公十一年作"民人"。

談政治，舍禮制別無根本。能以禮治國，則可以講讓而爲國；不能以禮爲國，則勢必出於競爭，故子曰"能以禮讓爲國乎，何有？不能以禮讓爲國，如禮何？"《論語》三子言志，夫子獨哂子路；曾皙疑於夫子喟然之歎，薄視事功。而夫子曉之云，三子所志，皆爲邦之事，非薄事功。乃發明政治之本在爲國以禮，不在務爲其難，以賢自顯。如所云介乎兩大，加以師旅，因以饑饉，是其言不讓，則志不在以禮爲國，乃追逐末世專立勳名者之爲也。《春秋》大義，由兵而反禮，止爭而相睦；亦主用兵，而用以止兵，故貶兵車之會而大衣裳之會。聖人之以禮爲國，全爲仁民愛物。所謂"爲萬民求幸福"，固非爲一姓爭權利，亦不爲一國爭光榮也。

《爾雅》爲群經之注解、六藝之總匯，其精要所在，即在《釋親》一篇，如前所說。此外各篇，皆釋六經之名物訓義，乃總群經傳記之注解彙爲一書，使學者誦習此書即知古語云云，其於今語當作何解；古云某物，於俗名即是何物。則諷籀經傳，言下立解，事半而功倍。故劉向校書以《爾雅》列於六藝之科，與《孝經》《論語》同爲六藝之總匯。而鄭樵《通志略》稱"熟習《爾雅》，可以不求經注，自能解經"。此古賢之特識，學者所宜知也。

《釋天》舉十二宮之次，乃天文之總綱。古今中外天學家所莫能外，定十二宮之次，而二十八宿之度，由此而分，即太陽之纏度，亦以此推步而率。今所謂陽曆者，即以太陽纏次行十二宮，分三百六十五度四分度之一，以爲周天曆日之率，定爲一年。陽曆之取法太陽度纏度，仍以十二宮爲次，日行十二宮一周天爲一歲，特易其名爲"白羊""磨羯"等名爲小異耳。再《釋地》"九州"之名，與《周禮·職方》《尚書·禹貢》特異，正以見"十二州""九州"建置立法之精。舊來説經家，疑不能明，支離強解。説詳鄙著《爾雅講義》，列有圖説，參考自明，不再贅述。天文地輿，本屬專門之學，欲精其學，別有專書，以備專家考索。若就學界所公知常識，即《爾雅》所舉，已足括其綱領。學者知此，則於經傳理論所及之天文象曆、地域方州，方州部家，係"太玄"之地域名詞。可以知其詞之所指，通其意之所在，而無障礙矣。

以上屬《爾雅》所關群經之大義，至其《釋訓》《釋詁》，乃釋《詩》《書》之名詞；《釋宮》《釋器》乃釋《詩》《禮》之名物；《山》《水》《鳥》《獸》《蟲》《魚》《草》《木》，固屬爲《詩》作傳。然其名物，乃普通博物學所宜知，而爲修詞學之所應用。此又經學之與科學相關係者也。

劉子政校書，以《爾雅》《論語》《孝經》爲六藝之總匯。孔子曰："吾志在《春秋》，行在《孝經》。"志者，即《莊子》所云"《春秋》經世先王之志"，亦即《禮運》所云"大道之行，三代之英，邱未之逮，而有志焉"。《春秋》由既往以推未來，因魯事而寓王政。孔子及身未能見諸施行，故云志在於此。若《孝經》則夫子所手著，授之於曾子，即託始於曾子之發問。夫子固躬行之，曾子亦躬行也，及門七十子亦躬行之。觀於曾子之事親，閔子之孝感，子張、子夏之除喪而見，《論語》諸賢之問孝，各就其分際，而詔以實行可證。舊説以子答問孝爲箴其所失，勉所未能，淺之乎視親炙諸賢矣，所謂"自天子以至庶人，孝無終始而患不及者，未之有也"。可知夫子當日以身率孝，而一時風行景從。故《晏子春秋》載景公過有喪者，聞哭甚哀，問之。梁邱據對曰："孔子之徒也。"《孝經》曰："夫孝，始於事親，中於事君，終於立身。"君子終其身皆在孝道範圍之內，故云"無患不及"，故曰"吾行在《孝經》也"。故立孝道者，群經大義之大義；而《孝經》者，又群經統綱之統綱也。其義深者見深，淺者見淺。其文清朗，易於成誦，與《易繫》《文言》《序卦》相同，可決定爲孔子手撰之書也。

孝以天子、諸侯、卿大夫、士、庶人分章，所應盡之孝道各有其分量。其位愈尊者，其孝道之分量愈難自盡，此即倫教之大義，亦即孔經之微言。觀於天子之孝，須合萬國之歡心以事其先王；諸侯之孝，須得一國之歡心以事其先君；卿大夫之孝，非先王之法言不敢道，非先王之德行不敢行，言滿天下無口過，行滿天下無怨惡；士之孝，須盡於事君事長，忠順不失。所負之責任如此，始足以完其孝道。至於《庶人章》，則惟有謹身節用，以養父母，即以完其孝道。據《孝經》大義，先王之道，其所以立天子、諸侯、卿大夫、士之等級者，為代表其人格之等級，舉孝德可概其餘，故《孝治章》極至聖人之德，無以加於孝，本於三才，通於神明，光於四海，無所不通。故《孝經》者，統括人倫道德之旨要、而群經大義之綱領也。

前講義提出貴為賢之代價，非但據字誼推演、望文生訓，證之《孝經》，尤屬顯明。《中庸》稱舜為大孝，武王、周公為達孝。《孝經》為大孝尊親舉例，即舉周公其人。周公有聖人之德，攝行天子之事，而不居天子之位，成文武之德；追王太王、王季、文王，以成其王德。此即"立身行道，揚名於後世，以顯父母"之極則，此明必有聖人之德，始足以居天子之位。繼體之君曰后，謂為先王之後也，雖德未至於聖人，而所奉行者皆聖人之治也，故《孝經》"廣孝治"章次以"廣聖治"。三公者，大賢以上之位，故坐而論道，官不必備，惟其人。大賢不世出之賢，無其人則闕之。或疑《周禮》不列師、保、傅，以為有缺，是不知三代聖王之制度，三公不親吏事，本無職務，而且師誨之道藝。傅，傅其德義。當其為師，則弗臣也，且不在臣列，自不當列於敘官。保，保其身體，雖視師傅有間，但必係先世老臣，勳勞懋著，始膺此位，則其君之長者行也。故武王時，太公獨為太師，稱"師尚父"。迨周公輔政，抗世子以法於伯禽，太公仍為太師，周公為太傅，召公為太保。周公則王之親叔父，召康公亦先王舊輔、伯叔父行也。卿大夫皆賢人之位，證以本經《卿大夫章》，必德行可法，容止可觀，進退可度，以臨其民，則而象之，畏而愛之。卿大夫為臨民之位，必其賢如此，始足以居之，否則皆為倖位也。四選之位，士為初級，先試以事，不遽使臨民，故古訓"士者，事也"，謂治公事也。四十命為大夫，或五十命為大夫，視其服官之考績以為遲早，服官二十年或三十年，有成績而無過犯，乃命為大夫。則德與年俱進，而位乃與之俱進也。至於封建之邦君，其始封之君必先歷試王官，知其賢矣；及其考績，又有功可進，乃出封而加一等為五等之爵。卿加一等封以侯，大夫加一等封以伯，元士加一等封以子男。其得世及者，所謂"繼世崇德以象賢"，象賢者，象其始封之賢也。

前說《孝經》天子以至庶人之孝，各有等級，極之聖人之德，無以加於孝。《中庸》稱舜為大孝，武王周公為達孝，皆聖人也，即皆天子也。周公雖未終為天子，然攝王踐阼而治，即係攝為天子。即伊尹當日放太甲於桐宮居憂，亦係自攝天子。孟子云："有伊尹之志，則可；無伊尹之志，則篡矣。"周公之事亦然，有周公之聖，則兩成其美。苟非其人，道不虛行，故莊子云"堯舜讓而王，之噲讓而滅"。孟子論"子噲不得與人燕，子之不得受燕於子噲"，其舉喻最明。此等處即群經大義，最宜注意。由此義可以推知天子者聖人之位，惟有聖人之德，乃宜在天子之位。孟子論"唐虞禪，夏后殷周繼，其義一也"，歸重於天與，又申明其說，曰"天與者，非諄諄然命之"，"天不言，以行與事示之而已"。今以簡要之語明之，曰"開創之王者，必有天命，其繼世之王，乃受命於其先王，皆有所受"，故《春秋》之大義曰"貴命"。命者，奉自先王，轉以相授而來，不得以己意為之。故《春秋》大義"論繼世立君"，《公羊傳》揭其大義曰"立子以嫡不以長，立長以貴不以賢"①，又曰"子以母貴，母以子貴"。後

---

① "立子以嫡"句，語出《公羊傳》隱公元年，原作"立嫡以長不以賢，立子以貴不以長"。

世學者莫能明，今爲簡質之詞以明之曰"此即三代憲法，世及立君之專條重血統之男統，亦兼重女統之精義也"。立子以嫡者，嫡妻之子也；妻者，齊也。先王制禮，取妻必於與己同等之族。有家者自大夫以上皆爲貴族，故古文貴女爲妻。古文貴作尚。妾則不論其族，故曰"不知其姓，則卜之"。降爲庶人，則無氏無譜，每不知其姓之所自出，故前講發明自春秋時之百姓皆有采世族之苗裔，乃通稱庶民爲"百姓"。《記》曰"納女於天子，曰備百姓"，即所謂因生以賜姓，胙之土而命之氏也。故《尚書》百姓謂"百氏"也。繼體承嗣者，必敵體之嫡所生之長子，故曰"嫡長子"。其有妾先生子，謂曰"長庶"，故云"立子以嫡不以長"。有嫡無子乃立庶長，則依其母之先後班次爲次，不得由君之意相賢而立，故又曰"立長以貴不以賢"，此之謂"子以母貴"。其有班次在前而無子，乃取於班之在後所生之子而立爲嗣，則所生母當進其班次在無子諸妾之前，此之謂"母以子貴"。字字堪合，比例謹嚴，此亦名學法律之至精而不可亂也。是故隱公賢而長於桓，而桓之母班在隱之母前，而隱終以讓桓。《傳》所謂其爲貴賤也微，而君子必別嫌明微也。至於宋宣公之讓，而《春秋》弗許，曰"君子大居正"，其講憲法之嚴如此。繼世之法，其嚴尚且如此，何況攝行天子之事，亦即天子之事，自非有聖人之志，必致召大亂之道。總統之制，亦屬攝王，亦必如華盛頓乃可，參耶林宜皆卑不足道。故孟子論益不有天下，曰"啓賢，能敬承繼禹之道"，曰"益歷年少，施澤於民未久"，明益德未至於聖，僅與啓比賢，故知爲天與子。又論仲尼、伊尹、周公不有天下，明繼世以有天下。天之所廢，必若桀、紂，爲安民之故，不輕易其統，故斷結之詞云："禪繼，其義一也。"據此又可見仲尼、伊尹、周公德爲聖人，宜爲天子；據此可以推知前講義所説貴爲賢之代價，賢乃貴之經價，其義一絲不漏，即孟子所論"天爵""人爵"。今人并不知修天爵以要人爵，直盜據人爵而居之不疑，安得而不大亂。世論以爲無天命，此乃淺窺於秦漢以來，乃所謂"道污則從而污"，亦世運治亂剝復所當然，猶之乎過渡，至其原則，則萬不容妄議也。

四代先王之制，既以德行人品制爲人之等級，名之曰"位"。其大多數之不及此格者，統謂之曰"庶人"。庶者，衆也，即大多數之名詞也。此爲民數之單位，故從此單位起算，就所撫有而治之土地，以分給所撫有而治之人民。一戶分田百畝，預算其一家之人力，適足以治此百畝，而百畝之所獲，適足以給其一家。準以年歲丁口之豐歉盈縮，約其中率，大概相當。又於農政勸相之閒，支配行政之綱，爲之春省耕而補不足，秋省斂而助不給；又就地爲之委積，以謹蓋藏。三年耕，必餘一年之食，九年耕，必餘三年之食。其於農食之政，實已點滴無遺漏，毫髮無遺憾矣。由此等而上之，以倍而加，至多者至加三倍、加十倍而止。詳見《孟子》"周室班爵祿"章。乃令管理民政者，扱收民食給用之外、儲蓄之所餘，以備供行禮作樂之用，爲化民成俗興學久遠之計，成就人才，源源不絕。《詩經大義》所謂"菁莪樸械，壽考作人"。顧如此，則必分建學區，始能廣布教育；又必分建政區，俾其能完全地方自治，始能支配教民之普及教育於行政之中。非先分建爲國區，不能施行完全之地方自治；非有完全之地方自治，則井地不均，穀祿不平。上無以率其下，下無以安其生，萬不能望化民成俗也。政區不建，則學區不能成立。縱紛紛然廣設學校，而仍是斂民之財，爲造成游士政客之用；且以甲地所出之財，移爲乙地之用，終於爭民施奪而已也。

先王撫有天下，則必行封建，故曰"建國親候"。爲其必如此，始能實行平均地產，完全地方自治，推行普及教育，實四代政綱之政綱，即群經大義之大義也。俗學不明經制，誤認漢之分王子弟動數十城、唐之藩鎮擁兵竊據、明之分藩鎮守以爲封建。時流不學，習於日本口説之幕府時代以爲封建，不知漢明獨私所親，乃不規則無制度之分藩，而全體仍是郡縣。

唐之割據，由節度統軍州，權勢過大，因利乘便，自據而有之，乃不得已而與之。其與頒茅胙土、畫界分疆而封之，適成反比例耳。日本之初建，固略具雛形，而全境不及中國一省之域，產薄民貧，斥鹵島國，衹宜疆以戎索，乃欲摹寫偉大之制度，適成為彈丸黑子、夜郎自大耳。故不旋踵而各私其地為己有，無論其制粗疏，不足以言揆文奮武之政術。其實地小不足以迴旋，力小固莫能舉重，不得據以為中國比例也。至如曹元首之主封建，柳子厚之駁封建，皆專注於一姓之國祚；而於一朝國政之治亂，民生之苦樂，似若無涉焉。其思力淺薄，眼光短陋。凡若此者，皆由於不明經術之故也。不知先王之制，必分建諸侯，分土而治者，固注重在覃文德，亦於此顯武功。制大國三軍，次國二軍，小國一軍，平均通率則每國二軍。九州千七百七十三國，則有三千五百四十六師團。天子六師，大司馬統之，巡行方國，王師所至，大國以師從，小國以旅從。非建國之制，萬不養此重兵也。平時則以朝聘、會同，結聯屬國之邦交，所謂"治亂持危，朝聘以時，厚往而薄來"，即是治邦交之政策。有事則會師於境，此又《詩經大義》所云"《天保》治內，《采薇》治外也"。

封建之軍制，著於《周官》最詳。上地家三人，中地二家五人，下地家二人，以其餘子為羨卒。通率以家一人為正兵，即今之常備兵；其餘羨卒，則今之續備後備兵也，此乃謂之"徵兵"。由小司徒頒比法於六鄉之大夫，使各登其鄉之衆寡、六畜、車輦以行徵令。三年大比，乃會萬民之卒伍而用之，其輜重則出於邱甸。四井為邑，四邑為邱，四邱為甸。一甸為六十四井，出車一乘，馬四匹，牛十二頭，甲士三人，步卒七十二人，謂之"邱乘"。鄉師以國比之法，以時稽其夫家衆寡、馬牛之物，治其徒役與其車輦。族師以時屬民而校，登其族之夫家衆寡及其六畜、車輦；若作民而師田行役，則合其卒伍以鼓鐸旗物率而至，其糧餉則取於委積遺人，凡會同師役，掌其道路之委積。凡國野之道，三十里有宿，<small>師行日三十里。</small>宿有路室，室有委；五十里有市，市有候館，候館有積。委人掌斂野之賦，斂薪芻。凡疏材、木材，凡畜聚之物，軍旅共其委積薪芻，凡疏材共野委兵器與其野圍材用，惟軍械乃出於國家。司兵掌五兵五盾以待軍事，及授兵比司馬之法以頒之。司戈盾軍旅會同，授貳車戈盾，建乘車戈盾。司弓矢掌六弓四弩八矢之法，掌其守藏，與其出入。戎右掌戎車之兵革。馬政則掌於司校，其制詳密，其操練則四時田獵講武，見於大司馬職，亦云備矣。平日無坐耗之月餉，行軍無另籌之軍需，操練無別出之犒賞。此所以能舉國皆兵也，故曰"王者無敵"，又曰"懷諸侯，則天下畏之也"。<small>此孔子所以欲為東周，而孟子抱其王政之策，遊說齊梁，欲勉以王天下也。聖人不限於一國一姓之志，亦非徒一節之士也，凡為萬民而已也。</small>此之謂"寓兵於農"。

國以農為本，民以食為天，此聖人之精義，亦即群經之大義。大義不可以空言說之，即制民之產，制農田百畝，孟子反覆所詳說者是也。生人所需者，惟居、食、服、用四端，<small>即西人說衣食住，而缺器用一端。</small>而宮室衣服器用，皆屬浮產。浮產生於不動產，故浮產萬不能均，而不動產萬不可不均，故《周官》曰"以均地政"，故孔子曰"不患寡而患不均"，故曰"天下、國家可均也"，故曰"所重民食喪祭"，<small>近報所論有吃飯問題，其言不匹，故近於戲，而其義則聖人治天下之惟一主義也。</small>所謂"使民養生送死無憾也。養生送死而無憾，王道之始也"。

《周禮》所謂物地域之圖，以周知其數者九十餘條。<small>詞語詳略小異而大同，所謂互文相備。</small>後世測量地域之學與戶口田畝之藉，鹵莽滅裂，學者著說，政界盲從，衹憂人滿，動謂"三代時人口少，故可行田井"。不知中國之富，再加五倍人數，猶足以敷支配。往年在江南南菁學堂，曾出題考據，得古百畝當今畝二十七畝有奇。據西人所測算中國田畝，以支配其所測算人數，每人每應攤今畝一百二十七畝。<small>今報載《德皇諭軍人書》，稱中國有三千萬萬又四百萬萬餘方里，又較前所據赫</small>

德之測算多至倍蓰，蓋此通計山林川澤，斥鹵而言，赫德光緒三十年所算，乃熟地田畝之實數也。有不動產如此之富，而舉國棄之不顧，乃舉國若狂，專慕外人之浮產。以一家喻，其必爲敗家子，今忝然號國民，則必亡國之民也。雖然非有他故，皆由不明經術之故。西學語謂"學者爲世界主人翁"，謂"政教萬能"，皆由學發出也。譯者乃誤以"學者"爲"學生"，豈不哀哉？再爲進一解，曰：即以古九州而計，爲田八千一百萬頃；百畝一頃，通率一家五人，猶足支配四萬[萬]①一千萬人也，無庸疑也。

今外域之名爲哲學者，乃中國諸子之流也。聖帝明王之治世學術，皆掌於官，見於《周官》禮典者，蹤跡猶可考見。自王道缺，周失其官，孔子乃退而設私家之學，再傳以後，大義浸乖，諸子之流乃各負其所學，而俱有思以其學易天下之想。後世見爲學術發達之時，不知其爲"吾道墜官守廢，天下大亂之日"也。此中國哲學之緣起也。

老子爲周史官，故述道家"乃自古相傳之學派"也。人事者及身之閱歷，文史者古今之閱歷，其閱世也深，故厭世之念重。以有身爲大患，以不德爲有德，貴知希，絕聖智，任世之治亂而自處於無事。雖然老子固有治術，所謂"郅治之極，鄰國相望，雞犬之聲相聞"，其主義在分國極小，如今瑞士聯邦現象。自然之化所謂深遠，非從厭世發心，無從說起，由厭世而轉念樂生，楊朱之徒述之而誤。公輸、墨翟同出其時，擅精藝學。然公輸無主義，獨以巧名當時；墨翟持救世主義，述夏禹之勤勞，天下尚忠而明鬼，刻死以附生，捨身以度世。上說下教，強聒而不已，不自愛其生而愛人之生，其自處以救世爲用，其自修以克己絕欲出世爲宗，由憫世而度世。陽陵鄧析之別，墨流傳浸衰，學者無述焉，其書至不能讀。而薪火熄於東土者，電光發於西裔。釋迦明鬼、捨身慈悲度世之義，由此傳薪，蔚成大國，復流東土，此亦原質不滅之理也。此世論所謂南北分派，與孔子爲三，不知老子乃述自古宗，傳爲中國舊學嫡派，故與彭祖同稱。其學以究通天人之際，厭世上升爲人格極點，以治世應務爲粃糠糟粕，以禮義爲忠信之薄，以和光同塵爲處世藏身之固，廢補整齊而任自然，故述"三皇五帝"，而不稱王道。寄治術於法具，因已然之俗，迨其時而俟之，待其至而應之，故曰"其土苴以治天下"，與干涉政體爲反對，其勢順而易施，不必確有宗傳而流風廣遠。自漢崇黃老，魏晉尚元虛，六朝釋教西來，異途合轍，道家爲其原質，釋典爲之化合。及唐而釋道爭流，政學兩界無所專主，歧之中又有歧，而道家之途愈暢。宋之周濂溪、邵康節、程伊川，皆受學於陳圖南而參諸禪理，於是以老釋緣附孔子哲理思想界，三質化合以成宋明至今之學派。其在學界者，釋理居其重量；其在政界者，道家占其多數。此老子學派之源流，可知之陳跡也。

九流皆出自三代一官之掌，墨氏獨述夏道一代之傳。九流皆主政界、學界之一端，推而致其極點。墨氏"明鬼""非樂""非喪"，獨干涉於宗教九流之言，政治哲理皆爲六藝所相容并包。墨氏自傳光化、重力藝科之學，與六藝分途著書，自題爲經，改文字旁行，與三代異趣，故獨能與孔子齊名。禽滑釐爲其受傳，而惠施爲後勁，許行、慎到、公孫龍、鄒衍、鄒奭之流，乃其支流別派，故時有"名墨"之稱。自惠施五車，其書多方，率偏重理想慧辨，名出於墨。正如歐洲羅馬衰世，科學浸微，學界之專重理論，支離小辨，破碎言詮，適足以破宗教之先言。而窘實學之進步，辨愈盛則世愈亂，掊擊之風熾，殺機發於學界，流禍及於國家，力抗反應以相劫持，而強權之反動力，生於雄主之心，成於政傑之手，以召焚坑之禍。

---

① 四萬萬：原作"四萬"，據文意補一"萬"字。

當時儒與墨較，儒占勝位，而辨學名家之派，亦參染於儒者，如孔子引堅白爲喻，孟子亦辨白馬長馬，亦據時習之語立詞設辨。則凡學術之士，皆託儒以爲稱，今日每稱曰西儒，其實名詞可笑。當周秦之際，其亦類此。故曰召集諸如論種瓜之事。辨析物理，在今爲植物、生理之科學，在古爲名墨家言。而史正其詞，則曰"焚《詩》《書》，滅百家"，明乎所坑者不盡爲儒也。墨學滅於此時，長城以南無墨跡。李斯明於六書，而不道九數，工官又廢。以吏爲師者，亦惟有政學之科，而教藝無聞焉耳。傳習無所資，藝學亦由此廢。夫方死者方生，山傾而鐘應，生理、物理之比例，於學術亦然。滅於中土，復現於西裔，其跡之可尋者，九數之學，衍派於阿丹努海之苗裔。旁行之字，轉授於印度之梵書是也。此非鋪張門面，必謂學派自東行也。開闢有先後，驗之時代而固然而無可致疑者也。老子踞竈觚而聽孔子之《春秋》經世，遂以無言。其後出函谷，涉流沙而西逝三苗，西徙自三危而轉徙至於波斯以傳太陽火教，此萬物從火化之遺語所從來，曉然可證者也。由老與巫化合而生印度之婆羅門，爲佛之源起；由巫與佛衍其支流，爲波斯之太陽火教，爲景教之原起；由老佛之原點，參墨家之伊脫，二質化合乃成其耶穌之宗教，其行於墨家爲尤肖，實遙接墨氏之遺塵也。自達摩唱空寂能仁，其旨以捨身度世爲心，其學所從出縱不必受傳於墨家，而實足印真於墨道。由是衍爲德黎①、梭格拉底②之純粹哲學，輾轉結根，積因成果，或由種業相傳，或由行習薰染，而皆不外於佛。其空寂能仁之宗旨，轉流於東，與道家化合；其"原質不滅""由意生身"諸義，衍爲柏拉圖、黎雅大各額勒、吉來圖以至培根、笛卡兒、特加爾、達爾文近世種種之科學。由佛道之理想，而別以試驗測算，乃墨經之遺則，與孔子制作專主政教者殊科，則斷可知也。夫世間一切皆因於理想，由理想與文字演繹歸納以成政教，由理想與算數推衍測驗以成製造。形而上者爲政教，形而下者爲製造，皆由理想以發端。周公多材多藝，而制器之學，寄之於工官，周失其官，而其學分散。孔子多能多藝，而教授四科，不設藝學，非缺而不備。正如正樂但有樂章、律呂，治軍寓之於典禮、田獵，其制器之學，存於九數，掌於一官。智者創，巧者述，無非理想之發達。自形而上之理想既明，自形而下之理想斯與接而易入矣。存其不可變革者，置其可與變者，所謂布在方策，未墜在人。聖者固多能，將聖又多能，君子多乎，又不取於多也，故西人目孔子爲純粹哲學，又云凡學界之傑，皆理想之家。此可見理想爲科學之母，形上爲形下之根。非其不言者，乃所不知，其事日新，固知之而不能盡言，言之而又不勝書也。此墨氏學派之源流，所以異於孔子之述而不作也。

孔子生於天子失官王道廢墜之後，故損益帝王之政治，修明天叙之倫理，備後王之取法，爲政教之大宗。周公成文武之德，思兼三王，故孔子奉爲本師，自明"述而不作，竊比老彭"，然實與老子不同。老子純爲守舊，墨氏專主維新，孔子獨主溫故而知新，編制一切學科教法，次比宗教、兵刑、農工商各政，均歸納於《詩》《書》《禮》《樂》之中，以四代典章爲底本而刪訂次叙，皆別有精義。述而非述，作而非作，乃所謂"述而不作"。夫哲理之原點，猶電之有陰陽正負，互相爲其根。一曰厭世，一曰愛群。厭世者主於出世，愛群者主於治世，厭世而不忍忘世，則捨身而度世。此墨生、喬達摩之所據也。厭世而未能出世，則絕人而逃世，巢父、許由、伯夷、叔齊、虞仲、長沮、桀溺、荷蓧、晨門、楚狂之流，去而不反者，皆據爲主義。獨孟子之稱伊尹、柳惠爲愛群耳。愛群之與厭世，終古爲對待反比，如地球之有南北兩極，是爲兩端。舍生度世，蒙恥救民，皆爲賢者過之；絕人逃世，是爲智者過之。鄙夫

---

① 德黎：古希臘著名哲學家和數學家，通譯"泰勒斯"。
② 梭格拉底：即蘇格拉底（前 469—前 399），古希臘著名的思想家、哲學家。

之患得失，鄉愿之同流，則愚不肖之不及也，故取法虞舜，“執其兩端，而用其中於民”，又曰“鄙夫問於我，叩其兩端而竭焉”。明乎欲立立人，非果於忘世之情，亦非捨身度世之論也，此其所以爲中也。

既解得《周禮》寓兵於農之政策綱領，係就户口以編制農田，就農田以編制户口，互爲經緯，兩相比較，以爲支配之法。故《周禮》謂之“比法”，謂之“大比”。古之尺度短，今之尺度長，以今尺準古尺，古之百畝，當今之二十七畝有奇。今一夫之力，亦衹能耕作三十畝，人力與地畝約略相當。故制爲井法，一夫授田百畝爲原則。就《周官》制法，亦有不易之地，家百畝，一易之地家二百畝，再易之地家三百畝。污萊之地加授五十畝、百畝、二百畝三兩等式之變通辦法，衹有地浮於人，未有人浮於地。其山澤之地，又別編制爲山澤之農，故又曰“乃井牧其田野”，以九職授萬民也。通謂之“比法”，如比較其人口、地畝多寡之數，哀多益寡，稱物平施，蓋視其每歲地產之所收入，適與其家人户口歲用所需之輸出，兩兩相當而得其平均。假如地小民口多，則授田之數，不妨減率於百畝；若其地廣人稀，則制爲一易再易。所謂井養而不窮者，即釋井法授田爲養民之大政，應用而不窮也。由是以田畝編審户口，以户口編審田畝。 “編聯”“審計”，中國史家、法家名詞，合爲“編審”。

每年歲比，三年大比，以時登下考核而周知其數，由是以起徒役，賦軍實，斯之謂“徵兵”。軍實者，《周禮》所稱輂輦、六畜車、牛牽、傍及委積，後世兵家所謂輜重是也。平時則田畝附屬於户口，起徒而師田；行役則輜重附屬於卒伍，故謂之“賦”。賦者，副稅之義，即賦益之謂，故《論語》云又從而賦益之，“可使治其賦也”。徵兵之原則既明，然後知與時變通，因地制宜之應用，始可與議徵兵之政。究其原則，不外“過更”“踐更”兩法。更者，番也，普通公牘語謂之“輪番”，或爲“輪班”。過更者，出錢雇代役輪換過班也。踐者，履行也，以次輪流，實踐其服從軍之義務也。兩條出於漢制，亦沿《周官》之法而因時變通。經云凡起徒役，其舍者老者貴者服公事者皆舍，此即過更之法所由生；其不舍者，皆踐更也。知此古今遞流，執柯伐柯，其則不遠。然後商參歐美徵兵之制，稽合同異，始不致道聽而塗附，捫籥以爲檠也。召募與徵兵之界說不清，顛倒錯亂，而謬欲持軍國民主義，妄以召募爲徵兵，乃爲徵兵而籌餉，而今天下之禍烈矣。

由是而學校教育由户口支配，合文武於一校。其要素所以明人倫，教之自相保衛，即令其父兄導率其子弟，其子弟扞衛其父兄。以人倫爲根本團體，推廣於社會國家，故學校之長稱“師”，即與“師旅”之“師”同誼。聯軍之名曰“起徒”，教官之長曰“司徒”，與弟子徒衆之“徒”同誼，故《孟子》^①説“師也，父兄也”，子曰“非我徒也”，“吾非斯人之徒與而誰與？”其教科則以智育、體育、德育支配於三級學校。小學注重書數智育，中學注重射御體育，大學注重禮樂德育。其普通人民，皆有書數智育知識，足以資相生相養；其壯者習射御武備，皆能執干戈以衛社稷。其成就之人才，皆有文武之才，故其治軍，謂之“軍禮”。

伏生今文尚書二十九篇目録

書序
虞夏書

堯典　并“舜典”爲一篇，續於虞“往，欽哉”，下接“慎徽五典”云云，無舜典篇首“粵若稽”下二十八字，亦稱“帝典”。

---

① 《孟子》：原作《論語》。按，“師也，父兄也”出自《孟子·離婁下》。

咎繇謨 　即皋陶。

禹貢

甘誓

商書

湯誓

盤庚

高宗肜日

西伯戡耆 　即戡黎。

微子

周書

坶誓 　即牧誓。

鴻範

金縢

大誥

康誥

酒誥

杍材 　即梓材。

召誥

雒誥

多士

無劮 　即無逸。

君奭

多方

立政

顧命 　伏生并康王之誥合爲一篇。

康王之誥 　伏生篇目以并入顧命。

柴誓 　即費誓。

文侯之命

甫刑 　即呂刑。

秦誓

實二十九篇，而舊云二十八篇者，伏生原本并《顧命》《康王之誥》爲一篇，以擬二十八宿，以百篇書序當北斗，漢博士相傳如此。今求治《書》之綱要，以《堯典》《咎繇謨》《禹貢》《鴻範》《立政》《甫刑》爲四代直接之政綱。

東晉本《尚書孔傳》增多篇目：

舜典 　即堯典分出，添篇首二十八字。

大禹謨

益稷 　即《咎繇謨》，分出"帝曰來禹"以下。

五子之歌 　伏生《今文尚書·序》作"五子之觀"。

胤征

仲虺之誥 伏生《今文書·序》作"仲歸"。

湯誥

伊訓

太甲上中下三篇

咸有一德

説命上中下三篇

秦誓上中下三篇

武成

旅獒 伏生《今文尚書①·序》作"旅豪"。

微子之命

蔡仲之命

周官

君陳

畢命

君牙

伯囧

漢伏生傳《尚書》，以隸書寫定，故謂之"今文尚書"。東晉梅賾稱得《古文尚書》，孔安國傳於大桁頭，云是"孔子壁中古文"，以較伏生今文，增多二十七篇。而舊云增多二十五篇者，其《舜典》即從《堯典》分出，《益稷》即從《皋陶謨》分出，除此二篇，本今文所有不數，其采綴古書所增益祇二十五篇也。自六朝以來稱爲《古文尚書》，唐修《正義》即疏。依此本，即用孔傳爲欽定注疏。學者因之，至國朝閻若璩、江永、段玉裁、孫星衍諸老考訂，始定其爲偽孔傳説，詳《皇清經解》諸家著述中。今爲治經者求捷徑簡法，將兩本分目，訂爲上下二編，依次讀講，即不煩言而解"《書》以道政"。三代之文，與春秋以來有別。伏生所傳二十九篇，全屬政要；梅本所增二十五篇，多參名言理論。兩編文體迥異，惟《秦誓》乃入春秋時代文字，與增篇文近相似耳。顧梅氏《書》皆采綴古《書》古義而成，亦極苦心孤詣，多道家之理。學者分別觀之，亦不可廢也。

《禮記》本由大戴先集淹中古記，合《曲臺禮》而成，班固所説"爲七十子後學所記也"。《檀弓》爲檀弓即斬臂子弓。所作；《服問》《三年問》爲荀卿所作；舊説有明文，推之《五帝德》《帝繫》爲宰我所作；二篇《大戴禮》存説，見《史記》宰予問《五帝德》及《帝繫姓》，《小戴》删。《曾子問》爲曾子所作，因《大戴記》中參有秦漢人如李斯、賈生發揮之緒論，故《小戴》删之，存四十九篇，擇取更爲簡浄，學界宗之，是爲今《禮記》。其實今《禮記》中亦有參入秦漢解釋演文，如《王制》之"今東田"云云，《月令》之"命太尉"，以注語參入正文，亦閒有存者。論其原則，乃孔門取周制典禮之條文，請質於夫子相與講習演説。其中有周之舊籍，有夫子之論定，有七十子之緒言，有七十子後學門人之解説，如《冠義》《昏義》《祭義》《鄉飲酒義》是其明證。其綱領條目備具者，莫如《喪服》經、傳、記，經則周公舊典，孔子亦有修訂；傳則子夏述夫子所論定；記則子夏所詮説，其受學弟子所記述也。如《曲禮上》"毋不敬"至"直而勿有"，先用韻語三字爲句，次用對偶，乃舊典之教科書。"若夫坐如尸，立如齋"至"不

---

① 書，原脱，據文意補。

聞往教”，則七十子之徒述夫子論定之言，於舊典韻句偶句上增以“若夫”“夫禮者”，以“也”字助詞斷句屬上，復以“禮”字起下，如注家旁訓、《醫經》淺注之比例。“道德仁義非禮不成”至“貧賤而知好禮，則志不懾”，則屬七十子及其門人之衍説。“人生十年”至“必告知以其制”，又係舊典條文。“謀於長者”至“非有見焉弗與爲友”，仍如旁訓淺注之前例。“賀取妻者曰”至“如使之容”，又純屬舊典條文。“凡爲君使者”至篇終，則刺取舊典之條文，而以夫子所論定爲主，故特出《禮》曰“君子抱孫不抱子”此言云云，以見其例。《曲禮下》義例皆同，由家庭日用起居，以至於社會國家，學者應知之條文義法略備。《檀弓》發揮禮意，以論説常變經權爲主。《王制》自“不造燕器”以上，全屬舊典；自“方一里者爲田九百畝”至篇終，全爲注説。《月令》全屬舊典條文。《曾子問》專究禮之變故，而以夫子論定爲斷。《文王世子》則引舊典而述夫子之論説，故特出“子曰”“仲尼曰”“世子之記曰”。餘篇以此例推，每篇之中，舉事例皆由近及遠，舉義例皆由淺入深，由家政以達於國政。篇題爲“喪祭”者多條文義，屬於學行者多論説，惟《內則》篇首特題“后王命冢宰，降德於衆兆民”，明是《周禮》舊典，頒定士、大夫家政之書，先言后而後言王后“理天下之陰教”，家庭“女爲奧主”，其義皎然，此可以悟王道化起閨門，《關雎》自家而國之大義微言矣。篇中有“凡三王養老，皆引年”至“皆有惇史”，乃承上養老之詮説，中著“曾子曰孝子之養老也”一段，蓋此段前後皆曾子所述衍義，而後學門人記之也。昔在北京中央教育會，爭讀經之案，有馬通伯_{其昶}。主删節經文爲課本，余謂經文一篇之中，前後相發，豈可妄動章句。惟《禮記》《左傳》可有節本，《禮記》自有分篇讀法。《學記》有云：“善問者，如攻堅木，先其易者，後其節目。”禮以喪祭爲極深而繁博，非常識所公知。姑先置其專屬喪祭條文繁博諸篇、其大義之散見各篇者，亦知其概略矣。

諸經説例

提　要

　　《諸經説例》是宋育仁經學講義集成，以説例爲主，宋育仁及弟子注與補注結合。或以説例的形式闡述諸經的主要内容、主旨，在注與補注中，闡釋自己的理解和主張。

　　宋育仁在《詩經説例》中概述了《詩》的主旨及授受淵源，提出解《詩》的標準、依據和"以經證經"的解《詩》方法，論述了《詩》教在古代教育中的重要地位，概述了《詩經》發展史，分析了孔子删訂《詩經》的内在邏輯，并依《小序》分析了《詩經》前十章的主旨。在《詩經説例》之後，是《二南正風别篇大義緒言》，介紹了《周南》《召南》藴含的文王之化以後宫爲起點，行到列國諸侯宫庭，到大夫家，經宗族女校，傳遍庶人的路徑和文化主旨。在《周南之三大義通》，明確"以通大義爲主，爲開學者知見，使其能讀古注"。《召南之三大義通》《小雅之三大義通》《幽風七月大義通》及其所注的《詩經·國風·周南之三》《詩經·國風·召南之三》《詩經·小雅·鹿鳴之三》《詩經·幽風·七月》，一方面解説詩句的内容和主旨，一方面舉例講説治經方法。

　　《禮記説例》是《諸經説例》的第二部分，爲"國學初級普及教科、兼女學及補習同訂讀本"，包括《禮記·曲禮上下、内則説例》《曲禮上大義通》《曲禮下大義通》《内則大義通》《宋育仁補注曲禮上第一》《宋育仁補注曲禮下第二》《宋育仁補注内則第十二》《宋育仁補注鄭氏注學記第十八》。《禮記説例》主要介紹了取《曲禮》（上下）、《内則》的原因和各篇的主要内容。宋育仁爲什麽取此兩篇？他認爲其内容雖簡淺，但天資超穎的人，可由淺悟深。《曲禮》（上）所載的"古先格言，乃孔子以前教科條目""《曲禮》（下）即連及社會國家，《檀弓》乃演説禮之變遷"。宋育仁認爲《曲禮》（上下）孔門取古先教科，加以闡釋，爲執禮雅言，主要講授家庭教育和社會教育的普通知識。《内則》是"三代世禄富貴之家居家規則"，是男女學界都應該知道的知識，是"士大夫家之榜樣"。

　　在《曲禮上大義通》中，宋育仁講述了《曲禮》的成書歷史及主旨。《曲禮》是"孔子以前教科書課"，經"孔門編輯，參以演講"，從家庭禮儀到社會交際，從孩童到成人，從小節到大義，講授由家庭而社會的普通知識，也是高等上流社會之公共知識。在《曲禮上第一》補注中，宋育仁分析《曲禮》寫作手法，并闡釋《曲禮》（上）條文的主旨和微言，指示學習《曲禮》方法。《曲禮下大義通》主要介紹了《曲禮》（下）承《曲禮》（上）"從社會交際，引入國家思想"，講習上下貢獻財物之交際、朝廷班制禮節、田獵旌旗、宗廟祭品，以開學習者政治知見。《曲禮》（下）從教爲士起，使學習者略知"王朝之臣與侯國之臣比例之等級，交際之制度"公知，而學成爲士。在《曲禮上第一》補注中，宋育仁說"《曲禮》（下）主國家政治普通知識，由國君推而致於天子，以起後文上國王朝治侯國王官制度，今世語所云'大社會、大國家'知見"。《禮記說例》還附錄了宋育仁補注的《鄭氏注學記第十八》。

《夏小正說例》是《諸經說例》第三部分，包括：《說例》《夏小正》經文和宋育仁解讀文本、《易緯二十四節》和《月令七十二候、六十甲子》。宋育仁在《夏小正說例》中簡要介紹了《夏小正》的特點和內容，并對"專取小正經文，列於普授教科讀本，不列傳注"的編排原因予以說明。宋育仁結合《夏小正》經文，概括了《夏小正》"傳自唐虞，而著之簡册，則成於夏之史官"的成書歷史，明確了《夏小正》爲夏時"小學教科書"。宋育仁介紹了《夏小正》作爲小學教科的歷史。三代"用於族塾"，"設爲學子問，以明小正始教之科"。他還結合《夏小正》內容，分析發傳之主旨："啓道德之端""教屬文之法"；次析《夏小正》文法，有訓詁、句法、屬詞三例；再析《夏小正》使用的三種訓詁方法：正訓（詁字）、通訓（訓義）、借訓（釋意）；最後分析了《夏小正》句法，"一字至七字，而句法備矣"。統計出二字句法"五例"，三字句法"十例"，四字句法"十二例"，五字句法"六例"。《夏小正說例》從增進知識積累的角度，附《易緯》二十四節和《日曆》六十甲子名。

《大學說例》是《諸經說例》的第四部分，亦爲國學初級普及教科兼女學及補習同訂讀本，包括《大學修身章說例》和宋育仁監訂、弟子蒲淵注《大學修身齊家章》。在《大學修身章說例》中，宋育仁介紹了《大學》取於《禮記》，理學家將其列入"四書"的歷史。《大學說例》揭示《大學》要歸"治國平天下"，而舊解"多凌節而施，躐等爲教，非公知所能到，亦無普及之必要"。但"齊家章"所舉"修身"，是普及原理，并且以庶人爲主體，所以選取"齊家章"編入。宋育仁認爲自天子以至庶人，名分不同，"責任程度學業各異"，庶人"責任在齊家"，士和大夫、卿才"必講求齊家治國"，公侯"必講求治國平天下"。

《論語說例》是《諸經說例》的第五部分，也是國學初級普及教科兼女學及補習同訂讀本，包括《論語·學而說例》和問琴閣監訂、國學會盧懋原注《學而第一》，《論語·里仁說例》和問琴閣監訂、國學會盧懋原注《里仁第四》。《論語·學而說例》分析了《論語》的特點和選編理由。《論語》是"孔門七十二賢公共編定之書"，"文從字順，原有淺近一層公知之理論"，看似簡淺，而研之則深，總的來說，要通得五經大義，才能澈地瞭解。《論語》中的《學而》《里仁》兩篇，"先從淺近易知之理，引人入勝"，所以《論語說例》選此兩篇說例及新注編入《諸經說例》。《論語·學而說例》對《學而》的內容進行了解讀。首章是教人學爲君子之途。隨時隨地講習所學，使自己怡悅，有"興味"；有"興味"，然後能"樂群"；有群可樂，則可以"不慍不怒"。即使"訓蒙自給，隱於農工，其身分亦原就成其爲君子"。次章"發明聖門立君子之道，以教率人群，同歸於孝悌爲根本，而大道由此發生。治國平天下之政治，皆從此出"。次出夫子之言"巧言令色，鮮矣仁"，說明求仁之路徑。復次出曾子之言"三省吾身，每日皆然"，講明自省的修身方法。再次弟子章，指引初學弟子，"練習恒心之次第途徑"。復次子夏"賢賢易色"，兼談孝悌。宋育仁引用"起文"概念，分析首句"里仁爲美"與卒章之"德不孤，必有鄰""前後相起"的寫作手法和古教科"通用三字句、四字句"文法。

《論語·里仁說例》介紹了《里仁》"篇中連次六章，反復指導引人爲仁"，揭明成君子之境。《說例》說明了選此兩篇，可括"普及教育，從爲弟子求學，以至成人學爲君子。居家盡倫，持身涉世，均示有淺易方程，人道之大端已備。約此兩篇爲界説，即由家庭以及宗族，至於鄉黨，入於社會"。

《孟子説例》爲《諸經説例》第六部分，亦爲國學初級普及教科兼女學及補習同訂讀本。該部分包括《孟子説例》及宋育仁監訂、宋育仁學生龔道熙注的《孟子許行章》《孟子畢戰章》《北宫奇問章》。在《諸經説例》中，龔道熙注的《孟子許行章》《孟子畢戰章》《北宫奇問章》與《孟子説例》分離，置於《孝經正義》之後。宋育仁在《孟子説例》中介紹了所選《孟子》"許行章"的内容和主旨，許行章"其事實係與當時古學家許行辨學，歸結到終章，係明王政之政治原理原則不可改易。"宋育仁認爲"舊來村學究解此章，不知所謂，看作談閒搬舌，不知其爲講農家之學、講政治之學也。"宋育仁利用孟子與陳相辨許行之學，説明"政治爲有機體，必視一國爲一家，分工治事，又通工易事"，所以必須"有經界等級"。宋育仁希望藉此講明其包括的政治原理，以瞭解"王政立法之原則"。《孟子説例》還述説了選取"畢戰問井地""北宫錡問周室班爵禄"兩章的原因。宋育仁批判了"四書"爲朱注所誤，宋明理學將《孟子》列入"四書"，衹爲"道性善養氣，不知卻於道性善漏了下句言必稱堯舜，於養氣漏了半篇知言。"宋育仁認爲"孟子確是唯一誦法孔子，其書亦確依孔門傳記傳授，絲絲入扣，但是言政者反居過半"，所以選取"畢戰問井地""北宫錡問周室班爵禄"兩章（《孟子》經世學之大政綱，亦是《周官圖》之縮影本），以便讓初學者"知得三代以前之國家制度，是何等景象"，爲將來將進大學、治《周官》經打下基礎。宋育仁認爲"許行即是共産之前影，是學者，是工黨，又聯合勞農政府一派"，而"孟子主井田能治國家，所以能駁倒許行"，爲自己的主張作注腳。

《説文解字説例》是《諸經説例》第七部分，包括《許氏説文解字説例》《許氏説文解字序例》《孔子説字附釋干支數目三十五字説例》《問琴閣發明干支數目三十五字》。在《許氏説文解字説例》中，宋育仁提到了將"初級普通原不可讀"的《許氏説文解字》列入《諸經説例》的原因，可以讓"願進而求士學者，由此入門"。可見，宋育仁《諸經説例》不僅僅是爲了"國學初級普及教科兼女學及補習"，而且兼顧士學。《孔子説字附釋干支數目三十五字説例》説明使用宋育仁女琨隸古定本，以引學界"識篆文，知古文"之覺情；次取《説文解字》所引的孔子説字六例，附列宋育仁發明的三十五字，其中干支二十二字，數字十三名。《説例》較爲詳細地介紹了"孔子説字"，是"孔門解字、授初學之字書"，就是《説文解字》中引"孔子曰"的五字，即説"六書"法例。根據程度深淺，宋育仁將解字分爲三級：初級"僅求其能分别六書"，"衹解大略"，能"聽學問家講書"即可；較深一級，如乾嘉學派諸老"能引古書證字"而成爲漢學名家；最深一境，即是其發明的"同文解字"，意在研究古書學理，向五洲傳播孔門學理治術。宋育仁從漢字由古文、籀文、篆文、隸書、草書、楷書"六變"的歷史，注意到所傳古書刻本用"楷書寫定"，而晚周諸子及其之前的著述"多半是用古文"，所以進得"同文解字"之階，"才能讀得通漢師古注"，才能求得國學真源。數目干支字出於最古，由此可窺得中國文字根源。因此，宋育仁將所著的《同文解字》用作預備大學經科。

《孝經正義》是《諸經説例》第八部分，包括《孝經正義序》和《孝經正義》。《孝經正義序》例於《諸經説例》其他經部的説例。

在《孝經正義序》中，宋育仁借孔子之言"吾志在《春秋》，行在《孝經》"，論述《孝經》的重要地位，并述及孝的重要性。"爲政以德爲本，至德又爲道之本，孝爲至德要道。"孔子把孝悌視爲"爲仁之本"，"君子務本，本立而道生"；同時視孝爲"德之本也，教之所由生也"。

在闡述孝的極端重要性基礎上，宋育仁總結了《孝經》的主要内容和主旨。《孝經》首章開宗明義，次章開始用五章分别論説天子、諸侯、卿大夫、士、庶人之孝。宋育仁認爲"庶人之分及家而止，天子以至於士之分，則自家而始"，所以"庶人不能齊其家者，衆也。能齊其家者，即屬修君子之行，斯進而爲士矣。再進授位，則與君共治斯民者也。"在《孝經正義序》中，宋育仁認爲孔子講帝王之學，帝王理應講聖人之學。然而，後世儒生以聖人自期，帝王不講聖人之學，"兩失其義"。宋育仁批評宋儒"初受學於方外，先入爲主；又不明小學訓詁，因以望文生義，夫亦知以經爲宗，而未達古訓"，而導致持世千年的宋儒理學"理障浮煙"，又如何識得聖言？宋育仁評説漢儒治經兩途，一是"依經訓"，如《毛詩故訓傳》謹嚴直譯；二是"倚席講論"，如《白虎通義》任意發揮演説。宋育仁闡述《孝經》旨要在於"明王以孝治天下，廣孝治以成聖治。而其廣至德要道以成孝治之絜要，專在於禮"。其後，宋育仁分章講求《孝經》内容與意旨。

宋育仁在《説例》中闡明各經的主要内容、主旨和解讀方法，并對選編理由予以説明。在《説例》之後，即爲各經解讀、注或補注，與《説例》一起成爲學經、治經教科。《諸經説例》既是經學教材彙編，又是研究經學、學習經學的範例，是宋育仁經學研究和經學教育的重要著作。

宋育仁著問琴閣叢書《詩經》内容除《國學初級普及教科兼女學及補習訂讀説例》部分，與《諸經説例》之《詩經説例》完全相同，故將"説例"部分以附録方式録出。

《諸經説例》1924年刻印，後收於林慶彰主編的《民國時期經學叢書》（第五輯3册）文聽閣圖書有限公司2013年影印出版，該版本的《孟子注》與《孟子説例》分離，置於《孝經正義》之後。

一、詩經説例

（一）《詩經》説例[①]

子曰："興於《詩》，立於禮。"《詩》、禮是男女并授之教科，其文化主旨，即是起於家庭，廣於社會，演於國家。國家是一大家庭，家庭是一小國家，亦是一社會。從家庭廣爲社會，中間有宗族一部，是中國特別聖人人倫之教所建立，别國所無，即是别教所無。要知孔教是中國之教，其切點在有家庭宗族，與别教之無家庭宗族，如鴻溝畫界。其文化起點，即教之以《詩》；其文化進行，即演之爲禮。所以《詩經》每篇皆言中有物，其言中之物，即是典禮，無空説者。

夫子删訂爲教科，普授及門。子夏傳經，轉以授齊、魯、韓、毛四家之師。而《毛詩詁訓傳》，傳即是從《爾雅·釋詁》《釋訓》録出。講解《詩》之辭句，以通俗之義釋古雅之言。根據子夏所聞於夫子，筆録於《關雎·大序》之後、每篇經文之前，謂之"小序"。大小毛公，叔侄相承家學，照此立解，間引禮文爲證。後漢鄭康成作箋，確知其所以然，益多引典禮以證《詩經》文詞之所指。講《詩經》者，多至有十數百家，一章一句注解，異義者多至有十數説，都可置之不談不問，衹就子夏先師所傳、大毛公小毛公所録、鄭康成先生所箋，依據典禮講貫，便與夫子删訂《詩經》本旨相合。由此公知，識得家庭、社會、國家重要大綱節目，便略知人倫禮教，即孔子之教爲中國國教。既知大意，欲求上達者，續讀全經，一例由此講貫，再欲博聞後師諸家之異聞異義，亦不煩言而解矣。

《詩經》注解，有數百家，一篇之異義，或有數解，或有十數解。如首章《關雎》，便有十餘家講説不同。究竟以何爲是？憑人理想，任何説皆有理。卻問是何憑據？則各引一據，無論後儒揣想，不能作據。即使考據確鑿，説到"粵若稽古"數萬言，仍是從孔子以後所傳之書引證得來。此是孔子所訂教科，一言決定，須合得孔子引《詩》講《詩》所説條理，才是得解。

開首第一章，解來合得孔子之言，便可決定此家所傳下注解源流完全可信，此外便一筆抹殺，以免徒亂人意。《詩序》是從子夏傳來，轉授毛公；"小序"是夫子之言，子夏所述。用"也"字斷句，是孔門傳書之法。每篇一句，就如後人作詩之題，若去其題目，便不知此詩爲何事而作，譬如無題詩，不但望文生義，并可指東説西，信口遊談，當猜雅謎。卻又何以見得此段淵源不是書本上記出來？何以見得確然可信？就是《毛詩詁訓傳》從《爾雅》寫出，全本皆合得。後儒所致疑於《毛傳》《爾雅》者，卻正是《爾雅》與《詩毛氏傳》同是出於子夏受傳於孔子之鐵證。夫子告魯哀公云"學於《爾雅》，則可以辨言矣"[②]，即是説通得《爾雅》，就能辨得訓詁。詁者，古言也。《詩》《書》，子所雅言，皆是孔子以前大教科書，其中言詞皆是古言，所以須用今言順而通之。訓者，順言也。所以《爾雅》開篇兩篇，題名爲"釋詁""釋訓"。子夏傳《詩》，每篇寫出一句，題"也"字斷句，授課與門徒，就用《爾雅》之《釋詁》《釋訓》依據解説。轉傳到毛公，就將《爾雅》此兩篇中講解《詩經》之訓詁摘録出來，附於每篇經文之下，便因此題名爲《詁訓傳》。小序一句以下，是毛公以次經師注解小

[①]《詩經》説例：爲保持文章層次一致性，特增加此標題。

[②]"學於《爾雅》"句，語出《大戴禮記·小辨》，原作"爾雅以觀於古，足以辨言矣"。

序之語。既有得詩題依據，其篇中之句義，尚可推移，又以何爲依據？便要以經證經，就是據《禮經》上所有名詞見於此篇，便可以決知此篇所指係何事、何地、某節、某段典故，始能解得詩人措詞、命意所在。例如琴瑟鐘鼓，琴瑟是士大夫通用，鐘鼓之樂，便非人君不能用；金罍兕觥，"人君黃金罍"，兕觥係大射禮所用，便知當作朝廷大典解說始合，說不向別處去。又如"於以奠之，宗室牖下"，曰奠，曰牖下，便知明明指設祭，"宗室"卻何所指？便可決知傳箋所引《禮經》爲證"祖廟未毀，教於公宮；祖廟既毀，教於宗室"確切不移，斷然可信。其他隨意遊談，不必攪亂心思。一篇如此，三百篇皆如此。從頭到底，一滴不漏，一絲不亂，如此纔是解經，不是猜謎。祇有越看越深細，不能越講越支離。先就首章，從小序和小序下續注解說，剖析字句。如何謂之"哀窈窕，思賢才，而無傷善之心焉？"要合得夫子所說"樂而不淫，哀而不傷"。何以又說"人而不爲《周南》《召南》，其猶正牆面而立？"再推到可以"興、觀、群、怨"，"邇之事父，遠之事君"，再推到誦《詩》"授之以政"，即當能達，"使於四方"，就能專對。從首篇立根，一例推求到底。首篇括《周南》，《周南》括《召南》，《周南》《召南》括三百，將諸家浮煙障墨，一掃而空，即此纔是治《詩經》方法。

孔子所傳之經典，《詩》《禮》兩經，係男女並授之教科。禮教之中，便統得有樂在。《詩經》名爲樂章，即是歌唱，男女皆童而習之。及到習禮年齡，能將歌唱合入樂律，<small>即是現今的工尺。</small>便是樂的教科。但有能有不能，不必定學樂工，卻必須能聽樂語，所以先從誦《詩》起，<small>傳云不歌而賦謂之"誦"，就是背誦，要念熟記得話頭名爲"樂語"。</small>記得文句，習熟講得句中義理，便是持身處家、爲人行事各種紀念歌訣。年齡到十歲外，男子出就外傅，便是進學校。《禮記》說"十年，出就外傅"，"女子十年不出，姆教婉、娩、聽、從"。十齡以內，同屬家庭教育，父母自教，母教爲多。至此，男女分教。姆是"女師"，即是《詩經》所云"師氏"，《禮》謂之"傅母"，《儀禮》單稱爲"姆"。婉、娩、聽、從四字，便是德、容、言、工四項教科。婉謂婦德，娩謂婦容，聽謂婦言，從謂婦工，統名謂之"四德"。但此是教科提綱名目，其實施教育方法，均有事實。便注重在習禮與職業，常言所云"規矩見識"均在習禮教科。《禮記》又說"執麻枲、治絲繭、織紝組紃、酒漿，佐長者視具"。麻枲是紡績，爲一科；絲繭從養蠶到繰絲，爲一科；織紝係織機與裁縫，可分爲兩科，可合爲一科；組紃係剃繡、打線、組絛、緶巾、帶，可分爲兩科，可合爲一科；酒漿並兼菹醢；<small>菹即今之咸菜，醢即今之醬醋等件。</small>佐長者視具，統上所學職業各科，連帶習禮。禮主重在冠、昏、喪、祭，宴賓待客就在其中。須知古時教育係實事練習，非空中試演。冠、昏、喪、祭四禮，器具用品以及陳設甚多，衣飾齊整，所以《禮記》說"君子有財，用之行禮"，又說"有其禮，無其財，君子弗行也"，《論語》說"富而好禮"。故此女教學禮提綱，祇須一句"佐長者視具"，便已包括實事練習許多節目在內。長者係已經學成能行禮之執行者，佐之即是隨班習禮，即是四德之婦工標名的"從"字。看過經過纔得心知其意，眼光胸襟纔得自然開展，知得爲人行事大綱節目，南北方通語說是"開過眼界"，吾川俗語所謂"見過世面"，但此是實習一路，卻離不得知識一路。要開知識，固然要通得文理；要通文理，須得先念誦文句。譬如皈依佛教，未通佛理，須得先念經句。惟詩句整齊，而且有韻易得記誦，所以孔門之教必先誦《詩》。《論語》說"小子何莫學夫《詩》？"又說"興於詩，立於禮，成於樂"。但《詩經》有三百篇，分四門：曰風，曰小雅、大雅，曰頌。雅、頌多半說國家大事，在女教學科尚不必定有國家知識，惟《國風》多半主於家庭教化，女學界不可不知。孔門設教從家庭教育起點，所謂"王化起於閨門"，是說的家庭即是國家的型模。所謂"家國一理"，既說重在家庭，必是有男女夫婦，然後成其爲家庭；又必是上有父母，再上有祖父母，下有子女兒媳，旁有伯叔兄弟、諸姑姊妹，再下有孫男女、孫媳婦，夫然後成其爲家庭。即是一國之中，有君臣上下的比例。所以《易經》説："家人有嚴君焉，父母之謂也。"《禮記》①説："家人，女爲奧主。"教起家庭，其教科當然是男女并授。而明是家庭教育，却題名爲《國風》，即《詩·大序》云"一國之事，係一人之本也"，即是教人有普通知識，先要知得家國一理。但《國風》有正風，有變風，先須知得如何是正，纔可推知如何是變。女界失教已久，今初設女學校，學界迷識路途，賢輩有志向學，但有已經讀過《詩經》成誦者，尚有未曾誦《詩》而有志求學者，今須尋著源頭，專講正風《周南》《召南》。《論語》夫子曾有遺言，子謂伯魚曰："人而不爲《周南》《召南》，其猶正牆面而立也歟？"便是家庭教育，本地風光。指定家庭教育方針在此，即是人生在世，爲人行事目的在此。

《周南》《召南》是《國風》之正風，便是王化根原。何以題爲"周南""召南"？周是指周公所統治之各國國境，召是指召公統治之各國國境，南係指文王之化自北而南。即謂周、召二公奉宣文王之教化，風行天下。何以說"文王之化"，題名却題"周""召"二公？此係三代時封建的制度。時流妄說割據專制爲封建制度，可笑已極，非本講正僎，且置不論。天子立王朝，分封列國，設三公。一公爲相，統東方諸侯；一公爲伯，統西方諸侯。《禮記》說"分天下以爲左右，曰二伯"是也。王者之化，步步進行，自上而下，自近而遠，從王朝宣布行到列邦，然後達到萬民。其一國之中，則必從朝庭宣布行到百官，然後達得到萬民，《周官經》說"正朝庭以正百官，正百官以正萬民"②是也。如此說來，祇是文王所施之王化，如何《周南》篇篇却祇頌揚后妃，豈不可怪？須知即此便悟"王化起於閨門"。《周南》爲王化之基也，即此便是，便知王化係男女教育并重。所謂自近而遠，化家爲國，須要從王朝之宮庭宣布，行到内而公、卿、大夫以至於士；外而公、侯、伯、子、男五等列國，以至附庸、華族、貴等之家庭，然後能達到萬民之門庭。所以《周官經》揭言"王后理天下之陰教"，門庭以内之教謂之"陰教"。王后母儀天下，須實有職務執行，非屬虚名。古之貴貴以立賢爲等，惟其選之以賢能，然後居之以貴位。各就其位，規定其職務，責任甚重，男女一律，非如後世貴家婦女坐享榮華而已也。貴爲天子后妃、邦君之妻以至於大夫妻，亦各有其職務，非如後世，但顧一家生男教女、掌管家私而已也。以此公例，立爲大法，自然應以掌理天下之陰教屬於天子之正後。《周南》即從此處說起。

"《關雎》，后妃之德也。"一部教科，男女并授，開宗明義。第一章不稱文王獨稱后妃之德，次章又曰"《葛覃》，后妃之本也"，三章又曰"《卷耳》，后妃之志也"。此何以故？推究便知王化起於家庭。家人女爲奧主，王后理天下之陰教，"陰教"即是教育之母、王化之基，家庭之主。而正當文王之聖，得太姒聖德之配，六州向化，推文王爲天子，則太姒居王后之尊主理陰教，化成天下。而周、召二公，承流宣化，必先從二公之家庭隆禮由禮。語出《禮記》，今俗語猶"承習"，蜀有此言，而不達其意。今就此解說，"隆禮"謂舉行冠、昏、喪、祭之典，"由禮"謂平日起居日用習慣。以下相形而善，聞風而起，從王城以至王畿；其列邦諸侯，從大國公侯之家庭，以至伯、子、男，次國、小國邦君之家庭隆禮由禮。以下又相形而善，聞風興起，由其國卿、大夫之家庭興起，以至於士，下達於庶人，各好其禮，各由其禮，夫然後合於"大學之教"，謂之"家齊而後國治，國治而後天下平"，又乃合於孟子曰"人人親其親，長其長，而天下平也"。

---

① 《禮記》：應作《易》。按"家人女爲奧主"出自《易·家人》。

② "正朝廷"句，語出《周官·天官·大宰》，原作"四曰政典，以平邦國，以正百官，以均萬民。"《漢書·董仲舒傳》顏師古注："故爲人君者，正心以正朝廷，正朝廷以正百官，正百官以正萬民，正萬民以正四方。"

故當時周公、召公奉宣王化，於後周公制定禮樂，采此三章之詩，編入樂章，凡舉行典禮用樂之處，皆歌此三章。於後孔子刪訂「六經」，首以《詩經》教授，編列正風，題爲「周南」，以《關雎》爲首。傳之子夏，作爲《詩序》。每章標此一句爲「小序」，即是每章詩之題也。自漢朝經師傳授家法，至三國時破壞，後學不遵小序，望文生義，就詩安題，以意爲之。到宋時，程朱理學崛起，全以己意説經。迄今普通所讀《詩經》，名曰「詩柄子」者，即是朱子「詩序」，均係望文揣度，替古人安題。今講此經，須知説《詩》離題不得，便離開小序不得。舊解衹説讚美后妃不妒忌，就以此作女教之宗旨，已屬狹隘，先落邊際。何況普授士科、文科，皆曰「興於《詩》，立於禮」。須知此《詩》即是家庭禮教之立根，又便是正喻夾寫，將家庭來起例，作國家的型模。大旨説明，往下再循章解句。

《詩經》既是王化之根本，是男女并授的教科，但所説皆屬女界教育，就是教育須從家庭起點。男子十歲以前，尚不離母，女子更不必説。所以注重女教，就是注重母教。《詩經》既是歌唱的樂章，先要念熟，又要講得。比如一首詩，先要知得是甚題目，才能知得詩中用意如何，所以要依著小序，每篇一句，就如後人作詩的詩題，此一句是子夏所傳夫子編《詩》之意。先將《周南》前十章寫出，就此讀下去，便知層次井然，才知道「王化起於閨門」，不是一句門面話。有了信心，讀書才入得到心里，説到修身，就有了榜樣。

《關雎》，后妃之德也。《葛覃》，后妃之本也。《卷耳》，后妃之志也。《樛木》，后妃逮下也。《螽斯》，后妃子孫衆多也。《桃夭》，后妃之所致也。《兔罝》，后妃之化也。《芣苢》，后妃之美也。《漢廣》[①]，德廣所及也。《汝墳》，道化行也。

前八章都是稱讚后妃，但各首有各題。如「后妃之德」，就題即是詠后妃的德行，看他詩句是如何表出后妃之德。「后妃之本」，「本」字，就是如今女界用名帖名片寫出「歸某姓」「本某氏」，指著后妃本生母家，在室作女時，心思言語、舉止動靜。「后妃之志也」，便是詠后妃之志；「志」字正解古訓云「心之所之謂之志」，就是志向。係事不在己身所作，而心思注意在此，所以常言説「志向」。此三章最是要緊大關節目，往下分章細講。《樛木》云「后妃逮下」，接著就是《螽斯》云「后妃子孫衆多」。此兩章自朱子以來普通講法一樣，便是説「后妃不妒忌，善待其衆妾，而子孫蕃盛」，所稱「文王有百子」是也。但是古解尚有深一層説法，是立宮庭法度，王后和妃嬪、嫡庶之間，有一定規矩，却是合乎人情。常言所謂「規矩理性」，是説規矩之中，條條有理，不委曲人之天性，所以子孫多賢成爲種性。接著《桃夭》「后妃之所致」，《兔罝》「后妃之化」。《桃夭》，是詠文王所管周、召境內「男女以正，婚姻以時」，却仍舊題爲「后妃之所致」，爲得男女婚配之事，根本是由女作主張。及婚配成家，家人之事，又係以女爲奥主。所以要王后管天下之陰教，合良好法。女界教育知識見解，都在明理一邊，爲人行事，都有常識程度。婚嫁各得相當，就是男女各得其所。接著《兔罝》係説男子感受文化，雖武夫亦有文德；下章《芣苢》，係説婦人「樂有子」，此兩章照普通説來，都不甚可解。武夫亦好文德，如何見得是后妃之化？婦人樂有子，照今日眼光看來，是當然之事，何以見得是后妃之化？豈非文不對題？要知男強女弱係生來秉性，若非服習家庭教育，難得和平。計口授田之制未通行，庶人貧民之孝養父母，無以爲資。養子辛勤，原人之情，皆視爲苦，不樂舉子。今外國今尚如此，賴有國家法令禁溺嬰，又廣設公所育嬰，而人口尚患其少。即此對照，可知古之陰教，主家庭教育，必由先正男女婚姻，人人知有承先傳代，有施

---

① 《漢廣》：原作《廣漢》，據《詩經》乙正。

有報，然後婦人皆"樂有子"，所以題爲"詠后妃教化所致"，而言其效驗見於事實者如此。下章《漢廣》云"德廣所及"，因爲詩中文句，再四點出江漢，便知是說到化行於江漢之間。江漢之間，係江水漢水流域，今四川、湖北地面。詩中所詠説，是野人遊女皆講禮法，便是切題"德廣所及"也。

（二）二《南》正風別篇大義緒言

《周南》《召南》之三，從王家之宮庭，行到分封列國諸侯之宮庭，傳染到大夫之家庭，就布開在普通宗族公立之女校，即此已傳遍民族之庶士、庶人。天下雖大，統之於民族；民族雖衆，統之於宗法。大夫有二宗，適士有圭田，亦立一小宗。即使有遷居別國小家零戶，無宗亦莫之宗者，在四閭爲族，百家之族塾，亦可附於其宗。《論語》云："因不失其親，亦可宗也。"因，即《周禮》教"六行"之孝友睦姻之"姻"，謂同居在四閭爲族之中，即必有姻親之相及也。其他篇之關係女教，傳導關鍵，今亦刺取略説大旨於後。

《周南·桃夭·序》云："后妃之所致也。"首章云"桃之夭夭，灼灼其華。之子於歸，宜其室家"；次章云"宜其家室"，三章云"宜其家人"。《大學》引此《詩》説云"宜其家人，而後可以教國人"。家室、室家，女對夫云"家"，男對婦云"室"。先言室家，次言家室者，女教先有成，有造於夫家也。終言"宜其家人"，則通一家長幼，均受女教化成之賜矣！故云"后妃之所致"。

《麟趾·序》云"《關雎》之應也"。首章云"振振公子"，次章云"振振公姓"，三章云"振振公族"。振振，傳云"信厚也"，謂"凡爲公子、公姓、公族，皆有信厚之德"。忠信是禮教之本，故子以四教：文、行、忠、信。又曰："忠信，禮之本也。"又曰："忠信之人，可與學禮。"又曰："十室之邑，必有忠信。""温柔敦厚"，《詩》教之宗旨。合信、厚二字爲言，即指謂"女德之傳染所被，及於同姓同族"。"公子""公姓"即如上説之"子姓"，統謂"一宗之弟男子侄"；"公族"則更及於遠，凡同始祖者，皆可謂之。比喻於麟，而詠歎以長言之，相和而歌之調，故三章同詞，猶世稱"麟鳳家聲"也。

《召南·行露·序》云"召伯聽訟也"。次章云："誰謂雀無角？何以穿我屋。誰謂汝無家？何以速我獄。雖速我獄，室家不足！"鄭箋云"室家不足，謂媒妁之言不和，六禮之來疆委之"。此用《左傳》徐吾犯之妹美，公孫楚聘之矣，公孫晳又疆委禽。委禽，即奠雁。《左傳》時昏禮已簡略，故鄭君引彼以明此。三章云"雖速我訟，亦不汝從"，謂彼家雖有理由，執以成訟，而六禮不備，貞女不行，此即世言所謂"尊重女權"也。

《摽有梅·序》云"男女及時也"。梅爲百花之先開，古梅字作𣏗，其花先花後葉。時至但見蓓蕾，故畫其形，即是"枚"字。謂一枚以至若干枚，而隸變爲"某"，稱人爲"某某"，亦即數目之意。此説經以字證經之要妙，今姑發一端於此，女學界如欲求深於學，由此已可悟入。此花先春十月已開，至二月尚未全謝，故以比男女昏嫁有時。而後先早晚，亦非刻定不移。禮，女子二十而嫁，有故則二十三年而嫁。然亦有先於二十，十五而笄，有適人之道。凡三章皆云"求我庶士"，昏禮，女家對婿之稱爲士。"禮不下庶人"，庶人昏禮簡易。《周官》之制，有媒氏之官掌之。仲春之月，大會男女之無夫家者，爲之胖合。"凡""皆"謂"庶人"。胖合者，婚書存於官府。其爲士以上，及庶人之昏未過時者，則報於其宗。又云"奔者不禁"，後人因此致疑《周禮》爲僞。此由既不明制度，又不講小學，不能以字證經故也。"奔"故書爲俜，兩字同音，本相通假；又與"媵"字相通，音皆相近也。故《禮》又云："娶則爲妻，奔則爲妾。"後學淺識，見有淫奔二字連文之綴詞，遂成誤解，反以疑經。不知"俜"即"媵"，謂"連帶相攜"，與"疾走名奔"之意亦通，不過不備禮而速嫁之別名。此在媒氏爲庶人牉合之附條，謂"減禮而結婚者不禁"。簡直言之，即今云"自由結婚"。其在庶人已逾婚嫁之年，及鰥寡而自願牉合者，亦準行註冊耳。所以有此條者，人民之夫婦配合，年貫戶口所關，須報知公家。正於此見封建時代制度之詳密，何反致疑乎？此三章皆言"求庶士"，謂昏禮之所行最低度，亦必在學之士，始能履行也。

《何彼穠矣·序》云"美王姬也"。後序云"雖則王姬，下嫁於諸侯，車服不係其夫，下王后一等。猶執婦道，以成肅雝之德也"。此下即是《騶虞·序》云"《鵲巢》之應也"，與《周南》之《麟趾》云"《關雎》之應"一律，乃所明王道之成，化起閨門，而教遍天下。由有后妃《關雎》之德，而公子、公姓、公族，皆化成信厚之貴遊；由於有《鵲巢》夫人之德，而化及信義之射士。騶虞，義獸，不食生物，與麟同德。《周官》之學制，鄉學設"六藝"之教科，曰：禮、樂、射、御、書、數。書數，先授於家庭教育爲初級課程，至學於庠爲最高級課程。禮樂，由黨庠始爲初級課程，至升入大學再加《詩》《書》，合禮、樂爲"四術"，始入高級學程。射御，則小年不能習，十二或十五學舞，始習射御，其教練程課，則黨庠畢業而止。此外歲時講武，皆用射御教練，故退歸田畝者，無人不習。所以於二南王道之成，詠"騶虞義獸"，以"喻在野之人，無不信義"。明其一道同風，由於女教之母教所養育而成，非偶然也。故與《麟趾》同詞，皆長歎"吁嗟"，相和而歌。試爲諷詠千遍，閉目澄思，如聞其聲矣。但其上行下效，有最明顯之一端。後世帝王卿相所未知，學者儒生所不敢議，即公主下降，俗云"招駙馬"是也。"王姬"，即漢以來所稱公主，在封建時有列國諸侯，所以公主下嫁，必擇配於邦君，爲"邦君夫人"。惟車服之制度，公主車服、儀仗、宮室各節，皆祇降於皇后一等，似乎非從夫之爵，不繫於夫。但雖則如此，而當日王化通行，先自貴始。雖以公主之貴，嫁適諸侯之宮，仍然執行婦道，肅敬雝和，故於《召南》之將終，特著此篇，以表其事。此其所以自上率下，天下風行。後世檢開一部史，公主與駙馬之案，離奇惡劣，書不盡言，而貴家之女，驕姿不法，隨在俱有。女教之不興，久矣！其亦有聞而興起者乎？興於《詩》也。

附　詩

禽犢原非愛，家家好養烏。習成游食客，輩作虜財奴。教儉先知稼，明倫始讀書。文憑同考試，曾未識之無。

常識私妻子，公知好貨財。高堂雖有養，社會已堪哀。戶祝苗之碩，誰知子不才。人心同不古，誰問自心來。

乾沒有餘財，家稱子也才。但教堪倚賴，誰許問從來。自有兒孫福，都緣母教衰。國民皆有母，母亦聖人孩。

亦知亡道德，學佛又何憑？西晉先爲虜，南朝始有僧。黃庭留碣末，青史化圖騰。神滅錢神出，人閒顯萬能。

拾得與寒山，文殊又普賢。太平同說鬼，文字各參禪。道統根蟠李，宗風說愛蓮。惟留一丈室，摩詰獨醒然。

（三）《周南》之三大義通

以通大義爲主，爲開學者知見，使其能讀古注。此須與《毛傳》鄭箋參看，則大義通，而往下讀，古注皆通矣。

國學之要在修士行，始於此亦終於此。孔子曰"吾行在《孝經》"，與七十子之徒，共修而行之也。子所雅言《詩》、《書》、執禮。《詩》、禮爲男女并授之教科，惟《書》以道政，專授於士科大學，故自《孝經》《禮記》皆引《詩》爲證。《詩》《禮》互相證明，兩不相離，以《孝經》爲統系。《孝經》於《開宗明義》第一章之次，即次以天子、諸侯、卿大夫、士、庶人五章，係融合國家、社會、家庭，與過去、現在、未來爲一貫，均以位爲主觀，人爲客觀。處於何等位分，即當盡何等職分，纔是自盡其孝道。其身終於庶人者，祇是率教之民，所謂服從國教之信徒，所以其盡孝之責任甚輕，能養而已。自學成爲士始，位隨年進，五十命爲大夫，其有立德立功，內可進爲三公，外可出封爲諸侯，所以董子説公、卿、大夫、士謂之"四選"，莊子説云"一二三四"是也。四選公、卿、大夫、士，位有尊卑之等，而人格同屬上流，所從升學教成爲士而始。所謂卿大夫之孝，主於事君立身，同屬一條軌道，故《孝經》曰："夫孝，始於事親，中於事君，終於立身。"家國皆以男爲統系，故曰："婦人無爵，從夫之爵。"所謂夫婦，榮辱共之。《喪服經》云："夫榮於朝，妻貴於室。"《鵲巢·序》云："德比君子，乃可配焉。"聖門不別設女教科者，女教統於士教。猶之三代學制，不設武學校，武校統於文學校也。《孝經》天子之孝如是，則王后之孝亦復如是；諸侯之孝如是，即諸侯夫人之孝亦復如是；卿大夫之孝如是，即卿之內子、大夫內主，亦復如是；士之孝如是，即士妻之孝亦復如是。《孝經》之互證即見於《詩經》。國傳男統，家傳男統，則臣出身而仕主，與女辭家而適人，事同一例。從此推究原理，妻之相夫、妾之事夫、妾媵之事嫡、子婦之事舅姑，與大臣之相君，群臣之事君，亦事同一例。所以《關雎》首章"陳后妃之德"，則知三公宰相之相其君，亦當如是。次章言"后妃之本"，則知后妃在家仍是女士。三公宰相，本自士人，爲正比例。《葛覃》爲"后妃之本"者，本在母家，由師教而成。惟師教是聽，所以勤儉煩摑之事，皆當不厭爲之，然後德配君子，得其所歸，則爲其父母之心，得所安矣。故其詩云："爲絺爲綌，服之無斁。言告師氏，言告言歸，薄澣薄否，歸寧父母。"此即明明指點女學孝道，在於承夫家之宗，安其私家父母之心，以成"其次弗辱之孝"也。俗解爲"返馬歸寧"者，未明大義也。其第三《卷耳》即入國家範圍，序曰"后妃之志也"。國政男統，非后妃之職任所得而爲。然既尊爲王后，當思德比君子，乃可配焉，不容不知國家治亂，榮辱共之也，故《小序》云"又當輔佐君子，求賢審官"。却不可進其私親，以私請託，故云"至於憂勤，而無詖謁之心焉"。知王后輔相明王之道如此，則三公大臣宰相之以人事君，公爾忘私，國爾忘家，進賢受賞，不市私恩，正即所以盡其自身本等之孝。"中於事君，終於立身"，亦復如是。三代之制有封建列邦，世爲諸侯。在其本國爲諸侯之臣，亦同王朝之制，有卿、大夫、士三等。其仕於王朝之卿、大夫、元士，有功然後出封，無功則終於大夫。對於列國位秩之尊，比於諸侯，而世守富貴之尊榮，則視分封之諸侯降等有差。惟三公不常置，有其人則必受封成國，實比諸侯。故諸侯在其國，雖爵分五等，而統稱曰"公"。《孝經》分章，即合三公於《諸侯章》內。侯國之卿大夫，對於王朝秩位爲卑，而在其本國之職權位分，亦與王朝之卿大夫之臨其民分際相等，故《孝經》統在一章，皆爲四選之上階。踐其位者，即當職思其居。爲命婦大夫妻者，對於其宗廟家庭，亦復如是，始能上事下教，率其卑幼子姓，以成其孝道。此所謂"大孝尊親，其次弗辱"。孝無終始，而患不及者，未之有也。如修士學士行，而遇世道衰微，退隱於庶人，則亦惟“謹身節用，以養父母”而已。老萊子與妻偕隱，作歌可證，其歌云：“天下有道，我絨子佩；天下無道，我負子戴。”古之修士行而遇亂世者，隱遯而不仕，即形跡略同於道家，故《論語》亦稱孔子之言，云“天下有道則見，無道則隱”。隱則躬耕而自食其力，故荷蓧丈人責子路謂“四體不勤，五穀不分，孰爲夫子？”子聞其止宿，見子之狀，曰“隱者”也。使子路反見，不得。子路乃發明“不仕無義”一篇大論，謂丈人既仍有家庭長幼之節，即不能離國而自爲家，故曰“君臣之義，如之何其廢也？”古稱有官位者爲君子，本屬修君子之德行者，始能有官位，是其原則。及至成康没而頌聲寢，王澤竭而《詩》教廢，則賢者避世而隱。其不入孔門儒行之範圍者，乃轉述古教，別爲道家、墨家，孔子目爲“善人之道”。子張問此，子答以“不踐跡，亦不入於室”。其後乃流爲專修出世，化合於釋氏之家矣。孔門之修士行，即所謂修君子之道，所以“君子”“小人”之名詞，惟獨儒書承《論語》而來，始數數稱之。《老子》書惟一見，“夫唯兵者，凶器，非君子之器”[1]，乃述古義在位之稱。管、墨之書皆不用此名詞也。此乃聖人經緯天地，組織人倫，合國家、社會、家庭，共一爐而治之。家之與國，互爲起例比例，非如此不足以成家道國教，即舍此不足以言“國學正宗”也，開宗明義之聖言在先也。

附：宋育仁注《詩經·國風·周南之三》

《關雎》，后妃之德也。風之始也，所以風天下而正夫婦也，故用之鄉人焉，用之邦國焉。風，風也，教也。風以動之，教以化之。詩者，志之所之也。在心爲志，發言爲詩。情動於中而形於言，言之不足，故嗟歎之；嗟歎之不足，故永歌之；永歌之不足，不知手之舞之、足之蹈之也。情發於聲，聲成文謂之音。治世之音安以樂，其政和；亂世之音怨以怒，其政乖；亡國之音哀以思，其民困。故正得失，動天地，感鬼神，莫近於詩。先王以是經夫婦，成孝敬，厚人倫，美教化，移風俗。故詩有“六義”焉：一曰風，二曰賦，三曰比，四曰興，五曰雅，六曰頌。上以風化下，下以風刺上，主文而譎諫，言之者無罪，聞之者足以戒，故曰“風”。至於王道衰，禮義廢，政教失，國異政，家殊俗，而變風、變雅作矣。國史明乎得失之跡，傷人倫之廢，哀刑政之苛，吟詠情性，以風其上，達於事變而懷其舊俗者也，故變風發乎情，止乎禮義。發乎情，民之性也；止乎禮義，先王之澤也。是以一國之事，係一人之本，謂之“風”。言天下之事，形四方之風，謂之“雅”。雅者，正也，言王政之所由廢興也。政有小大，故有小雅焉，有大雅焉。頌者，美盛德之形容，以其成功告於神明者也。是謂“四始”，詩之至也。然則《關雎》《麟趾》之化，王者之風，故係之周公。南，言化自北而南也。《鵲巢》《騶虞》之德，諸侯之風也，先王之所以教，故係之召公。《周南》《召南》，正始之道，王化之基，是以《關雎》樂得淑女以配君子，憂在進賢，不淫其色。哀窈窕，思賢才，而無傷善之心焉，是《關雎》之義也。

　　關關雎鳩，在河之洲。窈窕淑女，君子好逑。
　　參差荇菜，左右流之。窈窕淑女，寤寐求之。
　　求之不得，寤寐思服。悠哉悠哉，輾轉反側。
　　參差荇菜，左右采之。窈窕淑女，琴瑟友之。
　　參差荇菜，左右芼之。窈窕淑女，鐘鼓樂之。

---

[1] “夫唯兵者”句，語出《老子》，原作“兵者不祥之器，非君子之器，不得已而用之，恬淡爲上”。

注：

作詩作歌，須要連帶風景，後人作詩，亦是摹《詩經》樣本。謂寫景言情，離不開蟲魚花鳥。但《詩經》有賦、比、興，名爲"三緯"，與風、雅、頌之三體名爲"三經"者，合名爲"六義"。所謂詩有六義：賦者，敷陳其事，而直言之；興者，先言他物，以起所詠之詞也；比者，以彼物比此物也。興便離不開花鳥蟲魚。但是，《詩經》所云"因物起興"，非後人作詩"吟風弄月，聊以遣懷"之比，乃係先言一物，因就此物係何樣、何處，便引起下文此物所用的故事，詠歎其事，何美何惡，有好有醜，顯出此篇詩之用意。歌唱合上管弦，歌者聽者，心領意會，灌輸在人人腦筋心腑，久久自然變化性質。又後人作詩，所取材料，組織成爲文句，係取以前史書所載事故，及於前人所作文章内成語。《詩經》所取材料，多半取於禮書，爲得此是樂章，用在行禮時間，作樂歌唱出來教化。譬如説就似外國教堂的風琴歌唱，多半是讚美耶穌，亦間以史詩訓詩，一樣作用，衹有更深更妙。所以誦解《詩經》，須知此章組織文句中資料字面，係何物何地？或宮室、衣服、器用，有何類物件？便從此索解，然後能得其真意。"雎鳩，王雎"，出於《爾雅》。王者，大稱；水鳥，鳩一類之大者，今未見此鳥。"在河之洲"，以起荇菜。"荇菜"，水藻一類之菜。《爾雅》"荇，接餘"，今亦未見用此菜，或云即水芹菜，總之此菜係用爲芼羹之用。芼，即和羹，因本篇下章用"芼"字，可以推知。"芼羹"見於《儀禮》。凡祭祀，羹皆有芼。祭禮係推生時供養父母之心，一依生人年時節序，及供生慶壽奉養之饌，加盛於平時，須子婦親自作饌，以諧合老人食性，并表孝敬之意。沒後以時祭祀，一如生時，所謂"事死如事生"也。天子祭宗廟，王后須自和鉶羹，正饌進奉，故采此荇菜，以供和羹。但禮，位愈尊者，祭品愈多。貴人常有左右服侍，躬親奉上，間有操作之時，尤必有左右聽指揮代勞役。所以因河洲起興，見荇菜而思承祭祀之事，必有左右嬪妾分任供饌，潔治精良，以隆祭典。因思當指使左右，宜就流水之處以滌濯荇菜，須得有幽閒窈窕、德容兼備之善女，以爲君子之良配。禮，祭祀必夫婦親之，主祭爲主人，其正妻爲主婦，其妾媵爲主婦贊也。夫妻則專主正妻，夫婦則并妾媵在内。君子指文王，淑女謂后妃所求之嬪。求之者，后妃也。淑女爲君子之良配，即寫后妃聖德之心思，看得平等。至如常言所道，不妒忌則又不在話下矣。此篇要語，全在中閒一章云"求之不得，寤寐思服。悠哉悠哉，輾轉反側"。其意云何？設言如是，心所希望之窈窕淑女，求之而不能得，則王之左右，照例補缺亦必有人。但王之妃妾，皆王后之近臣，若不得其人，則宮閫不安，左右惑亂，爲國與家，後患長矣。又説如此關係重大，后妃自念從何作起？所以寤寐思我所司何事。悠哉，悠長也。夜本不長，人有所思，則覺其長，所以説"悠哉悠哉"。"輾轉反側"，古注説"輾者轉之半，側者輾之半，反者轉之全"，有此一解，無甚關要。總之説或寤或寐，翻來覆去，思自己應盡之職事，不能成寐耳。服，事也。思事，即思祭祀大典之事，左右不足以表我君子之明德，使我羞顔也。三章荇菜"左右采之"，則已有人分任其事，則於心慰矣，所以説"琴瑟友之"。《禮》云"君子無故不去琴瑟"，《常棣》詩云"妻子好合，如鼓瑟琴"。至此則如願相償，中心悦意，待下如友。末章"鐘鼓"，係指夫人鳴佩玉於房中，出朝奏樂也。

"《關雎》，后妃之德也。"此句小序子夏所傳，要認明是云"后妃之德"，非是説普通女界之德可以泛泛稱道，説不妒忌，能容衆妾。后妃，是指文王之後，固然是以文王之正后太姒爲主體，却題目兼有后妃，是説王后所統宮閫之妃嬪，皆化於太姒，同心同德，以輔佐王后，宣布女教。禮制，王后理天下之陰教，即是管理天下之女教。但如説自家宮閫，尚且不能率教，又將何以教天下之家庭，普興女教？所以要顯出王后之德，必先化起宮闈；要顯得化起宮闈，必得三宮妃嬪與王后一心同德。妃，即九嬪。衆妃皆有德，益顯得王后教化宮闈之有德，故云：「此詩詠后妃之德也。」詠后妃之德者，所以傳宣於天下，爲女教示以範圍也。

「關關雎鳩，在河之洲。」凡鳥之有五彩毛羽者，古名謂之「鳩」，謂「其似鳳」也，鳳字，即從「九」「鳥」。雎鳩，王雎。《爾雅》凡禽魚草木大者，皆名上加「王」。王雎者，謂同雎之一種而大者。洲者，河之中壩，謂此大種彩毛水鳥，不常見，偶見翔集於河之中洲。

「窈窕淑女，君子好逑。」「窈窕」是狀況之詞，分開講字，「窈」訓爲「幽」，「窕」訓爲「閒」；組合爲狀況之詞，則「窈窕」是狀況其人內心思想幽深，外容舉止安閒，所以説爲幽閒淑女。「君子」是組合名詞。「逑」是借字，鄭箋謂是「仇」字，引《左傳》「佳耦曰配，怨耦曰仇」爲證。就從此句解字，顯出后妃之德。讀「好」爲去聲，謂是「和好宮中衆妾之怨」，即是云「調和怨耦」也。人之資性優絀、容體美次，雖宮庭愼選，仍是參差不齊。或偶有短長，爲君子所不喜，遠之則怨，或蛾眉見疾，爲疏者所不容。如此則無以導率宮闈，宮闈且不能秩叙，更何以化行天下？所以文王之后與妃，皆一心同德，樂得淑女，以共事君子。其切要在使其耦俱無猜，各守禮法，咸知大義，則自然無怨。即偶然有怨，亦回思自解，所謂「哀而不傷」。但是要以身作則，却從何作起？如下文二句。

「窈窕淑女，寤寐求之。」此上句先言「參差荇菜，左右流之」，係點明女適夫家，係共祀宗廟。教從孝起，教以孝終。采荇菜以芼鉶羹，宗廟祭祀奉先之孝也。天子宗廟之禮繁，王后之位尊，必須有左右助理之人代其煩勞之職。流之者，就水漂洗擇菜也。方在初采之時，自是尊者祇任提調指揮，卑者受指揮，先行躬執其勞事。擇菜者，擇其敗者而去之，美者始入厨饌。《毛傳》解爲「求」，意亦相同也。家庭求淑女之難得，與國家求賢才之難得，事同一例，故云「求之不得，寤寐思服。悠哉悠哉，輾轉反側」。求之不得，則思宮庭宗廟之重，左右無人，誰與助理？所以寤寐思事，至於輾轉反側。即序所云「哀窈窕，思賢才」。

「參差荇菜，左右采之。窈窕淑女，琴瑟友之。」既得淑女，常在左右，則宗廟之事有人共事，天下女教有人共理，即當待之如兄弟姊妹之相友愛，明其雖皇后之尊，在平時宮闈之禮節，亦當從略。

「參差荇菜，左右芼之。窈窕淑女，鐘鼓樂之。」芼者，芼鉶羹也；鉶羹，祭祀主婦所供。鐘鼓者，人君出宮登朝所奏。鐘鼓作於外，則夫人鳴佩玉於房中，辭君所而治宮事。左右皆得常聞金奏以興於君所，則其不專寵可知，而宮庭雍睦矣。

《葛覃》，后妃之本也。

后妃在父母家，則志在於女功之事，躬儉節用，服澣濯之衣，尊敬師傅，則可以歸安父母，化天下以婦道也。

葛之覃兮，施於中谷，維葉萋萋。黃鳥於飛，集於灌木，其鳴喈喈。
葛之覃兮，施於中谷，維葉莫莫。是刈是濩，爲絺爲綌，服之無斁。
言告師氏，言告言歸。薄污我私，薄澣我衣。害澣害否，歸寧父母。

《卷耳》，后妃之志也。

又當輔佐君子，求賢審官，知臣下之勤勞。内有進賢之志，而無險詖私謁之心，朝夕思念，至於憂勤也。

采采卷耳，不盈頃筐。嗟我懷人，寘彼周行。

陟彼崔嵬，我馬虺隤。我姑酌彼金罍，維以不永懷。

陟彼高岡，我馬玄黃。我姑酌彼兕觥，維以不永傷。

陟彼砠矣，我馬瘏矣。我僕痡矣，云何吁矣！

注：

《葛覃》后妃之本，《卷耳》后妃之志。此兩篇即是后妃女教，并包括國家與家庭，息息相通，兩兩相比之倫理。所以周公定禮，每奏雅樂皆歌此三篇。即以爲通習教科，此三篇外有《小雅》三篇，係《鹿鳴》《四牡》《皇皇者華》。《鹿鳴》係取士，《四牡》係出使，《皇皇者華》係勞使臣。彼三篇專屬國家之大典，男教科士行所重，茲不具論。乃示導上流士女，家國一理。家之宗廟，即是一朝廷。女辭母家適夫家，即是男子出身事主，就是俗言"作官"。《左傳》云："子之能仕，父教之忠。"女子適人家，父母教之以"必敬必戒，毋違夫子"。此二語係孟子引禮書。"夫子"之稱，係屬僚稱長官之稱，弟子稱其師亦同此稱，因而家庭子之稱父亦有此稱，因而婦敬其夫亦以此稱。《論語》冉求曰"夫子欲之，吾二臣者皆不欲也"，"夫子固有惑志，於公伯寮"，皆指季氏而言。《孟子》"夫子教我以正，夫子未出於正"，指子稱其父。世學見孔門稱"夫子"，祇知弟子稱先生一解矣。家人對於夫家父母既稱嚴君，視如國之國君，推例正名，則對於其夫視如親臨所屬之長官，故稱"夫子"，猶今士夫家婦稱其夫，從其僕役，謂之官稱是也。子婦相謂，目其家尊亦每有從僕役稱曰"老爺"，文言亦書稱"大人"。此古今名詞小變，而主義不變者也。至庶人家長老則祇稱"先生"，從其質者，對內、對外皆同詞，故《論語》云："有酒食，先生饌，曾是以爲孝乎？"此嫁女訓詞，乃士大夫之禮，庶人則祇稱"良人"矣。女自母家，即本某氏，適於其家，正如士之起自其家，投身於國。女適人後，以其夫家之尊卑長幼爲尊卑長幼，亦如士仕於朝，即以朝之尊卑先後爲尊卑長幼也。士未出仕在家之時，尚居於四民之列，當然仍勤其家事。父兄如執農商之業，子弟仍當有事服其勞，不能自比於在官之士。及爲命士，則父子異宮，一則趨公有時，一則起居異數。禮從士起，故《昏禮》女與士對稱。大夫之女嫁爲士妻，固屬同等，即是士之女嫁爲士妻，夫年長於妻，班輩年齒從夫爲叙。至遲至四十之年，從夫之爵，亦皆貴爲命婦。適於大夫者，禮數更優，更不待言。故古者宗法，宗子承家產，立女教學校於公宮宗室，推舉本族及姻黨之知禮有學者，置爲女師傅姆，教以四德：婉、娩、聽、從，治麻枲，執絲繭。即被選貴爲皇后，亦不忘其勤儉之本，是以歌而詠之曰"后妃之本"。

開首說葛麻生在山谷，葉發萋綠，今俗言"趣綠"，即是"萋綠"遺語。黃鳥，倉庚；倉庚，長股，今之秋雞。謂春天之時，灌木、小樹叢生者。秋雞低飛，故云集於叢灌之草樹籠。喈喈，古音讀爲"基"，即俗言"嘰嘰"，尖聲。重字者，皆指一對和鳴。春天葛葉始茂，夏天乃采葛麻，擘績漚治，作爲葛布。絺綌，稀布，皆以葛織成。爲絺爲綌，是織爲稀布，用爲祭祀之巾冪。服，事也，云作此勤勞粗工煩辱之事。無斁，不厭也。下章則言以被選爲王后，告別師氏，將於歸王宮夫家。禮，女子衣飾，王后褘衣，夫人揄狄，卿之內子鞠衣，大夫妻展衣，士妻緣衣，庶人玄校、縞衣綦巾。外衣則從夫之爵，夫家備之；裏服褻衣，澣濯之衣，則自母家攜往，俗言所謂"換洗衣服"。其外衣，士女以上有錦衣，亦謂"裘衣"，亦隨嫁奩帶往，所以須請教師氏。害澣害否，何件澣者？何件不澣者？於歸將去否？女子生而願爲之有家，男子生而願爲之有室。女子得其所歸，則父母之心安寧也，故曰"歸寧父母"。以後自身示範，即現身説法，教天下凡爲女子者，皆如此存心爲人行事，則天下之爲人父母者，皆得心安。是教人富不忘貧，貴不忘賤，富而能貧，貴而能賤。聖人設教，是教人作人，不是教人享福。人世間却有福享，須有道德作人，才能長遠享福。所以公、卿、大夫之人爵，從仁義忠信之天爵得來；富之受禄，又從人爵得來。士教如是，女教亦如是。

《卷耳》主旨，在輔佐君子，求賢審官，詩詠后妃之志。君子，即指文王。於禮，后妃不幹外政。但據《周禮》，後掌六宮，設世婦女官，每宮有宮卿一人，六宮有六卿，統名爲"世婦"。然其秩位尊崇，掌教九嬪，其屬官二十七人，則位在九嬪之次，而非王之後庭。王后掌天下之陰教，内治六宮之政令，外行慶賞吊恤於王國之臣民，即是敷布禮教。六宮之卿六人，自是后之輔佐，位比六卿。宮内外凡屬女教之事，皆統治之。所以女官之位，連天子後宮，與外廷特命之世婦，内廷供俸之女官，并計員額。天子之妃、嬪，亦即是女官之兩級，非女官全屬天子之後宮也，所以《禮記》載明其制度云天子"三夫人、九嬪、二十七世婦、八十一御女①。"此制後世所未聞，因此傳譌，以御女作御妻，不知御女猶如御史之稱。《周官》有女史、女祝、女巫、女酒、女漿，是其官名，凡八十一員。世婦，選命於卿大夫之母與妻；御女，選任於大夫、士之女也。《禮記》又有明文云"惟世婦命於奠繭"，其他則皆從男子。禮，王后率六宮浴繭於川，遂獻繭於王，於此時請王命命之奠繭，即理陰教教蠶桑之一事。世婦及御女爲王后之屬官，不從其夫之爵也。求賢審官，固當以此爲主。又云"知臣下之勤勞，有進賢之志，而無險詖私謁之心者"。王后雖統理陰教，頒行《内則》，普教天下臣庶之家。但於禮，婦人不出疆，除奔父母之喪外；父母没後，歸寧兄弟，亦使大夫代行。國君夫人皆然，天子后妃自當然矣。其餘吊慶，皆遣大夫代行之，故傳箋説此皆主使臣而言。其外事朝聘，於禮，國夫人皆有致問、致饗，平時於内事有使任，有事於外交，則加慰勞，此所謂"能以天下爲一家"也。問琴説此謂求賢，兼指貢士。據《關雎》自求淑女之意，以明納女於天子之古制。禮，一國嫁女，二國往媵，自必先有媒介，先有指選，然後有送女。貢士與納女比例相同，國家之貢士，比於家族之納女，皆以車馬遣送之，故昏禮有婦家留其送馬，夫家五日來返馬。一國國君取女，二國以女從嫁爲媵，留其送馬，待其返馬，禮亦如是。貢士，公家送以車馬，燕餞而行，與遣使臣之禮數相同，即比例於送女之禮也。但送女之關係，祇在家庭；貢士之關係，始在國家。此詩詠后妃之志，在輔佐君子，當屬國家而言。而納女於天子，送媵於別國，意即包括於其中。據禮文，遣禮貢士皆用車馬，威儀甚盛。先以飲餞，隨以僕從。故三章舉"金罍""兕觥"，并及"我僕"，均以車馬疲勞爲詞，言貢士及遣使，而送女之禮意亦在其中。因采卷耳以興起周行，與《鹿鳴》同詞，謂餞而送之，猶今世通俗餞行是也。

卷耳，苓耳，出《爾雅》，今莫名其物，按《埤雅》云："枲耳，枲，麻也。"禮，有糵黆黑白，爲内羞加籩之實。糵，熬麥，即今之白飴糖。黆，麻子，即今之芝麻粉或醬，故稱黑白。因物興事，故傳訓"采采，爲事采之也"。餘文句皆依傳箋解説自明。

（四）《召南》之三大義通

《鵲巢》，"夫人之德也"。諸侯積功累行，始受封國。嗣君承統於先君，嗣爲諸侯。爲夫

---

① 女：《禮記·昏義》作"妻"；《通典》《北史》用"女"字。

人者，其初在母家爲士大夫之女，原不一定今爲諸侯夫人。乃起家而共有其國，故必德如《鵲巢》所美，乃可配焉。次篇《采蘩》，"夫人不失職也"。專指能承宗廟，即説諸侯之孝，在能"保其社稷，和其人民"，始能世守侯封，長存宗廟。夫人起家而共有之，能承宗廟祭祀，承先啓後，所包者廣。所以《麟趾》《騶虞》爲《關雎》《鵲巢》之應也。三篇《采蘋》，"大夫妻能循法度也"。此篇爲士女教成，加筓，設奠於宗室、公宮之禮。而序云"大夫妻"者，明士女一例。"學爲士"者，學爲卿大夫之選。"命爲大夫"者，其始必先爲士也。《禮記·冠義》①云："天子之元子，皆士也。"然則雖王姬、古稱王姬，見《何彼穠矣》章，後世稱"公主"。公子女公子與男同稱，見《豳風·七月》章，後世加女字別之。亦皆女士也。此即爲《孝經·卿大夫章》《士章》作注。換言之，即謂《孝經》兩章爲《詩經》此章作注，可也。由士而起家，爲卿大夫；由女士而適人，爲卿大夫内主，事同一例。故君臣之道，夫婦之倫，家國一理，生事愛敬，宗廟孝享，死生一致。後世教法不明，國學晦盲已久，俗學淺視人倫至教，不知聖人之道，際天蟠地，人道之貴，直稱"三才"。"王"字之義，謂貫通天地人之道，儒行之極，謂通天地人之道曰"儒"。所以《孝經》有曰"人之行莫大於孝，孝莫大於嚴父，嚴父莫大於配天"，所以《孝經》又曰王者"事父孝，故事天明；事母孝，故事地察。天地明察，神明彰矣"，所以《孝經》又曰"宗廟致敬，鬼神著矣"，所以《孝經》又曰"孝弟之至，通於神明，光於四海"。悌道，即由孝道之抽象分支。忠君，即是輔佐明王，以孝治天下之公同主義。孝治人倫，即聖治經綸立天下之大本也。觀於匡丞相《請勸妃后經學疏》云"後夫人之行不侔乎天地，則無以攝神靈之統，而理萬化之宜"，漢儒猶知此也。匡穉圭以《詩》學名家，可證。又觀於《國語》敬姜之訓士文伯，自王后、諸侯夫人、卿大夫内子、命婦、士與士妻，以及蒙瞍、庶人、工商之職務，無一不如數家珍。豈如後世之公侯夫人、貴主、命婦，但知依賴兩家，驕奢富貴，其父若昆弟、夫與子之所作所爲，一事不知者乎？世道之日降日卑，由於上失其道，天子失官，后妃不學，而家庭之陰教無所統。國家之敗由官邪，官之失德由寵賂，而其源在士節不勉。夫豈別有他故？夫非別有他故，夫皆由國學不明之故，女教久廢之故。

附：宋育仁注《詩經·國風·召南之三》

《鵲巢》，夫人之德也。
國君積行累功以致爵位，夫人起家而居有之，德如鳲鳩，乃可以配焉。

維鵲有巢，維鳩居之。之子於歸，百兩御之。
維鵲有巢，維鳩方之。之子於歸，百兩將之。
維鵲有巢，維鳩盈之。之子於歸，百兩成之。

注：

夫人，五等諸侯之夫人。《論語》云："邦君之妻，君稱之曰夫人，邦人稱之曰君夫人，稱諸異邦曰寡小君，異邦人稱之，亦曰君夫人。"後世誥封一二品官之妻，亦封夫人，謂其爲天子之上大夫妻，與五等諸侯同品，所以公、侯、伯之妻，亦仍封一品夫人。古時封國世襲其爵，即管領其國境人民。後來自秦變法，至漢以來，皆有五等封，而有名無實；唐宋皆有

---

① 《禮記·冠義》：疑作《儀禮·郊特牲》或《儀禮·士冠禮》。按，"天子之元子，猶士也"出自《儀禮·士冠禮》，亦出自《禮記·郊特牲》。

國夫人之封號，亦屬虛榮。女學界須知三代時富貴之家，以諸侯爲主位，所以《孝經》説諸侯之孝，教以不驕不溢，長守富貴。但是周公制禮，聖人立教，固然教富貴之家世守富貴，却是講平均之理，各有分事，不是教富貴家婦女坐著享福，就是新學界述西人所據學理，有一分權利就須盡一分義務。孟子所説普天下通行公共的達道，都是通工易事，就是俗語説的"换工程"。從上卷《周南》之三説來，天子之后是管理天下之女教，其次就是分封列國爲諸侯妻者，即是國夫人，其下之臣民稱之曰"君夫人"，與前所説婦稱"君舅""君姑"，是同一名義，何等尊貴！國夫人上對王后，是在臣一例；下對卿、大夫、士、庶人，是有君之尊。但其對於其國君是降一等，故名爲"小君"，其職分仍當管理一國之女教，但是上有天子、王后。諸侯對於其國，是奉行天子所頒政教，國夫人亦當然奉宣王后所頒布之陰教。所以《召南》次於《周南》，全是述召伯巡行南國、宣布文王之仁政，而首列諸侯夫人，次列大夫妻，自修其德行，盡其職務，以施行禮教。此章序云"夫人之德也"，謂南國諸侯之夫人，皆能效法后妃之修德。下文續小序講明其所以然，云"國君積行累功，以致爵位"，謂受封開國之君，或以德進，或以事舉，<small>二語出《禮記》，下文"或以言揚"，是古代用人之例。</small>必有積久可見之德行，或累次所建之功勞，然後得封爲五等諸侯，以爲國君，是公例之酬報。至其夫人，則不過生長良家，既嫁國君，即爲"國夫人"。所謂"起家而居有之"，"起家"二字，即是臣出身而事主，後世俗稱"作官"，文話上所通用名詞。試思須當有何等人格，才配得上？所以續序又云："德如鳲鳩，乃可以配焉。"

經傳文句通例，凡一名詞，必有兩見以爲互證。《詩經》文句通例，經文上名詞見於禮書者，在禮書上屬於何事，《詩經》上用此名詞所指，就屬於何事。如此章"鳲鳩"，見於《小雅》《大雅》。"鳲鳩在桑"，彼經訓解云"德均七子"，謂此鳲鳩之鳥有特性，哺子必均，一雛一次，哺食而遍。女教以心無偏僻爲德行之主，母教尤以愛均子女，無所偏向爲法。百兩、百乘，諸侯之子嫁於諸侯，車皆百乘，象有百官之扈從也。

《采蘩》，夫人不失職也。
夫人可以奉祭祀，則不失職矣。
于以采蘩，于沼于沚。于以用之？公侯之事。
于以采蘩，于澗之中。于以用之？公侯之宮。
被之僮僮，夙夜在公。被之祁祁，薄言旋歸。

注：

諸侯之夫人，奉宣王后之教化，首先在自盡其職。自盡其職，便是修身；思修身，不可以不事親。修身以事親爲大，即是《孝經》所説"人之行莫大於孝"。《孝經》教諸侯之孝，在"保其社稷"，是舉其國之祭祀大典而言。禮之定制，天子、諸侯之宮，右社稷，左宗廟。諸侯是國君，主祭國中社稷祀典，所以舉重者而言。卿大夫便不能主祭社稷，所以《孝經》教卿大夫之孝，就衹説"保其宗廟"。雖然後世改變制度，仍舊改不脱原則，所以衹有地方官的首長，才祭社稷壇。此章續序説"奉祭祀"，就是講諸侯宗廟之祭祀，係與夫人共同盡孝道的職務，外祭祀無主婦與祭。則此章云"夫人可以奉祭祀"，即可知是指宗廟孝享先祖考妣而言。奉祭祀，就是傳血統後代之根源。今人都知要有後代，却不知慎重祭祀。由於教化失了正傳，國家不隆重祭典，既無分封諸侯，卿大夫又無采地，不能建立宗廟，衹有各姓公立祖祠，留得一分遺意，祭祀又不當真，所以要重新講起禮教發明經傳所傳的原理原則，凡屬士、大夫家男女，皆明此理，才可望世界回頭。所以女界既興學，至少要讀《詩經》《周南》之三"《召南》之三"《小雅》之三"，與同問琴閣所訂《禮記》分編之初編和《孝經》，才知聖人人倫之教在《詩》《禮》上說明。家家都要遵守，世道自然就好。却是經書要人講明，若講得不明，便看作一片甄的勸世文，摸不清頭腦，認不清眉目。既講明瞭後，再細按書上道理遍誦遍想，就知得何等樣人身分，當盡何等義務，男女一例。比如此章，是講諸侯夫人，下章便講大夫之妻，便知上行下效，從上率下，從大家門傳到小家户，是相連帶關係。并連《孝經》如何分天子章、諸侯章、卿大夫章、士章、庶人章，明得出界說。在《孝經》未提女教，以此證彼，便知女教即在其中。諸侯夫人便是諸侯身分，大夫妻便是卿大夫身分。

"于以采蘩，于沼于沚。於以用之？公侯之事。"四句是相呼應文法。《毛傳》說"蘩，皤蒿"。皤，是白色；蒿，是有香氣之野菜，如今作清明粑所用軟蒿之類。即就經文"于沼""于沚""于澗"，係水邊所生，不必深求，總是爲祭品之用，須親自摘洗，造作饌羞，以供祭祀。鄭箋說"于以"，猶言"往以"也。"以"字，今通用爲虛字助詞，本義係作"用"字解。于，往也；以，用也。用者，究其所用，便是何用之意；往，是從門內出外。上句如問爲何事"于沼""于沚"？下文如答言"于以用之"，係爲供給公侯之事。《春秋》書"有事于太廟"，"大事于太廟"，皆指祭祀，所以云"公侯之事"。次章換言"公侯之宮"，諸侯之宮，左爲宗廟也。下章祇四句，上二句正說祭祀，下二句說祭畢而退。祇用服飾字面，形容意思，即顯然可以想像。學者文理較深，即知其造句措詞，均恰到好處。"被"者，毛傳解云"首飾"也。古人首飾，各等不同。諸侯夫人首飾，有髲鬄，讀必替，其製係假髮做成，與江浙之燕尾相仿佛。"僮僮"，毛傳云"竦敬"也。承祭事之時，將髲鬄束高竦起。"夙夜在公"，謂視爨饎之事，以供奉粢盛。"祁祁"，舒遲也，謂釋祭服，則將髲鬄放下下垂，其容舒遲，乃還宮也。

全《詩經》之次叙，《采蘩》次章是《草蟲》。序云："大夫妻能以禮自防也。""以禮自防"，便是說節操。夫婦之道既正，女界學與未學皆知，所以用在樂章上的歌詩，就除開此篇，不列在《召南》之三，將下章《采蘋》補上，表示女學教化之根本。

《采蘋》，大夫妻能循法度也。
能循法度，則可以承先祖，共祭祀矣。
于以采蘋？南澗之濱。于以采藻？于彼行潦。
于以盛之？維筐及筥。于以湘之？維錡及釜。
于以奠之？宗室牖下。誰其尸之？有齊季女。

注：

續序云："能循法度，則可以承先祖，供祭祀矣。"鄭箋引《禮記》"女子十年不出，姆教婉娩聽從，執麻枲、治絲繭，織紝組紃，學女事以供衣服。觀於祭祀，納酒漿、籩豆、菹醢，禮相奠助。十有五而笄，二十而嫁。"此言能循法度者，今既嫁爲大夫妻，能循其爲女之時所學、所觀之事，以爲法度。此段箋注最講得詳明，却祇是引用《禮記》一段來證明序說此詩徹地通透，題無漏義。所以說經學是要以經證經。唐宋後來學者所以講不明經書，都爲將後世已破壞禮教時代，漫無制度之社會、家庭印證，總不明白。所以想要改良社會，亦無辦法。但尚賴有孔門遺書，學者傳習，作一篇空言理論，其文義雖不甚解，而家弦户誦，就譬如佛門僧衆念經，能解者本無幾人，却人衆皆知是善言。留著這點根本，理學家所説的蒙泉剝果，從此再可發生。猶如春初山隙縫里初發動涓滴泉源，後來流注聚匯，就會成長流之水；秋來自行剝落的山果，落地入土，或人拾來播種，又發生芽蘖，就會長成樹子。今日爲女學發生，訂一編至簡必讀教科，先從《周南》之三、《召南》之三、《小雅》之三、《豳風·七月》十篇詩讀起，就是爲女教并家庭教育安固一椿根柢。不但女教當知，就普通男界，或不能成學，或已經過時廢學，及舊學能文而不能講經，三項人均當就此十篇詩溫習講貫，才可能扶持女教。

禮制，男子十年出就外傅，是說在十歲以前，屬於家庭教育，爲父者擔任教，爲母者擔任育。教到十歲，男女即當分別教育，男子出就族塾父師、少師之教。士大夫之致仕者，歸而教其鄉里，"大夫爲父師，士爲少師"是也。其女教則分設於公宮、宗室，其家長與本國之君，在五服之內者，同一祖廟，則其女學校設在其國君之宮內。《記》云"小學在公宮南之左"，所謂"祖廟未毀，教於公宮"是也。其家長與本國之君，出五服之外，即不同祖廟。就五服親內之爲大夫者，立爲宗子，本族奉以爲宗，建置宗廟。殁者之神主祔祀於其宗廟，生者從宗子而祭其祖先。就設女學校於其家，所謂"祖廟既毀，教於宗室"是也。設有女師、傅母、保母，分擔教育學科授課。其教科即是鄭箋所引《禮記》，總綱是四德："婉"之訓義是和順，屬於婦德；"娩"之訓義是溫柔，屬於婦容；"聽"之訓義是耳性聰而言寡，比如俗語說"會聽少說"，屬於婦言；"從"之訓義是依法傳習，隨同學習，屬於婦工。下文分別麻枲是一科，絲繭是一科，織紝是一科，組紃是一科。末了總結一句，謂學女事以供衣服。以上四科，皆衣服所需。古制男耕主食，女織主水。所以供衣服，目爲女事。織是織布帛錦段，人人知得；紝是裁縫衣服，組是組合絛繩巾帶；紃如今打線，兼刺繡。後來女工大宗都爲男工所奪。

"觀於祭祀，納酒漿、籩豆、菹醢，禮相奠助"，此一段是習禮。"禮有五經，莫重於祭"。"五經"指說吉、凶、賓、軍、嘉五禮。獨於祭禮稱"吉禮"，爲承先啓後，是人世界所以成立人道，合人神，通死生，聯古今，和上下，都在祭祀。所以《孝經》說諸侯、卿大夫、士之孝，都歸結到保其宗廟祭祀。後世禮教衰微，自漢時儒者就晚得說"禮崩樂壞"。後來世道壞久了，卻反忘記此言，以爲不過就是世上通行模樣如此。殊不知，自秦朝變革制度以後，祇有天子纔有宗廟；此外，貴到拜相封侯，亦祇同庶人薦於寢，一列酒饌擺供而已，但就此已屬萬國民族所無。西學者就見如此，已稱爲支那人的特色。亦幸賴尚存這點形式，義是蒙泉剝果，可從此發生，故所以重興女教，是離開這個原則不得。禮制宗廟祭祀，說明要夫婦親之，爲得上代所祀祖先，有考有妣，是夫婦，所以下面主祭是要兩夫婦爲主祭。女子未出閣時，不爲祭主，所以說觀於祭祀，佐長者視具，所執何事。故此下文說明，是納酒漿、籩豆、菹醢，禮相助奠。祭禮主婦有贊者，就是如今贊禮還贊唱。執事者各司其事，就是供獻之時，傳遞酒杯、茶盞、乾碟、葷碟、上炒碗、進鹹菜，等等。一面贊相進退之禮節，一面陳設供列之膳羞，但此須已成人始能勝任。到此習禮之時，已近將嫁之年。此詩說是從爲女在室成人之時，行加笄之禮，習主祭之事。詩之詞句，是說女子加笄，而詩序卻講是大夫妻能循法度，鄭箋申明其義云："今既嫁爲大夫妻，能循其爲女時之所學所觀之事，以爲法度。"此即女校之成績效果。首章箋云："古者婦人先嫁三月，祖廟未毀，教於公宮；祖廟既毀，教於宗室"，"教成之祭，牲用魚，芼用蘋藻，所以成婦順也。"女士嫁爲大夫妻，能循其在女校所學成之法度，于以明章婦順，承先啓後，是以家室和平，災害不生，禍亂不作。《孝經》所云"以孝治天下"者，先從女學教女子觀於祭祀，教成而主加笄之奠爲始也。女校養成女士之行，自然適卿大夫之家能承宗廟祭祀，而子姓皆有所觀型也。"子姓"，係經傳名詞，統一家弟男子侄，并觀同姓，在內五服之外爲親同姓。此語該括宗族子侄，故云"子姓"。觀，即今云"觀念"。型，即今謂"模型"，如云"榜樣"也。人情莫不欲富貴，亦莫不自詡知能，所以教化須先從富貴之家立根。富貴家領頭，所作所爲，一舉一動，都有禮法。平民小户耳目見聞所及，都是好榜樣，自覺不如，願向上者，由學校考成，進而爲士。有此知能，即富貴有分，不必營謀；程度跟得上、跟不上，是有個禮度。一墨綫彈下，并無別途出身，可以取巧。退學爲農、爲賈，自然安分守己，祇要"謹身節用，以養父母"，不犯刑罪，到得六七十，受養於鄉，亦稱爲先生，與士大夫序齒平行。豈似今日內而家庭，外而社會，汲汲皇皇，大衆起來謀個生存活計，猶恐不得終生溫飽。女界之苦樂不均，更不在知能，直是大家莫名其妙，以致西人求其方而不得，求其故而難明，直謂是造罪的社會，犯罪的人種，可哀也夫。

蘋，傳云"大萍"也，是據《爾雅》"萍，大者蘋"。藻，聚藻也。陸德明《詩經》首義引《韓詩》云：《詩》有四家，齊、魯、毛、韓，均是孔門弟子所傳，四家各有訓解，有同有異，此引韓詩"蘋藻"，就此略擧一端，讀全經治經學須知。"沉者曰蘋，浮者曰藻。"據此兩家之説推求，蘋當是菱角，藻即是芡實。菱角大，芡實小。菱角沉水下，芡實浮水上也。此等處是經學專門研究所必講，普通可從略。但就此可推知，《詩經》所詠之物，皆有所用，不是泛吟花鳥，如後人寫景之詩。"于以"即作問答詞，問于何用？答曰"用之于何"。"于以盛之"，不是筐就是筥。方者曰筐，圓者曰筥。"于以湘之"，《韓詩》作"鬺，烹之也"。非用有足之錡，即用無足之釜。"于以奠之"，奠，傳云"置"也。"宗室牖下"，傳云"宗室，大宗之廟也"。箋云"牖下，戶牖閒之前"。凡昏事於女禮，設几筵於戶外。"誰其尸之？有齊季女"，傳云"尸，主。齊，敬也。季，少也"。箋云"祭禮主婦設羹，教成之祭，更使季女者，成其婦禮也"。

（五）《小雅》之三大義通

《學記》云："《宵雅》肄三，官其始也。"又云："官先事，士先志。"二文相起，舊來均未解得。宵雅，即小雅，舊説已明。肄者，又習也。本屬童而習之之《小雅》"《鹿鳴》之三"，今在大學始教，又從而肄習之。《左傳》所云"肄業及之"，時語所謂"練習"是也。業者，筍簴也。置樂器之懸與架禁之統名，謂例如習樂之練習，即職業也。在黨庠先已習樂語、樂歌，及入大學，又當肄業以此三篇爲主課。所謂"聞弦歌而知雅意"，睦於耳而感於心，即此《小雅》三章，而《大雅》之義亦在其中。《詩》名爲雅，又分爲大雅、小雅者，《大序》云"雅者，正也；正，即政也"。此即由家庭教育，入社會、國家範圍，講明《周南》《召南》之三，即須講《鹿鳴》之三者，爲開學者知見，既講得家庭人倫教育爲風化根本，便須開通國家知見，有普通國家政治知識。分注如後。

附：宋育仁注《詩經·小雅·鹿鳴之三》

《鹿鳴》，宴群臣嘉賓也。
既飲食之，又實幣帛筐篚以將其厚意，然後忠臣嘉賓得盡其心矣。
呦呦鹿鳴，食野之苹。我有嘉賓，鼓瑟吹笙。吹笙鼓簧，承筐是將。人之好我，示我周行。
呦呦鹿鳴，食野之蒿。我有嘉賓，德音孔昭。視民不恌，君子是則是傚。我有旨酒，嘉賓式燕以敖。
呦呦鹿鳴，食野之芩。我有嘉賓，鼓瑟鼓琴。鼓瑟鼓琴，和樂且湛。我有旨酒，以燕樂嘉賓之心。

注：

此爲貢士設燕，即鄉飲酒賓興賢能之詩。嘉賓者，賓興之貢士，即由鄉選舉之賢能。群臣者，代主之州長、黨正，爲儐之孤、卿、大夫也。貢士，新進之賢能，爲正客。遵者，即儐之別名。舊仕之賢貴，爲陪賓。貢士有賓、有介、有三賓長，非止一人。鹿性最愛其群，得食則相呼，故以鹿得食野之苹，呦呦而鳴，以相招呼，爲此詩起興。"鼓瑟鼓琴"，燕飲之禮，堂上瑟歌和之以琴。吹笙，鼓動笙中之簧，謂閒歌三終。堂上瑟歌一曲，堂下笙吹一曲。"承筐"，傳兼公燕、公食大夫之禮而言，謂有酬幣、侑幣。鄭箋引《書》"筐厥玄黃"，專主賓興貢士，謂貢筐隨同貢士時并貢於朝也。好，猶善也。行，列也。貢士惟取賢能，故鄭云："人有以德善我者，則置之於周之列位。"次章"桃，偷也"。"德音"，箋云"先王道德之教也"。孔，甚也。昭，明也。視，古"示"字也。又引《儀禮·鄉飲》之文，云"於旅也語"，謂於旅酬之前，堂上賓主，可以語也，故申其義云"嘉賓之語"。先王德教甚明，可以示天下之民，使之不偷，乃君子所效法。此君子與民爲對文，謂欲爲士者，學成進爲有位之君子，則當法效此先進之賢能，所謂有爲者亦若是也。"式燕以敖"，謂旅酬之禮，上敬下也。此時禮數甚寬，有無算樂，如遨遊矣。三章"和樂且湛"，謂"無算爵"也。燕樂嘉賓之心，賓興賢能，愛而敬之，敬而安之，乃得其歡心。則今日之嘉賓，來日爲群臣，能盡其力矣。此即《孝經》義，天子之孝，能得萬國之歡心，以事其先王；諸侯之孝，能得百姓之歡心，以事其先君。君先求賢，使臣以禮，然後得臣事君以忠。推之卿大夫之有家，承事宗廟，得人之歡心，以事其親。其分際雖有廣狹不同，而其揆一也。由此可以旁通禮意。昏禮之親迎，同牢合卺，男先於女，男下女，女從男，其義一也。此主於鄉飲，按，鄉飲有常歲舉行多次，皆屬社會教育，而特以三年大比，賓興賢能爲隆重大典。庶人之俊選，起家而登仕於朝，有事於國，此男子自家而國之交際，亦猶女子辭家而適於夫家，係於宗廟，母命之曰"往之女家"，比誼同情。女子自此則母家爲私親，男子自此亦當然視己家爲私家矣，此即屬於國家知識，即所以起人愛國觀念，須知《詩經》每篇皆言中有物，三禮即是《詩經》之典故、材料。所以必須以禮證《詩》，始能得其確解。又須依序標題，始能有所根據。後世説《詩》家，隨意揣想，望文生義，則與吟風弄月，汗牛充棟之詩集何異？如視爲一部詩選，則至聖先師，亦不過我輩文人耳，又何必童齔諷誦，皓首窮經？豈不僟乎？

《四牡》，勞使臣之來也。

有功而見知，則説矣。

四牡騑騑，周道倭遲。豈不懷歸？王事靡盬，我心傷悲。

四牡騑騑，嘽嘽駱馬。豈不懷歸？王事靡盬，不遑啓處。

翩翩者鵻，載飛載下，集于苞栩。王事靡盬，不遑將父。

翩翩者鵻，載飛載止，集于苞杞。王事靡盬，不遑將母。

駕彼四駱，載驟駸駸。豈不懷歸？是用作歌，將母來諗。

注：

此章傳箋皆主文王爲西伯時率諸侯，撫叛國，三分天下有其二，以服事殷，使臣以王事往來。周公作樂以歌文王之道，爲後世法。按，詩作於此時，而法垂諸萬世。中國一天下之廣土衆民，非封建分國，分土而治，斷不能致治。歷觀一部《廿四史》，大率係大殺一場，然後休息。多不過一百年，少則僅安寧數十年，又大開一場殺劫。禍亂相尋，決無已時。然而先王所謂建國親侯，後世則必致尾大不掉，世主之不肯行封建，此亦一大原因，不知實由於經術不明之故。《易》曰"先王以建萬國，親諸侯"，《書》曰"合和萬國"，《孝經》曰"明王以孝治天下，合萬國之歡心，以事其先王"[①]，《中庸》曰"凡爲天下國家有九經，治亂持危，朝聘以時，所以懷諸侯也"。夫諸侯萬國，何以和親？萬國之歡，何由而合？其必操之有術，豈爲誇美之詞乎！其要典、要點，即在九經之八個大字，即在此《四牡》《皇華》兩篇之詩。封建分國，慮其尾大不掉，分崩割據，國自爲政，所以必須親諸侯，合萬國，結其歡心。經政之要，在於治邦交。治邦交之要，在於遣使得人，恩威并濟，有亂則以威治之，有危則以恩扶之；無事，則比年一小聘，三年一大聘，五年一朝。天子五年一巡守，有事，則率軍旅以會同。先於平時厚往而薄來，與後世之厚責進奉，而薄於賞賚，正屬反比例。及其國家有故，則王朝與侯國，有互相維持之感情，即定有互相維持之規制。此篇詠歌文王勞使、遣使之事，即示封建之治術政策、綱要。當文王與紂之世，事極艱難，所謂"危疑震撼之秋"也。王朝大亂，而西伯所統屬之六州大治。君弱臣強，取而代之，綽然有裕。然而文王乃撫叛國率以朝殷，此方伯維持王朝，即治王國之亂，扶王朝之危也。然當日尚幸有王使來聘，因得授鈇鉞專征之命，率叛國以服事殷，故序云"有功而見知，則説矣"，此等處真一字千金。假使六州歸化，而王使遂絕，則有功而不見知。文王縱欲撫殷之叛國，率以朝殷，而形格勢禁，有所不能。故首章即情詞傷悲，連接四章，重言"王事靡盬"。靡者，續麻不成；盬者，鹽不結晶也，猶世言"腐敗"。首二章"豈不懷歸"，與"王事靡盬"連詞，箋云"不以私害公，不以家事辭王事"。次三四章，即以"王事靡盬"，領起下文，云"不遑啓處""不遑將父""不遑將母"。五章，又前承"豈不懷歸"，作歌相告，重言"將母"終焉。對於王事，則一國之事爲私；對於國事，則家事爲私。懷安者，人之常情，爲其身既委質爲王臣，又值王事多難，權衡公義私恩時際與責任之輕重，則私心"豈不懷歸"而念及"王事靡盬"，心傷悲而不忍；再念"王事靡盬"，雖欲懷歸而安居，亦所不暇矣。重念"王事靡盬"而養父且不遑矣；又重念兹，養母亦不遑矣。不遑暇，猶俗語"來不及"。家庭孝養父母，雖屬同情，而事君之忠資於事父，"子之能仕，父教之忠"。但祇不遑養父，猶未足以表公義之隆。故終章結言，以"不遑將母"，來告其情，是用作歌也。此即子夏序云："發乎情，人之性也；止乎禮義，先王之澤也。"此之謂"倫理"也。

人倫之軌則，權於恩義之兩途。此詩已示其極則。《禮記》所云"門內之治恩掩義，門外之治義掩恩也"。爲使臣者，誠明此義，則受命出疆，國而忘家，公而忘私，能竭力致身，則邦交治。而上國與列邦聯爲一體，懷諸侯而天下畏之，萬國之和親基此矣。"周雖舊邦，受命維新。"武王、周公遵文王之道，即以當日治王國之亂，持王朝之危者，移以治列邦之亂；持列邦之危，亦復如是。頒行天下，教於學宮，播之管弦，長言永歎，此之謂"《詩》可以興，可以觀，可以群，可以怨。邇之事父，遠之事君"，此之謂"以身率教，以德感人"，乃此之謂"聖人，人倫之至也"。女學宜知此者，家庭比例於國統。夫家之嚴君，屬君舅，則當知本生之父母爲私親。國統起例於家庭，臣道比於妻道，臣家亦猶是私家，則當勉以事君公義，始爲明大義也。此乃甚深微奧義，而聖經垂訓，固甚明顯。《易》曰："地道也，妻道也，臣道也。"或從王事，坤道無成，而代有終，《汝墳》之詩云"魴魚赬尾，王室如燬。雖則如燬，父母孔邇"，可證也。

---

① "明王以孝"句，語出《孝經》，原作"昔者明王之以孝治天下也，不敢遺小國之臣，而況於公、侯、伯、子、男乎？故得萬國之歡心，以事其先王"。

《皇皇者華》，君遣使臣也。

送之以禮樂，言遠而有光華也。

皇皇者華，于彼原隰。駪駪征夫，每懷靡及。

我馬維駒，六轡如濡。載馳載驅，周爰諮諏。

我馬維騏，六轡如絲。載馳載驅，周爰諮謀。

我馬維駱，六轡沃若。載馳載驅，周爰諮度。

我馬維駰，六轡既均。載馳載驅，周爰諮詢。

注：

　　傳云"忠臣奉使，能光君命"，即續序云"送之以禮樂，言遠而有光華"，故以"皇皇者華，無遠近不得其色"爲比。所以揚君之美，延其譽於四方，則爲不辱君命。《論語》夫子之論士，曰"行己有恥，使於四方，不辱君命"爲士之上等。他日説詩曰："誦《詩》三百，授之以政，不達；使於四方，不能專對；雖多，亦奚以爲？"誦《詩》"能達於政治"，與"能專對"爲列舉兩條，固屬指學《詩》之全體。但如後世以己意説《詩》，則全體、抽象，均不可解。第就小序、詁訓傳、鄭箋紬繹數過，即此《小雅》三篇講完，已能窺見大義。何則？貢士求賢，以禮樂學成，以禮樂考成，進而在官謀國，皆一德同心，抱定"治國莫善於禮，建國又必親侯"。邦交雖云政治之一部分抽象，實際占政治界之全體。有事則治以軍禮，治亂持危；平日則治以嘉禮，朝聘以時，聯其交歡。征夫六轡，原隰馳驅，冠蓋相望。重選使臣，皆如《皇皇者華》，能揚國光之美，所謂"九能之士，可爲大夫"。見《詩緯》：山川能説，軍禮能爲命，建邦能命龜等。必先能通數科之學，知政體與國家制度掌故，始能措辭典雅，輕重悉當，應用咸宜。"德音孔昭"，如《鹿鳴》，公爾忘私，如《四牡》，自足以延譽四方矣。至此章，又重以諮諏、諮謀、諮詢、諮度，每懷靡及，爲國馳驅，則《論語》所云"誦《詩》達政""能言專對"，大意皆通矣。"四諮"之訓義，皆詳毛傳。

　　講《詩經》必須以禮證明者，爲是《詩經》運用之名詞典故，即在禮書中之禮器制度。所以依據本篇所見名詞，在禮書上見於某篇某事，便證出此詩所詠，係屬何事，不可推移。其名詞、訓詁、禮器，及草木蟲魚鳥獸，均在《爾雅》書中。古人未見後世之書，所以不能引後人之事，以證孔門之書。今人未見古人之禮，所以必求之三禮書中，始能證古書之意。例如，《關雎》有"鐘鼓"之名詞，鐘鼓係人君出入所奏，臣下不能用，便知此詩必指宮庭而言。《葛覃》有"言告師氏"，師氏乃人君公宮所設女學女師之稱，便知此詩主於諸侯之女。《卷耳》有"金罍"，傳云"人君黃金罍"，便知此詩係詠國家朝廷之事。又有"兕觥"，據禮，兕觥用於鄉飲酒，爲罰爵，便知此詩係指賓興鄉飲而言。《鵲巢》重言"百兩"，傳云諸侯送車百兩，備百官之制，便知此詩典故，係指諸侯之女爲諸侯夫人。《采蘩》明言"公侯之宮""公侯之事"，又言"被之僮僮""祁祁"，據《周禮》知"被"爲諸侯夫人之首服。《采蘋》明言"宗室牖下"，又舉"筐、筥、錡、釜"之器，即知是學校習禮、行禮之禮器。通常用器，有筐無筥，有釜無錡也。《鹿鳴》稱"鼓瑟吹笙"，據禮知是鄉飲、燕、射閒歌，堂上瑟歌，堂下笙奏。《四牡》明言"王事"，《皇華》明著"征夫"。鄭箋訓"征夫"云"行夫"，據《周禮》大小行人之次官，名"行夫"也。而《四牡》用"駱馬""六轡"，有騏駰，凡分別毛色爲名者，皆"國馬"也。而《四牡》"六轡"者，皆"大夫之車"也。舉此見例，一定而不可移。

學者不可爲後儒所誤，以致童而誦《詩》，皓首而不知所云。可歎也！如以爲習詞章之用，則不如讀《唐詩三百首》之爲愈也。

（六）《豳風·七月》大義通

此爲陳后稷先公致王業之艱難，乃合天時、節候，農桑之衣食住，農隙之講武，及於農民與國家之關涉、交際組織合爲一篇，直與《夏小正》一書相爲表裏。舊説有豳風、豳雅、豳頌，此屬孔門遺言，而後師分別某章爲雅，某篇爲頌，説則失之。愚按即指此《七月》一篇，其詞體、樂節，乃融合風、雅、頌四詩，於大合樂之合舞，養老之時，吹豳以奏之。《記》曰：“凡大合樂，必遂養老。”於此時燕飲，歌吹《豳風》兼合雅頌之樂，勸老勞農以休息之。此國家與農民之同休戚而養成社會教育之樂章也。

《周南》之三、《召南》之三、《小雅》之三，凡公燕、大射、鄉飲、鄉射，皆歌此九篇之詩。而堂上與堂下相閒而歌，堂下之笙奏，閒以《南陔》《白華》《華黍》《由庚》《崇丘》《由儀》等篇。所謂“用之鄉人焉，用之邦國焉”，是正風《周南》《召南》之三、《小雅》之三。合以閒歌，則風雅之樂，鄉人皆常得聞而心領神會。惟《大雅》廟堂之音，與清廟之頌兩種樂章，非民人所能解。即其音奏，亦未嘗聞，故於合樂養老，吹豳組合《七月》之樂章，參以雅頌之節奏，合爲一撰。俾平民農人，知社會與國家之密切關係，而廟堂郊祀之音樂，聲流草野，聞聲有悟。知識開通者，自覺私人身家與國家，休戚相關。此所以有“矇賦蒙誦”“工執藝事以諫”“庶人傳語”之高言也，非徒唱高言，乃教化之所由致也。

附：宋育仁注《詩經·豳風·七月》

《七月》，陳王業也。周公遭變，故陳后稷先公風化之所由，致王業之艱難也。

七月流火，九月授衣。一之日觱發，二之日栗烈。無衣無褐，何以卒歲？三之日于耜，四之日舉趾。同我婦子，饁彼南畝。田畯至喜。

七月流火，九月授衣。春日載陽，有鳴倉庚。女執懿筐，遵彼微行，爰求柔桑。春日遲遲，采蘩祁祁。女心傷悲，殆及公子同歸。

七月流火，八月萑葦。蠶月條桑，取彼斧斨，以伐遠揚，猗彼女桑。七月鳴鵙，八月載績。載玄載黃，我朱孔陽，爲公子裳。

四月秀葽，五月鳴蜩。八月其穫，十月隕蘀。一之日于貉，取彼狐狸，爲公子裘。二之日其同，載纘武功。言私其豵，獻豜於公。

五月斯螽動股，六月莎雞振羽。七月在野，八月在宇，九月在户，十月蟋蟀入我牀下。穹窒熏鼠，塞向墐户。嗟我婦子，曰爲改歲，入此室處。

六月食鬱及薁，七月烹葵及菽。八月剝棗，十月穫稻。爲此春酒，以介眉壽。七月食瓜，八月斷壺。九月叔苴，采荼薪樗，食我農夫。

九月築場圃，十月納禾稼。黍稷重穋，禾麻菽麥。嗟我農夫！我稼既同，上入執宮功。晝爾于茅，宵爾索綯。亟其乘屋，其始播百穀。

二之日鑿冰冲冲，三之日納于凌陰。四之日其蚤，獻羔祭韭。九月肅霜，十月滌場。朋酒斯饗，曰殺羔羊。躋彼公堂，稱彼兕觥：“萬壽無疆！”

注:

先，表示中星。大火，心星也。流，下也。九月霜降而婦工成，將授冬衣也。據夏正中星託始，告歲功之成，則寒衣當備。繼以"一之日"，爲周正建子之月。"二之日"，爲殷正建丑之月。夏正仲冬，季冬也。觱發栗烈，以風鳴冬。寒氣總至，不先備衣褐以御冬，則何以卒歲？褐，毛布也。今之纖絨，細者爲歐之纖氈，粗者爲藏之纖罽，庶人之冬服。庶人不衣裘裳，以起下"爲公子裘""爲公子裳"。"三之日"，夏正月也，承上文，通三統也。通三統係《春秋》大義，言王者雖改正朔，農事必用夏時。"四之日"，周四月也，在夏正二月農耕之候。"于耜"，始修耒耜，《夏小正》"農緯厥耒"是矣。田畯，田大夫也。鄭箋讀喜爲"饎"，謂酒食也。田大夫來，設以酒食，言勸其事，又愛其吏也。《周禮》鄉官爲"鄉吏"，尊者有"鄉大夫"；卑者名"田畯"，以督農爲職，自農民尊視之，稱爲"田大夫"，亦名"農夫"，屬庶人在官。孟子所稱"上農夫"，上次食九人，以次而差者是也。皆用本地人，祿足以代其耕，在國無秩，而對於鄉農，亦官吏也。此三代與後世國體政體絕殊之異點，學者須知。古制大司徒領六鄉、六遂，其屬從中大夫起，至庶人在官，皆一律名爲"鄉吏"，皆所謂"親民之官"，無後世之衙役、地保、甲長等賤於平民而令服公事者也。二章，重上章二句，箋云將言"女功之始"，故本於此。衣者，女功所出，以蠶桑爲本。四時之春，以夏爲正。倉庚、離黃、長股，今名"秋雞"。春日陽溫，"倉庚又鳴，可蠶之候。柔桑，穉桑"。箋云"蠶始生，宜穉桑"。"蘩，白蒿。"傳云"所以生蠶"，今未聞。《夏小正》"采蘩由胡"，說云"蘩母"，然則用以孚蠶卵，令出蠶子也。《召南》之《采蘩》，亦當謂此。女以蠶時浴蠒於川，合其群於社，國君之女公子同在。故感春而悲，思及公子同，及時而嫁，女子生而願爲之有家也。他詩云"士如歸妻，迨冰未泮"。《周禮》仲春之月，大會男女之無夫家者，謂二月時也。三章，仍復上章一句，從歲告成起，復承蠶事而言，及秋收後豫蓄萑葦，爲蠶薄。曲，古文作 ，即象蠶在箔中之形，故傳云"可以爲曲也"。蠶月者，蠶事已成之月。傳云："遠，枝遠也。揚，條揚也。"角而束之曰"猗"，此古剪桑之法，今湖桑工作，法猶如此。剪去遠枝揚條，束之如角苞矣。"七月鳴鵙"，桑老，則夏蠶亦不可用，故傳云"絲事畢，而麻事起"。載績其麻，分時而染，染成玄黃。朱之上色，爲公子裳者。女公子適於大夫，命婦當成祭服。三月廟見而祭行，祭服玄衣纁裳，故傳云"朱，深纁也"。四章，從四月起。五章，從五月起。六章，從六月起，連叙七八兩月之農事，故七章跳兩月，從九月起。終章，乃從周正起數，爲"二之日""三之日"，因藏冰以備暑。雖同出於農工，而伐冰之家，爲國中貴者所用，故因及天子獻羔開冰之典禮，由農事入於國事。故以大合樂養老，吹豳飲蜡，息老勞農，躋公堂酌兕觥，稱萬歲，終焉。此所謂"聖王能以天下爲一家"者，即"與農民同休戚"之謂也。

"鵙鳴"以鳥爲候，得天氣之先；次四月以"秀葽"爲候，得地氣之先。故箋引《夏小正》"四月，王葽秀"，云"物成自秀葽始"，即申述傳意"不榮而實，以爲物候"也。漢師說經之矜慎如此，學者須知。隕蘀，竹脫筍壳，亦自然氣候，以起晚稻八月畢穫。此後爲農隙講武之時將至，當於十一、十二兩月田狩，此係國家軍禮所舉行。男子之事，公子亦與焉。大禽公之，小獸私之。治裘所掌，亦用女工。此公子，并舉男女公子，故云取狐貉之厚，以爲公子之裘。禮優尊者，視國如家也。箋云"其同者，君及臣民同習武事，均出於田也"。五章，專驗草蟲之動蟄，以爲農家休息之候。斯螽、莎雞、蟋蟀連文，中間在野、在宇、在戶，凡草蟲一類，皆略同。蟄蟲坏戶，人亦墐戶。農家作苦，冬更宜蟄藏，防冬傷於寒、明春病溫也。故爲念及婦子、老者尚有養，如衣帛食肉，婦子勤動，尤可嗟也。六月食鬱以次，歷叙瓜果、蔬菜、茶酒，田家風味，歸結"食我農夫"，以燕田畯也。鬱棣，今名"山查，"北方謂"海棠果"。蘡薁，今櫻桃。葵，蔬類，不一種。棗，亦多種。重言"穫稻"，爲釀而舉之。穫稻爲晚稻，釀酒最良。冬釀酒而春成，故傳云"凍醪也"。瓜種甚多，"壺，瓠"，今亦云"瓠瓜"。苴，麻子。叔，拾也。荼，即今"茶"字，古音讀爲"塗"，唐韻後始用開口音，讀如"查"。其種采之時、制煎之法，古今不同，遂無人識此字矣。樗，橡栗，今名"青櫔"，作薪最良，農家皆知矣。"九月築場圃"，預備來歲之用，故繼以"納禾稼"。納於囷倉，儲蓄籽種，擇留種穋之良種，及黍稷禾麻菽麥之種，無不畢齊。至此時，田畯觀其豐歉，考察歲入，必四鄉相同，故曰"我稼既同"，即當由農夫督率，執其宮室之功作。"晝爾於茅"，爲往萊田取野薪，亦兼采茅菅、橡栗之屬，可以備染。夜作絞索，以待乘屋之用。田廬用草蓋，故茅索連文，茅屋用索特多也。"其始播百穀"，箋云謂"祈來年百穀於公社"，特此係總結上文，農事之始在播種也。日在北陸而藏冰，朝覿而啓之，故曰"四之日其蚤"。《月令》"仲春之月，天子乃獻羔開冰，先薦寢廟"，《夏小正》"囿有見韭"。至此終章，通舉一歲農時之始，獻羔祭韭，告於先公后稷之廟。從此迄九月，霜降而氣肅，餘子皆備入學。耆老婦子，滌場圃，掃除清潔，亦講衛生。"入此室處"，歲功告成，上下同樂，君臣及民，從公燕食大夫，至鄉飲，正齒位，飲蠟，吹豳，日有朋酒，互相燕饗之事，故傳云"兩樽曰朋"。大夫、士加以羔羊。箋曰"國君閒於正事而饗群臣"，又云"公堂，學校也"，皆據三代制度及本詩所見之禮文而知，非望文生義也。此又學者所須知，不得視同出題用典作文考課也。故曰周家以稼穡開基，此序云"陳王業之艱難"，其制度之綱要，在計口分田。無一政不起於農政，且無一事不歸納於農政，故《洪範》曰"農用八政"。非農務事事有政，處處關係國政，不足以言重農。何得謂之養民？又何從而安民？其治綱名詞，在經傳以"什一"兩字包括之，故曰"什一行而頌聲作矣"。

二、禮記説例

國學初級普及教科、兼女學及補習同訂讀本

（一）《禮記·曲禮》上下、《內則》説例

《禮記》取《曲禮》上下、《內則》兩篇，雖覺簡淺，但天資超穎者，即此可由淺悟深。《曲禮上》所載，有古先格言，乃孔子以前教科條目。有孔子及門人所論説，譬猶法律條文之説明理由，大率係公知界所宜知之必要。《曲禮下》即連及社會國家。《檀弓》乃演説禮之變遷，乃極優美文字，可以備讀。《內則》係三代世禄富貴之家居家規則，男女學界均所宜知，所謂"士大夫家之榜樣"也。《內則》開篇首題"后王命冢宰，降德於衆兆民"，就此可見子夏、毛、鄭所講《關雎》，確係指説王后主管天下之陰教，即主家庭教育，清絲落扣。所以后妃有《關雎》之德，才能化成天下。始知王化起於閨門，不是後世講聖諭、作勸世文、頌揚空語。后在王前，係王后爲主任，王乃會銜副署，與《關雎》不言文王之德，專舉后妃之德，息息相通。降德，係頒行法典。篇中所載，皆據士、大夫家之禮，而云"於衆兆民"者，所以頒行典則於士、大夫家，原爲其爲兆民之表率。士皆興之於甿，大夫皆由士晉位。有能是則是效之兆民，皆必進登之爲士也。此即《周禮》司徒以六德六行教於鄉黨，爲民格之考程，即登進選士之資格，非同考試時代之局門考文，亦非外國之投票選舉、今日之學堂畢業，可以同日而語也。

國學教科例言續篇，即《禮記》三篇之補注，以通大義爲主，爲學者開社會國家知見，亦與《鄭注》參看，三篇大義通，則《禮記》上編古注可通矣。

（二）《曲禮上》大義通

《曲禮》係孔子以前教科書課，孔門編輯，參以演講，説明係從家庭日用、行習灑掃、應對進退，引到社會交際，從小子漸引到成人，從小節漸引入大義，純全屬普通知識，即高等上流社會之公共知識也。中間單簡散條文，均屬便於日用行習之事，一講便曉，一習即能，所以《詩》教是以知識爲主，禮教以練習爲主。初學時習慣單簡之散見條文，及至成人爲禮，加入禮之總綱領，踐其大節目，始能心知其意。此篇即家庭教育習禮之初步，即實地練習修身之教科也。

附：宋育仁補注《曲禮上第一》

《曲禮》上下屬家庭至社會教育普通知識，乃孔門取古先教科課誦遺書，加以論説，爲執禮雅言之課。

《曲禮》曰："毋不敬。儼若思。安定辭。安民哉！敖不可長，欲不可從，志不可滿，樂不可極。賢者狎而敬之，畏而愛之。愛而知其惡，憎而知其善。積而能散，安安而能遷。臨財毋苟得，臨難毋苟免。很，毋求勝；分，毋求多。疑事毋質，直而勿有。"補注：古教科蒙誦，均用韻語偶句，《夏小正》《弟子職》可徵。故首引《曲禮》曰"思""辭""哉"爲韻。哉，古讀爲"茲"。"敖不可長"，至"直而勿有"爲偶句，亦閒以韻。古音平仄不分，"多""移"同讀，故"之、多、有"皆爲韻也。

若夫坐如尸，立如齊。禮從宜，使從俗。補注："若夫"，承上轉語，謂禮之教有"坐如尸，立如齊"。在執行典禮之間，則從其禮度所宜，使謂故俗。《説文》"故"下説"使爲之也"。《史記》云："使俗之漸民久矣。"君子行禮，不求變俗。初有使之然者，後乃成爲國故。於此等處，可從俗也。用"若夫""若是""是以""是故"等領挈句義，"之""而"等字介係句中，"者""也"等字斷爲句讀，皆孔門所傳文法，與古先舊籍別異。學者知此，始能分別古今文字源流。

夫禮者，所以定親疏，決嫌疑，別同異，明是非也。禮不妄説人，不辭費。禮不踰節，不侵侮，不好狎。修身踐言，謂之善行。行修言道，禮之質也。補注："夫禮者"一段，發明禮之用，閒引舊簡遺文，以佐論説。故殊其詞云"禮不妄説人""禮不踰節""修身踐言"四句，爲上引條文幫助。

禮聞取於人，不聞取人。禮聞來學，不聞往教。

道德仁義，非禮不成；教訓正俗，非禮不備；分爭辯訟，非禮不決；君臣、上下、父子、兄弟，非禮不定；宦學事師，非禮不親；班朝治軍，涖官行法，非禮威嚴不行；禱祠祭祀，供給鬼神，非禮不誠不莊。是以君子恭敬撙節退讓以明禮。

鸚鵡能言，不離飛鳥；猩猩能言，不離禽獸。今人而無禮，雖能言，不亦禽獸之心乎。夫唯禽獸無禮，故父子聚麀。補注："禮聞取於人""禮聞來學"四句，括舉禮教遺文，復次推論廣義，結以"是故君子"。爲斷定"君子"者，孔門立教之名。是故聖人作，爲禮以教人，使人以有禮，知自別於禽獸。補注：再次以反詞，申明必主禮教之故。

大上貴德，補注：老子貴德而務施，即述皇古之道。其次務施報。禮尚往來：往而不來，非禮也；來而不往，亦非禮也。補注：其次務施報，故尚往來，即施報之義。人有禮則安，無禮則危，故曰："禮者不可不學也。"

夫禮者，自卑而尊人。雖負販者，必有尊也，而況富貴乎？富貴而知好禮，則不驕不淫；貧賤而知好禮，而志不懾。補注：復次一開一闔，爲上節結論，明禮之必自卑而尊人者，爲人世相生相養必資於人，即是受人之施，故必報之以禮。雖負販者自食其力，亦必先有受施於所尊者，而況富貴受施於社會人群者尤多，故富貴必先好禮，始免於罪戾；貧賤能好禮，則可進於君子。由此立志，氣不餒懾。

人生十年曰幼，學。二十曰弱，冠。三十曰壯，有室。四十曰强，而仕。五十曰艾，服官政。六十曰耆，指使。七十曰老，而傳。八十、九十曰耄，七年曰悼。悼與耄雖有罪，不加刑焉。百年曰期，頤。

大夫七十而致事，若不得謝，則必賜之几杖，行役以婦人。適四方，乘安車。自稱曰"老夫"，於其國則稱名。越國而問焉，必告之以其制。補注：人生從幼至老，一定程叙，社會所宜公知。舉貴者、賢者爲題，見禮優尊者，即是優賢，主侯國而言。凡爲學者，必須明乎國制也。

謀於長者，必操几杖以從之。長者問，不辭讓而對，非禮也。補注：此教"出則弟"。

凡爲人子之禮，冬溫而夏凊，昏定而晨省。在醜夷不爭。補注：此教"入則孝"，弟子之職，即庶人之禮。

夫爲人子者，三賜不及車馬，故州閭鄉黨稱其孝也，兄弟親戚稱其慈也，僚友稱其弟也，執友稱其仁也，交遊稱其信也。見父之執，不謂之進不敢進，不謂之退不敢退，不問不敢對。此孝子之行也。補注：此教成人之孝，先社會而後及家庭者。孝治之道，必廣之於社會，始能保守於家庭也。

夫爲人子者，出必告，反必面。所游必有常，所習必有業。恒言不稱老。年長以倍，則父事之；十年以長，則兄事之；五年以長，則肩隨之。群居五人，則長者必異席。

爲人子者，居不主奧，坐不中席，行不中道，立不中門。食饗不爲概，祭祀不爲尸。聽於無聲，視於無形。不登高，不臨深。不苟訾，不苟笑。

孝子不服闇，不登危，懼辱親也。父母存，不許友以死，不有私財。

爲人子者，父母存，冠衣不純素；孤子當室，冠衣不純采。

幼子常視毋誑。童子不衣裘裳。必立①正方，不傾聽。長者與之提攜，則兩手奉長者之手。負劍辟咡詔之，則掩口而對。補注：標目"孝子"，在經傳詞例爲"目言"。舉孝行成名者爲志幟，非常行所課，但亦人子所當知，故上承"爲人子者"。結言目言孝子之所以戒慎於此者，懼辱親也。因及父母存歿、居處交際之異宜。在自身事親時間，即有教育孩幼之責任，須先教以普敬廣愛家庭之長，故又目言"長者"。孩提知愛其父母，爲其父母者，不能導以獨私於己。

從於先生，補注：庶人耆老無爵者稱先生，學而不仕者同此稱。不越路而與人言。遭先生於道，趨而進，正立拱手。先生與之言，則對；不與之言，則趨而退。

---

① 必立：今本《禮記·曲禮上》作"立必"。

從長者而上丘陵，則必鄉長者所視。

登城不指，城上不呼。

將適舍，求毋固。將上堂，聲必揚。戶外有二屨，言聞則入，言不聞則不入。將入戶，視必下。入戶奉扃，視瞻毋回。戶開亦開，戶闔亦闔，有後入者，闔而勿遂。補注：長者通年未老，而有資格者言。因及社會公知，雜引舊簡條文。毋踐屨，毋踏席，摳衣趨隅。必慎唯諾。補注：復次由家庭以及社會，孝悌之道達乎鄉黨。

大夫、士出入君門，由闑右，不踐閾。

凡與客入者，每門讓於客。客至於寢門，則主人請入為席，然後出迎客。客固辭，主人肅客而入。主人入門而右，客入門而左。主人就東階，客就西階。客若降等，則就主人之階。主人固辭，然後客復就西階。主人與客讓登，主人先登，客從之，拾級聚足，連步以上。上於東階，則先右足；上於西階，則先左足。

帷薄之外不趨，堂上不趨，執玉不趨。堂上接武，堂下布武。室中不翔，竝坐不橫肱。授立不跪，授坐不立。補注：此上大夫通習常儀，飲射揖讓行之，初學弟子觀禮而知。則平日不速之客來，敬之亦如此禮。

凡為長者糞之禮，必加帚於箕上，以袂拘而退，其塵不及長者，以箕自鄉而扱之。

奉席如橋衡，請席何鄉，請衽何趾。席南鄉北鄉，以西方為上；東鄉西鄉，以南方為上。

若非飲食之客，則布席，席間函丈。主人跪正席。客跪，撫席而辭。客徹重席，主人固辭。客踐席，乃坐。主人不問，客不先舉。將即席，容毋怍。兩手摳衣，去齊尺。衣毋撥，足毋蹶。

先生書策琴瑟在前，坐而遷之，戒毋越。虛坐盡後，食坐盡前。坐必安，執爾顏。長者不及，毋儳言。正爾容，聽必恭，毋勦說，毋雷同。必則古昔，稱先王。補注：因述事師之節，并示師範。侍坐於先生，先生問焉，終則對。請業則起，請益則起。父召，無“諾”；先生召，無“諾”；“唯”而起。侍坐於所尊敬，毋餘席。見同等不起，燭至起，食至起，上客起。燭不見跋。尊客之前不叱狗。讓食不唾。

侍坐於君子，補注：“君子”古義為有位之稱。禮，仕而歸教於鄉里者，皆嘗在君子之位，故孔門立君子之教。此提出“君子”，示孔門傳此教科。君子欠伸，撰杖屨，視日蚤莫，侍坐者請出矣。侍坐於君子，君子問更端，則起而對。侍坐於君子，若有告者曰“少閒，願有復也”，則左右屏而待。毋側聽，毋噭應，毋淫視，毋怠荒。游毋倨，立毋跛，坐毋箕，寢毋伏。斂髮毋髢，冠毋免。勞毋袒，暑毋褰裳。

侍坐於長者，屨不上於堂，解屨不敢當階。就屨，跪而舉之，屏於側。鄉長者而屨，跪而遷屨，俯而納屨。補注：因侍坐君子，并及侍於長者。同等群居，禮無取嚴，因有長者，故戒側聽各節。

離坐離立，毋往參焉。離立者不出中閒。

男女不雜坐，不同椸枷，不同巾櫛，不親授。嫂叔不通問。諸母不漱裳。外言不入於梱，內言不出於梱。

女子許嫁，纓。非有大故，不入其門。姑、姊、妹、女子子已嫁而反，兄弟弗與同席而坐，弗與同器而食。父子不同席。

男女非有行媒，不相知名；非受幣，不交不親。故日月以告君，齊戒以告鬼神，為酒食以召鄉黨僚友，以厚其別也。

取妻不取同姓，故買妾不知其姓，則卜之。寡婦之子，非有見焉，弗與爲友。

賀取妻者，曰："某子使某，聞子有客，使某羞。"

貧者不以貨財爲禮，老者不以筋力爲禮。

名子者不以國，不以日月，不以隱疾，不以山川。

男女異長。男子二十，冠而字。父前子名，君前臣名。女子許嫁，笄而字。補注：此節別男女，至婚嫁舉子，但舉條文，不及理由。幼學未宜先知理由，學與年進自悟，茲亦不具解說。

凡進食之禮：左殽右胾。食居人之左，羹居人之右。膾炙處外，醯醬處內，蔥渫處末，酒漿處右。以脯修置者，左朐右末。

客若降等執食興辭，主人興辭於客，然後客坐。主人延客祭。祭食，祭所先進。殽之序，徧祭之。三飯，主人延客食胾，然後辯殽。主人未辯，客不虛口。

侍食於長者，主人親饋，則拜而食；主人不親饋，則不拜而食。

共食不飽，共飯不澤手。

毋摶飯。毋放飯。毋流歠。毋吒食。毋齧骨。毋反魚肉。毋投與狗骨。毋固獲。毋揚飯。飯黍毋以箸。毋嚃羹。毋絮羹。毋刺齒。毋歠醢。客絮羹，主人辭不能亨。客歠醢，主人辭以窶。濡肉齒決，乾肉不齒決。毋嘬炙。卒食，客自前跪，徹飯齊，以授相者。主人興辭於客，然後客坐。

侍飲於長者，酒進則起，拜受於尊所；長者辭，少者反席而飲。長者舉未釂，少者不敢飲。

長者賜，少者賤者不敢辭。賜果於君前，其有核者懷其核。

御食於君，君賜餘，器之溉者不寫，其餘皆寫。補注：由侍飲食於尊者，廣社會公知及侍食於君前。餕餘不祭。父不祭子，夫不祭妻。

御同於長者，雖貳不辭。偶坐不辭。羹之有菜者用梜，其無菜者不用梜。爲天子削瓜者副之，巾以絺。爲國君者華之，巾以綌。爲大夫累之，士疐之，庶人齕之。

父母有疾，冠者不櫛，行不翔，言不惰，琴瑟不御，食肉不至變味，飲酒不至變貌，笑不至矧，怒不至詈。疾止復故。

有憂者側席而坐，有喪者專席而坐。

水潦降，不獻魚鱉。獻鳥者佛其首，畜鳥者則勿佛也。獻車馬者執策綏，獻甲者執胄，獻杖者執末，獻民虜者操右袂，獻粟者執右契，獻米者操量鼓，獻孰食者操醬齊，獻田宅者操書致。

凡遺人弓者：張弓尚筋，弛弓尚角；右手執簫，左手承弣；尊卑垂悅。若主人拜，則客還辟辟拜。主人自受，由客之左，接下承弣，鄉與客并，然後受。進劍者左首。進戈者前其鐏，後其刃。進矛戟者前其鐓。

進几杖者拂之。效馬效羊者右牽之，效犬者左牽之。執禽者左首。飾羔雁者以繢。受珠玉者以掬。受弓劍者以袂。飲玉爵者弗揮。凡以弓劍、苞苴、簞笥問人者，操以受命，如使之容。

凡爲君使者，已受命，君言不宿於家。君言至，則主人出拜君言之辱；使者歸，則必拜送於門外。若使人於君前[1]，則必朝服而命之；使者反，則必下堂而受命。

博聞强識而讓，敦善行而不怠，謂之君子。君子不盡人之歡，不竭人之忠，以全交也。

---

[1] 前：《禮記·曲禮上》作"所"。

補注：廣社會知識至國家知識，皆主侯國而言。

禮曰：君子抱孫不抱子。此言孫可以爲王父尸，子不可以爲父尸。爲君尸者，大夫、士見之，則下之。君知所以爲尸者，則自下之；尸必式。乘必以几。

齊者不樂不吊。

居喪之禮：毀瘠不形，視聽不衰。升降不由阼階，出入不當門隧。

居喪之禮：頭有創則沐，身有瘍則浴；有疾則飲酒食肉，疾止復初。不勝喪，乃比於不慈不孝。五十不致毀，六十不毀，七十唯衰麻在身，飲酒食肉，處於內。

生與來日，死與往日。知生者吊，知死者傷。知生而不知死，吊而不傷；知死而不知生，傷而不吊。

吊喪弗能賻，不問其所費。問疾弗能遺，不問其所欲。見人弗能館，不問其所舍。賜人者不曰“來取”，與人者不問其所欲。

適墓不登壟，助葬必執紼。臨喪不笑。揖人必違其位。望柩不歌。入臨不翔。當食不歎。

鄰有喪，舂不相；里有殯，不巷歌。適墓不歌，哭日不歌。送喪不由徑，送葬不辟塗潦。臨喪則必有哀色，執紼不笑。臨樂不歎。介冑則有不可犯之色。故君子戒慎，不失色於人。補注：再引禮文説明理由，因爲尸及居喪之節，弔喪助葬，社會公知引入國家知識。

國君撫式，大夫下之。大夫撫式，士下之。

禮不下庶人，刑不上大夫。補注：此下至終，皆國家公共知識，學者所宜知。其制皆主侯國言，即王圻之內，亦分采於卿大夫，如侯國比例。故普通教育所示國家政治知識，皆主分土所治，舉列邦爲例，不舉王朝爲例。刑人不在君側。兵車不式。武車綏旌，德車結旌。

史載筆，士載言。前有水，則載青旌。前有塵埃，則載鳴鳶。前有車騎，則載飛鴻。前有士師，則載虎皮。前有摯獸，則載貔貅。行，前朱雀而後玄武，左青龍而右白虎；招搖在上，急繕其怒；進退有度，左右有局，各司其局。補注：此節開國家知識，明四時講武。

父之讎，弗與共戴天。兄弟之讎，不反兵。交遊之讎，不同國。四郊多壘，此卿大夫之辱也。地廣大，荒而不治，此亦士之辱也。

臨祭不惰。祭服敝則焚之，祭器敝則埋之，龜筴敝則埋之，牲死則埋之。凡祭於公者，必自徹其俎。補注：此節似雜記不倫。按，此後至終篇，約分爲三節，合此節，皆從社會公理引入法律範圍。

卒哭乃諱。禮，不諱嫌名。二名不偏諱。逮事父母，則諱王父母；不逮事父母，則不諱王父母。君所無私諱，大夫之所有公諱。《詩》《書》不諱。臨文不諱。廟中不諱。夫人之諱，雖質君之前，臣不諱也。婦諱不出門。大功、小功不諱。入竟而問禁，入國而問俗，入門而問諱。

外事以剛日，內事以柔日。

凡卜筮日，旬之外曰“遠某日”，旬之內曰“近某日”。喪事先遠日，吉事先近日。曰：“爲日，假爾泰龜有常，假爾泰筮有常。”

卜筮不過三。卜筮不相襲。

龜爲卜，筴爲筮。卜筮者，先聖王之所以使民信時日、敬鬼神、畏法令也，所以使民決嫌疑、定猶與也。故曰：疑而筮之，則弗非也。日而行事，則必踐之。

君車將駕，則僕執策立於馬前。已駕，僕展軨，效駕，奮衣由右上，取貳綏；跪乘，執策分轡，驅之，五步而立。君出就車，則僕并轡授綏，左右攘辟。

車驅而驟，至於大門，君撫僕之手，而顧命車右就車。門閭、溝渠，必步。

凡僕人之禮，必授人綏。若僕者降等，則受，不然則否。若僕者降等，則撫僕之手；不然，則自下拘之。

客車不入大門。婦人不立乘。犬馬不上於堂。

故君子式黃髮，下卿位，入國不馳，入里必式。

君命召，雖賤人，大夫、士必自御之。

介者不拜，爲其拜而蓌拜。

祥車曠左。乘君之乘車，不敢曠左；左必式。

僕御婦人，則進左手，後右手。御國君，則進右手，後左手而俯。國君不乘奇車。

車上不廣欬，不妄指。立視五巂，式視馬尾，顧不過轂。國中以策彗卹勿，驅，塵不出軌。

國君下齊牛，式宗廟①。大夫、士下公門，式路馬。乘路馬，必朝服，載鞭策，不敢授綏，左必式。步路馬，必中道。以足蹙路馬芻，有誅。齒路馬，有誅。補注：四節皆條文教科，童學未易通曉，爲《曲禮》師者所宜究悉。學者誦以備分條記問，教者期於能答理由，起《曲禮》下篇，均參究《鄭注》及湘潭《王氏箋》可知。

(三)《曲禮下》大義通

《曲禮上》篇，已由家庭教育開初學之社會知見，篇末已引入社會教育。此下篇即承上篇從社會交際，引入國家思想，所以從上下貢獻財物之交際，即參以朝廷班制禮節，并及田獵旌旗、宗廟祭品。國之大事在祀與戎者，田獵講武，上與下同守邦國以御外侮。因所獵獲禽獸，以獻祭社稷宗廟，報本返始。祭徹而餕，祭畢而燕。君民同樂，共用升平，凡此皆主封建制度而言。封建國體，則大典即是要政；非封建國體，則大典不過具文。此非後世政治教育家所能到。今此講明證明，學者開政治知見，始有政治教化之可言，庶幾有社會進化之可望。封建國體，始能視一國如一家，但非畫疆自守，各自爲政；又必秉承於天子上國，同其禮樂兵刑之教治，始能相安相保，同享太平。所以此篇從教爲士起，即連帶挈要，舉王朝建設王官、統治列邦之綱要規制，所謂"天吏"，夫然後聖王之法大行，所謂"聖人能以天下爲一家，中國爲一人"也。由此開學者知見，明其大綱，略知"王朝之臣與侯國之臣比例之等級，交際之制度"，公知具足，乃可以爲士矣。

附：宋育仁補注《曲禮下》第二

《曲禮下》主國家政治普通知識，由國君推而致於天子，以起後文上國王朝治侯國王官制度，今世語所云"大社會、大國家"知見。

凡奉者當心，提者當帶。

執天子之器，則上衡；國君，則平衡；大夫，則綏之；士，則提之。

凡執主器，執輕如不克。執主器，操幣圭璧，則尚左手；行不舉足，車輪曳踵；立則磬折，垂佩。主佩倚，則臣佩垂；主佩垂，則臣佩委。執玉，其有藉者則裼，無藉者則襲。

國君不名卿老、世婦。大夫不名世臣、姪娣。士不名家相、長妾。

---

① 孔疏已指出，此處"齊牛""宗廟"次序有誤。《周禮·夏官》鄭注引《曲禮》文"國君下宗廟，式齊牛"，及奧下文"大夫、士下公門，式路馬"對比，"齊牛""宗廟"位置有誤，應作"國君下宗廟，式齊牛"。

君大夫之子，不敢自稱曰“余小子”；大夫、士之子，不敢自稱曰“嗣子某”，不敢與世子同名。

君使士射，不能則辭以疾；言曰：“某有負薪之憂。”

侍於君子，不顧望而對，非禮也。

君子行禮，不求變俗。祭祀之禮，居喪之服，哭泣之位，皆如其國之故，謹修其法而審行之。

去國三世，爵祿有列於朝，出入有詔於國，若兄弟宗族猶存，則反告於宗後；去國三世，爵祿無列於朝，出入無詔於國，唯興之日，從新國之法。

君子已孤不更名；已孤暴貴，不爲父作諡。

居喪未葬，讀喪禮。既葬，讀祭禮。喪復常，讀樂章。居喪不言樂，祭事不言凶，公庭不言婦女。

振書、端書於君前，有誅。倒筴、側龜於君前，有誅。

龜筴、几杖、席蓋、重素、袗絺綌，不入公門。苞屨、扱衽、厭冠，不入公門。書方、衰、凶器，不以告，不入公門。

公事不私議。

君子將營宮室，宗廟爲先，廄庫爲次，居室爲後。凡家造，祭器爲先，犧賦爲次，養器爲後。

無田祿者，不設祭器；有田祿者，先爲祭服。君子雖貧，不粥祭器；雖寒，不衣祭服；爲宮室，不斬於丘木。

大夫、士去國，祭器不踰竟。大夫寓祭器於大夫，士寓祭器於士。

大夫、士去國踰竟，爲壇位，鄉國而哭。素衣，素裳，素冠；微緆，鞮屨，素簚；乘髦馬，不蚤鬋，不祭食；不説人以“無罪”；婦人不當御；三月而復服。

大夫、士見於國君，君若勞之，則還辟，再拜稽首；君若迎拜，則還辟，不敢答拜。大夫、士相見，雖貴賤不敵，主人敬客則先拜客，客敬主人則先拜主人。凡非弔喪，非見國君，無不答拜者。大夫見於國君，國君拜其辱。士見於大夫，大夫拜其辱。同國始相見，主人拜其辱。君於士，不答拜也；非其臣，則答拜之。大夫於其臣，雖賤，必答拜之。男女相答拜也。

國君春田不圍澤，大夫不掩群，士不取麛卵。

歲凶，年穀不登，君膳不祭肺，馬不食穀，馳道不除，祭事不縣；大夫不食粱，士飲酒不樂。

君無故玉不去身。大夫無故不徹縣。士無故不徹琴瑟。

士有獻於國君，他日君問之曰：“安取彼？”再拜稽首而後對。

大夫私行，出疆必請，反必有獻。士私行，出疆必請，反必告。君勞之，則拜；問其行，拜而後對。

國君去其國，止之曰：“奈何去社稷也？”大夫，曰：“奈何去宗廟也？”士，曰：“奈何去墳墓也？”國君死社稷，大夫死衆，士死制。補注：國家公共知識，學爲士者所應知盡有，始可以從政。封建制度，侯國與王朝有治亂關係，則列邦士民之對於上國，應先有制度公知，乃有政治知見。將起下文“天子建天官，治邦交，統下國”之制，故更端舉“君天下曰天子”爲前提，先正名分。

君天下，曰天子。朝諸侯，分職授政任功，曰予一人。踐阼，臨祭祀，内事曰孝王某，外事曰嗣王某。臨諸侯，畛於鬼神，曰有天王某甫。崩，曰天王崩。復，曰天子復矣。告喪，曰天王登假。措之廟，立之主，曰帝。天子未除喪，曰予小子。生名之，死亦名之。

天子有後，有夫人，有世婦，有嬪，有妻，有妾。天子建天官，先六大，曰大宰、大宗、大史、大祝、大士、大卜，典司六典。天子之五官，曰司徒、司馬、司空、司士、司寇，典司五衆。天子之六府，曰司土、司木、司水、司草、司器、司貨，典司六職。天子之六工，曰土工、金工、石工、木工、獸工、草工，典制六材。

五官致貢曰享。

五官之長曰伯，是職方。其擯於天子也，曰天子之吏。天子同姓，謂之伯父；異姓，謂之伯舅。自稱於諸侯，曰天子之老。於外，曰公；於其國，曰君。

九州之長，入天子之國，曰牧。補注：前舉天子朝廟之制，以次略舉宮庭王后所統女官之制，兼後宮與非後宮而言，統女官之位次。妻指士妻，妾降士妻一等，故書爲“女御”，例如《周禮》“女酒”“女漿”之屬。“天子建天官”，謂天子以治侯國專設之官。其國之内政分土世封，各君其國，而有關係天下大政之事，必受治於王朝。故建王官，分隸於二伯，合計官階員額，爲三公、九卿、二十七大夫、八十一元士。與王后所統宮庭女官：三夫人、九嬪、二十七世婦、八十一女御，相比并稱。至王朝治圻内方千里之政，建官三百六十，具在《周禮》。舊說誤以此當王國官制，無有是處。學者識此，始能通經，就此可明王道所主，由此可以聞聖人之道識之。天子同姓，謂之叔父；異姓，謂之叔舅。於外曰侯，於其國曰君。其在東夷、北狄、西戎、南蠻，雖大曰子。於内自稱曰不穀，於外自稱曰王老。庶方小侯，入天子之國，曰某人，於外曰子，自稱曰孤。

天子當依而立，諸侯北面而見天子，曰覲。天子當宁而立，諸公東面，諸侯西面，曰朝。諸侯未及期相見，曰遇，相見於却地，曰會。諸侯使大夫問於諸侯，曰聘；約信，曰誓；涖牲，曰盟。

諸侯見天子，曰臣某侯某。其與民言，自稱曰寡人。其在凶服，曰適子孤。臨祭祀：内事，曰孝子某侯某；外事，曰曾孫某侯某。死曰薨。復，曰某甫復矣。既葬，見天子，曰類見。言謚曰類。諸侯使人使於諸侯，使者自稱曰寡君之老。

天子穆穆。諸侯皇皇。大夫濟濟。士蹌蹌。庶人僬僬。

天子之妃曰后，諸侯曰夫人，大夫曰孺人，士曰婦人，庶人曰妻。補注：此舉稱謂，皆進一等，后同於嗣君之稱，夫人同於天子之三夫人，孺人比世子之稱，婦人比世婦，妻比士妻之稱也。公侯有夫人，有世婦，有妻，有妾。夫人自稱於天子，曰老婦；自稱於諸侯，曰寡小君；自稱於其君，曰小童。自世婦以下，自稱曰婢子。

子於父母，則自名也。補注：此與上文“天子有后”一節相起，亦謂侯國小君主宮庭陰教，設女官，有大夫世婦、士妻、女御在列。

列國之大夫，入天子之國，曰某士；自稱曰陪臣某。於外，曰子；於其國，曰寡君之老。使者[1]，自稱曰某。補注：此示列國士臣，不得自外於王朝，引而近之。

天子不言出。諸侯不生名。君子不親惡。諸侯失地，名；滅同姓，名。

爲人臣之禮，不顯諫。三諫而不聽，則逃之。子之事親也，三諫而不聽，則號泣而隨之。

君有疾飲藥，臣先嘗之。親有疾飲藥，子先嘗之。醫不三世，不服其藥。

---

[1] 王引之認爲“者”是衍文，詳見《經義述聞》卷十四。

儗人必於其倫。補注：此示學者公知國史書法，因指實重大事故理由，似泛涉條文，即是"史法"。問天子之年，對曰："聞之，始服衣若干尺矣。"問國君之年，長，曰："能從宗廟社稷之事矣。"幼，曰："未能從宗廟社稷之事也。"問大夫之子，長，曰："能御矣。"幼，曰："未能御也。"問士之子，長，曰："能典謁矣。"幼，曰："未能典謁也。"問庶人之子，長，曰："能負薪矣。"幼，曰："未能負薪也。"

問國君之富，數地以對，山澤之所出。問大夫之富，曰："有宰食力，祭器衣服不假。"問士之富，以車數對。問庶人之富，數畜以對。

天子祭天地，祭四方，祭山川，祭五祀，歲徧。諸侯方祀，祭山川，祭五祀，歲徧。大夫祭五祀，歲徧。士祭其先。

凡祭：有其廢之，莫敢舉也；有其舉之，莫敢廢也。非其所祭而祭之，名曰淫祀，淫祀無福。

天子以犧牛，諸侯以肥牛，大夫以索牛，士以羊豕。

支子不祭，祭必告於宗子。

凡祭宗廟之禮：牛曰一元大武，豕曰剛鬣，豚曰腯肥，羊曰柔毛，雞曰翰音，犬曰羹獻，雉曰疏趾，兔曰明視，脯曰尹祭，槀魚曰商祭，鮮魚曰脡祭；水曰清滌，酒曰清酌；黍曰薌合，粱曰薌萁，稷曰明粢，稻曰嘉蔬；韭曰豐本，鹽曰鹹鹺；玉曰嘉玉，幣曰量幣。補注：禮告成於宗廟，終結以祀典。

天子死曰崩，諸侯曰薨，大夫曰卒，士曰不祿，庶人曰死。在床曰尸，在棺曰柩。

羽鳥曰降，四足曰漬。

死寇曰兵。

祭，王父曰皇祖考，王母曰皇祖妣，父曰皇考，母曰皇妣，夫曰皇辟。

生曰父，曰母，曰妻；死曰考，曰妣，曰嬪。

壽考曰卒，短折曰不祿。

天子視不上於袷，不下於帶。國君綏視。大夫衡視。士視五步。凡視，上於面則敖，下於帶則憂，傾則姦。

君命，大夫與士肄。在官言官，在府言府，在庫言庫，在朝言朝。

朝言不及犬馬。輟朝而顧，不有異事，必有異慮。故輟朝而顧，君子謂之固。在朝言禮，問禮對以禮。

大饗不問卜，不饒富。

凡摯，天子鬯，諸侯圭，卿羔，大夫雁，士雉，庶人之摯匹。童子委摯而退。

野外軍中無摯，以纓、拾、矢，可也。

婦人之摯：椇，榛，脯，修，棗，栗。

納女於天子，曰"備百姓"；於國君，曰"備酒漿"；於大夫，曰"備掃灑"。補注：《曲禮》下篇，皆屬政治公知，即開國家知識之大端。凡乙一段爲一節，析之爲條文。合其條文，以類相從，即成規則。有法式，有訓詞，相問[聞]①成章，即爲人處世之威儀，所謂"學以明人倫"也。人倫之綱領條目，以體統爲主，而以雅言文之，以別於鄙俗。即引入德行，皆據封建制度而言，爲三代封建時代，制度詳明，政即是教。

---

① 聞：原作"問"，據文意改。

（四）《内则》大義通

此篇與《周南》之三、《召南》之三相爲表裏。《關雎》王化起於閨門，《采蘋》女學設於公宮宗室，即"后王命冢宰，降德於衆兆民"之次第也。王后宮庭實行有此德行，乃命冢宰頒此《内則》於貴族之家庭以及兆民。禮文繁重，非貧寠之家所能備辦，又非操業以食者所能執行。全爲示人以榜樣，尊重人道，以明禮教之人倫。至於富家，則財力有餘，貴人亦不患不足，又無往不有少者、賤者代服其勞，決無有辦不到。但就此禮教範圍，檢點日行規則，便知自家作不到處，是孝行虧缺，自然日益進化，所謂"如長日加益，而人不知也"。況在有位，稱爲"君子"，即初入上流；未成爲士者，無不欲自托於君子。若言君子之孝道，則必須入《内則》之範圍。中國自作文考試以來，男界則學識根本錯誤，祇知弄筆謅文；女學久廢，幾於毫無知識。惟有一點大處落脈，男子知以傳代爲孝，女子知以守身爲節。球環五洲所無，爲占最優特色，所以遺留良種。人人好高，無論學與未學，均必自托爲君子，以致虛僞浮誇，幾成第二根性，此固亦是敗點。然就此納之於禮教，可以決其進化共進於君子。特轉慮好高而惡勞者，退甘淡泊，而不願富貴耳，然此亦必最少數。先知而後行，女學界之重見天日，重開紀元，可決言也。

附：宋育仁補注《内則》第十二

此篇節文繁重，列在初編者，家庭之教統於此。今世士夫無世禄，未之能行，但爲士女者，不可不先知其所當踐之節。

后王命冢宰，補注：後謂"王后"。禮，王后理天下之陰教，故後提前，王乃會銜在次。禮，冢宰無所不統，并管王之六宮，九嬪以次皆屬之。故此篇頒行天下，交由冢宰頒行。**降德於衆兆民**。補注：降德者，明此篇所頒諭條文，乃後、王、君、公、大夫、師長家庭之德行，今天下兆民，咸使聞知。欲修身齊家者，其進德亦如是。必有德行，始選爲士。當晋位爲大夫，有家即以此爲則，故篇名爲《内則》。〇此爲王化所始，即《關雎》以后妃爲主之義。禮，王后統理天下之陰教，"以陰禮教親"是也，故題后在王前。《周禮》冢宰掌治典，統治宮庭，故承后之命，王爲副署。頒此《内則》於卿大夫家庭，體行此則，即是奉宣德意，以示兆民，故曰："降德於衆兆民。"從子事父母爲德之本，即《孝經》説"教之所由生"也。

子事父母。補注：以人事人之理，從子事父母立根。報施之義，禮務施報，教以孝敬，即教之以禮。不用空言，以尊貴之人，備禮之家，日行之事，頒示條例。雞初鳴，咸盥漱，櫛，縰，笄，總，拂髦；冠，緌，纓；端；韠；紳，搢笏。左右佩用，左佩紛帨、刀、礪、小觿、金燧，右佩玦、捍、管、遰、大觿、木燧。偪，屨，著綦。補注：此上爲一節，爲正式子事父母之職，即士以上家庭起居。**婦事舅姑，如事父母**：補注：次婦事舅姑，如事父母。婦適夫家爲共事宗廟，殁則享於宗廟，故事生存君舅君姑，同於子道。雞初鳴，咸盥漱，櫛，縰，笄，總，衣紳。左佩紛帨、刀、礪、小觿、金燧，右佩箴、管、線、纊，施縏袠，大觿、木燧、衿纓，綦屨。補注：次婦事舅姑，家庭以女爲主體，其男子皆已服國事，不能按日躬親畢事，則婦代子職。女出適人，與共有其宗廟，殁亦同配祀於宗廟，則當知大義，視本家之父母如子之於母，視君舅君姑如子之於父。親愛雖同，而敬則有加。敬者，非指禮貌，謂"慎重其事"，即比例於臣之事君也。條文是比例，示以早起收作整潔，以備服事，不泥於物事。**以適父母、舅姑之所**。補注：總上兩節云，適父母、舅姑之所，其禮節略同。

及所，下氣怡聲，問衣燠寒，疾痛苛癢，而敬抑搔之。出入則或先或後，而敬扶持之。進盥，少者奉槃，長者奉水，請沃盥；盥卒，授巾。問所欲而敬進之，柔色以溫之。補注：先提出少長，此皆富貴之家庭子婦躬親者，教修身之德行如此。勞辱之事，必有少者、賤者服其勞，爲下文“少事長，賤事貴”張本。（饘、酏、酒、醴、芼、羹、菽、麥、蕡、稻、黍、粱、秫，唯所欲。棗、栗、飴、蜜以甘之，菫、荁、枌榆、免、薧，滫瀡以滑之，脂、膏以膏之。）補注：此記以括弧，學者當明服食器物。古今豐儉習用，各有不同，不離乎物，亦不泥於物。〇養以飲食爲先，故先敘常食。父母、舅姑必嘗之而後退。

男女未冠筓者，雞初鳴，咸盥漱，櫛，縰，拂髦，總角，衿纓，皆佩容臭，昧爽而朝，問“何食飲矣”。若已食則退，若未食則佐長者視具。補注：復次男女未冠筓者，明未成人，不責以承任服事，但亦必先教習禮，問起居飲食，隨同學習。〇復次率幼穉隨同習禮。

凡內外，雞初鳴，咸盥漱，衣服，斂枕簟，灑掃室堂及庭，布席，各從其事。補注：凡內外，包少賤僮僕諸在內，故曰“各從其事”。〇復次統率家人、僕婢規則。孺子蚤寢晏起，唯所欲，食無時。補注：寬於孺子，教幼未成人，不與爲禮。幼未勝教，重保其身體。由命士以上，父子皆異宮。昧爽而朝，慈以旨甘。日出而退，各從其事。日入而息，慈以旨甘。補注：特提“由命士以上，父子異宮”，明禮制命士以上，各服其官任國事。則子婦之少賤者，當承其事，此如委托於人。其在己，則增以禮文，加供甘旨，以自將意。“異宮”者，別院而居，別有庖廚，故特供甘旨。命士，王朝之士，秩比侯國大夫，已近富貴，治事較多，則別院而處，但昏定晨省。

父母、舅姑將坐，奉席請何鄉。將衽，長者奉席請何趾。少者執牀與坐，御者舉几，斂席與簟。縣衾，篋枕，斂簟而襡之。補注：少者服勞，并出御者，即今僕婢。父母、舅姑之衣、衾、簟、席、枕、几，不傳；杖、屨，祗敬之，勿敢近；敦牟卮匜，非餕，莫敢用。與恒食飲，非餕，莫之敢飲食。父母在，朝夕恒食，子婦佐餕，既食恒餕。父沒母存，冢子御食，群子婦佐餕如初。旨甘柔滑，孺子餕。補注：食必有侑乃安。食，父在母陪食；父歿則母獨受養，故長子陪食。

在父母、舅姑之所，有命之，應“唯”，敬對，進退周旋慎齊。升降出入揖遊，不敢噦噫、嚏咳、欠伸、跛倚、睇視，不敢唾洟。寒不敢襲，癢不敢搔。不有敬事，不敢袒裼。不涉不撅。褻衣衾不見裏。父母唾洟不見；冠帶垢，和灰請漱；衣裳垢，和灰請澣；衣裳綻裂，紉箴請補綴。五日則燂湯請浴，三日具沐。其間面垢，燂潘請靧；足垢，燂湯請洗。補注：上各節，舉終日所事，及間日所應行事節已概括。下復出“少事長，賤事貴”，共率循此節，明貴長者躬帥而指揮，少賤乃有所循，即明貴長有教帥少賤之責，少賤代貴長之勞。少事長，賤事貴，共帥時。補注：以上日行服事奉養，皆明子若婦應自盡之道。然自命士以上，父子異宮，則皆有僕婢及僮奴代役，子若婦年長，下有幼子童孫，應代長者以次服勞，故次出“少事長，賤事貴”，明其本職，爲子婦所當自盡之職也。

男不言內，女不言外。補注：復次內外規則，此篇專教日行職事，不旁及知識見聞。常注在己之責任，惟日不足，不干涉分任之職事，明其各盡各職，預防交責告亂。非祭非喪，不相授器。其相授，則女受以篚。其無篚，則皆坐奠之，而後取之。外內不共井，不共湢浴，不通寢席，不通乞假。男女不通衣裳。內言不出，外言不入。補注：“內言不出，外言不入”，指日用行習之事而言。

男子入內，不嘯不指，夜行以燭，無燭則止。女子出門，必擁蔽其面，補注：古時卿大夫家貴盛，女子常有保傅伴行。貴者用障扇，後世所云"掌扇"。夜行以燭，無燭則止。道路，男子由右，女子由左。補注：內外男女之別，推行至於道路，自近而遠。

　　子婦孝者敬者，補注：起子婦孝者敬者，爲加人一等者說法。父母、舅姑之命，勿逆勿怠。若飲食之，雖不耆，必嘗而待。加之衣服，雖不欲，必服而待。加之事，人代之，己雖弗欲，姑與之，而姑使之，而後復之。子婦有勤勞之事，雖甚愛之，姑縱之，而寧數休。子婦未孝未敬，勿庸疾怨，姑教之。若不可教，而後怒之；不可怒，子放婦出，而不表禮焉。補注：復次兩節對舉，先教爲父母、舅姑者以慈。

　　父母有過，下氣怡色，柔聲以諫。諫若不入，起敬起孝，說則復諫；不說，與其得罪於鄉黨州閭，寧孰諫。父母怒、不說，而撻之流血，不敢疾怨，起敬起孝。補注：次教慈，後教孝，則爲加人一等說法。父母有過能諫者，必先能立身之士。故《孝經問》云"若夫慈愛恭敬，安親揚名，則聞命矣"，謂"既能盡此立身之道，然後可以諫諍"。○父母有過，至於子必諫，必其大過，乃得罪於鄉黨州閭。諫即是家庭之變故，故此於言下必爲設想父母有不受、極其變故所至之情狀。

　　父母有婢子若庶子庶孫，甚愛之，雖父母沒，沒身敬之不衰。補注：復次父母沒後。子有二妾，父母愛一人焉，子愛一人焉，由衣服飲食，由執事，毋敢視父母所愛，雖父母沒不衰。子甚宜其妻，父母不說，出；子不宜其妻，父母曰"是善事我"，子行夫婦之禮焉，沒身不衰。補注：兩舉示例，皆爲妻妾失愛於其夫者言，示其當知孝道，恃父母爲保障，亦以防爲子之偏愛於子婦。

　　父母雖沒，將爲善，思貽父母令名，必果。將爲不善，思貽父母羞辱，必不果。

　　舅沒則姑老，冢婦所祭祀、賓客，每事必請於姑，介婦請於冢婦。補注：上節舉"父母均沒，事亡如事存"，亦爲加人一等說法，起下節"父先沒母存，則冢婦承家"。女爲家庭之主體，故詞主姑婦。○此節示教婦道，特提"舅沒姑老，冢婦承家"之規則。舅存則舅統家，祭祀、賓客，請命於舅不待言。禮，卿大夫、適士皆有采地，宗廟世代相傳，傳於適長，五世以內，共此財產，不得分析。秦以前本無民田買賣，承家者爲"宗長"，負教養本宗之責任。支子爲庶人者，各有公授百畝之田廬；支子爲士者，別有祿。七十曰"老"而傳，傳家與適長子。如舅年不及七十而歿，則姑受養，不主祭，如男子致仕退老之比例，則冢婦與冢子主其祭祀賓客，而事皆請命於姑。舅姑使冢婦，毋怠，不友無禮於介婦。舅姑若使介婦，毋敢敵耦於冢婦，不敢並行，不敢並命，不敢並坐。補注："舅姑使冢婦"一節，通舅在時家教之節而言。"毋"字貫下四條，毋怠慢，不友於介婦。先教爲冢婦之道，次乃教介婦，毋敢敵耦於冢婦。

　　凡婦，不命適私室，不敢退。婦將有事，大小必請於舅姑。子婦無私貨，無私畜，無私器，不敢私假，不敢私與。婦或賜之飲食、衣服、布帛、佩帨、芷蘭，則受而獻諸舅姑。舅姑受之，則喜，如新受賜；若反賜之，則辭，不得命，如更受賜，藏以待乏。婦若有私親兄弟，將與之，則必復請其故賜，而後與之。補注：復次凡爲婦之節，以財物爲主。人生之要素，知取與有禮，則知爭財產之非孝，即不言之教。適子庶子，祗事宗子宗婦。雖貴富，不敢以貴富入宗子之家；雖眾車徒舍於外，以寡約入。子弟猶歸器、衣服、裘衾、車馬，則必獻其上，而後敢服用其次也。若非所獻，則不敢以入於宗子之門，補注：復次明宗法之大綱節目。此適子指小宗之適子。宗子宗婦指大宗之宗室。大宗宗子如未服官，年未至五十，位止於士。支子之中，有起家爲大夫，足稱爲富貴，不敢以富貴加於宗室，尊祖故

"敬宗"也。○從家庭冢子冢婦起例，推行於家族宗子宗婦，重宗廟也。故云："尊祖故敬宗，敬宗故收族。"不足者，資之宗也。不敢以貴富加於父兄宗族。若富，則具二牲，獻其賢者於宗子，夫婦皆齊而宗敬焉；終事，而後敢私祭。補注：總絜一條，"不敢以富貴加於父兄宗族"，仍推敬宗之道爲之表式。爲支子富貴，可以特舉祭祀，但仍屬宗子主祭。先上代然後次及其私親，如宗廟同高、曾，則先祭高、曾，然後祭其祖上。同曾祖，則先祭曾祖，然後祭其祖父。

（飯：黍，稷，稻，粱，白黍，黃粱。稰，穛。

膳：膷，臐，膮，醢[①]，牛炙；醢，牛胾，醢，牛膾；羊炙，羊胾，醢，豕炙；醢，豕胾，芥醬，魚膾；雉，兔，鶉，鷃。補注：復次承上宗廟致祭，因舉祭品所用。

飲：重醴，稻醴清糟，黍醴清糟，粱醴清糟，或以酏爲醴，黍酏，漿，水，醷，濫。

酒：清、白。

羞：糗餌，粉酏。

食：蝸醢而苽食，雉羹；麥食，脯羹，雞羹；[析]（折）[②]黍，犬羹，兔羹；和糝不蓼。濡豚，包苦實蓼；濡雞，醢醬實蓼；濡魚，卵醬實蓼；濡鱉，醢醬實蓼。腶脩，蚳醢；脯羹，兔醢；麋膚，魚醢；魚膾，芥醬；麋腥，醢，醬；桃諸，梅諸，卵鹽。

凡食齊視春時，羹齊視夏時，醬齊視秋時，飲齊視冬時。凡和，春多酸，夏多苦，秋多辛，冬多鹹，調以滑甘。牛宜稰，羊宜黍，豕宜稷，犬宜粱，雁宜麥，魚宜苽。春宜羔豚，膳膏薌；夏宜腒鱐，膳膏臊；秋宜犢麑，膳膏腥；冬宜鮮羽，膳膏羶。牛修，鹿脯，田豕脯，麋脯，麇脯，麋、鹿、田豕、麇皆有軒；雉、兔皆有芼。爵、鷃、蜩、范。芝栭，菱，椇，棗，栗，榛，柿，瓜，桃，李，梅，杏，楂，梨，薑，桂。）補注：復次飯膳各節，明《內則》以女教爲主體。婦主中饋，飯膳酒漿，皆所應習。子事父母，亦所宜知。貴家應用庖廚，但養親，禮先應躬親，僕役代服其勞，主人主婦當講求飲饌，調和諸法式，始能指使。故此詳言供奉作品，惟古今時代豐儉異宜。今讀此可悟三代時閒，士夫家之富厚。今用不必其物，故此用括弧志別，略觀大意，可以推例。○復次食禮所用品，據《周禮》飲食之禮，以親宗族昆弟，會食於宗，亦多在祭後餕神之餘，與上祭品相連爲次。

大夫燕食，有膾無脯，有脯無膾。士不貳羹胾。庶人耆老不徒食。補注：舉常日飯膳之節，頒示上下，咸知貴賤之等，始諸飲食，即他篇所詔，"夫禮始諸飲食也"。燕食者，常日燕居，每日常餐也。士大夫日食有肉，然禮尚儉，肉不多品。庶人之耆老，亦日食有肉，故云"不徒食"。再詳飲食所宜，亦爲養老詔其子婦。○燕食、常食，分大夫、士、庶人、耆老之等，以教儉。

（膾，春用蔥，秋用芥。豚，春用韭，秋用蓼。脂用蔥，膏用薤。三牲用藙。和用醯。獸用梅。鶉羹，雞羹，駕，釀之蓼。魴鱮烝，雛燒，雉，薌無蓼。

不食雛鱉。狼去腸，狗去腎，狸去正脊，兔去尻，狐去首，豚去腦，魚去乙，鱉去醜。補注：復次食作所宜忌，養親須知作膳具其羞。命士以上，當有庖丁。然子婦侍養，當盡己職，必躬親指示察視。庶士之家，則婦自執庖。禮之名詞，統名之曰"中饋"。

肉曰脫之，魚曰作之，棗曰新之，栗曰撰之，桃曰膽之，楂、梨曰攢之。

牛夜鳴則庮。羊泠毛而毳，羶。狗赤股而躁，臊。鳥皫色而沙鳴，鬱。豕望視而交睫，

---

① 醢：鄭玄以《公食大夫禮》校之，認爲"膮""牛炙"之閒不得有"醢"。
② 析：原作"折"，據《禮記·內則》改。

腥。馬黑脊而般臂，漏。雛尾不盈握，弗食；舒雁翠，鵠鴞胖，舒鳧翠，雞肝，雁腎，鴇奧，鹿胃。

肉腥，細者爲膾，大者爲軒。或曰麋鹿魚爲菹，麕爲辟雞，野豕爲軒，兔爲宛脾。切葱若薤，實諸醯以柔之。）

羹食：自諸侯以下至於庶人，無等。大夫無秩膳。大夫七十而有閣。天子之閣，左達五，右達五。公、侯、伯於房中五。大夫於閣三。士於坫一。補注：復次羹食無等。羹以芼和蔬菜爲主，且養老所宜，故表示其宜。自諸侯、卿大夫、士至庶人，不以位爲等者，以"年齒"爲等。秩膳，謂常餐列饌有多品，故鄭注"五十命爲大夫，未甚老"[1]。次以"大夫七十而有閣"，閣、坫，皆陳饌之厨几，古今式不同。天子、諸侯人君，則日膳有秩，庶人之老九十者，亦日豐其養，故此篇云"九十有秩也"。大夫年七十，禮有優尊，比於庶老九十，亦"日有秩膳"，始有閣以庋。其餘略比於諸侯，但豐儉稍有差。士有坫者，亦指耆老而言。下文次以養老，明於章句則知。○復次羹食無等，別題天子至庶人，爲養老起例。廣家庭之教，以通國制。

凡養老，有虞氏以燕禮，夏后氏以饗禮，殷人以食禮，周人修而兼用之。補注："凡"者，統目大夫至庶人之老而言。凡五十養於鄉，六十養於國，七十養於學，達於諸侯。八十拜君命，一坐再至，瞽亦如之，九十者使人受。五十異糧，六十宿肉，七十貳膳，八十常珍；補注：珍，指下目八珍。九十飲食不違寢，膳飲從於遊可也。六十歲制，七十時制，八十月制；九十日修，唯絞紟衾冒，死而後制。五十始衰，六十非肉不飽，七十非帛不暖，八十非人不暖，九十雖得人不暖矣。五十杖於家，六十杖於鄉，七十杖於國，八十杖於朝；九十者，天子欲有問焉，則就其室，以珍從。七十不俟朝，八十月告存，九十日有秩。五十不從力政，六十不與服戎，七十不與賓客之事，八十齊、喪之事弗及也。五十而爵，補注：即命爲大夫。六十不親學，七十致政。凡自七十以上，唯衰麻爲喪。凡三王養老，皆引年。八十者，一子不從政；九十者，其家不從政。瞽亦如之。凡父母在，子雖老不坐。補注：此即指鄉飲酒而言。有虞氏養國老於上庠，養庶老於下庠；夏后氏養國老於東序，養庶老於西序；殷人養國老於右學，養庶老於左學；周人養國老於東膠，養庶老於虞庠，虞庠在國之西郊。有虞氏皇而祭，深衣而養老；夏后氏收而祭，燕衣而養老；殷人冔而祭，縞衣而養老；周人冕而祭，玄衣而養老。補注：以上自"凡養老"至此，分十節，統明養老之制，以年齒爲叙。由家庭子婦養親，并詔示國家養老，所謂"孝弟之道達乎天下"。"凡養老"以上，係周公舊典，頒行禮教之家庭《內則》；"凡養老"以下，孔門增以論列。故十節之終，出曾子言"孝子之養老"，廣孝敬之義，至於逮下之惠。

曾子曰："孝子之養老也，樂其心，不違其志；樂其耳目，安其寢處，以其飲食忠養之。孝子之身終，終身也者，非終父母之身，終其身也。是故父母之所愛亦愛之，父母之所敬亦敬之，至於犬馬盡然，而况於人乎？"補注：引曾子説通結上節，養親終身，通宗廟致敬及養老乞言，明"君子之教以孝，非家至而日見之也"，即發明《孝經》義。

凡養老，五帝憲，三王有乞言。補注：復次論列"五帝""三王"，因養老之禮，行讀法講説之教。廣孝道於弟道，所以敬天下之爲人父兄者，示孝弟之禮。禮教既行，則高年進德，皆可以爲助教，即是以孝治天下。老者不必皆是父行，要之對於少幼，皆居於兄道，所

---

[1]《禮記正義·內則第十二》作"謂五十始命，未甚老也"。

以《孝經》連舉父兄，并稱孝弟。五帝憲，養氣體而不乞言，有善則記之爲惇史。補注：憲是讀憲法。乞言，是請訓詞，即今之演説。惇史，如今之速記生矣。三王亦憲，既養老而後乞言，亦微其禮，皆有惇史。

（淳熬：煎醢加於陸稻上，沃之以膏曰淳熬。淳毋，煎醢加於黍食上，沃之以膏曰淳毋。炮：取豚若將，刲之刳之，實棗於其腹中，編萑以苴之，塗之以堇塗。炮之，塗皆乾，擘之。濯手以摩之，去其皽。爲稻粉，糔溲之以爲酏，以付豚；煎諸膏，膏必滅之；鉅鑊湯，以小鼎薌脯於其中，使其湯毋滅鼎，三日三夜毋絶火，而後調之以醯醢。

擣珍：取牛、羊、麋、鹿、麕之肉，必脄，每物與牛若一；捶，反側之，去其餌，孰出之，去其皽，柔其肉。

漬：取牛肉必新殺者，薄切之，必絶其理，湛諸美酒，期朝而食之，以醢若醯、醷。

爲熬：捶之，去其皽，編萑，布牛肉焉；屑桂與薑，以灑諸上而鹽之，乾而食之。施羊亦如之。施麋、施鹿、施麕皆如牛羊。欲濡肉，則釋而煎之以醢。欲乾肉，則捶而食之。

糝：取牛、羊、豕之肉，三如一，小切之，與稻米，稻米二肉一，合以爲餌煎之。

肝膋：取狗肝一，幪之以其膋，濡炙之，舉燋其膋，不蓼。取稻米，舉糔溲之，小切狼臅膏，以與稻米爲酏。）補注：此節目八珍，詳其作品。庶人無故不食珍，老者可以常珍。爲庶人不主祭祀，則無賓燕，不能設牲牢，以八珍爲隆禮，薦於寢，養其家老，歲時伏臘昏嫁，爲酒食以召鄉黨，皆用之，其饌甚美。士夫家祭祀賓客，庶羞之品亦宜。○因承上文“庶人不常珍”，次及八珍，士大夫則常進，子婦事親所宜知，監庖所作。

禮始於謹夫婦。爲宮室，辨外内。男子居外，女子居内。深宮固門，閽寺守之；男不入，女不出。男女不同椸枷。不敢縣於夫之楎椸，不敢藏於夫之篋笥，不敢共湢浴。夫不在，斂枕篋簟席、襡器而藏之。補注：復次特提“禮始於謹夫婦”，明家道之主要。謹夫婦在別内外，別内外在居處宮室。資生之養，以住爲主，故先宮室，次及食與衣。少事長，賤事貴，咸如之。補注：復次重提“少事長，賤事貴”，明禮制之度。妻皆少於夫，妾則賤於嫡。及於婢媵，皆有貴長少賤之等。禮，大夫有貴臣、貴妾，士亦有長妾。○復次家庭男統之義，從“家有嚴君”推例，明“婦有事夫之禮”。禮，婦少於夫，率在十年内外，故結言“少事長”。對夫之稱婦，統妾媵爲詞，故云“賤事貴”，則兼有媵之事嫡在内，故曰“咸如之”。

夫婦之禮，唯及七十，同藏無閒。故妾雖老，年未滿五十，必與五日之御。補注：因及妾御，起下文舉子。將御者，齊，漱、浣，慎衣服，櫛、縰、笄、總、角，拂髦①，衿纓、綦屨。雖婢妾，衣服飲食必後長者。妻不在，妾御莫敢當夕。補注：婢妾者，先爲婢而後見納於家主，則班次視取之妾爲賤。禮，大夫二妾，與妻而三；或四，與妻而五。士一妾，元士或二妾，與妻爲三，同於侯國大夫。

妻將生子，補注：復次“生子”，挈下舉子之禮，即明傳代之義，乃不言之教。所以“經不尚空言，非勸人善之説也”。及月辰，居側室。夫使人日再問之，作而自問之，妻不敢見，使姆衣服而對。至於子生，夫復使人日再問之。夫齊，則不入側室之門。子生，男子設弧於門左，女子設帨於門右。三日，始負子，男射女否。補注：此兩節合爲一節。妻將生子，與夫齊，皆別房，因及生子。凡爲士者所通行，故有負子射之文。國君世子生，告於君。接以太牢，宰掌②具。三日，卜士負之，吉者宿齊，朝服寢門外，詩負之。射人以桑弧蓬矢

---

① 諸多前人已經指出，“角拂髦”爲衍字。見孫敬軒《禮記集解》、王夫之《禮記章句》、陳戌國《禮記校注》等。
② 掌：原作“長”，據《禮記·内則》改。

六，射天地四方。保受乃負之。宰醴負子，賜之束帛。卜士之妻、大夫之妾，使食子。補注：復次廣家禮於國禮，舉國君世子生，爲舉子之隆禮，示傳重之義。○古制生子之禮特重，爲重宗廟嗣續，亦必采地世禄之家始能實行。惟國君能備禮，故此節特提國君，閒及大夫、士、庶，降等之次而已。凡接子，擇日，冢子則大牢，庶人特豚，士特豕，大夫少牢，國君世子大牢。其非冢子，則皆降一等。

異爲孺子室於宮中。擇於諸母與可者，必求其寬裕慈惠、溫良恭敬、慎而寡言者，使爲子師，其次爲慈母，其次爲保母，皆居子室。他人無事不往。補注：此無祭爲款待客御，故及庶人。貴者家接子，客及侍御内人數多，故用牲牢。豚別於豕者，小如今之蒸豚，大不必肥碩，稱家有無。連及之者，禮惟昏嫁與接子，庶人亦燕客，禮之近人情者，非其至者也，指節文簡略者而言。接子之禮，如今之“三朝湯餅”矣。

三月之末，擇日翦髮爲鬌，男角女羈，否則男左女右。是日也，妻以子見於父，貴人則爲衣服，由命士以下皆漱浣。補注：復次見子之節，分別貴人及命士以下。男女凤興，沐浴，衣服，具視朔食。夫入門，升自阼階，立於阼，西鄉；妻抱子出自房，當楣立，東面。姆先，相曰：“母某敢用時日，祇[1]見孺子。”夫對曰：“欽有帥。”父執子之右手，咳而名之。妻對曰：“記有成。”遂左還授師。子師辯告諸婦諸母名，妻遂適寢。夫告宰名，宰辯告諸男名。書曰“某年某月某日某生”而藏之。宰告閭史。閭史書爲二，其一藏諸閭府，其一獻諸州史。州史獻諸州伯，州伯命藏諸州府。夫入，食如養禮。補注：復次三月名子，亦以國君爲表幟，而命士以上皆行之。其不命之士，凡有多等，學子亦得稱士。庶人在官，比例於士，皆爲庶士，同於庶人，故此目言貴人殊命士以下。○此節及命士以下者，謂大夫家傳重之宗室，諸侯之士不命，知宗子非服官加賜，亦不命，但宗承大夫之後，主其宗廟，以執禮教，率其族屬，故亦有宰，若今管事。宗室設本宗女學，故有“師氏”有“姆”，能備行禮。師，女師；姆，保姆；主教女學，兼慈養幼童，皆習於禮，助家庭教育。選於宗婦，或他姓之媵婦有德象者。宗法之教，已概括於此。

世子生，則君沐浴，朝服，夫人亦如之，皆立于阼階，西鄉；世婦抱子升自西階。君名之，乃降。適子、庶子見於外寢，撫其首，咳而名之，禮帥初，無辭。

凡名子，不以日月，不以國，不以隱疾。大夫、士之子，不敢與世子同名。補注：特提“世子”，示國君傳重，使民知君臣之義。

妾將生子，及月辰，夫使人日一問之。子生三月之末，漱浣凤齊，見於内寢，禮之如始入室。君已食，徹焉，使之特餕。遂入御。

公庶子生，就側室。三月之末，其母沐浴，朝服見於君，擯者以其子見。君所有賜，君名之。眾子，則使有司名之。

庶人無側室者，及月辰，夫出居群室。其問之也，與子見父之禮，無以異也。補注：此及庶人，謂“庶人在官，得比於士禮”。○復次結以“庶人無側室，夫居異室”云爾，明示禮教如此。大夫以下，禮不必備。凡父在，孫見於祖，祖亦名之；禮如子見父，無辭。

食子者三年而出，見於公宮，則劼。大夫之子有食母。士之妻自養其子。

由命士以上及大夫之子，旬而見。冢子，未食而見，必執其右手。適子、庶子，已食而見，必循其首。補注：此旬而見，當謂平日。命士以上至大夫，日有公事，幼子不常見父，

---

① 陳戍國認爲此處應爲“祇”之誤，見《禮記校注》207頁。

故詔慈子者，旬日俟退食自公時，引而見之。子能食食，教以右手。能言，男"唯"女"俞"。男鞶革，女鞶絲。補注：能食能言，迄於十年出就外傅，連類詔示男子學齡教科，終於七十致仕者。女學母教，均所宜知也。六年，教之數與方名。七年，男女不同席，不共食。八年，出入門戶及即席飲食，必後長者，始教之讓。九年，教之數日。補注：名者，字也，始教識字。古者不用椅棹，布席於地，皆跌坐。食器用籩豆，如今之高裝盤碗，置於席前之薦。飯不以著，蓋用匙，或用手。共食，謂兩人共飯一盂。十年出就外傅，居宿於外，學書計。衣不帛襦袴。禮帥初，朝夕學幼儀，請肄簡、諒。補注：書、計，寫字及簿計。簡、諒，即今通簡、寫信。十有三年，學樂誦《詩》，舞《勺》。成童，舞《象》，學射御。二十而冠，始學禮，可以衣裘帛，舞《大夏》，惇行孝弟，博學不教，內而不出。三十而有室，始理男事，博學無方，孫友視志。四十始仕，方物出謀發慮，道合則服從，不可則去。五十命為大夫，服官政。七十致事。補注：先從六歲學識字，至此七年，初通文義，始學樂誦《詩》，《詩》即樂章。成童筋力長足，始學武舞。古時道途有軌，故戰陣必用馬車，射御即是"武藝"。"二十而冠"以下"致仕"，君子之終身，學年仕年、程叙備矣。凡男拜，尚左手。

女子十年不出，姆教婉娩聽從，執麻枲，治絲繭，織紝組紃，學女事，以共衣服。觀於祭祀，納酒漿、籩豆、菹醢，禮相助奠。十有五年而笄。二十而嫁，有故，二十三年而嫁。聘則為妻，奔則為妾。凡女拜，尚右手。補注：并提男女，次以男女分教，示在室之女教，五年學畢，可以加笄，《詩·采蘋》謂"教成之祭"。"笄而字"者，成人而與為禮，如男子之冠，而禮略簡。説見《詩經·采蘋》注。（手）[女]拜[1]尚右手，與男拜尚左手，示分別教法，以順成婦容。余己詳《鄭注》，與此補注合參。○終以家庭男女合教學齡，男就外傅，女就姆教，分教學齡學科，并及男子仕年，女子嫁年。公知之倫理，公知之教科，最括於此，學者致思焉。

（五）宋育仁補注《學記》（鄭氏注）第十八

發慮憲，求善良，足以謏聞，不足以動眾。注：憲，法也，言發計慮當擬度於法式也。求，謂招來也。"謏"之言小也。動眾，謂師役之事。補：憲由慮出。"慮憲"猶"憲慮"，先古詞例，有與梵語同者。在今為倒，歐文皆出於梵，譯者未明，隨文錯出。此發端乃推原初進化，正如今之"代議制"。就賢體遠，足以動眾，未[足][2]以化民。注：就，謂躬下之。體，猶親也。補：次承上言，能就賢政立法，以體遠古，可以動眾矣，然未足化民。君子如欲化民成俗，其必由學乎！注：所學者，聖人之道在方策。補：鄭說"所學者，聖人之道在方策"，謂"文武之道，布在方策"。

玉不琢不成器，人不學不知道。是故古之王者建國君民，教學為先。注：謂內則設師、保以教，使國子學焉；外則有大學、庠、序之官。《兌命》曰："念終始典於學。"其此之謂乎！注：典，經也，言學之不舍業也。兌，當為"説"字之誤也。高宗夢傅説，求而得之，作《説命》三篇，在《尚書》，今亡。補：前題"王者建國君民，教學為先"，明"政即是教學以化民"，政之大經。兌，即"説"之初古文。

雖有嘉肴，弗食，不知其旨也；雖有至道，弗學，不知其善也。注：旨，美也。是故學然後知不足，教然後知困。注：學則睹己行之所短，教則見己道之未達。知不足，然後能

---

[1] 女：原作"手"，據文意改。
[2] 足：原脱，據《禮記·學記》補。

自反也；知困，然後能自强也，故曰"教學相長"也。注：自反，求諸己也。自强，修業不敢倦。補：此篇主旨，爲詔教者與學者"教學相長"。故始末皆并提，不專示學者。《兑命》曰："學學半。"其此之謂乎！注：言學人乃益己之學半。補：再引《兑命》傅説相殷宗爲教學并進之先例。

　　古之教者，家有塾，黨有庠，術有序，國有學。注：術當爲"遂"聲之誤也。古者仕焉而已者，歸教於閭里，朝夕坐於門，門側之堂謂之塾。《周禮》五百家爲黨，萬二千五百家爲遂。黨屬於鄉，遂在遠郊之外。補：塾本設於閭之里門，爲"族塾"。今稱"家塾"者，立宗之家，宗廟門左右亦設塾焉。序本設於州，選士校射於此。今云"術當爲遂"者，六遂之學，降鄉一等，制略於鄉。以教射、御爲主，故有序。比年入學，注：學者每歲來入也。中年考校。注：中，猶閒也。鄉遂大夫閒歲則考學者之德行道藝。《周禮》：三歲大比乃考焉。一年視離經辨志，三年視敬業樂群，補：上綜黨庠以前學科，下序大比升入國學以後學業。大學"四術"加《詩》《書》講貫，《書》爲《尚書》。句讀隔代易淆，故先視離經斷句，次肄《詩》進求學理。詩者，志也，須能辨晰言中之志。業，樂簴也。至此習樂，不同玩物，故詔以"敬業"。五年視博習親師，七年視論學取友，謂之"小成"。補：博習非主課，亦應廣知見，但尚不知所擇，故必資師，以親師爲主。再進續學多通，始能論列學理，乃有朋友切磋。九年知類通達，强立而不反，謂之"大成"。注：離經，斷句絶也。辨志，謂別其心意所趣鄉也。知類，知事義之比也。强立，臨事不惑也。不反，不違失師道。夫然後足以化民易俗，近者説服，而遠者懷之。此大學之道也。注：懷，來也，安也。補："近者悦服，而遠者懷之"，即《大學》篇"在親民"注脚。親、新、親，古今字，古文同作"親"。親之，即新之。人自新潔，以學相親，本含兩義。○夫然後教成君子以化民易俗，點出近悦遠懷，此爲《大學》之道路。括《論語》《大學》首章，詳略互文相證。《記》曰："蛾子時術之。"其此之謂乎？注：蛾，蚍蜉也。蚍蜉之子，微蟲耳。時術蚍蜉之所爲，其功乃復成大垤。

　　大學始教，皮弁祭菜，示敬道也。注：皮弁，天子之朝，朝服也。祭菜，禮先聖先師。菜，謂芹藻之屬。《宵雅》肄三，官其始也。注：宵之言"小"也。肄，習也。習《小雅》之三，謂《鹿鳴》《四牡》《皇皇者華》也。此皆君臣宴樂相勞苦之詩，爲始學者習之，所以勸之以官，且取上下相和厚。補："朝服""祭菜"，示以敬重設學之道。肄習《小雅》之三，即祭菜時習樂官之執事。此時學子始入大學，爲士，即詔以習官事之始。入學鼓篋，孫其業也。注：鼓篋，擊鼓警衆，乃發篋，出所治經業也。孫，猶恭順也。補：鼓篋，古者簡策編爲書，以篋爲量。鼓者盛滿如鼓腹，示以畢此乃足，即令其知自不足，故云"遜其（志）[業]①"，爲學之道最戒自滿。夏楚二物，收其威也。注：夏，榎也。楚，荆也。二者所以撲撻犯禮者。收，謂收斂整齊之。威，威儀也。補：朴作教刑，行禮尚有揩樸。荆條爲鞭，以作宫刑。大學純用治官署之法，故備陳二物而不用，故曰"收威"。未卜禘，不視學，遊其志也。注：禘，大祭也。天子諸侯既祭，乃視學考校，以遊暇學者之志意。時觀而弗語，存其心也。注：使之俳俳憤憤，然後啓發也。補：按，俳俳憤憤，原文係"使之俳憤"，俳憤然後啓發。幼者聽而弗問，學不躐等也。注：學，教也，教之長稚。補：綜言幼者，視入學之先後，如前之一、三、五爲差，先未有聞，思未憤俳，教術當不啓發，不可瀆也，《易》云"瀆則不穀"。括以要言"學不躐等"。此七者，教之大倫也。注：倫，理也。自大學始教至此，其義七也。

---

① 業：原作"志"，據經文"孫其業"改。

《記》曰："凡學，官先事，士先志。"其此之謂乎？注：官，居官者也。士，學士也。補：凡引書皆先傳教科，孔門擇取，加以論說，例見《曲禮上》。

大學之教也，時教必有正業，退息必有居學。注：有居，有常居也。補：教者以時講授，必有主課，謂之"正業"。退而居息，必有研究之程，是謂"居學"。不學操縵，不能安弦。注：操縵，雜弄。不學博依，不能安《詩》。注：博依，廣譬喻也。依或為衣。補：博依即習歌審音，先為曼聲長哦，口嫻於抑揚抗墜，始能將樂語詩句，合之於音階。《尚書》"聲依永"，然後"律和聲"是也。不學雜服，不能安禮。注：雜服，冕服、皮弁之屬。雜或為雅。補：服，習也，事也。雜服者不在成叚行禮節目中之節目，如揖讓坐興、應對進退等雜儀。不興其藝，不能樂學。注：興之言喜也，歆也。藝，謂禮、樂、射、御、書、數。故君子之於學也，藏焉，修焉，息焉，遊焉。注：藏，謂懷抱之。修，習也。息，謂作勞休止於之息。遊，謂閒暇無事於之遊。補：藏休，即謂退而研究。息遊，即謂博依哦詩，博習遊藝。綜上"退息必有居學"，至"不興其藝，不能樂學"九句，此明"四術"之禮、樂，進於"六藝"。鄭說於之息游，承君子於學為言。夫然，故安其學而親其師，樂其友而信其道。是以雖離師輔而不反也。《兌命》曰："敬孫務時敏，厥修乃來。"其此之謂乎？注：敬孫，敬道孫業也。敏，疾也。厥，其。學者務及時而疾其所修之業，乃來。補："敬孫時敏"四字口訣，"敬孫務時敏"五字真言，教者、學者所宜深念、敬持。《周禮》"書賢能"，即鄉學升進國學之考成，故"書其敬敏有學者"。

今之教者，呻其占畢，多其訊，注：呻，吟也。占，視也。簡謂之畢。訊，猶"問"也。言今之師自不曉經之義，但吟誦其所視簡之文，多其難問也。呻，或為慕。訊，或為詈。言及于數，注：其發言出說，不首其義，動云"有所法象"而已。補：注重記問鉤考細節，以難競勝。後世教學，均蹈此失。進而不顧其安，注：務其所誦多，不惟其未曉。使人不由其誠，注：由，用也。使學者誦之而為之說，不用其誠。教人不盡其材，注：材，道也，謂師有所隱也。《易》曰"兼三材而兩之"，謂天地人之道。其施之也悖，其求之也佛。注：教者言非，則學者失問。補：五句示教者之條誡，《鄭注》深細，已盡高等教育學之師範。為大學之師者，必已至通儒，惟尚須講求最高等教育學，知所誡，然後能自強也。夫然，故隱其學而疾其師，苦其難而不知其益也，注：隱，不稱揚也。不知其益，若無益然。雖終其業，其去之必速。注：速，疾也。學不心解，則忘之易。補：今言畢業，與舊主記誦，皆中此病。教之不刑，其此之由乎？注：刑，猶成也。

大學之法：禁於未發之謂豫，注：未發，情欲未生，謂年十五時。補：鄭說禁未發為情欲，非專指色欲。凡嗜好皆屬情欲，非可禁。及此引之於學則未發。當其可之謂時，注：可，謂年二十成人時。不陵節而施之謂孫，注：不陵節，謂不教長者、才者以小，教幼者、鈍者以大也。施，猶教也。孫，順也。相觀而善謂之摩。注：不并問，則教者思專也。摩，相切磋也。補：大學之法，十五為升入大學之始年，并數始學、卒業之年為七年，不數則五年也。及二十，皆及冠，可責以成人而與為禮。不陵節，亦以學年為率。相觀者，亦以先進率後進也。此四者，教之所由興也。注：興，起也。

發然後禁，則扞格而不勝。注：教不能勝其情欲。格讀如"凍洛"之"洛"。扞，堅不可入之貌。時過然後學，則勤苦而難成。注：時過則思放也。雜施而不孫，則壞亂而不修。注：小者不達，大者難識，學者所惑也。獨學而無友，則孤陋而寡聞。注：不相觀也。燕朋逆其師，注：燕，猶褻也，褻其朋友。燕辟廢其學。注：褻師之譬喻。此六者，教之所由廢也。注：廢，滅。

君子既知教之所由興，又知教之所由廢，然後可以爲人師也。補：結論上節然後"可以爲人師"，可知大學注重在教育學，乃學爲師之資也。故君子之教喻也，道而弗牽，强而弗抑，開而弗達。注：道，示之以道途也。抑，猶推也。開爲發頭角。補：此教之三端，察於心理，義隱難明，乃設爲譬喻，故云"君子之教喻也"。鄭注"道喻引路，强喻引弓，開喻作鼖。"開從幵，古笄字，故云"爲發頭角"。道而弗牽則和，强而弗抑則易，開而弗達則思。和易以思，可謂善喻矣。注：思而得之則深。

學者有四失，教者必知之。人之學也，或失則多，或失則寡，或失則易，或失則止。此四者，心之莫同也。注：失於多，謂才少者。失於寡，謂才多者。失於易，謂好問不識者。失於止，謂好思不問者。補："四失"，鄭君注最深細，經文主重教者，學者亦宜玩索。知其心，然後能救其失也。注：救其失者，多與易則抑之，寡與止則進之。教也者，長善而救其失者也。

善歌者，使人繼其聲；善教者，使人繼其志。注：言爲之善者，則後人樂放效。其言也約而達，微而臧，罕譬而喻，可謂繼志矣。注：師說之明，則弟子好述之，其言少而解。臧，善也。

君子知至學之難易，而知其美惡，然後能博喻；能博喻，然後能爲師；能爲師，然後能爲長；能爲長，然後能爲君。注：美惡，說之是非也。長，達官之長。故師也者，所以學爲君也。注：弟子學於師，學爲君。是故擇師不可不慎也。注：師善則善。《記》曰："三王、四代唯其師。"此之謂乎？注：四代，虞、夏、殷、周。補：大學之教，是即爲政，爲師即長人之道，及其爲達官之長，即有君道。故始學求能爲人師，進乃能爲人長，然後能爲人君，是之謂大學。學爲君子之道，畢終於學。爲人君子者，君子之上選，及世及之人君，皆受成於學。學則必有師承，故結慎擇師。引"《記》曰"證三王、四代，悉由師教而成。

凡學之道，嚴師爲難。注：嚴，尊敬也。師嚴，然後道尊；道尊，然後民知敬學。是故君之所不臣於其臣者二：當其爲尸，則弗臣也；當其爲師，則弗臣也。注：尸，主也，爲祭主也。大學之禮，雖詔於天子，無北面，所以尊師也。注：尊師重道焉，不使處臣位也。武王踐阼，召師尚父而問焉，曰"昔黃帝、顓頊之道存乎？意亦忽不可得見與？"師尚父曰："在丹書。王欲聞之，則齊矣。"王齊三日，端冕。師尚父亦端冕，奉書而入，負屏而立。王下堂，南面而立。師尚父曰："先王之道不北面。"王行西、折而南，東面而立。師尚父西面，道書之言。

善學者，師逸而功倍，又從而庸之；不善學者，師勤而功半，又從而怨之。注：從，隨也。庸，功也。功之，受其道，有功於己。善問者如攻堅木，先其易者，後其節目，及其久也，相說以解。不善問者反此。注：言先易後難，以漸入。善待問者如撞鐘，叩之以小者則小鳴，叩之以大者則大鳴；待其從容，然後盡其聲。不善答問者反此。注：從讀如"富父春戈"之春。春容，謂重撞擊也，始者一聲而已。學者既開其端意，進而復問，乃極說之，如撞鐘之成聲矣。從，或爲松。此皆進學之道也。注：此皆善問善答也。補：此節示爲大學師者，以教帝王之法，與帝王嚴師之道。故互明問者、答問兩義，亦兼及凡在大學問學答問。

記問之學，不足以爲人師。注：記問，謂豫誦雜難、雜說，至講時爲學者論之。此或時師不心解，或學者所未能問。補：注意深微，今日教科，正坐此爲患。必也其聽語乎？注：

必待其問乃説之。力不能問，然後語之。語之而不知，雖舍之可也。注：舍之須後。

良冶之子，必學爲裘。注：仍見其家錮補穿鑿之器也。補器者，其金柔乃合，有似於爲裘。良弓之子，必學爲箕。注：仍見其家橈角幹也。橈角幹者，其材宜調，調乃三體相勝，有似於爲楊柳之箕。補：此即"近朱者赤，近墨者黑"之喻。始駕馬者反之，車在馬前。注：以言仍見則貫，即事易也。君子察於此三者，可以有志於學矣。注：仍讀先王之道，則爲來事不惑。

古之學者，比物醜類。注：以事相況而爲之醜，猶比也。醜或爲"計"。鼓無當於五聲，五聲弗得不和；水無當於五色，五色弗得不章；學無當於五官，五官弗得不治；師無當於五服，五服弗得不親。注：當，猶主也。五服，斬衰至緦麻之親。

君子曰："大德不官，注：謂君也。大道不器，注：謂聖人之道，不如器施於一物。大信不約，注：謂若"胥命於蒲"，無盟約。大時不齊。"注：或時以生，或時以死。察於此四者，可以有志於學矣。注：本立而道生。言以學爲本，則其德於民無不化，於俗無不成。三王之祭川也，皆先河而後海，或源也，或委也，此之謂務本。注：源，泉所出也。委，流所聚也。始出一勺，卒成不測。補："君子曰"，引夫子之言，不同他詞"子曰"者，明君子之道，屬於孔子所立君子之教，與古先傳來有異。自古傳道，溯源於天，致有空談道德。孔子立教，本於國學四術，有所修正，主下學而上達。學始爲有本，志於本乃見其大，故以不官不器明大道。謂其所主之道德，仍不離於官器，由學求之博於文，約之以禮。不在先期約，而務齊之，以學爲本，及其適道，末大於本，故結言引"三王之祭川"爲喻。凡川之源，小而委大，應知其源，乃爲其本。學積小以高大，正復如是，故曰"此之謂務本。"

三、夏小正説例

（一）《夏小正》説例

《夏小正》書最古。孔子曰"吾得《夏時》焉"，鄭康成説即此書，乃夏朝所頒訂之授民時、教文法之學科，問琴閣有注。今專取《小正》經文，列於普授教科讀本，不列傳注，爲注係用西文法例比類詮解。"詞主""所謂""介係""挈合"與國文相承、舊教法殊科，舊教法綴文已簡易，無須依此方式。講授譯學，宜用此法參考，然非普授學科所需，其傳出於後師。問琴并注經傳，亦以備研究古學譯學之所求，而非初學綴文之必要。茲故正列經文，去傳及注。次刺取《易緯》之二十四節、《月令》之七十二候，附列於後；其六十甲子，亦附次焉，皆公知所宜知也。

《夏小正》

正月

啓蟄。雁北鄉。雉震呴。魚陟負冰。農緯厥耒。初歲祭耒，始用暢①。囿有見韭。時有俊風。寒日滌凍塗。田鼠出。農率均田。獺獻祭魚。鷹則爲鳩。農及雪澤，初服於公田。采芸，鞠則見。初昏參中，斗柄懸在下。柳稊，梅、杏、杝桃則華。緹縞。雞桴粥。

---

① 暢：又作"賜"，王聘珍本作"暢"。

二月

往耰柔①，禪。初俊羔助厥母粥。綏多女士。丁亥萬用入學。祭鮪。榮菫、采蘩②。昆小蟲抵蚳。來降燕乃睇。剝鱓③。有鳴倉庚。榮芸，時有見稊，始收。

三月

參則伏。攝桑。委楊。羴羊。螜則鳴。頒冰。采識。妾子始蠶。執養宮事。祈麥實。越有小旱。田鼠化爲鴽。拂桐芭。鳴鳩。

四月

昴則見。初昏南門正。鳴札。囿有見杏。鳴蜮。王萯秀。取茶。秀幽。越有大旱。執陟攻駒。

五月

參則見。浮游有殷。鴂則鳴。時有養日。乃瓜。良蜩鳴。匽之興，五日翕，望乃伏。啓灌藍蓼。鳩爲鷹。唐蜩鳴。初昏大火中。煮梅。蓄蘭。菽糜。頒馬。

六月

初昏斗柄正在上。煮桃。鷹始摯。

七月

莠葦葽。狸子肇肆。湟潦生苹。爽死。荓莠。漢案戶。寒蟬鳴。初昏織女正東鄉。時有霖雨。灌荼。斗柄縣在下則旦。

八月

剝瓜。玄校。剝棗。栗零。丹鳥羞白鳥。辰則伏。鹿人從。駕爲鼠。參中則旦。

九月

內火。遰鴻雁。主夫出火。陟玄鳥。蟄熊羆。豹、貃、貜、鼬則穴。若蟄而榮鞠。樹麥。王始裘。辰係於日。雀入於海爲蛤。

十月

豺祭獸。初昏南門見。黑鳥浴。時有養夜。雉入於淮爲蜃。織女正北鄉則旦。

十有一月

王狩，陳筋革。嗇人不從。隕麋角。

十有二月

鳴弋。玄駒賁。納卵蒜。虞人入梁。隕麋角。

《夏小正》爲古昔授農時之書，蓋其法傳自唐虞，而著之簡册，則成於夏之史官，即夏時之小學教科書也。古者普及教育，皆以教農，謂之"明農"。故小學教科以敬授農時爲主課矣，其書凡括六科：首識星中，次明氣候，三察動植自然之驗，四示農桑動作所宜，五詔男女嫁取之時，六教農民服公之務。識中星者，《帝典》曆象日月星辰，敬授民時之義，"初昏參中""斗柄懸在下""昴則見""參則伏""南門見""辰係於日"之屬是也。明氣候者，《帝典》殷春秋、正冬夏，《月令》二十四節之義，"啓蟄""越有小旱""大旱""時有養日""養夜"之屬是也。察動植自然之驗者，《易緯通卦驗》《月令》一氣三候之義，"雁北鄉""魚陟負冰""來

---

① 柔：洪頤煊《孔子三朝記注》作"眯"，王聘珍本作"秜"。
② 采蘩，其下衍"由胡"二字，爲傳文誤入。
③ 鱓：此處爲鱓魚。

降燕乃睇""攝桑委楊""湟潦生苹""丹鳥羞白鳥"之屬是也。示農桑動作所宜者，《帝典》東作西成之義，"農緯厥末""妾子始蠶""蓄蘭菽糜"之屬是也。詔男女嫁取之時者，《周禮》胖合男女，"二南"婚姻及時之義，"綏多女士""玄校"之屬是也。教農民服公務者，地官之所治，大正之所頒，乃於小正約舉之，"初歲祭耒，始用暢""執陟攻駒""王始裘""頒馬"之屬是也。普及人民教育之所當知略備矣，故知其為小學教科也。三代相承，用於族塾，故奉以為經，從而為之傳。仕而致仕者，歸教其鄉里，大夫為父師，士為少師，其為塾師者，皆士大夫也。設為學子問，以明小正始教之科。其後公、穀傳《春秋》，設為弟子之問，沿此例也。

其發傳之旨，又有二科：一曰啓道德之端，二曰教屬文之法。啓道德之端者：大南風，謂之俊風；善獺祭，謂之獻祭。變而之仁，則盡其辭；變而之不善，則不盡其詞。采蘩為豆實，抵蚳為祭醢。先公田而後其田，先妾而後子。食短，閔而記之，諱殺而言"始摯"。於鹿人從，則謂君子幽也不言；於豳人不從，則謂於時萬物不通。至於狸子肆，然後出火，豺祭獸，然後王狩，尤其顯焉者也。

教屬文之法者，凡有三例：一曰訓詁，二曰句法，三曰屬詞。訓詁有正訓，有通訓，有借訓。正訓者，詁字也。通訓者，訓義也。借訓者，釋意也。陟，升也；初，始也；禫，單也。"委楊"之傳釋為"苑"；"頒冰"之傳釋為"分"。若斯之類，乃詁字也。啓蟄，言始發蟄；滌也者，變而暖；粥為相粥之時，又云養也；丁亥之云吉日；魂之云動；抵之云猶推；案戶之云直戶。若斯之類，乃訓義也。束其末，見君之亦有末；凍塗者，凍下而澤上多也；農及雪澤，言雪澤之無高下也；昳者，視可為室；攻駒也者，教之服車。若斯之類，乃釋詞內之意也。

綴字成句，綴字成章，必先有句法。凡發問者，皆是也。一曰字數，從一字至七字，而句法備矣。一字單詞，故無偶，自兩字以下皆有偶。采芸、取荼、柳稊、蓱莠、攝桑、委楊、菽糜、王狩、啓蟄、乃瓜，二字之句法，凡五例也。雉震呴、雞桴粥、昆小蟲、拂桐芭、雁北鄉、鹿人從、漢案戶、豺祭獸、遰鴻雁、蟄熊羆、田鼠出、王萯秀、祈麥實、納卵蒜、鞠則見、參則伏、駕為鼠、鳩為鷹、鷹始摯、王始裘，三字句法，凡十例也。魚陟負冰、獺獻祭魚、浮游有殷、狸子肇肆、湟潦生苹、妾子始蠶、農緯厥末、辰係於日、農及雪澤、執養宮事、初歲祭耒、主夫出火、啓灌藍蓼、綏多女士、農率均田、萬用入學、時有俊風、時有養日、囿有見韭、囿有見杏，惟"鷹則為鳩""參中則旦"無偶句，而傳屢發問，則為盡詞。互勘見例，四字句法，凡十二例也。丹鳥羞白鳥、寒日滌凍塗、初昏南門正、初昏大火中、斗柄正在上、斗柄懸在下、織女正東向、織女正北鄉、來降燕乃睇、昆小蟲抵蚳、初服於公田、若蟄而榮鞠，五字句法，凡六例也。語言文字之例，一字成言，二言成語，三言成句，四言成詞。故三言四言為文句之幹，故其句例特詳。《詩》三百以三言四言之句為多，五言以上則必含有兩言者二句，抑合二字為一名，仍屬三言四言之比例。故五六七言，詞語加長，而句法轉少。至八言則可離為兩句。故《詩》之句法，亦始以一字，終於七言，與《小正》同科，是謂"學《詩》，可與言也"。

凡文言中必有物，他國文例，謂之名詞。詞必有所指，他國文例謂之所謂。名詞與所謂聊綴而成句，必以實字支配半實半虛字，他國文例謂之靜字、動字。名詞與所謂之間，每用虛字組合而成，他國文例謂之介系字、挈合字。或先言主名，而後言所指；或先言所指，而後出主名。上句之尾，即貫下文之首；下言之始，即承上語之終。前後錯綜，上下銜接，虛實相閒，而句法備矣。此經五言之句，若"來降燕乃睨""昆小蟲抵蚳""初服於公田""若蟄而榮鞠"四句似不相偶，疑若當分爲四例。其實"來降燕""昆小蟲"，皆先言所指，而後出主名。特"來降"句合二言爲一意，"小蟲"合二字爲一名，"乃睨""抵蚳"亦先虛後實，特"抵蚳"以半實字組合全實字，"乃睨"以虛字組合半實字。詞意各有其倫，句法實同一律也。"初服於公田"，"公田"合二字爲一名詞，"初服"亦合二字爲一所謂。"若蟄""榮鞠"皆以下一字爲一名詞，上一字爲所謂。皆先言所指，而後出主名。"初服公田"，四言爲一事，順言而下，故其閒絜之以"於"。"若蟄""榮鞠"合兩事爲一事，轉注而下，故其閒介之以"而"，分之爲兩例，合之爲一例，而五言之句法備焉。"梅杏柂桃則華""豹貙貙貗鼬則穴""雀入於海爲蛤""雉入於淮爲蜃""時有見稊始收""丁亥萬用入學"，六字句法，凡三例也。詞之所指爲一事，則絜以一虛字。則者，盡其詞也，其位，則在詞後。詞之所指爲二事，則介以兩虛字。於者，順絜之詞。爲者，不盡其詞也。其位，則在詞中。此六言句法之正例也。其變例，則如"時有見稊始收""丁亥萬用入學"，"見稊""始收"合二事爲一事，"舞萬""入學"亦合二事爲一事。丁亥，吉日也，合二字爲一名，故其閒絜合祇"用"一虛字。用者，以也。以舞入學，與見稊始收，詞指一例。如易爲"稊見始收"，即正與"萬用入學"相偶，特上下錯綜其詞，於一例中，互備兩法。時以一字爲名，故於詞閒足以有字，亦於一例中，互備兩法。六言句法已備。

此外又其變格者，則當離爲三字句者二句，即已具於三字句法之中，不必重出。故此經又出"匽之與，五日翁，望乃伏"，凡九字，讀爲三言者三句。以"匽之與，五日翁"相屬爲文，則句讀聯上，離爲"匽之與，五日翁"爲三字句者二。以"五日翁，望乃服"相屬爲言，則詞意注下，離爲"五日翁，望乃服"，亦爲三字句者二也。"初昏斗柄正在上""初昏織女正東向""織女正北鄉則旦""斗柄懸在下則旦""初俊羔助厥母粥""初歲祭耒始用暢"，七字句法凡三例也。句至七言，分之爲二字句者一，五字句者一，已具於二言五言句法之中。祇區分"先言詞指，後出詞主""詞主在上，詞指在下"二例，已盡文句之變，再求之其尤變者。經復出"初俊羔助厥母粥""初歲祭耒始用暢"，其錯綜互文備體，與六言"時有見稊始收""丁亥萬用入學"二句例同。極文字之變化，至賾而不可亂也。借訓者非正詁也，此書既明訓詁、授文法爲教科，而又用借訓、釋詞達意者，何也？教學者之屬詞也。詞者意內而言外，子曰："詞達而已矣。"貴乎修辭者，凡以達意也。雉呴而係之以"震"，則推知正月必雷，人不必聞。獺祭而係之以"獻"，則推知豺祭其類，獺祭非其類。率者，循也，推其意而知農夫之急除田。睨者，眤也，推其意而知燕之視可爲室。乃者，難也，推其時_{承上文時有養日}而知爲急瓜之辭。啓者，開也，據其文而衍爲陶而疏之之義。治此經而用字之法極焉，而屬詞之體盡之矣。

（二）附録

附：《易緯》二十四節

雨水　驚蟄　春分　清明　穀雨　立夏　小滿　芒種　夏至　小暑　大暑　立秋　處暑　白露　秋分　寒露　霜降　立冬　小雪　大雪　冬至　小寒　大寒　立春

附：日曆六十甲子

甲子　乙丑　丙寅　丁卯　戊辰　己巳　庚午　辛未　壬申　癸酉　甲戌　乙亥　丙子　丁丑　戊寅　己卯　庚辰　辛巳　壬午　癸未　甲申　乙酉　丙戌　丁亥　戊子　己丑　庚寅　辛卯　壬辰　癸巳　甲午

乙未 丙申 丁酉 戊戌 己亥 庚子 辛丑 壬寅 癸卯 甲辰 乙巳 丙午 丁未 戊申 己酉 庚戌
辛亥 壬子 癸丑 甲寅 乙卯 丙辰 丁巳 戊午 己未 庚申 辛酉 壬戌 癸亥

四、大學説例

國學初級普及教科，兼女學及補習同訂讀本

（一）《大學》修身章説例

《禮記》中尚有二篇，即《大學》《中庸》，宋學以來，所取以配《論語》《孟子》，合爲“四書”者是也。其中理極深，而理學家列爲“四書”考試時代，專主《朱注》，即是求深反淺。《中庸》乃傳道之篇，須有君子之行者再進一境，始能道此，今存而不論。《大學》要歸於治國平天下，舊解多凌節而施，躐等爲教，非公知所能到，亦無普及之必要。今刺取“齊家章”，乃本篇首章“自天子以至於庶人，壹是皆以修身爲本”之注脚，故本章所舉“修身”，係普及之原理，而且以庶人爲主體，列舉人之於所親愛等，隨地有偏而因生乖僻。無分天子以至庶人，人情所發，任情有偏，屬於同病。知病是藥，不言所治，各有對治，故不能實指。結以引諺爲證，與“《孝經》庶人章獨不引《詩》”同意，是歸結到終於庶人，不能進於士行。故他章皆正結，此獨反結云：“此謂身不修，不可以齊其家。”庶人固亦有家，然終於爲庶人者，不能責以齊家，謂如此者，未成爲家道也。

《大學》取“齊家”一章者，跟定首章“自天子以至於庶人，壹是皆以修身爲本”。自天子以至庶人，名分懸絶不同，則其責任程度、學業各異。而惟人皆有身，身處家庭，恒言所謂“人有身家”是也。身與家不得相離，所以“齊家章”以多數之庶人爲主體。而其言爲概括“自天子以至於庶人”，却全章均用反説，與前後“格物致知”“正心誠意”“治國平天下”用正説與反覆申明説法不同。大學者，大人之學。《學記》篇，係指示大學教法；《大學》此篇，係表示大學學理。大人之學對小人而言，即《學記》所云：學也者，學爲君也，學爲師也。從多數庶人中，提出受高等特別教育者，德業學業與年俱進，始成爲士，晉位而爲大夫、卿，纔必講求齊家治國；再進位爲公候，就必講求治國平天下。從士起點，對於庶民均立於君師之一方面，所以稱爲“士君子”。則其學業須講到格物致知，其德業必進到正心誠意。普及教育，不離乎庶人之本位，便説不到此。但多數平民，又非受過普及教育，即不成民格，故云“壹是皆以修身爲本”。特於此章舉人之恒情爲反證，謂“人情皆有好惡之偏”。自天子以至於士，各有應遵循其齊家之禮法，顧其病根所發之點，與庶民同，當以爲戒。而引諺語以證明如此之恒情，實庶民之本等，不能責以齊家。

編定教科，須得澈地想到學者便從初級卒業而止，但於講貫記得大意，便已知識清楚，不爲舊説所蒙，略知爲人行事榜樣，將來進功，亦以此爲基礎，即是選科之預備。舊教法童蒙皆讀《大學》《中庸》，殊不知《中庸》是傳道之書，非幼齡所能瞭解；《大學》則有一章通教庶人，即“修身章”是也。第一章經本説得明白，“古之欲明明德於天下者，先治其國”。其字一直貫澈下文，至“先致其知，致知在格物”，皆指“欲明明德於天下者”而言。“者”字即是指其人也，絶非普通以教人群之説。童蒙初學，將來能進步成其爲士與否，尚不可預知。初學時閒，原祇在庶人本位，所以提綱又説：“自天子以至於庶人，一是皆以修身爲本。”

人無論貴賤，皆有身家；而其身家，各有不同，所以普通教人群，說不到正心誠意、致知格物。但是貴賤雖隔位，人格有高低不同，而人情則不甚相遠。各人所對之人，皆各有其親愛、畏敬、哀矜、賤惡、傲惰各種之心理發現而有偏僻之行爲，出於不自覺。此其所以在位之人，須當學爲君子，始足以長人。即爲人之長。多數本位之人民與家庭社會相接，須知要對得過人，就是我所親愛、畏敬、哀矜之人，是我所好，須要知他有惡處，不可偏私於所好；我所賤惡、傲惰之人，是我所惡，須要知他亦有美處，不可任意作踐，使人不堪。所以結引諺語不引《詩》《書》，與他章不同。

（二）問琴閣監訂 蒲淵注《大學·修身齊家章注》

所謂齊其家在修其身者，注：此句是從首章引入本題，正如舊作四書文所謂"平還側注"，乃承首章"自天子以至於庶人，一是皆以修身爲本"具體之抽象。能修其身，自能齊其家；不能修其身，即不可以齊家。"人之其所"，"人"字乃統論"自天子以至於庶人"。人皆有所偏，各於其等。人之其所親愛而辟焉。"人"屬公名，統貴賤、賢否之通稱，但既舉公名統稱，自以爲庶人爲本位。士出於民，能修其身則論秀書升，進於大學而爲士；進於士者，學行上達，則晋爲公卿大夫，始有治國平天下之責任。而學有本末，尚須深求其本，宜知所先，始爲近道，故歸納到"正心誠意""格物致知"。若止於爲士，其初從修身起，仍是以修身爲本。人之通病，自天子以至於士，夫均各於其等，各有其所親愛、賤惡、畏敬、哀矜、傲惰，皆屬"人"說。王公對於太后、師傅，亦所畏敬；田夫對於乞丐、役夫，亦所傲惰。其言甚富，可以例推。常人之情，於所畏敬，則多曲從；於所賤惡，則多任意，每流於僻。故就庶人立論，先提親愛，謂如父母妻子。惟士以上，始有幾諫喻親，型於義方之期望。若庶人尚未能自修其身，則隨處發見，皆有偏私，故言下即止，不加餘詞。之其所賤惡而辟焉，之其所畏敬而辟焉，之其所哀矜而辟焉，之其所敖惰而辟焉。注：此就凡民本質，列舉示例，知者據天子之孝，無敢惡慢於人，可知公卿所畏敬，惟其君父，亦無辟之可言。此言"賤惡"，謂如罪囚乞丐，畏敬如師尊長官，哀矜如鰥寡孤獨。"敖"與"傲"同，古今字也。謂如小子僕婢，及疏遠行路、社會苦力皆是。親愛、畏敬、哀矜，屬"好"；賤惡、傲惰，屬"惡"。朱子曰"五者，在人本各有當然一偏之則。然常人之情，惟其所向而不加察，則必陷於一偏"[①]是也。蓋恒情於五者心理之發現，類多直情徑行，而偏僻之見出於不自覺，故皆加之其所而辟焉。此所以在位之人，必學爲君子，始足以長人。齊家即是長人之責，家人之長也。故好而知其惡，惡而知其美者，天下鮮矣。注：鮮，少也。"天下"屬組合公名統詞，以明爲衆庶說法，從恒情指點。常人知識短淺，絜矩以修身之道，非所望於普習，故好而知惡，惡而知美者，天下最少。"好而知其惡，惡而知其善"，《禮記》開篇即以此教學，惟爲士者，宜先知也。故諺有之曰："人莫知其子之惡，莫知其苗之碩。"注：諺，俗語也，俚語相傳而共曉者曰"諺"。此章引諺不引《詩》《書》，因就庶人立說，故與他章不同。亦猶《孝經》庶人章獨不引《詩》之例子。惡，謂不才。苗碩，謂苗壯。因溺愛而偏好其子，不明其子之有惡。因貪得而無厭多求，不謂其苗之已碩，以證明所好鮮知其惡，所惡鮮知其美，是皆偏而

[①] 語出《大學章句集注》，原作"五者，在人本有當然之則；然常人之情惟其所向而不加審焉，則必陷於一偏而身不修矣"。

入於僻也。此謂身不修，不可以齊其家。注：身不能自修，無以率其家人。若以己身爲率，是率人以不修身但責人，故曰“不可以齊其家”。他章皆用正結，此章獨用反結者，正見“君子欲齊其家，必先自修其身也”。若在庶人本位，多屬未學，義當受教於君子。身不修，非不修身，其在家庭社會，祇須守普及教誡，示以各人自檢其偏僻之私，已是處家庭社會之道，即於其家爲長，亦不責庶人以齊家。禮制，百家一族塾，大夫爲父師，士爲少師，多數畢學不升於庠。《周禮》司徒之教，書其孝悌睦姻有學者，書其敬敏有學者，非先有學不得書升於學也。舊解統以“格致誠正”連屬“修齊治平”立解，未明孔門之教，直徒虛語矣。

五、論語説例

國學初級普及教科兼女學及補習同訂讀本

（一）《論語·學而》説例

《論語》二十篇，係孔門七十二賢公共編定之書，其實義須通得五經大義，始能澈地瞭解。但是文從字順，原有淺近一層公知之理論，自漢代經師，即傳有此一家就淺近講法。然外容雖就淺，而研之則愈深。今尋究章句，爲教育立根，從簡易設法，推得《學而》《里仁》兩篇係先從淺近易知之理，引人入勝。例如《學而》首章，係教人學爲君子，先須各人就其所學，隨時隨地講習，使自己怡悦，即時語所云“要有興味”。次説既知學有興味，自然知得樂群，人必樂有其群。有朋遠來，即是以學爲群，非如鄉團財團之狹隘，學到此境，自有其群可樂。此外異趣非其群之人，知與不知，自覺於我榮辱輕重無甚關係，可以不愠不怒。不必居官顯宦，纔稱爲“君子”。便使訓蒙自給，隱於農工，其身分亦原就成其爲君子。次章有子之言，即發明聖門立君子之道，以教率人群，同歸於孝弟爲根本，而大道由此發生。治國平天下之政治，皆從此出，至於己身成仁、天下歸仁，以淺近以極高深。大道以仁爲歸宿，但仁之爲德，極廣大而盡精微。淺近從何説起？却須從淺近説起，故次章出夫子之言云：“巧言令色，鮮矣仁。”就是指點學者，須從淺近處看出仁之内心與外容之巧言令色，是兩條路徑，非一條路徑。觀人觀我，從此纔尋得到爲仁之路徑。爲得從正面，語淺則難以言傳；從反面，語深則仍屬隔膜，故祇從反面淺説，即是當頭棒喝，鞭辟入裏。復次出曾子之言“三省吾身”，每日皆然。前三章是總括學理，此一章是實指工夫。人生在世間，日行之事，祇此三件盡之。反詰自己是否不忠不信，即直指“主忠信”與四教之“文行忠信”。傳習即是首章之“時習”，人必須有業，業必須學而後成，學必有所傳受，又必須時習，始有興味。此所以練其恒心，皆人所易知易能。下復次弟子章，係指引初學爲弟子時，練習恒心之次第塗徑。《周禮》地官掌教於族塾弟子之考程記名，其標目云“書其敬敏有學者”“書其孝弟睦姻有學者”，與此章教法次第同科。復次以子夏之言“賢賢易色”，古注謂此指“夫婦之倫理”，夫之於妻，在賢其賢，而移易其重色之情。首舉夫婦之倫理爲言者，夫婦有別，然後父子親。於未學者，觀其爲人，尤須先觀其習慣自然之發見。“事父母能竭其力”，即兼弟道而言。此其人於五達道之倫理，已能各盡其道，雖或未遑學問，亦當一例扱收入之於學界。特著此章，以明國教之要點，即國學之重心，乃淺易之教科，社會之公知所宜知，即普及之教育所必及也。《里仁》

一篇，開篇一句即難解，今反覆尋求，得解其意，發於日本荻組徠《論語徵》[①]，謂當時古語，夫子引之，以證明爲人須求仁之故，因此推勘篇中連章皆反覆言仁。然與他篇之答七十子問仁，語不同科，而意內言深，言外語顯。乃悟與卒章之"德不孤，必有鄰"，與開篇之"里仁爲美"鄰、里同詞。前後相起。起文是春秋義，乃經師相傳說經之家法，謂前後雖隔章隔世，其文相照對呼應也。"里仁爲美"係古傳教科書原句。古代教科，例亦通用三字句、四字句，如《曲禮》首四句云"《曲禮》曰"，即明其爲引古書《曲禮》文句，又如《弟子職》係古傳教弟子之四字句韻文。此經所引"里仁爲美"，亦是此例可知。

附：問琴閣監訂 國學會盧懋原注《論語新注·學而第一》

子曰："學而時習之，不亦說乎？有朋自遠方來，不亦樂乎？人不知而不慍，不亦君子乎？"注：此《論語》首章，即以首章二字命爲篇名，乃括下全篇之旨。"而"者，挈合上下詞爲轉語，與下篇《述而》同例異轉。本章括爲學之階級，教人學爲君子。古訓"君子"，謂在位名詞爲表德。《記》曰："以位官人，德之殺也。"位元以德爲等級，是其原則，若後世濫廁，則爲君子道消，故孔子立君子之教，拔亂反正。學者，覺也。習，古義云"鳥數飛"，小雛學飛，必無數次，經過多日，始能飛翔。比於人之學習，由初學至於成學，故云"時習"。說，如時語所謂"有興味"。人必有所悅，以悅其生，此爲學者言學之中別有境界。學而時習，溫故因以知新，知見開解，自然怡說。人生必愛群，惟學問之樂群，不限於近地，此即示由學校教育以成社會教育，同群進化之宗旨。有朋遠來，即是以學爲群。聲氣應求，四海皆可交通，正如後世異教之法會、教會是其比例，亦與普通人群之福利相當，故云"不亦"。用負詞反證，三段皆同詞。孔門立教，標宗爲"君子"之教，即是"教爲君子"。"人"統天下後世而言，《論語集覽徵》日本物茂卿說爲"人君"，今按經傳，"人"與"民"爲兩等名詞。人屬於有知識之名稱，即連屬有位在位知識階級。不能相知，人情所慍，慍者，含怒也，即他章所云："不患無位，患所以立；不患莫己知，求爲可知。"學成爲士，即是學爲君子，故稱爲"士君子"。人不己知，不過無人引之在位，然學行尊重，與有位無異。夫子繼衰周爲素王，由帝王之學，蛻爲君子之教。七十子爲輔佐，六十四人共撰《論語》爲"六經之總匯"，各章所叙，皆"六經之旨要"。後世統謂"助詞"者，興於孔門遺書。例如："而"爲轉語，"學而時習"爲轉進，"不知而不慍"爲折轉。此篇題"學而"，與後篇題"述而"，示此兩例。所稱之道，謂"君子"之道；所云之學，即指"六藝"之科。

眉批：孔子立"君子"之教，所教即樂正崇四術造士之教科。《記》曰："樂正崇四術，順先王《詩》《書》、禮、樂以造士。"故子所雅言，《詩》、《書》、執禮。言執禮，則習禮樂在行禮節目中。開宗明義實指孔門立學所教，舊說皆慍忧。時習，即謂"執禮"，故比於鳥數飛。悅樂，即《學記》"樂群"。朋來，即稱師取友廣之於天下，後世以"學成君子"爲歸。

眉批：原《周官·司徒》之教屬"鄉學"，以禮樂射御書數名"六藝"。夫子設學，本國學樂正《詩》、《書》、禮、樂"四術"，自增所贊修之《易》《春秋》，名"六藝"。原爲"兩"，字義相通。

有子曰："其爲人也，孝弟而好犯上者，鮮矣；不好犯上，而好作亂者，未之有也。君子務本，本立而道生。孝弟也者，其爲仁之本與？"注：有子名若，《記》稱有若之言似夫子，故次出於篇。孝弟爲周孔立政立教根本，其極至於己身成仁，天下歸仁，亦是從孝弟作起。道以仁爲歸宿，凡教皆同，而爲仁之方各不同，如釋、道二宗即不重孝弟。《孝經》云：

---

① 《論語徵》：原作《論語集覽徵》，見前。

“至德要道。”《周禮》教國子至德以爲道本，故“事親孝，忠可移於君；事兄悌，順可移於長”。言處於家庭者，皆順德之行，出而與國家社會交接，自然愛重秩序，而動輒侵犯長上者必少。“好”謂以此自喜，不以犯上自喜。自知作亂爲非，亂之生由漸而來，必正其本，以杜其漸，故直言“未之有也”。《孝經》云：“是以天下和平，災害不生，禍亂不作。”此正解《孝經》，下節正解《周禮》。孝弟爲仁之本，即親親而仁民之次叙。先立其本，而道乃由此發生，所謂“始於家邦，終於四海矣”。

子曰：“巧言令色，鮮矣仁。”注：此章承上“爲仁”。自古言道言教，皆主於仁。仁情之發現與人相接，均發見於言貌。仁之爲德，不在學術，以親仁爲步趨之始，故從分別處指點。下章示弟子以泛愛而親仁，先須能體認從何處分別人之誠僞。巧好其言，令善其色，似屬仁情之發現，但須知人群習尚以言貌相承，則外飾其情者，居於多，故曰“鮮矣”。

眉批：孔門遺書有修辭例，每用名詞爲動詞，指詞級以助詞斷句。如“鮮”，本名詞轉變爲鮮少，用發矢之“矣”爲絕句，與前章屬詞一例互文見意，比例始明，是之謂“章句”。

曾子曰：“吾日三省吾身，爲人謀而不忠乎？與朋友交而不信乎？傳不習乎？”注 曾子名參，字子輿。次出曾子之言“三省”，是直指求仁之方，祇在日用行習。人無論所居何等，每日所行，均涉此三事。舊學謂之“日用行習”，今世語所謂“社會交際”。忠則無僞，信則不欺。爲人謀，必盡其心；於朋友交際，諾則必踐，此即“言必信，行必果”。學爲士之初步傳習，例如下章所詔“行有餘力，則以學文”，亦即首章之“時習”。人必有業，業必須學而後成，學必有傳。《學記》云“時習必有居業”，即是“恒心”。

眉批：《論語》求仁之方，皆就境遇人事上求之，優者明《詩》習禮，即治“四術”教科《詩》、《書》、執禮；次者仍習鄉學“六藝”，踐禮、樂之小節，而兼“射御書數”也，故歸重於傳習。忠信，禮之本也；禮樂，禮之文也。

子曰：“道千乘之國，敬事而信，節用而愛人，使民以時。”注：此章開示政治普通國家知識，從上章由社會交際入國家觀念，舉“千乘大國”爲詞主。道，言也。與《孝經》“非先王之法言不敢道”“言思可道”，及他篇“夫子自道”“樂道人之善”諸“道”字同詁。“道千乘之國”，猶言“稱道”，概論既宜知體要，且須於普通人民切己有關，舉其條目，示以普通政治知識。敬，警也。俗言以事爲事，即是忠於其事，自不能任意專制。信，即“與國人交，止於信”之信。國用取於賦税，使民輪派差徭，皆國家與人民交涉普及之事。教初學以擇言知要，明其非干議國政。“人”“民”爲兩等名詞，《大學》引《詩》釋云“宜兄宜弟，而後可以教國人”“其爲父子兄弟足法，而後民法之也”“使民不以其時，則害農時”“君子學道則愛人，小人學道則易使”，學界所宜公知即是公理，以制度爲教綱也。

子曰：“弟子入則孝，出則弟，謹而信，泛愛衆而親仁。行有餘力，則以學文。”注：此承上章“傳習”，引入弟子職。《周禮》地官掌教族塾，弟子有考程記名，“書其敬敏有學者，書其孝弟睦姻有學者”，與此章教法次第同科。謹，慎也。泛者，如“物泛水上”，又如“泛水灑掃”。經傳詞例，凡句中契合“而”字，均屬轉語。“泛”與“親”爲對待，愛而泛則不甚親，異於墨子之“兼愛”。親仁者，即親師近長之仁者，於衆則泛愛，於師長之仁者，則加親近。則者，盡詞。入孝出弟，必當如是。謹信、愛衆、親仁，由淺近而漸進，弟子之職已盡。猶未成人，至論秀書升，必書其所學。則必以學文，始能進於有學，乃得與於俊選。弟子在幼學事師時間，必日課其行習如法，不致竭蹶，是謂“行有餘力”，非謂“日行之餘閒”也。文者，古之遺文，即六書、九數、樂語之科也。

眉批：前題“弟子”，明爲專教導初學弟子之科比例，即如《管子》書中抽出專篇，題篇名爲“弟子職”。世論引此普爲成人說法，大謬。

子夏曰："賢賢易色；事父母，能竭其力；事君，能致其身；與朋友交，言而有信。雖曰未學，吾必謂之學矣。"注：此章從重其有學而申明學理，歸重在行；但能力行，亦即是學。賢賢易色，古注主夫婦之倫。夫之於妻，在賢其賢而易其好色之情。首舉夫婦倫理爲言者，於未學者觀其爲人，尤須先觀其近習自然之發見。事父母能竭其力，言孝道而弟道已該於言內，舉言五達道，已能各盡其道。雖或未遑學問，亦當一例視同學者，猶今言之云"教下信徒"矣。弟子初涉於文學，書其"有學者"，即《詩經》所云"小子有造"，尚未造詣到成人有德，雖未成爲士，固已爲教下信徒，是稱學者。比列庶人質美未學，其行則已幾合於成人，亦必謂之學者。學而未成與行而未學，互有優絀而平均同等，尚未成爲君子，要可稱爲學者。

眉批：指明學之所歸，在盡人倫。爲未學者，誘進以明倫，即是學。

子曰："君子不重則不威，學則不固。主忠信，無友不如己者，過則勿憚改。"注 此章以君子爲前提，明君子之教。學爲君子以教學者，主於"教學相長"，對前章弟子爲教者說法。聖門高弟皆各有門人，不盡皆有位。從政先學爲師也，故《禮記·學記》云"學也者，學爲師也"[①]"師嚴然後道尊"。先用負詞，次以正詞。重，主品行。學，在知見。負詞云"不重"，謂於制行立品不自重，自行不謹嚴，則所謂"嚴師之道"，亦成具文。故仍用負詞曰"不威"，即"嚴師爲難"也。知見在多識前言往行，必主開通，以祛固蔽。故主正詞，仍用負詞斷定學則不固。固，蔽也。忠信之人，可以學禮。禮在《周官·司徒》六藝之教科，禮樂射御書數是也。及入大學，又習樂正四術，《詩》、《書》、禮、樂是也。小學之師，仍屬大學之學者。所主者仍在忠信，前後互相發明。"毋友不如己者"，按《學記》言稱師取友。《禮》曰："同門爲朋，同道爲友。"君子以朋友講習，以文會友，以友輔仁。納交者，先之"士相見禮"。友之者，執贄而見；所友者，還贄而見。泛交爲朋，必納交、定交，始稱爲友也。過勿憚改者，人必有過。學必知非，始能進德，恒情皆護前忌諱，故戒以勿憚於改過，即示能改過者，君子也。修學即是修身，五條已挈其要。"則""者"，盡詞也。

眉批：兩級教科，唯禮樂同題。但禮樂有大節小節之分，禮之大節即大行，小節即小德。細行即就禮之程式，亦有"國五禮""鄉六禮"之別。

曾子曰："慎終追遠，民德歸厚矣。"注：此章揭明君子所以教者，爲以化民也，即《孝經》之以孝治天下，而民德自歸於厚。慎終，指喪禮；追遠，指祭禮。五禮惟喪禮最繁重，所以聯生死之際，爲世界進化之原。敬民五教，惟"食""喪""祭"。謹修而審行之，使民皆慎重於送終，追遠於祭祖，孝治即行乎中，民德自歸於厚矣。

子禽問於子貢曰："夫子至於是邦也，必聞其政。求之與，抑與之與。"子貢曰："夫子溫、良、恭、儉、讓以得之。夫子之求之也，其諸異乎人之求之與！"注：此章明國際之與求，在其人之分際。以孝德歸納於禮教，承上言，在位，則由禮以化民；而在下位，由禮亦得以聞政。夫子行在《孝經》，而未聞其顯行，因子禽、子貢問答以明之。溫，和也；良，善也；恭，肅也；儉，制也；讓，謙也。則依據《孝經·聖治章》，君子以孝德臨民，"言思可道"至"進退可度"之六句，歸納於禮。求而與之，求而得之，社會交際之通義。夫子至是邦，必聞其政，即顯君子之道，注重國家主義，是求而得，故答云是"夫子之求之也"。但係於夫子之孝德，發爲上交下交之分際，不係於與者。其諸謂非一端，"溫良恭儉讓"五者，

---

① "學也者"句，《禮記·學記》原作"故師也者，所以學爲君也"。

皆表順德，發爲禮度，施於孝治，本於《周禮》六行之首"孝弟"。故此下諸章，次舉司徒六行之教，世稱"儒教"是也。

子曰："父在，觀其志；父沒，觀其行。三年無改於父之道，可謂孝矣。"注：此章述《周禮》六行教科之教，即考察書其孝弟之公例，初學弟子所宜知。有父在不能聞斯行之行，即睦姻任恤之行，故當先觀其志；而父沒，即可由此以觀其行。司徒六行，本爲普通教育，施於宗族鄉黨，平民職所得爲。父沒則當承家涉世，與宗族、姻黨、朋友自行交際。而在於三年喪中，思哀不忘，未宜即著其可見之行，縱有繼述改良之事，亦非喪三年中所宜舉，如是乃可與言孝。

有子曰："禮之用，和爲貴。先王之道，斯爲美；小大由之。有所不行，知和而和，不以禮節之，亦不可行也。"注：《學而》首篇，所出"仁義禮智""孝弟忠信""敬恕"名義，皆屬泛義、淺義，所謂漸義。然則禮之用，亦泛指日用行習之節。由此始引入先王之道，小大由之。小，指《周禮》司徒教於鄉之六禮，冠、昏、喪、祭、鄉、相見，所謂民禮；大，統國禮之吉、凶、賓、軍、嘉"五禮"而言。教學宜先《曲禮》，所謂"踐小節"焉。《曲禮》教條，原有小德出入，所謂"從宜"。以和睦人群爲貴，即先王制禮，亦以使民和睦，"以斯爲美"。"有所不行者"，謂有不能悉依節文而行之處。若但知和爲美德，和而近於流，一意諧俗而忽於禮範，不以禮節節之，則亦不可行也。"斯"之，皆"此"之轉演字，譬語錄家所云"這個"。正教初學指點之語，明示以禮非苦人之具，本以和群爲用，有所不行之處，可以通融，卻不可畏習禮之難。正解釋《周禮》司徒六行之教科，歸納於六藝教科之首在學禮也。

有子曰："信近於義，言可復也；恭近於禮，遠恥辱也；因不失其親，亦可宗也。"注：此章約舉"鄉三物"之德行道藝，於六德舉義，於六藝舉禮，於六行舉睦姻，以示社會教育普及之程度，不宜求之深遠，故曰"近而不失，斯可矣"。"人""言"爲信，謂與人相約也。義者事之宜，信近於義，則可以復踐言，否則，尾生之信，是爲不義。約言之，初即當裁以義。《釋名》"恭，拱也，自拱持也"，鄭君《禮記注》亦言"恭在貌，而敬在心"，是恭者乃威儀之發於外。禮所以辨上下，定民志。"恭近於禮"，則非一味足恭，故曰"遠恥辱"。司徒之教，六行睦姻任恤。因，古"姻"字。睦，主宗族；姻，主姻親；任恤，主信義。言信，始可復，即已近於六德之義；恭而遠恥，即已近於六藝之禮。宗爲本族，姻屬異姓，然疏族不如近姻，社會之恒情。有無宗亦莫之宗者，即附於姻親之宗爲不失其親，在禮教亦可許也。

子曰："君子食無求飽，居無求安，敏於事，而慎於言，就有道而正焉，可謂好學也已。"注：此章前提"君子"，以結言"好學"爲詞主。必其好學，乃成君子，與首章文本末相承。"食無求飽，居無求安"，非不飽不安，猶云"志不在溫飽"。復次言行證實，志求在學，於安飽皆無戀情，然後學不厭勤苦。敏，勤敏也。勤敏於事者，每易大言不慚，故加"而"字挈合爲轉語。學必有師承，故又必就先達有道之人，以正其得失，以成人力行，學爲君子。《周禮》書賢能所著條文云"書其敬敏有學者",由弟子學文之有造,以進於成人有德,仍歸重在好學。

眉批:聖門立教,進鄉士於君子儒,故發此言。詔示學爲君子,必有遠志超於俗情,始足徵信,期成君子。

子貢問曰:"貧而無諂,富而無驕。何如?"子曰:"可也,未若貧而樂,富而好禮者也。"子貢曰:"《詩》云'如切如磋,如琢如磨',其斯之謂與。"子曰:"賜也,始可與言《詩》已矣,告諸往而知來者。"注:《論語》兩見"夫子許可以言《詩》"。他章許子夏可與言《詩》,係明刪《詩》之旨;此章許子貢可與言《詩》,係發明孔門以《詩》爲普授教材科之旨,兼說比喻。貧諂富驕,社會同情;無諂無驕,已屬文化增高一等,即屬社會教育進化所致。子貢舉貧富爲問,引《詩》爲證,已明社會進化、過去未來。《詩·衛風·淇澳》篇,稱衛武公之自修,如治骨角玉石者,切而又磋之,琢而復磨之。本詩之詞,即說比喻,因悟人群進化之次第,亦如斯之謂與。《詩序》曰:以一國之事,係一人之本,謂之"風";言天下之事,形四方之風,謂之"雅"。《詩》陳已往之事,而教人群之進化,期以將來,告諸往而知來。正如司馬遷說《詩》三百篇皆"述往事,思來者"。此即聖門傳三百篇爲普授教科,廣社會教育於天下萬世之旨也。貧富係社會最普切之關係,教化之主點在此。貧而樂,富而好禮,時尚未至貧不諂事富人,富不驕於鄉里,中國已然之效。外國富人多驕,貧人最諂,故發現公產黨爲其反動力。

眉批:往,屬過去世;來,屬未來世。世界人群進化現象,祇在貧富開頭,自考即悟。

子曰:"不患人之不己知,患不知人也。"注:此章與篇首"人不知而不慍"相起,"不患人之不己知",求其在己;患不知人,亦求其在己。我知人是我之明,我不知人是我之闇。兩患相比,闇在他人,則患不在自己。不知人則於進德修業,處人立事,無所依據,必致冥行,是以可患。

《論語》詞義、句法、語助正負,與孔門以前《詩》《書》《易》《禮》舊典特異。名詞則君子、仁者、知者、小人,單詞則仁、義、禮、忠、信、言、行等,皆反覆互證。句法尤多移位換形,用詞助借義,有他書所未見,以正負語詞起應重疊。語助絕句均屬特異,最宜究心。

(二)《論語·里仁》說例

篇中連次六章,反覆指導引人爲仁。謂淺學求深,知難求易,爲致遠而近思。譬若曰:"說難是難,說易便易。"末說到"君子無終食之閒違仁",似乎太覺深遠,但須細讀。從上章到此處,重提"君子"二字,既揭明須到此境,乃成君子。而且下以注語,云"造次必於是,顛沛必於是",可以分別此處非言靜中存誠,乃於動中自察,仍屬就淺說法,謂不因外境之困阨,激而爲不仁之行動。今人性行學地略超者,便厭惡世道人心之墮壞,鄙薄鄉曲村野之無知。聖人於此先爲之打開一境,故結以"德不孤,必有鄰",以言有德,即無孤立之理,極言少數僅五家之鄰,必有其同德之人,或自己擇鄰而往,或在彼自遠而來,即誠不在里居,而聲氣應求,有如親鄰也。舉此兩篇,可括普及教育,從爲弟子求學,以至成人學爲君子。居家盡倫,持身涉世,均示有淺易方程,人道之大端已備。約此兩篇爲界說,即由家庭以及宗族,至於鄉黨,入於社會。其深於此者,乃有正心誠意,性與天道之精微;其遠於此者,乃有治國平天下之教治,詳在他篇。勘合群經,成學者且有不可得而聞。普及教科,非所宜及,故於《論語》刺取兩篇爲普授學科,說例以發明之。

附：問琴閣監訂　國學會盧戇原注《論語新注·里仁第四》

子曰：“里仁爲美，擇不處仁，焉得知。”注：五家爲鄰，五鄰爲里。每里同出入一巷，利害相連及，吊慶必相通，晨夕相見，所以古教科有擇居之里以“仁厚爲美”四言書句，夫子引之，云：既知里居擇仁而處，而我自身之所處，反不擇仁以自處，此可謂之知乎？凡人有不願自處於仁，却未有不自矜爲知，所以引此古教科之語，反覆詰之云：如此何得便稱有知？

眉批：中國文字，自倉頡歸納爲單音，組形成字，單字即是名詞。傳爲術語司徒“六德”，即是六條教告，首知，次仁，次聖，次義，中，和。此教條之論德，所謂“達德”，就普通程範而言，故有知者、仁者、聖者之目，非成德知人、仁人、聖人之名也。自古傳教，皆主仁，故此引古教科書，從最淺近處示學者以知仁之實際。

子曰：“不仁者不可以久處約，不可以長處樂。仁者安仁，知者利仁。”注：此章以“不仁者”爲詞主，與“仁者”“知者”相形。綴“者”字爲詞，例如“學者”之比，非定名也。社會常識，人情所重，在處貧富之境。約樂，括盛衰窮達爲言。不仁者久處困境，不能守約，則窮斯濫矣。長處樂境，逸則忘善，驕淫矜誇，將由惡終，當知不仁者不可爲。復次“仁”“知”兩等，再從知上引入性質近仁爲仁者，視爲仁之事，安之若素。性質通敏爲知者，視爲仁之事，人己方便。他教言仁，皆主捨義，緣引導社會而説下乘。孔教教人爲仁，直從社會心理上引入。

子曰：“惟仁者能好人，能惡人。”注：此章單揭仁者安仁，視爲分所應爲安之若素，乃成其好惡。好善惡惡，人之恒性，但須先能分別善惡，能好能惡，始得爲仁之方。好人之善，己即願學爲善；惡人之惡，己乃不敢爲惡。仍從淺近説起，使人易入。

子曰：“苟志於仁矣，無惡也。”注：此兼承上章“仁”“知”兩宗，示以士先尚志。志從“士”“心”是美詞，《詩大序》曰“在心爲志”。惡，亦指心之惡念，一心不能善惡兼容。苟，直指詞，古音“苟”“果”同音，如云“果然志在於仁”，自無惡心相續。惡與過不同，不意爲過，成心爲惡，知非改過始能進德。爲仁，志須先定。

子曰：“富與貴，是人之所欲也，不以其道得之，不處也；貧與賤，是人之所惡也，不以其道得之，不去也。君子去仁，惡乎成名。君子無終食之間違仁，造次必於是，顛沛必於是。”注：此章揭明富貴、貧賤在處境上。求仁之方，富貴不以其道，謂“非義營求”；貧賤不以其道，謂“懷才不遇”。“得之”可屬上爲句，亦可離句爲義。雖得之而不處，雖得之而不去，以“違仁”“不違仁”爲斷。先言富貴人之所欲，貧賤人之所惡，就普通人情，引入深際。復次乃出君子，明所以求仁，正是“求爲君子”。“君子去仁，惡乎成名”，謂既立君子之教，則必完成其爲君子之名。《孝經》行成名立，名行猶在虛位。究其所以爲君子，成仁始是定名；如去其仁，則名屬虛附。再提君子與終食之間，連屬爲詞。終食者，一飯之頃也；造次者，不期而相遇也；顛沛者，不意而蹉跌也。必於是者，必決之於“違仁”“不違仁”，其致力在不貪富貴，不厭貧賤，不在空言。

眉批：自古傳教，皆以“道德”“仁”爲術語之次第。然道本統名，故此用負詞，顯“道”字之涵義。《論語》句例極多，助詞極廣，若“惡”與“焉”之借義，“去”與“違”之區指，皆互證本經，孔門所特出。

子曰：“我未見好仁者，惡不仁者。好仁者，無以尚之；惡不仁者，其爲仁矣，不使不仁者加乎其身。有能一日用其力於仁矣乎？我未見力不足者。蓋有之矣，我未之見也。”注：此章覆上章能好能惡，直指人之心理。從好惡上分途，恒情不肯致力於仁，由於所好不在仁，所惡不在不仁。先須明辨好惡，始得謂“能好”“能惡”。起結重言“未見”，前後相起，爲正負詞。人皆有好惡，非以仁不仁爲界説。即是好惡任情，心不入理。好仁者，覺天下可好之事，無以加於是。惡不仁者，見得不仁之事，有所加於其身，可惡莫其焉。就此即是其所以爲仁之方矣。全章"者"字，皆指其事，非指人。"者"字之義，猶俚言"這個"。人與事皆爲代名詞，知此爲指事者。"有能"句尾屬詞爲"矣乎"，不用"者"字。力不足者，似可屬人。承句云"蓋有之"，則無其人。結言"我未之見"，引申"仁"之古義，不在深求，無待外求。"仁"字文從"人""二"，古義說爲"相人偶"，"推己及人"，祇在二人之交際上見。以之事父，便是孝；發於事君，便是忠；用之交友治民，便是信義。從起初至究竟，祇是兩人對待相愛之理，無有所謂不能勝任者。蓋，疑辭，容或有之。重言"我未之見"，示來學者，勿視爲難。

子曰："人之過也，各於其黨。觀過，斯知仁矣。"注：此篇述司徒之教，即述儒家。上六章言仁，屬鄉三物六德之仁；下四章言孝，即鄉三物六行之孝。鄰里、鄉黨，《論語》屢見，乃撮舉《周禮》六鄉六遂之比、閭、族、黨、州、鄉、鄰、里、都、鄙、縣，遂綴合爲一名詞。由此推之，本篇由鄉黨之普及教育，引入士學"君子之教，以率庶民必以仁爲教"，即應孝弟章"孝弟爲爲仁之本"。孝弟即鄉三物六行之首二科也。君子不憚改過，庶民更多恆過，其恆過所由來，皆由各私於其鄉黨之過。然所失在厚於其所親近，故觀於普通人民，即見得其心中原有仁在，結上六章之言仁。"六德"之首"知仁"，詣有淺深。"里仁"命篇，係證明司徒"鄉三物"之教科爲普教說法，不得與他篇之言仁孝爲一致也。

子曰："朝聞道，夕死可也。"注：此章深微難識，非下學所能心通。而列在此篇者，應是示學者以望道之程尚遠。君子之學，以聞道爲期，即是他篇所言"死而後已"。外教皆在生死關頭著力，君子之教獨在人生日用實行。明君子之教，由漸修自能聞道，到得聞道，即可告終，遮斷外道先頓悟、後漸修之惑。而下章曾子聞道，門人致問，告以"忠恕而已矣"，即爲此章切下注腳，是宜列在此處無疑，結上諸章"求仁"，起下諸章"士君子"與"小人"之差別。

子曰："士志於道，而恥惡衣惡食者，未足與議也。"注：此章承上章作注，示以入門，即《學記》所云"士先志也"。由士希賢，由賢希聖，由聖希天。下士之去道尚達，然必先有志，於道始能望道，以至聞道。既志於道，而尚以口體之奉不若人爲恥，何足以議於道哉。《孝經緯》云，立法衆人，議道自己，故云"未足與議"。自古言道，皆主舍義。惟君子之道，吉凶與民同患，不主舍義。但既志於道，須知分別。不舍者，置法衆人，其於議道自己。心之所志，亦必具足舍義。由實地漸進，始望有聞道之一日，即是究竟成就於世更有何求，故朝聞道，夕死可也。禁躐等空言，須自實證。就衣食指點，可知與《學而》篇，食無求飽，居無求安，前後相起。

子曰："君子之於天下也，無適也，無莫也，義之與比。"注：《漢書》注"適，主也"。《爾雅》曰："莫，定也。比，從也。"言君子之於天下，無有先入之言爲之主，亦無有一定之見不可移，惟協於義之是從。有精義之用，且有物來顧應之能，此義甚深。然前提"君子於天下"，即是微言，證明君子之教，由《周禮》司徒之儒教，進於君子儒，超過小人儒。揭出"於天下"，謂學成之上士，則非一鄉一國之善士。學者宜知此，始能體認君子上德之行，以精義爲準義，有實際可求，仍屬應事接物之道。

子曰："君子懷德，小人懷土；君子懷刑，小人懷惠。"注：此章承上"君子之於天下"，與小人對舉爲反比例。自量具足爲天下士，雖無適無莫，而義之與比，實有所懷，小人則所懷祇屬一己之私。指出君子小人之分界，則知俗宦小儒之未免爲鄉人也。德在於心，必著之於行，始有證見。故經傳名詞，累舉德行。懷，思念也；懷德，謂繫念在皇皇求仁義，惟恐不得化民，卿大夫之事也，即君子之事也。土，土地也。懷土，大者謂爭地爭城，小者謂各於其黨，求田問舍，繫念在"皇皇求財利，惟恐不足者，庶民之事也"，即小人之事。此君子、小人之古義。刑，典刑也。《說文》刑從"井""刀"，說云"罰，罪也"。《論衡·四諱篇》亦云："刑之字，井刀也。"典"型"，字從"开"字，與"刑"有別，秦篆誤合爲一字。懷刑即懷型，今言"模範"。惠，恩惠也。念念在希求恩惠，正起下章"昧於義而喻於利"。○贅婿得妻，而謂他人爲父母。奸民受利，而戴亂賊以抗王師，謂之"小人"。然亦社會之恒情，不學之民，多所不免，故謂小人非惡名詞。惟學爲君子，必入孔氏之門，踐其跡，升其堂，乃成其爲君子。故他篇子張問"善人之道"，子曰"不踐跡，亦不入於室"，非學於社會可以自然成也。

眉批：主於發明君子之道，引小人反比者，示人本質。小人懷土、懷惠、喻利，皆非爲惡，特未賢，須從德義典型踐行君子。

子曰："放於利而行，多怨。"注：此章就社會恒情爲統論。放，讀如"倣"，猶"依"也。君子、小人，積久始定。趨利避患，人世之共法，社會之常情。豈知利己每有損人，專利即以斂怨，事所必至。小人固非惡名，懷土懷惠，本念未便是惡。第心依於利，依利而行，怨既多矣，利不長保。斷以多怨兩言，謂積怨增多。怨即是患，利成爲害。普教社會人深省，學爲君子者，尤當戒之，與下章文相起。

子曰："能以禮讓爲國，乎何有？不能以禮讓爲國，如禮何？"注：此章爲全篇前後關鍵，承"君子於天下"以"爲國"作注。超出社會共法，放利而行，始成爲君子，要在禮讓。學爲君子者，所以儲備國選，教治小人。禮不普及庶人，而在位之君子，所以造成國家，爲國即是製造國家。化民成俗，示民以禮，先在躬行，始能執禮以齊俗，故曰"能以禮讓爲國"。屬下讀"乎何有"，謂"若是乎，何疑之有？"禮，國之典禮也。讓，禮之主體，故以"讓"字帖"禮"字，綴爲一名詞。《禮》十七篇，皆以讓爲綱領，而演成禮文。如佛家之一壇法事。既行禮，當知型仁講讓，所行皆如行禮之能讓，則治國也何難之有？不然則是"不能以禮之讓爲國"屬上讀，謂以禮爲具文。"如禮何"，言不能用禮治世教民矣。如禮文之近似者，其又幾何？

子曰："不患無位，患所以立；不患莫己知，求爲可知也。"注：此正證君子古義，原屬有位。今孔子以素王立君子之教，則學成君子。而有位與否，非所得自主，故詔學者以不患無位。不學禮則無以立，故患所以立。不患莫己知，正應《學而》篇首尾兩章，以證明不亦君子乎？求爲可知也。○可知，謂有朋自遠方來，橫達五洲，百世以俟聖人而不惑，豎傳萬載，何患人之不己知乎。

子曰："參乎，吾道一以貫之。"曾子曰："唯。"子出，門人問曰："何謂也？"曾子曰："夫子之道，忠恕而已矣。"注：此章義隱，舊解引向玄虛。今按《論語》爲"六經總匯"。

"一以貫之",乃綜合六經歸納爲一句名詞,示學者以"由下學而上達之旨要"。"一"之注腳,獨見於《老子》,乃自古道家傳來術語。《論語》他篇夫子語子貢,再見"一以貫之",係孔門引用古術語爲級合名詞。經傳言道,皆稱"先王之道",此獨言"吾道"。先王之道,至吾孔子,始溯自先古所傳條理,萬事貫而通之。夫子呼曾子而告之,言下立解,如是我聞。門人,曾子弟子也。不解"一以貫之"於意云何?問於曾子,曾子復以"忠恕"發明"一貫"之主旨。"中""心"爲"忠","如""心"爲"恕",人心放當中,則合同於一。將心比心,則同條共貫。"己所不欲,勿施於人。"易言之,即《論語》他篇"己欲立而立人,己欲達而達人",故孟子云"強恕而行,求仁莫近焉"。"而已矣"者,竭盡無餘之辭。下學行遠自邇,祇在日用行習閒用力。"忠恕"是下學,"一貫"是上達。再傳門人,亦可得聞,示普及之教,故列在此篇。

眉批:示君子之道反覆已竟,乃引夫子語曾子,一稱"吾道",明先王之道至是傳於素王,合四代之大學爲夫子之道。此之謂章句。

子曰:"君子喻於義,小人喻於利。"注:此章復"君子懷德"及"放於利"而行,重加疏證,爲兩等人再下一注腳,即名詞之界說。言君子小人之分,即在義與利之界。義即公理,利爲自私。君子義以爲質,禮以成之,隨處皆見得公理,喻謂深通默契不言而喻。喻利,是私,平人之常情。君子係加人一等之稱,即加於小人一等之貴稱,爲孔門立教之專名。非以君子爲通常之美名,小人爲普通之惡名也。人生本質小人,説見《荀子》;學爲士君子,即備公卿之選,説見《董子》。義者我也,君子以義自裁,因推其例,義以制事,禁民爲非。小人喻利,社會心理同然,則當因民之所利而利之。公利,即是義。假公濟私,即是喻於利也。○君子小人於世閒同一營衣食住,而心理所喻,固自不同。別章言君子上達、小人下達,即於此分界。由喻義上達,乃可希聖希賢;由喻利下達,以成金錢之萬能萬惡,造罪之社會人種。

眉批:喻利,人之恒情,庶民之本等由此向上。知者利仁不以自私爲利,即漸進於喻義,由鄉士以進於君子儒,故復次此,是爲章句。

子曰:"見賢思齊焉,見不賢而内自省也。"注:賢不賢,即君子小人、向上不向上之差別。賢不賢係就一事一行之短長得失分別之詞,非謂全體。凡經傳名詞,分專名、公名、懸名、察名。懸名,即動詞虚用;察名,乃靜詞實用,如組合名詞云"賢者""賢人",則屬察名。此但對舉賢不賢,則是懸名。"見賢"謂見彼所長,有勝於人,思與之齊,是勉爲向上,求及其所長;"見不賢"謂見得彼有所短;"内自省"祇是自問有無短處,詞無所主。爲學之方,必先以人爲模範,始能對照而有所覺察,由此漸進,始能知人,始能克己。通結上章求仁向道,先開以高深知見,此示以簡易工夫。

子曰:"事父母幾諫,見志不從,又敬不違,勞而不怨。"注:此篇從"里仁爲美"引端,示下學以仁術。孝者,仁之本也,孟子曰"仁之實,事親是也"。以下四章,亦示下學之通行孝道,述鄉學司徒之教也。幾,微也,言當微諫而納善言於父母,此與《孝經》諫諍章詞有異同者,彼經爲士、大夫言,屬成學之君子,故比以臣子一例。此爲學者言,故詞尤委曲,學未成君子,所見未必;然既學爲士,有聞於君子,又不得僅同庶人之孝,"謹身節用,以養父母"而已。見志者不待發於言也,見父母志有不從己之色,則當起敬起孝,不敢違父母之志。待父母悦,乃更諫。勞者,勞煩也,即《禮記》之云"中孝用勞,小孝用力",士與庶民之分也。司徒六行之教曰:"孝友睦姻任恤,主於孝順。"孔門立君子之教,始於孝道。

廣諫諍之條，爲學成君子，當喻親於道，故《孝經》云"安親揚名，既聞命矣"，乃敢問也。學爲孝行者，須從下孝進於中孝，日敬日勞，別於下孝之徒養。此亦發明孔門立教，改進司徒三物教科之證案也。

子曰："父母在，不遠遊，遊必有方。"注：此爲述司徒之教，未出於鄉之士說法。未升國學，猶在黨庠，則未出於鄉里，正及事父母，故先示正義曰"在，不遠遊"。復次出遊，謂遊學，遊學必爲稱師取友。《記》曰："所遊必有常，所習必有業。"方，讀如"義方"之"方"，爲義法所許。

子曰："三年無改於父之道，可謂孝矣。"注："三年無改於父之道"，《學而》篇統論父之存沒及學校書賢觀人之法，此專言人子之道，指喪三年之由禮，盡事親之終事。胡氏謂復出，逸其半者，非也。上章言父母在，此章主於父歿不及母者。父在爲母喪降，父歿喪母不隆事母，與繼述之事無關。居喪無改作，專屬於繼父之道，言互相發也。

子曰："父母之年，不可不知也。一則以喜，一則以懼。"注：本篇鄉黨始教修學立行。人子由學以至始仕，未出於鄉，知父母尚未高年，待養日長。一則知此以喜自慰，不求急進。子之能仕，父教之忠，爲親者知大義，不尚姑息之恩，必不願爲己之養，損其子四方之志。但父母受養之年，或猶強艾，或已衰老，言一則知此喜懼交集。《家語》云"易盡者"，親之年也。人必有終，惟爲人子當念事親之日短。

子曰："古者言之不出，恥躬之不逮也。"注：此下三章皆主言行。下學始仕，未出於鄉黨，戒其放言高諭。荀子稱少不學習，長不議論，老不講授，爲無業之民。學與年俱進，義各有處。舍學習而好議論，曠學之時，僭長之分，躬行之事，必不逮矣。逮，及也，謂行必不能逮及其言。古者，指古之爲教者；司徒之教，書其敬敏任恤者是也。

子曰："以約失之者，鮮矣。"注：此章"約"字，承前章不可以久處，約以猶用也。處境之約，以約處之，可以自守，言行皆自量而出，無有放失，則失敗之處自少。

子曰："君子欲訥於言而敏於行。"注：此歸結司徒之教，據《周禮》條義所課六德六行，總括於一條曰"書其敬敏有學者"，故此章以敏行，與前章對舉言行，前後相起。《禮記》"其言呐呐然，如不出諸其口"，呐即訥。冠以君子，詞屬教者，故增出"欲"字，欲其以身率學者力行，與《學而》篇"敏於事而慎於言"，反覆相發。○經傳凡介合詞間，用而字，皆轉進一層，而、與、乃，皆曳詞之轉，說例見《春秋公羊傳》。

子曰："德不孤，必有鄰。"注："德不孤，必有鄰"，與首章"里仁爲美"相應，解見前，結明本篇述司徒鄉學之教。

子游曰："事君數，斯辱矣；朋友數，斯疏矣。"注：子游姓言，名偃，四科之選。《論語》凡特出諸子其言，皆表其合於聖言。"事君數""朋友數"，詞以事君交友之人爲主名。數，猶頻煩也。數數干謁請求，即此見其體辱情疏，故曰"斯辱""斯疏"。凡言語曰"斯"者，直下斷定，不作推勘理由。按《周官》司徒鄉三物之六行，孝友睦姻任恤，從家庭鄰里、鄉黨以至宗族、社會，統以六行，即是儒教。此篇始於"里仁爲美"，終於德必有鄰，證明孔子設科即是修正司徒教法。司徒鄉教，不及君臣，鄰里爲朋，未及取友，茲故於篇終出子遊述聞斯語。學仕未出於鄉，名微位卑而言輕，與大臣近輔有犯無隱、執贄相友、勉善規過，處地不同，義各有當。非有違反，此正爲初仕事君，出門交友示範，補司徒教科所未備，由社會而推及國家，以起後篇。

六、孟子説例

國學初級普及教科兼女學及補習同訂讀本

《孟子》説例

《孟子》取"許行"章一章，其事實係與當時古學家許行辨學，歸結到終章，係明王政之政治原理、原則不可改易。許行與陳良皆講農學，然屬兩派。陳良係奉王政爲宗，所以自宋來滕，對滕文公曰："聞君行聖人之政，是亦聖人也，願爲聖人氓。"許行爲神農之言，係宗古道家一派，所以主張農學，而率徒數十人則操工業治生。"衣褐"，乃庶人之服，短衣織絨之類，如今西洋服式。"織席""捆屨"同是一工業。席之名字所包者廣，凡鋪墊之氈毯綾縐，以至藤竹細草。但其學主道家之尚儉，自不如今世鋪墊之華美耳。捆屨用麻縷，據《詩》言"葛屨"，《禮》有"革屨""復舃"，其工作今不能揣定，大要是庶人之履，祇不用絲屨耳。所以願受一廛，係處於國中之廛里，爲其便於工作交易，若今世之公司。陳良之徒陳相，見許行而大悅，盡棄其學而學焉。又來詣孟子，道許行之言。孟子與之詰難，稱之爲許子。舊來村學究解此章，不知所謂，看作談閒搬舌，不知其爲講農家之學、講政治之學也。其原因由孟子爲滕文公之師，就滕國試行井田之法，陳良、許行始聞風而來，各欲顯其所學。子者，大夫之尊稱，當時國中皆尊稱之爲許子，猶如今之一例稱先生也。

孟子主張王政，其詳在使"畢戰問井地"一章。陳相此來述許行之學説，質問孟子，係主張平等，駁王政主經界等級、有倉廩府庫爲厲民而以自養。孟子以通工易事之理，就許子本身與人交易以曉譬之。末結一節，由許子之道，使市價不貳，國中無僞，是就許子所主之政綱治策立論。以此可推知，許子所主并耕而食，即是公產主義。第其説法，與今之公產辦法略有不同，其法係各占一業，以有易無，而不計較物價。五穀多寡同則價相若，是不用斗斛但估堆頭；麻縷絲絮不用斤兩之秤，但估量輕重相交易其物，工多工少、精粗更不計論；屨大小同，以例他物以件掉件，無分價格貴賤。雖仍有交易爲題，而主點即是公分浮產之用意。故孟子以物之不齊乃物之實在情形，有工多工少，工粗工細，人情莫不好逸惡勞，即以所業之屨立一比例，謂如小孩與大人之屨同一，以一兩爲一件，人必減工多作小屨，必有物浮於人，器不足用之患。率天下而路，謂如行路之人各不相照，即説明政治爲有機體，必視一國爲一家，分工治事，又通工易事，俗語所云"交換工程"。所以必須有經界等級、倉廩府庫，非厲民以自養獨佔便宜。普及教育宜講明此段政治普通之原理，便曉然於王政立法之原則，輾轉演説以開通社會之公知，乃新學界所未聞，失學者猶當補習而明其理也。

舊來合《論語》《大學》《中庸》《孟子》爲四書，行之千年，無人不讀。但是讀得多講得少，通共講四書祇得一條學理，即是朱注《學而》首章首句所屬入一語，乃可以明善而復其初也。不知孔門學理不是如此，一直錯到底，遺誤後學千餘年。其取《孟子》列入"四書"者，亦祇爲道性善養氣，不知却於道性善漏了下句"言必稱堯舜"，於養氣漏了半篇知言。孟子確是唯一誦法孔子，其書亦確依孔門傳記傳授，絲絲入扣；但是言政者反居過半，而宋學家祇囫圇讀過，毫未理會。今取"畢戰問井地""北宮錡問周室班爵禄"兩章，即是《孟子》經世學之大政綱，亦是周官圖之縮影本。初學解此，便知得三代以前之國家制度是何等景象，絕非後世之苦樂不均、強權得手的世界。將來能進於大學，治《周官》大經，便有條理。又取陳相、許行辨論學術一章，就此可知諸子之異學爭鳴，各自持之有故、言之成理。許行即是共產之前影，是學者，是工党，又連和勞農政府一派。孟子與之反覆詰難，直至末結，由許子之道本欲使市價不貳、國中無僞，然行之不久，勞農勞工一般人必日趨於偷惰而後已，故斷之以"烏能治國家？"正惟孟子主井田能治國家，所以能駁倒許行。其中曲折甚細，澈地比較，得失自明，則邪說不能亂。

七、説文解字説例

（一）《許氏説文解字》説例

終以《許氏説文解字序》，初級普通原可不讀，列此以起願進而求士學者，從此入門，先求識字。能解字才是識字。欲求士學則須續讀《詩》全經、《禮記》初編，再讀《書》經，其《易》與《春秋》，又須在《詩經》訓詁皆通，《書經》正編畢讀、能解，補讀《禮記》中終編，并治《周禮》《儀禮》之後，則祇有研究并無授課。今講授方法，就淺取深，就深出顯，再加士學課程，即須從解字入手。能解得字，始能通《爾雅》全書，自能由訓詁以講貫《詩》《書》古義。乃於子所雅言，《詩》、《書》、執禮之教，樂正崇四術、順先王《詩》、《書》、禮、樂以造士之旨，循途合轍，即是復古教法。先從漢師取法之起點，由此參看問琴閣《研究古書方法》[①]，便能言下大悟，不難一日千里，且可由此以求通最初古文。此古文指字說。發皇《洪範》大義、《易經》微言，始可望成爲大學。而同文之效，立基於此，淺一層說，即爲作古文引端。此古文指世學所承，作文之古文。蓋漢人文境最高，隨筆出言，皆古雅。此由於識字多而訓詁深，順手拈來，頭頭是道，取法乎上，即是提高文章程度，眼光知識自然改變。再熟讀《禮記·檀弓》《國語》《左傳》，此後覽各名家集部，到眼便能分高下。自筆綴文，白臻勝景，此爲大學説法。但如小教科《三字經》開首數言，便極精深，不妨先有所聞，後來再逐漸求解也，故以此殿，附著於篇。

附：許氏《説文解字序例》[②]

叙曰：古者庖羲氏之王天下也，仰則觀象於天，俯則觀法於地，視鳥獸之文，與地之宜，近取諸身，遠取諸物；於是始作《易》八卦，以垂憲象。及神農氏結繩爲治，而統其事，庶業其繁，飾僞萌生。黃帝之史倉頡，見鳥獸蹏迒之迹，知分理之可相別異也，初造書契。百工以义，萬品以察，蓋取諸《夬》。"夬，揚於王庭"，言文者宣教明化於王者朝廷，"君子所以施祿及下，居德則忌"也。

倉頡之初作書，蓋依類象形，故謂之文。其後形聲相益，即謂之字。文者物象之本，字者言孳乳而寖多也。著於竹帛謂之書，書者，如也。以迄五帝三王之世，改易殊體，封於泰山者七十有二代，靡有同焉。

《周禮》八歲入小學，保氏教國子，先以六書。一曰指事。指事者，視而可識，察而見意，

① 《研究古書方法》，即宋育仁《研究經籍古書方法》。
② 許氏《説文解字序例》原著在《孔子説字附釋干支數目三十五字説例》之後。

"二""一"是也。二曰象形。象形者，畫成其物，隨體詰詘，"日""月"是也。三曰形聲。形聲者，以事爲名，取譬相成，"江""河"是也。四曰會意。會意者，比類合誼，以見指撝，"武""信"是也。五曰轉注。轉注者，建類一首，同意相授，"考""老"是也。六曰假借。假借者，本無其字，依聲托事，"令""長"是也。及宣王大史籀，著《大篆》十五篇，與古文或異。至孔子書六經，左丘明述《春秋傳》，皆以古文，厥意可得而說。其後諸侯力政，不統於王，惡禮樂之害己，而皆去其典籍，分爲七國，田疇異晦，車塗異軌，律令異法，衣冠異制，言語異聲，文字異形。秦始皇帝初兼天下，丞相李斯乃奏同之，罷其不與秦文合者。斯作《倉頡篇》，中車府令趙高作《爰曆篇》，大史令胡母敬作《博學篇》，皆取《史籀》《大篆》，或頗省改，所謂小篆者也。是時，秦燒滅經書，滌除舊典，大發吏卒，興戍役，官獄職務緐，初有隸書以趣約易，而古文由此絶矣。自爾秦書有八體，一曰大篆，二曰小篆，三曰刻符，四曰蟲書，五曰摹印，六曰署書，七曰殳書，八曰隸書。

漢興有草書。尉律：學僮十七已上始試。諷籀書九千字，乃得爲史。又以八體試之。郡移大史并課，最者以爲尚書史。書或不正，輒舉劾之。今雖有尉律，不課，小學不修，莫達其說久矣。孝宣皇帝時，召通《倉頡》讀者，張敞從受之。涼州刺史杜業，沛人爰禮，講學大夫秦近，亦能言之。孝平皇帝時，徵禮等百餘人，令說文字未央廷中，以禮爲小學元士。黃門侍郎揚雄，采以作《訓纂篇》。凡《倉頡》以下十四篇，凡五千三百四十字，群書所載略存之矣。及亡新居攝，使大司空甄豐等校文書之部，自以爲應製作，頗改定古文。時有六書：一曰古文，孔子壁中書也。二曰奇字，即古文而異者也。三曰篆書，即小篆，秦始皇帝使下杜人程邈所作也。四曰左書，即秦隸書。五曰繆篆，所以摹印也。六曰鳥蟲書，所以書幡信也。

壁中書者，魯恭王壞孔子宅，而得《禮記》《尚書》《春秋》《論語》《孝經》，又北平侯張倉獻《春秋左氏傳》，郡國亦往往於山川得鼎彝，其銘即前代之古文，皆自相似。雖叵復見遠流，其詳可得略說也。而世人大共非訾，以爲好奇者也，故詭更正文，鄉壁虛造不可知之書，變亂常行以耀於世。諸生競逐說字，解經誼，稱秦之隸書爲倉頡時書，云"父子相傳，何得改易？"乃猥曰"馬頭人爲長"，"人持十爲斗"，"虫者，屈中也"。廷尉說律，至以字斷法："苛人受錢"，"苛"之字"止句"也。若此者甚衆，皆不合孔氏古文，謬於《史籀》。俗儒鄙夫，玩其所習，蔽所希聞，不見通學，未嘗睹字例之條，怪舊執而善野言，以其所知爲秘妙，究洞聖人之微恉。又見《倉頡篇》中"幼子承詔"，因曰："古帝之所作也，其辭有神仙之術焉。"其迷誤不諭，豈不悖哉！

《書》曰："予欲觀古人之象。"言必遵修舊文而不穿鑿。孔子曰："吾猶及史之闕文，今亡已夫。"蓋非其不知而不問人。用己私，是非無正，巧說邪辭，使天下學者疑。蓋文字者，經藝之本，王政之始。前人所以垂後，後人所以識古，故曰"本立而道生"。知天下之至賾而不可亂也。今叙篆文，合以古籀，博采通人，至於小大；信而有證，稽撰其說。將以理群類，解謬誤，曉學者，達神恉。分別部居，不相雜廁也。萬物咸睹，靡不兼載。厥誼不昭，爰明以諭。其稱《易》，孟氏；《書》，孔氏；《詩》，毛氏；禮，《周官》；《春秋》，左氏；《論語》《孝經》，皆古文也。其於所不知，蓋闕如也。

此十四篇，五百四十部也。九千三百五十三文，重一千一百六十三，解說凡十三萬三千四百四十一字。其建首也，立一爲端。方以類聚，物以群分，同條牽屬，共理相貫，雜而不越，據形系聯。引而申之，以究萬源。畢終於亥，知化窮冥。

於時大漢，聖德熙明。承天稽唐，敷崇殷中。遐邇被澤，渥衍沛滂。廣業甄微，學士知方。探賾索隱，厥誼可傳。

粵在永元，困頓之年。孟陬之月，朔日甲申。

曾曾小子，祖自炎神。縉云相黄，共承高辛。大岳佐夏，吕叔作藩。俾侯於許，世祚遺靈。自彼徂召，宅此汝瀕。

竊印景行，敢涉聖門。其宏如何？節彼南山。欲罷不能，即竭愚才，惜道之味，聞疑載疑。演贊其志，次列微辭。知此者稀，儻昭所尤，庶有達者，理而董之。

（二）孔子説字附釋干支數目三十五字説例

《孝經》讀全經，用問琴閣女子琨在生時剌取古文所寫之本，爲隸古定，以引起學界識篆文、知古字之覺情。次附以剌取《説文》中所引孔子説字六例，以明解字之根原。次附列問琴閣發明干支二十二字、數目十三名，以引起學界發生最初一步文化知識，指出中西文字不同之原點。初學不能講貫，但認得此三十許古篆，學程再進，自有領悟。其《孝經》深義，有問琴閣著《正義》[①]已刊，淺義反不易著筆，隨後再出，與《論語》兩篇并行。

《漢書・藝文志》有《古今字》一卷，列於《爾雅》之後，必是孔門解字、授初學之字書，今其書已佚。而許氏《説文解字》中引“孔子曰”有五字，所引必是此書。此五字，即説“六書”之法例，説詳《同文略例》。漢律教法，學童須諷籀九千字，始得與試爲史。原是隨認隨講，後來教法錯亂，先讀書，後解字。但解字有淺深，程度不同，約分三級。初級僅求其能分别“六書”。分别六書者，爲造字有六法，解字亦須依此六法。分别某字從某法立根，始能解説。在此級時間，衹解大略，縱有出入無妨。例如指事作會意解説，會意作指事解説，形聲衹知得偏旁是歸類，配聲是讀相近。如此便已入門，將來能進步與否，均不能預定。衹求能知此大意，便能聽學問家講書。其進比較深一級，即是要能引古書證字。乾嘉諸老，即以此專門小學爲漢學名家。再進最深一境，即是問琴所新發明之“同文解字”，專爲國學之重心，爲研究古書之學理起見，且志在傳佈孔門之學理治術於五洲也。中國國文，從古文變籀文，從籀文變篆文，從篆文變隸書，隸書變草書，再變爲楷字，已經六變。今日所傳古書之刻本，皆用晚出之楷書寫定，其先在孔子以前，孔門以後，至晚周諸子著作成書，多半是用古文，所用字義是全依古義。進得此關，才信得及聖賢經傳一絲不錯，有多少都被後人講錯，才能讀得通漢師古注，講得貫史漢學説。若據楷書字典，去講三代兩漢之書，支離愈遠。所以今日學説大亂，由於在國學上未求得真源。問琴所著《同文解字》係預備大學經科之用。今此提出數目干支字，爲初學解説者，爲此數目干支字，出於最古。欲知中國文字之根源，須由此窺得門徑，預備將來進功之捷徑；便從此止步，亦知得尊重國文，與拼音之字，不能看作一樣。

（三）問琴閣發明干支數目三十五字

弌，《説文》古文。一，《説文》部首。

弍，《説文》古文。二，《説文》文篆。

弎，《説文》古文。三，《説文》文篆。

---

① 《正義》，即宋育仁《孝經正義》。

三，《説文》古文。兕，《説文》正篆，傳寫作兕，隸書作兕，今楷作四。

乂，《説文》古文。乂，《説文》正篆，傳寫作丑，隸書作五，今楷作五。

奂，《説文》正篆，傳寫作奂，隸書作六，楷今作六。

七，古文，傳寫成七，今篆爲七，隸書作七，今楷爲七。

八，《説文》古文。八、八，《説文》異體。隸書作八，楷作八。

九，《説文》正篆。氘，古文正體。片、九，古文別體，隸寫作九，楷作九。

十，古、篆、隸、楷同。

甲，《説文》古文。甲，篆文甲，隸、楷同。

乁，《説文》古文。乀，古文別體。乁，篆文。乙，隸書。乙，楷書。

丙，古文。丙，篆文。丙，篆文別體。丙，隸書。丙，楷字。

●鐘鼎古文，別體作■。《説文》亭、本半體，從古作丁。正篆作个。隸作丁，楷作丁。

黄，鐘鼎古文。別體作甫，篆書爲帟，隸書作庚，混同於更，楷書作庚。

半，鐘鼎古文。汗簡作亜，篆書爲亜，隸、楷作辛。

王，《説文》正篆，巠半體從古文作工，隸書作壬，楷作壬，混合於壬。

癸，古文，《説文》傳寫作癸，別體作癸，篆文作癸，隸作癸，楷作癸。

戊，《説文》篆，蓋即古文，傳寫作戉，隸書作戊，楷書同戊。

台，古文，即台上體，引書作己，別體書作王，蓋古文奇字畫繖阰形，倒書作己，即以字，隸作臣，反書作己，與己同字。

子，古文奇字，子亦奇字別體，正作子，《説文》篆同，便書或作子，別書作已，誤混於古文別體辰巳之“巳”，隸書作子，楷書作子。

丑，鐘鼎古文，引書爲丑，篆文作丑，隸書作丑，楷書爲丑。

寅，《説文》古文，傳寫誤作寅，鐘鼎或作垔，篆文沿古籀，省改作寅，隸書作寅，楷寫作寅。

卯，《説文》古文，正當作卯，別體作卯，篆文作卯，隸書作卯，楷作卯。

午，《説文》古篆同，鐘鼎古文作午，隸作午，楷作午。

未，古文。篆引書作未，轉寫作未，隸、楷皆作未。

申，古文，《説文》又古文作申，古文甶半體、電半體作甶，引書作申，隸寫作申，楷同作申。

酉，《説文》古文。篆改作酉，隸寫作酉，楷同。

戌，《説文》篆，蓋即古文，傳寫作戌，隸、楷同篆。

亥，《説文》古文，篆演作亥，隸作亥，楷寫作亥。

辰，古文同篆，又體奇字作辰，篆寫作辰，隸書爲辰，楷寫作辰。

巳，古文即巳，下不詰屈，爲辰巳之巳，與戊己之己同字。篆引書作己，微相識別，殷甲骨作己，從巳加一爲識別，形混爲子，隸書作巳，楷同隸書。

右舉用古文寫古書例，以最初字明之。戊己辰巳四字，列次在干支末者，以其文難解，對勘始明。先寫《孝經》爲隸古定，別本單行。

（四）《説文》舉孔子説字六例

士：士，下引孔子曰："推十合一爲士。"訓士，事也。據此知士字本制字爲事之名詞，世間文字，代表事物，祇有三類，一曰物名，二曰事名，三曰意名。見問琴閣説字各例。而轉爲專名，故云"推十合一爲士"，以計數表人事，從一件至十件，至十復進於一。所謂二多於十，而少於五。從一自乘爲百，十十也。從百加乘爲千、爲萬，復歸進一，是謂推十合一。此舉本字，爲會意，即從虛擬之事名，轉注爲士大夫之專名，即是轉注之例。是以鄭注六書，首舉轉注。

王：王，下引董仲舒曰：古之造文者，三畫而連其中謂之王。三者，天、地、人也；而参通之者，王也。孔子曰："一貫三爲王。"而"丨"之爲貫，虛有其意而字不單行，則同於亠丅之引而上行下行。雖有讀，若仍同符號，猶亦之從大而八其旁，刃之從刀而、，其處是爲指事。而丨之引而上下，與玉之連貫，亦同屬建類一首，同意相受，兼有轉注例在其中。

羊：羊，下引孔子曰："牛羊之字，以形舉也。"此二字，乃據陳牲俯視伏體之形，故云以形舉。

犬：犬，下引孔子曰："視犬之字如畫狗也。"古文作 ，篆文乃豎書之，據此知孔子説舉古文結體爲説，正説象形。

狗：狗，下引孔子曰："狗，叩也。"叩，氣吠以守，説諧聲也，許作形聲，鄭作諧聲，班作象聲。左形從犬，右聲取句，是爲形聲，其例易知。鄭説諧聲者，謂古文即用句以爲犬之別名。孔子説之云，取意於叩氣夜吠之聲，以守夜爲名，故名之曰狗，即名之曰句。從可推知句、扣、叩，古文祇一字，後乃演爲三體，再加分別，著以犬旁，從此再推究古文之源，最初祇是從犬著口。左書爲吠，右書作 ，或作 。以吠爲名，名爲狗也。與吠祇屬一字，故班云象聲。從犬著口，象顯犬、夜鳴、遠聞，即象聲矣。古之造字，用聲取譬爲名，謂之象聲，於後孳乳浸廣爰加分別。獸從犬豸，禽著鳥佳，以類相成，定爲形聲一例。後起之俗字，乃先從其類，於旁著聲，故知形聲。兼包有會意者，屬之古文，形聲偏旁有類別而取聲，無意義者，屬晚出之俗字也。

烏：烏，下引孔子曰："烏，盱呼也。"取其助氣，故以爲"烏呼"，此説假借"與來，瑞麥天所來也"，遂以爲行來。鳳鳥從飛以萬數，故以爲朋黨字。日在西方而鳥栖，遂以爲東西。壬下説承亥壬以子，生之叙也，故以爲人之稱。同其一例。烏本孝烏，畫烏去其畫目睛之點，以顯烏純黑，乍不見目睛，從鳥去點，仍屬象形。與丫爲羊角， 爲烏疾飛， 爲虎文一例。全體畫形之字，缺點省畫，仍同畫物，而引孔子説此字用爲詞助者，取其鳴聲長歎，故云"盱呼"。盱，長大而遠也，故經傳有曰：烏是何言？烏不至阿其所好，彼烏知之，或通寫作"惡"，皆是"烏"字。取烏聲之長歎爲否詞，至用"烏呼"連文屬詞，則專取其引聲長而助氣以爲嘆詞，説假借之例，或作"於"，即古文"烏"，畫群飛之形。

八、孝經正義

（一）孝經正義序

孔子曰："吾志在《春秋》，行在《孝經》。"爰手訂《孝經》，筆削魯史，修爲《春秋》，以法授聖。又曰"周監於二代，吾學周禮，吾從周"[1]，謂二帝三王之治，萃在《周官》矣。而爲政以德爲本，至德又爲道之本，孝爲至德要道，故《論語》有子曰孝弟爲"爲仁之本""君

---

[1] 語出《論語·八佾》。吾學周禮：《論語·八佾》原作"鬱鬱乎文哉"。

子務本，本立而道生"。漢儒説此主於立政立教，故鄭康成説《中庸》"經綸天下之大經"，即指《春秋》"經世先王之志"，是爲"志在《春秋》"，立天下之大本，即指《孝經》。"夫孝，德之本也，教之所由生也"，此謂知本，是爲"行在《孝經》"。是以《孝經》首章特題曰"開宗明義"，而即次以天子至庶人，凡傳五章，章各有名，舉名定實，實各舉要，斷結於終，明其"蓋天子之孝"，"蓋諸侯、卿大夫、士之孝"，"此庶人之孝也"，厥義甚明。

人各有身，身必有家。衣食居處之養，人人身家所同，而有貴賤、貧富、豐儉之差。人同此心，雖曰心同此理，而有智愚、强懦之差，因以有賢不肖之別。由是緣其貴賤、貧富、豐儉之差，以各爲之禮；爲其智愚、賢不肖之量，以別立其名。庶民爲人之本位，身之所奉，凡所以養生送死，一如其本分之願欲，而身之所主心理無窮。治人者，必賢於所治之人，而又必先能自治，乃受治於心而非他人之所可見，乃爲之始終條理，詔以格致誠正以立於道本，謂之"大學之道"。士進於大學者，始教之也。自士以上，乃立君子之名。學焉者，有至焉，有不至焉，要不以責之庶民也，故曰"自天子以至於庶人，一是皆以修身爲本"。不曰以正心誠意爲本，有身則有家，庶人之分及家而止，天子以至於士之分，則自家而始。證以《大學》釋齊家章，概括自天子至庶人之對於家人，而詞以庶人爲主，故引諺爲斷。他章皆正結，於此章獨反結云："此謂身不修，不可以齊其家。"庶人不能齊其家者，衆也。能齊其家者，即屬修君子之行，斯進而爲士矣；再進授位，則與君共治斯民者也。士居四選之初階，尚未離四民之本位，故尚不得爲在位，亦得稱爲有位，居於下位而得備於天子、諸侯、卿大夫、士之等位。

天地設位，聖人成能。內聖外王之道，以位爲主體，人爲副體；以道爲主觀，人爲客觀。公、卿、大夫不過四選之進階，積功累德，得封建爲國君，故《學記》曰"學也者，學爲君也"[①]。然又曰："知爲人子，然後可以爲人父；知爲人臣，然後可以爲人君；知爲人弟，然後可以爲人兄；知事人，然後能使人也。"[②]故修士行者，必先盡其子、臣、弟、友之行，《中庸》所稱"君子之道四"是也。其所修之學，則《詩》、《書》、執禮，樂正"順先王《詩》、《書》、禮、樂以造士"，《論語》"子所雅言，《詩》、《書》、執禮"是也。執禮，則樂在其中。而又云"子以四教：文、行、忠、信"者，"文"即"《詩》、《書》、執禮"之雅言，"行"即執禮之士行。禮之實，即孝弟之節文。故事親孝，忠可移於君；事兄弟，敬可移於長；居家理，治可移於官。而忠信者，禮之本也，故曰"忠信之人，可以學禮"。是謂士行即是儒行，無異教也。

荀卿稱文王、周公、仲尼爲大儒，夫子亦目禹、湯、文武、成王、周公爲君子。《中庸》序仲尼授受淵源，爲"祖述堯舜，憲章文武"，由今之言，讀古之義。然則孔子乃講帝王之學，而帝王當講聖人之學，皎如天日，明不可誣。乃後世儒生輒以聖人自期，而後世帝王乃不講聖人之學，兩失其義，而學者茫然迷路，不知所從。宋儒之理學，持世千年而理障浮烟，參互於二氏之遺説，七聖俱迷。初不知同歸而殊途，固無望殊途而同歸矣。推其失道之由，自魏氏篡竊局成，倫教破壞，文辨之士汩於時俗之陋見，以私意窺聖侮經，臆説繁興，僞書競出，流波及於五季，學術散亡中絶。宋儒初受學於方外，先入爲主，又不明小學訓詁，因以望文生義。夫亦知以經爲宗，而未達古訓，安識聖言？孔子告魯哀公曰："學於爾雅，則可辨言。"[③]後人不解此爲何語，乃謂"《詩》《書》雅言"，其訓詁俱在《爾雅》，學此則通於《詩》《書》政教之故也。揚雄書題《方言》爲"絶代語釋別國方言"者，即謂釋古之訓與譯同科，

---

① 語出《禮記·學記》，原作"故師也者，所以學爲君也"。
② 語出《禮記·文王世子》，今本《禮記·文王世子》無"知爲人弟，然後可以爲人兄"二句。
③ 語出《大戴禮記·小辨》，原作"爾雅觀於古，足以辨言矣"。

故聖爲天口，賢爲聖譯。漢儒説經兩派，一爲依經訓注，例如《毛詩故訓傳》謹嚴如今之直譯；一爲倚席講論，例如《白虎通義》發揮猶今之演説。道學家至不談經傳，直道語録，空疏無所復入。乾嘉學者，始別標經學，張皇補苴，欲以彌縫補缺，適貽譏於不賢識小。今乃欲乞靈於科學而求所謂哲理，誠私心痛之。

夫孔子外王之道，即所以成其内聖之功也，故曰"行在《孝經》"。其詔示明王以孝治天下，廣孝治以成聖治，而其廣至德要道以成孝治之絜要，專在於禮。舊説誤解本經"敬"之一字，不明"敬"之注脚爲敬天下之爲人父，敬天下之爲人兄，敬天下之爲人君，斯不能明禮之實爲節文。斯二者習承爲宋學所云内修之主敬，若與政不相謀，不知其即指《周禮》之三百六十政綱及"淹中古記"與"十七篇"之節文也。知禮之實者，則知先有其行禮之實也。行禮之實安在？位與財是也。君子有財，用之行禮；有其禮，無其時、無其財，君子弗行。未有不使公、卿、大夫、士有等有禄而能責以隆禮由禮，以禮化民；亦未有不使庶民家給人足而能責以謹身節用，以養父母者也。是則孝道之行，行之以禮。下孝之能養，先在養民。以法授聖者，先以授之後世之明王。後世儒臣對君不敢徵聖，而惟聞頌聖，豈得爲敬乎？惟王者貴爲天子，富有四海，養無不備，尊無敢慢。故《記》曰"中心無爲也，以處至正"，故《兑命》曰"念終始典於學"。夫所貴終始典於學者，正謂"王者中心無爲，以處至正"。但勤求明於外王之道，即以成其内聖之功也。問琴閣主宋育仁自序。

（二）《孝經正義》

開宗明義章第一

仲尼居，曾子侍。子曰："先王有至德要道，以順天下，民用和睦，上下無怨，女知之乎？"曾子辟席曰："參不敏，何足以知之？"子曰："夫孝，德之本也，教之所由生也。復坐，吾語女。身體髮膚，受之父母，不敢毀傷，孝之始也。立身行道，揚名於後世，以顯父母，孝之終也。夫孝，始於事親，中於事君，終於立身。《大雅》云：'無念爾祖，聿修厥德。'"

夫子自筆之書，以授曾子，故題篇曰"開宗明義第一"，開立教之宗，佛經譯文"標宗"，譯家即取此義。今西學名詞之"宗教"，是否取此不可知，其必緣佛典之"宗"義而成。西書名詞，如悲觀、樂觀、原因、效果、平等、差別、品分等詞，不勝枚舉。明至德要道之義，故自稱字曰"仲尼"。重傳教之人，故稱弟子曰"曾子"。然曰"居"曰"侍"，明其爲師弟傳學囑累之詞，故此後仍用本稱，及門稱夫子曰"子"，乃復出"子曰"。

首揭"先王有至德要道，以順天下"。《禮記》云"孝弟，順德也"。開宗將言孝道，即統弟道之誼。次曰"民用和睦，上下無怨"。和睦，謂家庭宗族；上下，謂君臣上下長屬位分，詞皆各有所指，不可圇圇立解。《三才章》又重提"以順天下"，結以"是故先之以博愛"一節，至"導之以禮樂而民和睦"，與此文相起。方舉孝弟以明開宗設教之體，緊接即舉禮樂以達明義敷教之用。民者，統生民之詞。譬之猶佛經，統凡聖皆曰"衆生"。凡民用以此禮樂之教，而家和族睦。《周禮》"六德"末次"中""和"，"六行"孝友之次以"睦"。禮之用，以和爲貴，先行於家庭，然後能及遠。睦，謂睦族。《易》曰"有君臣然後有上下，有上下然後禮義有所措"。人情皆好自尊，聖人作爲禮教，以自卑而尊人。非有上下之等，禮教無由而施；非自卑尊人，禮節又無所措。然固非人情之所自願，故因尊卑而爲之別等。先教以自情分別所發之敬心而爲之禮節，故《廣要道章》提出禮樂以明教宗。夫禮以强教之，樂以易安之。先王禮樂本交相爲濟，而樂必附禮而後能施於教中，故群經并重禮樂。而舉禮之條文至繁，舉樂之條文特少，故《廣要道章》并舉禮樂，而歸納於禮。又揭禮之根源，曰"禮者，敬而已矣"。後人讀書不細審前後章句，乃斷章取義，鹵莽武斷，將此一句納於宋學家相傳性理心學之夾中，謂禮不相沿，學禮者惟在"敬而已矣"。殊不按下文所申解"敬"之蘊義，謂："敬其父則子悦，敬其兄則弟悦，敬其君則臣悦。"而其下章《廣至德》又云："教以孝，所以敬天下之爲人父者也；教以悌，所以敬天下之爲人兄者也；教以臣，所以敬天下之爲人君者也。"信若道學家所言，斯言何解？乃爲之强解，實在可解不可解之間，則亦惟以不解解之而已耳。設爲上下之位，拂乎人人自尊之情，是以民怨其上，習成通論。見《左傳》"盜憎主人，民惡其上"。今教之以禮，鞭辟入裏；教之以敬，自卑而尊人。如何始得其要道？必也就人有生以來所習相承，致其尊敬於己之父兄，以引之於道，是爲"要道"。故制禮之節文，於養老尊賢，定爲公例。國家天下，尚以敬其父兄爲通例、公例，目爲"達尊"。通例，即古言天下之通義；公例，即共同之公理。以此教爲人子、爲人弟者，自敬其父兄，自然悦而樂從。由此推暨於社會、國家、天下，事親孝，則忠可移於君；事兄悌，故順可移於長，習慣曉然。知上下即長幼之義，則上下無怨，而天下大順矣。鄭重而問曰"汝知之乎？"曾子於是皇然避席。侍問之禮。席閒函丈，有所更端，則悚敬降席負牆而立。子先揭示提綱二語，始命復坐。又鄭重言曰"夫孝，德之本也，教之所由生也"，指明以至德立教，乃所謂"要道"。

一部大經，開宗明義曰"吾語汝"，乃云"身體髮膚，受之父母，不敢毀傷"，似乎關係甚小。況且髮膚之關於身體又微，似有可疑，不容疑也。修出世之教，以心爲起點；修入世之教，以身爲起點。此即孔門性道與佛教分界處，始於守身不辱，終於立身行道。人之在世者，由吾有身，終其生而身没，其能傳之於後世者，名也。俗學相沿，耳語目論，謂"貴顯"爲"顯揚"，太陋，太謬！夫居官貴顯，所謂"人爵"，在古義固然當然，大賢受大位，次賢受次位，非賢不得有位。顧天運推移，人事推遷，即盛世尚且不能無差，況世降運夷！入春秋世，君子小人已漸易位。至於後世，學者尚且忘乎貴與賢之本位，以苟得爲榮。雖仕宦至將相，繩以孝道，堪稱"其次弗辱"者，殆不多人。夫事君不忠，非孝也；涖官不敬，非孝也；朋友不信，非孝也；戰陣無勇，非孝也。故非其罪，雖遭流貶刑戮不爲辱。當其罪，則一入爰書，贓私情實，即爲玷矣。死綏至怯如陳不占，猶賢於失律逃罪之馬幼常。龍、比之光昭青簡，關、岳之尊崇廟祀，無論矣。即司馬子長、郅君章、蔡伯喈[1]、范孟博、韓退之、蘇子瞻、楊用修，亦名稱千古。來歙、岑彭、張飛、武元衡，不必問爲何人所賊傷，而寧爲袁粲，不作褚淵，流傳萬口。降而至如高允之不負翟黑子，康海之不負李東陽，以視屠寄當世名流，特以賣友遺惡名於世，榮辱判然可知。此外，如伴食中書、媇後宰相、曲子相公、對聯相國、降將軍亦每封侯，《義兒傳》且有王者，斯皆未入孔門孝道之門者也，夫何顯揚之有？又何顯親揚名之足云？請玩經文，曰"立身行道，揚名於後世"，夫乃謂之以顯父母也，重在"行道"二字，爲全經眼目。

篇終重提結論，於孝之"終""始"中閒閒以"中於事君"一語，豈非贅詞？然非贅也。豈惟非贅詞，正是組織家庭國家互爲其根之鑰鍵關要。董子《春秋繁露·通國身篇》謂溝通小己之身與國家同爲一物，乃發《春秋》之微義，即發《孝經》之微義也。夫士之所以必出

---

① 蔡伯喈：原作"蔡伯階"，據《後漢書·蔡邕傳》改。

身而事主者，爲行道也，即行其所學之道也，故《學記》曰"學也者，學爲君也"。知爲人子，然後可以爲人父；知爲人臣，然後可以爲人君；知爲人弟，然後可以爲人兄；知事人，然後能使人。故又曰："師嚴然後道尊，道尊然後官正，官正然後國治。"故子①曰："立乎人之本朝，而道不行，耻也。"及世衰道微，已知道不行於天下，乃退而立教。據常識以爲教孝則己耳，何預人國？而猶必言敬事其君者，爲行其義也。何則？無論人閒何世，所居何位，皆有其各盡之義焉，亦自可揚名於後世，以顯父母而完成孝道。故子路之論荷蓧丈人曰："長幼之節，既不可廢；君臣之義，如之何廢之？"君子之仕於亂世，爲行其義也，道之不行已知之矣。此論"家國不能分離爲二"之理最精。何則？女辭家而適人，臣出身而事主，其義一也。必如此者何故？論父子天性，則孝爲原質。然祖之與孫，則有閒矣，又何則？祖母本自外氏，母氏又來自別姓，以云血統，則祖母不若己母之母爲尤親也。然非立男統，則家庭不能成立，

説詳《爾雅講義》，易名《今釋》，有專書。故制其家統，母自王母以上，均自外姓來歸爲妣；父自王父以上，均以男統一系爲家之主。子婦無論直系、旁系，皆自異性來從夫家，事其家尊，則全以名相繫屬，故子婦稱夫之父母曰"君舅""君姑"。《易》所謂"家人有嚴君焉，父母之謂也"，又曰"妻道也，臣道也"，由是成立家庭。列舉等位名稱，有高、曾祖、王父、王母、嚴君、世父、叔父、諸母、君舅、君姑、少姑、諸姑、兄公、女公、冢子、長罤、伯姊、介弟、女君、諸娣、冢婦、介婦、庶弟、末妹、姒婦、娣婦、猶子、從子、幼子、童孫，家庭即備具君臣上下，實以名義爲主，非爲男統血統而設。

治家治國，是同一法式。國家固由家庭起例，換言治家庭，又以治天下國家爲比例，故曰"是亦爲政，奚其爲爲政？"《孝經》之教，合男女於一冶，故引《詩》殷士裸將於周京之詞云"毋念爾祖，聿修厥德"。

天子章第二

子曰："愛親者不敢惡於人，敬親者不敢慢於人。愛敬盡於事親，而德教加於百姓，刑於四海，蓋天子之孝也。《甫刑》云：'一人有慶，兆民賴之。'"

天地設位，聖人成能。故聖人之道，以位爲主觀，人爲客觀；逆旅爲主人，旅行爲過客，理本如是。聖人設人世之位，即是天地之寄象。孟子發明此義，屬之於周室班爵祿，明王政即是聖道，己之願學孔子，孔子法周公。周公之道，傳自文王，而監於二代，思兼三王，一以貫之，故孟子屢稱周公、仲尼之道。而孔子云夢見周公，又曰："文王既没，文不在兹乎？"漢師説《春秋》"素王"即文王也。

《孝經》以孝化成天下，故於《開宗明義》之次，即次以天子，至於庶人。天子一位，公一位，侯一位，伯一位，子男同一位，皆君也。天子爲大君，五等爵統曰"諸侯"，爲分土而治之國君。《春秋傳》云"天子，爵稱也。"等位不同，而同於君臨其國，故復次云："君一位，卿一位，大夫一位，上士一位，中士一位，下士一位。"彼經據王朝爲統系，則士分三等；群經據諸國爲主位，列國無中士，故合三等士爲一等，而天子元士以上，統於諸侯。將以孝治天下，必先以孝教天子。首舉天子之孝，似若千言萬語所不能盡，謹誦經文，乃衹概括數語。首章即不可解，全經從何索解？唐明皇注、邢昺疏皆無可觀，孔安國注又屬僞托。今謹按子曰"愛親者，不敢惡於人；敬親者，不敢慢於人"四句，確乎專爲天子説法，非天子則必有同等之人，雖賢哲不能使人皆好之而無惡己者，其上又有所承事之人。除君之惡，惟力是視，

---

① 按"立乎人之本朝，而道不行，耻也"出於《孟子·萬章下》，據此"子"即"孟子"。

即亦不能無惡於人。非天子則必有同列，不能使人皆不慢我，或因公義政見之不同，不能免同列之爭；或時靜於上位，又不能必其不以辭色相加，故《書》曰"無有作惡，遵王之路"。

《論語》曰"無衆寡，無小大，無敢慢"，皆指王德而言。天子大君，君天下之至尊，自無敵體惡慢之相加，故直詔以廣至德要道之方，以立廣孝治之本，推其愛親之意。設使有惡於國人，則無以對國人愛戴之心，或漸至積疑生謗，積微成著。即已失其所以爲君，不待至屬王使巫監謗、流王於彘，始悟爲亡其身以及其親也；設使有惡於臣下，則無以合萬國歡心以事先王，不必待河上逍遙、取麥取禾、周鄭交惡，始悟其爲君不君、臣不臣也。推其敬親之心，則《孝治章》所云："不敢遺小國之臣，而況於公侯伯子男乎？"小國之臣，謂陪臣與王朝來接者。公侯伯子男，統王朝公卿大夫元士。既爲大君君天下，無人不敬。設使已有慢心，而使臣不以禮，已不勝其大孝尊親之責任而失其象賢崇德之本心，不待至肆心周行天下、舉烽戲召諸侯，而始悔之已晚也。故直下承當曰，爲天子者如此，始得謂之愛敬盡於事親，而德教即加被於百姓，而四海奉爲典型，斯爲孝治天下矣。原夫貴爲天子，富有四海之內，萬方之養，宗廟之隆，世所求乎愛敬其親者，無有不足。所承者厚，所報者隆，實必德教加於百姓，刑於四海，始足以完其愛敬事親之道，故結云"蓋天子之孝也"。

他章皆引《詩》爲證，此獨引《書》"一人有慶，兆民賴之"。"一人"謂天子。禮，"君天下曰天子，受職任功曰余一人"，明天子之受職任功，即其盡事親之孝，兆民賴孝治而民成，"一人"乃受其慶賞，非如公卿諸侯之加地進祿，即爲有慶也。《尚書》者，道政之書也。

諸侯章第三

在上不驕，高而不危；制節謹度，滿而不溢。高而不危，所以長守貴也；滿而不溢，所以長守富也。富貴不離其身，然後能保其社稷，而和其民人，蓋諸侯之孝也。《詩》云："戰戰兢兢，如臨深淵，如履薄冰。"

諸侯者，世守封地之君，以君其國、子其民者也。承受於開國之先君，受命於天下之共主，生成富貴，不可離其身。非失國黜爵，則自然長守富貴，以成其奉先之孝。君臨一國，本然在上，居上以不驕爲義，即《孝治章》所云："有國者不敢侮於矜寡，而況於士民乎？"同列之班，更不待言。不遭讒嫉，庶無罪悔，則居高而不致有危。一國之富，宗廟百官之美，無所不足，亦易蹈於驕淫。五等之封，與王朝公、卿、大夫、士比秩而加一命，古之九命，即後世九品。但古制以多爲貴，後世以少爲貴，恰是反比。詳見拙著《周官命數表》。其宮室、衣服、車旗，皆各以命數爲節，定有制度。制其節而不過，謹其度而不踰，不奢不僭，財自有餘。居常豐亨滿足而不溢於度外，則國不患貧而世祿饒益。富貴長守，不離其身，安富尊榮，名顯四國，則社稷弗辱，而人民和樂。

諸侯之孝，重在保其社稷、和其民人。故須謹持，保其富貴，惟恐失之。此亦專以教國君之孝，正如鐵案不移，俗説誤解爲通常之義。卿大夫若執此爲孝，即成患失無所不至之鄙夫；士、庶人若執此爲孝，即多非分夤緣，無理劫貸。二字見《漢書·食貨志》，即今時之盤剝放債。種種敗行，因緣而生，不可不察也。此即朱子致疑大孝尊親，天子之尊祖，嚴父配天，或致人臣有非分之想。視綫一差，漸至疑經非聖，又不可不察。由於末學支離，不通章句輒談大義之故也。

每章皆重提曰"蓋天子之孝也""蓋諸侯之孝也"，唯其漢後學者謬以經傳爲文辭，未常求義，直學作文，視爲文篇之架調云爾。引《詩》"戰戰兢兢""臨深履薄"，爲世承富貴、君臨一國者示其要道也。

卿大夫章第四

非先王之法服不敢服，非先王之法言不敢道，非先王之德行不敢行。是故非法不言，非道不行；口無擇言，身無擇行；言滿天下無口過，行滿天下無怨惡。三者備矣，然後能守其宗廟，蓋卿大夫之孝也。《詩》云："夙夜匪懈，以事一人。"

卿大夫之孝，重在有宗廟，承先啓後，謂之有家。位進於士，四十五十命爲大夫，居首位執政爲卿，即與國同體，爲輔佐孝治之人。故《孝治章》舉言："治家者，不敢失於臣妾，而況於妻子乎？"

孝治之道，先治其家，而及於國。有國者，以化行於國爲限量；有天下者，以化行於百姓、光於四海爲限量；有家者，以孝傳於家、表率士民、奉天子之孝治施於四國爲限量。此主王朝卿大夫，故引《詩》"以事一人"。王朝卿大夫，與諸侯同等，除公受成國之外，其受采與出封不同。食封不全，置官不備，則富貴不如諸侯。俊選起自田間，國子興於國學，天子隨時可以與奪黜陟，即不得視同建置社稷、分茅胙土之諸侯，富貴可世守長保。則其受爵食采，不外於德進、事舉、言揚，故教其孝道，以法言德行爲主。"必則古昔，稱先王"，見於《曲禮》。臣下固無敢作，繼體守文之嗣君，亦無敢作也。而此經冠首以"先王之法服"，其意何居？可以思矣。

三代始有天下之王，皆必聖人，亦即天子爲聖人之位之定理。其所制制度，天下服從。爲卿大夫者之先人，亦既服從者累世矣，豈得自我而違之？若自我而服非法之服，即是自背其先人，不孝莫大焉。但禮親二代，爲尊賢也，其義爲前代二王之後，其始王亦皆聖王，故通三統俱稱先王。非天子不議禮改制，而學者稱先王可以考禮、議禮，故首言法服，次以法言，次以德行，而此下單承，側注言行。至於"口無擇言，身無擇行"，孝行之節目，詳見於《曲禮》，極其淳深。至於不登高、不臨深、不服闇、不苟訾、不苟笑、行不履閾、立不中門，無往而不以懼辱親自警。故曰："孝子之有深愛者，必有和氣；有和氣者，必有愉色；有愉色者，必有婉容。"此言孝德之極，謂至是自然惡言不出於口，怨言不反於身，嗔恚悉泯，率慢俱無。淨法之八萬細行，無以加此。但此經於此又重提"是故非法不言，非道不行"，乃緊跟上文"先王之法"，而直接云"口無擇言，身無擇行"，謂一是服承於先王之法言德行而已，無所於擇，與《曲禮》之教孝行、孝德，逐境引入深細者不同。彼屬通教之擇言、擇行，此爲立教之示範、孝治之法程，即内聖外王之表現，所謂範圍天地之道而不過，曲成萬物而不遺，故曰"言滿天下無口過，行滿天下無怨惡""遵先王之法而過者，未之有也""無有作好，遵王之道；無有作惡，遵王之路"。

王朝卿大夫佐王出治，故其言行樞機所發，遍及天下；侯國卿大夫佐其國君，亦分布王政以廣孝治。名卿大夫，聲施四國，其揆一也，故其章引《詩》"夙夜匪懈，以事一人"。《廣孝治章》則引"有覺德行，四國順之"結，并承上文云："三者備矣，然後能守其宗廟。"卿大夫立宗廟，先王之制，無改法服，乃能長守宗廟。此中寓有微言，以俟後聖者也。

士章第五

資於事父以事母，而愛同；資於事父以事君，而敬同。故母取其愛，而君取其敬，兼之者父也。故以孝事君則忠，以敬事長則順。忠順不失，以事其上，然後能保其禄位，而守其祭祀，蓋士之孝也。《詩》云："夙興夜寐，無忝爾所生。"

修君子之行，自爲士始；出身而事君，亦自爲士始；由家庭之順德，而交際於國家，亦自爲士始。然則孝之中於事君，自士始也。

前説在家之婦道，比例於在國之臣道。再究根源，子之事母，比例於女在室事父母之道。在家子事父之道，即比例在國事君之道也。士大夫有妾媵，則子有不同母，共出一父，則父爲家尊。上逮事王父，高、曾祖王父，則王父、高、曾王父爲家尊；或不逮事父，而世父、叔父統家，則猶子、從子亦奉以爲家尊，即皆家之君也。據子若子婦共事父母而言，則“家人有嚴君，父母之謂也”，故《喪服傳》曰：“母，至尊也。”據異母子對父母而言，則己母爲私親，而父乃家尊，故《喪服》：“父在，爲母降。”傳曰：“父，至尊也。”爲人後者，則其本生父母爲私親，所後者爲家君。以此推例，演爲倫理。士出身於國而事主，則父母爲私親，而君爲國尊；《喪服》斬衰章又云“君，至尊也”，國尊視其家尊。換言之，即家君例如國君也。所謂經緯人倫，組織細密，絲絲入扣，針孔相符。故云：“資於事父以事母，而愛同；資於事父以事君，而敬同，兼之者父。”以其爲私親，則重在取資於愛；以其爲共主，則重在取資於敬。“資”之義，猶云“儲備”，儲備所以事親事君者。惟於父，則在國爲私親者，在家爲共尊。能以事父之孝敬事君，則必忠於君矣。顧爲士，初仕位卑，必且年少，於其家有伯叔父母、諸姑伯姊，皆屬家之尊長；於其國比例，則部屬之長官、學官之師長、年輩之先進，事同一例。則當推其敬事君父之順德，以事其長上。《論語》：“子曰‘出則事公卿，入則事父兄’”，其義一也，即其揆一也。禮，四十五十始命爲大夫。方爲士，年少位卑，故以忠順事上爲孝行之表見，知事人然後能使人也。位在百司執事，不在圖議國政之列，即不得位卑而言高。尚有父母在，逮事親之年，則當營祿養，積資累勞，得受圭田以奉祭祀。故詔其孝道，重在“保其祿位，而守其祭祀”，即“君子思不出其位”也。引《詩》“無忝所生”，以明次孝弗辱。

庶人章第六

用天之道，分地之利，謹身節用，以養父母，此庶人之孝也。故自天子至於庶人，孝無終始，而患不及者，未之有也。

自天子以至於士，皆各就其位之等秩，詔以各盡其道之天職。各盡其應盡之天職，即是各盡其能盡之子職，乃以成孝治之天下。此中微言，隱而不發之奧義，即含有“天地，大父母”之深理。《春秋穀梁傳》曰：“獨陽不生，獨陰不生，獨天不生，三合然後生人。”貴者得貴稱，賤者得賤稱，故或曰天子，或曰母子也。《禮》曰：“物本乎天，人本乎祖。”後生淺學小慧，反詆此言爲二本，不知人之知識靈於萬物者，以有五官百骸具足之身，由此始知身之所自來。

先知有母，次知有父，再推父之父，始識有祖。身固屬天地之委形，祖猶是天地之委蛻，但以位爲主觀，或曰天子或曰母子。據所已知某母也[1]所生之子，由後以推前，即果以求因，知某子者上推其前，乃知爲某祖之孫也，故必別其所分屬。而人本乎祖，乃以立人倫之教，而人道始成。西人粗識，謬説中國孔教不知有天，當於五倫之上加以天倫，此乃耶教掇拾佛典之土苴，而未明佛乘主張還元，不主張發育之微細智；又未明去來今劫、眷屬因果相尋，所以發心度盡眾生之無量義，又安知聖人之致廣大而盡精微，乃完成此天經地義乎？庶人無位而爲生人之本位，以孝治化成天下，又必須注重在多數之庶人。顧其所受於天、祖，而分屬於其父母，祇合得此養生送死之微分數。

爲主孝治者立算，應設有天子至於士五等之位；爲受孝治者立算，則須歸還其平等無位之本位。其分屬既寡，其責任自輕；其知識既短少，其職分自當簡易。故詔庶人之孝，祇要

---

① 也：疑爲衍詞。

言四句,曰:"用天之道,分地之利,謹身節用,以養父母。"人以食爲天,故國以農爲本。《帝典》之"欽若昊天",專注在敬授民時,即農時也。故愚按《夏小正》爲古代普及之教科,以授時爲主,而閒及國政與庶民之交際,兼教普通文法,詳《夏小正古文法今釋》。所謂"用天之道",《周官》司徒之教,以十有二壤之名物分掌於稻人、草人諸官,皆庶民所應公知。所謂"分地之利",如此即已成其民格,益詔以謹身不敢爲非,節用不敢踰分,就百畝之分所入,以孝養厥父母,安居樂業。又爲之雞彘桑麻之制,老者衣帛食肉,百室盈而婦子寧,於是乎康樂和親爲一書,而孝治廣矣。

上章皆言蓋天子、諸侯、卿大夫、士之孝。"蓋"者,不盡之詞。此章特斷言曰"此庶人之孝","此"者,盡詞也。廣孝治者盡於此,廣聖治者亦無以加於此也,此即"無君子莫治野人,無野人莫養君子"之義也。故總結諸章云:"自天子至於庶人,孝無終始,而患不及者,未之有也。"他章皆引《詩》爲證,此獨不引,教庶民者,不必文言之也。

"孝無終始",謂大孝尊親,其次弗辱,其下能養;始於事親,中於事君,終於立身。非一段終結,更從一段做起。在各素其位而行,方終方始,固不能責庶人以德教加於百姓,亦不得詔以富貴不離其身,且無望其以孝事君之忠,豈得期以言無口過、行無怨惡乎?君子之孝,自不容以謹身節用、能養父母爲終事。庶人之孝,但能謹身節用以盡孝養,亦何患有愧於"其次弗辱"耶?故曰:"孝無終始,而患不及者,未之有也。"至如大孝尊親,譬若非在天子之位,則有所不及焉。然以觀於孔子之"行在《孝經》",崇封五代,則有聖人之德者,亦不患無其位而孝不及也。

三才章第七

曾子曰:"甚哉,孝之大也!"子曰:"夫孝,天之經也,地之義也,民之行也。天地之經,而民是則之。則天之明,因地之利,以順天下。是以其教不肅而成,其政不嚴而治。先王見教之可以化民也,是故先之以博愛,而民莫遺其親;陳之以德義,而民興行;先之以敬讓,而民不爭;導之以禮樂,而民和睦;示之以好惡,而民知禁。《詩》云:'赫赫師尹,民具爾瞻。'"

自天子至庶人,各明其應盡之孝道,則民之行成矣。故次以《三才章》,即"天之經""地之義""民之行",此"民"字亦即首章之"民"字廣義,猶佛典統聖凡皆謂"衆生"。董子《春秋繁露》釋此經精義,云:地之事天,猶王者之事天地,人民之事父母。凡天之所生,皆地之所出,至如雨雪,皆謂"天雨",莫曰"地雨"也。是則,地承天時行而歸本於天,人受中以生,實生於地,故佛典說:食地所生之穀者,終不能離地而存在。人受生於地,即法地事天之義,以成民之行,孝道乃於此成立。

復次即承上文歸納"地之義"於天經,故得合二語爲一辭曰"天地之經,而民是則之",謂人之法地,亦復如是,取則於此。復次單承"則"字,其語專屬於天者。上文"民"字,即統凡聖而同於爲人,其所以爲民,表義有精粗,程有深淺,而要歸有同點所在,則統括爲詞。其所取則之知識,屬於天所降衷之明;其血氣身體之所養所因者,地產之利,順化而生,順化而盡,其閒必用順德之行,則聖凡所共。雖有以孝治天下之明王,順孝治之凡庶,宜有差別。而要之各盡所能,合之乃爲化成天下,故云"以順天下",即首章"先王有至德要道,以順天下",故次以"是以",提出政教肅靜威嚴。政教之作用,但推原順德之本,乃因人之天性順施而行之,不用敦肅而教自行,不加嚴勵而政已治。教爲政之原母,故次又重提先王,單承教化,云:"先王見教之可以化民也。"

《周禮》教國子三德，一曰"至德，以爲道本"，即《論語》次章之舉孝弟爲經，結云"君子務本，本立而道生"，亦即此經首章"先王有至德要道，以順天下"。下章《廣要道》《廣至德》所發明"以順天下"之理由，與上相覆，與下相起，再從人受中以生，同具於天性之起點，次第而陳説其故。人生同具之天性，祇是受得天地之生氣，故有愛力，即《禮記》所云"天地之仁氣也"。初民之知識，尚無所辨擇，祇示以博愛，則心所共知，即明此一端。思悟漸次入裏，乃知身所從生，由孩提孺穉所親者而親之，其始祇屬博愛中之一分。知其他之當博愛，則於其所親之愛不當有遺，即墨者夷之所謂愛無差等，施由親始。而至今耶教猶專以博愛爲主旨，尚未進於父子有親，即是本經舉施教次第之初步，至是然後"陳之以德義，而民興行"。"德義"連文，先見於《尚書傳》《禮記·保傅》篇，指謂德之見於行事者，謂之德義。"陳之以德義"，即《保傅》云"師者，教之以德義"[1]。謂由此進化，揚榷而陳之，若何之行誼合於德義，若者之行誼謂之德義。興，興也。_{去聲，今蜀語，猶古語謂兩人競作，云"興他""興我"。}相觀而起，見人稱若彼之行義，而亦效而行之。

復次"先之以敬讓，而民不爭"，此即《廣要道章》"禮者，敬而已。敬其父，則子悦；敬其兄，則弟悦；敬其君，則臣悦"之原點。"敬讓"連文，亦是以敬爲讓。告以其所親者，內有父兄，所當敬而讓之；推及外有君長，與家之父兄同例。先爲之示範，以止其爭，由淺而入，民即知以不爭爲敬讓。古義之"君"字，皆取廣義，凡一部分之首長，皆統謂之"君"，故莊子云："無往而非君也。"《曲禮》記云："夫禮者，自卑而尊人。雖負販者，必有尊也。"即因其本然心知之所尊而推之以立君臣之義，知不爭之爲敬讓，則敬近於禮，而可以學禮。乃於是"導之以禮樂，而民用和睦"，即覆《開宗明義章》，明周禮六德、六行普及萬民之教。禮者，由博愛、德義、敬讓組織而成，以爲朝聘、燕饗、冠婚、喪祭、射飲、相見各篇之節文。因時際會，就事演習，而以樂緯之於其間，使人優遊灌輸，浸漬饜飫，而樂於行禮。又以使人情之所樂，皆歸納於禮而引之於正，是以民用和之。故而有中和之德、睦姻任恤之行，皆以孝弟爲綱領而演成禮文，以爲之節目。例如《內則》一篇，標明是子事父母、婦事舅姑之節目；《弟子職》一篇，是標明弟子事長老之節目；《曲禮》上下篇，是條舉自居家庭、處宗族，以及交際於社會、國家之普通爲人處世之節要，而連帶演説理由，以教普通之知識；《祭禮》是事已歿之親，進報父母以上之祖若考妣；《喪禮》係聯合存歿親疏之際，全用節文以導民性，引而致之於孝敬之極點，以生其永久之和睦；《冠》《昏》是示爲父兄者，爲其子弟之事，却對照即是教民孝弟之前塵影事也。其整篇之節文，在《儀禮》十七篇，一部《禮記》皆其條文之逐條説明也。故孟子曰："禮之實，節文斯二者。"

禮爲具體，樂爲抽象，人情皆有所樂以生。禮教失其範圍，則有非禮之禮、亡於禮者之禮。由風俗而演成，又自演爲風俗，如今世通俗所行之昏、喪、賓、祭，大率皆以意爲之。外域亦自有其結昏、燕客，俱可以單簡一言括之，皆沿於庶人之禮耳。庶人無祭禮，《記》云"庶人無廟，薦於寢"。"士有田則祭，無田則薦。"父母之喪無貴賤，專爲服制言。《記》曰庶人不槨，旋窆而葬，面垢而已。凡居喪之節，皆不責於庶人，無祭則無虞。無廟則不命子、不廟見；非命士，父子不異宮，則不得質明始見舅姑；無賓燕，則無相見禮。故《冠》《昏》《喪》《虞》《相見》諸篇皆題曰"士禮"，惟鄉飲、鄉射，則庶人皆得與焉。以責之孝弟者略，故其教之孝弟也簡，但使之觀禮以知好惡而已，故次云："示之以好惡，而民知禁。"

---

① "師者"句，《大戴禮記·保傅篇》原作"傅，傅其德義"。

《易》曰："何以聚民？曰財。理財正辭，禁民爲非，曰義。"《詩》曰："示民不佻，君子是則是效。"示民不佻，禁民爲非，即本經"示之以好惡，而民知禁"。有亡於禮之禮，即有亡於樂之樂。原人情必有樂，夷俗多好歌舞，自後世雅樂廢而梨園教坊起，至今有戲園，以至洋琴、大鼓、灘簧，仍屬人聲與樂器相和成聲成文，然適與禮樂之雅樂所教相反，甚至以相反爲教，世道安得而不墮落？

教孝弟之禮文，質而擬之，即如佛道家之一壇法事，亦如一段劇本，士君子習而演之，使衆人聚而觀禮，其閒用樂。《詩·鹿鳴》所稱鼓瑟（琴）[①]、吹笙、吹簧，即指《儀禮》燕射之樂。堂上瑟歌、堂下笙詩，閒歌三終、合樂三終，文舞、武舞并作，極觀聽之歡欣。譬如演劇，與觀劇者同樂，而示民以莊重不佻、同其好惡。其君子相觀而善，迭相則效，詠歎流溢，以灌輸於人心。譬之觀劇者，耳目所注，久則當行，能分別其良否，所見略同。《書·洪範》所謂"無有作好，遵王之道；無有作惡，遵王之路"，此之謂王化之成。內聖外王之道，無往非提起教孝教弟之精神，寓之於五禮、六禮節目之中。《周官》目五禮：吉、凶、賓、軍、嘉。賓、軍二禮，天子諸侯主之，屬國禮。司徒六禮：冠、昏、喪、祭、鄉、相見，士爲主體，屬鄉禮，故篇篇皆云"士禮"。五禮統括六禮，六禮屬吉、凶、嘉，無賓、軍二禮。故曰："堯舜之道，孝弟而已。"故孟子曰："樂之實，樂斯二者，樂則生矣。"即新界語所云精神上之生活，尋味而不能自己，不自覺其手舞足蹈，謂引好樂之人情，納而範之於和睦家庭宗族。推鄉禮而廣爲國禮，視一國如家庭宗族，所謂"僕射如父兄也"。禮曰"樂自樂[②]此生，刑自反此作"，正本經"示以好惡，而民知禁"對勘之證。故《論語》次章云："而好犯上者鮮矣，不好犯上而好作亂者，未之有也。"

通章主謂化成天下，而結引《詩》"赫赫師尹，民具爾瞻"，其義何居？師者，教官及學官；尹者，行政至執政。內聖外王之道，在以禮教成孝弟化民，責在在位之君子能舉其官也，故曰"守道不如守官"，起下章"孝治"。

孝治章第八

子曰："昔者明王之以孝治天下也，不敢遺小國之臣，而況於公、侯、伯、子、男乎？故得萬國之歡心，以事其先王。治國者，不敢侮於鰥寡，而況於士、民乎？故得百姓之歡心，以事其先君。治家者，不敢失於臣妾，而況於妻子乎？故得人之歡心，以事其親。夫然，故生則親安之，祭則鬼享之。是以天下和平，災害不生，禍亂不作。故明王之以孝治天下也如此。《詩》云：'有覺德行，四國順之。'"

承上章，"昔者明王以孝治天下"，首開宗明義，次以自天子至於庶人，盡人群之等，爲分別施行禮樂之位。而孝弟之道充滿其中，塞乎天地之閒，乃所謂際天蟠地。"三才"亦孔門特組之名詞。聖人貫通天地人之道，效地法天，爲人倫之代表，承天地之宗子，乃爲天下所歸往，而爲域中四大之王。王道乃由此出，故曰"內聖外王之道"，又曰"聖人人倫之至也"。

張橫渠《西銘》在理學中最淵深博大。今人但袛稱"民吾同胞"一語，而不解"大君者，吾父母之宗子"也。其實今人所稱"同胞"，乃從耶教西方學者演傳而轉輸於淺學，第引《西銘》作證，學界不能破也。實則張子見到原本，詞非一偏，既探元於乾父坤母，自當見得物與民胞。然既知得天地父母、民吾同胞之神理，即應知得大君爲吾父母之宗子，宰臣爲吾宗子之家相。新界淺生耳學，固袛聽半句，不待詞畢，即已鼓掌譁然，所謂聽言則對。舊學陋

---

① 琴：原衍，據《詩·小雅·鹿鳴》刪。
② 樂：《禮記·祭義》作"順"。

儒，讀書亦原祇截取數句，又不求甚解，非所謂誦言如醉者乎？

統群經，則孝弟爲禮樂之原理，禮樂爲孝弟之應用；就本經，則《開宗明義》合《三才》章爲孝弟之原理，《孝治》《聖治》章爲孝弟之應用，《廣至德》《廣要道》章爲孝弟禮樂之效果。此章標名《孝治》，是統天子以至於士，各盡之孝道，導天下以禮樂，而施行其孝治各有分數。未嘗引禮之條文，而各有其範圍，如其禮度之縮影。

明王謂天子，故以治天下爲前提。治國者，謂諸侯；治家者，謂卿大夫，而士亦歸納於中。受采者爲有家，四十五十命爲大夫，非短折不祿，不以士終。而宗子守圭田、奉祭祀，亦比於有家。士則有妾，有妾即有臣，士之臣，即其僕役也。大夫始有家臣室老，其秩得比於士，故曰大夫有貴臣、貴妾。士有長妾，無貴妾。長妾謂始爲士所取，相從久，及生有子女，故《禮》云"大夫不名家老室婦，士不名長妾。"①古於婚姻最嚴，士祇一妾，及爲大夫，應增置妾，則須取於有姓之家，或娣或媵，各有名分，視其母家身分爲之兩等，故有貴妾。其取自寒微無姓氏小家，乃所謂不知其姓，始有買妾，故云："買妾不知其姓，則卜之。"非如後世之紊亂無章，有財者任自爲之，豪貴者動無限制，如所謂田舍翁多收十斛麥便思易婦，亦無所謂後庭絲竹聲伎滿前也。禮教廢而世衰道微，以至今日世俗竟自承爲多妻之制，可爲噴飯，何其陋耶！

先王之制，原國家家庭之關係而制其財產。今乃因財產之關係，而僅有家庭。世學所稱五達道之僅存者，固賴有此。而其鬩兄弟爭財，謀繼圖產，晚母威姑之虐待子婦，嫡室之殘暴妾婢，夫男之偏私妾婦，破亂家庭，訟獄纍纍，所在而是，家庭之倖存，亦甚可危矣！此無他故，產業與財用，兩俱無度，互相馳騖，則禮義無所措，而孝弟之教無由施也。雖日誦勸孝弟之言，亦惟輾轉相傳，作中國之陳設品、學者之門面語耳。

觀於本章結論"是以天下和平，災難不生，禍亂不作"，對照可知，不和不平，則災害生而禍亂作，隨發立應，速於影響。災害禍亂，今日之至於斯極者，推原其故，亦無他故，上下相怨而不和，財產傾奪而不平耳。非舉明王孝治天下之道，謹修其禮制而審行，天下無由而治也，故重覆章首之詞云"故明王之以孝治天下也如此"。天子、諸侯先君没，然後嗣位，故主於孝事宗廟，稱先王、先君。卿大夫、士，先其生事，而死事之禮在焉，故雙承三節云"生則親安，祭則鬼享"，引《詩》通結上三節。"覺"即"先覺覺後覺"，臨民者亦先覺也。古之臨民稱君子者，必從族塾書其敬敏有學而來，必取其先覺者也。非先覺者，不得與於其選也。《孝治》主旨在化萬衆兆民，而其責在天子、諸侯、卿大夫、士，不責之庶民也。詞引"四國"，統君、卿大夫、士皆有責焉，非匹夫有責也。新學誤讀顧亭林語，彼意"天下之亡，匹士有責"，非曰"天下興亡，匹夫有責"也，哀明季士習民風之壞而有此言，謂有罪責，非云責任，此又讀《爾雅》不熟，死未知冤之喻也。

聖治章第九

曾子曰："敢問聖人之德，無以加於孝乎？"子曰："天地之性，人爲貴。人之行莫大於孝，孝莫大於嚴父，嚴父莫大於配天，則周公其人也。昔者，周公郊祀后稷以配天，宗祀文王於明堂以配上帝。是以四海之內，各以其職來祭。夫聖人之德，又何以加於孝乎？故親生之膝下以養②，父母日嚴。聖人因嚴以教敬，因親以教愛。聖人之教不肅而成，其政不嚴而治，其所因者本也。父子之道天性也，君臣之義也。父母生之，續莫大焉；君親臨之，厚莫重焉。故不愛其親而愛他人者，謂之悖德；不敬其親而敬他人者，謂之悖禮。

① 語出《禮記·曲禮下》，原作"大夫不名世臣姪娣，士不名家相長妾。"
② 按，宋育仁以"以養"斷句，與通行的"以養父母日嚴"斷句不同。

以順則逆，民無則焉。不在於善，而皆在於凶德，雖得之，君子不貴也。君子則不然，言思可道，行思可樂，德義可尊，作事可法，容止可觀，進退可度，以臨其民。是以其民畏而愛之，則而象之。故能成其德教，而行其政令。《詩》云：'淑人君子，其儀不忒。'"

智、仁、聖之名義，有周孔古今義之異同，又有儒道墨三家之異僎。《周禮》六德，首智，次仁，次聖。證以《尚書》古義，聖與哲、謀、肅、乂并列，涵義相符，即訓爲通，《莊子》所稱聖人，即謂通人。故周公六德，列聖於仁智①之次。《墨經》名學詮解智仁涵義甚狹，其《明鬼》之目聖人，程度亦不甚高。外如佛典最推重智，而智有兩層，六度既以智爲究竟，而十波羅密終以一切智。智，蘇格拉底所稱愛智，乃佛乘所說之一切種智。智，所謂參透究竟，有如實知。推究字源，可明所以然之故。矢口爲"知"，知覺相符，則直宣於口；直宣於口，則知達於心。知白爲"智"，"白"者古文"自"字，知自、自知皆鞭辟入裏一層，即一切智智，猶云一切知智，故孟子始并稱五常。而於智之詮義，每有差別，如云"所惡於知者，爲其鑿也"。與佛典"重智""愛智"之言詮，距離甚遠。"仁"字亦然，從千心則謂人群所同之心理，從人二則謂仁偶相愛之感覺，從人人則謂人爲天地之仁。仁又爲人中之仁，如果實之仁也。孔門設教，特立君子之名，則推崇仁智之至者爲聖。"聖"從耳呈，最爲難解，蓋即耳順之義。見淺見深，颣括始終條理，殆微言也。古文或用呈字、壬字，自孔門後，儒家相承。荀、孟皆發明"善人""士君子"，以上之德等名稱，以聖爲極則，故曾子於聞三才之要道後，次舉聖人之德爲問，意聖人之德或有加於孝。

夫子直揭孝道之源於天生人，歸結於人配天，所謂人倫之至，即人道之極。獨舉嚴父者，天以陽爲統，人法天，故以男爲統。《禮》郊祀"大報天而主日，配以月"，月之配日，與"地之承天"其義同。人子之事父，資於事君，其敬又同，故宗廟之祭，以妣配祖；而郊宗之祀，以人配天。《大傳》曰"自內者，無配不行，自外者，無主不至"，即此義也。《周禮》有方澤祭地之特祀，而孔門所考訂演說，則統於郊天，於方澤減殺其禮，合之於秋嘗之社。西人說月、行星，皆一地球，古宣夜家亦主此說。緯書說地靈名"曜魄寶"，與鄭康成引緯說五帝，東方青帝靈威仰，南方赤帝赤熛怒，同其謚號。然則月即地靈，主於西方，不主太白，故董子以"孝子之行、忠臣之義，皆法於地也"。黃石齋《孝經集傳》說："月者，天下之至孝也，天下之至讓也，天下之至敬也，天下之至順也。四者至德，而孝子法之者。人，月之所生也。"釋董子天之大數，畢於十旬，陽氣以正月始出，積十月而功成，故人亦十月而生。黃氏深於易數，此由易數而推，義甚精微，以明祀天不以地配，而月、星、風、雲、雷、雨，皆從祀於郊。郊宗祀天帝皆以祖配，其所以然之故，此經學家所宜知，非常識公知所必問。但即此可以證明聖人之制，惟天子得主祭天，而此下皆爲助祭執事，非西人野說"人人皆當祀天"之淺義所能議其毫末也。嚴父，即是主敬事君之義。父者，達於高、曾祖王父，推之太祖，亦曰太祖王父。其後儒者祗持庶人之義，是以末俗相承所謂孝者，亦祗知厚於父母，而略於王父母以上。厚於生養死葬，而昧於報本、追遠、尊祖、敬宗、收族、奉先、思孝之旨，其實皆未聞士君子之道也。

人之行至嚴父配天爲極則，而獨舉周公其人者，何也？周公聖人，佐武王開國，踐阼攝王。聖人本當在天子之位，且既已攝王踐阼，而仍復子明辟，退居臣位，仍佐天子，承文武之德，制禮樂，定太平，追王太王、王季，上祀先公以天子之禮，告孝治功成。故本經撮舉

---

① 仁智：宜作"智仁"。按《周禮·地官司徒》"智"在"仁"前，且下文先論"智"後論"仁"。

郊祀、明堂二大禮以證嚴父配天，而顯其合萬國歡心以事其先王之實證。曰"是以四海之內，各以其職來祭"，此即能以天下爲一家、中國爲一人之實際，故重言之曰："夫聖人之德，又何以加於孝乎？"

次以"故親生之膝下以養"，兼父母并提，故次曰"父母日嚴"。嚴固主於事父，而宗廟妣配，亦即與祖配天一例，故又雙承愛敬以明聖治之所由成。"以養"斷句，此"養"字兼父母養子、子養父母兩義。仰事俯畜，習與性成，則子之對於父母，日見尊嚴，是以聖人因其良知之已然以教愛敬，再覆上章"不肅而成""不嚴而治"，增以注腳説明。云其所因者，乃人心之德所發源處，即覆首章"夫孝者，德之本也，教之所由生也"。再申之曰"父子之愛，天性也，君臣之義也"，分疏愛敬二句，是順遞而下，非平列。謂"資於事父以事母而愛同"者，因其本然之天性也；"資於事父以事君而敬同"者，緣父之統家，猶君之統國，即家之君也，故云"君臣之義"。如誤解作父母由天性、君臣以義合，則經文何必橫插一語，又不能用"之"字挈合其詞？正謂緣父子之天性，而勘合以君臣之義以立家庭之孝治。黃氏《集傳》引子云"小人皆能養親，不敬，何以辨？"曾子曰"孝有三：大孝不匱，中孝用勞，小孝用力"釋《庶人章》，證於《禮記》"親之所愛亦愛之，至於犬馬盡然"，與《論語》"至於犬馬皆有養，不敬，何別？"足徵士君子之孝與庶人之孝，分別在能敬與不能敬。備禮而將以誠，乃可謂致敬。但禮節過嚴，誠愛必疏，故必交修始爲能盡其道。知此，則《論語》之答問孝，其言各有分際，義皆通矣。

"父母生之，續莫大焉。君親臨之，厚莫重焉。故不愛其親而愛他人者，謂之悖德；不敬其親而敬他人者，謂之悖禮。以順則逆，民無則焉。不在於善，而皆在於凶德，雖得之，君子不貴也。"《漢書·藝文志》注諸家説未安處，以校中古文奪誤四十餘字，此處舊説誠未安，義隱而難解。謹按父母君親對舉，即重申事父與事母愛同，事父與事君敬同。其間相繼續之事，惟父母生子養以成人，其事爲大。父子天性，而以君道臨之。推此義例，父母對於家人，統謂嚴君，則以親厚之情而加以嚴重，故云"厚莫重焉"。"不愛其親而愛他人"，即指博愛而無差等。"不敬其親而敬他人"，即分晰庸敬與斯須之敬，明義內非外。孟子與諸人辨仁內義外，即發明此旨。博愛不可云非德，泛敬不可謂非禮，但不根於孝德以爲道本，《周禮》"三行"見前注。則可以謂之悖德、悖禮。若持此以爲教，是反其本然之順德，而使人則效其所主之悖德、悖禮。"悖"字古文作〔圖〕，兩"或"相倒，時俗語所云顛倒錯亂，則民無所取則。縱有才辨知能，後世有述焉，然非吉德，而所存察於心者，皆屬於凶德。在，察也；善，吉也。如異學説人中以小孩爲最大，某陌生駁民之秉彝不在懿德。《天演論》駁恕非人情，其心所存察者，皆凶德也。此其爲異教者，亦自有所得，然非君子之道。即提出設教標宗，立君子之名義。

所謂君子之道四，即子、臣、弟、友之道。其一則夫婦之倫，側重在女教。《詩》屢稱"女士"，教女德有士行也。男正位乎外，國家由家庭起例，女正位乎內，家庭又由國家起例，互爲其根也，故特提起下曰"君子則不然"。可道、可樂、可尊、可法、可觀、可度，皆屬他人見得其如此。可道之道，非先王之法言不敢道，即俗語之言道，小説家乃習用之。經傳惟《論語》與本經用此義，文史家所不述，故於"道千乘之國"不得其解矣。"以臨其民"，上兼天子，下及諸侯、卿大夫、士。卿大夫、士中於事君，上事君然後得下臨民，所治有廣狹。故次其民，統結以"成其德教"，即孝德以爲道本，而"行其政令"，即至德以爲行本。三德以教國子，主於公、卿大夫、元士之子，本以備卿大夫之選也。

引《詩》點出君子"其儀不忒"，謂威儀，指禮樂，以覆上文之容止進退。士君子之異乎庶人者，禮樂不斯須去身。庶人之觀禮合樂舞，爲時疏且暫，固由學爲君子者，服習於禮樂之日久，亦由於古之分田制祿足以舉之，故曰："君子有財，用之行禮。"又曰："有其德，無其財，君子弗行。"而《説文》訓"竆"字爲"無禮居"也。黄氏《集解》①刺取經傳作大傳，此章引郊社禮甚完備，小傳亦多可采。

紀孝行章第十

子曰："孝子之事親也，居則致其敬，養則致其樂，病則致其憂，喪則致其哀，祭則致其嚴，五者備矣，然後能事親。事親者，居上不驕，爲下不亂，在醜不爭。居上而驕則亡，爲下而亂則刑，在醜而爭則兵。三者不除，雖日用三牲之養，猶爲不孝也。"

全經惟此章屬統自天子至於庶人之通義，故標出有孝行可紀者，通稱曰孝子。敬雖主於禮，而敬謹以將其奉養，雖竆人亦自可致其敬。"啜菽飲水盡其歡，斯之謂孝。"養致其樂，貴或不如賤也。病致其憂，喪致其哀，無富貴貧賤一也。祭致其嚴，即庶人薦於寢，饌具精潔，拜跪謹嚴，家規所承，賢於宗祠牲獻者亦多矣。故云："五者備矣，然後能事親。"此五者，人皆能備者也，對於家庭能事親矣。其出而交際於宗族、社會、國家，居上則有臨下，爲下則必事上。在醜者平等也，古訓醜爲類，則醜謂在同等。居上臨下每易驕，人情自尊不甘爲下，任情則亂。同等尤易不相下，人世之爭即由此起，故提出三者之逆理，與順德相反，而究其流禍之所極，反應上章"天下和平，災害不生，禍亂不作"。

天子驕盈不保四海，如穆王欲肆其心，觀兵於戎，自是荒服者不至。諸侯驕滿不保社稷，如衛懿、宋捷并無大惡，而驕以亡國。卿大夫而驕，觀於童子備官之歎、樂屬爲泰之評，而考當日之覆宗滅氏者，靡不由此，史不勝書。爲下而亂則刑，警士庶人以事所必至。在醜而爭，小則白刃相仇，大則干戈相討，相爭不解，勢必至於弄兵，又必至兩敗俱傷，與推刃自殺無異。故統結以"三者不除，雖日用三牲之養，猶爲不孝"。

五刑章第十一

子曰："五刑之屬三千，而罪莫大於不孝。要君者無上，非聖人者無法，非孝者無親，此大亂之道也。"

孔作制，傳後世，有如制律。賢作傳，有如依律定例，附加引案説明，乃詔後王奉爲法典，非比於上條陳，希世主採擇。學者傳經解傳，有如學爲書吏，學習律例法令以待應用，非比作文考課，求月旦加美評也。知此則知治經。律是國法，經爲人法，故於《孝經》大本，特著《五刑》一章，以明出於禮即入於刑之大綱要。故標揭而括其詞曰"五刑之屬三千，而罪莫大於不孝"。

《周禮·司徒》有"不孝之刑""不弟之刑"，其目蓋在司寇所掌專篇，各有科斷，而惟科斷不孝之刑最重也，發明制刑所以弼教之根本法意。而下文承以"要君""非聖"，學者求其故而不得，則就文敷義而已。黄氏《集傳》引"事君三違而不出境，則利祿也。雖曰不要君，吾不信也"，又引"君子畏聖人之言""小人侮聖人之言"，列入《大傳》兩條，固是。後所續引《論》《孟》《禮記》，則支離未當。按《論語》子言"臧武仲以防求爲後於魯"斷語，與"三違不出境"詞同，謂懷利以事其君。非聖無法，指行僞而堅，言僞而辯，記醜而博，順非而澤，及異服異言、疑衆亂政，其始由於人臣懷利以事其君，先有無上之心。非聖無法者流，乃得因緣而起，以恣其僞行僞學。

---

① 《集解》：應作《集傳》。按，黄道周所撰《孝經》著作爲《孝經集傳》。

何則？《卿大夫章》明示"非先王之法服不敢服，非先王之法言不敢道，非先王之德行不敢行"，斯士流自守爲下不倍之訓，必先有卿大夫輕視先王之"法服""法言"，漫浪行爲，忘其舊德先疇，漸破高曾規矩。推見至隱，即是非孝無親，而非聖無法者起，又必至顯。然非孝無親，此乃大亂所由行之道也，此又抉出孝治之中心，所以注重宗廟之原點，非廣勸人群但能各孝養厥父母，而可謂爲以孝治天下也。三句似平列，實屬順遞連文，釋明五刑三千，以科不孝之刑爲總綱者，爲預防大亂之道也。

廣要道章第十二

子曰："教民親愛，莫善於孝；教民禮順，莫善於悌；移風易俗，莫善於樂；安上治民，莫善於禮。禮者，敬而已矣。故敬其父則子悦，敬其兄則弟悦，敬其君則臣悦。敬一人而千萬人悦，所敬者寡而悦者衆，此之謂要道也。"

先之以博愛，而民不遺其親；然後導之以禮樂，教以愛有差等。從親生之膝下以養，明其親疏之等，及由父子之愛天性，引而致之"資於事父以事母，而愛同"，而孝道乃立。由此乃標孝爲宗，以教民成化。設爲君、卿、大夫、士、庶人禮制之等，俾各依其禮，順而行之，其所發見行禮由禮之秩序，悉由悌道演成。如卿大夫、士之對於君，則資於事父之禮。至於卿與大夫、士，大夫與士、庶人，士與庶人，其相接之秩序，皆從悌道起例，而各爲一組。其立根起點，特以敬養庶人之老，隨地隨時，表示身教言教。其最高之度，在天子養三老五更於太學，諸侯養耆老於庠，習射尚功，習鄉尚齒。其低度最要之切點，在鄉飲酒賓興賢能，黨正歲行鄉飲以正齒位，所以明貴貴尊賢，其義一也。不但明其貴即是賢、賢即當貴，而且示以耆老即是鄉黨之賢，尚齒即是長長老老，長長即是貴貴尊賢。故鄉飲有賓、介、三賓上座，示以尊賢；有遵者僎特坐，示以貴貴；有鄉先生六十者坐，示以長長。故《記》曰："老老，爲其近於親也；貴貴，爲其近於君也；長長，爲其近於兄也。"[1]舉行鄉飲，凡有七事，詳問琴閣著《禮》書稿。《記》引孔子曰"吾觀於鄉，而知王道之易易也"，指此鄉飲，兼鄉射在內。

司徒六禮：冠、昏、喪、祭、鄉、相見，本以一字爲名也。其行禮，正用雅樂，明日息司正，雜用鄉樂，所以樂之也，使民樂於行禮。《鄉飲記》[2]所謂"明日息司正"，"鄉樂惟欲"，"(徵)[羞][3]惟所有"，推求禮意，即今若行之，就用時俗演戲，洋樂、風琴均無不可。(徵)[羞]惟所有，飲饌之品，亦不拘肴蒸品數。觀其景象，爲後史之"大酺三日"。後世百數年而一遇者，在三代每歲數舉之，三年而一大舉，此所謂"君子有財，用之行禮"，此所謂"與民同樂"，言之皆有實際，非空言也。《墨子·非樂篇》問何以爲樂也，答曰"樂以爲樂也"，正謂與民同樂，是以爲樂，乃是正答。不知墨子當日何以不解此語？吾故斷其爲墨家者流後學小生之所附益。樂之爲用，爲欲使人移情。人情移於邪僻，則風俗邪僻，情移於雅，則風俗雅馴，一定之理，故曰"移風易俗，莫善於樂"。

次乃出"安上治民"，重發禮之制度。安上，即所以治民，非屬二事。在上者不安其位，則精神不注在治民。後世之士流，終身營營，人人意中皆一心以爲有鴻鵠將至，未嘗專心致志於學禮，其將何以治民乎？重提"禮者，敬而已矣"，統括之詞。次即三復上章，以起下章"敬天下爲人父""爲人兄""爲人君"。三"敬"字，實確指天子視學養老，諸侯燕射習鄉尚齒，黨正鄉飲正齒位諸篇之國禮爲主幹。國禮與民禮組合而爲一者，惟鄉飲養老之一大節。

---

[1] 老老、長長：《禮記·祭義》作"貴老""敬長"。

[2] "鄉飲記"應作"鄉飲酒禮"。按其下引文均出自《儀禮·鄉飲酒禮》。

[3] 羞：原作"徵"，《儀禮集釋》《儀禮述注》《禮經本義》等均作"羞惟所有"，據此改。下句同。

而聘禮、饗禮、冠禮、士相見禮之等數秩序，亦皆與悌道相爲發揮旁通，所以必連舉"敬其君則臣悦"，而總結其詞曰"敬一人而千萬人悦"。國家之公同敬，禮不能遍及，乃推擇其資格尤異者，而施其敬於行禮隆禮之中，明示正告以國禮所致敬皆其父兄，則民情自悦服樂從而自各敬其父兄。故又申之曰"所敬者寡而悦者衆，此之謂要道"，結明禮樂也者，所以推廣此教孝教悌之工具也，故篇題曰《廣要道》。

黄氏採集經傳作《大傳》，頗多出入，未悉符合。今分別刺取《文王世子》《大傳》《射義》《燕義》《鄉飲酒義》以次於篇，此與《孝治章》言相表裏，不嫌重見，備學者考焉。

廣至德章第十三

子曰："君子之教以孝也，非家至而日見之也。教以孝，所以敬天下之爲人父者也；教以悌，所以敬天下之爲人兄者也；教以臣，所以敬天下之爲人君者也。《詩》曰：'愷悌君子，民之父母。'非至德，其孰能順民如此其大者乎？"

首提君子，引《詩》結以君子。君子者，自天子至士之名詞。至德以爲道本，即《論語》之云"君子務本，本立而道生"，《周禮》教國子以三行所標之宗。國子者，皆儲備出而治民典教之君子也，故揭言"君子之教以孝也"。組織支配，行政施教，皆在於禮。皆以身教，而言教蓋寡，故曰"非家至而日見之"，謂并非逐家比户，行至其門，每日見編户之民而教以孝也。教以孝，教以弟，教以臣，復《廣要道章》第三節，重提綱領，爲下注脚，即如上說所引經傳：視學、養老、燕射、習舞、合樂、尚齒、鄉飲、賓興、正齒位諸篇之説明理由。爲教民以孝，所以制爲敬天下爲人父者之禮；爲教民以弟，所以制爲敬天下爲人兄者之禮；爲教以人臣，所以制爲敬天下爲人君者之禮。

《詩·鹿鳴》所謂"示民不佻，君子是則是傚"，賓興之樂章，特著此文爲"示民不佻"，原爲普及而設；而君子之則傚，自先在其前矣，未有不自修而能示民以法程也。人情好尊榮而樂謙樂，易流於驕奢淫佚、放僻邪侈，而大亂由此作。觀於今世之大亂，可一言以蔽之，無非競爭勢利耳。抵死争勢利者，何故？亦無非爲逸樂豪奢耳。此人情中外所同，不能用消極禁錮，是以聖人爲之積極引導，導以禮樂，故孟子發此旨曰："仁之實，事親是也；義之實，從兄是也。"此二條言下立解，人人能解，其實并未求甚解，至"智之實，知斯二者弗去"，即已難解。若推其究竟，須到佛乘以捨爲喜，以悲爲智，始謂透達。且即酌中言之，即是要樂於行禮，知禮之制作，每有事於廟、朝、鄉、射，無非孝弟之演義一段。如釋道法事，如章回小説，如舞臺演劇，但是莊嚴不佻，故曰："樂之實，樂斯二者，樂則生矣。"先知禮之實，無往而非斯二者之節文觀念。人生衣食有餘，居住器用齊整完備，非提起精神上之生活，更無餘事。就積①極一方而論，勢必放僻邪侈，相争至於相殺，無由納己身於軌物；就消②極一方而論，厭心一起，更無餘味，無由使其"淡而不厭，簡而文，温而理"。今導以禮樂，簡淡温文而始終條理，使人樂其生，故云："樂則生，生則惡可已。"譬如軍隊之步伐整齊，有軍樂，益形其興高彩烈；官場之揖讓安坐，有吹打，益顯其雅步從容。自然之應，不期然而然，故云："烏可已，則不知足之蹈之，手之舞之。"普通文法，"蹈""舞"即可落句。但必用"之"字，神情始活。"之"字斷句、起句，古義即是"此"字、"兹"字、"斯"字，合内外之詞也。

引《詩》"愷悌君子，民之父母。""愷悌"即正詁"禮樂"二字，本作"豈弟"。豈，以強教之；弟，以易安之。即禮以強教之，樂以易安之。"民之父母"，正指卿大夫以至適士，

---

① 積：《孝經講義》（一九二四年鉛印本）作"消"。按，此句表達消極之意，用"積極"似有不妥。
② 消：《孝經講義》（一九二四年鉛印本）作"積"。

而上賅公侯以至天子。民者，乃正謂庶人，故結論申言"非至德，孰能順民如此其大"，以覆上《開宗明義》"順天下而民和睦。"

廣揚名章第十四

子曰："君子之事親孝，故忠可移於君；事兄悌，故順可移於長；居家理，故治可移於官。是以行成於內，而名立於後世矣。"

覆上《士章》"以孝事君則忠，以敬事長則順"，復增以"居家理，則治可移於官"一則，統括由士上達至卿、諸侯。名教之旨，以名爲主體，人爲副體，即是以位爲主觀，人爲客觀。《老子》開宗以道與名并舉，道不可得見，因人而見；人不能久存，因名而存。教者，懸名以爲鵠，而行以副之。宇宙之相續者，比物此志也。故孔門設教，先立君子爲名，而尊仁爲元善之長，以樹鵠中之的。故特發其義，曰："君子去仁，惡乎成名？"又曰："君子疾沒世而名不稱焉。"人必沒世，前不見古人，後不見來者，惟有名之相續，則終古相聞。想見其人，即如見其人，孟子所謂"所存者神，上下與天地同流"也。俗學誤解"名"義，視若新學界之謂名譽，則與所謂利益者同科。其相去無幾何矣！

《孝經》之揚名後世，以立身行道爲注腳，而以君子爲前提。君子之名，又以子、臣、弟、友之四行爲樹鵠。范官之治，即與國人交。《孝治》言"居家理"，不敢失於臣妾，"故治可移於官"，是謂"行成（門）[於]①內"，《大學》所引釋絜矩之道盡之。

諫諍章第十五

曾子曰："若夫慈愛恭敬，安親揚名，則聞命矣。敢問子從父之令，可謂孝乎？"子曰："是何言歟？是何言歟？昔者天子有爭臣七人，雖無道，不失其天下；諸侯有爭臣五人，雖無道，不失其國；大夫有爭臣三人，雖無道，不失其家；士有爭友，則身不離於令名；父有爭子，則身不陷於不義。故當不義，則子不可以不爭於父，臣不可以不爭於君，故當不義則爭之。從父之令，又焉得爲孝乎？"

承上章《廣揚名》能立身行道，始有喻親於道。曾子既聞安親揚名以顯父母，爲孝之終事，隆於報本。設如已有令名，而親未底豫，仍屬缺陷，因此發疑問。設親有亂命，從之則失令名，不從似違順德，故發此問。此即後世"忠孝不能兩全"之說，漢儒已有懷疑。朱公叔穆有《仁孝論》，見《後漢書》本傳。正不知忠孝爲一貫，非有兩歧，故夫子直從事君引比。通常之義，則國家以家庭起例，此等處，則家庭轉從國家起例。先折以"是何言"，重言之者，爲立身行道者說上乘法。

昔者稱先王七人者，四輔三公，合爲七數。三公：太師、太傅、太保；四輔：左輔、右弼、前疑、後承。官不必備，惟其人有其道義德行者，選居此位，無其人則闕之。雖四代每用兼官，然舉官各有分職，《記》所稱"虞夏商周有師、保，有疑、承，設四輔及三公"。詳見《文王世子》、《大戴·保傅篇》、問琴《周禮三公四輔三孤二伯九卿四代沿革除授表》。五人者，大國三卿、五大夫，二卿命於天子；小國二卿、五大夫，卿即在五大夫之中，舉小以賅大，故曰五人。大夫有家相、室老、宰士，雖不備，亦舉其員數。

言雖無道，不失天下國家者，明大過則必諫，小過可譁則譁，故《春秋》義有爲尊者諱，爲親者諱，爲賢者諱。起下《事君章》"將順其美，匡救其惡，故上下能相親"，推例以明事父之道，諫諍則當陷於不義始諍之。士無臣，惟屬之友，以起父爲庶人、子爲士者。《記》所

---

① 於：原作"門"，據《孝經·廣揚名章》改。

云"與其得罪於鄉黨州閭，寧復諫"也。詳見《論語》《禮記》《曾子》，黃氏采列《大傳》，今更釐訂補遺後出。後世儒者不得其解，即在此章與孟子答問匡章父子不責善，程子遂有"天下無不是的父母"之言，又云"人之逆惡，祇是見得父母有不是處"，未明資父事君之理，從而爲之詞。此其閒分寸，全屬以道義爲準。

爲人子者，能立身行道，始可言喻親於道，是爲"大孝尊親"，責之大賢以上。其次修身慎行，僅及不辱其親，是爲"其次弗辱"，則當知父子之閒不責善，責善則離，離則不祥。至於"其下能養"者，以子視父，以父視子，須識同在普通之人格，即無責善之可能，必至其事當陷於不義，爲鄉黨州閭所不齒，始有諫諍之必要。故言"父有爭子"，謂若有數子，一人知義，謂當知責在於己，思免其親之陷於不義，乃重言之曰："故當不義，則子不可不爭於父。"《夏小正》說文法云"則者，盡詞也"，即今新名詞之云"必要"也。又重復上文一句，連云"臣不可不爭於君"，交互見例，以明事其家君，比例於事其國君，家國一致。結論再申言"故當不義則爭"，以證於從父之令不得爲孝。《春秋》之義，不以父命辭王父命，《孝經》之義，不以從父之令棄公理之義，明王之孝治所以化成天下，預防人之各私其親以忘公義。

孔門立孝之名義，爲子承考，涵義廣，從爻從子，謂子效父。上推宗廟，高、曾、遠祖，皆屬父道。入廟稱孝，無非子道。原其究竟，爲天地之肖子，即是爲父母之肖子，故云"教之所由生"。《墨子》書改訓名義，其《經上》云"孝，利親也"，其義甚狹，而猶未敢非孝無親。今之亂名改作者，曷不返而求之矣？

感應章第十六

子曰："昔者明王事父孝，故事天明；事母孝，故事地察。長幼順，故上下治。天地明察，神明彰矣。故雖天子，必有尊也，言有父也；必有先也，言有兄也。宗廟致敬，不忘親也；修身慎行，恐辱先也。宗廟致敬，鬼神著矣。孝悌之至，通於神明，光於四海，無所不通。《詩》云：'自西自東，自南自北，無思不服。'"

此章統覆上章自天子至於士，進庶人之等，納入士等，尋文可見。重提"昔者明王"，王者，父天母地，天地爲大父母。人同爲天地所生，然是閒接而非直接，而有承宗；爲後，則入廟之中，全乎其爲子道。禮有爲祖父後，爲祖母後，中閒不嫌缺代，故《春秋穀梁》云："獨天不生，三合然後生人。"貴者得貴稱，賤者得賤稱，或曰天子，或曰母子，即說明天子君天下，承天之宗，獨稱天子。質而言之，即是爲將以孝治天下，所以必須正名，制爲典禮，以其典禮首教天子奉行此禮。資於事父以事天，資於事母以事地，教成天子之聖德，成其爲明王，然後真能以孝治天下。與《三才章》相應，以聖人爲人倫之代表，以明王爲聖人之攝位，言外是統說禮，意內即指郊社宗廟大事之禮。《春秋》書"大事""有事"，即其事也，非空言孝敬足以爲孝治。

"長幼順，故上下治"，係指《儀禮》十七篇，包括《禮記》冠、昏、喪、祭、鄉飲、射、燕諸篇之事義，無處非明長幼以治上下，而無往非孝弟之道所組合之節文，以流行於其閒。"順"即"以順天下""順可移於長"。教以孝道爲主，而發見之故事，則弟道爲多，又非空言忠順事上，故復次"雖天子必有尊也，言有父也；必有先也，言有兄也"，即《記》云"雖天子必有父，雖諸侯必有兄"。先王之教，因而不改，所以順天下國家也。

復次"宗廟致敬，不忘親也；修身慎行，恐辱先也"，爲統論上下之詞，括自天子以至於士。宗廟，《卿大夫章》之詞，以卿大夫爲詞主；而天子、諸侯之孝，更重在宗廟；士亦有一廟。《大學》云"自天子以至於庶人，一是皆以修身爲本"，主修身爲本，則各有身家分際之不同。《庶人章》云"謹身節用，以養父母"，庶人之修身慎行，即此二語概括已盡其子職。故《大學》獨於《齊家章》不引《詩》《書》，而引諺以明之，曰："莫知其子之惡，莫知其苗之碩。"惟此等詞意，可通乎庶人之齊其家。於其所親愛而僻，於其所哀矜而僻，正與謹身節用爲反對。其次弗辱之孝，庶人均可勉而致，故又統釋之云"恐辱先也"。

"天地明察"，承上天子、諸侯；"宗廟致敬"，承卿大夫、士，起下"孝弟之至，通於神明，光於四海"。祭則鬼享，極之於嚴父配天，躋家鬼於天神，故或曰神祇，或曰鬼神也。神明彰，鬼神著，凡屬宗教，一致而百慮，亦殊途而同歸。引《詩》明内聖外王祇是一事。"光於四海"，即凡有血氣，莫不尊親，故曰"無所不通""無思不服"。《中庸》述武王、周公達孝，舜其大孝，正發攄《聖治章》與此章之正注，詳次於篇。

事君章第十七

子曰："君子之事上也，進思盡忠，退思補過，將順其美，匡救其惡，故上下能相親也。《詩》云：'心乎愛矣，遐不謂矣。中心藏之，何日忘之。'"

以上孝治之道已備，又間以《事君》一章者，爲"民用和睦，上下無怨"再示機緘。義從士始，以達於公卿，故章題"事君"，而詞統於君子之事上。《記》曰："天下無生而貴者也，雖天子元子、諸侯世子，皆士也。"[①]然富貴崇高之境，或敬至而恩疏，則須防上下有怨而不相親，故孝道中於事君，必教以忠。傳曰："子之能仕，父教之忠。"《論語》"臣事君以忠"，此忠孝并稱之原始。但聖人之以孝治天下，忠即資於事父，移以事君，例如女子之事父母，移以事君舅君姑，初非二事，故《忠經》原可不作。世傳《忠經》係僞托馬融，即係未通《孝經》之故。

"進"謂進於君所，"退"謂退食自公。公朝之事，退而思之，日就月將，始能拾遺補缺。其要言在"將順其美"，乃能"匡救其惡"，斯上下之情親而長，毋相忘矣。引《詩》以證"資於事父以事母而愛同"，再推而進之，資於事父以事君，猶如事父之愛同於事母，則移事父以事君，而愛亦同。然藏之中心，固未嘗一日忘。而行之以敬，非私愛於知遇之一主，如後世張禹、孔光、趙普之流風，熙寧、元祐之黨禍，皆坐不知事君之義也。

喪親章第十八

子曰："孝子之喪親也，哭不偯，禮無容，言不文，服美不安，聞樂不樂，食旨不甘。此哀戚之情也。三日而食，教民無以死傷生，毀不滅性。此聖人之政也。喪不過三年，示民有終也。爲之棺椁、衣衾而舉之，陳其簠簋而哀戚之。擗踊哭泣，哀以送之；卜其宅兆，而安厝之。爲之宗廟，以鬼享之；春秋祭祀，以時思之。生事愛敬，死事哀戚，生民之本盡矣，死生之義備矣，孝子之事親終矣。"

喪祭，爲禮教所最重，名爲吉、凶二禮。人必有死，子必有親，爲之宗廟，以鬼享之，即以神禮祀之，子子孫孫，相引無極，是以爲吉禮。顧死生之際，人子終天之憾，無可如何，故於附身附棺，必勤必慎，勿之有悔，制爲喪以永哀，而又斷之以義。體夫天道，四時既改，至親亦以期斷，爲之加隆，是以三年，故此終篇隱括喪禮經、傳、記，而挈示其旨要。

五禮惟喪禮最繁重，所以聯死生之際，通幽明之界，爲世界進化之原。其理深微，非別教所有，惟學爲君子，始能課而行之，不爲庶人説法。"父母之喪，無貴賤，一也"，專爲喪服而言。例如期之喪，達乎大夫，謂諸侯即禮絕旁期；三年之喪，達乎天子，謂爲妻、爲嫡

---

① 《禮記·郊特牲》原作"天子之元子，士也"。

長子。此兩等喪服，庶人即不與焉。禮所云"上達""下達"，以士爲執禮之主體，乃所謂君子之道。其大小功之服，亦無及於庶人之文，故《周禮》"（閭）[比]①共吉凶二服"，從可推見庶民之祭服喪服，皆公製公用。《記》曰："躬執事而後事行者，面垢而已。"②又閭師懸喪冠之式，又云"不樹者不槨""不績者不衰"，據以推知庶人執親之喪，自製者可以有槨，自績者可以爲衰。衰即負版，加於衰服之裂，由喪家自紉自拆，而経之與冠，皆自製之。既葬而先除乎首，先除乎帶，聽民之自便。其閭供之吉凶二服，則事畢而除，仍歸之公，以此爲教足矣。其得書於族師之考敬敏有學，升學於庠。望進爲士者，必先須學爲士行無疑也。凡爲士者，自三年以至緦小功之喪，皆所有事，以居父母之喪爲主，故終篇直題爲《喪親章》，開以約舉喪禮之條文，而逐條隨釋其原理。

統自天子至士之稱曰"孝子之喪親也，哭不偯"三句，見《曲禮》條文。"服美不安"三句，即說明原理，云"此哀戚之情也"。"三日而食""毀不滅性"，亦舉《喪禮》條文，"教民無以死傷生"，即說原理，結以"此聖人之政也"。"喪不過三年"，括舉《三年問》《喪服四制》各篇文意，釋以"示民有終"。"爲之棺槨"四條，括舉《喪禮》四節、始死、大小斂、朝夕哭、朝夕奠、既殯、啓殯、既夕、有司徹、筮葬、祖載、卒哭、三虞諸節之文。黃氏《集傳》未備，文多又不能備載，略舉條目，以備參考。既除喪，乃入廟。遷舊廟之主，祔新廟之主，以吉祭易凶祭，虞爲凶祭，三年喪內，祭不行，禫而除喪，乃祔廟，行祭禮。故次以宗廟、鬼享、春秋祭祀，"以鬼享之""以時思之"，既說制祭禮之原理，與送終之終事相緣而生，又從宗廟追遠報本。祖以溯祖，是爲高祖，其生死每不及相見，皆繫之以名。"如在，如神在"③，事死如事生，事亡如事存。夫乃以三爲五，以五爲九，旁推制爲五服之親，乃廣家庭爲宗族，即廣宗族爲民社。今宗教家所謂天國，無非意境所成，而人道訴合於天道。佛說世界由衆生意造，同此一理。此之謂彌綸天地，即是大悲大慈，究竟捨義，故總結兩言曰"生事愛敬，死事哀戚"。《記》④云："哭死而哀，非爲生也。修德不回，非以干祿也。"又曰："禮之近人情者，非其至者也。"此微言也。

聖人所不明言而輒言之者，聖教之元宗，大義之本根。末學支離，益趨益遠，不悱不發，亦若會至其時也。"生民之本盡矣，死生之義備矣"，於引而不發者，復發其微，明乎生人之本盡於此經，然後可見"死生之義"備於聖人至教也。惟聖人爲能享帝，惟孝子爲能享親。聖人之德無加於孝，故總章首之詞云"孝子之事親終矣"。

九、附龔道熙《孟子注》

孟子許行章

問琴閣監訂　受業龔道熙注

有爲神農之言者許行，神農，炎帝也。斲木爲耜，揉木爲耒，以教耕稼，中國農業所始，故號神農，言指農學。許行，楚人。自楚之滕，踵至也。門而告文公曰："遠方之人，聞君行仁政，願受一廛市宅也。而爲氓。"文公與之處。居所也。其徒黨衆也，數十人，皆衣褐，絨織短衣，庶人之服，如今西式服。捆屨革屨複舄之屬。織席鋪墊也，藤竹之屬。以爲食。

---

① 比：原作"閭"，據《周禮》"正歲稽其鄉器，比共吉凶二服，閭共祭器"改。
② 語出《禮記·喪服四制》，原作"身自執事而後行者，面垢而已"。
③ 語出《論語·八佾》，原作"祭如在，祭神如神在"。
④《記》應作《孟子》。按，"哭死而哀，非爲生也。經德不回，非以干祿也"出自《孟子·盡心下》。

陳良楚之儒者。之徒陳相，與其弟辛，負耒耜而自宋之滕，曰：“聞君行聖人之政，即愛民之仁政。是亦聖人也，願爲聖人氓。”陳相見許行而大悅，盡棄其學陳良學於中國周公、仲尼之學。而學焉。陳相見孟子，道許行之言曰：“滕君，則誠賢君也；雖然，未聞道也。賢者與民并耕而食，不食民力。饔朝食飧夕食。而治。自具熟食，兼治民事。今也滕有倉廩貯穀粟者。府庫，貯貨賄者。則是厲病也。民而以自養也，惡得賢？”中國自春秋，歷戰國，國度日即低落，由於王道不綱，政教失統。故諸子競出，爲異學爭鳴時代，各述官禮之遺，而偏趨於極端，致違先王中正之軌，如名、法、農、墨家是也。農家有許行，係楚人，楚爲荊蠻，用夷狄之法，未進於中國。中國之道，即君子之道。君子之道，以貴治賤，以賢治不肖，即以有知識階級，治無知識階級。政教乃能趨於軌道，國家始有治安可言，所謂賢人政治是也。夷狄之道，乃小人之道。小人勞力，自食其力，打破賢愚、貴賤階級，主張平等。其徒數十人，皆衣褐、捆屨、織席以爲食，即今世之勞工黨，至以竝耕而食，饔飧而治爲賢，則又連合勞農政府爲一派也。陳良係宗明王之政，故願爲聖人氓，特以其時上失其道，君子小人，位每倒置。在位者高視富貴驕暴淫奢，反不若許行之躬耕自食，學本道家簡易尚儉之爲美。故陳相盡棄其學而學於許行，此皆明王不作，政教失統，而後有此現象也。

孟子曰：“許子必種粟，而後食乎？”曰：“然。”“許子必織布而後衣乎？”曰：“否，許子衣褐。”“許子冠乎？”曰：“冠。”曰：“奚冠？”曰：“冠素。”曰：“自織之與？”曰：“否，以粟易之。”曰：“許子奚爲不自織？”曰：“害於耕。”曰：“許子以釜甑爨，釜所以煮，甑所以炊，爨然火也。以鐵耕屬也。耕乎？”曰：“然。”“自爲之與？”曰：“否，以粟易之。”“以粟易械器者，不爲厲陶冶；陶冶亦以其械器易粟者，豈爲厲農夫哉？且許子何不爲陶冶，舍皆取諸其宮中而用之？何爲紛紛然與百工交易？何許子之不憚煩？”曰：“百工之事，固不可耕且爲也。”

“然則治天下，獨可耕且爲與？有大人之事，國家事業。有小人之事，身家生計。且一人之身，而百工之所爲備。如必自爲而[後]①用之，是率天下而路也。如行路人。故曰：或勞心，君子勞心。或勞力。小人勞力。勞心者治人，勞力者治於人。治於人者食人，小人出力以養君子。治人者食於人，君子勞心得食小人。天下之通義也。”達例也。人類至繁，以勞心、勞力二界判之，甚爲了當。勞心者，治人，食於人；勞力者治於人，食人。此爲分功治事，即係通工易事；交換爲用，即係互助爲用，故爲天下之公例。人與人相需，不能兼營并務，亦不能單立獨行，故人君之不能竝耕，亦猶粟布褐冠、釜甑械器之不能兼營，証以切身日用之事理，更爲顯近易明。

“當堯之時，天下猶未平，洪水橫流，氾濫橫流之貌。於天下；草木暢茂，長盛也。禽獸繁殖，孳多也。五穀稻黍稷麥菽也。不登，成熟也。禽獸逼人；迫近人也。獸蹄鳥迹之道，交於中國。堯獨憂之，舉舜而敷布也。治焉。舜使益掌火，主火之官。益烈熾也。山澤而焚之，禽獸逃匿。禹疏通也。九河，淪亦疏也。濟、漯水名。而注諸海。決開也。汝、漢，水名。排疏導也。淮、泗，水名。而注之江，然後中國可得而食也。當是時也，治水之時。禹八年於外，三過其門而不入，雖欲耕，得乎？”

“后稷周始祖。教民稼穡，種曰稼，斂曰穡。樹藝殖也。五穀，五穀熟而民人育。養也。人之有道也，始有生活之道。飽食、煖衣、逸居而無教，無人道之教訓。則近於禽獸。

_____

① 後：原脱，據《孟子·滕文公上》補。

與禽獸無異。聖人有憂之，使契商始祖。爲司徒，掌教之官。教以人倫：理也，人群有人道，始有條理。父子有親，父慈子孝。君臣有義，君仁臣忠。夫婦有別，夫義婦聽。長幼有序，長惠幼順。朋友有信。對待以誠。放勳堯號。曰：'勞之來之，償其勤勞，招其來歸。匡之正也。直之，正其直心，直其曲心。輔之如車之有輔以相助。翼之，如鳥之有羽以相翼。使自得之，又從而振德之。加以恩惠。'聖人之憂民如此，而暇耕乎？"

"堯以不得舜爲己憂，舜以不得禹、皋陶爲己憂。夫以百畝之不易爲己憂者，農夫也。分人以財謂之惠，教人以善謂之忠，爲天下得人者謂之仁。是故以天下與人易，爲天下得人難。孔子曰：'大哉，堯之爲君。惟天爲大，惟堯則之，蕩蕩廣遠也。乎民無能名焉。君哉，舜也。巍巍高遠也。乎有天下而不與焉。'堯舜之治天下，豈無所用其心哉？亦不用於耕耳。"中國自既開闢以後，未創治以前，歷若干聖哲苦心經營、締造一切，漸次開化，始進於火食粒食宮室衣冠之族、人倫政治禮義文化之邦，非偶然也。堯舜之用益以烈山澤，係除草木鳥獸之害；禹疏九河，係除洪水之害，人民始有安居樹耕之地；稷教五穀，係厚民生；契教五倫，係正民格，興養興教，治天下之功告成矣。蕩蕩形容民無能名，巍巍形容其高，求賢讓位，而以天下得人爲難爲天下憂勞。則屬民自養，卑陋之見，無從塗附。

"吾聞用夏變夷者，未聞變於夷者也。夏，大也。中國重禮義，爲大道，即君子之道。夷，易也。外裔趨簡陋，係小道，即小人之道。陳良，楚產生也。也，悅欣慕也。周公、仲尼之道，北學於中國，北方之學者，未能或之先也。彼所謂豪傑之士也。豪傑謂才識過人，拔出流俗，推尊陳良爲豪傑，引有若曾子之事，亦推高許行及陳相。子之兄弟陳相、陳辛。事之數十年，師死而遂倍之。倍，背也。昔者，孔子沒，三年弟子心喪三年。之外，門人治任擔也。將歸。入揖於子貢，告別也。相嚮而哭，皆失聲，然後歸。子貢反，築室於場，冢上之壇場也。獨居三年，然後歸。他日，子夏、子張、子游以有若似聖人，言行氣象似孔子，如《檀弓》所記，有若之言似夫子，是也。欲以所事孔子事之，彊曾子。曾子曰：'不可。江漢以濯之，江漢水濯，布帛顯色。秋陽以暴之，秋陽曝穀、粟堅實。皓皓乎不可尚已。'皓皓，原來之白，不能加色。尚，加也。今也南蠻鴃舌勞也。舌之人，通謂其徒，周末如今黨魁，多爲徒黨所劫持。非先王之道，即不守先王之道。子倍子之師而學之，學於小人之道。亦異於曾子矣。"

吾聞出於幽暗也。谷，水注谿曰谷。遷於喬高也。木[者]①，未聞下喬木而入於幽谷者。《魯頌》曰：'戎狄是膺，詩《魯頌》閟宮之篇，西夷曰戎，北夷曰狄。膺，撫膺也。荊舒楚蠻也。是懲。'誠止也。周公方且膺之，子是之學，亦爲不善變矣。"夷夏之辨，不限於國界，係限於國度。國度進於君子之道，是爲夏道，即爲進化；國度降於小人之道，是爲夷道，即爲退化。君子之道，即先王之道，由堯舜以至文武，本諸身，徵諸庶民，明於庶物，察於人倫，由禮義所規定，以爲古今不可移易之公例。周公有聖人之學，攝天子之位，治定制禮，功成作樂，思兼三王，亦係守先王之道。懲止夷道，立政統教統之鵠，政教合一，寓教統於政統。仲尼夢周公，從周不有天子之位，不得政教合一，乃刪定六經以立教，寓政統於教統，成中國國教之教統。七十子即其信徒，曾子、子貢傅守教統，爲其中堅。故子貢獨場居三年，以堅中國教統之信心；曾子則不可彊以事夫子之道事有若，以定中國教統之嚴重。陳良生於楚，北學於中國，既進化矣。值亂世而能知所去從，故爲豪傑之士。陳相倍於師死

---

① 者：原脫，據《孟子·滕文公上》補。

之後，信心不堅，認識不清，學於許行，復變於夷，轉於退化，棄明即暗，殊違國於天地進化之公例，故曰"不善變"。

"從許子之道，則市賈不貳，國中無僞。欺也。雖使五尺之童適市，莫之或欺。布帛長短丈尺也。同，則賈相若；麻縷絲絮輕重同，謂斤兩也。則賈相若；五穀多寡同，謂斗石也。則賈相若；屨大小同，則賈相若。"

曰："夫物之不齊，物之情也。性質然也。或相倍蓰，或相什伯，或相千萬；子比而同之，是亂天下也。巨屨小屨同價，人豈爲之哉？從許子之道，相率而爲僞者也，惡能治國家。"先王同律度量衡之制，以定長短、輕重、多寡、大小之等，使人群社會交換日用之物，各有標準，各有經價，所以核符情實，杜絕浮詐，以定民志也。許子欲市價不貳，布穀麻屨，長短、輕重、大小、多寡同價，以有易無，無分貴賤，亦是公分浮產之用意。欲使人不生計較之爭心，然不揣本而齊末，實乖乎物情，反啓人群社會偷惰作僞之獎，以致名實交亂，故斷之曰："惡能治國家？"欲治國家，仍在復先王之道也。

孟子畢戰章

問琴閣監訂　　受業龔道熙注

使畢戰膝臣。問井地。井以辨地之法。孟子曰："子之君滕文公。將行仁政，準備推行愛民之大政。選擇而使子，子必勉努力。之。夫仁政，必自經界始。指定從劃井地界限之經綫、軌度起點。經界不正，井地不鈞，穀穀出於田，人民司命。祿祿供於小人，係酬勞君子。不平。將有偏枯之患。是故暴君摧殘仁政之主權人。污吏貪財柱法之奉行人。必慢不重井地之法。其經界。經界既正，分田即劃分井田，人民各占百畝。制祿即庶人在官者，祿比上農夫，以至士、大夫、卿與諸侯，轉以爲差，詳北宮錡問章。可坐而定也。言其易也。

夫滕壤地褊小，滕國絕長補短五十里之地。將爲君子焉，君子有學在位者。將爲野人焉。郊外農民。無君子莫治野人，治者出政以治，野人各安畎畝。無野人莫養君子。養者，供祿以奉君子。君子係有知識階級，主政教以治野人；野人係無知識階級，主勞力以事君子。然君子之祿養，仍起根於野人之生計，即以衣食住爲本位，其直接產生之關係，不在於金錢，乃在於土地。所謂恆產，即今世云"不動產"。欲解決衣食住本位之願望，與其支配土地平均之方式，非行井田一夫百畝之法，無有定率。然欲井地平均，更須先從井田界限之規劃著手，正其軌度，乃爲徹底，故"仁政必自經界始"也。

請野九一而助，即謂郊外行井田之法，八家之民各占百畝，共出力助耕其中百畝之公田，不別取稅。國中什一使自賦。即謂廛園之地，行什一之法，使貢自賦之什中取一也。卿以下必有圭田，供祭祀之田，主潔也。圭田五十畝，餘夫弱冠未有室者。二十五畝。死徙無出鄉，死，凶禮也。《周禮》："鄉師正歲稽其鄉器，比共吉凶二服，族共喪器，鄉共吉凶禮樂之器。"鄭注，凶服，吊服也。喪器，夷槃素俎楬豆輁軸之屬。又，族師四閭爲族，以相葬埋，此同鄉凶禮之制也。徙，受土易居。比長徙於國中及郊，則從而授之；若徙於他，則爲之旌節而行之。注：或國中之民出徙郊，或郊民人徙國中，皆從而付所處之吏明無罪惡。徙於他，謂出居異鄉，授之者有節乃達，此謂不便其居而徙也；若便則不徙，其常制也，故無出鄉。鄉田同井，同鄉之田，共井之家。出入相友，《周禮》：五家爲比，五比爲閭，閭二十五家，同一閭巷。出入，即謂此同一閭門出入也；相友，謂此二十五家如左右手，有互助之義。此友字用爲動詞，即六行孝友之友。孝行課於家，從五家相受；閭仍曰相受者，孝友相連也。亦即《論語》"弟子入則孝，出則弟"之義。孝友課家間，睦姻教族黨，任恤及州鄉也。守望相助，趙注：助察奸惡也。《周禮》比長，五家相受相和親，有辠奇衺，則相及，故須助察奸惡。即族師四閭爲族，八閭爲聯，使之相保。賈疏：謂相保不爲愆負是也。疾病相扶持，趙注：謂扶持其羸弱，即《周禮·司徒》"五族爲黨，使之相捄；五黨爲州，使之相賙"是也。則百姓親睦。司徒鄉三物，六行教民，有睦姻任恤；鄉八刑糾民，有不睦之刑，不姻之刑，不任之刑，不恤之刑。則所以教民親睦之法，至周且至，故小行人有"康樂和親安平"之書也。

　　方里而井，井九百畝，其中爲公田，八家皆私百畝，同養公田。公事畢，然後敢治私事，即同養公田終事，而後敢治私田。所以別分也。野人也。君子服公在位，以國事爲主位；小人以身家生計爲本位，除養公田，純係在野力田，自營爲私。此君子野人，所以分途，不得一概相量。此其大略也。謂井田之綱要。若夫潤澤之，謂修飾損益之宜。則在君與子矣。井田爲國家制田具體之辦法，井九百畝爲人民分田抽象之辦法。中爲公田，係國有；外爲私田，係民有。人民各占國家地盤之一份，以達到生活願望之本位。既享權利，對於國家，始有切實關係，始能責以愛國，確盡當兵納稅之義務。當兵固仍依井田之法，寓兵於農，農隙講武，有事則戰，純係直接，不似後世丁稅擾民之制。納稅亦是直接出力，不別取稅，同耕公田，而收穫之農歎，更隨其年歲之凶樂處於同等地位，與人民休戚相關。固不似貢法之較數歲以爲常例，直取民穀，更非後世之取非民有，苟便金錢養成金錢之萬能萬惡，使民二月賣新絲，五月糶新谷，國困而民貧。此國家與人民之關係也。至人民與人民之關係，亦以制井分田之法而定。餘夫授以二十五畝之田。三十曰壯、有室，則授以百畝。規定恒產，指定區域，三十受之，六十歸田，不得據爲私有，亦不得輕於去就同鄉共井。土著不移，連成鄉里、族黨之制，安土敦仁，恩足以相救，義足以相死。故能相友、相助、相扶持，以成德鄰、仁里之風，所謂"康樂和親安平"是也，此乃民生、民族之正誼。民格由此養成，國家因以安固，即係公産良法應用之效果也。

孟子北宮錡問章

問琴閣監訂　受業龔道熙注

北宮錡衛人。問曰："周室指西周。班班次。爵位也。祿穀也。也，如之何？"尊卑多寡之數，爵以任賢，祿以制用。國家用人之大法，行政之先務，乃盛衰治亂之重心。周室自文武訖於成康，天下統一，號稱極治，即中國第一極盛時代。所謂有道之世，小德役大德，小賢役大賢。其於用人行政之典，必最詳審，錡目擊戰國之亂，居今思古，故以此發問。

孟子曰："其詳細目。不可得聞也，諸侯列國守土之君。惡忌也。其害己妨疑一己之權利。也，而皆去其籍。即爵祿之典策。然而軻也，嘗聞其略大綱。也。先王建國親侯，封以土地，同時即頒以典章，俾世世奉爲法守，以治其國。周自平王東遷，入春秋時代，王道不行，諸侯遂各逞其野心，尚詐尚力，強凌弱，衆暴寡，有強權而無公理，至於戰國尤無顧忌。所謂天下無道，小役大，弱役強是也。是皆大悖先王所頒之典章，徒便一己之權利，故皆去其籍，幾歸淨盡，惟孟子師事子思，得聖人教澤之遺，抱守先侍後之志，尚得言其梗概。天子義主法天出治。一位，公義主執法無私。一位，侯義主守士衛民。一位，伯義主以德長民。一位，子義主孳養百姓。男義主任治土田。同一位，凡五等也。君義主正身出令。一位，卿義主執節不回。一位，大夫義主大可扶人。一位，上士義主推十合一，才可服事。一位，中士一位，下士一位，凡六等。階級。中國聖賢經傳名詞，最爲精審，言中有物，各涵主義。

自天子以至士，即其例矣。職等不能相屬，權均不能相使，故準德智之高下，定爲正當階級之服從。五等之爵，爲王者統治天下之全體；六等之位，爲列侯君臨一國之抽象。俾相統屬，如身臂之使。義爲貴貴尊賢，理本天秩天序。顧名思義，各盡職務，無冠履倒置之嫌，亦無尾大不掉之患，國家自治，天下自平。此中國國體、聖經政體所以盡善盡美，較諸子別教獨爲優勝之原則。

天子之制，地方開方。千里，公、侯皆方百里，伯七十里，子、男五十里，凡四等。不能五十里，不達於天子，附於諸侯，曰附庸。附屬上國以名通。天子之卿受地視侯，大夫受地視伯，元士受地視子、男。視比也。土地爲國家要素之一，五穀與凡百物產所從出，即國計民生所攸關。故先既準五等之爵，定以四等之地，王朝之卿、大夫、士亦準此爲比例。所謂分土而治，各君其國，各子其民，便於施政布教，免致鞭長莫及。而中國地大物博，土廣民衆，非分治之法，尤難爲功，且嫌以天下爲私產，故《春秋傳》曰："先王疆理天下，物土之宜而布其利。"天下爲家者，使天下各等之人，各占其分數，各有其家，仍屬選賢與能，天下爲公之大例。此其義法也。

大國地方百里，君十卿祿，一萬九千二百石。卿祿四大夫，一千九百二十石。大夫倍上士，四百八十石。上士倍中士，二百四十石。中士倍下士，一百二十石。下士與庶人在官者同祿，祿足以代其耕也。即農夫之六十石。次國地方七十里，君十卿祿，一萬四千四百石。卿祿三大夫，一千四百四十石。大夫倍上士，上士倍中士，中士倍下士，下士與庶人在官者同祿，祿足以代其耕也。小國地方五十里，君十卿祿，九千六百石。卿祿二大夫，九百六十石。大夫倍上士，上士倍中士，中士倍下士，下士與庶人在官者同祿，祿足以代其耕也。此即制祿之法，自公卿至士，以農爲本，祿足以代耕。由此起算，天之生人，雖有賢愚、貴賤之不同，然要以民爲本位。人之願欲，雖有豐儉、精粗之不同，然要以衣食爲起點。國以民爲本，民以食爲天，食之所出，則在於耕。中國幅員遼闊，土質沃美，氣候溫和，原適於農，誠爲農國。雖天子、諸侯、公、卿、大夫，亦有藉田之典，耕助之事，以爲國人倡，則其重農之意曉然共喻，而制祿之法，本德位之高下遞增遞減，無過不及。自萬石以至六十石，均爲米廩計算，成爲相當法定之數，均爲農夫起例作爲標準，滴滴歸源。結之曰"祿足以代其耕"，即揭明立國之要、制祿之原起。

耕者之所獲，一夫百畝。約當今三十畝，計獲谷六十石。百畝之糞，上農夫食九人，上次食八人，中食七人，中次食六人，下食五人。庶人在官者，府史胥徒之屬，其祿以是爲差。等差。中國國體始於家庭人群，統於倫理，以個人爲單位。所謂一夫者，對於妻之稱，子女亦屬焉。古者男子三十而娶，女子二十而嫁，娶妻生子，家庭以立。或七八人，或五六人，故曰八口之家，又曰數口之家。家庭之制既立，須待生計維持。故於娶妻之時，人民對於國家，三十即授田百畝，耕獲足食九人以至五人。雖有上農下農之不同，要以人給家足爲指歸，故庶人在官者視同一律，仰足以事父母，俯足以蓄妻子。所謂衣食足，而知榮辱。家庭既固，然後人知愛國，徵兵與學，親上死長，可得而言，此人占一分，分田而食之效用。故班爵制祿之典，即封建井田之法，此章其大較也。

附录 《詩經》國學初級普及教科兼女學及補習訂讀説例①

　　凡爲學皆有體用，必先求得其原理原則，然後發生其應用效果，凡學皆然。而於教育學，爲尤深切著明者矣。西學者有言：非有高深之學理，不能定淺近之教科。是爲名言，環球之共理，亦爲環球學界所公認。中國自兩漢之末，教法墜落，失其統系。至隋唐開科取士，學界讀書，不知體用所在，亦不求體用所在，但以儲備作文考試。女學由此銷沈，而普及教育遂由此斷絶，二者互爲因果。失學者居於全國之最多數，則文化日形退降。今四海大通，實爲進化之際會，而世界乃大亂者，窮則當變，極而復返，理之當然。

　　學校本屬三代之遺，禮失求諸野四裔，先演其形式。先朝乃取則於其形式而立學校，但習沿於考試時代相承之教法已千餘年。學校如林，仍祇偏重於人才教育一面，絶未注意於普及教育一面，但求形式，全失精神。其敗點由於支配教科凌亂複雜，即根於教科課本凌亂複雜。再究其原，由於未講教育學，輒定教科書，尚不知教育學有其原理原則，何由得其應用效果。

　　國學會同人諮於不佞，爲發起女學，審定學科。維夫女學之初級，即是普及教育之初程。舉凡國中失學之男女，皆可就此普及之初程，以資補習，知識同等，事同一例，由深出顯，取其簡要易知易能，故合訂爲一科。刺取經傳，次及小學提綱，仿劉、班《七略》《六藝》裁篇別出之法，合女學學科，與普及初級、失學補習同爲一讀本。次叙則先列經傳，後及蒙學單行課本；授課則仍先授三字經、千字文、百家姓等。使略識千餘字，粗能上口，始教誦經，説例於後。

　　舊教法失之太繁難，新教課失於太簡易。舊家私塾，童蒙遍誦《四書五經》，書理極深，而且繁博，講貫實難其師，故學者惟有剽竊詞句以爲文。童蒙徒苦腦力，費時日，皓首而莫名其故，則失之於深，而反以得淺。新學校教員書坊各編課本，列舉多科，而獵取甚簡略，教習代學生撮爲記問、純不用思力。所聞本淺，則淺之尤淺，所以公知之社會環境，乃外域之社會環境，而於本國之社會環境，反缺公知中國之社會環境。所應有公知之必要，自古先聖哲傳來本，有與外國特別之原則。但經傳繁博而理深，須先就繁中取簡，深中求淺，由其易處以漸進於其難，使淺學者於此得共同知識，而上達者即於此儲備，就淺以求深，由易以知難，始望由此以回復古先教法之統系。《學記》所云："如攻堅木，先其易者，後其節目。"乃教育學之精要名言，無多語也。今訂讀本，即法此意。

　　昔在先朝學部設中央教育會，議者欲删節經書爲課本，不佞駁云删訂惟孔子始能。今如欲篇删其章，章删其句。殊不知一家之講解，何以見其勝於諸家。而且篇章之組合相承，章句之前後相起。有略一字而全章失旨，删一句而連章義別。則學者所讀之經，非孔門所傳之經，是今人所著之經化爲異物矣。然有一法，即是裁篇別出，但此法劉、班亦祇能施於傳記，以下諸書則經且奈何，今就所湛思而得。則夫子所訂，原有分段，以示後人，刺取爲教。《學記》云小雅肆三，即鹿鳴、四牡、皇華之三章，《禮》又云周南之三，召南之三，《詩説》指豳風、七月篇爲豳風、豳雅、豳頌，此即指明初級普授之旨要也。今故取此十篇爲詩經普誦讀本。

　　既授學及門，發起請訂教科普及書課，乃刺取經傳，裁篇別出，兼及通行蒙學課本，爲之説例已竟，重自省覽，可稱簡要慮社會紐於所習，以先入爲主。忽視者，輕其單簡，重視且以爲困難，謂古義似迂回而難通也。乃重言以申明之，所舉經籍爲書至少，不及舊學蒙誦

---

① 宋育仁著問琴閣叢書《詩經》內容除《國學初級普及教科兼女學及補習訂讀説例》部分，與《諸經説例》之《詩經説例》完全相同，故將"説例"部分以附録方式録出。

十分之一。而普通知識所宜知，則應有盡有，且由此已超過公知界，已能知普通所不知，具在所訂例言、間注中。減短背誦課程，增益講貫知識，依此分年課讀講習，已堪執四民之業而有餘。惟士學無窮，於此始基之矣，然猶未也。而例言結論一篇，已示其程，按其程式而進，求之可十年治學，成爲學優之士。其故何也？誦讀不多，易記難忘，講貫入手不差，已知爲人行事，持身接物之途徑，及涉世與社會國家交際之公知公理。由此自進於學問，祇須就淺求深，即所已知，求所未知。先知其大體，再按之訓詁以玩經文，即回復先漢受經師法，便從此而止。有時聽經師演講，博學名言，道路本通，不致隔在門外。講者有錯誤，聞者尚心知，何況出門合轍，自能迎刃而解。須知教育學理，不能使盡人皆成爲士，要不能阻人之願學爲士。所以《周官》司徒之教，是分明與樂正四術之教，別爲教民、造士兩途。而司徒之教，即係預備儒行，以禮樂之教科爲引港過渡，先踐禮之小節，後踐禮之大節，便是輕車熟路；而且程度秩然，彼此了了心知，不得爭高論下，此其所以造成良社會也。所謂君子學道則愛人，小人學道則易使也。人生本屬小人原質，試觀孩提初無知識。普通知識即是習慣，從其家庭學來，即是從社會習慣學來。所以文家通語，婦孺同詞。輕其無有學識，即短少知見故也。須知小人非但不屬惡名，并且即是良民。良民可以爲善人，但未成爲君子，尚不得稱君子，必須學君子所學，始能學成君子。今日社會之不良，祇是君子不成爲君子，一味以升官發財爲承先啓後惟一主義，相率相引，造成不良社會人人各謀其自私自利。無論何等家庭，同一皇皇求財利，惟恐不足。學於家庭即屬學於社會，有學與無學，同一學於不良之社會，安有良效果之可能？所以必須改良社會，必在改正教科；改正教科，必先改正普通初級教育。男女并學初級單簡教科，而深造即於此立其基礎。不但未學、初學、淺學者，宜依此所訂課本循序講授；即已遍誦《五經四書》、能閱史鑒執筆爲文者，亦宜依此改良，先講畢此課，接按結論程式，過此以往，求深於學。試思所指門徑是否可從，又是否比校舊學界埋頭讀書爲得爲失，可不煩言而解耳。未學者補習此課三年，屈就農工商職業，恢乎有餘；已學者改新講貫，四年之程，朞月可辦。後此三十年學級，明敏銳進者三年有成，真能一日而千里。不由此初課程序，後此之程，扞格不入，枝節續而爲學，縱成博士亦屬無用也。夫以今日滔滔，而我乃肝肝勸學，豈非大愚。請再決言，社會人群，士農工商盡之矣。後世更別乎士之等，而增以官之一流，人情皆欲圖富貴，即群趨重於作官；其次乃有糧戶，積財以廣置產，領東合資以營富業；其次於此者，皆奔走衣食之備力耳。今日官場已打破"古人修其天爵，而人爵從之。"今不但蔑其天爵，甚且劫奪穿窬以竊人爵，不足爲榮，徒爲苟得。積財置產，不敵稅捐之重疊、生活之增高，終歸於多藏厚亡，負乘致寇，領本營商，無人放本。此外奔波衣食，皆朝不謀夕。非改良社會，終歸行到窮途，同歸於盡而已。與其用盡心機，卒無長策，何如落得幾日乾淨，預備試驗改良教育方法，於舊學界占一新位置也。

經術公理學

提　要

　　《經術公理學》是宋育仁經學著作之一種，該著共五個部分，除序外，有"明德第一""原律第二""正辭第三""知新第四"。在《經術公理學》中，宋育仁梳理存於諸經的"經術"（即制度與大義微言），旁證於西方制度，在批判維新者和墨守者的基礎上，開出了循經術求公理的治世藥方。

　　在序言部分，宋育仁結合儒釋道及西方古今學說，揭示不明經術、不明經術之公理所致的各種亂象。在序言中，宋育仁闡述了公理的重要性。"不知公德執倫理而成規，公法自家庭而絜矩，一本於公理而已。循公理爲公德，衍公德爲公律。欲求國度之日進，必求人格之完全；欲求人格之完全，必明倫理之必不可易；欲知倫理之不可易，務知公理之無所逃於天地之閒。"宋育仁進而自序《經術公理學》的緣由，"誠見經術之紛綸葳蕤而同條共貫，無往而非公理也，乃撮述所聞爲《經術公理學》"。

　　在"明德第一"中，宋育仁以公理爲參照辨智愚賢不肖，"賢者以明公理爲主，智者出入於公理私智之閒，不肖者以背公理得名，愚者並迷惑於公理私智之數，惟其易本質也，故可賢可不肖"。繼而解"明明德於天下"猶如"明其公理於五洲"，而明公理於其國、於五洲必由學校教育。宋育仁旁徵博引中國古代制度和當前西方制度，闡釋士農工商及吏治、德教等各領域之公理。該部分附有"擬設銀行以籌商本簡明章程""厘訂學校議"，整理時，分別以附錄一、附錄二置於文後以保持文章的連貫性。

　　在"原律第二"中，宋育仁基於《易》《記》《書》等經追索了中國"律"之形成和演進的歷史，製作"古今中西刑罰異同表""四代刑律表"介紹中國律例。宋育仁從法律爲全國行止之範圍、法律者爲教化公同之演說、法律爲界畫權利之證據、法律爲聯合公私之條約、法律爲保護民生幸福之章程等五個方面界說法律，提出法律人才培養路徑和法律治世的系列措施。

　　在"正辭第三"中，宋育仁批判宋學"其學以《易》爲主，專重修性命之理""於經術之全體大用，概乎未有聞焉""原性理以釋經文，大半郢書而燕説"。宋育仁還通過"仁""義"辨孔子之"道"。

　　在"知新第四"中，宋育仁批評"今學者不求自新，而動曰新民，夫先未知新矣"，主張"欲自新者，先新其知"。宋育仁在論述"以稽古即維新爲標目"時，明確"今"與"古"的概念，"載籍所言，皆以及身以後爲今，而其前爲古"。批評維新者，"未嘗稽古"，或"誤以秦漢至元明、順康至咸同當稽古之名"，"舍是而外求之別國之書，耳語相沿，以先王爲不足法"，進而認爲明於公理，可以求知新者。宋育仁批評向西方求公理，認爲"一部六經皆公理。求知公理者，溫故焉可矣"。

"經術"和"公理"是宋育仁在本著中使用的高頻詞，"公理"出現201次，"經術"出現39次，並用之於書名。那麼，何爲公理，何爲經術？二者是什麼樣的關係？

在宋育仁經學體系和學術思想中，"經術"是治經的高級階段和最高層級。在《諸經説例·詩經講義》中，他把"經"分爲"學"與"術"兩個層級，即經學與經術。他説："凡經學第一課爲訓詁，第二課爲章句，第三課爲考訂，參合倫理制度與文章以解經爲第四課，大義微言爲治經之第五課。"他認爲訓詁、章句、考訂"皆學者讀書之事，於經學二字尚可依附，於經術二字尚可不相涉"，從第四課開始，"則由經學而進於經術矣"，大義微言"則純乎經術"。學者循此治經路徑，方能由經學而進於經術。在其《群經大義》中，宋育仁把第四課直接明確爲"制度"。在《經術公理學》中，宋育仁認爲學與術有"淺深之別，即是有用無用之別"。他認爲以考訂爲經學之終事者，無關於"通致用之宏旨"，不過記問炫博，當屬無用。宋育仁認爲孔沖遠正義以後，益以帖括之習，"經術幾乎熄矣"。

"公理"是宋育仁學術思想中的又一個重要術語，何謂"公理"？《經術公理學》中"公理"有多種意思，宋育仁從多個維度使用"公理"一詞。其一，公理是人們共知的知識，如"跬步而知千里，須臾而測萬期""知分土而各治其民""公德執倫理而成規，公法自家庭而絜矩""各事其事爲義務，推己及人爲公理"等。其二，公理是人民資格的重心，是國家原理必有要素。其三，公理是商律，"故今日謀教商，在使之明公理而不可導以矜私智。公理何在？商律是也"。其四，公理是古人之"大義"，孟子稱仁義，放淫辭，獨明公理之學。又説"公理者，仁義也"。其五，公理是"天下之公器"，無私壟斷焉，亦無妙秘密法，尤無所謂頓悟禪也。其六，"經爲古今之通律，即中外之公理"。這個可以看作宋育仁對公理的總括之詞。當然，宋育仁對公理的描述不止於這些，還有"各教皆推本公理，而惟人倫之教，爲公理之天則。義必合群，群則必有公理。此公理緣私德而起，與私德爲對待，即西學家所謂公德，聖人所謂精義也"等説法。

宋育仁在《經術公理學》中論述了公理的重要作用："本公理以正人倫始能據公理以治其國，推而據公理以正邦交，推而據公理以大一統。"不明公理，"雖涕泣而日號於衆，曰合群合群，人將曰不勝其己；雖日討國人而訓曰愛國愛國，人將曰不如其愛身"。公理明而合群之德著，然後愛國之心生。他還把公理作爲區別賢不肖和智愚的重要因素，"賢者以明公理爲主，智者出入於公理私智之閒，不肖者以背公理得名，愚者並迷惑於公理私智之數，惟其爲本質也"。公理可以"明是非"。人格非公理不成，國家非公理不立；明公理然後各知其分職，不致放棄義務、逾越許可權。公理是正名基礎，"聖人據公理而立名稱，據名稱而制禮度。公理即禮之原質，禮由公理化合而成也，故曰必也正名"。

宋育仁在《經術公理學》中指出明公理之路徑在於學校，他在"明德"章説"明其明德於天下，猶曰明其公理於五洲。欲明公理於五洲者，非先明公理於其國，則其道無由也，則學校是也，正以化愚爲賢也"。

宋育仁在《經術公理學》中還探討了經術與公理閒的關係，宋育仁認爲公理源於經術，他説："欲求國度之日進，必求人格之完全；欲求人格之完全，必明倫理之必不可易；欲知倫理之不可易，務知公理之無所逃於天地之間。欲明公理，則必求之經術矣。"從內容看，"公理政治之學，爲經術之大宗"。

宋育仁利用"經術"闡發"公理"，自然不單純爲學，而是爲經世而作。宋育仁治經重視制度和大義微言（即經術）。他不僅著有《經術公理學》，還著有《經術政治學》，由此可窺其治經目的在於治世。這與作爲維新思想家和實踐者的宋育仁的思想理路是一致的。宋育仁高度評價中國公理"發明最先，聖人之書具在"。但是，數千年來私智日行於世，"公理僅存於書"。宋育仁批判維新者、墨守者不聞經術不明公理之種種現象，闡述存於經術中的公理，爲統治者提供治世對策。如，宋育仁在抨擊"知律之官少"而致"亂法之事多"，提出"徵明經術通掌故之士"，修訂法律之典，立政治專科之學，培養政治專科之士，然後培養"通曉法律之官"。

《經術公理學》刊刻於 1904 年，其時，清王朝已經開始以新政爲名的系列改革，宋育仁正是在博考中西，反思墨守者和維新者基礎上，重經術，崇公理，提出其"復古即維新"的思考理路。宋育仁期望"我朝將應百世之期"，使經術立五洲之憲；期望"憲法立""明王興"，對當朝統治者寄予厚望。他說"憲法立即聖人作，天下宗即明王興，經術明而天下宗。明天子在上，必來取法，其在本朝乎？其在我聖君乎？"

當然，不論"復古即維新"的思考維新改革思維模式，還是《經術公理學》闡釋的存於"經術"的"公理"，其科學性或者對中國近代問題解決的適用性都有待客觀評價和考證，但不可否認的是宋育仁學以致用，關注國家民族命運和時代命題，將治學（治經）與治世結合的中國優秀知識分子的優良品格。

《經術公理學》光緒甲辰（光緒三十年，1904 年）秋上海同文社鉛印，單獨成著，整理底本即此版本。

序　言

　　有空虛而無涯垠，有悠久而無終始，離朱所不能視，巧曆所不能算。索隱者必欲窮之，窮之而終不得其朕，則鈲析瑣微，立名以辨而已矣。有不物物，有非非想，有未始有夫未始，有無，有非有非非有，旋螺其詞，_{古稱螺蛤之屬爲互物，故詞之複沓相交者爲互文，喻互物之旋生也。}而須彌於芥，其實不過名詮。歸於不可思議以爲究竟，此莊生、喬達摩之所主也。夫空寂能仁，空非真空，寂非真寂，所謂本無一物，即是其中有物。此馳思於造物之先，而欲復根於無名之始，誠出世之高言，特非有身訴合以來，生於空閒，長於時閒，物我兼營，與衆共喻之事，故“六合之外，聖人存而不論”。如云日局太始，乃爲星氣，名涅菩剌斯，布濩六合，漸由吸力，收攝成珠，太陽居中，八緯外繞，此輶近斯賓塞爾之徒所執也。就人意識所及，以窺造物天倪，亦復數言可辨。特此涅菩星氣，何自而生？其質點本熱，從而何有？且涅菩剌斯之名，非星氣所自表，乃人心所影造，究所由來，仍歸意識。萬物之象，既由見觸而知，止於意驗與心相符，則夫見觸不及，即意驗無徵，云何有象？特加爾云：積意成我，我爲非妄。赫胥黎乃設喻赤圓石子以申其義，謂意物之際，嘗隔一塵，本體莫見，純爲意境。此足以破前説，而又獨執我見爲真，則何能斷彼見爲妄？今思無我之先，意又安在？孰主宰是，孰綱維是？聖人有所不知焉，誠可以存而不論也。星球運行，熱力牽引，此處辟以散力，彼處聚以成質，爲聲，爲光，爲動，日耗其本力。天行所演，萬物芸芸，衆庶品生，或今有而古無，或昔盛而今滅。斯賓塞爾以天演之理，推測地球日縮、彗星漸遲，八緯周天，皆將日緩，久且迸入與太陽合體。霍得耳測彗星與地球同軌之期，將爲彗星所滅。瑪律達以萬類生生之數，用幾何級數相乘，使滅亡之數不遠過於所存，則瞬息之間，地球乃無隙地。達爾文以象之孳生最遲爲例，赫胥黎設植物出子最少之數爲衡，皆以萬物竝育爲疑、大地冨滿爲慮。夫天道有恒，而變動不居；其物不貳，故生物不測。人心之動，止於所見與意識相符，故朝暮寒暑之運行、日月星辰之隱見，以渾天推測可得，以周髀、宣夜推測亦可得，而歲差之度，已古今不同。如謂物曲有力、人官有能，不關於天行之所演，則太極元氣，只如黴菌微生之物，悉可由人力以化分化合、舉重升高，不難預創未有之星球別循獨行之軌道，如所謂斷鼇足以柱天、漬爐灰而止水，而何以極竭人官之能，僅能求千歲日至之故，而不能測其未來。_{凡測天地未來諸說，皆就過去已然之迹，以積算求之，即孟子所謂“苟求其故”也。}僅能驗三十里空氣之差，_{蒙氣折光、熱力距離、光線速率諸説，雖出乎三十里空氣之外，然均無準數。無從測量，則屬理想。}而過此以往，未之或知也。然則恒沙星球，與九重圜則，皆生於意驗相符，適然訴合，未知其孰得而孰失也。如以意爲因，以驗爲果，因果循環，仍不出天行所演，則天演爲原動，物生爲受動，天擇爲牽機，物競爲傀儡，是孰使之然哉？天演之論，亦自有云“人巧奪天工”。其説固非皆誕，顧此冒彤橫目、手以攫而足以行者，亦彼蒼所賦與，且豈徒形體己然。凡所謂運智慮以爲才，制行誼以爲德，一一皆秉彝所界，無所逃於天命而獨尊。則知杞人之憂天，不自覺爲積氣之微動力所使耳。夫物論既齊，則可名非名，形象非象。空閒之所見觸，時閒之所訴合，不妨就意驗以爲真，庸詎知意驗之非妄耶？觀於兩力相抵，則兩力相消，可悟萬物竝育而不相害。試思無質之力，何自而生？蟲臂鼠肝，何緣而賦？證以天地閒之原質，無一物能使之滅。二理異唱而同途，知原質之不能使滅，即知原質之不能使增。夫既力在質先而不增不減，則知其物不貳，周流六虛，在天成象，在地成形，此盈則彼縮、甲滿則乙虧。故曰陰陽消息，“而易行

146

乎其中矣"。今乃慮孳生之速，而消滅之遲，憂夫積塊搏搏，不足以容所生之萬物。建宇宙之宏議，唱物競之冤詞而欲與天對獄者，是未知兩力相消，已爲生物不測之現象。原質不滅，實爲其物不貳之原理也。天地之間其猶橐籥歟？橐則無底，有物入焉，彭然而充矣；籥則吹而高下成聲，其吹者一也，而出萬不同。新舊更代乎前，而各如其量，此猶天擇之所與，適各如其物，乃善喻者也。非物競與天行爲對待之説也。人世代謝相推於六合之內，如樂之出虛、蒸之成菌，就其意驗之所符可以測天行而推物理，是誠可立論而不可窮之於思議也。故曰"六合之內，聖人論而不議"，即釋言"不可思議"之謂矣。

　　空間曰宇，時間曰宙，統宇宙而立爲名稱則曰世也。莊子所云有實而無夫處，有長而無本剽。橫爲世界，縱爲世代，自近而遠，皆人群更代乎前，而以人群之所至爲界。孔子之作《春秋》，其地則內九州，其時則二百四十年而止矣。而曰"《春秋》經世，先王之志"，則何居？人群之自狹而廣，人事之自簡而繁，此天行之自然。其在先覺之倫，固所共知之公理也。禹使亥、章步地，極於大荒而三代相承。王者所治僅五千里，此何以故？未至其時，則就所見之世代以爲所治之世界。顧自家庭而演爲宗族，由宗族而演爲國家，由國家而演爲天下；自元係天端而演爲四時，自四時而演三世，自三世而演爲萬世。跬步而知千里，須臾而測萬期，亦先覺之倫所共知之公理也。心之所之謂之志，時尚未至而志先及之。孔子奉天道，明王政，法先王以作《春秋》，托之於二百四十年之史以備人事。明王政，著天道。知分土而各治其民爲宇宙一定不易之公理，則據公理以治邦交爲宇宙合群之大事。顧必本公理以正人倫始能據公理以治其國，推而據公理以正邦交，推而據公理以大一統，故曰"廣魯於天下"。六合之外，有未始、有夫未始有者焉，非人之所得知也，即非人之所得而論也；六合之內，有未始、有夫有物者焉，非人之所得而治也，即非人之所得而議也。至於世之立名，則就人群而立，雖有萬形經、希夷名，疏仡循蜚因提之紀，人非人，想非想，切利少廣諸天，姑勿論其信否。第就空間時間，黴菌、微生、膠質、粒點積而成體，動而生覺，起滅萬殊，因果相續，塵念相接，可得名言者，則未有靈於人者也，故謂人爲萬物之靈。而天地之生，以人爲貴，其自命爲人，則有名之始。其命名百物，則持世之符，不容疑也。故於人類之中而出乎其類者，當其世皆有經世之權，與不當其時者竝有經世之志是其應有之責任。以爲德充之符，乃天擇之所與，而物競之所不能奪。自無始以來，閱人成世，就人世意識所界，含生負氣之倫，所得與知與能者，範圍不過於此斯已矣，毋庸其辨也，故"《春秋》經世，聖人議而不辨"[1]。夫積意成我，意本天倪；積我成家，即入人群交際，由是而家，而族，而國，而五洲環球。舉不外於公理，即不能別有天倪。雖言語不通，好惡不同，而啼笑出於一情，哀樂感而一致，此人之原質，爲天演之流行。所謂元係天端，即西域竺乾所謂婆羅門、阿德門同出一原之義也。特竺乾之法以出世爲宗，流轉六合之中而遊心六合之外。以刻苦爲薰修，則厭世與度世兩妨，舍己與爲己相繆。釋迦唱論，本自同歸，徒以"空非真空、寂非真寂"標示涅槃，擴充識界，故以捨身度世，表其無我。其視欲立立人、欲達達人異矣，乃出世者之轉語，誠何當於經世之公理乎？耶穌晚出於佛，乃言入世教民而不與立國同情，則仍以出世爲教。其先立教者專求之造物之先，其後言學者乃求其生物之故。自德黎逆策日食，畢達哥拉斯以律呂言天運，芝諾芬尼始創名學，額拉吉來圖首言物性，德摩頡利圖倡莫破質點，蘇格拉第始專言道德，亞里大各最號理家，伊壁鳩魯、芝諾倡斯多噶學，此歐洲學派由宗教而遞嬗爲哲學、

---

① 語出《莊子·齊物論》，原作"春秋經世先王之志，聖人議而不辯。"

文學、物理、論理之淵源。其閒新舊之轉關，以哲理與論理相雜糅爲學界之過渡。當時號爲理論，其支離破碎，與周秦諸子同符相望而破宗教之迷罔、啓後學之新知，實爲其進化之所始，所謂科學進而宗教退也。其後學者皆研物理以詮名象，據名象以辨是非。物理之學日推而浸廣，哲理之界爲物理所範圍，遂以物理之聲光、電化專科學之名非其本義然也。自特加爾倡尊疑之學，而培根以自信爲宗，推本於額拉吉來圖，引足長流之喻、萬物火化之談，而德謨吉利圖繼之而作，至斯賓塞爾乃推生理而致於群學，達爾文承風先趨。顧其所執之理，率出入於婆羅門、喬達摩、斯多噶三派之間，不外於厭世與樂生之兩途，斯賓氏爲執中矣。然皆據意驗所經，以名象相權，紛綸於六合之內以窺測於六合之外，甲以此立論者，乙可立說而破也。其實厭世與樂生，皆人情之田。善治者均當酌而措之於最宜，而莫之夭閼。其物競爭存，適與厭世、樂生爲反對，乃弱肉强食草昧之余習，動於知覺之已具而昧於意識之未全，其不得爲完全之人格明矣。進言群學者，則幾於經世之志矣。自身而群以至於國，夫非謂治人乎？斯其爲經世也。然則經世之大經，其不在人民資格與國家原理乎？人民資格必有其重心，國家原理必有其要素。執其樞者安在？其必在於公理矣。不明公理，雖涕泣而日號於衆，曰合群合群，人將曰不勝其己；雖日討國人而訓曰愛國愛國，人將曰不如其愛身。今持科學進步而人群進化之理以求民格，未始爲非也。無如貧者救死而恐不贍，富者不勝其欲望之私，其不肯舍己芸人而姑置自營以求學，則斷可知矣。而董勸强迫者誰乎？則將求之於政治主義，求之於國家原理，爲陶成人格之模範以啓合群愛國之通途，夫乃可爲也。庶幾矣，乃立國家原理之名、政治綱要之義，求其主名而不得，方且歸之於神權，方且歸之於貴族，方且推本於契約，取譬於機器，歸重於保人民之財產，放任人民之自由，曼衍支離，適足以啓談士之紛而致後生之惑。輓近東瀛學者，亦頗有言立國之原屬於道理者，顧謂不由倫理演成，不由家庭結合。其與愚以疑之故，由於公德私德之界不明，析言破道則日興。以國與民之交際屬公法，民與民之交際爲私法，則家庭之爲私法，倫理之爲私德，又何論焉？不知公德執倫理而成規，公法自家庭而絜矩，一本於公理而已。循公理爲公德，衍公德爲公律。欲求國度之日進，必求人格之完全；欲求人格之完全，必明倫理之必不可易；欲知倫理之不可易，務知公理之無所逃於天地之閒。欲明公理，則必求之經術矣。

六經皆據公理爲元素，以經世爲主義，不獨《春秋》爲然。而莊生發明孔子制作，獨舉《春秋》，以《春秋》有大一統之微言，與六合內外爲三等。廣魯於天下者，廣中國於五洲之義也。六經之垂憲，將期推而放之於四海。顧宗國乃忘焉，抑亦思夫公理者天下所同歸，而聖人先得我心同然之故乎？顧其元係天端、顯仁藏用之旨，似與阿德門之宗旨無殊。要其推而致之天下國家，放諸四海，由親及疏，自近而遠，皆有繩迹之可尋，而非空寂能仁、天演物競之説所得而與，則其途絕異。公理明而合群之德著，然後愛國之心生。吾嘗歎學術衰而天下亂，爲經術不明言之，爲經術之公理不明言之也。誠見經術之紛綸葳蕤而同條共貫，無往而非公理也，乃撮述所聞爲《經術公理學》。宋育仁自序。

明德第一

古今之通言曰智愚賢不肖，智與愚反對，賢與不肖反對，平分爲四列，不可誤合爲兩端。愚近於賢，不肖近於智，但相似而迥不同。俗語有曰教愚化賢，此言極淺而理深，至近而旨遠。緣設教之意，皆主化愚爲賢，因其質地相近，由此引而進之。今世論動言開民智，其意反對愚黔首而言。且今之民，愚者實十居五六，任舉一事，民莫之知，故百廢不能舉，戶說不能悟。驟聞開民智之言，似屬對證之藥，遂群相倡和，以爲得之矣。不意治絲愈棼，去道愈遠，此由誤混賢、智爲一途，不知智屬於聰明之用，賢屬於學力所成。智以生質加人一等爲主名，賢以隨事出人頭地爲標目，故智與愚反對，愚爲生質，非學而後成愚；賢與不肖反對，不肖爲習成，非生而爲不肖。惟下愚不移者，乃屬生而不肖，此別爲特別，不在施教之科。故設教之義，在於教愚化賢，非能教愚化智也。所謂因材施教，非對證發藥之喻也。賢者以明公理爲主，智者出入於公理私智之間，不肖者以背公理得名，愚者并迷惑於公理私智之數，惟其爲本質也，故可賢可不肖。即新理家所謂元素，亦曰要素。知智者不能使之愚，則知愚者不能使之智。堯舜之民，比戶可封，所謂“時雍於變”，又曰民成者，乃由“慎徽五典、敬敷五教”悉化爲賢，非悉化爲智也。又以實事證之，各事其事爲義務，推己及人爲公理，是賢者之所爲。愚者可强而至奪人之權力，非有私智不能爲；損人以利己，非有私智不能濟，是不得謂爲非智也，即謂之不肖亦宜。若使愚者效所爲，不足以達私智之能，而適足以驅之於不肖之路。由前之説，是謂化賢；由後之説，是謂開智。夫明與智尤相似而又不同，則公理與私智之辨也。所貴教民者，教以成民格而各得所安也，豈教之爲比戶可誅之民哉？説者以爲物競爭存優勝劣敗，不知以此爲外交之策則可矣。如以此教民，而國中自相爲競，則智者固勝矣，不肖者亦同出其間而反居必勝焉。認弱肉强食爲公理，反忠恕爲非彝，推其所至，必且如粵巫之養蠱、不容二蟲之能蠱也，豈不可哀也哉？今日中國民固多愚，而察識所爲，詐僞百出，所謂今之愚也詐。以迹而言，又未嘗不智也。今新學家日以開民智爲主義，其將導其私智而益令譸張爲幻乎？抑將喻以公理而求其歸宿也。試問其重心安在？其極點安在？其要素安在？其所達之目的又安在？其基礎將何所立？其積極將何所止？吾將盡舉所謂名詞者而合爲一問題，知其必無詞以對也。我請爲天下正告之曰：不可言開民智，但可言教民成。民成者，成乎其爲民格也。夫既謂成民格矣，重在賢乎？重在智乎？且愚正可化爲賢，而未易變爲智也。賢爲愚之積極，不肖爲智之消極，此理易見而甚明。《記》[1]曰古之爲教者，“非以明民，將以愚之”，又曰“欲明明德於天下”。兩言相反，世學不解而大惑以終身。不知明德爲定名，明爲虛位，空舉其目曰明民，猶之世言開智也。公理私智，皆囫圇隱括於其中，爲公理則益矣，爲私智則損矣，不可以爲教也，故曰“非以明民”。至揭其要素而標之曰“明德”，則其爲公理不可移易，不得以詞害意也，故曰“明明德於天下”。明其明德於天下，猶曰明其公理於五洲。欲明公理於五洲者，非先明公理於其國，則其道無由也，則學校是也。正以化愚爲賢也，化愚爲賢爲積極，教愚成智爲消極。若從消極而引之，其去賢路也愈遠，而不肖之途尤易於入矣，故不可言開民智也。中國公理，發明最先，聖人之書具在。而數千年來，私智日行於世，公理僅存於書。天演家將謂孰爲優而孰爲劣乎？以公理爲優，則公理常敗矣；以私智爲劣，而私智常勝矣。今益言開民智，其爲私智乎？教化未遍之世，教育久敝之國，私智之人已處多數。雖互有優劣，而要歸於各用其私心，無待於勸也。其爲公理乎？言公理必先認義務，舍己之義務而日號於衆曰公理公理，夫先未識公理之所在，而何足以明公理？又安望以公理覺斯民哉？且如果知公理也，則不當以開民智爲目的也，化愚爲不肖，相去其幾何。

士農工商，猶是古之四民也。而所謂士者，僅能執筆爲文，或兼工書畫已爲優矣。最上者，多覽古書數卷，其程度及文科之高等普通而止，進求所謂專門，則程度不至焉。又旁求

---

[1]《記》：應作《老子》。按，此句出自《老子》“古之善爲道者，非以明民，將以愚之。”

他科普通學，其於天文、地輿、算術，閒有及程度者，若教科，若政科，若心理、哲學、公法、理財、經武之術，則概乎未有聞也。其不墨守者，往往閱新報，時見一班，餖飣以爲學，亦能撏撦以成文，屬之文科之著論，則程度有餘；衡以別科之普通，則程度不足。總而論之，考中國今日士學之程度，惟文科之普通，及格者爲多；其於人世最切要而暗蔽最甚者，則於政科之事理多茫然。甚有服官多歷年而不知各署遷轉之故事，各省差缺之大凡，各口通商之原委，近年財賦之大率，其詳無論矣。此於掌故僅涉記問之初程而猶不能知，若問遠焉，其何能知矣。顧皆自文科出身，類能執筆發論，故每有一舉措，發言盈庭，高談驚坐，其實多隔膜之言，皆影響之論也。其公卿執政，或多更事，而從來於政學未嘗究心，望其衡衆說之長短，決事理之疑難，審得失以定從違，吾斯之未能信也，況兼簿墨填委，無暇致思乎？欲救此失，在使已仕之官未仕之士，先習聞國故；就令無缺之官已成之士，補習普通。不遽望其能謀，在先使其聞言而善聽，則言尨之禍漸戢，浮僞之患漸止，建白者乃有可見施行之路。此非爲之開智也，而實所以愈愚，於化賢之意乃近矣。日人嘗喻一國爲舞臺，爲劇場，曲喻而惟肖，顧有登場而演者，有臨場而觀者。古今中外之事，除任事之豪傑數人而外，則皆觀場者也。觀者不知音與節，演者或倦焉，而神形頓減，甚或不識爲何劇，則雖有王豹、綿駒、優孟、偃師，亦且廢然中輟，寧爲南郭之吹竽矣。夫豪傑之士，雖無文王猶興者，不藉於學校之作育而成也。學校之所成，期於及程度則已，皆中材可勉而至。豪傑譬則演劇，多士譬則觀場。登場者爲少數，觀場者爲多數，於多數之中，索解人不得，則引商流徵，屬而和者，并無此數人焉。此伯牙之所以絶弦，一齊之鉗口於衆楚也。甚者偃師見辜而卞和刖，誰爲爲之，孰令聽之哉？夫使衆知國故，然後能知國憂；知國憂，然後能設心以圖國難；圖國難，然後能鑒謀國之善言。倡予和汝，是用大諫。庶幾哉，乃有成事矣。由前之習，人皆曰予智；由後之議，未知其孰賢，然而有程度矣。具曰予聖，誰知烏之雌雄？怨誹之言，吾從《小雅》。

農則愚矣，而貧且久。今欲開其智，將毋逋租乎？將毋抗糧乎？將毋攘畔乎？教以機代力耕，則謝曰無貲；教以肥料變土性，則謝曰無貲；教以牛羊蹄角千澤中千足彘，則又謝曰無貲。千石魚陂，粵有之；千樹桑，蘇湖所在多有之。舉《貨殖》一傳，有貲者自爲之。海門雲臺之報墾，有志者釀公司且爲之，然此皆農之中之少數也。所貴教農者，豈不重在農之多數乎？農之多數，貧者久。爲多數謀者，僅能保其衣食之足資，不能祝篝車之皆滿，則其爲程度也有限，在知土宜而勿失時，能通力而謀合作，如是焉足矣。此爲開智乎？亦曰勿惰而已矣，勉爲善良而已矣。

舜陶於河濱，而器不苦窳者，其製造精良。所居同業以爲法，故所至成邑而成都。利之所在人趨之，善與人同而人自樂於從之學。俗學膚見，以爲德感之耳。無論德不虛言，因事乃見，且天下熙熙，皆爲利來，使無利益及於人，蚩氓獨何心而遠從轉徙哉？唐虞爲中國開務成物時代，其時聖哲，皆以俊德而擅專長。如帝堯則精天文，大禹則精輿地，稷則專門農學，垂則專門工藝學，益則兼長畜牧學商礦學，詳見所著《經術政治學》。大舜耕稼陶漁，則農牧工學兼擅其長。民用既備，此後爲守成時代。農工商虞各務，皆以創始諸賢之裔世掌其官。稷之後世爲農官，垂之後世爲工官，皆有明證。三代相承如故，故《周禮》云："以世事教能，則民不失職也。"器非求舊維新，經有明訓。宜其今日歐美工藝之興，日新月異而未始有窮，理化製造之科學，亦方日進而尚無止境。中國工日楛窳，不但無增於舊，并且不逮其前，以言教工藝之事，則謂爲開民智，宜矣。夫精求分質，推廣化合，增益馬力，加進速率，若斯之類者，智之所爲也，教之學以益其智也。至於材求良而不楛，工求堅而不窳，則非智之所爲也。今中國陶漆繡琢范鑄諸作，皆日敝於曩時，詰所由然，無非偷功減料，凌夷而漸至，乃至絲茶亦多雜僞之巧，日有就衰之勢，此豈不智之爲患哉？不肖之爲害也。日本仿歐美諸作，皆具體而梏，故其工業僅在下中，其弊亦猶是也。故造僞票、鑄私圜、賄印教科書，以牟專利，其案屢起。中國之私鑄尤甚矣。今將維國本，必在造良工。先令其器不梏瘯，然後求藝之精進；先謀其食業於工之多數，而次及聚業於工之少數。所重仍在求善良，而不徒開民智也。

外國重商，夫人而知之；中國尤重商，夫人而不知也。各國之富在商，夫人而知之；中國之商尤富，夫人而不知也。各國大商，得舉爲議紳及大公司商董，得主議於商會，與議於商部，如此而止。中國則獎叙可給一品封典、二品官階，近且有給侍郎銜三品卿者矣，其報效而賞四五品京堂者，不勝縷指。各國之重商，不至於此也。外國富家，累貲或多至三四千萬磅，顧如此者，通歐美計不數覯其家貲自百萬磅以上者，已稱巨富。金與銀之值，前後數十年間，相差一倍。今一百萬磅當中國銀七百萬兩者，計其本位實當三百萬兩。夫財幣之較，當以物價爲準，而數家產之富，當以占本國通國之財積分之幾爲率。若徒以彼磅數合我銀數，非持籌而善計者也。古今貨財民產之計，亦然。春秋戰國之季，所謂千金者，當如今十萬金之較。秦益鑄錢而幣增，故漢時較戰國之季，財幣之值爲減於前，所謂千金之家，當今二十倍有奇，則如二三萬金之較。今各國財幣浮於物產，日用十倍於中國，通計其國中財幣之數與其人數、物產之數，自乘反比，財幣所浮於物產之較又約當五倍於中國。率其財幣之數，恒以十五當中國之一，則累貲一百萬金磅之家，值華銀三百萬兩，以物產和較，才當中國二十萬銀兩之實；一千萬金磅之家，才當中國二百萬銀兩之實。中國之家貲累百萬兩者當其五百萬磅，二百萬兩之家當其一千萬磅。其大較則巨富次富之實約略相等，惟其錢幣之數較多，故見者以爲夥頤，聞者以爲河漢耳。然則商之富不遜於彼，國家之重商且遠過於彼，而公司不能興，大工廠不能舉，鐵路不能自修，銀行不能自設，則何以故？欲優異以勸商人，商人已尊貴矣；欲助豪強以厚其力，商人已兼并矣。然則其患安在？患在與國離心，各自爲謀，不爲大局計，又不爲貧民計。夫是以舉國多商，遍地皆財，正如滿屋散錢，不能成貫，則仍受洋商之操縱，爲外國之經紀而已。今設商部，立商會，舉商董，入會而與商務之議，使商知大局，不專私殖以自封；國知商情，不致扞格而叢弊。其要領既得之矣，然而猶有慮銀行之設，商之得利頗微而責任繁重；公司之舉，商董之墊款巨而與衆共用其成，不得獨專其利。并附《銀行公司章程議》。此則有學之良賈始樂爲，無識之奸商所不願。中國之公司，其成於先者，惟輪船、電報，然食其股息者，僅豪家數十人耳。今湖北四廠，則出單招股矣，而未有應者。吾逆知過此以往，食其股息者，將無異於輪船、電報也。積習使然，官與商，商與民，彼此不相信；公益之事，公理之宜，知之者鮮。懦者望之而却步，豪強兼并者出而專其利而已矣。其名公司，實非公司。又華商之眼光短而希利厚，朝種樹而晚欲成陰，操豚蹄而祝籌車皆滿，此欲速見小，聖人所以深誡。凡事皆然，於商爲尤切也。故司馬子長之論貨殖曰："良賈三之，奸賈五之。"[①]原大則饒，原小則鮮。成本多寡，取利厚薄之分也。取利薄者，利人而利己，日計不足，歲計有餘，於多中取贏焉，如爲衆人服公役而受值也；取利厚者，利己損人，而詐巧由此生。市價多貳，國中多僞，卒至跌價爭銷，私爲充斥，損人并不能利己。然四民失教久矣，商尤近利，尤爲雜僞，見眉睫而不睹泰山，雖戶説以眇論，恐難速化。此非不智之爲患也，實不肖之爲累矣，故今日謀教商，在使之明公理而不可導以矜私智。公理何在？

---

① 按"良賈三之，奸賈五之"出自《漢書·貨值傳》，《史記·貨殖傳》原作"貪賈三之，廉賈五之。"

商律是也。明商律而服行之，能舉公司辦銀行，大商任其勞，而衆人沾其益。有公利於財政大局民生實業者，國家始從而旌異之，則良賈勸矣，不可以其自富而旌之也。此商民風俗之原，不可不察也。所謂"發憲慮，求善良"，其道如此也。徒言開民智者，非也。

　　官吏之等，至多方矣，然皆爲國與民治公事者也，其爲民之表矣。乃今各署諸局，皆爲叢弊之府，而百司執事，皆仰食於弊之人，豈不殆哉！豈不殆哉！若工程，若報銷，若羨餘，若規費，食於公者萬千人，費於公者千萬計，而按其名，則薪俸之外，不名一錢也，明教作僞矣。若工程，若報銷，可剔除之，而弗除也；若羨余，若規費，可以明著之，而弗肯著也。可以除而弗除者，願作弊者多，一舉而牽涉衆，雖賢者亦有憚而不敢更也；可明著而弗著者，明著則服其事者公均其利益，不明著則同一事而巧者取多拙者取少也。巧者既不願與拙者同功，工於作弊者，嘗以捷足先得壟斷獨登爲快意。此非不智之爲患也，不肖之爲累矣。京師之工程及各項羨余規費，司員無不取，堂官之廉者或不取，而其弊固在也。莫敢剔除，恐繼此者以爲咎也；莫肯明著，恐於前此者有所礙也。吏則專緣此以爲奸，其所不取者，亦終歸於無何有之鄉矣。外省達部之報銷，其於實數，本不能刻舟而求劍，其挪東補西，挹彼注茲，兼前搭後，爲事所應有，核實奉公者，但求以公濟公則已，而其下員吏藉以侵漁者，猶不得免焉。其大吏不廉者，假公濟私，似難染指，而詐取甚易。所司揣摩而進奉，外人實無從過問也，則任人之自爲賢不肖而已。其下各局報銷，與行省之達部款目大小不同，而情形相等，亦不能刻舟而求劍。大吏耳目較近，核察較嚴，然各局情形不同。局外者殊隔膜，局中者扶同隱匿矣。常有巧者多取而見功，拙者少取而或見過，其實不可究詰。大概習於弊者，侵蝕愈多，則扶同愈衆，求真際於耳目，必不能得，故亦聽其人之自信爲賢不肖而已。要之，惟取薪俸自給者，無其人焉。無論薪俸不足以給所司之事，且其舊有羨余規費者，莫敢剔除，不能明著，則無處而置之也，謂相沿者，斯受之而已。故公卿大僚，督率百司官吏者也。其豁達者，則曰有一缺，有一差，俾一人往足矣，無所謂人材也；其號認真者，則任察察，憑訪聞，或寄耳目於左右，參毀譽於同列。任此數者以爲政，適足以嘗巧耳。誠於任事者，拙於謀己，左手畫圓，不能右手畫方也；工於作弊者，巧於夤緣，駕輕車者，易於就熟路也。在上者未嘗不求人才，而所取皆私智，從未有以公理爲言者。愈進任私智之人，而官方愈壞，公事愈不治。中州余炳文之言曰：人才易知也，明公理者乃人才，用私智者非人才。余嘗韙其言，反覆思之，而無以易其言也。至於吏胥，其人正與公理爲反對，借律例以練其私智，用私智以舞亂憲綱。已議除之而弗能除，今其爲舞文弄法，又加甚焉，曾莫知其故。自大僚以至小官，治公事則皆舍公理而任私智，其衡論人才亦舍公理而獎私智。然而借法律以行私智者，以吏爲最嫻也，則安得不墮其殼中？臧孫有言：子召盜而賞焉，其何以弭盜？今京外各省設仕學院，其學課程度始萌芽，吾願於專門講業之外，亟以公理學進而教之，慎毋慮樸誠者之不足以治事，而見私智之才爲有餘也。爲政者不以私智爲低昂，則發憲慮，求善良，舉直而錯罔，將於是乎在人才之分定，而小人之道消，其庶有多乎！

　　實學亡而文勝敝，前哲以經學爲樸學，斯有見之言矣。顧觀乾嘉以來之爲經學者，數名物，穴訓詁，考方隅，校章句，所事猶之乎文也；進而言制度，釋大義，則近之矣，而未嘗貫通。故公理政治之學，爲經術之大宗，迄無能明之者。孔子有言："質勝文則野，文勝質則史。"史則何辜焉，而等之鄙野？今謂之文者，古謂之史。因事而敷言，強詞以奪理，是文家之通弊也，而時文尤甚。其理想尋源於語錄，依托於講章，其佐證見聞取材於類典，餖飣義理以爲學，摭扯經子以爲言，斷章取義，相題塗抹以成理，理未嘗研諸慮，言不必盡由衷也。

觀其文，於天地名物兵農禮樂，似無所不通；究其實，於德行、言語、政事、文學，皆不求甚解。惟其儲作文之料，每事皆求略知，其究每事皆不深知。卤莽耕者卤莽穫，涉獵而得之者，移時而蹶筌忘矣。習慣於易言，則遇事而好議，強不知以爲知，實不自知其不知也。及其從政，多私智者以私智自用，庸者胸無主宰，惟步趨時尚，從風氣爲轉移。身當事中，則推諉而取巧；身在事外，則望影而雜訊，無非道聽而途議。此群言之所由淆亂，而人才所以日消也。「人之云亡，邦國殄瘁。」不其可悲乎！學者日衆，而學術日消，文日勝而日敝，其所由來非一朝，豈其有他故哉？經術不明之故也。侍郎清銳爲余言：世人謀己甚聰明，及其遇公事，則若束手無計，此其何以故？余思其言，反覆驗之，而卒無以易其言也。嗟乎！此非任私智而不明公理之所致乎！何患中國士夫之不智？然則今日中國人才之乏，不乏於私智之不足，而乏於公理之不明。質之新學家，亦將無所用其持異議也。吾獨怪新學家，其言重公理則既知之矣，而一若其理甫從天降，忽自地出，微特中國終古未有聞焉，即生同此世者，非禪頓悟則他心通，舍是即無從悟入也。異哉！異哉！異乎吾所聞，亦異乎吾之撰。夫公理者，天下之公器，惟分先知先覺與後覺後知，而尤必以先覺先知覺後知後覺，無私壟斷焉，亦無妙秘密法，尤無所謂頓悟禪也。今新學家淺見寡聞，乃擬之爲頓悟，不自知墮入頑空耳。夫公理亦隨事而見，如水之載舟，若舍水而論舟，則奡之爲術，終古登陆也。絕於世者久矣，當復何説？當復何説？今朝廷廢科舉，興學校，千載之一時也。顧有言重科學者，以實業爲主；有言重哲學者，以公理爲主。二説皆是，而二説皆偏。夫科學實業，所以課民職也；其學公理，所以成民格也。知職業而不成乎人格，讜張攘奪之事，日治而日梦；然舍其職業，而相與坐談空理，則夫以干戈爲兒戲，清談爲廟略，南朝之已事，可不爲殷鑒哉？慎毋言科舉之失，而復蹈其文勝之弊；標學校之幟，而仍拾夫史家之塵；發公理之萌芽，而又以私智爲息壤也。

爲學日益，猶長日加益而人不知，惟有銖積寸累而成，絕無七寶樓臺彈指即現之喻也。其真積力久，而一旦貫通則有之，得力仍在於平日之積。其一旦貫通者，積久之力通之也，仍屬銖積寸累而成也。積累而無所悟入者，記問之學，不足以爲師；由生質而猝有所悟者，一知半解，未可以言學。使由此而之焉，思而不學，則殆矣。今士夫緣學校興學會，誠千載之一時，將以砥礪人才，有朋自遠。然竊察所以爲學，其宗旨必曰自由民政，其自課必曰國民責任，其所掊擊必曰專制政體，其歸結不過曰破壞主義，曰過渡時代。問其破壞以後，究竟如何？則曰古今皆過渡時代，過此以往，未之或知也。悲夫，此足以言學哉？此煽亂而已矣。其煽亂者，豈其性與人殊，不聊其生而已矣。天下不聊其生者多，故煽以叛亂而易應，此非無心者也，然其志可哀而其識則尤暗也。聖道明而萬物睹，何取於破壞乎！自三代學校之制廢，而戰國遊士興，全以口舌智詐取卿相之位與人國家事。兵家、刑法家、名家、墨家、農家、陰陽家、縱橫家相沿并起，各以其學爭勝顯能於諸侯王間。鄒衍、田駢、慎到、惠施之流，又其別派者，而蘇、張縱橫愈無宗旨，專用巧詐以惑世，公理之學亡於此時。先王之遺澤、孔子之再傳，僅有孟子、荀卿、莊生、魯連、屈原五君子存焉。孟子、荀卿以所著書發明最顯，其學傳於後世；莊生述道家，其文深隱，不干世主，獨存其真；魯連不著書而稱五帝三王，令田巴終身杜口；屈原遭國恤，以大義死，述小雅之音爲二十五篇，以貽後學。荀卿明性惡，法後王，違先師之訓以啓李斯助暴秦變古今之局。名法諸家，積毒已盈，必待達於顛頂而毒始發於一身，夫乃得漸盡而形死，而李斯適為之應。學之關係宇宙治亂、萬民生命，其機如此，可不危懼也哉！而今之學者，奈何其易爾言也。今之所謂公理者，古人以爲大義。孟子稱仁義，放淫辭，獨明公理之學。其發明倫理，則特擯楊墨，後儒所見及，猶知而稱之。其曰"善戰者服上刑","率（士）[土]①地而食人肉，罪不容於死"，斥兵家也。"連諸候者次之"，論張儀、公孫衍比於妾婦，斥縱橫家也。"辟草萊任土地者次之"，許行之徒，科以夏變於夷；白圭之術，窮"以鄰國爲壑"；二十取一，例以貊道，斥農家也。陷罪從刑，斷以罔民，上慢殘下，許民得反，斥刑家也。後學淺識，徒見爲與諸家爭短長，而不知其據公理以明是非也，失聖賢之心矣。詳見所著《經術政治學》。《孟子》七篇，實堯舜周孔倫理政治學之代表，即公理學獨一無二之宗師。後有述者，莫能與京也。周秦諸子，已成定讞之要囚。而笛卡兒、蘭麼克、孟德斯鳩、陸仙羅之屬，特見一班，要當與達爾文、盧梭、赫胥黎等日出之厄言，同歸於取正而有待於聽斷者也。新學者流，誦言而不思其旨，譬飲食而不知其味，乃欲揚諸子之死灰，奉歐洲哲學爲鼻祖，不亦陋乎？秦灰以後，漢禁初除，大義之易解者，學者尚能守之，公理猶十存四五。自大桁頭之僞書出，而空虛倡，釋教流東土，學者但知敷文考典，公理遂湮。隋氏草竊，文典蕩然殆盡。至唐而釋、老持世，迨五季亂離無象，承學空無人而聖道絕息矣。陳圖南、邵康節乃守道家一線之傳，以遺周、程。宋學浸興，持世近千年，惟傳性道而公理廢。以至於今，望古遙集，而不聞足音，悲夫！天牖民聰，將復於今日，學者承絕緒之後，不妨旁搜西域以資博證，但須知遠紹宗傳，尤須知公理學之精微，非學思并進，隨處證諸事實，則仍入於虛無。若憑空托於理想之家，則與晋人清談、宋人性理無異。今不聞發明確義，但聞陳述言荃，則又不如清談性理之爲高矣。《詩》云："聽言則對，誦言如醉。"可不戒哉！

　　人格成於公德，公德原於公理，是之謂明德。《大學》言："明明德於天下。"宋學演釋、老之餘塵，以元同净妙釋明德，則何以直接新民？信如所詮之義，則明明德於天下，屬於空寂能仁；而令衆生自性自度，則佛即衆生，衆生即佛，自示無餘涅槃，以對大千世界。天下之與其國，有何界限之足云，更何從推本於家，自生枝節？固知明德即言公德，斷非净妙元同之論也。理學家主正心誠意爲宗，而不記本經之言，乃曰"一是皆以修身爲本"，徒據"欲修其身先正其心，欲正其心先誠其意"二語爲注脚，不知以言遞推歸源，則當有致知格物，而知止有定乃離格物而別爲第二根源。譬如播冢導漾東流爲漢，岷山導江東別爲陀。有溯源於最初，有表微於已著，此西方學者所以每言界説也。往日余浩吾編修以《周禮》學相質名爲界説，余以經術不托時論而立名，評之云："非所知也。"今憶其言，附著於此。"致知在格物"，而"其次致曲，曲能有誠"。故從知止起點，不必從格物借根。《大學》本義，格物之詁，讀爲鄉三物之物；格者，由此而知彼，《小雅》訓爲至，又訓爲來。猶言自此處至彼處，自甲處來至乙處，即通之義。聲入心通，澄澈明悟，明則誠矣。其次致曲，乃由事理物理推求而得，即多學而識也。由修身而上，則自修之道入聖之基，慎獨之事屬乎隱德。自修身以始，爲立法之事，人世之符。修身以上爲精微，修身以下爲粗迹；精微爲消極，粗迹爲積極。消極爲道之事，積極爲學之事，即孟子所論"始終條理"，老子所謂"爲道日損，爲學日益"，《孝經緯》所云置法衆人，議道自己。議道自己，以出世爲極功，孔子與古傳之道家無異，即與外域之婆羅門、阿德門、喬達摩、梭格拉底，輓近之斐洛蘇非相爲影響；置法衆人，以經世爲大用，則斷自唐虞，祖述堯舜，且不道黃帝，何論神農之言乎？所以能曲成不遺，所謂"與衆共之""人皆可勉而至"，則以專明公德爲宗旨，故曰："自天子以至於庶人，一是皆以修身爲本。"就其位等以立人格，因其交際以立人倫，皆本公理爲元素而化合以成爲《禮經》，循《禮經》而由之，則各就其位等，各叙其彝倫，而皆具有公德。其原理爲通功易事，其應用爲以功奠食，其效果爲交易而退，各得其所，易簡而天下之理得，故能"明明德於天下"。而層層歸納，

---
① 土：據《孟子・離婁上》改。

154

滴滴歸源，則"一是以修身爲本"，揭明其爲公德，故申以厚薄之言，又明其爲公理也。

孔子言："行在《孝經》，志在《春秋》。"孔子既作《春秋》矣，何云"志在"？然則《春秋》之用，在於範圍天地可知也。《春秋》爲群德之積極，《孝經》爲群德之起根。無論父子至親，然既分形別體，即屬人與人之交際。人有受施而不肯言報，惟有報答親慈，則無有不順其詞者，故曰"至德要道以順天下"。而親厚之義以起，然後親疏厚薄之等差乃見。不愛其親而愛他人者謂之悖德，即於所厚者薄而於其所薄者厚，未之有也。孝道既立，乃由全體抽象，由同胞先生後生之長次以制兄弟之義。人不能外於孝，即無所逃於弟，而長幼之義以起，尊賢之等由此而生。<small>親親之殺，與立愛自親爲直接；尊賢之等，與立敬自長爲間接也。</small>父母嚴君，爲君起例；長爲家督，爲長起例，即爲立政設官尊賢起例。家人定位，必有內事焉，則男女分內外而治其相生養之事，於是姑婦、娣姒、女兄、娣姪，秩序相比而成，家道備矣。實由孝弟以表仁義而制爲政體，由是孳生日衍，則推同祖之嫡長而立宗，由親親、尊賢二質化合，而君臣之道益明。合群之公理，積微成著，據公理以定秩序，由秩序以明公德，推公德以合群體，而國政之象成矣。故曰："'孝乎惟孝，友於兄弟'，是亦爲政。"

明德與隱德爲對語，明德即公德，隱德即私德，此無可疑也。顧隱德出於自然，人性相近，不言而共喻，此凡言教者所同。明德則因事而制，習尚相遠者惡其害己，或疑不能明，故言私德則義隱於仁，言公德則仁掩於義。"仁之實，事親是也"，言下立解，"義之實，從兄是也"，往往難知也。故浩生不害、公都子之倫，皆以義爲外鑠，不知群體非公德不合，人格非公德不成。不明公理，即不能循公德。公理之元樞安在，則義是矣。義之名實至顯，而世或以爲難知，則義務是矣。言義務而權利自在其中，正惟人與人相接，自父子之親、家庭之近，而即具通工易事之理，施報是也。有應盡之義務，即有應享之權利，天下斷無專服義務而不享權利之人，更無專享權利而不服義務之人。以淺言明之，即公道也，其即公理矣。顧人情於應服義務，恒由遁思；而於欲享權利，不勝奢願。如不以公理爲之制，則於人必過望以分外之義務而妒其應得之權利；於己必過望於應享之權利而放棄其應盡之義務。必其於親疏、厚薄、報施之分數甚明，始能於人己義務權利之界限無越。非權之於人己對待之際，則權利義務之界無由明；非鍊之於家庭居處之間，則厚薄、報施之數亦不可得，故倫理者，公理之形模，即家庭之教育也。公理者，仁義也；仁義者，孝弟也。弟爲孝道之抽象，而孝者德行之原也。故曰"聖人之德，無加於孝"[①]，故曰"堯舜之道，孝弟而已"，故曰"孝弟之至，通於神明，光於四海，無所不通。"推而放之東海而準，推而放之西海而準，推而放之南海而準，推而放之北海而準。

人格非公理不成，國家非公理不立。明公理然後各知其分職，不致放棄義務、踰越許可權。聖人據公理而立名稱，據名稱而制禮度。公理即禮之原質，禮由公理化合而成也，故曰"必也正名"。馬融說"正百物之名"，即文字是矣，即今人所謂名詞是矣。天下歸往者謂之王，發號施令尹正天下曰君，執天下之公曰公，折衝斥堠不失正鵠曰侯，宗族嫡長曰伯，撫宇百姓曰子，任治田畝曰男，執節不回曰卿，當戶治民曰大夫，自下上達曰士。<small>推十合一，義精而隱，茲從近人說。</small>顧名而義可思，循民而實可責，各任其分職，則無有放棄責任者矣，自無有踰越許可權者矣。故《傳》曰：百姓不親，五品不遜，則責在司徒；土地不辟，民居不奠，則責在司空。故曰：禹思天下有溺者，由己溺之；稷思天下有饑者，由己饑之。孟子稱顏子乃云與禹、

---

① 語出《孝經·聖治章》，原作"敢問聖人之德無以加於孝乎"。

稷"易地皆然"，世或疑焉，不容疑也，分職明而已也。曾子居武城爲師父兄，則寇至先去，寇退可返；子思居衞爲臣，則職當主守，不得避難。易地皆然，其義一也，公理固如此也。《記》曰"四郊多壘，大夫之恥也；地廣大荒而不治，此亦士之恥"[1]。世學多不得其解，以爲空文，不知此就其分職言之也。天子之大夫視侯伯，侯者明斥堠於外以守封疆，四郊有侵陵，責任在大夫也；天子之元士視子男，助天子字[2]民力田勸農者也，田野荒蕪，則責任在元士也。

　　"天下之本在國，國之本在家，家之本在身。"此不易之言也。國家成於公理，公理之生起於有身矣。自有身爲主觀，而知生我字我者爲父母，先我身而生者爲兄，後我身而生者爲弟，與我身胖合者爲夫婦，而九族六姻之例起焉。自上溯祖原兄弟長次之例而立宗，而君道明焉，是即由民族以成國家之原點。立宗以自治民族，合數民族共立一宗焉，是猶算家之點綫引而成體積，製造家之點質化合而成體質也。由施報之情而生公理，由家族之治廣而通工易事之義明。以衍爲公義，據公義而衍爲公例，此《孝經》之所以云"廣孝治"也，此董子之所以明"通國身"也，即國家之原理也。東西學者既設國家學騈支之名，求原理而不得，乃屬之於社會，屬之於契約，屬之於公司，未嘗知本。

原律第二

　　上古之主政教者，皆明天道以治人。自軒轅氏垂衣裳、制書契，而人道漸就文明。而其時蚩尤即起，作五兵；苗民繼興，作五刑。禮樂與兵刑相因爲緣，與接爲搆，釋氏所謂因緣即是障孽。《易古義》[3]：氤氲爲吉凶。氤，古文作壹；氲，古說如瘟。壹之爲字，壺中含吉，譬如心含喜念，不見端倪，是之謂吉；氲之爲字，亦取譬從壺，而其中含熱。昷，即古溫字。熱滿於中，稍過必裂，是之謂凶。天地壹氲，而吉凶生焉，人事緣此而興，與天地爲消息，故《易》主乾坤消息。凡天地間之生物，本乎天者親上，本乎地者親下，故日月麗天，百穀草木麗土，水則流濕，火則就燥，惟人本天地之中，受天地之氣各半。開闢之初，地心熱重，去日之度近，所生人類，本乎天之魂氣分數較多，故人神道近。首出庶物者，皆生而靈異、氣與天通，故明天道以治兆民，不設法律，無所謂兵刑。人類漸繁，地心之熱力遞抽遞減，地球離日度逐移漸遠，人所受天降中之氣較差，則本乎地之魄質分數較重。其時首出庶物者，究神明之用，以莊嚴地球國土，乃垂衣裳、制書契，顯天道之下濟而光明。禮樂由此萌芽，而地心熱力亦同時發達。人心之思想，屬乎魄質者既重，則物競爭存之念甚，而惡其害己之意識愈生，兵刑之事即相緣并起。黃帝收五兵以制魔力，用五刑以警非彝。師法天道之光明以提運地球之熱力，亦體道之自然，而人功有能，愈推愈廣，遂不免人神爭能之事。帝顓頊作，見九黎之亂德，悟人道之消長，乃命重、黎絕地天通專明人倫之教。以發達世界之文明，譬如修煉家所謂奪造化之權，由我自主生死，不爲造化所制。帝堯格於上下，明天人之際，使契爲司徒，皋陶作士，明刑弼教，始以教與政刑合爲一貫，故《記》曰"契爲司徒而民成"。而《尚書》之贊皋陶獨爲"邁種"，至與帝同稱"粵若稽古"。馬氏說稽古爲同天，如後世之尊號、徽號也。後世失其本旨，專以士爲刑官、律爲刑律，不知《帝典》命官之詞"汝作士"以下，舉全體政治爲言。《皋陶謨》一篇，兼選士用人之制，故子夏稱："舜有天下，選

---

[1] 語出《禮記·曲禮上》，原作"四郊多壘，此卿大夫之辱也；地廣大荒而不治，此亦士之辱也"。
[2] 字：疑作"子"。
[3] 即惠棟《周易古義》。

156

於衆，舉皐陶，而不仁者遠。”教育爲立政之原，法律爲立政之體。皐陶作士，爲虞廷首輔，蓋與司徒之敷教者參訂出入，故曰“明於五刑，以施五教”。而其後周公制禮，則以屬民讀法、就鄉選士之政，皆屬之司徒。其源流制度，朗然可見。故法律者，政治全部之範圍，而麗於刑法者，乃政治一部之分司也。自呂侯訓刑，始屬分門刑律，第因疑赦以定罰鍰，爲除肉刑而修改律例，別有命意，不與後世刑律同科。其後鄭鑄刑鼎，鄧析爲竹書，乃有專門刑家之學。商鞅習刑，用其術以治秦，始專以刑求政，而其法在必行，故有暫時之效。秦政相沿，重治獄之吏。漢收圖籍，得秦律而遵用之，則惟有刑書而無政典。後世踵譌襲謬，遂以律爲刑書。兩漢斷獄猶知引經，六朝議禮原屬政典。凡此皆治律之事，所述皆法律之學，而數典忘祖，援儒入墨，視禮爲不切之務，以律屬刑家者流。俗吏不明經術，書生不達時務，致君無術，以吏爲師，茫茫終古，孰知其故。昔鄭康成注六經既畢，乃取漢律而釋之，其已知之矣。唐置明法之科與士流別進，固已失之；及增改刑律，純任法吏，不參士流，尤亡所本。承用至今，繁亂無紀，即此刑律一端，已非秦漢之舊。尚不及秦漢，何論三代乎？自有明士學空疏，始專有治刑名之家爲諸司之幕，其人類皆學仕不成，去而學幕。自督撫至州縣，凡有訟獄，皆取決於幕友。然則訟獄之大政，悉受成於遊食之客不學之徒，何怪天下多枉民，而吏胥多玩法哉？其與外國之律師，最相似而實不同者，律師自學校而考成，由國家之選派；幕友自其黨之援引，由各官之私聘也。世徒知訟棍之害政，而不知幕友之殃民尤甚也；世徒知胥吏之舞文，而不知幕友之弄法尤甚也。然則懲訟棍，裁幕友，除胥吏，遂足以爲政乎？不足以爲政也。亂法之事多，而知律之官少，終必委重於人也。然則將奈何？徵明經術通掌故之士，然後有修訂法律之人；有修訂法律之典，然後能立政治專科之學；取政治專科之士，然後有通曉法律之官。此不獨爲刑律之一端而言，即刑律之一端，亦非此而莫能理。其始在使士習律，其終在使民知法，則其要在令民讀法，乃作“原律”。

（一）法律爲全國行止之範圍

古人所謂“三尺法”，上與百姓共守之者也。自大義之學不明，視法律爲上治其下之事。執法司法之人反不守法，其下受治之人又不知法。於是法律乃爲法吏舞文之具，任意爲輕重出入，民不知所嚮方，冥行摘埴。愚者苦於不知，黠者幸其可免，則皆易罹於法而莫之能止，故世説譬喻以爲法網，最爲曲肖。全失立法本旨，而民爲魚矣。孔子爲政，必也正名。名即法也，律者以名爲主。每事正其名，然後每事循名而核實，始能下令如流水。所謂言順則所事成，民皆聽從，衆擎共舉，無事而不成也。禮樂在法律之先，刑法在法律之後；法律有禁有令，禮樂有令無禁，刑法有禁無令。於有令有禁之事，尚不能令行而禁止；其於禮樂之有令無禁者，自然雖令不從；於刑罰之用禁不用令者，自然施而不當。至於刑法不當其罪，則立法實以罔民，而亂由此長，民無所措手足，勢所必然也。

（二）法律者，爲教化公同之演説

世但知有學校中一人之演説，而不知有國家公共之演説。法律者，國家公共之演説也。日人法制大意云：人者，社會之一動物也；國家者，社會之一進步也。又曰：法律之説甚多，有言自然者，有言命令者，有言進化者。葛岡氏曰：法生於自然，成於命令，而終於進化。《詩》

云"有物有則"，即法之自然也。然聽其自然，亦不成法，故何蘭氏之說曰：法律者，國民行為之規則，依節制而行者也，即命令之意也。近世生物學科進步，以法律為人類與國家生存之必要，即進化之義也。總之，法者，準天理人情一定之公理，無人不當遵守。其所謂自然，即準天理人情之公理而發為命令，所以使人群進化而成其人格。公理為法律之原體，命令為法律之運用，進化為法律之歸宿。公理即明德，著為命令即明明德以新民，進化即期以止於至善。是則法律者，發揮公理之章程，即演說公理之講義。法律為教化而設，係奉行教化之公理而宣布於人群，非教化為法律而設也。俗學阿世倒置其義，誤認教化為保護法律之私理。見法律所有者，則附會聖人之言以頌當世之聖；見法律所無者，則破析聖人之道以就時尚之言。譬如解"其為人也孝弟"，聖賢之意，本為人生有父，視父如路人則人同於畜道；既知有父，則同父所出，先己而生者有兄，侵犯父兄，即是犯上，教以孝弟，所以別人類於畜道。教孝弟譬於法律之令，戒犯上譬於法律之禁，必先之以令，而後申之以禁，使民從令，自不至於犯禁。即偶有踰閑犯禁者，群皆知為非。因人群之中，從令者多，則犯禁者自少，故曰"其為人也，孝弟而好作亂者鮮"。此即務本之義。由此推勘，乃曉然於亂之所由生，始於好犯上者多，乃至有一人倡亂，而從之者眾，故揭其旨以詔示人群曰"君子務本"。本者，原來所應有，非因事而添設，即東人譯語謂之"元素"，亦謂之"要素"是也。曲學謬解，以為孝弟為禁民作亂而設，又誤認禁民作亂為保存一姓之君位國祚而設，於是有放任自由以求進化極點之說。不知禁犯上係使人倫自別於物類、禁作亂係使人群各安其生理，而國必立君係為保護公理之章程、主持進化之運力。如數易其主，亂必頻興，所以立公理之章程，有保護君權之專例。法律原教化之公理而出，演教化之公理而成，故謂法律為教化之演說，即公理之演說。合人群之識見，歸重於人群之最宜以勘出人事之定理，乃成為公理。據公理為尺度，以訂為共守之章程，故曰"非一人之演說，乃公共之演說也"。視學校中一人演說獨擅己見者，去路較嚴，而來源較廣。主自然之說者，專重在民；主命令之說者，專重在君，皆離教化以言法律，不足為知法律者也。羅馬學者言法律者，所以分邪正之途也。葛岡氏言法制即道德之一部分，法制學亦學問之一部分，其言得之矣。

（三）法律為界畫權利之證據

世界上之人，均各有應享世界上一分之權利。其應享之一分權利，起於何處？起於其人在世界上所應盡之一分義務。占一分之義務，即占一分之權利；多占一分之義務，即應多占一分之權利。義務與權利，在其人之身，自為施報，於世界上與人群之交際又相為施報。自天子以至庶人，皆屬彼此通工易事。孟子所論"勞心者治人，勞力者治於人；治人者食於人，治於人者食人"[1]，揭明其旨曰：天下之通義，譬之陶冶，以器械易粟，農夫以粟與百工交易，其義一也。故天子以不得賢臣共治為己憂，農夫以百畝不易為己憂，但各求其應盡之義務，而其應享之權利自相因而至。譬如一農治田百畝，此百畝之工作，由其人主之，即其人應有之權；百畝之穫歸其人收之，即其人應享之利。如無此百畝之田，則無此項應盡之義務，即無此督作百畝主收百畝之權利。欲求以粟易器械，如何可得？應享之權利，何自而來？所以聖賢立言，以義為的，而不以權利標名，慮其惑天下之聽而生僭奪之心也。今新學家競言權利而不察權利之所由來，則且與之言權利，未有無應盡之義務而能有應享之權利也。西人專重權，而必言許可權，即義務中所應有之權為義務所限制者也。法律者，因人情於爭權利之

---

[1] 治人者食於人，治於人者食人：語出《孟子·滕文公上》，原作"治於人者食人，治人者食於人"。

心必過於其服義務之心，則競用詐力以奪人之權利，於是事爲之制，畫分各人應得之權利界限，與人立約作據。有違犯者，依約科斷，予以應得之罪。孟子所論瞽瞍殺人及封象有庳二事，可爲法律之根證。雖天子之父，無殺人之權，不應享殺人免抵之利。皋陶爲士，治殺人之罪，是其應有之權，故執之而已。雖天子無庇私廢法之權，亦不應享枉法庇親之利，故曰"夫舜烏得而禁之？"至遜帝位，逃海濱，是舜自有之權；越境去位，以求贖罪免抵，是舜應享之利。至於海濱，不與同國，則皋陶所不應窮治；而被殺者之子，所不應復仇，公理然也。自凡民言之，則破析權利，究其指歸，無非公理。自君子言之，則無非義而已矣。至象日以殺舜爲事，立爲天子則封之，疑與瞽瞍殺人之事相反，不知象所謀殺者，在舜爲家事，爲己事。家事、己事，舜有自主之權。不爲天子，可得而恕之者；既爲天子，可得而赦之。既赦之矣，則爲兄弟如初。舜爲天子，則有封弟爲侯之權；象爲天子之弟，則有享侯封富貴之利。關涉於一己之事，一己可得而舍之；關涉於衆人之事，天子不得而赦之也。象無德能以任治民之義務，故僅予以享侯封之利，而不與以治吏民之權，此又公私之分數明也。瞽瞍與象，所犯不同，科斷故異，無非斷以公理而已。

（四）法律爲聯合公私之條約

近律學家區別民與民之交涉爲私法，國與民之交涉爲公法，分齊家以下之事爲私法，治國以上之事爲公法。於名則爲未安，於實則有出入。據所謂私法者，如盜騙財物、強佔房產之屬，似於朝廷無關。不知此風不止，則無人肯爲善良，黠詐者習爲巧取，驕悍者必起而劫掠。治人之官皆成虛設，立國之法悉屬具文，民必歸怨於其上而相率離叛矣。此私法之不能離公法而別行者也。據所謂私法者，譬如處家孝弟，持身介潔之類，似於國事不涉。不知此風一泯，則世無所謂善良，忠厚成無用之名，奸貪塞尊賢之路。是非既亂於人心，任愛憎爲賢否，刑罰則無所措手，因情勢爲推移，言僞而辨之流，抵隙蹈瑕，析言破律，而民相率不知所往。此私法之不能與公法歧而爲二者也，要之公法爲私法所推廣，私法爲公法之起根。不麗於公法，則私法有所不行；不溥爲公法，則私法亦可不設。然使不爲成全私法、護持私法起見，則人自野處而叢生，禽偶而獸散，且無須立國，又何必爲國立法乎？人爲生物之一種，亦自生自滅於天地之間，且無須問何者爲法，又何論其爲公爲私乎？挈其要領，一言以蔽之，統以公理而已。始於家庭，施於學校，成於民與民之交涉，廣於國與民之交涉，再廣爲國與國之交涉。公理之學至於極點，各國法律自必大同。此非可以力爭，自不能以力壓。其得失之故，關涉在學術，不在朝廷，但問學術之明與不明，不問朝廷專制與不專制也。

（五）法律爲保護民生幸福之章程

生民之幸福凡兩端，一爲生計，一爲人格。生計以食貨多者爲富，人格以名譽重者爲榮。於兩端條理得宜，則其民豐衣食，而其國多善良。此《南風》之歌，以解慍阜財爲旨；而堯舜之民，稱爲比戶可封也。管子云："衣食足而知榮辱，倉廩實而知禮節，内服度則六親固。四維不張，國乃滅亡。"[1]服度，即服法度也。欲張四維，在修明法度也。俗學不察，欲以空言勸勉，由不知孔子之書爲垂世之憲典，而徒見爲勸世之善言，向壁虛造不經之言，創爲三代以後道與

---

[1] 語出《史記·管晏列傳》，原作"倉廩實而知禮節，衣食足而知榮辱，上服度則六親固。四維不張，國乃滅亡。"

權分之説。不知道與權分，則學者惟有自修之事，而其時代已成無道之世矣，尚何斤斤道統之足言乎？立憲之政成，而民生之幸福立致。質而言之，只在講求政治；約而言之，只在修明法律而已。法律之範圍，總爲二綱，一曰制民之産，二曰禁民爲非。制民産，以計口分田爲王政第一要義，而分處工商次之。俗學茫昧，泥於井田一語，乃有三代立國中原，始能畫井分田，後世斷不能行之説。不知井者，法也，立法分田，正其經界，不必定畫爲井。就以古制而言，鄉田爲井，以九夫起算，其賦九一；國中遂外，皆用溝洫，十夫起算；漆林園囿藪澤，別爲山澤之農。原有因地制宜，變通之成法在，所謂"九職授萬民，一曰三農生九穀，二曰園圃毓草木，三曰虞衡作山澤之材，四曰藪牧養蕃鳥獸"，法度分明，條理細密，包括靡遺。俗學未嘗讀，讀者又不能甚解，俗吏更何知焉！群盲論古，偶然捫籥，指以爲樂，大惑終身不解。昔有游泰山者，人問之，云"但見亂石而已"，正如此之喻也，豈不哀哉！二綱之中，又分條目，撮列如左：

制民之産凡五條：

一、民數。户田分合以時登下。

二、分田。

三、課業。九職授萬民，處商就市井，處工就官府之屬。

四、禁遊惰。宅不毛者有里布，田不耕者出屋粟，不樹者不槨，不蠶者不帛，不績者不衰，閒民出夫家之征，無則納之圖土，役諸司空。

五、均徭役。用民之力，歲不過三日，以興大工。其舍者：老者、貴者、有罪者、服公事者，所以均勞逸。富者不舍，蓋令出財。

禁民爲非凡七條：

一、倫理。即人倫之理，所以立人格。堯命司徒"敬敷五教"，帝舜慎五典，即孟子所稱"教以人倫"數語是其綱目，於今屬學校德育倫理科。

二、憲典。《尚書·帝典》命官，《周書》立政，《周禮》序官，及天官所掌、内史所詔之屬。又《皋陶謨》所稱詢事考言，《帝典》所稱敷奏、明試，《周禮》司徒所掌書賢能，《禮記》所陳論選俊各條取士之法，均屬憲典。於今西律屬紀綱律，於學校内屬政治學科，此門約三條目，列之如左。

（一）立政之法。此於西律屬憲法，英語謂之康斯居熏，德語謂之非阿厚斯，分形式、實質二綱。形式謂之成文法，實質謂之不成文法，其文不備。經術則悉屬成文法，其文皆備也。

（二）設官分職之法。此條與立政相出入，西律屬行政。

（三）取士之法。西律屬行法。

三、禮樂。司徒修六禮以防淫，所以教民成俗，以禮爲經，而樂爲之緯，施無形之禁於未麗刑罰之先，所以養成有道德之人格。今西律屬私法，法制大意云，如定長幼、尊卑、婚娶、喪葬、承繼、分産等，謂之民法是也，於學校教科兼體育、德育、智育。

四、憲令。朝廷與民關涉之條件，西律分國法爲法律、命令二義。其法律由國議會參比舊案而定，故分別隨時裁斷者爲命令，屬通行者爲法律。

五、憲禁。有違乎令而未麗於刑，二者交闌之間，設爲之禁。有犯於禁者，即入於刑矣。西律屬私法，目爲裁制，一屬強制履行，一屬無效。日人法制大意偏注於犯禁之後，因誤合刑罰、賠償爲一科，失之。有干於倫理，遵於憲典。出於禮法，背於憲令，犯於憲禁，皆入於刑罰，西律屬私法。《書》曰"非汝封刑殺人，毋或刑殺人"[1]，孟子曰"國人殺之"，其義是也。約分五條，列表如後。

---

① 語出《尚書·康誥》，原作"非汝封刑人殺人，毋或刑人殺人"。據此，"刑"下均脱一"人"字。

六、刑罰。

古今中西刑罰異同表

四代唐虞爲一代，合夏商周稱爲四代	漢至今中國文帝除肉刑，用笞杖至今，相沿爲一律	歐美、日各國
大辟	死刑斬、絞	性命刑即死刑
肉刑宮墨刖劓刻，亦謂之賊刑	無漢有髡墨，後除髡，今有刺面字比於墨	無
流宥	軍、流	自由刑禁錮、流
鞭朴	笞、杖	體刑日本有笞、杖，各國無杖有笞
金贖	無	財產刑罰金收沒等
圜土罰役	徒漢有城旦、鬼薪、舂槀，晋以來坐徒無役	罰苦工

　　唐虞之制，死刑一；肉刑二，流宥附於肉刑，減等放流之，故曰流宥。鞭朴三，金贖四，圜土五。後世析死刑斬、絞爲二，合軍、流三，杖、笞四，坐徒五。今各國律，死刑一，合禁錮、流二，體刑三，罰金四，苦工五。但其苦工之罪，附於禁錮爲一科，不備五刑之目。日本刑律，分名譽刑爲一條，謂褫職及停止之屬，以足五刑之目。其實此如中國降革、甘休、奪俸、記過諸處分，專屬官刑，與民法名實不附。其籍沒財產，雖可附於金贖，然無定格，則屬特別專條，隸於民法，亦未允當。其笞罪甚微，但施於未成人者，不得名爲一律。約而論之，各國治簡，刑律只屬三條，一死刑，二禁錮，三罰鍰。其流罪附屬禁錮，意不在流，特就禁錮之地耳；罰苦工則包於禁錮之中，亦不得別爲一律。中國刑罰沿唐律，名雖有五，亦只三條，死刑分斬、絞爲二，減死一等，分軍、流爲二，笞、杖均附係於徒，則名分爲三，實合爲一。約而言之，一死罪，二減死流罰，三尋常徒罪，以笞、杖重輕別坐徒久暫而已。論其迹不甚相遠，論其意則大有徑庭。先王之制刑，主於彰癉；後世之用刑，主於抵償。四代之制，立刑之法多方，而用刑之意一貫。先世比刑之法不一，而用刑之意各不相謀，聖人刑犯法以懲將來，後世誅有罪以償既往而已。古者肉刑五，除大辟爲極刑不數，譬如《周禮》有臏辜之典，亦不在五刑之例。然大辟亦有疑赦流宥八議諸條，故大辟雖不與常刑并數，而亦議刑所必及。茲舉四代刑律一貫之例，列表如左：

四代刑律表

正　律					
大辟	宮辟	刖辟	劓刑	墨辟	髡刑
除大辟不數，劓刑爲一刑，通率爲五刑。經師家説，或以髡附墨刑，析劓、刖爲二，或仍并劓刖爲一條，兼數大辟，亦合五刑之數。要之，其重在制刑輕重之差，不在刑名出入之目，尤重在用罰淺深之宜，不在繫事輕重之比。					
減等 罪疑惟輕，謂獄有疑，則從減等也。列減等。					

减等：流、放、竄、殛	减等：同上	减等：同上	减等	减等：同上	减等五刑合大辟，即不數髡刑

折贖

呂侯訓刑，皆言疑赦。古所謂疑者，如今律之不入情實、失手誤殺之類，非謂讀張狡展，獄不能具也。疑則有赦，準其折贖。列折贖。

折贖：罰鍰	折贖：罰鍰	折贖：罰鍰	折贖：罰鍰	折贖：無、折責、鞭朴。墨刑輕罪，無折贖，官士則折責	折贖：無、折責、鞭朴。髡刑輕罪，無折贖，官士則折責鞭朴

緩議

八議：一曰議親，二曰議貴，三曰議賢，四曰議功，五曰議能，六曰議故，七曰議勤，八曰議賓。大辟不入此條，然亦揆事理之輕重，故《易》曰"議獄緩死"。

緩議 士大夫入此條	緩議：同上	緩議：同上	緩議：同上	緩議：同上	

三赦：一赦謂之眚災，再赦謂之惷愚，三赦謂之遺忘。大辟不入此條。

肆赦

無肆赦	肆赦 庶人入此條	肆赦：同上	肆赦：同上	肆赦：同上	肆赦：同上

象畫

獄成定讞，則施明刑，即象刑也。《書》曰："象以典刑。"又曰："方施象刑。"惟大辟既讞則施之，餘罪三讓，而士加明刑，在三赦之後。

象畫：赭緣	象畫：艾畢	象畫：菲履	象畫：草纓	象畫：檬巾	象畫

坐役

三讓而罰，納諸圜土，役諸司空，期滿而舍，由減等折贖不入情實者，始坐罰役，即不入流宥以代折贖，計期以當罰鑲鍰之數。西律與此同科，但與體刑爲一條，不相比爲異，其罪民入於圜土者，不比五刑，與西律相類，別爲專條。

圜土：罰役 坐役終身	圜土：罰役 坐役終身	圜土：罰役 坐役終身	圜土：罰役 坐役終身	圜土：罰役 坐役終身	圜土：罰役 坐役終身

怙終賊刑，謂於肆赦、緩議、減等、折贖諸條，皆不能援，則入情實，始決死刑及肉刑。

本罪：大夫賜死，士庶殺	本罪：公族，加等磬	本罪：大夫折贖	本罪：士庶，定擬	本罪：官士折責	本罪：官士折責

刑者所以範天下於軌物，其用主於無刑。先之以禮教，曲爲之防，事爲之制，使不致有犯法之路；又不幸而民犯矣，則求其可免之路。公子、公族、大夫、士，則引八議爲之緩，庶人則引肆赦爲之讓，可出則出之；如不可出，則正讞而士加明刑。所謂"象以典刑"，象，畫也；《書》曰：皋陶"方施象刑惟明"是也。既施明刑，以待再讞，不入情實，謂之疑，則入減等，士大夫以上，分別爲流宥、金贖兩條。罪輕者，大夫以下有折責；庶人在官，俊選在學，同此比例。庶人坐役，則無流宥、金贖之科；大夫流宥、折贖，則無躬坐之役，此謂

"刑不上大夫"。其不能入減等者，始在怙終之律，如今律入情實矣。所謂"求其所以生，不得其所以生乃刑之。"《尚書》曰"怙終賊刑"，謂緩議、肆赦所不能爲之寬，流宥、金贖、折責、坐役所不足蔽其辜，然後按本罪定擬而施賊刑。貴者麗於罪，有緩議則無肆赦；賤者麗於罪，有肆赦而無緩議。貴者有流放罰鍰，即無躬坐罰役；賤者有躬坐罰役，即免流放罰鍰。非寬於貴者而嚴於賤者也，其等不同，其科斷亦各有特別，故刑爲舉國共遵之公法，實上下共守之公理。後世徒見有八議之條，而不知有肆赦之律，以致民犯法則無所免罪，在位者司法而不知守法，甚者曲法受贓，任情縱庇，而民亦相率詭遁以幸逃於法。不知徇情曲法者，夫先自犯法矣，何以能治人乎？流俗耳語相傳，又言"王子犯法，庶民同罪"，上與下皆昧於立法之旨，不知既別尊卑。尊者有尊者應享之權利，八議之條是也；卑者有卑者應享之權利，肆赦之條是也。各就所宜而施之。分之，各有其明條；合之，乃成爲公理。即刑罰一端，而可見先王經世範民之精意。

西律謂法律上之制裁，約分爲四：一刑罰，二强制，三賠償，四無效。日本改訂律法，多仿西律，而申其義曰：刑罰者，按其所犯之大小、輕重，或取其性命，或禁其自由，或收其財産，大抵於侵人權利及妨害國家治安之人。夫禁抑侵人權利，妨害治安，即制民之産，禁民爲非之意。無論公法、私法，悉裁制於公理，故曰：經爲古今之通律，即中外之公理。其言强制及無效二例，乃先施禁於未然，應屬憲禁之條。日本律例入刑罰之科者，因既犯憲禁以後，仍勒令還其本位，別無科罰，故析爲刑罰二條，中律勒令亦歸入罪名。其實勒令之外，如別有科罪，則應歸入刑罰各條；勒令以外，如無科罪，則勒令僅與無效一律，應入未麗於罰以前之條禁，不應入既犯以後之刑科。特既犯以後，仍令守其前禁而已。其賠償即科罰，不應別爲一條。罰例分有限、無限，有限罰例，分爲三條；無限罰例，分爲三條，備列如左：

一、有限罰例三條：

（一）贖罪。照所科之罪，定所罰之數。自大辟不入情實以下皆準折贖。其定擬何罪，決罰若干，即《帝典》"金作贖刑"、《呂刑》罰鍰之律也。

（二）贖役。三代徵役，除貴者、服公事者、有廢疾者、有罪者之外，皆更番受役，無過更之法。秦壞法以後，民貧富不均，漢以來始有過更之律，富者出財，納於公家，雇人代更以求免役，其實與罰贖同科。後世河工協餉，皆援此起例，由派捐而獎敘，而鬻爵，乃由於法令不行，役民不均，而言利之臣，乃設爲巧取之法，非律所宜有，玆故置之不論。

（三）罰稅。古者稅則至簡易，惟廛、市及關關，凡三而止。廛者，貨聚之處，即出産稅；門關，乃出口進口之處，即關口稅；市者，所售之處，即銷場稅。周以前尚無關稅，故《記》曰古者"關譏而不征"。孟子云："征商自賤丈夫始"。此孟子談掌故，舉關稅創設所由。然則征商之主義，與今各國設釐修稅之命意相同，主於整齊市政，均平民業，意不在於籌款。咸豐之亂，胡林翼始創釐金以濟軍需，乃一時權計，後遂以抽釐加稅爲籌款之大宗，由於政治之學不講也。今中國關稅、釐金，有充公，有加幾倍罰稅；各國有奢侈稅，有郵政罰，皆屬罰稅之科。

二、無限罰例三條：

（一）籍沒。《周官》八柄"奪，以馭其貧"；《洪範》六極"四曰貧"，即後世籍沒家財之律所緣起。籍沒者，盡其所有，不從本罪科斷，與罰鍰之律，輕重懸殊，乃本律以外之科罰，非本罪以內之折贖也，故別爲無限罰例，不入贖刑。

（二）勒償。如毀人器物、占人財産之屬，勒令賠償。其賠償之數，與所毀所占之原價值，不能相準，約由行法者意爲輕重出入。又如賠償訟費旅費之屬，更無一定準則，故附入無限罰例。

（三）捐罰。此例應入贖刑條，但據中國現行之律，此條爲不成文法，多由行政司法者就所司公事，要需捐項勒令罰款充公，率屬礙難定擬之案；又有原告因追索賠償無效，自願以所應得追償之款充公之類，更無一定準數，故附入無限之科。

法律之用，至刑罰爲極點，刑罰至決殺賊刑爲極點之極點，故曰"刑者型也，型者成也，一成而不變"，故君子盡心焉。其用意之初，無非爲制民之産，禁民爲非而已。禁民爲非，亦爲保護制民之産而設，去其害群，以保民之産。保民之産，所以厚民之生，故《易》曰："天地之大德曰生，聖人之大寶曰位，何以處位曰仁，何以聚人曰財。理財正辭、禁民爲非曰義。"知理財必正辭，然後能理財也；知正辭之爲理財，然後能正辭矣。其斯爲一以貫之矣。自學術不明，説經者耳食相傳，有如囈語。夫制民之産，非理財乎哉？且理財之事，孰有重於制民之産者？而禁民爲非，非正辭何由而定？既不能定辭，且不知何者之爲爲非也，又烏從而禁之？天演家徒知物競爭存而莫知其究，徒欲任其優勝劣敗而已。夫且未辨何爲優而孰爲劣，是將以助民之爲非，適成爲勝優敗劣耳。夫物之競也無涯，而所賴以存生也有涯。今欲從其勝以爲優，因其敗以爲劣，以暴易暴者，不知其非矣，與之爲無涯，豈不殆哉？聖人知物競爭存之故久矣，先爲之禮以明是非，而乃據是非之端以別其優劣。知其物競之故，起於爭存，優劣之所同情也，固不能不令優者常處於勝數，而亦不可使劣者之不可以圖存，乃爲民制其生産而爲之定其優劣之等差，使各足以遂其生而得其所，是體天地大德之生而以仁垂萬世之憲。有聖人之位者，遵其成憲而處位以仁，所以詔人主者盡矣。明王不世作，學者守先抱道、懷才以輔世。經訓之所詔，至深切著明。乃方今聖上詔修法律，此真明良千載之一時，而學者莫名其事，天下無有應者，可慨也。稍稍鑒於西，始有悟於政治之學，爲學堂社會者，稍稍注念焉。顧未嘗講學，但欲議政；又不成議政，但欲各起而爲政。其近正而求實者，不得乎所宗，方且求之漢、唐歷代之故，方且求之周秦諸子之學，方且求之歐美各國近年之史、政治公師哲學論理之家，方且言物競爭勝而排忠恕，方且言平等平權而毀彝倫，方且曰我愛自由而廢國法，方且倡破壞主義、謀民政自主、執過渡時代而非堯舜薄周孔。豈知聖人之垂憲立法，固嘗本諸身，徵諸庶民，建諸天地，固非無知妄作乎？制民之産者，與四民之多數者爲計，而非爲君卿大夫之少數者計也；禁民爲非者，爲其有妨於多數人之生計，據公理而見以爲非，而非爲其有礙於少數人之願欲，任私見而斷以爲非也。而豈料後世以法律爲有國之私物哉？而豈料議政行法者以爲禮法不爲我輩而設哉？而豈料迷信者流誤認人倫公理之學爲一先生之言哉？

法律之學，始於人倫，終於邦交，即《孝經》所云推而放之四海，又曰"光於四海，無所不通"。由家庭積而爲社會，由社會積而爲國家，由國家積而爲方州。社會爲家庭之進步，即國家之一部分。余嘗論井田即小封建，封建乃大井田，即此義也。其閒經緯，由西學之言，不外權利義務兩端。權利則制民之産也，義務則禁民爲非也。各國律皆有親族權一門，日本律尤爲詳備，其先漸於中教故也，中律則當以此爲基本。日本律云：一家之中有家長，屬於其下者，皆稱家族。家長於家族有監督扶養之權利義務，家族於家長有服從并受其扶養之權利義務。推之而社會、國家可知，有監督之權利，必有扶養之義務；有服從之義務，必有受扶養之權利。質而言之，猶之通工易事之理，恢而彌廣，則範圍而不過，曲成而不遺。斯其爲公理，豈有幾微之可疑、絲毫之可議？若使爲家長者，有監督而無扶養，是有權利而無義務也；爲家族者，不受扶養而但服從，是有義務而無權利也。其不合於公理，路人知之也。今之號爲守舊者，所見毋乃類是乎？而自表爲維新者，所見又適反其道而倒行逆施，則又何爲者也？是皆可怪而曾何足怪！不明公理之故，不明權利與義務相因之故。夫制民之産，先自家長與家族立其程；禁民爲非者，亦以家長與家族爲之準。一國之形模具於此，其受扶養之權利者，即有效服從之義務者也，此庸得不有等差乎？失其義務者，奪其權利；與以權利者，令從義務，此庸得不守約戒乎？今乃曰平等自由始爲公理，則何爲者也？日人法律大義云：自由者，法律上所許之自由，非法律外放任之自由。斯雖曲爲之解，而義尚不悖。今人曰我愛自由，由其言之意，似欲盡去其法律之範圍而以從我之所愛，豈不怪哉！如曰我所愛之自由，仍屬合於公理之自由，則未知法律本起於公理，所以禁非公理之自由。如其不原公理，橫施禁令，是謂不任公理之自由，即謂之違於公理之亂法，乃公理之公敵也。法不法，律不律，可以名之曰"不律之國"。可號於衆曰：我欲正無公理之亂法，正背公理之人心，申自由之公理，明公理之自由；不可號於衆曰：我愛自由也。一知半解，貽誤後生，此其尤大彰明較著者也。

　　一家則有家督，爲家人所服從者。《易》曰："家人有嚴君，父母之謂也。"又曰：家人，女爲奧主。妾媵稱嫡曰女君。《傳》稱大夫妻爲內主。《周禮》閒民"出夫家之征"，閒民無常職，轉移執事，不受廛田者也。其夫家之征，取於其所服役之主，載師以時登其夫家之衆寡。夫者當戶之名，猶言家督也。通證大義，夫者家督之名，即主之義。夫於婦爲之主，故對婦稱夫。有爵者稱大夫，大夫妻稱內主，其妾媵稱之曰女君；國主之妻爲小君，其稱亦曰夫人。自當一戶至臨一邦，皆君道也，故曰"無往而非君也"。明乎聖人正名之義，由夫婦之名以起其義，而家道由此正，推其義而國正矣。是故自內而言，對娣姪妾御則嫡爲主道，對妻妾則夫爲主道，對子婦則父母爲主道；自外而言，對餘子亞旅則當戶者爲之主，對群從兄弟則宗子爲之主，對采地之氓、執事之僕則大夫爲之主，對諸宗國人則國君爲之主，對列邦諸侯則天子爲之主。妻之言齊，嫡之言敵，顯然平等。婦者，服也；夫者，扶也，而猶有主道焉。兄弟之義，報反而行，而君之宗之，兄猶有主道焉。則倫理之義，絕無平等可知。夫豈聖人好生分別，而造此一家之言乎哉？人既不能無群，群則必通功易事。其通功易事，各有分任而不能同，使不相屬焉，則物競之心生，而必致相害，故其合群而通功易事者，必使各有其分屬也。因父母親生膝下之嚴以教其敬，因女嫁於男之明而易見以教其順。由是立爲程度，先於親屬推長以立宗，自宗統族，合數族以成國，而立大宗焉，即西學家言社會之義也。西教無親，求之不得其原，故由社會以起例。聖道先以人倫，故從宗族以起例，此爲尤親切也。族猶家也，國猶族也，正惟欲其通功易事而爲之稱物平施，故設爲差等之教，演爲差等之政。非若名家之言，辨黑白而定一尊；又非叔孫之朝儀，取悅人主，重於天子之貴也。周公曰："有德易以興，無德易以亡。"孟子曰君不仁而輔之，"是輔桀也"。可以知之矣。吾不解今之言平等者，何以徒欲廢君之位，而不思務民之義也。務民之義，其道至廣，而其言至約，在於就社會以明公理，就學校以明法律而已。士皆明公理，民皆知法律，立憲法何難？而天下從此治矣。如其未明公理於天下，而徒浮慕憲法之名，亦長亂而已矣。公同利益，爲法律主義，此五洲之公言，萬古之通義也。葛岡氏有云：古時按官職身分與人民階級，以定法律行爲。今則範圍較寬，無專制之體，無奴隸之制，然必不違公共之秩序、不害善良之風俗，始許焉；不然，則仍執法以科之。蓋各國皆以公同利益爲法律主義也。彼所謂古時者，指其國幕府專政、諸侯專制之時代而言。日本地小，而衆建諸侯，其幕府專政不過如三家擅魯、田氏擅齊；其諸侯專制不過如佛肸之於中牟、陽虎之於費、漢時豪宗之於其鄉，貪黷作威，魚肉編氓耳。初未備三代侯國之制，而亦無立學興畊之典，故其民之志意行爲，無由發達，視今日維新之政，變更甚巨，而進步甚猛，故數數以專制奴隸爲言。中國則自虞廷登十六族，皋陶制取士之法，民間之俊選，已與帝室之親貴并進。漢以來，雖尚苟且之政，但取士而不教民，然第就平民志意行爲之發達一事而言，則未爲失道也。布衣之士，可驟至公卿，爲宰相；一勇之夫，可進操專閫，位爲侯伯。降而内居清秩右班，得以圖議國政；外爲牧令，得以爲政治民。不仕之士與有業之民，安富榮響，有志有力者，任自爲之。其下亦只有轉移執事之役夫，而無鬻身老死之奴隸。明代家奴之制稍苛，然亦只及仕宦之家，而非通常之法。夫何奴隸之習？夫何專制之弊之有？以言變法立憲，與日本情事正自不同，楚病而越呻，是猶公孫悼欲倍偏枯之藥以起死人也，爲知醫者笑矣。日本維新之速率，在於專制政體之日非，而非專制政體之反動。夫今日中國之患，在朝廷與百姓不干涉之爲患，而非朝廷於百姓專制之爲患也；是不行干涉政體之過，而非專制政體之過也。夫所謂干涉政體之名，就今日西學家所謂名詞問題之標幟，而姑妄言之，其實以言有政則無不干涉者也，非干涉則不足言有政也。干涉者爲政之別名，而凡爲人群合衆舉事之公理也，非謂居人上者，必行干涉於其下也；居人下者亦必行干涉於其上，始足以爲政也。特因其居人下者爲多數，居人上者爲少數，必其居於多數者之事紛，而委任於居於少數者之人，以處於無事。而干涉是必其居於少數者之人智，而代表於居於多數者之人。以執其至簡而主宰是必其專於勞心者，代勞力之衆人居於無事，而綱維是也。此絕不能倒置，而亦不能兼營也。倒置而兼營，必譸張而爲幻，大亂之道也。

然則法律者，順衆人之情，爲衆人之計，因衆人之議，合衆人之約，然後執簡而書之，然後就衆人之中，推擇賢者而任之。有義務之責任焉，則有專制之權利矣。其放棄責任而亡其義務，即不得享其權利可知也。載舟覆舟之喻，豈不至明切深著乎哉？而何必曰"父母何算焉？"作鄙人之語，爲都士所羞稱也。且夫所謂公共之秩序、善良之風俗，非謂教化而何謂？吾謂法律爲教化之演說者，執以證之東人而無異詞也。既爲教化之演說，斯必有其聽演說之人而後謂之演說也。世未有演說於空堂、於荒郊、於蒼莽而無令聽之者也，則《周禮》之"屬民讀法"可思也。非但爲之演說，又爲之懸象繪圖以揭示之。正月元旦，懸象讀法焉，浹旬而斂之，開大講會者十日也。四孟月之首日，屬民讀之；每月初吉，屬民讀之；每旬之首日，又屬民讀之。計一歲之中，凡開讀法講會者六十二日。其殷勤教民知法，如此其甚也。如此而猶犯者，已非不教而誅也。而且八議以待有官，肆赦以待氓庶；在八議者爲之流宥，在肆赦者爲之役贖，故曰刑賞皆忠厚之至也。堯舜畫刑而民不犯，非德政之頌詞也。堯舜之民，比户可封，非史臣之傳贊也，自然而必至之效也。

日本律私法例有曰：歸化人於所入籍之國，亦有權利。然可與從來臣民一體者，但私權也，其公權則必與以限制。日本律所限之事有五：一議員，二裁判官，三樞密院官，四國務大臣，五海陸軍少將以上等官。夫限此五者，則真奴隸而已矣。所謂平民志意之發達，則真無從發達矣。而不學者流，致痛怨於無形之奴隸，似乎執義甚高；而獨慕外域之政，不恤宗國之危，隨所往而皆願外向，則又何也？是未涉心於古今中外法律之科也。誠使知孔子垂憲之法、先王經世之律，又以中外之教化人心，求之國故而相較焉，其愛國之心，有不油然而生者乎？有不悔其平等自由之說，而泚然流汗、潸焉出涕者乎？吾知其非人心也。《詩》曰："不自爲政，卒勞百姓。"傷天下之無王，傷天下之無伯，而淪胥以鋪也，不能覆狂以喜也。又曰："聽言則對，誦言如醉。"傷天下之無學，而噂沓背憎，執競猶人也，不得無知而妄說也。此皆學術不明，而民未讀法之害也。

西學之言，析親親之道爲私德，吾謂聖人之教，人倫一本於公理。世論各國政治與其宗教不相爲謀，吾謂各國政治，皆原宗教而演以爲事例。各教皆推本公理，而惟人倫之教爲公理之天則。人必有親，親必有等。各教不主親親而及其治人不能廢倫理，無倫不足以立教，無倫不足以立政也。惟其政爲二本，故不能無所出入。日本舊被倫教矣，及變法從西、修改律例，勢不能盡棄倫教，又不得不參合西律，徒增駢拇支指，歧之中又有歧焉。今觀其律所定親族權，形跡猶可證也。"婚姻"條增入者，男女過二十五歲，可以自由結婚；"財産"增入特別主義；"父子"條增入服從其親之期限，以至成立時爲止。知其説之不安，乃曲爲解曰：若成立之後，能自立事業，則此時親權，非法律上親權而道德上親權也；"遺産"條增入女户主無子而招婿者，則贅婿亦可相續數端。本於西教，即不合於倫理。此外各條，皆從倫理演出，即不悖於《禮經》。又"遺言"條云：如財産相續，遺囑以給他人，則無以處定法相續之人。故法律所定，遇有此種情事，則以財産之半與法定相續人，以其餘三分之一與本人之妻，三分之一與正親，餘三分之一，始以與其遺言所囑之人。西教以毋奪人之權利爲大經，故於其人之財産，俾其人有自主之權，專以遺言爲準。日本原教不同，而新學家言日熾，故爲此首鼠兩端之律，亦爲不善變矣。又"身分"條云：人之權利義務，乃由法律所定之地位而生，非由人之意志自由而生。以略言之，法律既定父子之地位，即生父子之權利義務；定夫婦之地位，即生夫婦之權利義務。然則法律爲人倫之範圍、教化之演説，不信然乎？其不能離宗教而立法律，抑大可見矣。夫倫理之教，似專爲禁民爲非，不甚關於制民之産，不知聖人諄諄於倫教者，亦爲民生相生相養之道，得此而後成也。財産繼續、胖合服從之條，無往而非相生相養之道也。

法律之範圍，極於邦交矣。自一國言之，條約是也；自天下言之，公法是也。於一國之内，則受法於主權；兩主權之相遇，則何所受治乎？則受治於公理矣。世論謂兩主權相遇，則受治於強權，不知兩強權相遇，又將誰勝？夫主國之自強，無論何等國，皆有自主之權，非強國之所得而禁；其不能自強而屈於強權之下者，國失其政也。好其所以弱、樂其所以亡者，不足以圖存，不足與之言治也，即不足與之言法也。能修明法律之國，即能修明政治矣，是能自致強權矣。固不能禁敵國之強而兩強權者相遇，必受治於公理無疑也。臨外交而始計内政，如臨渴而掘井，自不得水飲，而曰水可見而不可飲也。然則謂公法無所用，萬國不能遵者，猶臨渴掘井之喻也，非通論也。明乎公理之深微，凡兩國相遇之交涉，共立之條約，皆可據公理以爲斷，此《春秋》之志也。約舉重要交涉各條，列之如左：

七、交涉凡七條：

（一）攻擊同盟條約。《春秋》會師，有義有不義。

（二）防禦同盟條約。《春秋》師次無貶。列國有強軍旅主守，故無貶。

（三）保護同盟條約。《春秋》胥命，爲近正公法以維太平之局，互相保護爲得禮。

（四）締交條約。《春秋》及某國平之屬，由兵而返禮，止爭而相睦。無滅國之理，有締交之道。

（五）境界條約。《春秋》歸汶陽遷紀之屬，重在守先王之典。今五洲列國，不同奉一王，而當遵其開國之舊。掠地占領，應爲公理所禁。

（六）貨幣條約。

（七）媾和條約。上無天子，下無方伯，諸侯有相滅亡者，桓公恥之。方伯之業，以兵力止兵爭主，故兵車之會，仍主媾和，賤撲伐也。

正辭第三

宋學之源，出於陳、邵，本道家也。其學以《易》爲主，專重修性命之理。《記》曰："絜靜精微，《易》教也。"得聖人之一體，原不可厚非，特其於經術之全體大用，概乎未有聞焉。

與世運爲變化，視政治爲土苴。周茂叔、李延平之流，皆守此宗傳。至程正叔始徧誦經傳，見聖人於經世治人正倫之事，持之甚重，語之甚詳，乃本其所心得以說經。既有先入爲主，故所見無非心境。聖言語語著實，諸賢所見，念念皆虛。由是化筆墨爲煙雲，指文章爲性道，玄珠一失，七聖皆迷。世重其人，并崇所學，擬其道於孔子，遂專原性理以釋經文，大半郢書而燕說，托源於僞《尚書》之"人心惟危"十六字，衍成於釋《大學》"格物"之七十家。語錄興而經術亡，不獨輔嗣《易》行而漢學廢。學者見有語錄不見有經，心有語錄，視經無非語錄。夫說經者述先師之言，非從己出。今曰"六經注我"，豈非以私意解聖人之言乎？始試學童，高談性理帖括俗學，臆語治平，教育失其原旨。童蒙未解，即已誦經，博覽多通，始求識字，於初學則欲速不達，於成學則泛涉無歸。其高者乃研求性理，又空疏寡要。推其原起，實由程正叔引道家以兼并經術，故自謂得絕學於遺經。其言本不誣，特所得者聖學之一體，如庖丁之解牛，未嘗見全牛也，此正道家之喻也。《宋史》立傳稱爲道學，亦至當不易。後學因尊其所聞，遂易以理學之名，而天下愈惑。於是世之理想哲學家競起，俱原佛理與聖人爭教育之長，而聖學熄矣。孔子曰："述而不作，信而好古，竊比老彭。"又曰：學《易》無大過。其內修性命之事，原述相承之古教，無所制作於其閒。自天降中，而人返本，所謂原始返終，即《莊子》內篇所發明之理，不必專名爲道家；從後溯前，姑名之曰道家以爲誌別。此內修之事，無論黃帝以來，孔、老至於莊、列，其道一揆，即佛氏、耶穌，亦同歸不二法門。惟持世之法，各限一天，孔子爲獨一無二之宗主。近西人稱孔子爲文明制造家，是謂天牖民聰聖學將昌之機緘，衆中現示之語證也。夫電氣空氣流質，植物動物定質，盈天塞地，虛空皆滿，必得制造家分化切合始能各得成就，以互相爲用，而不相爲害。制造家疊出心思以前民用，然必有最精制造者盡化裁之妙，始能成世界最勝有形之文明。有形之文明爲器，無形之文明爲道，專屬內修之道，與散爲形下之器，界限甚明。其界在兩閒者，即從內修之理推勘，而合之於世界所最宜，則爲教育政治。自己身分界，屬於形下；自外物對觀，屬於形上，故亦名曰道。譬之實驗學亦由理想而生，及其成就試驗，成就制造，則別爲學門之一宗，不得仍名之曰理想。顧形下之器，非有形上之道以董理之則散亂無紀，不相爲用。孔子亟稱天下有道無道，學者信口成誦，率爾操觚，誤以爲立言區別兩端之記號，於是視六經之言不過如文家之議論而已。不知一部六經，凡言道字，皆有落點。《記》曰："爲政在人，取人以身，修身以道，修道以仁。仁者人也，親親爲大。義者宜也，尊賢爲大。親親之殺，尊賢之等，禮所生也。"然則道之注腳在仁，猶恐仁字未落實際。訓者望文生義，聞者與愚以疑，大道之歧，生於跬步，不可不慎也。則又釋之曰："仁者人也。"謂如果實之人。果實之有人，傳種所以生，類族所以辨。人之種族，由親而推，即借果以喻，故曰"親親爲大"。由親而推其愛力以仁民，又推其愛力而廣之，乃能愛物，未有愛力不生於內而可以外鑠者也。故曰"於所厚者薄，而於其所薄者厚，未之有也"。《孝經》曰："不愛其親而愛他人者，謂之悖德。"如無愛力，即不成人。愛力所施於最親近者力厚，漸遠漸薄，出於自然，即今西學家所謂私德。如其倒施，必將外取；假如外取，則是本無愛力，故曰"未之有也"。顧人之受生，因分族類而相養以生。義必合群，群則必有公理。此公理緣私德而起，與私德爲對待，即西學家所謂公德，聖人所謂精義也。仁義必須切合，始能成爲公理。故立義以審切合之最，隨時有化裁切合之用，則隨時須有化裁切合之人。故貴貴尊賢，所以扶持仁道。由親親、尊賢之兩質化合而制造已成爲六經，則王道行乎其中矣。王道上合乎天道，故董子曰"道之大原出於天"，即《春秋》所謂元也。凡孔子所言有道者，指合乎王道之世；所謂無道者，指不用王道而言，非如文家泛論治世亂世也。

孔子經世，不述黄帝。司馬遷曰："百家言黄帝，其言不雅馴。"上古人神相近，顓頊之代，九黎亂德，家爲巫史，人神雜揉，顓頊乃命重、黎絶地天通，命南正重司天以屬天神、北正黎司地以屬地祇。其時首出庶物者皆神人，顓頊絶地天通而人神道遠。當黄帝時人事已漸備，而其治主天道，任民自然。人類愈繁，事變日紛，始作書契以代結繩記事，而古俗未改，其流失已見於顓頊之代。堯舜氏作，親九族，慎五典，敷五教，辨百姓，而人倫道備。舍羲和世官，進用元愷十六族，分命五臣，廣工虞之政，開務之基已立，百度之綱具舉，親親尊賢之道洽而禮義興。虞夏共爲一代，有殷損益甚微，周公思兼三王，監於二代，修明故典以教天下，遂擅制禮作樂之名。孔子師法周公，即憲章文武。《中庸》言"文武之政，布在方策"，即指《周官》；又言"周公成文武之德"，周公之政，即文武之政。孔子言"吾學周禮""吾從周"，亦即指《周官》而言。故七十子述源流，則舉"堯曰：'諮！爾舜！'"終以天下之民歸心焉。贊孔子則云"祖述堯舜，憲章文武"，譬之天地四時日月，而歸於道并行而不悖，物并育而不害。孟子贊王道曰"上下與天地同流"，蓋其内修可以出世，與諸教爲同源；外法足以持世，爲生民所未有。其刪修六經，專爲修明王道以俟百世之有明王作，實爲文明制造之獨一無二家。故博施濟衆，修己安百姓，堯舜猶病，子再言之。而孟子稱智足知聖，則曰"夫子賢於堯舜遠矣"，其義甚明。後學者隘於所見，囿於所聞，視如文人考訂，通人論古。信如所言，則周秦諸子皆可并駕齊驅。惠施五車，鄒衍數十萬言，吕不韋千金一字，非博雅之雄乎？亦何貴乎孔子？故《論語》屢表其義曰：君子不多，不試，故藝，非多學而識之。乃後學日誦其書，而仍以博學測聖，豈不異哉？聖人往矣，其書具存，實爲政教合一之書，而非性命圭旨之論。惟《易》明天道，而夫子之《十翼》，皆推衍於人事典禮，故曰"《易》本隱以之顯"。《春秋》爲筆削專書，特爲經世而作，而推本於元係天端，故曰"《春秋》推見至隱"。前於孔子者有黄老之道家，後於孔子者有佛、耶、謨罕之異教，以言内修之理則均不相妨，以言持世之法則均不能越，故曰"并行不悖"。其以水土天時爲比者，即孟子所謂"上下同流"，猶佛書言金仙歷劫長存、金剛久劫不壞也。六經爲維世之玉律金科，經堯以來見知、聞知之數十聖哲竭其心思。孔子取帝魁百代之典，求百二十國之書，得三千餘篇之詩，合文武兩朝方策之政而成此簡練之一書，所以範圍天地而不過，乃倫理政治之專書。特患後人之不能甚解，勿患聖人之有所不知。學者慎勿震於汗牛充棟之列國政書，卮言日出之諸家哲學而買菜求添也；又慎毋視其書爲性理論，爲題目牌，爲舊簿記，爲陳憲書，爲狗曲學，爲兔園册而買櫝還珠也。通道不篤，焉能爲有？聖言已著深誡，而鄉願患失與曲學阿世者，又塗飾經傳，粉飾文具，視弊政爲當然，持舊法爲已善，謂皋、夔、稷、契所讀何書，舜、禹之事吾知之矣，則吾不得而知之矣。

孔子曰："吾志在《春秋》，行在《孝經》。"心之所之謂之志，志者，未行之事也。莊周曰："六合之外，聖人存而不論；六合之内，聖人論而不議。《春秋》經世先王之志，聖人議而不辨。"六合指上下四旁，則經世舉地球爲義。王者不治夷狄，而曰"先王之志"，何也？傳稱王者治五千里，又曰德廣者其治廣，明言三代所治，不越五千里，故帝降而王。後學昧於此義，不過爲秦稱皇帝，後代相沿，耳目習聞所誤。證以今歐美各國帝國、君主國、民主國之自别稱謂可悟。夫誰禁之？有公理之時代，自不能違公理之名稱，毫無疑義者也。先王之德猶未至，而知其義不可以智取力征。至於志欲範圍而一之，所謂"中天下而立，定四海之民"，固凡有憂天下之心者所當與聖人同憂也，堯舜猶病。故孔子祖述憲章，本先王之志以爲志，因魯史而加王心，其曰廣魯於天下者，即廣天下於五洲也。然則《春秋》者，外交法律之範圍，即萬國群分之公例也。荷蘭虎哥以私家著述爲平戰條規，尚推行爲萬國之公法，何況《春秋》經世聖人之志哉？《詩·卷耳》傳云："後妃之志也。"婦無外事，求賢審官，非後之所得爲；而輔佐君子，不可無其志。《記》曰："官先事，士先志。"士未受職，事非所得爲也；而預備爲天下用，則不可無經遠之志，故又曰尚志。《論語》曰"隱居以求其志"，隱而未出，則無事可爲，而其志必有所屬，皆此志。黃梨洲論臣道統之於以道事君，於臣無等差，於人無等級，其說固已誤矣。今淺學之徒，崇奉其言，牽合於范希文作秀才時以天下爲己任之說。不求甚解而無所適從，乃闌入新學家國民主義，由不知志與行之分也。天下洶洶，群起而噪，學術將爲天下裂。不知梨洲所主，不過待天下過高，猶謂不可則止也；希文之言、伊川所稱，亦謂儲以待用也，與國民主義渺無涉焉。望治殷憂，傷亂怨誹，平民可以此志也；許身稷、契，望世唐虞，有席珍以待用，勿懷寶而迷邦，庶士可以此志也；蒙耻以救民，三黜而不怨，《離騷》以悟君，九死而未悔，小臣可以此志也。至於段干藩魏國、展季救魯人、弦高犒晉師、魯連却秦軍、墨翟重趼而救宋，上說下教，強聒而不舍，此不惟其志，而且見諸行。

凡爲草野市井之臣，有志者任自爲，而非名義之所能禁也，則吾何必斷斷於志之與行而必與古人對獄哉？吾惡夫今之不學者，朝聞一說，未究於心，則無論心之所之矣；夕發一論，不由於衷，則無論志之所在矣。今日不知其所志，明日乃欲起而行；且非欲其說之行也，見當道之權利，而思借一說以奪之耳。道聽而塗說，德之棄也，況但聞其說而未見其聽乎？如此者適足爲亡國之民，夫亦居亡國之臣之下矣。顧亭林曰：天下之亡，匹夫與有責焉。世士聞而歆之，餘屢誦其言而悲不自勝也。亡則與有責焉，謂同其罪，非謂同其權也。世流不察，以爲同權之證，其無心肝乎？何以明其然，權固各有限也。今有一家於此，被盜劫傷其事主，而室且焚如。詰盜之狀，則主不恤其子弟、臧獲以至亞旅，又多慢藏而悖入；其家人奴隸各異心，相率而鉤盜；有刺其隱者告變焉，刺其隱者，亦且謀鉤盜者也。其家方勃谿反唇而不能明盜至各懷疑，無肯赴難，而室空巢覆矣。則試問鞫獄之吏宜何詞乎？吾知必曰：舉其家長幼皆有罪焉。其鄰有相類者，子弟僕隸聞之曰：與若事至而同罪，曷若先事而攖之？呶呶焉日恐其家以寇至，諄諄焉日伺蕭牆，謀胠篋而竊鑰，以爲與有責焉矣。不知其亦自思所職何居，所責何事乎？公卿大夫之腐敗，世所競談，然且曰此其少數也，姑置勿論。占天下之多數者士與民耳，農之愚、工商之偷惰，一時無可爲計也，姑置勿論，曷先論士乎？士無事，曷先論志乎？人必先有所志，然後能推其志而見諸行，未有初無所志，猝聞而斯行，而克有濟者也。吾固自居於士也，吾敢曰今之士皆無志也。如其有志，必先有識。月暈而知風，礎潤而知雨，見被發而識爲戎，謀徙薪而先曲突。明者見微而知著，仁者先天下而憂，國之淪胥，非一朝之故，況雨集之爲霡，更近於履霜之堅冰乎？何以發亂初平，未有爲民生謀善後策治安者也？甲午之先，未有憂國家危亂將至者耶？且國之治亂，在於朝野之自鏡，不在於敵國之相形，今言政者不知我致亂之由，而徒慕人自強之效，是見雞而求夜也，可謂智乎？平日無所識，至今日而始有所聞，其爲無志不待辨。且即今日始有聞，必將悔其聞之晚，知中國之不振，由於政教之消淪；政教之消淪，由於人才之匱乏；人才之匱乏，由於學術之衰微，宜當自思，所居何等，所明何學？兢兢求志不暇，而惟恐一朝之責及，欲補救而無從，而安有道聽而塗說，朝聞一議，而夕欲起行者哉？

孔教重在人倫，以五倫爲綱領，各分義例。其德育之規，按照各人所應服之義務以立爲準，則如爲人君止於仁，爲人臣止於敬，爲人子止於孝，爲人父止於慈，與國人交止於信；又如君義臣行、父慈子孝、兄愛弟敬之屬，皆對待之文，專屬其人各盡之義。其文至多，不可枚舉。譬以經爲法吏執律，則各按其應守專條，按律定擬；譬以經爲教師演說，則各按其應盡義務，因事立言。所謂民不得而非其上者，非也；爲民上而不與民同樂者，亦非也。又所謂爲人父言慈，爲人子言孝。假如曰民不得而非其上者非也，爲民上而不與民同樂則無非也，是一偏之論，即道學家「天下無不是底父母」之說也，即世俗相沿諺語「君命臣死不得不死」之說也。又如對人父言孝，對人子言慈，則爲倒置之論，即道學家「寧人負我，無我負人」之意也，即善書相傳格言「君不仁，臣不可以不忠；父不慈，子不可以不孝」之意也，皆不通之論也。人生萬事，始於有身；身從何來？受於父母，故夫子手著《孝經》爲立教之本。其言曰：親生膝下以養父母日嚴，因嚴教敬，因親教愛。因嚴教敬，則資於事父以事君；因親教愛，則事兄弟，敬可以移於長。由廣孝敬之義，因以有事君事兄之宜，而禮由此起，所謂「父子親然後義生，義生然後禮作」。正大義之名，則曰推親親以仁民。由公法家之說，則曰推性法以立義法；擬以政治家之標目，則曰據私德以準公理；比於教育家之名詞，則曰就家庭之範圍爲社會之範圍。今新學家所謂理想，即聖賢所謂思則得之也。既竭心思，自有不謀而合之處。《孝經》爲政教發源，譬於法制大意，未訂專科之律，故尚無對待之條。譬如欲制法律，先頒告戒，但明大意，與衆共知。此外群經，則分爲政教兩科。教科明義，政科定律。《易》明天道，以推人事所本，不設義例；《詩》則專屬教科，主於文言；《書》則專屬政科，主於事理；三禮則《周禮》屬政，《儀禮》屬教，《禮記》演說兩科，其中有政典有教典；《春秋》屬政而麗於刑，所以弼教，則爲政教之指歸，與《易》象之爲政教探源，兩相應合，天道洽，人事備矣。人之有事，始於有身；身之有事，始於有行，故《經》云「人之行莫大於孝」，又曰「天之經，地之義，人之行也」。夫子本身之所行，以課之於民，此即萬殊之一本。孟子駁墨以爲二本，即闡此經之義。《記》曰：「物本乎天，人本乎祖。」自淺識觀之，似本乎天於義爲廣，本乎祖於義爲狹，疑有倒置之嫌，此稱天之教所以易入人心，而從其教者之如水就下也。其實所言乃天之所以生物，而非天之所以與人也，則人、物何擇焉？近之黠者，又竊附經義，於五倫之上加以天倫，不知適爲二本。何則？人自有身，始生知識；由此知識，散爲萬殊，生死相續，以成世宙。人受體於父母，父母又受於其父母，其原自始祖以來，據己身所從出而知父母之身所從出，是爲一本。維皇所付畀，乃生人所共知，非索於幽渺。如必推本於天，則安知象帝之先，不有誰氏之子？此非理想推測之創言。老子所謂「吾不知誰之子，象帝之先」，即其語也。而道生天地，乘願再來，肇造洪荒之說，虛憑思想，相引無窮，皆足淆惑性明，無有究極。故須先明孔子「行在《孝經》」之義，以言德育，始能據百行之原以明厚薄之等。世之命爲教育家者，未能知本，銖銖而稱，寸寸而度，至乃欲援理化以立教根，就釋氏以求因果，貽誤後生，無有是處。

一貫之旨，忠恕而已。曾子之注解至明，而宋學家必求之幽渺，此何以故？由其視忠恕之義太淺，而不知一貫之旨爲公也。中、心爲忠，猶俗言心放當中，恒言所謂良心也；如、心爲恕，猶俗言將心比心，所謂公道也。心放當中，則所居何位，所司何事，必如何自盡而後得其心之所安？即盡己之義務也。故《傳》曰：「上思利民，忠也。」《語》曰：「爲人謀而不忠乎？」又曰：「臣事君以忠。」忠之爲義，兼臨下、平交、事上三義而言。後學所解，獨以忠屬爲臣，淺人以爲陳義甚高，而不知於義爲隘矣。將心比心，則欲立立人，欲達達人，所欲與聚，所惡勿施，通德類情而萬物各得其所，所謂「勿奪人之權利」也。貫者，通也。

經之綱理政教，無往而不通，皆同條而共貫。析言其制度，如分地則天子一圻，諸侯一同，大夫一成，士四井，庶人百畝，其宮室服物，皆以是爲差。其位尊者其分地廣，其分地廣者其用物多，適如其財之所能給。天子世及，諸侯世封，大夫世采，士無采者有圭田。士有圭田以上，即立宗以統其族；大夫有二宗，得統其小宗；諸侯於其國爲不遷之宗；天子爲天下之大宗。宗者始於士庶，而推之於天子。雖天子之尊，不過如宗子之義。宗有君道焉，君亦宗道也。支子不祭，祭必告於宗子。其位尊者其禮盛，其禮盛者其祭遠，故天子祭始祖感生之天帝；諸侯不得祖天子，而得祭始封所自出之先王；大夫不得祖諸侯，而得祭別子所自出之先公。推其義，則天子不祖天而得以祭天，明乎其追遠之義無窮而報本之禮有盡，親盡則祧之義。由此比例而可知，親親尊賢爲禮之所生，尊賢之等由平心而出，親親之殺由如心而施爲忠恕之發現。顧尊賢無所依著，則何以辨賢？故以貴貴爲之等。命爵之本義，所以選賢。大賢受大位，次賢受次位，以次而差，故孟子曰：“天下有道，小德役大德，小賢役大賢。”又曰：“貴貴尊賢，其義一也。”世學不明其本，反以周人貴爵爲疑，夫亦未思刪《詩》《書》、訂禮樂之何居？孔子乃不如後儒之善辨而知禮，豈不異哉？期之喪達乎大夫，諸侯禮絕旁期，爲其伯叔兄弟衆多，生既臣之，則殁從臣禮以明尊君道之義。貴貴之義，即尊賢之等也。天子服十二章，諸公服九，諸侯服七，大夫服五，士服三，上得兼下，下不得兼上。諸侯之贄玉、公孤贄帛、卿羔、大夫雁、士雉，皆因其財之給以爲其制之差。然則爵等即人格，雖天子亦爵也。因其等而事爲之制，無往而非辨賢，隨事皆有等差，無所用其踰分。君道即宗道，雖天子亦宗也。尊祖故敬宗，敬宗故收族。天下之大宗，統同姓、異姓、庶姓、侯國之諸宗；侯國之大宗，統群公子、大夫之別；諸大夫之大宗，統其小宗；士有大宗，別立小宗；其庶人無宗，亦莫之宗者附屬焉，所謂“因不失親，亦可宗也”。宗法上達下達，無往而非親親，小宗合屬大宗，雖天下亦一民族也，今天下曉曉言社會主義者，獨不知辨賢；言民族主義者，偏不道宗法，抑獨何心哉？是知二五而不知一十也，持此一貫以語之，將求十一於千百乎？

官天下與家天下，其立政不同。而先王之意皆本於公，不得以公天下、私天下目舉而立論。黃帝以前不必稽，高辛以來皆世及，其分地者皆民族自治，而人主所命者皆世官相傳焉。及帝堯欲推賢，乃疇諮四嶽，得五臣十六相，改釐官制，申命羲和，世官與選賢并用，而四嶽之群后守國如故，未之有改。其後舜、禹相繼陟帝位，而稷之後乃世其官，東樓則就封於國。舜、禹之有天下而不與焉，堯以不得舜爲己憂，舜以不得禹、皋爲己憂，凡以開務成物，期於地平天成，黎民於變而已。其後啓嗣禹而王，唐虞之侯伯如故，惟是十六相之賢胄，能世其官者，相與守之而已。堯舜官天下之爲公，不自知其公也；禹、啓之家天下而與群后世臣共守焉，乃見其爲公耳。世學淺見寡聞，乃耳語相促刺謬，以家天下爲私天下，言社會主義，言國會主義，言民政主義，言民族主義，口沫華盛頓，懷傾拿坡侖，迷信於平權，歸咎於專制，不憚爲破壞，必欲易爲民主而始快，曰此其爲官天下，此乃爲公天下也。不知古所謂家天下者，天子世及、諸侯世封、大夫世官、士世采、庶人世業，能以天下爲一家，夫是之謂“家天下”，三代是也。自秦廢封建爲郡縣，獨帝者一人世及耳，而尺土皆歸於民，得以自相買賣。天子曾無一圻之地以給百官，所謂縣官衣租食稅而已。天子且未嘗有土，謂爲世世宰制天下則然矣，何所謂家天下乎？且夫堯舜之官天下，陟帝位者終其身，服藩封者守其舊，此不得譯以伯理璽天德之名，亦不得妄喻於法蘭西舊爵之飄淪異國也。美之立總統，比於古世民族之自治，宜若相似。然法之易爲民主也，無異周人之流王於彘也，而且無共和之內安。則唐虞以後，安見今五洲之內，更有官天下之唐虞乎？故論政者不必言官天下、家天下，且第言公天下、私天下。公私之辨何辨乎？亦辨於其政而已矣。政之公私何辨乎？亦辨於平心與不平心、公道與不公道而已。與百姓同之，是公道矣。

　　秦開阡陌建郡縣，聽民占田自相買賣；嚴囹圄，重治獄之吏，爲古今轉關一大變。開阡陌，夷溝洫，廢井田，無人過問矣；易封建爲郡縣，俗學猶稱之；嚴囹圄，繁刑獄，流毒至今，相習而不覺。其上行一切專制之令，新學家起而非之；其下聽民一切自由，貽害於後世尤烈，乃無人知者。新學者流，不揣本而齊末，益煽自由之説，爲祖龍附翼而揚其波，將不至洪水滔天而不止。秦有四患，鉤連爲一條，瓜蔓二千餘年。今學者但知其一，而猶且捫籥以爲榜，吾知其未聞治道矣。夫秦雖暴無道，然其法未嘗不首尾相顧，有説以處之。欲專制以威海内，乃廢封建以收全權，既無分國而治之君與卿大夫、士，則往時數百十人分治之土、分屬之民，今以一守、一令長、一尉治之，勢不能計井分田。家稽而户按，勞勞於閭里，雖并日窮年猶不暇給也，則有聽民占田買賣，許以自由。蚩氓則何知，惟知目前近利，開阡陌夷溝洫以斥廣田畝，見利三倍於舊井，一夫之獲，歲增數鐘，自不崇朝而遍域内，況秦又先以盡地利率之乎？民自占田，互相侵奪，則讟張訐訟，益日不暇究。彼又先自紛其籍，不知所源，非繁刑鉤刺不能禁末，則慘礉少恩，號能治獄之吏日顯，而帶目捕人，數囚詐賄之蠹役獄卒，相緣而作，囹圄則不堪問矣。此皆由廢封建所致，而患中於聽民占田、自相買賣，置民事於不問。於是天子無廣土，諸侯無尺寸之封，卿大夫士無半菽之采，而富民田連阡陌，貧民無卓錐之地，饑饉盜賊，橫數十郡縣，縱三千餘年，連綿相望不絕。郡縣之吏惟典催科聽訟，上與其民漠不相關，民與其上渺不相屬，民惟知遁科賦以自封，詭訟獄以求勝。户口無由清，奸盜不可詰，失業遊手，流亡日益衆。愚橇者丐死於野；黠者投役隸，恃官符，習敲剥，魚肉貧民爲生計；稍强梁者結爲會匪，莫可誰何。閱數十年，不定從何處發，必有兵革起相殘殺，數十萬或數百萬餉糈焚掠所耗，閭閻爲一空，搜括補苴，波累及無事之處。民財日匱，積不能支，則朝更一姓，而又蹈其覆轍如故。嗟乎！孰知亡秦之毒，不在居上之專制，而在聽民之自由乎？彼欲廢先王之良法，行一切自由之政，不得不聽其民爲一切自由之事，貌名爲專制主權，而實與民閒無所干涉。上與下分離，其群渙而天下裂。夫孰知聽民自由之貽害，發而不可收拾，一至此乎？新學者流乃亟稱自由，又亟曰民政自治，不知黔首之愚久矣，其爲自由又久矣。如其能以民政自治也，其鄉閒民俗之閒，可得自爲之事亦多矣，能自治其鄉者尚有人乎哉？正惟自由而無所歸，則欲令其結爲群體而不可得。亡秦之流毒最深，存於今日者，不在朝廷之專制，而在草野之自由也。

　　秦之專制者，不過賦税、徵調、刑訟、官吏而已。徵調之事，唐以後已無之，而大工不能舉，侵耗由此作，其得失略相當，所以殃民者，徒有閒接、直接之異耳。爵人、刑人，與衆共之。以今歲之稔，量來歲之出。先王之政至平均深遠，今歐美民政之善者，尚無及焉，中國尤失其本旨。患在事不師古，舍三代而法後王，非專制之弊。專制主權與民族主義，相濟而不相悖。三代之政，聖人之義，重君權以務民義，無往而非專制主權，即無往而非民族主義；君爲民之表，即無往非代表政體也。惟官吏之横恣、賦税之冒濫、刑訟之繁苛，與夫囹圄之殘虐，則秦有十失，其三尚存。即今中國所行，其去歐美之政尚遠矣，時流執此以爲專制政體之咎也，不知郡縣之治，則其勢必然也。然則英、日諸國不亦有郡縣者乎，而何以無此弊也？不知所謂湯也，維而司也，爬雷司也，皆國以内分治地段之表名，譯以郡縣，比附以爲稱，其實非郡縣之治也。日本邑郡之名似郡縣矣，顧考其制，郡與市爲平列，居商者爲市，居民者爲郡，其下有村町。政之屬於民者，鄉官主之；政之屬於國者，朝之長官主之。市郡之長，權輕而治事少。其稱縣者，與英之所謂湯規制略同，視秦漢之郡守、縣令。舉一郡縣之事無所不受治者，大有徑庭也。若舉古制而況之，乃適如三代時畿內國中公邑之制耳。美之各部一總統也，惟易封國世及之邦君，爲民舉之總統，其實乃封建之政也。德之聯邦，各一邦君也，則純乎封建之治矣。且夫善覘國者覘其國之政，善論政者論其政之實，而不在比附封建、郡縣之名。異乎封建、郡縣之治者，在深觀其規制離合得失之故，不問其立君與不立君，尤不關於世及與不世及也。法爲民主，而其實君政也；英爲君主，而其實民政也，論政者可參觀而得也。吾甚吒夫時之影附於政黨，自號爲政學者，眼光惟注於君權，而思有以攫之。何也？鼓舌第稱夫民權，而實不知民政何由而致，又不知民政之許可權何施而可也。吾之必標舉封建、郡縣爲論政之兩端者，爲考其規制之離合以辨明其治法之孰爲善、孰爲不善。以庶幾當國爲政者，改其不善而就其善，不重在分土而世君，亦非欲奪官權以要民政也。如其政治合乎封建，雖合衆之國猶封建也；如其政治不合乎封建，雖建國親藩，仍無易於郡縣之世。漢之分王子弟，唐之重建方鎮，明之諸藩就封，豈得比於封建乎？夫封建與郡縣得失之分，關乎治之理亂者甚巨，而關於國之興廢者在次焉。曹元首、柳子厚之論封建，皆注目於一朝之興廢，宜其彼此各一是非，適成文人之掉舌而已。孰知夫封建乃百政之原，安民之本，先王之精意，曷嘗先自爲計乎？不重在分土而君，乃重在分民而治。生民之初，先有民族，爲其不能自治也，合數民族爲一國，就其地而施治焉，所謂以殷民七族封康叔於衛是也。建侯以爲之首領，使舉其地之賢能爲大夫若干人以自治其地、自長其民。首領爲其上國所建，則聯屬於上國；賢能爲就地所選，則聯屬於齊民。凡與民交涉之事，民約主之，與所舉賢能參聽，而首領裁斷焉。民與其國交涉之事，國之憲令主之，與所舉賢能共議，而首領裁判焉，所謂上劑下劑也。國與上國交涉之事，首領爲主，其國之賢能與議焉。夫是以上下通情，無不達之隱；耳目周及，無不舉之事。先王能以天下爲一家，其立基在此，非分民而治，則其道無由；非就地選賢，則其事難理。正經界，制穀祿，立學校，皆由此一以貫之，是即民族自治與專制之君權交相濟而不悖，豈相厄哉？且正惟有專治之君權，始能統民族之自治，而無爭民施奪分崩離析之患，乃所以保民族自治之長久也。顧亭林、王船山有言：親民之官多則天下乃治。學者多稱述斯言，獨至誦《周官》比閭族黨鄰里都鄙諸職，則又以官多爲疑。世言儒者是古非今，吾謂今之學者正患是今非古耳。欲親民之官多而難其制祿，則可知非就地選舉不能行；如就地選賢，仍未分土而治。使流官選鄉官，或令民閭自推舉，仍受成於流官，則賢者不屑爲，爲者必非賢。假令與流官分事平權，則官吏之弊習，必盡相傳染，遍增官弊，并無民政。其與外國情形不同者，各國本國方域小，去朝廷近；中國方域大，去朝廷遠也。欲鄉之與朝廷近，非就民族以建分治不能也。其與今之牧令分治情形不同者，一州縣之大如一國，牧令以一人治一國，一身兼卿大夫、士、鄉吏數十人之事，勢不能不用私人以代官政，何能不虧公帑以養私人，即不免徇公法以徇私弊。建國之制，雖以一人主一國，而有卿大夫、士、鄉吏數十人分治一國之事，又以卿大夫、士、鄉吏數十人夾輔主治之人，任公人以服公事，視公事以給公財，自無俟持私弊以養私交也。民族自治者，《周官》先王之良法"九兩係民"。所謂"宗，以族得民"也，非專制政體之下，不能有民政自治，乃郡縣時代之制，勢不能有民族自治也。今動歸咎於專制政體者非也，秦爲郡縣之制，貽害至於今也。

　　吏胥之爲害劇矣。自士大夫至編黎，凡有與吏胥涉者，無不頻蹙猝嗟，誠天下之衆惡哉！世以爲桂生而自蠹，而不知空穴之來風也，則郡縣之爲空穴，城社圮而狐鼠之所爲棲也。《周官》府、史、胥、徒，庶人在官者也。有藏者爲府，如今之庫吏；執文告者爲史，如今之書辦；給趨走者爲徒，如今之差役；其稍才智爲胥，胥爲徒之首領，則在吏與隸之閒。此皆選於良民，非今日之自行充役者也，其實大有徑庭。今第沿其名，統而曰吏胥矣。自秦貴吏而重隸，定律：凡郡縣上計，皆遣吏上於京師；凡有告者悉付吏，使隸捕之以下於理。故其時事曰吏事、書爲隸書。天子所用以親民者，惟州縣官，州縣官所用以親民者，此輩而已。賦稅刑獄，悉委任無貳，而吏緣爲奸、隸緣作惡自此始。夫朝廷君人者與平民之相接，僅賦稅刑獄耳。於此任用良能之士，就選其地之賢能，猶慮苛擾之叢生而威福之易作，況任法而不擇人，純以慘礉少恩刁猾無恥之氓隸專司其事，豈不殆哉？古之言者數暴秦之失，恒曰天下重足而立，欲叛者十家而九，而莫明所以欲叛之由。以吾所見而推之，則其敗於吏隸者乃十事而七也。秦史不具，據漢事觀之可知也。蕭何、蕭望之、周亞夫之事，司馬子長之書其下吏按獄之事，猶可想見。又觀於漢高之初起，蕭何爲主進，則亭長賀錢且至萬數，一人率數十囚而眾莫敢動。乃一旦欲自逃亡，而曰諸君請去，吾亦從此逝，其索賕怙勢，已無所不至。秦之爲吏與隸者，其作惡殆有甚於今日也。今吏之所司，得以舞文亂法者三事：謁選也，治賦也，錄刑也。自吏部核獎、敘銓、議處，以至縣吏升送縣考，具報丁憂，皆謁選也；自各部核銷以至局書核報，皆治賦也；自刑部大理朝審、秋審，以至州縣刑作填傷，皆錄刑也。無不經吏手，而未有不作弊者也。堂司持正者，據空文以自正，於其積弊，無可究詰，亦莫可誰何，於是天下政權歸於吏胥之手。隸之所執，得以作奸犯科者二事：催科與拘人也。專爲閭閻害苦，於都邑則稍斂輯；至入訟獄，則魚肉不少異焉。賢有司惟持正法以繩之，伏堂皇，斃杖下，枉死者無數，而曾不足以一動其心。於是，隸役之流毒遍天下。昔人喻以縱虎狼於人群，竄荊棘於天地，誠非過言。但爲吏胥與徒隸者，猶是橫目之民，豈生而肝人之肉者哉？蓬生麻中，不扶自直，其居使之然也。秦之爲此，亦豈性與人殊，食痂而癖者哉？中流失船，一壺千金，其勢使之然也。既示閭閻以隔絕不相親，又責令長以紛煩不能理，民陷於罪乃從而刑之，閭閻則不知免咎之何從，令長則惟有救過之不暇。上下之情睽絕，終古不得相聞，而吏胥則爲鼠爲狐爲虺，而憑社依城充穴，亦相與爲終古矣。然則吏役之流毒至今，非專制政體之爲害也，實郡縣時代之必然也。非吏之吏，非胥之胥，非役隸之役隸，凡仰食於官署者，皆盤結鉤連爲一氣，互相心腹爪牙以鉤距而肉攫，民則搶攘不安而訟繁。獄卒尤無良，益無所不至，圜圄之情，更不堪問。悲夫！不教民而虐之，謂之殃民。殃民者不容於堯舜之世也，況犴獄敲剝之私刑，又不關於其罪之科斷哉！此縱改定刑律，三宥從輕，而本非朝廷之法，猶不能令行禁止也。圜圄之酷，緣於隸役之奸；隸役之奸，因於訟獄之繁；訟獄之繁，起於教養之失；教養之失，成於郡縣之制。財賦之亂，緣於吏胥之蠹。吏胥之蠹，由於文報之繁；文報之繁，苦於上下之隔；上下之隔，成於郡縣之規。綜此刑訟、財賦兩端，歸於吏胥一弊；推原吏胥一弊，歸於郡縣一因。故今日言弊政，動歸咎於專制者非也，秦設郡縣之制，流毒至於今也。

郡縣時代者，君民上下各任自由之時代也，與干涉政體爲反對，與君民共主亦爲反對矣。干涉政體者，先王三代之成模，生民立君之定理。朝廷無事不干涉，所以去其害群而成其群體。《爾雅》曰："群，君也。"立君者所以合其群體，保其群體乃所以成其爲君也。自淺者視之，以爲言群體則當放任其群之自由，不知放任自由必有害其群體者矣。自由之文義，正屬群體之反對，群則不任自由矣，自由則不能群矣。今談者相聚，亟言欲結群體，又亟稱曰我愛自由，何其矛盾，豈不謬哉？雖然自淺識者視之，不放任自由，斯其爲干涉也，即其爲專制矣。秦之爲郡縣也，所以行其專制也，其於君民共主之義，執柯伐柯而猶遠。今以爲各任自由則何居？不知專之爲義，擅獨一之權而不參對待之義。制之爲訓，任獨斷之我而絕無強恕之行。先王之政，固絕無此情也，即秦之爲暴，亦似此而非也。彼欲朝廷之自由，而先自爲計，不考諸先王，不徵諸庶民，惟一任其私智以達其自由爲目的，則誠可謂專制矣。特其於民與民之交涉，則不如前之多行干涉而特許以放任自由。民田得相買賣，戶籍任其轉徙，此爲最放任之大端，而其餘無論矣。其所與民交涉者，惟有兩事，一則賦租而代聽其訟，一則抽丁而使服我役，如是焉已矣，此外皆不與焉。伊古以來，五洲之內任民自由者，莫此爲甚也。其焚坑銷鏑，無非全其自由而已。何則？推其設心，以爲六王既畢，四海既一，書籍之與兵刃民固無所用之也，是君與民各自爲謀也，即君與民各自爲主也。吾固知其與君民共主之治爲反對也。自此而上下相離，不祥莫大，故二世而土崩瓦解，魚爛而亡。其上一切放恣而不恤其民，其下一切自由而不衛其國，大義人彝，漸滅殆盡，幾於無人知，朝更數十姓，惟身任其事者共其憂樂。君之與民，正如秦、越人之相視肥瘠絕無相感之情。自由之害，直至於今，而猶未已。漢興以來，累朝賢哲有心之人，頗欲掇拾遺燼，考諸先王，徵諸庶民，以冀復聯群體，延國故於已灰，收民族於將墜，而冥行摘埴，失道俱迷，卒未能斷鼇柱以承天，潰爐灰而止水。乃天牖民聰，王道之行，萌於四裔，中國日益衰微不振，學者始恍然有悟。顧經術久湮矣，莫能舉其主名，以質而言，知爲君民共主，求其詞而不得，則設爲干涉政體主義，矜其創獲，日附卮言。不知先王之綱紀天下，以分地治民爲基本，以就地選賢爲要術，別詳《周官精理學》。即所謂民族自治也；托宗魯以明王政，進桓文以獎霸功，即所謂代議政體也；以本俗安民，以下劑致氓，即所謂民族主義也；以八柄詔王，以九兩係民，即所謂社會主義。此二條最要而至隱，一進一退，或官士，或商賈，其事至不倫類而所用同塗，詳別著《周官精理學》。民族自治，即宗法之政，由立宗廣爲建侯，其義一也；代議政體，即王官之政也；孟子所謂“天吏”，後人不得其解，詳別著《六經義》。民約主義，即鄉吏之政；社會主義，即學校之政。以民族自治爲本，而統以干涉政體爲歸。干涉政體者，立政體之原質，非干涉則不成政體也。言立政則具矣，無所謂不干涉之政，本不應立干涉之名。故就言荃以期共喻，請明干涉之故。民不能自治，衆不可戶説，群不可無首，故立政以主治焉。無論何人代議，要以體天道之元、施王者之心，爲立政之本。如合數人代表，即所謂共和，其黜陟取捨，亦以體王政爲斷。王政者爲民之政，主權者代表民政之權，君相者代表之人，故無所不用其干涉，非干涉不能合群，非干涉不足以爲政。王政之於民，自宗廟以至雞豚，巨細必計，然後無曠土，無遊民，無凍餒；自始生殤以至期頤，皆爲之所，然後無作好，無作惡，無作慝。民族自治者，譬如小宗受治於大宗，以各有分職，非可離大宗而獨立；假如離而獨立，則親盡又將如之何？族繁抑又無以自爲計，自窮之道也。譬如群體乃公理之講場，公理乃群體之講義。講場演説，一人引去，則群皆解體；一人踰公理而置不問，則群起效尤。公理原爲保斯人應有之自由而設，干涉之政體又爲保公理之現象而設。無害於群之自由，爲公理所應有，無待標名，反生惑亂；有害於群之自由，爲公理所禁，自不得言我愛自由，而欲暗干公理也。故干涉政體，係保其群體，即保其群體之自由，而不得曰放任自由也。今談者動曰我愛平等、我愛自由，是與干涉爲反對，雖千人倡萬人和，猶之一人之私言也，奈何其不思乎？

不平等者乃平等也，以不齊爲齊，乃可以爲齊矣。夫墨者夷之，主墨學者也，其言曰愛無差等，而猶曰施由親始。有其始焉，則無能平矣。惠施多方，其書五車，強詞能奪理乎哉？白馬非馬，吾終謂爲馬，故子穿曰理勝於辨也。摩西、耶穌之言曰：無奪人之權利。夫曰人之權，則固有其多寡矣，而將焉取平？今乃由平等之説而演爲平權，其由不平而鳴耶？則仍曰無奪我權斯可矣。今爲此言，察其所欲攫者，國權也，君權也。國權豈其所有哉？浸假而化左臂以握地球矣。君權豈其所有哉？浸假而化右臂以承王冕矣。抑人將攫之，而將焉取平？庖人不善治庖，尸祝越俎而代，莊生猶曰不可。未能代德，而又焉取權？於是詞窮，又遁而之他曰：此固民權也。合群攘臂而俱前，將取而復其故，自爲標幟曰國民，豬揭於通衢，以爲固有之責任也。夫所謂國民責任者，非數萬萬中之一分子乎？就子之矛以陷盾，其爲許可權，曾不當九牛之一毛，太倉之稊米矣。足下持此將安歸？亦惟曰自盡其一分之義務，而更不能以他説進也。天下之亡，匹夫與有責；莒無人焉，而夫子不式。誠足悲乎！如憂中國之危，慮棟折於及身，而貽責於没齒，則當竭其應盡之義務，以自證於天。此《離騷》之怨誹，君子所傷心，不得以爲出位也。第吾聞之：師箴，瞍賦，矇誦，工商執藝以諫，庶人傳語，無待於民權也。抑又如弦高犒晉師，魯連却秦軍，童錡執干戈以衛社稷，子房東求倉海，趙整鼓琴以悟君，安金藏自剖以明太子，自古貞臣義士，俠烈畸行，在人耳目，有心人任自爲而莫之誰禁也。奈何不聞匹夫之慕義，而惟聞庶人之議政乎？是則可哀也。民權之説，吾已不知其所税，又演其説爲民政主義，則猶是民主之蛙聲也；又廣其説爲政黨主義，其狐鳴之篝火乎？又聞其語曰國會主義，每下而愈況。是未嘗憂宗國之淪胥，而徒欲踵法蘭西之覆轍。所講者何學，所學者何政？暗經術之大訓，昧箕子之明夷，輕背君親，入於幽谷，是何異鬼聚而謀曹社？吾恐梁本不亡，而日謱國人以寇至、魚爛之禍，將成於諸君之手也。

干涉者立政之本義，而立憲者先聖之大訓也，是即明王之取法，非亂國之讆言也。新學者流摭名詞而不知爲古義，墨守者惡其爲名詞亦忘其爲古義也，則舉國譁然，群言淆亂矣。今方興學校，將以勵人才，成教化，正人倫，明古義也。其主開通乎？則恐士橫議而煽民作亂也；將主抑制乎？則化學校爲科舉，朝四暮三，雖群狙之大悦，無取乎立學校之虛名也。乃多方爲之範圍，爲之範圍誠是也，然使典學者各用其私智，此亦一是非，彼亦一是非。當局者築室而道謀，局外者道聽而途説，競論者未休，而白駒如過隙，東逝之波，已流而入海矣。詞不可以不正，言不可以不順，義不可以不明，是非不可以不察。夫炫服叢臺之士，坐淄中，議稷下，浸而曼衍支離，荒唐謬悠，非堯舜，薄湯、武，可謂危矣。然魯連一説而使田巴終身杜口者，其公理得也。今日是也，新論家言民族自治，言代表政體，言民約主義，言社會主義，言帝國社會，言干涉政體，是求其説而不得，又從爲之詞。君權重於上，群策效於下，上思利民，而下親其上，死其長，爲下爲國，爲上爲民，_{二語舊簡倒置，言爲上當爲民、爲下者當爲國也，今訂正。}結爲一體。閭閻之疾苦，無不周知；民間之養生送死，無不爲之計。先以制民之産，繼以禁民爲非，是即所謂帝國社會，無處而非干涉政體。無他焉，古義固如此，倫理固如此，先王之道固如此，無用此駢支之名詞也。乃浸假由民族民約之義，誤認爲民權民政；由代表社會之義，誤認爲政黨國會矣。夫民族則宗法，而民約則族治也，代議則古之共和。桓文代政，小宰、内史詔王，而今各國之上下議院也。社會則古之受成於學，而今之學校進步也，無用駢支之名詞也。民權民政，則民自爲政，上無所統，而邦分崩離析矣。政黨國會，則處士橫議，縱橫捭闔起而天下將爲道術裂。差之毫釐，謬以千里，由辨之不早辨也，此皆由學術不明之故。浸假影射三世之説而言排滿，浸假附會素王之義而言民主，浸假穿鑿九世之仇而言光復。夫既言三世，獨不知逮高曾之世恩義淺，而逮父身之世恩義深乎？何爲溯遠祖而忘其及身之世也。同爲黄種，則同種矣，何以於滿洲則區而遠之，於日本則引而近之，爲虎作倀，認賊作子，怒於室而色於父而未之覺乎？素王之義，謂王政也，曷嘗曰有代表之一人居素王之位乎？托王於魯，猶曰著平戰條規行於同教之國云耳、立議政院於柏靈國都云耳；因魯事而加王心，猶曰就柏靈、巴黎議院以議公約云耳。要之，既引《春秋》之義，則斷無民主之說。九世之言，詞有所指，齊之先君受譖而死，是爲枉獄。今無先君之可稱，無枉獄之可訟，有明之恩義在民者安在？其亡於流寇久矣。我朝入關，爲萬民平寇難，撫其殘而有之，非力征經營之比。與明尚且無仇，於民可謂有造，故我臣民服從至今日宜也。乃從數百年後，遙接前稿，自比遺民，然則自斥高曾以來服從皆非，其何以自解？至於滿漢之界，非興於今。入關之初，固事勢所不得已，而不見歐美、日人之收別部，其箝制羈勒爲何如哉？孰仁而孰暴？當何去而何從？乃欲背其久服之本朝，而向謀我之日本；摘開國之舊案，煉故入之深文。是誠何心哉？國初，顧、黃諸遺老，哀故國之墟，不甘臣服於征服之際，志在光復，則義不容已，使生今日，其必不設此心矣。第就梨洲、船山所論，亦據仁暴爲予奪之詞，明之失政當亡，固已言之不諱矣。夫天下者，天下之天下，非一人之天下。無道當亡，古今通理，安有私於一姓者哉？其亦不達於理矣。如謂滿漢之界，示天下以私；創造之權制，非宅中之遠謨，則忠言也。是望吾君以幹蠱，而爲祖宗計深遠，將必有至誠慘怛之言，罕譬而曲爲之喻。外家車馬，見而寒心，持踵泣下，必勿使返，此明德之所以稱賢，而左師觸讋之所以喻威后也。今乃不釋鬩牆之釁而操同室之戈，豆萁本同根，終且桃僵而李代，仁者宜戰慄，能不爲之撫膺哉？乃至無可奈何，而曰破壞主義、過渡時代，斯亦詖詞所窮而不值與辨矣。若此者，凡皆學術不明之故。學術不明之禍，至今日而途窮，曷亦途窮而思返矣！此吾所以不憚舌敝唇干、紙疲墨悴，而言之不足且長言之也。蕉枝一翦，嘉卉乃見，子之爲政，必也正名，立憲是矣。時人臚傳曰立憲主義而不得其主名，則求之西歐，求之北美，求之東瀛，亦迄無定論。彼以爲新也，吾則以爲古也。或主君立憲，或主民立憲。欲君立憲，恐朝廷之自私也；欲民立憲，慮朝廷之見阻也。仍紛紛然以朝廷爲射的，將然而又疑，疑於君之與民孰主之。吾則謂君與民者共主之，其實君之與民皆不主也。夫憲者何物也哉？憲之名又何自昉哉？由是可以知之矣。《周官》言憲令，言憲禁，言邦憲，言常憲，曰憲於王宮，曰憲於北宮，憲爲法律之名古矣。"文武之政，布在方策"，即文武之憲也。仲尼祖述堯舜，憲章文武，損益四代之制，以垂萬世之憲，爲後王制作亦久矣。明乎古今之公理，非一人之私斷，雖聖人亦不得獨專，故曰"述而不作"，蓋有不知而作之者，我無是也。上焉者雖善無徵，無徵不信，不信民弗從；下焉者雖善不尊，不尊不信，不信民弗從。故君子本諸身，徵諸庶民，考諸三王而不謬，建諸天地而不悖，質諸鬼神而無疑，百世以俟聖人而不惑。三十年爲一世，由孔子而來至於今，百世之期至矣。時乎時乎！故又曰："由百世之後，等百世之王莫之能踰也。"世無立憲則已，夫天如欲平治天下也，我朝將應百世之期，而經術將立五洲之憲，吾可決其必然。人道之成，而福幸之備至，其不在茲乎！其不在茲乎！憲者禮也，禮者律也。今將修律而定憲，是明知歷代相承之爲，未爲盡善也，將旁求之西歐、北美、東瀛不完不備之政憲歷史、不精不詳之心理智學，而不返求之四代稽古之聖哲、生民未有之孔子，將謂政教一貫之全書，不及卮言日出之哲學乎？吾非謂博采群言，必無所取。衆智生明，不能繼照，正謂聖人既竭心思焉，先得我心之所同然耳。嘗論人之性光心力至於極點，則俱合爲一轍。所謂道揆，許魯齋謂人心如印板然，即其理也。昔吾從使歐，歷觀其政俗之善者，與吾意中所存三代之治象，若合符節，乃爲記載，隨事引證，以爲如握左券而求田宅也。吾固先有三代之治象久營於心，於其采風涉目而遇之，不覺涉筆而取以爲證，初非見其政美，夫乃引經傳之言而爲之頌聖也。閱者不察，率以爲以西政比附古制而成書，夫亦不善知識矣，

178

急索解人不得，獨且奈何哉！此亦學術不明之故也。自甲午以來，恒論學術不明而天下亂，聞而能解者稀，至今垂十年間，新舊迭江，而天下愈亂矣。夫皆學術不明之故，而時人未之知也。舊者所守，非守先王之道；新者所新，非新民之理。余視新舊，謂臧蚊皆亡羊，而自表以復古即維新，爲立學之宗旨。以爲處於木雁之間，而翔於寥廓之上矣。乃不意風塵反掌，事與時移。離朱之視，昧者以爲欺；徐邈之通，時論忽以爲介。新者目以爲舊，舊者目以爲新，眾不可户說，孰察余中情？此屈原二十五篇之所由作，所謂其人意有所鬱結不通，故述往事思來者，孰謂以不遇而湛身哉？自維志學以來，稽三代之治道而哀末流者久矣，極論通經致用，三代可復，世以爲迂闊遠於情。忽觀於外域，反證於時論，則見世論久目爲迂闊不能行於後世者，外域乃行之十九，益決然自信平生之稽古，所見爲不誣。因緣時變，而思以所學用於世，陳經術以貶時，引西政以爲證。嘗譬曰假西政爲電線，用以通經術之語言，而輸古之文明於今世；又譬經術爲天文經緯之密度，假西政現象爲代微積分之演草，因以輸入新測之經緯密度於舊學天文之家，非賄改漆書以合秦文，亦非曲學阿世，指《春秋》爲劉制作之比例也。謂爲以西政緣飾經術，猶得仿佛其十三；謂爲以經術緣飾西政，則大相徑庭。蓋難以莊語。主舊者捫籥而喻槃，固終身未嘗見日；維新者見雞而求夜，亦曷嘗知日之有畫刻哉？是皆學術不明之故也。上無道揆，斯下無法守矣，不輸入三代之文明，道術終爲天下裂。學術明而天下治，聖人復起不易斯言。夫所明者先聖之書，非從己出，豈故自賢於人哉？竊取論衡，比於執束而已。

學術何以自賢於人哉？明先聖之道而已。先聖之術何以賢於眾論哉？治國莫善於禮而已。夫"禮經國家、定社稷、序人民、利後嗣者也"，又曰"夫禮，所以定親疏、決嫌疑、別同異、明是非也"。禮之用如此其重且遠，故孔子曰"毋輕議禮"，不專以禮許人。親親之殺，尊賢之等，爲禮所由生，而《記》曰：其不得與民相變革者，親親也，尊尊也，長長也。然則禮之大綱，是爲垂憲，歷萬世而不易，放四海而皆準，不得與民變革者多矣。俗學不察，動引三王異代不相襲禮爲言，以阿世而亂德。不知親親之殺、尊賢之等，皆從事例而見。如任變其事例，則安存此空言？何所指而據爲不與民相變革者哉？故禮之大經，原於親親之殺、尊賢之等之兩端，而發爲成憲者，統以制民之產、禁民爲非爲二例。所謂範圍而不過，曲成而不遺，凡皆謂禮例也。例也者，律也；律也者，憲。不得與民相變革者也，其異代不相襲者，專屬於禮之文儀而已矣。其言與樂對舉者，大半屬於儀，如樂之聲容，鼂氏能記其鏗鏘而不知樂意，猶之徐生善爲容而不能通經也。樂意在於禮，樂章在於《詩》，其別在《樂經》，而不得與民相變革者在於六律。由律而衍聲歌，蓄變無方，不可以膠柱而畫物矣，以其皆得與民相變革者也。竇公所存之《樂經》，乃《周禮·大司樂》一章，別無書可知也。律存而樂由此演，樂未嘗亡也。後儒感歎於樂亡，是未明學術分合之數與形上形下之分也。禮之儀文，與樂之聲器爲對待，皆因時變革而不相沿襲者也，故空其文於經，而存其聲於器。今之樂猶古之樂也，六藝所存爲完書，樂未嘗亡也。其舉禮之大名，則統政教而一貫，考諸三王，俟諸百世，則萬世之憲，而非一家之言矣。《儀禮》主儀而亦爲經者，七禮爲教育人格之綱，可以損益，亦不得變革，別具詳論。孔子政教之學，所存皆完書，未嘗有殘闕，舍此不講而銖寸求之，亦異乎智足以知聖人者矣。夫憲法律例、章程條約，同質而別名，凡舉一事，其審定章程者，必鉤索曲微探綜終始而始成，成則相期爲久遠法守而不易。及其奉而行之也，固不能無推遷而因以參損益，然而所損益可知也，不得謂非原定章程也。夫制民之產與禁民爲非，舉古今中外政治教育之家而皆以爲重心，莫之能踰也。七十子之言，譬仲尼爲日月。日月有明，容光必照，無大而不周，無微而不入。水銀瀉地之喻，豈不潭潭而淺乎？故曰：百世俟聖而不惑，明王興而天下宗，聖人作而萬物覩也。憲法立即聖人作，天下宗即明王興，經術明而天下宗。明天子在上，必來取法，其在本朝乎？其在我聖君乎？

　　文明者，孔子繫《易》之詞，贊堯舜時代政教之語也，今外人乃竊取此言以表異而自鳴；野蠻者，夷狄之異文，孔子修《春秋》，明王道進退七等，殊於諸夏之言也。今外人乃影射其名，反脣而相稽，豈不異哉？人之欲善，誰不如我？吾不異其以此自鳴而反舌，吾異夫我國之人，亦同聲和歌，前者呼於而後者唱喁也；亦不異夫同聲而唱喁，獨異夫終始參差，蒼黃反覆，而四時易方也。《詩》有之曰："百川沸騰，山塚崒崩。高岸爲谷，深谷爲陵。哀今之人，胡憯莫懲。"春秋至今三千年耳，反覆易位，俄焉而至，豈惟履霜知堅冰之將至哉？任此以往，又將何如？則宜如何思來日之大難，輜殷憂於天保，雪此大恥，復我本然；而一若呼馬應爲馬，戴盆無望天，野蠻不妨受其名，而文明決非吾故物。哀哉中國！亦新夷狄也。《春秋》曾貶諸夏矣。夷狄進而中夏也，固亦《春秋》之志也。然一正其罪，一許其進，而其本質未亡也。今人方日進於光明，而我之本質乃自亡之矣。夫就我今日之現象，誠有其實，不能逃其名；然固當自認原質，而求所以自新也，不得即認現象爲原質也。世徒知敝而改爲之爲新，而不知滌其舊染之爲新。吾之言新，主於滌染者十九，屬於改爲者不過十一。何以故？我之原質固善之善者十九，而現象之敗壞原質者，其爲不善亦十九。必先認明原質而後知舊染之所由，以識其污之安在。夫而後運斤成風而至不傷，去舊染以復原質而文明之現象亦出焉。新沐者必彈冠，新浴者必振衣，始不致舊染之污復移於新制之上。乃墨守者認舊污爲原質而怙之至深，不肯滌染；維新者指現象爲原質而不恤破壞，欲一切改爲，又變而非法，則舊染之污復移於原質之上，適爲改者所乘，而怙舊染者益牢不可破，是孰使之然哉？夫皆自認野蠻爲固有，而以文明屬他人之故。生於其心，害於其政，不可不察也。吾不咎墨守者之無知，而特咎維新者之強不知以爲知，以至於此也。

知新第四

　　《大學》之義，合倫理政治公理以爲學，其綱領曰"在新民"，而《傳》釋之曰：自新以新民。今學者不求自新，而動曰新民，夫先未知新矣。欲自新者，先新其知。《詩》曰："緇衣之宜兮，敝予又改爲兮。"此改革而新之義也。《書》曰："舊染污俗，咸與維新。"此滌其舊染，懷褏益新之義也。世徒知改弦更張之爲新，而未識滌其舊染之爲新也，於是破壞之説出焉。夫必已敝而後改爲，未有敝而故爲破壞者也。如其舊染而污也，茅茝惡草，猶將懷褏益新矣；況乎原質之美，而現象之惡，乃不求復其本然而徒羨人之外飾，譬新沐而不彈冠，新浴而不振衣，則舊染之污又將移於新浴之體，則何爲哉？《中庸》曰"溫故而知新"，而繼曰"敦厚以崇禮"。然則知新在於溫故，溫故在於崇禮乎。敦厚與崇禮其義相衡，崇禮者所以敦民德而歸厚，敦厚者乃使之崇奉禮教而無敢越思也。<small>即新學者流所謂崇拜。</small>知新由溫故而發達，溫故以崇禮爲指歸，約兩言而爲確詁，則謂之爲稽古是矣。<small>即新學家言所謂發達之目的。知新爲溫故所達之目的，崇禮又所以達知新之目的也。</small>吾嘗著論，以稽古即維新爲標目，<small>即新學家所謂問題。</small>聞者疑信參焉，不知凡載籍所言，皆以及身以後爲今，而其前爲古。孔子遺經所謂古者，不獨非定、哀之世，而且指春秋以前。自春秋時已失先王之道，未之能行也。秦以來至於今，不知凡幾劫灰矣。今之所號稱爲守舊，實守今之道，非猶行古之道也。是未嘗知國故，則何從而溫故？

求中國之國故於孔子之書所陳三代之政，正如彝鼎之新出於土，將謂識今字典、工院體書者爲舊乎？抑亦能識古籀者爲知新也？故今之言舊者，今也，非古也；吾之謂古者，新也，非舊也。今之語維新者，蓋未嘗稽古，或誤以秦漢至元明、順康至咸同，當稽古之名，又自悟其無以異於今也，則且舍是而外求之別國之書，耳語相沿，以先王爲不足法。孟子曰："爲政不因先王之道，可謂智乎？"聖人既竭心思焉，其所述政治之學，實緣公理化合製造而成，非一家之私言也。公理之湮沉久矣，求知新者，明於公理斯可矣。公理豈自西來乎？一部六經皆公理。求知公理者，温故焉可矣。刪禮卿曰：荀子有言，法後王也。取其切近而著明，非必後王之與先王絶異也。今法各國者，法後王之義也，其言是矣。抑吾見今各國之行政，不稽古而暗合於三代者，更僕悉數難終也。昔吾記采風，論時務，略引其端，以質海内，而今日江仲容作《周官政要》，僂指能言之。其書已行世，學者取觀而知，毋俟贅言費詞也。則何新之非古歟？今之爲學者，舍是而泛鶩焉，譬若求佚書於海外之本以證異聞，而終非足本，曷若返而求之藏書之家，原本居然在笥，獨抱遺經，推究終始，其要可思而得之，又何羨於輯佚乎？日人變法，猶於國粹三致意焉，何渠不若漢，乃數典而忘之耶？喬茂宣曰：國粹者，正其名當爲國故，其言是矣。抑吾謂國故當求之三代，爲其爲造成之原質也。《記》曰："生乎今之世，反古之道。"注家誤説，以爲生今不能復古。是何言！是何言！

道者自古而相傳，非今之與古，各有一道明矣。唐虞"粤若稽古"，《傳》説釋稽古謂同天。道相傳自古，而大原出於天，故曰："天不變，道亦不變。"《中庸》所述孔子之言，謂生古之後，而背古之道，是謂不從，宜有災及耳，故上言愚不敢自用，賤不敢自專。有其位無其德者，不得自詡爲智而非愚；有其德無其位者，不得自冒爲貴而非賤也。蓋有不知而作，夫子自謂"我無是焉"。垂憲已定，以詔後人，若謂非天子固無敢作，居天子之位而無聖人之德，亦無敢作，禁其無知妄作，而示以稽古承天也。孰有温故而與古異道者乎？察往而知來，温故而知新，其義一也。

器物雖萬變，而規矩方圓獨不變。政事窮萬端，而不外制民之産與禁民爲非之兩端。政俗雖萬殊，而立國必有體。體者，禮也。禮之用日月常新，而不外親親之殺與尊賢之等。以禮統倫理政治之學，猶以規矩爲方圓。文不在兹乎？而西學者方且支支節節而驗諸物理，而新學家方且銖銖寸寸而問於路人。《記》曰："記問之學，不足以爲師。"又曰："温故而知新，可以爲師矣。"温故者，指禮而言，以爲國故。天不變道亦不變者，謂人類既不變其食味、別聲、被色之情，是天之所命者，未嘗變也；則其所以治其情，尊尊、親親、長長也，不得與民相變革者也。今中國守舊與維新交閧，而深識者察其所以，皆出於私。輕薄者談笑而道之，謂舊爲患失，而新爲患得也；敦厚者恤然戚嗟，以爲人心之憂，則雖有明法不能行，雖有善政不能舉，則仍將返諸宋人之道學以正人心。謂若聖人之道在是矣，而究之無效，曷不返求之禮乎？夫國有禮則安，無禮則危；上無禮則下無學，其事如影響。顧言乎禮則世以爲空言，高而不切；言乎明公理之學，則聞者當知爲近實矣。言乎禮則世論舌撟而不應，心惑而不解；言乎明公理於天下，則聞者當矍然而有悟乎？言乎禮則時人以爲舊，言乎公理以立憲政，聞者得不以爲新乎？禮者，聖人之憲法而公理之代表，存之於書爲古，施之於教育則爲新；布在方策爲古，施於政事則爲新；傳之於學問爲古，納之於人心則爲新。非僅存之於一二學者之心，將使存之於千萬衆人之心也。公理入於千萬人之心，憲法發於數十學人之慮，政治舉於行政司法群策群力之手，而天下安有不治乎？我亦欲正人心，而非守舊者仍崇道學之論也，又非維新者別求心思理想哲學之論也。其下手在正人心，其作用在明公理。道學家之言曰：

吾心正而天下正，此嚮言也，不惟高而不切，亦且浮而不實；不僅空疏而無補，抑且其言倒置而不自知。天下有道則見，達可行天下而後行之。斯言何謂也？正謂天下正而吾心之正，乃可行於天下也。聖哲不遭時，與凡民無異也。傅說刑於摩脅，伊尹負於鼎俎，呂尚困於棘津，夷吾桎梏，百里飯牛，叔敖三已，柳下三黜，至於以孔子之聖，而接淅、伐檀、厄匡、饑蔡，雖有七十子之弦歌，為朋來之應，而其觀效乃俟諸百世而遙，此其述往思來，亦與學者不得志於時，退而著書之志無以異，烏在其吾心正而天下正乎？故隱居惟志之求，而窮者惟身之獨善，兼善其家，尚不敢必，而何以遽望於天下哉？正己而物正者，為大人言之也。有聖人之龍德，而居九五之尊位，堯、舜、禹、湯、文、武其人也；其次若皋陶、伊尹、周公，居相而攝政，始足以當大人也。雖然龍德而隱者有守先待後、教育英材之一途以自處，此道之所以不終窮也，而其用多方，教亦多術，亦非不言而化也。吾故曰：必使公理明於天下而人心自正，必使公理入於千萬人之心而天下自正也。

公理何由而得入於千萬人之心哉？其作用在於教育矣。教育何由而遍於天下之人哉？其代表在於學校矣。學校安所得多明公理之人而分司其教育哉？吾之苦思而得、困學而知者，在於發明經術矣。今天下競言興學校，誠千載之會、萬事之原，而維新者日言新而不知新。議興學校，是也；而所主學校之宗旨，則非也。或重交涉，主於為國家儲效用之才；或重實業，主於為國家廣富強之術。是不求立政行法典學之實用而為之謀出身，不明通商惠工勸農之所以然而先為之開仕路。求教習不得，稍取之舊學之聞人與新學黠辨之士。中國文勝之弊，積已深矣。無論新之與舊，所學專主博聞強記，所習無非文筆議論。昔之隱幾、今之隱幾者，皆非其好學深思者也，又皆口談學問，心懷利達，手操一枰而心以為有鴻鵠將至。此其人使之學奕猶未可，而可使之教奕乎哉？守舊者窺其所為，無以遠異於眾，不過別立名目為進取之資、仕宦之捷徑耳，則群起而持科舉以平正文其淺陋、結黨相排目為新政，欲一切報罷，此患得患失之說所由起也。誠哉其患得患失也，鄙夫不可以事君，而況開務成物、經綸屯難之會哉？《詩》云："人之無良，相怨一方。受爵不讓，至於以斯亡。"受爵不讓以斯一事而足以亡，而況膺公卿大夫之選，居師長之位而盈庭滿學，群以患得患失為心，可痛也，又豈可談笑而道者乎？非使公理入於人心，人心之陷溺不可救；非使公理入於學者之心，謬種之流傳不能止；非據學校與為更始，公理之教育無由施；非據經術為公理代表，群喙之紛歧不能息；非詔征經術之士專為典學之官，學校之本源不清。百世之冥冥長夜如故，四維且不張，無問百廢之莫能舉也。

何由見公理明而人心自正哉？其患得患失之見，先無之也，患得患失謬種之流傳蟠結孔深矣。何由見公理明而即無此患哉？百畝之分，農夫所以治生也；九等之祿，卿大夫、士所以為家也。其受祿多寡之差，比之於食九人至五人之分，以次而差，猶之乎四輔、三輔、二輔每人之食，皆量而後與之，各適如其應得之數，非予取予求，任善自為謀者之各自為計也，故曰：大賢受大位，次賢受次位；小德役大德，小賢役大賢。其治人居多數者，其食人亦受多數；其治人居少數者，其食人亦受少數。等而下之，至於下士與庶人在官者，同受代耕之祿，則如農夫所受百畝之分，足以供其食八口之家。譬以最切而易明者，如今工廠之工頭管領百人者，以百人之薪交與領發；管領十人者，以十人之薪給與收支。其所旌異於眾者，比次其禮命，以為之宮室車旗服用之節。其身所入之祿，足以給其身所應有之儀，謂之曰儀等，又謂曰等威，西人所謂應享之權利也，蓋亦無多矣。即誠曰多，西人應對語，每日參池，即日多也，此字為古義。亦屬其人而居其位、治其事者所應享，而無從為奢、為僭、為儉。凡此皆以位為差，而當其受位也，率有一定之程度，分別之部居，故《尚書》曰：日宣三德，浚明有家。日嚴六德，亮采有邦。九德咸事，百僚師師。又古《傳》曰：知地道者爲三公，能九能者命爲大夫。書六德、六行、六藝者，由庶氓而升爲俊選，一如今國學校之考成分數，有加密而無較疏，有取精而無失當。凡有其應得者，不求而必得之也，則何爲而患得之哉？《帝典》所言三載而一考，三考而黜陟；《周禮》所著三年而大比。凡在四選者，任用必十有二年，此以前則在學校之學年也。其初進之三年爲試用，又三年而考績，記功注過，迨九年而始行黜陟之典。故堯用伯鯀，必俟九載績用弗成，始放而流之絶域，必如此而始能確定其功罪，非故爲之寬緩也。世或疑進人易而退人難，不知其立制之密也。夫或以德進，或以事舉，或以言揚。其初分途而進，分職而用，以德進者不責以能言，主納言者不服其勞事，居政地與言職者，但求能舉其官，第不至有敗行，亦不苟其盛德，則各奏爾能，而不任其職者，固已稀矣。夫衡鑒人才之難，難於知其所長，而易於瑕其所短，聖人知之矣。故舉賢才與糾官守，其制不同科。必其先以德進，而其後以驕盈惡終；先以言揚，而其後有莠言致敗；先以事舉，而其後以貪惰廢官。嚴其察記，而寬以自新，迨三考而不變，始廢其昔日進修之善，而被以不肖之刑。如此其詳慎也，夫安有枉濫者哉？豈若後世舉劾出於一朝，毀譽憑於一口，臧否決於一事，言行求備於一人，或甲是而乙非，有朝拜而夕罷，是自亂其例也，則何怪是非亂於朝野，而賢奸亂於史册乎？凡有其應失者，逐久共明而與衆棄之，無有觸一時之喜怒而致一朝之得罪者，則何爲而患失之哉？公理明於天下，有賢者能者於此其應得之權利，衆人惟恐其不得之，又惟恐其或失之，有衆人心中之公理，代爲患得而患失。夫是以能公爾而忘私，而自足以養其私，固毋庸一己之患得之而患失之也。進賢退不肖，爲一國公共之事，使如學校之程度分數，不差累黍。其欲得之者，求及程度之分數而已；其恐失之者，求不失所認之程度而已。救過之念少而求是之念多，則公理之分明而作僞之途絶。故曰“無有作好，遵王之道；無有作惡，遵王之路”，此之謂也。後世作好作惡之事多而公理之分數愈晦，不知其所謂好惡者，一人之私好私惡，無當於公理也，不得謂爲好惡也，謂之作好作惡而已也。

　　“汝無面從，退有後言”，此議政之法也。“毋欲速，毋見小利”，此干事之能也。俗學淺識，以爲勸勉德行之空言，非知言者也。今每議舉一政，盈庭皆意見。自王言以至縣令下教於邑中，其下皆唯阿，而退皆有異言。或一事而交會議，則群視居首者之所向，而退皆有異議。説者以此爲專制之患也，其近似之矣。孔子曰：“一言而喪邦”，“爲其言而莫予違也”。如不善而莫之違也，不幾一言而喪邦乎？顧觀於禮制，王者有專制之主權，及其論説，又與所定制度有若相反者，此何以故？《詩》曰：“周爰諮諏”“周爰諮詢”“周爰諮謀”。《書》曰：“謀及卿士”“謀及庶人”“謀及卜筮”。觀於《帝典》之用人審官，吁咈之詞，多出於臣下。夫五臣十六族二十二人之聖哲，不及堯舜；二公十獻，百司職事，不賢於周公，而《詩》《書》所載乃如此者。周諮盡於事前，而裁斷乃所以決事也。非周諮博謀，則無以盡人情事理；非專制裁斷，又無以決事而嚴威。恩威并用者，萬事之所以成也。故曰：“天聰明自我民聰明，天明畏自我民明威。”自民聰明，周諮之事也；自民明威，貴命之義也。故爲之議事之制，以詔天下曰“汝毋面從，退有後言”。於周諮之始，而各盡其意，服從於事理，即服從於主權。主權者，公理之所與，所以持決事之平，猶之漢家言“廷尉者，天下之平也”，非謂惟君之言而莫之違也。無論卿士庶人，均有從有逆，故《周官》小宰掌萬民之復逆。周詢於事先者，正欲聞復逆之言也，亦既從矣，則是謂君之言爲善也，是臣民之意與君意同也，故《尚書》曰：王曰從，卿士從，庶民從，謂之大同。孔子曰：“如其善而莫之違也，不亦善乎！”有周諮於先，而後有專斷於後；無周諮而專斷，必不免面從而後言也。及其行事，則陽奉而陰違，必至反其舉事之初意而後止，此又名爲專斷而實不能專斷，則何以故？不周諮於前，自不能專制於後。不輕用威者，乃能養其威；不輕於斷者，乃能專其斷。明詔以毋許ח從以塞後言之枉路，乃能令出必行，而無反汗以成專斷之主權也，故《洪範》曰：惟辟作福，惟辟作威；臣無有作福作威，臣之有作福作威，害於爾家，凶於爾國。周諮於衆，則不患其不明；專制於其君，則不患其不公。至權移於下，則各爲其私，而傾軋爭奪僭忒欺詐之弊相緣而并起。君與民遠，而官與民近，故權移於下而分執於有司。天下事皆壞於僉人之手，不得其主名。於是鄉愿鄙夫之流，乃乘其閒而揣摩利達之壟斷，以盤踞卿相之尊位。其實彼於國家之安危治亂，曾莫知其故，亦遂無可如何。責備徒空言，無從而實指也，此失專制主權之過也。無專制之主權，萬民之訴，孰令聽之？萬民之詢，又誰爲主之哉？歐美民議之得行，亦由各有分事耳。惟君言而莫之違，一言而幾於喪邦者，守舊黨之意見是也。"匪先民是程，匪大猷是經，惟邇言是聽，惟邇言是爭，如彼築室於道謀，是用不潰於成"，維新黨之議論是也。

欲速則不達。新學家言發達，言達其目的，是經言之義也。中國之敝，中於欲速，始自學者，終於有政。人人欲子弟之速成，則教子弟爲躐等。持空疏之理、餖飣之學而遽以臨民，未有學而後入政者也。遭國家之多故，群起而議維新，當懲前而毖後，宜若知求才之難而舉事之不可苟。乃議興學，議經商，議勸工，議理財，議振武，率鹵莽而用人，倉卒而舉辦，旋踵而責效，不知速則速矣，而如其不達，何也？粉飾取巧者，甫經開辦而告成；實事求是者，未及進步而報罷。此何爲者耶？大事對小利而言，利益之小者，見於眉睫之前；利益之大者，收於成功之後也。若商，若礦，若銀行，若制幣，凡以權舉國之輕重，爲多數之民生計，而國用即在其中。其政效責之二十年以內，其盈虛制以三十年之通，其利益計之以數千萬家，其出入權之以數萬萬計。今爲政者於此數事，言官辦則惟朝夕子息之是求，言商辦則問國課礦稅之所在。其紳商之爲此者，亦爲少數之人計，而不願爲多數之人計。密於計私利忽於計公益，急目前之小利而憚久大之遠圖。此皆承舊染之余習，未嘗知新者也，不明公理之過也。

禹湯罪己，其興也浡焉；桀紂罪人，其亡也忽焉。俗學淺見以爲天道惡盈而福謙，不過徒存其理耳。新學者流忌言天道，則并其理而非之，謂夫"物競爭存，優劣勝敗"。忠恕且勿道，而何福謙之足云？夫陳義高而言深遠，淺人終不能喻。其號稱守舊者流膚受以鬲，鄭人謂鼠璞，聞周人曰璞，則心以爲鼠也，即仍引道學感應之言，以爲予既已知之矣。不知此非道學家之言，而公理家之義也。請以權利義務兩端喻，其當知之。罪人而不罪己者，知有權利而忘義務也；罪己重於罪人者，知義務之重於權利也。舊者一邱之貉，諱權利不言而以義務互相訶責，然不能辨淄澠，實相率而爲僞。辨者起而矯其失，宜先義務而後權利，先諸己而後求諸人，乃日言義務、權利，沾沾自喜，及臨義務、權利之交，則若惟知有權利之在己而專以義務責諸人，亦猶行舊之道。且居下位則不以責之於其等，而專以責之於其上；居上位則若忘乎其與有責焉，而專以責之於其下。何以明其然也？今有位行政者，言興學則視成於學生，而典學教習考官之能否不問也；言治軍則視成於材官校士，而將帥之能否不問也；言經商勸工則視成於商利工藝，而督勸之官政能舉與否亦不問也。一若在位者皆賢而無所於擇，又若不必其賢而無所不可也。無位在下者，報館學社爲尤著，但日聞非毀君權，訾謷政府，排斥將帥，譏刺官吏。其於士之不求實學，商之不重公業，工之不能合財進步，多田翁之厚殖自封，錢賈家之重入輕出，公司之章程無人知，銀行之艱巨無人任，學校之經費無人舉。凡此皆在下之責任、民格之所關，而舉國成敗興衰之所由致也，乃觀於報館之言盈天下，曾無一言半詞之及此。日討而罪責者，易地則皆然。吾思之思之，不禁惝惝而深悲；吾言之言之，不禁潸潸而淚下沾衣也。豈天之果欲亡我中國乎？迷陽迷陽，毋傷吾良，而何其似奪之魄而死其心也。哀莫大於心死，此豈無心之人哉？夫果有心砥行礪能者，必自近始也。在上者當先注意於治人之人，而後措施於受治；在下者當爲人父言慈，爲人子言孝。必先於其多數，乃推之於其少數，未有上說而下不教者也，又豈有知遠而不知近者乎？交失其道，而各惟權利之求，忘其義務所在；交譏不已，而爭權謀利之謀作；交奪不已，而同室操戈之禍成。在上者操固有之權利而麼之，守舊者推波助瀾而惟恐失之；在下者逆流橫決而處心積慮，務求所以破壞之，至於分崩離析而乃止。大愚者終身不靈，大惑者終身不解，吾竊爲天下痛之也。《書》曰：爾有嘉謀嘉猷，入告爾後於內，爾乃順之於外，曰此謀此猷，惟我後之德。《傳》曰：善則稱君，惡則稱己，非朕文考有罪，惟予小子無良，此臣子之義也。一人有罪，無以萬方；萬方有罪，罪在朕躬；百姓有過，在予一人。此君上之義也。爲人父言慈，爲人子言孝，此無他，義務而已。王曰"何以利吾國"，王惟知有其國，而不問士庶之存亡；則士庶惟知有其身，而不問國家之興敗，故曰：上下交征而國危，不相奪而不饜也。《傳》曰："上思利民，忠也。"即孟子所謂"仁義而已也"。而俗學乃以不言利解之，豈不謬哉！豈不謬哉！

　　世言維新，其言本不必非也。"舊染污俗，咸與維新""周雖舊邦，其命維新"，《詩》《書》之言也。顧守舊者聞之，乃掩耳而疾走；維新者則目逆而笑存，以爲此頑固耳，此未嘗開化耳，抑知頑固誠有之，抑豈維新之二語，曾未之聞乎？其或者非惡其名，乃惡其實耶？姑勿左袒於舊，而先借著於新。有居閒而排難者，宜如何評其曲直耶？必將曰：維新者天下之公言，亦古先之遺語也。聞此言者，宜平心而審理，循名而責實。舊染果有污乎？抑所謂維新之設施何在也？不得聞聲而惡之、掩耳而疾走也，聞聲而惡、掩耳而走，不惟不足以服言者之心，抑且非聽言之義也。聽言則對，猶且爲譏，況聽言而不思，即不肯置對，又從而肆詆乎？雖然舊者固失矣，而新者亦未爲得也。新者之爲此言也何爲也？非爲立學途之標準即新詞"目的"之義。而期與天下學者豪傑共勉之乎？其非設爲謏詞謎語，惑人之思，令人難解，以取笑謔明矣；又非探鉤射覆，矜其創獲，傲人以不知明矣；抑非鍛煉獄詞，故入人罪，蓋又甚明。則何爲一聞反詞則失其本心，不求理吾之枉而惟執人之咎，呼我爲牛者，反之曰馬，如儓楚之相詈，姑婦之誶語，是誠何心哉！孔子之教曰："有鄙夫問於我，空空如也，我叩其兩端而竭焉。"又曰："不患人之不己知，患不知人也。"又曰：可與言而不與之言，失人。孟子自謂知言與養氣爲兩重心。時人之智，豈賢於孔子？舊者所執，豈不如鄙夫？乃不以不知言、不知人爲患，并不以失人爲憂。其爲無與學問之事，無關學界之人則已耳，如尚欲合群而共學，與豪傑爲伍而當世爲心也，則毋乃鹵莽滅裂爲賢者笑乎！誠即其所持建諸天地而不背、質諸鬼神而無疑，猶須鄭重而分明，辨之弗明而弗措。昔孔子之遇荷蓧丈人、長沮、桀溺、楚狂，皆遭挫辱不得與言；而七十子之徒，著之《論語》，不以爲恥，稱爲美談。降而墨翟上說下教，強聒而不已，其說卒有所施，誠有肫肫愛人之心，固蟠結於中而不能自已，斯其流露於外而不自知。今學者日號於衆，曰同胞同胞，明乎自表爲賢，愛人如己，無所於讓也。乃聞舊者之相非而不聞解說，惟聞笑詆。迷陽迷陽，其傷吾良乎！四萬萬同胞之中，豈其去異己者不數，而頑固者乃出於四萬萬人之外耶？且夫是非者，天下之辨囿也。莊生言"彼亦一是非，此亦一是非"，則主於無是非。信如莊生所持，則是非無定，隨心所造，心止於符，當任人之各爲是非而已。則己所謂是者，庸詎知非非耶？己所謂是者，適當爲人所非；人所謂是者，適當爲我所非。攝力與距力，并舉於大氣之中，而億萬星球，浮游虛空，終古不墮。

動物呼出炭氣，吸入養氣；植物吸入炭氣，呼出養氣。互相吐吞，以爲消長。天地之橐籥，一出一入，自無始以來，不增不減，此謂各一是非，即各是其所是，而各非其所非，即不得謂孰果爲是，而孰果爲非，可命之曰無是非，固不得是我而非彼也。如猶欲切而求其真，求之於公是公非，則非一己所能武斷，必歸證於往古來今，考之於九州四海，衡之於哲理之家。哲理之家，則經術爲淵藪。縱是非之所在，謂宜求之公是而公非，不願惟孔子之言是聽。要不能於哲理之家，獨除孔子不數；又不能於學界之說，獨於經術之語塞耳不聞也。既曰公是而公非，則不得言我愛而已。吾之所主，非彼所知而已，求之公是公非以折衷於一是，則舍公理何以爲憑矣？公理則有其共喻者存乎其閒，而與彼一是非、此一是非之説爲反對，明是非則孔子之所主也。借曰吾斯未信，曷亦姑降心以聽其所論列之是非乎？公理者何？精義是也。精義者何？最宜是也。何以明其爲最宜？人與人相處而成群，人與人相續而成世，宜於此人、不宜於彼人者，非其最宜也；人己彼此之交，各得所宜，斯其爲最宜也，即其爲公理矣，斯之謂精義矣。夫禮者，所以定親疏，決嫌疑，別同異，明是非也。如其非公是而公非也，則亦同異而已，各執一是，不可謂明。既曰明之，則期與天下共喻，固不得從舊者之意曰“我惡維新”，亦不得從新者之意曰“我愛維新”也。必確指夫舊之何以不善，而始能指定何事之必舍舊而謀新；亦必確見夫新之何處不善，而始能執事之宜以決舊之何事當守。求公理之較，而精義尚焉，無新舊之見存也。猶鼟鼓播春之相循，而精粲出矣。其新舊之號，乃標識之設名，如代數之借根命名，而非正負之實數，又斷可知也。

附录一　擬設銀行以籌商本簡明章程[①]

理財之要策，莫切於經商；經商之關鍵，首重於成本；商本之來源，取資於錢幣；錢幣之作用，總握於銀行。無銀行則各私其財而力不厚，各限於地利而利不通。力不厚，利不通，則商業不能舉。中國之財本不患寡，患在有私藏而無公積。有私藏，故各人自爲計；無公積，故各省不相通。譬如有一款於此，積之一處，而只屬一分，周轉數次，則化爲數分；又如有一款於此，存之數家，則每家只得所分之數；集存一處，則此處實存所積之數，每家仍得所分之數。故理財之要，須化渙散而萃爲整，又須變滯塞而使之通，其作用機關，專賴設銀行爲銷納。

前於光緒二十二年、二十七年再上理財之議，以開礦產、齊圜法、設銀行、幣票，分爲四綱而聯爲一氣。意在使凡礦產所出三品，皆歸於鑄局；凡鑄局所出三幣，皆入於銀行。就礦場以設鑄局，就鑄局以布銀行。仿外國國家銀行之例，就銀行以行幣票。舉民閒之私藏，悉入於鑄局；舉公家之出納，悉典於銀行。則財不可勝用，而興工經商諸政，皆藉以爲資。初次部議，以開礦爲先，而鑄幣、設行、行票，暫從緩辦。二次政務處議採用畫一銀圜，試行銅圜之策，均未議及銀行。竊維銀行爲國財出納之總司，即商本轉輸之通匯，實理財之管鑰，而國家應收之利權也。伏聞諭旨注重理財，擬開商部，裕國之至計，誠莫善於此。但部務經費，商務成本，在在需財，又須源源接濟。如仰給國帑，則收效尚遲，而度支易匱。如全仗招商，則希望者厚，駕馭恭難。謹擬簡明辦法章程八條，開陳於後。

銀行簡明辦法八條[②]：

① 原著爲卷一之附錄。
② 八條：實爲九條。

186

一、總行宜隸商部也。外國國家銀行，或商本，或官商合本，皆隸於商部。修訂商律，由商部主政。推擇行主，由商董用人。商部但按一季年終，稽核帳目，遇有章程不便，準由商董稟明商部，公議修改，交由行主照章辦理。商部主斷法，商董主議法，行主主行法。今宜悉仿其例，則綱舉而目張，有條而不紊。

一、分行宜就商埠也。銀行爲鑄局之消路，實爲商本之來源。無銀行，雖鑄幣日增，仍慮不能行用；有銀行，雖商本未裕，可以就地轉輸。今議開辦銀行，原爲籌措商本，故宜就各埠商場，分別緩急，次第開設。除京都爲總行，附設商部衙門外，以天津、上海、香港、牛莊、蕪湖、漢口、宜昌、重慶及各海關，凡商務較盛之處，即設一分行，遇有應行舉辦之商務，可以移緩就急，挹彼注兹。凡所需成本，如商股一時未集，即借資於銀行；如本處銀行一時不敷，即借資於他處銀行。如此則流通不窒，不待仰生活於富商，而事無不舉。

一、經費借助公款也。錢幣之作用，只在足敷周轉，不在實計盈虛。多一分出納，即多一分成本。以上海一埠商務之繁盛，實計存在該埠銀根，爲數僅二百萬兩。今擬請撥官本五百萬兩，招合商本五百萬兩，合成一千萬兩，此爲實本，以作銀行起根。慮其不敷分布，致形支絀，則一蹶不振，關係全域，擬請將各省按年賠款，概交由銀行司其出納。向例賠款在限期三月前交海關道，此三月中，可以生息，計又得虛本銀一千萬兩，如此一周轉閒，銀行之根基已立。

一、出納代理民財也。民閒有財，民閒需用。查外國財政之例，民財可以交銀行積存，亦可以向銀行借貸，其數目自一元起碼，其期自半月起算，均許生息。爲數愈多者，行息愈輕；爲時較短者，行息較重。其向銀行借貸，如田房契券以至貴重浮產，均可向銀行押借，由銀行估計，借給本錢，按本行息。存入之息輕，借出之息重。存入數多，則舉國之財皆其財；借出利重，則放債之利皆其利。一出一納，已操其贏算。銀行寄存之款，湊少成多，暗添成本，貧民亦賴有寄款之處，積本權息，有裨資生，貿易不患無貲。此條最爲法良意美，籌國計而兼顧民生，國財流通，而民財亦資挹注矣。

一、掉換兼平銀價也。今各省銀錢，平水不一，足百扣底，參差不同，隨處紛歧，隨時漲落。查各國金、銀、銅元三品之幣，均有一定價目，故商務但權物價低昂，不計錢幣漲落。凡大莊交易，皆以銀作價，而土工所出，日食工資，皆以錢作本。故外消之貨如絲茶，自消之貨如鹽布，常年之價，漲落不甚相遠，但視銀價昂則大商獲利，農工受虧；銀價低則洋商獲利，華商受虧。銀貴則病本，錢貴則病末。商務日開，錢幣益不敷周轉，賠款日去，銀根日緊，食物日貴，錢荒日甚。比年增鑄銅圓，各省暢行，而江蘇歲鑄千余萬圓，本地并無一圓，皆被錢店運往蕪湖一帶濱江商埠。今將興商務，必須平銀價，欲持銀錢價值之平準，必須自主銀錢兌換之權衡，非一紙文書一張牌示所能令市價不貳。擬請定章，就現在各省各埠平色高低銀錢價值列爲一表，由商部總銀行發上海銀行，轉發各處分銀行。其銀錢價值，由上海總銀行電商商部總銀行，轉電各處分銀行，分飭各處錢店，一律照價兌換。國家銀行出入兌換，占市面大宗，市價自由之而定。此係寓常平之意於平準之中，在銀行初立之始，恐未能遽行劃一，先行權宜定價，偶有漲落，不得踰十分之一，借此可以平銀價，救錢荒。一俟圓法整齊，錢幣漸廣，即全照各國圓法，永定劃一價目。如此，則商民交易，但憑物價貴賤，以求貿易之盈絀；不慮銀錢漲落，致有無形之虧累，使業商者不致動其疑，阻而不前，兼顧利害而不決。

一、匯兌帶行鈔票也。非設銀行，則幣票不能行用；非有幣票，則圓法不能流通。查歐洲各國，通計本國錢幣之率，幣票占十分之三，俄國大率占十分之五，日本則較錢幣實數多加一倍有半，均由幣票周轉於外，則實銀存儲於行，此中生出之財以數千萬計。宜仿各國造票，發交國家銀行行用，爲專許之利。定法而約其中數，如銀行成本三千萬兩，可造票一千萬兩，與實幣相輔而行。今議劃一圓法，鑄局總於京師，定期尚未開辦，或謂須俟銀圓畢鑄，幣票始可施行。其實金圓既未議行，則整頓者惟銀圓而已。舊鑄墨西哥式之銀圓，既議停鑄，則新鑄者惟一兩至一錢重之銀圓而已。然則一兩即一圓，無有出入，先行幣票，後出銀圓，亦無須更改明矣。擬請準公法平色銀兩，制造夾花印紙幣票，從一兩至一萬兩，以備本地兌換。及轉匯別省，凡有官銀行之處，皆一律通行。其實銀換票，或票換實銀，平色不同者，照補平色，并準其剖票分換銅圓，惟不換制錢而已。銀圓未鑄以前，就各處市面所有各色銀兩，銀行皆應儲備調換。惟幣票專以公法平爲準，以便匯通。銀圓開辦以後，陸續以所儲各色銀兩，撥繳鑄局，掉換銀圓。迨銀圓畢鑄，銀行所積，已盡換銀圓，自然畫一矣。

一、補助以維公司也。商務不舉辦公司，則惟仰生活於外人，而利權不在我；公司不修明律例，則徒助豪強之兼并，而公利不在民。查外國公司，有有限、無限之別。有限公司，成本有止限，從無國家之補助；無限公司，成本無止限，每賴國家之維持。查西律，七人以上，共議章程，呈請招股開辦者，始謂公司。所謂七人，係該項公司創首承辦之商董，其所招股分，則以票數銀數爲限，不以人數爲限，非謂七家合辦者，即可以謂之公。其每項公司之商董，即創辦之人。由此數人創始開辦，即責成此數人籌本墊辦，其招集散股，中外情形相同。凡初創一公司，請準出票招股，附股之家，必遲回觀望；及至辦有成效，始行踴躍爭先。故須創始商董籌款墊辦，訂定章程、合同、字據，其所墊之款，以若干作爲商董永遠股份，若干作爲公司息借墊款，陸續收入散股，陸續抽還墊本。從無專恃收集零股，始行開辦公司；亦無數家合辦公司，不許衆人附股者。爲其數人創始，力任其難，衆人附股，均沾其益，始可名爲公司，乃能許其專利也。其已開辦以後，未收效以前，則有大小銀行、大小捐客，向公司躉買股票，如中國之囤貨，待價而沽。公司自量其緩急，可將所出股票，減折出售於銀行。銀行捐客，計其奇贏，可將所囤股票，增價轉售於股友，此所以各謀所利，而能通工易事，衆擎共舉。其無限公司開辦以後，未收效以前，商力不給，由商、工部考察得失，準撥國帑，以補助成本，交銀行經手，照墊本行息，亦陸續提還。華商每冒公司之名，而盡亡其實，故百舉無一成。擬請訂銀行之例，并由商部頒定公司章程，則有限公司招股，有銀行爲之銷納；無限公司借助於國家，有銀行爲之經手。然後公司可成，商務可興矣。

一、擴充以通商旅也。洋商親履華埠，華商不至歐洲，故進口之貨，能按照磅價以易銀；出口之貨，不能按照銀本以定價。進出口貨，均由外人操定價之權，故洋商坐操奇贏，而華商常有虧折。由於出口之貨，在上海交替，譬如半路而轉售，自不能待時而善價。而推究其故，由於外國銀行進設於中國，中國匯號不達於彼都，兼以金價無交易之行市，彼日昂磅價以（仰）[抑]①中國之銀。以少數之金，易我多數之銀；即係以少數之貨，易我多數之貨。往返乘除，華商之暗中虧折者千萬人，即國財之暗中消耗者千萬計。洋商至中國，以金易銀，日用但覺其輕；華商如至外國，以銀易金，日用但形其絀。所以視爲畏途，絕無遠志，非華商之眼光獨小，實事務之相逼而然。擬請俟本國銀行設定，先行推廣，分設中國駐日銀行，再推廣於歐美都會。如此則銀行可營運本國之銀，與駐洋華商，自爲抱注，并可存儲本國之

---

① 仰：應作"抑"。

幣，與該國銀行，通其有無，則雖未鑄金幣，而金有行情，不抑金價，而商旅自至於歐美矣。

一、營運彌補國債也。賠款本屬銀數，又折合磅價，轉而償金，此中暗虧以數千萬計。今既不鑄金幣，不能以磅易磅，又不能照銀還銀，不得已，惟有權采赫德之議，時其磅價稍平，收買金磅儲存，備還國債。在彼原屬解紛之末策，不過少取以還之於中國，而仍保其本國之利權；但爲今之計，賠款少出一分，即財源多留一分。賠款交由國家銀行出納，所議收買金磅，儲備償還，亦應由國家銀行一手經理。其收買金磅之銀本，擬請準由上海銀行隨時查明價值，稟請商務部飭下稅務司，分批劃撥，交該銀行收買存儲。俾周知磅價漲落情形，則中國未鑄金磅，已得用金之情形；銀行未至外邦，先習外邦之交易，仍以銀行應出之利息，給還稅務，以免撓阻。

附录二　附厘訂學校議[1]

夫治世之綱維在於政治，政治之樞紐在於法律，法律之得失出於人才，人才之盛衰由於教育。則治亂興衰之故，係於學校，明矣。

朝廷軫念時艱，力籌宏濟，爲天下更始，先天下而憂，求上下同心，與臣民交儆。從下之請，稽古所先，慨然興學。求治之方，莫切於此，亦莫前於此。此非一人之私願，實億兆人所同懷；又非一人之私言，實億兆人之公論也。然開辦學堂已二年矣，不見人才之收效，且貽君父之隱憂。議者斤斤以籌學堂出身，爲鼓舞人才、收拾士心之計。竊考之經術先王之治，證以各國學校之規，以爲差之厘毫、謬以千里，譬北轍而南轅，乃郢書而燕説。古者家有塾，黨有庠，州有序，國有學。由州序以下，則中小學校也。舉出於其鄉者，始入於國學。所謂升於司徒，稱爲俊選，乃大學校之士也。凡在學皆爲士，而由國學與鄉學分途。國學爲大學，其在大學考成者，始進於朝；其在中小學卒業者，仍安於畝。進於朝則士從公、卿、大夫之後，謂之“四選”；安於畝則士居農、工、商之首，謂之“四民”。由大學而上，論於司馬，始以預備百官之選；自中學校而下，掌於鄉吏，乃以養成萬民之格。備官材之數少，而成民格之數多。故立學校之宗旨，爲教民而設，非專爲備官而設，教成爲士者，不必盡服於官也。查新出學校講義，臚舉歐美東洋各國大小學校教育原理、學校制度、學科次第，至爲翔實，皆小異而大同。其標揭宗旨之最爲扼要者，有云：大學校以成就高等專門博學及預備爲國家效用之才爲宗旨，中學校以造成高等師範教員及預備入大學校堪勝研習程度爲宗旨，小學校以造成民格爲宗旨。此皆合於經術之治，注重教民，不專誘以利祿之路，所以定民志也。三代之政，民皆歸農，農皆分田，家有恒産。五家爲比，五比爲閭，四閭爲族，族一百家。所謂家有塾者，即族有塾也。凡百家而立一塾，此爲小學校之蒙學堂，課程學期俱簡，農事畢登，餘子皆入學是也。一年凡三閱月而畢業，其年分無明文可考，大率課程及格始升於庠。五族爲黨，黨則有庠，凡五百家立一庠，則如各國之高等小學校，其學課則習射、習禦、習舞，其學年則至十五成童而止。以上二等，皆民學校也，舉國之人皆入焉，今各國謂之“强迫教育”是矣。由此而上，五黨爲州，州則有序，凡二千五百家立一序，其制如各國之中學校，而無教課學年之等。故孟子言：“序者，射也。”古者射以選士，兼於此考校小學之學程。及選者升於司徒，入於太學；不及選者成其民格，仍歸於畎畝。一鄉凡五州，則每鄉凡五序。鄉無學校，而雲鄉有學者，即以所統之州序爲鄉學，有考校而無學程，故又謂之

---

[1] 原著爲卷一之附錄。

“鄉校”也。自此以下爲鄉學校，成民格之事畢，鄉大夫以下主之，故名爲教職。由此以上爲國學，則鄉老書其賢能而賓興之，司徒、大樂正之教，益加詳焉，如各國大學校之研究科、補習科也。古時之中學校，爲甄别國學、民學之途；今各國之中學校，爲由民學入國學之預備。故各國之恒言，指中學校爲大學校之預備科也，此其未盡合於經術，而亦不甚相遠也。其教員，考《周官》之政“鄉學教員”，即其鄉吏，掌制民之産者，即司教民之責；司其教育者，即典其考試，權重而與民親，不僅優以久年之稟俸。“國學教員”則學正司成，位尊而品亦愈重，不徒酬以博士之虚榮。此爲在位之教員，則兼校長之任；其分教教員，則致仕者歸教於鄉。大夫爲父師，士爲少師，已仕與未仕，均有典教之一途，造成於太學。

既仕而優者，仍趨重於教，故登進之途，不嫌於隘，而人才之路，自覺其寬也。今各國教員，皆由中學校、高等師範學校、師範學校造成，分致其程度，而各授以堪勝之教職，教員安其位而久至十五年者，退猶給俸以終身。大學無教員，惟有博士之選爲榮譽最高之職。二者皆終身於學校，無預於仕途，爲民格最高之選。士爲民表，以法律學政治科專備官政之材，而不仕者仍歸律學博士之科以及執辯護律師之業，此誠未及經術之深微，而亦自成簡易之治法者也。《周官》之政，先治民産。卒業於鄉學校者，仍服於畝；考成於國學者，任職於官，故無慮士之不安其業。食於工商者，亦有工田、賈田給其家人之耕作，均於農隙就學於鄉。《記》言“曲藝皆誓之，以待又語”，即於學校附講工商之學也。“處農就田里，處工就官府，處商就市井，處士就燕閒。”管子之書，皆仿行《周官》之政。三民之事，皆就地因事而教之，所謂種植、畜牧、制造、貿遷，皆令相觀而善，管子言之甚詳。其業優者，奠其食而世其事，《周禮》所謂“以世事教能，則民不失職”也，故有田峻、良賈、國工之名。惟士就燕閒，乃習業於學校，各有所宜，非故生分别也。今各國重工商，美、日兼重農牧，故大學於舊制五科外，增農商二科。其藝科即工事，爲原舊五科之一。其在小學校習業者，本屬三民之職；其在大學研究而成學者，亦得膺農工商學博士之選。習業則皆就於學校，考成則胥命爲教員，此與經術重農爲本之制不同，而其授民職則一也。然則九兩係萬民者，訂教員之律也；九職授萬民者，標鄉學之旨也。考之於經術之治既如彼，證之以各國之政又如此。然則學校之宗旨，先於課四民之業，而後以備百官之材。而使民興賢，出使長之；使民興能，入使治之。致仕而退者仍歸教於鄉里，備百官之選者亦歸重在課四民之業。學校爲教民而設，授民職者，所以定民志。先爲多數之人計，而後爲少數之人計。究其爲少數之人計者，仍屬爲多數之人計。選之爲士者，爲其可以治民也，學校之旨，豈不明哉！孟子言“有恒産者有恒心”，如此而已矣。秦滅王政而後經術絶，漢興學校而不知本源，班固言利禄之路然，已歎之矣。後世踵謬襲謬，賢如唐太宗，乃有英雄入彀中之言；明如宋藝祖，又曰以此與天下豪傑共之足矣。豈有誘天下奔競於朝，而置民職於不問？無人供民職，則誰與養豪傑乎？夫既無以定民志，則人無恒産，而救死不贍，即教育且無所施，況誘之以利禄之争，則人人皆願入英雄之彀中，而思與豪傑共其利，又豈能遍給哉？反是思之，可爲寒心者矣，尚以沾沾自喜乎？然則學校之宗旨，係天下之安危。國家之安與不安，在民志之定與不定。民志不定而教以藝能、誘以仕進，猶治絲而棼之也。宗旨既定，等差自明，然後其開次第分合辦法，綱舉而目張，有條而不紊。以京師大學堂爲準，揭示宗旨，載入章程，京都及省會建大學，各府建中學，各廳州縣建小學。循名然後核實，名正而後事成矣。

一、分等級

大學校爲預備百官之選，高等學校爲預備大學之選，小學校爲教課四民之職，中學校爲高等學校預備之科，高等師範學校爲成就中學校及師範學校教員之材，師範學校爲成就小學校教員之材。其中學校之已卒業而不願入大學者，爲小學校教員之選；大學校之實業科，學治專門而不習政治者，爲中學校及高等師範學校教員之選。擬請明發上諭，頒布章程，使天下曉然知學校各有主義，不專爲仕宦之出身；科學各有專途，不專爲服官之借徑。分等以考其成，始能分門而專其業，否則人人視學校爲利祿之路。本欲改科舉爲學校，反致化學校爲科舉；有學校之名，仍科舉之實；來學者皆望出身，教授者無非借徑，不但政治之人才不能出，即實業之科學必無成。擬請以京師大學堂爲國家大學堂，各省會各立一大學堂，與京師大學堂爲兩等。各省之大學堂，即今之各省高等學堂也。京師大學堂但立學程，不設教習。京師大學堂肄業者，分爲三級：一級庶起士新進士，二級各省大學堂卒業生，三級大學預備科卒業生，課程相同。仿各國章程，分別隨習、必習兩科，視其進身之等差區別卒業之年限。各省大學校分三級：一級由舉貢注名挨次補額，二級由學政調進高材生諮送，三級由各府中學校卒業生注名挨補，亦分別必習、隨習兩科，學年則概歸一律。

一、分課程

分途以造士，所求之作用不同，課習之程度自異。普通之學四民皆所須知，分門之學中學所當預備。擬請定章，以淺約普通學爲小學校課程，小學校卒業者，給與文憑，準其赴中學堂、師範學堂投考。以高等普通學爲中學校課程，其收考入中學校肄業生徒，爲士民之分界。於高級普通及學年而僅能及格者，不入高等，於卒業之日給以文憑。治士業者，準充小學教習；治農工商業者，作爲農工商學生。卒業考試，及於優等，別給優等文憑，準赴大學堂注名挨次補額，如國子監南學注名傳到之例。入大學堂肄業者，以專門學爲課程，學門約分五科，課程酌分兩級。五科之目，歐美各國大同小異，一曰教科，二曰政科，三曰文科，四曰藝科，五曰醫科。日本無宗教，故大學不專設教科，惟以倫理學列於中小學課程之首。中國自有宗教，孔子之教以倫理爲大綱，非設科專門研究講明，當此橫流不足以收拾人心、維持國本。此宜添設專科，特重其選。本朝科舉，沿於唐之進士科。有唐科目極多，而以進士爲仕進之專途，宋元明相沿至今最久。無論經義、策論、詩賦、八比，所設之文格不同，其爲憑文取士則無異，其實即文科也。此宜仍其舊貫，而減其中額與大學五科平列。政科即律科，亦謂之法科，主講求政治之學，以研習律例爲課程。中國定律例專指刑律，其實法律二字，兼一切憲章典制之名，其刑律不過法律中之一部分，則政治家之一分職而已。如本朝官書，應合《大清會典》《通禮》《大清律例》《六部則例》，始成爲一朝《會要》。西人政治學，約分四目：曰綱紀律，則治在官府，制度典章之屬也；曰民商律，則治在村市，錢債、田產、戶婚之屬也；曰刑名律，則治在法司，即中國相承刑罰之律例也；曰交涉律，則治在邦交，和戰、保護、防禁、條約之屬也。中國自有政治之精義，六經皆言政之書，顧後世取士，無其專科，漢唐明習吏治，明體達用之屬，有其科目，無其常舉。宋司馬光議分四科，朱子議分十科，亦皆托諸空言而未見諸行事。今就大學堂設科研究，備國家之效用，則庶政可得而舉矣。歐洲大學校有醫科無農科，日本大學校有農科并有商學。中國本重農，出地產以生利源，重於商之分利。政綱未舉，民志未定，治生猶恐不贍，尚未可言衛生也，擬不設醫科，易以農科，其礦學則附於農科，即《周禮》"虞衡之掌"也。藝科即工科，理化制造之學，則教科專用西書習之，令其專業，則用之別以專途。斯大學校之規模略具矣。

一、分流品

小學校爲課民職之事，西人所謂強迫教育。卒業而願上進者，準其投考中學堂；不能考入中學堂及師範學堂者，準民設之小學堂延聘爲師，官設、私設之工商廠用爲工頭司事，如此而止。只能人人責以職業，不能人人爲謀出身也。中學堂爲大學堂預科，其卒業者，準赴大學堂注名、不必投考；其有願就教員者，呈明本省大學堂，由大學堂考試一次，分爲兩等，高等派充本省各師範學堂教習，次等派充各州廳縣小學堂教習。夫見異思遷，以學校爲借徑，此士風之所由日壞而學術之所以日衰也。擬請仿照各國教員久於教授、優給終身原俸之例，定章凡充教員十五年以外、無過失而辭退者，照所食學廩，按年給以半俸；身殁後，給與原俸四分之一，限若干年而止。如此，則士不奔競於宦途而專力於學業、盡心於教授。仕途不擁滯而學校收成效，士心有恒而民志乃定。生徒幼學，皆知民職之當盡，人人皆學治業以安其生，此政治之源也。惟進於高等學堂者，乃備士選；及於專門預科之格者，當予以出身，然當分途而勸職，不可令其博學而無成。固不可使科目之士，視學堂爲畏途；亦不可使躁進之徒，視學堂爲捷徑。上年翰林院奏請編檢習律例，本年大學堂奏請新進士入學堂，此各員由科舉而來，皆文科之選，自童蒙以來，皆誦習六經，雖不能求甚解，亦粗知大義，稍雅者頗能考證義法，兼通子史、閒聞掌故，宜令分任教科、文科、政科，但加研究、補習，即已差堪致用。各員皆已有出身授職。《記》曰：君子不以無故去人之爵。應照舊升轉，即以學科程度之高下爲其升轉之先後。文科與教科皆儒臣之職，可以互相遷轉。各國皆以律科爲仕進之專途，如其所習屬政治學，以明法律爲宗旨，實國家之義務，名實最爲相副。政治之分門最多，法律之精微與經術相表裏。文科進身之員，令以分治法律學，授之經術，以立其本；參之史事與外國政書，以通其變。大學堂政治科與翰林院律例課互相觀摩，則人才自當奮勵。此外惟農工二科，皆居實業專門科學。言乎實業，則其出路不在服官；其督勸農工之務者，則已統於律科，爲政治學之一部分，與農、工本科之自精其業者不同也。其專門實業，按外國之例，則學優望著者命爲博士；次者給高等文憑，備各工廠礦務聘爲藝師、礦師、廠主；又次者退爲高等師範學堂、中學堂教員。擬請仿照其例，以清仕途而重專業，定按年考成之格，約分三等：優者獎卿銜，令久於大學校，優其廩祿，如欽天監監正、監副，太醫院院使、院判之比；次等派充鐵路商礦局爲考察官、顧問官及主辦；又次派往官辦工礦廠爲監督幫辦，及派充高等師範學堂、中學堂爲教習，則成學者出路自廣，無事紛更，而各收實效矣。

一、分資格

中學校生徒，專以小學校卒業主爲來源。一府所屬之民，皆州縣之民。府有附郭，故無須設小學，直隸廳州縣無附郭，故縣必設中學，統於一道，即在府治之中。師範學堂亦由小學卒業生投考，別無來源，以杜躐等、闖求諸弊。惟高等學堂爲大學科之預備，大學堂爲造就國家效用之人才，所課在致用之學，注重在已成之士。京師爲國學中之大學校，有庶起士新進士及大學堂之預備科、卒業生三等。已有出身各員，雖難與無出身生徒較學年久暫，然既經科舉上第，應在特待之科。擬請分別學年以爲資格，其有出身者，以二年卒業；由各省省學校諮送及由預備科卒業序補者，以四年卒業。查各國學校制度，有特待科、補習科、研究科、委托科之各例。特待者，不限學年；補習者，別業已通，補習其所未足，不照分班課程；研究者，無所補習，但就已成之學業，精益求精；委托者，因教員乏人，以他職之優於一業者，兼任其事。今欲建學校以勵成才，則必先納成才於學校爲天下觀聽。擬請仿行特待、補習、研究之例，庶起士、部曹入學校，令其分別自認補習研究，各占一科，仍較分數，二年卒業。內官小京堂、講讀至科道編檢、外官道府，願入學校觀業者，行特待之例，由其自擇科書，研究或補習，不立分數課程。其有宿學著名、著作行世者，由管學延請入學校，行委托之例，不必設爲教習，但就其所長何學，按期演説，管學以時與之參訂學程。學中有願從之講習者，告知管學，著明允許，然後教授以當各國博士之選，寓先王"教學相長、終始典學"之意。必如此，始能示大學之重。而治官皆受成於學，出無異議而入有觀摩，此辟雍之所以爲成均，致治之源，不可忽也。

一、廣教習

簡厥修以率其或不修，舉直措諸枉則民服。學校之地，尤以尚賢貴學爲先。士不虛立，名不虛附。《周官》九兩係民，一曰聯師儒。師以賢得民，儒以道得民，非高行則碩學，始足以教民而正官。大學爲天下視聽所屬，不可不慎也。今議學堂者，動稱延西教習，不知其爲政科歟？爲教科歟？爲藝科歟？但聞圇圇言之曰西學。三者皆可統言之曰學，其爲藝學，誠當學而不能有異議也。今按大學堂課程，名學、法學，皆西教習講授，此正屬於政教兩科課程。雖有經史，但屬之文科。名法科教習，但以西律逐日講授一章，不過如報章之按期出書而已。以此授小學，則猶僅可；今大學預備科，由普通以進專門，入學者文理皆通，足以閱報而有餘，乃一日九升堂，疲精敝神，但聽演説而無時研習，不如其自行閱報之爲愈也，何必設若干教習，爲學者講報章乎？且政教爲國本，其學所關至巨。西人之爲公理，哲學、政治、法律、經濟家者方厖言日出，彼此各一是非，賴有學會講會，同業者互相辨難以求一是，明乎其不可守一先生之言也。今無教科書，但有西教習，其聞教習之演説，非盧梭則赫胥黎，無論所學不能以推行，亦且不足爲高等；但憑口耳，不用心思，且不足以爲學。又西俗教習，與學者無師生之義，今延之太學，儼然爲師，適足以損學者之志，辨之宜早辨也。前議大學科、專門科之教習，擬以徵聘之名宿爲委托之典教補習研究科、預備科之教習，擬以特待最高程度之學員爲委托之助教。此二等當屬師儒。名科、法科之書，但令譯書局精譯善本，文理較深者皆能讀，曾治子史、留心經濟者參考而易明，無論治經者矣。固無須乎教習，又何待口講指授乎？中小學師範學教習，只須及普通程度，先以預備科卒業生及新進士學館及仕學館考成及格者，爲委托之兼職，不礙其仕途，稍與之優異而人自樂爲之。迨各省高等學校、師範學堂卒業及期而教習不勝用，固無取速成也。

一、行特待

查各國學校制度，有特待科、補習科、研究科、委托科各例。特待者不限學年。補習者專業已通，補習其所未足，不按常例分習課程。研究者無所補習，但就已成之學業精益求精。委托者因教員乏人，以他職兼任其選。平列爲四科，而統名爲特待。今大學堂附設仕學、師範，統名爲速成，又別立新進士學科，名實不相附，條理不相貫。仕學屬政科，師範屬教員。教員重在普通，與中學校之程度相等。今令舉人投考大學堂附設之師範，而大學堂預備科之卒業者，又作爲舉人、進士出身人員，已入仕途，入學三年，僅得本階；仕學館人員，不必進士出身，入學三年，即得保獎。且同屬專門政學，則考校之分數相同，宜令萃處而觀成，不宜分途而競進。本欲變科舉爲學校，不應以學校爲科舉；本欲納仕途於學校，不應以學校爲仕途。夫建學校，欲以勵成材，則不如先納成材於學校也。擬請推廣學校特待之例，注重補習、研究二科，合新進士學館與仕學館爲一，令各員自認補習或研究兩科，不設教習，但立課程分數，一年期滿而考成業優者，奏請分途擢用，不及格而願留學者，以待卒業再考。

詩經講義

提　要

　　宋育仁治《詩》著作主要有《詩經講義》、《詩經毛傳義今釋》、含於《諸經説例》中的《詩經説例》、納於國學初級普及教科兼女學及補習訂讀説例的《問琴閣叢書·詩經》。

　　《詩經講義》是宋育仁重要的《詩》學著作之一，是他在初級教育中使用的男女并授教材。正因爲此《講義》是宋育仁主要用在男女并授的初級課程，因此雖然號稱"詩經講義"，而實際講解的祇是"國風"這一部分。這部書以《毛詩故訓傳》爲基礎，旁通博采，考以人情，有諸多令人嘆服的通達之解。

　　就解經方法本身而言，宋育仁"治經先通訓詁，由訓詁以通章句"，其注疏箋傳之異同，皆依之《小序》首句，以求得孔子之意、復《詩經》之旨。本書解經秉承了乾嘉學派以來的風格，在此基礎上又表現出幾個比較突出的特點：一、注重經學的體系性，對《詩》的意義進行整體定位；二、注重經書之間的互相發明，以禮釋《詩》之名物禮節，以《春秋》互爲表裏；三、注重《詩》之篇章次序，推求其前後編排之經學意義；四、注重序與經文之互證，其訓詁以外之難解處，以體察人情、涵詠詞氣爲詩旨之輔證；五、注重以古通今，講解詩意之外，針對當時社會出現的問題有所論述；六、注重參合倫理制度解《詩》，而於倫理制度的合理性又有更深的認識。

　　宋育仁有深厚的經學涵養，又有王道政治之追求，而仕於末世之宦海經歷，所見朝廷、社會之頹敗，其沉痛、其反思，皆可見於解經之字裏行間。宋育仁又曾出使西方，對西方的社會文化有切身的了解。中西方男女婚姻關係的不同，不免會帶來思想上的衝突。從宋育仁對《詩》中倫理之原理進行解説之時，能看出他在這種衝突之後的比較與思考。而在講求《詩》的倫理制度之原理時，他與前人言説角度也有了很明顯的不同。

　　就本書內容而言，可以分爲兩大部分。第一部分爲總説解讀《詩經》的方法與課程，第二部分爲具體解説《國風》篇章。宋育仁認爲："凡經學第一課爲訓詁，第二課爲章句，第三課爲考訂"，"自此以前皆學者讀書之事，於經學二字尚可依附，於經術二字尚可不相涉"；參合倫理制度與文章以解經爲第四課，至此"則由經學而進於經術矣"；"大義微言爲治經之第五課，至此則純乎經術"。學者循此治經路徑，方能由經學而進於經術。宋育仁特別强調，在具體的治經方法中，訓詁而章句，章句而考訂，須依據"注疏以通《毛詩》章句，尤須根據

《小序》以辨傳、箋得失，此治《詩》之綱領統系，不可忽也"。第二部分講解《國風》，至《秦風》而止，《檜》《曹》《陳》《豳》無説，具體篇章也各有詳略。其講解"按章分講演説時，就其平素所心得，或臨講時所觸類引申"，"就本章之言倫理有觀其深者，表其微言；就各期進接前稿所説關於政治制度之宏綱，證其大義"。本書之詩意講解，讀之常令人有通達之感，除了宋育仁解《詩》貫通經史，旁徵子集，體察人情，參合制度之外，也與他能够拋除漢宋之分、門户之見有很大的關係。如其中不乏引《列女傳》發明《詩》意，由《毛詩》以通三家《詩》説，從看似矛盾或不相關的各家解説，通過深入發掘反能互相發明之例。

  《詩經講義》爲宋育仁師範學堂之講義，成書於 1916 年左右。民國閒稿本，收入林慶彰主編、台中文聽閣圖書有限公司 2009 年影印出版《民國時期經學叢書》第四輯（第 22 册）。

治經先通訓詁，由訓詁以通章句。今本科講《毛詩》，乃《詩毛傳》，原名《詩故訓傳》。故即詁，其爲經作傳，主通訓辭以說《詩》，是以名爲"故訓傳"。通訓詁應屬治經之第一課。治《毛詩故訓傳》，本經之主課，即治群經之第一課也。由訓詁以通章句，固須按篇章以次諷籀。講貫經傳箋疏，求通章句爲第二課。然一經有一經之大義，學者不可不先知其綱領，以究其旨。輒今第二學期開課，不佞於本經，愧非良家，僅就所聞，先述治此經之綱領，再舉平日研究所獲本經中之文義，分條演說，以期逮此一學期朋友講習之茲。

夫子曰："不學《詩》，無以言。"《詩》《書》所以言也，即文言也。《說文》"詞"下曰"詞者，意內而言外也"，治文言者，須通訓詁，始能解釋詞內之意。《毛詩詁訓傳》與《爾雅》相表裏。《爾雅》"釋詁""釋訓""釋言"皆釋《詩》《書》之詞，通此訓詁及其名物，始能正辭，始能修辭，故曰"不學《詩》，無以言"。誦《詩》三百而能專對，顧欲通《爾雅》之訓詞，須□參考於《說文解字》，始能知其孰爲正義，孰爲借義，然後能通曉本經之詞，孰爲正詁，孰爲達詁。知修詞之體例，則有詞例可推，始能分別傳箋之異同、孰得孰失，是爲治此經之方法。知此方法，在學者自行研究，不必逐字指授。由此自通章句，其有疑難，另行質問，則用力省而進功多矣。

治經以注疏爲依據，是云學者自行逐段看去，是漢學切實功夫，亦是求通章句正當方法。但□有其所依據之後，□專就本經而言，則小序是矣。別經皆衹三級，以"注"解"經文"，以"疏"詮"注說"；本經特有五級，"經文"之下有"序"，"序"之下有"傳"，"傳"之下有"箋"，"箋"之下有"疏"。疏有舍箋從傳，有舍傳從箋；箋有申傳，有破傳；傳固爲序發明，亦有與序違反。其閒異同，何所取決？固當求之最初之說，是可決言斷無疑也，則小序是也。小序爲子夏所作，但自首句以下，後師有所附益。三代上古書通例皆然。《禮記》《爾雅》《管子》《晏子》《墨子》均有其證，後來考訂家反據此聚訟，失之遠矣。

說經有二例，一曰說經者述先師之言，非從己出；一曰其有不通，更下己意。二例似相反而實相成。先師者，最初傳此經之師也，再傳以後皆爲後師。先漢名學界名詞通例如此，乃《春秋公羊傳》則以公羊高爲先師，《穀梁傳》則以穀梁赤爲先師，而沈子、司馬子以下皆爲後師。《詩》以子夏爲先師，而大小毛公以下皆後師也。《易》授商瞿，《書》授漆雕開，爲先師而不傳其說，則其述先師之言，求諸再傳以次有說者，始謂之師說。後師固皆述先師之言，但不免有傳聞異詞，望文誤解之處，致生出入。學者可以以意逆志，述先師之言，重申其義，以正後師之失。若先師之言不具，而後師所說推尋文義有所不通，則可更考經文，便下己意；若先師之說具存，固無自我作古之理。此經小序首句爲一篇之提綱，既屬先師所傳，又無後師附益，說《詩》舍此更何所根據？是以箋有破傳，斷無破序。學者依據注疏以通《毛詩》章句，尤須根據小序以辨傳箋得失，此治《詩》之綱領統系，不可忽也。若據疏爲斷，則是據最後之後師，蔑近古之師說。若泛言申毛申鄭，則是視後師爲質疑之弟子，而學者反自處於解惑之先生也。此乃學作經解完卷之法，非治經之家法也。

上學期講義引《列女傳》說《詩》，最有理緒。《列女傳》出劉子政，與《說苑》《新序》同屬一家，相爲表裏。子政先治《魯詩》，後治《齊詩》，又傳《列女》兼取《韓詩外傳》。引此說《詩》，即可由《毛詩》以通三家《詩》說。世疑孔子設教無女教，不知《禮》之冠笄昏喪祭及《內則》《少儀》，皆男女并舉。《詩》之言婦事者尤多，故引證《列女傳》諸篇，可見二南爲王化之始基。王化之行，爲世界教育之極則。孔子言"人而不爲《周南》《召南》，其猶正牆面而立"，試思此語云何？二南之義，謂化家爲國，試思此語何解？正謂推家庭政治之原理爲國家政治之原理。《關雎》至《鵲巢》皆言婦事，有夫有婦而家道成，然後施及於子姓，故《螽斯》爲《關雎》之應，《麟趾》爲《鵲巢》之應。猶之有君有臣而國度成，然後施及於民庶。《易》曰："妻道也，臣道也。"謂女起家而相夫以助成家政，臣出身而輔君以佐理國政，其義一也。家人爲奥主，家道之成敗視乎婦道者尤重，國政之興替係於臣道者爲多，故《昏禮》之記父命子親迎之詞曰："往迎爾相"。而婦之稱夫曰"君"，妾滕之稱嫡亦曰"女君"，女子學此則知修其宮事，盡其婦職，即所以相夫；士夫學此，則知敬爾在官，盡其民事，即所以事主；人君學此，則知求賢以自輔，求忠以自爲。故以樂得淑女以配君子比於君臣明良之遇，而以求之不得寤寐輾轉比於求賢之殷，又以不妒嫉、能逮下比于以人事君之義。《詩》首《關雎》，《書》終《秦誓》，前後相起，互相發明，故《秦誓》曰"予誓告汝群言之首"，爲一個"臣"反覆言之也。顧《書》以道政事，專爲士夫教科；《詩》以道性情，則男女并授之教科也。故三百篇中道家庭之事者爲多，其初原爲樂語，如後世詞曲。就其詞譜，以宮徵被之管弦，既爲樂□，諷誦弦歌，隨人所適。"君子無故不去樂"，即家屬皆聞《詩》。女子尤性近於樂，房中之奏有琴瑟。據《儀禮》，弦歌即"瑟歌"，則士夫家女子無不誦《詩》，故劉子政稱《窈窕》《德象》《女師》之篇以爲傳。列女之原起三代之女教，成於《詩》教，而廣家政爲國政，例臣道於婦道，皆本於《詩》。所謂"用之閨門焉，用之鄉人焉，用之邦國焉"，皆此詩也。所謂"興於《詩》"，興之以此也；"成於樂"，成之以此也。王化之行，全係於此。教始於閨門，而施及於天下，後世無或疑焉。今爲舉其要素，曰以樂語爲女教，以女教主家庭教育，推家庭教育爲社會、學校教育，此經術之用也。及其政衰，王澤竭而《詩》不作，故曰："王者之迹熄而《詩》亡，《詩》亡然後《春秋》作。"不但采詩之官廢，其實乃女教漸廢而樂教漸亡也。

說《詩》宜講《詩譜》，此乃考訂學最關於經學之大處，亦即目錄學最關於經學之大處。上期《講義》所論《詩譜》次序甚宏括有條，今爲之補所未備，即變風、變雅、豳詩兼風雅頌分章不分章之說也。凡經學第一課爲訓詁，第二課爲章句，第三課爲考訂。自此以前皆學者讀書之事，於經學二字尚可依附，於經術二字尚可不相涉。至進於章句而言考訂前古作述源流、篇第次序，則稍進於經學而亦稍近於經術，固其中有關係於本經之大義故也，如風雅正變之說是也。古今之名詞，繁簡不同；中西之名詞，分合不一。"正變"二字，古今字詁絕殊。"正"字曷解？如物之有正面，如射之有正鵠，即如《說文》鳶訓之云"得一以止"，其爲正當之"正"，數說皆可相通，絕無牾擬義。至於"變"之一字，則爲"變亂"，爲"變遷"，爲"變易"，爲"變化"。究此四義，於"變風""變雅"之名義皆不相合，因此學界不能解"變風""變雅"之名，疑而不能決也。今請解其詞曰"正變之言猶正負也"，一則誦其王化之正行，一則述其王化之反覆，而皆爲重於反覆以諫其君，以諷其上。風，諷也；雅，正也。變風變雅者，猶曰"反言之諷"，正云"諫"也。

《大序》乃三百篇綱領，必須熟讀深思，逐字研講。其曰"風，風也，上以風化下，下以風刺上"，釋名之例，所謂不易字而訓也。風之爲字，從蟲，《說文》曰："風生蟲，故從蟲。"後學祇解已有形可見之風，吹入土木有實形之物，可以生蟲，不知大地發風輪旋轉當夫未經觸物顯形之空處，皆屬風輪。風輪所充塞之處，即無數微生蟲所充滿之處，即生氣也。及其觸物見形，人始名之曰風。其曰"風，風也"，謂《詩》之名爲"風"，即取譬於從微生蟲之風也。上以風化下者，謂如大風吹垢，風從草偃下。以風刺上者，謂如四方風動，知遠之近，知風之自上，以其風行雷動之風化成其下；下，亦以其空穴來風之風以刺激其上，此《大序》

古義也。其釋風爲"諷"者，乃文字孳乳浸多，形聲相附之晚出字。如用風字之意譬論於語言者，則加言旁爲"諷"，用風字之意譬喻於水浪者，則加水旁爲"渢"。後師誤解"風，風也"爲"風，諷也"，良由注意下文"下以風刺上"之語，疑莫能名，遂以"諷刺"釋之。自覺文從字順，不知下以"風"刺上，可作諷刺；上以風化下，亦可作諷化乎？是知一十而不知二五也。其曰"主文而譎諫，言之者無罪，聞之者足以戒，故曰風"，始從"風化""風俗"之義，引申爲"諷諭""諷諫"，是以重結一句云"故曰風其下"，接"至於王道衰，禮義廢，政教失，國異政，家殊俗，而變風、變雅作矣"。王道者，《詩》之所志也，即《詩》所述之事蹟也；禮義者，《詩》之所持也，即《詩》所存之理想也。王道禮義之所由興，先有教，然後演而爲政。及其衰也，政先失而教亦因之而失。政者，正也，俗者，風也，故曰"國異政，家殊俗"。國異其政，不遵王道之政，由此破壞先王禮義之教，上有作好作惡，民亦作好作惡，於是家各殊其風俗，而變風始作。詩人懷其舊俗，陳古以諫，今先由譏切小道之失，漸乃及於國政而變雅作，故曰"國史明乎得失之迹，傷人倫之廢，哀刑政之苛，吟詠性情以風其上"。首述風詩之旨，接述風雅之變，單起變承者，政失於上而風先變其始。詩人先見禮義人倫之廢，譏切小遇，自據性情，再推究事變所由，知由於刑政之苛，然後推吟詠性情之觀念及於國政以風其上，故曰"達於事變而懷其舊俗者也"。上文既單起變承，結束又倒卷上文者，詩人敦厚之意，由譏切風俗之變，以譏切政事之變，而其注意仍在人懷禮義以風其上，猶史遷傳《離騷》之言曰："以冀幸世之一悟、俗之一改也。"故此文之下，又專提出變風，謂"發乎情，止乎禮義"。"（當）[發]①乎情，人之性也；止乎禮義，先王之澤也。"發乎情者，人不得則非其上也；止乎禮義者，承先王之教澤，故怨而不怒焉。以視今日社會，專非其上而不自傷人倫之廢，不以禮義自閒者，異矣。

　　逐層疏解子夏序《詩》之大義微言，乃有悟入詮釋。正風變風之義如前所說，至此乃總揭之曰："是以以一國之事，繫一人之本，謂之風；言天下之事，形四方之風，謂之雅"，此"風""雅"之名義，即風雅之界說。一國之事係一人之本者，如《關雎》"后妃之德也"，《葛覃》"后妃之本也"，《卷耳》"后妃之志也"。而《兔罝》爲"后妃之化"，《漢廣》爲"德廣所及"，《麟趾》爲"《關雎》之應"，《鵲巢》"夫人之德也"，《草蟲》"大夫妻能以禮自防也"，《采蘋》"大夫妻能循法度也"，而《騶虞》爲"《鵲巢》之應"。以一人一身之衣止，播爲風俗，推而致於一國之關係，是正風之旨也。變風者《邶》《鄘》《衛》，以《柏舟》始，以《木瓜》終。《柏舟》"傷仁而不遇"，《木瓜》以"美齊桓"。《柏舟》無論從《列女傳》主衛寡夫人說，從劉子政《災異封事》主當時賢者說，要之爲"仁而不遇"，其義皆通，乃一人之關係，即一國治亂之所本。妻道、臣道其義一也，前篇已言。劉子政引"憂心悄悄，慍於群小"，疏之曰"小人成群，誠足慍也"，其原本於《孟子》引此詩以證孔子，與《列女傳》說不爲兩政。引婦道以喻臣道，是正比例，何泥於男子婦人之詩乎？婦有仁人而不遇，則禮義衰而家道廢，國俗由此可知；國有仁人而不遇，則政刑失而王道缺矣。《木瓜》無論主善衛人之情說，主美桓公之惠說，所謂"於《木瓜》見苞苴之禮行"，謂始於禮而終之以義也，始於酬酢之禮文，終於興滅存亡之大義，仍屬一人與一人之關係，終之爲一國存亡關係之所本。明乎王道之所由興，先由上有禮義以風化其下，下述其事聞風興起，而正風作；及其衰也，禮義不興，詩人懷其舊俗，述其時風以刺其上，而風先變焉。上以風化下，順也，居人上者所以治人也，是爲正例；下以風刺上，非順也，所謂不可爲政，卒勞

---

① 發：原作"當"，據《毛詩序》改。

百姓，其猶變例矣，此正風、變風之義也。其曰"言天下之事，形四方之風，謂之雅者"，明乎王道之所由成，由風化以演爲政治，政治之現象仍形於四方之風動。政者，正也，上帥以正，孰敢不正？於是，詩人述四方風化之所形以言王政正天下之事跡，故曰"言天下之事，形四方之風"。雅後於風，風進爲雅也。由風而進於雅，如樂歌之按拍而中節，《周禮》贊春應雅謂以版贊相春，擊以應雅，節如今之拍板。民樂歌會在板眼，或三眼一板或兩眼一板，必能知而中節，始能合於正調。雅，正也，正不正以致於正，猶齊之言齋，齋不齊以致於齊也。政、雅固訓正而改爲正字，雅爲偕字，其借義則取於贊春應雅之義。《詩》本樂語，就樂節而取譬爲名，釋以俗言，猶云正板正調矣。故曰"雅者，正也"。接言言王政所由興廢也。政有小大，故有小雅焉，有大雅焉，則統正變小大而詮叙其旨。形於四方之風善，則知王政之事行，政之中節猶樂之合節，是爲正雅；形於四方之風不善，則所言天下之事曰非，政之不正，猶樂之不調，失節而雅聲變矣。推風之正變以例雅之正變，則如上以先王之政正天下之事，正之正者也；下陳先王之政，冀以正時政之失，正之變者也。變雅猶變政也，故齊詩由"四始"以推"五際"，有卯酉①之際爲革政之義。王政本以禮義爲質，自一人之身由禮義以化於家，自家以化成於國，自國以化成天下，故先以《風》而次《小雅》，先《小雅》而次《大雅》。自家而國，即已演成完全之政體，故以《小雅》繼《風》。《雅》有小大，猶云政有小大。政之小者屬於侯國，政之大者屬於王朝。侯者明斥堠於外，外以固守封疆，內以施國政於境內，於一國有君人之道，於天子有不純臣之義，故《小雅》屬焉。王者無外，執天下之大政，禮樂征伐自天子出是也。天子失官，則諸侯代政，官謂王官。《記》曰："天子建天官，（三）[先]②六大：曰大宰、大宗、大祝、大士、大卜，典司六典。天子之五官：曰司徒、司馬、司寇、司士、司卜，典司五衆。天子之六工：曰金工、石工、木工、土工、獸工、草工，典飭六材。"五官之長曰伯，是職方，其擯於天子，曰天子之吏，即《孟子》所謂天吏，《春秋》所謂王官也。王政統御天下之政策，內設一相，遙領一伯，外居一伯爲使相，是爲二伯。其下命諸侯爲方伯、連帥、正卒、屬長。六大居於內，閒亦使於外，但與天下四方之政交涉有連者，歸其統治。大宰、大宗即六官之長，大祝以下見六官之屬。《春秋》宰周公亦使齊，故知閒亦奉使於外。其五官則屬於外一伯爲從官，從外一伯治諸侯之交處，總天下之政。司徒、司馬、司寇，容以小司徒等出治。六工則治名山大澤，不以封之地以掄邦材，《周禮》所謂藪牧是也。王者失治其官，則大政莫能舉，天下無所統，是爲《大雅》道廢，禮樂征伐不自天子出，即是上無天子；大伯之官廢，諸侯無所統，即是下無方伯。《春秋傳》曰："上無天子，下無方伯，有可以理守封疆利社稷者，專之可也。"是天子失其官，諸侯於外守封疆，內治境內，許以代行王政也，故曰："天子失官，守在四夷。"至於《小雅》道廢則四夷交侵，侯國又失其政，則政逮大夫，是爲《小雅》道廢。故孔子曰"天下有道，則政不逮大夫"，明乎諸侯受於先王，君其一國，可以代國政；大夫則無專政之理，即《洪範》云"臣無有作福作威，臣之有作福作威，害於而家，凶於而國"。至於《小雅》道廢，則王者之迹熄矣。於是《詩》亡，然後《春秋》作，故《下泉》傷天下之無王，《匪風》傷天下之無霸。

"頌者美盛德之形容，以其成功告於神明。"說無異義。頌者，容也，經傳通用爲"形容"者，乃"容"字之借義；通用爲頌揚之"頌"者，乃"容"字之本義。頌者即宗廟文舞、武舞，步蹈應節之歌也，故謂之容。即"徐生善爲容"之容。此容字亦作頌，乃用本義，而俗學或反誤解爲能作頌矣。由風而進小雅，由小雅而進大雅，由雅進而有頌，美王政之盛也。及其衰也，頌先

① 卯酉：原作"夘夘"。
② 先：原作"三"，據《禮記·曲禮下》改。

不作，故曰："成康没而頌聲寢。"

《詩大序》與小序首尾相銜。《詩》首《關雎》，爲四始之正始，_{四始之義，成伯璵《毛詩指説》}
_{以正風、正雅、周頌作於周召者爲正始，而自此以下皆謂之變，最爲端解。}與《春秋》建五始之義相表裏。《公
羊傳》言隱公不能正其始，《穀梁傳》言證始皆正始之義。《風》之正始又爲四始之始，亦猶
《春秋》之元爲五始之始，是以《大序》總述全《詩》之旨，而篇首專述《關雎》之德，篇終
詮叙《關雎》之義，即係《關雎》一詩之小序。其曰"《關雎》，后妃之德也"，乃《關雎》之
序也。接云"《風》之始也"，即以"《風》始"爲"四始"之始，其義甚明。下云"所以風天
下而正夫婦也"，正謂以風教化成天下，其正始之端在於正夫婦之倫而家道正，自家庭之理以
推之於國，積家庭而廣之爲國，人人親其親，長其長而天下平也。《記》曰"夫婦有別，然後
父子親；父子親然後義生；義生然後禮作"，謂婚姻之禮成，夫婦之道得，然後家庭之秩序定，
而父子相親。禮由此起，如風之行於天下，故重言之曰"所以風天下而正夫婦也，故用之鄉
人焉，用之邦國焉"。鄉者，鄉飲酒、鄉射。《王制》謂六禮：冠、昏、喪、祭、鄉、相見。
按鄉禮凡七，皆爲教民學習之事，於今當爲學禮。_{黨正正齒位一也，鄉大夫賓興賢能二也，合樂遂養老三}
_{也，習射四也，州長屬民讀法五也，入學釋奠六也，爲社事七也。}邦國者，燕禮及射若大射，明其家庭教育
即是社會教育，原理相同也。上言"風，風也"，是不易字而訓；下言"風，教也"，乃易
字而訓，而仍屬風字本義，故又重申之曰："風以動之，教以化之。"教之化人，如風之化
物也，以下詳説《詩》之源流正變，_{大義前二期講義已明，其有補講未盡之義，隨附於按目分章之後，兹不備}
_{論。}總結之曰"《周南》《召南》，正始之道，王化之基"，全《詩》大義備矣。末言"是以《關
雎》樂得淑女以配君子，憂在進賢，不淫其色，哀窈窕，思賢才，而無傷善之心焉。是《關
雎》之義也"。朱子分"王化之基"以上爲"大序"，此段專説《關雎》者爲"小序"，世
論多以爲衛宏所附益。無論衛敬仲抑大小毛公，既所附益，其首句"也"字斷句，以上斷爲
先師所傳無疑也。_{説見前期魏默深主《韓詩序》，閒采齊、魯殘缺之文，□□家法，三家不妨廣興義，而本科既以《毛}
_{詩》立學，當以不破本經爲師法。}首句序一《詩》之總，以下詮釋經文以解"序"義，此"小序"之
例也。雎鳩，王雎，以其形狀類之爲鳩。《爾雅》之例，凡物之體格大於尋常者曰"王"，小
於尋常者曰"女"，如"王芻""女桑"之屬皆是，乃古先詞例，命名百物之分別詞也。雎鳩
性摯，匹偶不亂，雌雄相得，然人未見其乘居而匹處也。鳥類相交，則相乘匹處，即謂相乘
而處，故曰："摯而有別。"聖師萬物，感於此鳥見夫物之道，法於造物之自然，因以起興，
即匡雅圭《勸后妃經學疏》^①所云"情欲之感，無介乎儀容，燕私之意，不形於動静"。雎鳩
水鳥，故以河洲喻其得所"樂得淑女以配君子"是通篇主義，傳箋於此即有異同。傳讀"好"
如字，則"好逑"即佳耦，謂美心善容幽閒之淑女，君子之佳耦。箋讀"好"爲"和好"，引
"怨耦曰仇"，則主后妃樂得淑女以和好君子室家之怨。疏亦舍傳從箋，以淑女指嬪妾。而義
疏比諸家聚訟，何以決所從違？曰："當以序之主義推刊經文，又以經文之詞氣印證序意。如
玉合子有底有蓋必相合筍，乃所謂抉經之心矣。"序云"后妃之德也"，如傳説則詩人_{朱子主宫}
_{人所作，亦此意，統言謂詩人。}樂得后妃以配文王，既不顯后妃之德爲何，如其所謂德者又安在？僅
下"窈窕"二字以狀淑善之資，亦尋常之美詞，未足以稱二南之風始也。且如此則當以文王
后妃并稱，如云文王后妃之美也，或美文王得后妃也。若專言后妃之德，則篇中所陳寤寐輾
轉、服思憂勤、友如琴瑟、樂以鐘鼓，必當爲述后妃之行，乃所以見后妃之德，以此斷知箋

---

① 《勸后妃經學疏》即《戒妃匹勸經學威儀之則疏》。

義爲長。

再推勘序文所謂"是以《關雎》樂得淑女以配君子，憂在進賢，不淫其色"。"樂得淑女以配君子"，謂三夫人以下，推后妃之德意，自視不能堪后妃之位，無以配君子，將慮成爲怨耦，是以樂得窈窕淑善之女備於後宮，以和好己之怨耦。荇菜，和羹之用，祭祀之正供，婦職之所務也。婦職以奉祭祀爲主義，故舉荇菜爲謂寤寐求此賢女，以共勤其宮事而奉宗廟之祭祀，惟恐求之不得，則寤寐思其所事，故曰："求之不得，寤寐思服。"服，服事也。至於悠悠，長夜輾側不寐，即（即）①序說所謂"憂在進賢不淫其色也"。夫婦之際，易於好色，難於重德，不淫之語，統夫妻嫡妾而言，不必專屬於一人也。此即夫子所論"《關雎》樂而不淫"之旨也。"哀窈窕，思賢才，而無傷善之心"者，念窈窕之無媒，若賢才之在野，則有哀思之情，而終以得之，樂與共事。君子有"琴瑟之友""鐘鼓之樂"，不至終傷善女之不遇，所由與變風"仁而不遇"，終於憂傷者異矣，故曰"無傷善之心"，即夫子所論"哀而不傷"之旨也。爲嫡後者知此，以禮義自節其情，則惟恐掖庭不進良家之女，而媢妒無所庸；爲妃妾者知此，以禮義自結於主，則當知空谷尚有絕代之人，而宮怨不必作。於是宮闈之美，國人知之；諸侯夫人以至大夫妻、士婦，聞風興起。所謂不失職，有法度，以禮自持，相觀而善。至於《采蘋》之季女教成於宗室，室家之美，一道同風。此《關雎》所以爲王化之基，以一國之事係一人之本也，是后妃之德也。

詠閨門之事，譜爲房中之樂，被之管弦，女史歌之，國人聽之，亦至足矣。而必用之鄉飲、燕射，用之公燕、大射，無往而不歌《關雎》《葛覃》《卷耳》之篇，此何以故？此所謂化家爲國，廣家庭於社會，喻妻道於臣道之義也，乃所謂大義微言也。聖人欲天下之德必類衆人之情，傳曰"女無美惡，入宮見妒；士無賢不肖，入朝見嫉"，此常人之情也。由常人之情，則君子之道不立，而同寅場恭之際尤難。禮，天子一娶九女，諸侯七，大夫三，士二。或云一娶十二女，蓋以王后尊除不數，指三夫人九嬪共十二人。但三夫人秩視三公，不必備，惟其人，故當有十二人之額，而以一娶九女之義爲長。禮，天子諸侯一娶不再。一國嫁女二國經媵，後有娣姪從嫁，左右媵各有從嫁娣姪二人，三三而九。諸侯或七或五，以命數爲等。公人命從侯之等，子男三命視伯，五命從伯之等。詳拙著《周官命數表》。有左右媵娣姪相從，所謂一人有子三人綏帶，非爲男女之欲，屈女之性爲貴者，寬其數也。爲夫有國有家者，須聯一國之情，合三族之好，實際之禮足以稱其家，田禄之奉足以備其禮。其禄入多者，其家政廣；其家政廣者，其內人之數多。《鵲巢》之傳釋"維鳩居之"，謂"夫人起而有之"。諸侯開國承家，夫人起於其家，歸於夫家。夫婦之道，榮辱共之，雖起家而有之，於義不得而專之，而當求淑女以共事其君子，共治其家政，明矣。舊説天子百二十女，合二十七世婦，八十女御并數保。女御倒文作御女，誤文爲御妻。世婦，大夫妻之稱。《周禮·春官》有宮御、世婦，每卿一人，主教九嬪，非王之後宮，乃女官。命大夫妻若母爲之，即師氏、保姆、傅姆之職。女御者，宮女也，即《周官》女史、女祝、女酒、女漿等職，亦非王之後宮也。禮，天子之妻曰后，諸侯曰小君，大夫曰內主，有主家政之義，故曰："男正位乎外，女正位乎內。"夫有家政者，必求賢以共治。主家政者必以人事君，妻道即臣道，痛妻之道即大臣之義也。家政之成敗興替係於家相，猶之國政之成敗興替係於國相，其義又至明也。自女教廢而王化無聞，士不知禮，家殊其俗，君子之道幾乎熄。俗學不明先王制禮均平男女之數，以女界教育主家庭政治，廣家庭教育爲社會教育，推家庭政治爲國家政治之微意，於化家爲國之義無

---
① 此處原衍一"即"字，據文意刪。

從索解，《關雎》之義隱而《詩》教之矣！

　　夫子之論《詩》，謂不爲《周南》《召南》即是不學面牆，即此可知學之起點注重在家庭教育，家庭教育之主點注重在女學。先修其內，自近而遠，人倫之始，夫婦爲先。女教有方，必能誦《窈窕》《德象》《女師》之篇，始能知禮義而抑其妒嫉之心，釋其回邪，增其美質，故以窈窕幽閒狀淑女之德，即聖善之詞也。窈，幽深；窕，閒也。深中者，善心之所由生閒容也，如《洪範》“思曰容”之“容”。通也，猶聖之訓“通”也。《書》曰“思曰容，容作聖”，故王肅說解容爲“容貌”之“容”，以爲善容矣。如此成教之女，始能重君子之行，知榮辱與共之義，而君子之道始修於門內而達於社會。《伐木》之詩，夫子論之謂子婦兄弟之相愉，而父母其順。對鏡而觀，父母嫡庶之相得，而子婦之孝敬尤相感而生，隱括之詞則曰家庭秩叙是矣。由此以推爲國家秩序，亦可隱括其詞曰各以秩序盡其職務而已，故曰：“近之事父，遠之事君。”興者聞風興起，觀者相觀而善，即“聞見”二字之注腳。凡學修之事，未有不始於聞見者也。聞見之廣，未有多於《詩》三百者也。自男女之情，風俗所本，至于以其成功告於神明，生人之事，聞見備於此矣。如此而不達政治之原理，則必記誦而不思者也，故曰：“誦《詩》三百，授政不達，雖多奚爲？”群者，即新學界名詞“結群體”之義。結群體自夫婦始，演而成家庭，演而成宗族，演而成社會，演而成軍國，無非相生、相養、相賙、相保之義。《詩》教以“溫柔敦厚”爲主，溫柔之發見莫先夫婦，敦厚之效用莫切於家庭。非有溫柔敦厚之情，人懷異心，各私自利，斷不能以結群體。今日我國社會之情形可哀者，在此。然使一味自己溫柔敦厚，而不知以理義載之家庭，亦不可行，夫婦之閒猶殆，故又曰：“溫柔敦厚而不愚，則深於《詩》者也。”我國往日社會之腐敗又正坐此也。“怨”之爲義，與“群”爲教應，情有不得於其群則相怨矣。然謂可以怨者，思愛其群而不得，於其思同於好而不得同其好，故可以怨。即《離騷傳》所謂“信而見疑，忠而被謗”，能無怨乎？《離騷》蓋自怨生也，變風變雅之旨皆如此。若怨不爲群而生，怨不求婦於好，斯即背於怨而不怒之旨，非溫柔敦厚之遺，怨而亂矣，亦異乎怨而不亂之旨矣。此君子小人之分界也，學者宜致思也。

　　前期講經學分課，訓詁爲第一課，章句爲第二課，考訂爲第三課。稱舉言之則群經以倫理制度爲第四課，本經則參合倫理制度文章爲第四課。至第四課則由經學而進於經術矣，請申其說。孔子祖述堯舜，憲章文武，所述皆帝王，而身不在位，乃修訂六經以爲教科。其教科宗旨專注治人，是哲學而不止於哲學，科學而非專門科學，有宗教性質而非專門宗教，是憲法政治而原於道德政治。約爲舉其名詞當爲倫理政治學，庶幾不違。群經皆相通，合爲一部，演繹天人之際，歸納道德人倫，斷定政治之原理。就四代歷史地輿支配爲政治制度，編制爲憲法全體教科，所謂生民未有賢於堯舜。其倫理教科中，宗教性質以喪祭二事爲主，西學者論祀祖先爲中國特色，而於喪服無論或者，但爲各教所無，是其顯證。此一部分化分之，似可制爲宗教，而其編制人倫，支配政法，不能與此二事相離。二事即倫理之重心，故當合而名之爲倫理政治。古言通經致用，今之學者疑之，就經術所支配制度，因以封建時代爲體，與郡縣時代之形勢不同，未可以刻舟求劍。但須知封建乃世宙自然之勢，封建之形有小有大，有宰割分建，有因其固有，譬如今日世界大通，如有一國爲天下歸往，群奉爲上國，即化爲大封建時代。如今之現象，則列國平等，正是大春秋時代，內稱皇帝者六七，適如戰國之東帝西帝。我中國之對於列國，不得自居於天子明矣，即可例之。上無天子，下無方伯，而列國各競其內政，各治其邦交，內其國而外諸夏，以政治原理證之，正可自比於魯。執柯伐柯，其則不遠，譬如講求動植學之有標本，輿地建築之有型模。又譬如治西法律學必須研究《羅馬法典》《可蘭法典》，及至立法，雖不盡按本宣科，必由此演進以規定機關、支配許可權，始合於組織之法，以得其應同之方。較之抄襲成案章程者，其於政治學孰優孰劣，必有辨矣。即就條理制度而言，化裁之用甚廣，通經致用之説斷無可疑。何况政治原理根於宗教風俗，即世言“習慣”，由我之宗教風俗，非講求倫理政治，萬不能以保秩序、策治安。倫理政治則經術是矣。前言學與經術有淺深之别，即是有用無用之别。以考訂爲經學之終事者，誠無與於通致用之宏旨。以言近因，則乾嘉諸老專主考訂，不過記問炫博，當屬無用；以言遠因，則自王子雍博引難鄭，王輔嗣清談説《易》，何平叔雜采古注作《集解》，遂興六朝義疏之學派。或求勝前人，或偏主一家，或博采衆説，皆在後師脚下盤旋，不求經文義法所在。孔沖遠正義以後，益以帖括之習，經術幾乎熄矣。王仲淹見及，而惜少發明；五代學術中絶；周程後出，苦無師承，其冥悟性理，得聖人之一體，制行甚高，足以當聖門之德行，惜其解經多誤。此後雖有漢宋門户之分，其實漢學中之考訂僅以通聖譯之郵，尚未窺聖言之奥也。由此進而求之倫理制度，始可與言經術矣，始可與言通經致用矣。

群經以倫理制度爲第四課，本經兼及文章，請申其説。聖言之注重倫理，群經互相發明，適得平均分數。其言制度，則《尚書》《三禮》《春秋》分數爲多。鄭君以禮證《詩》，其義固確，《詩》中之詮叙名物禮節，皆以《禮經》所載爲原料。其顯而易見者如“白牡騂剛”“犧尊”“大房”“萬舞”“金罍”“兕觥”“副笄”“六珈”“和鸞”“蔥衡”“緑衣”“展衣”“皋門”“應塚土”[①]“西南其户”“在泮獻功”“在泮馘”“賓載手仇，室人入又”，不勝枚舉。但須先習於禮度，引以證本經，則左右逢源，觸類而長。今甫治本經，若隨處推求制度，即須逐處求之禮，故反於樂語教科之命意，多所扞格。須認定《詩》爲樂章，即以樂語教國子之教課本。樂章者，文章之最精，爲灌輸義理變化性質之美術，譬如後世詩詞亦屬文中最精之美術。作者固須文情斐疊，誦者亦須於文字有内心，始能悦以解知意中之言，并通言外之意。禮樂，聖人治世之要術。樂之一經，乃音律與樂章兩原質，化合而求《詩》之一經，已居樂教全體之半。音譜但須有傳授、練習自嫻；樂語非諷誦細繹詠歎，莫能得其旨趣。譬如聽歌者，必須解曲中詞意、神情曲折，始能知若者爲佳若者爲舛，久而耳嗜不離，久而神與俱往，此即《周禮》保氏以樂語教國子道，同導性情而俾止於禮義之作用。前言《詩》爲男女并授之教科，再有一證。中國六朝以後，女學日衰，其女學之僅有相傳者，皆以能作詩詞爲授受。夫子又言“多識於鳥獸草木之名”，凡作詩詞，非采拾草木禽魚之字以爲色澤，博舉飛潛動植之狀以寫幽情，不能成章且不能達意。治此經者參考《爾雅》《説文》以識鳥獸草木之名物，即可悟《風》《雅》篇辭之妙，而倫理之感情、政治之感象，“匪今斯今，振古如兹”，然後知禮樂之不可不興，斯於政治之原理有會矣。由温柔始進於敦厚，然後知國文之重、樂教之宏，不可不講究而著明之也。

大義微言爲治經之第五課，至此則純乎經術。然未可説以空言，必歷過前四課程，迨如水銀瀉地無孔不入，始能觸處砉然理解，如土委地。但如此層累曲折，豈非窮年莫彈？今以三年爲期，何能任重致遠？顧古人三年而通一經，亦必有其簡要之法。以意逆之，先漢之學最重師承，經所研究數十年而之者，可以一朝而灌輸於學者，其事半而功不啻倍徒。今擬以第一二課之訓詁章句，由學者各執注疏與《爾雅》《説文》相參考，其有質疑，書之日記，以備評答。其第三課之考訂，亦由學者於終日記時間，檢查正續兩經解各家異同之説，以相參

① 應塚土：此處疑有脱字，或爲“應門塚土”，或爲“應塚塚土”。

證，有疑質問如前，但亦有簡要之法。前說既以《毛詩》立學，則以《毛詩·小序》爲根據，其不合小序及疑駁小序者，概置勿辨。《詩古微》引"三家序"駁《毛序》，其謂有作詩之意，有陳詩之意，有編詩之意，有誦詩之意，於義甚通。但既如所云，不妨《毛傳》全主作詩之意。餘三家或取後三義，既治《毛詩》，當主《毛序》，可以置而不對也。如此則用力少，爲時省，三年而經章句皆通，考訂亦涉獵及之矣。第四課之制度倫理文章，第五課之微言大義，不佞亦不敢言兼通，但從按章分講演說時，就其平素所心得，或臨講時所觸類引申；就本章之言倫（倫）[1]理有觀其深者，表其微言；就各期進接前稿所說關於政治制度之宏綱，證其大義。雖言不盡意，抑亦進乎記問之學矣。其說樂語亦聞及之文情之相生，無多演說，在人領取而已。

六經之微言大義，本屬一以貫之。但各經亦各有所主，即其全體所占之分數多寡也。《易》主夫人性命之理，《書》主治體大綱，《禮》主制度節文，《春秋》主勸懲賞罰，惟《詩》主文而譎諫，不以賞罰爲用。當其王化之行，人我相觀以風，示意而已，及其王化衰，變風變雅作，亦祇怨誹而不怒。成康没，而《頌》聲先寢，次則平王東遷而《大雅》道廢，次則桓文既没而《小雅》盡廢。至於《下泉》思伯，《澤波》刺時，此後無詩，則變風亦廢矣。《下泉》"思方伯也"，魏源説曹衛相承朝楚，自外於中夏。《澤波》"刺時也"，孫嘉詮説一國祇一賢人而不用，得不痛哭流涕乎？其治傷治淺之蠱諫乎？魏源"此楚莊存陳之日所陳於王相之風"。文教既廢，列國相競以兵，有伯者存，猶奉王政以匡天下，王迹未爲盡熄。迨至楚進而霸諸侯勤中國，則王迹誠熄，而此後無詩。《春秋》於是進楚，與以伯討，其後黄池之會，後進吳爲兩伯之詞，緣王迹既熄，則惟當治以兵刑。楚莊討齊存陳，猶存伯者之迹，故進而與之於兵討，爲夷狄之進化於文教，爲中國之極衰。今日之交通，其原理視於此矣。

《葛覃》，后妃之本也。先斷句至此爲小序正文。此章後師聚訟，今姑勿辨。先就正文解説以備學者一解，其見於注疏與諸家異同辯論，姑從後議。

自"葛之覃兮"至"維葉莫莫"，皆指陳景物，與諸家之爭論絶不相謀。下接"是刈是濩，爲絺爲綌，服之無斁"，始見詩之言旨。其曰"是刈是濩，爲絺爲綌，服之無斁"，必係后妃在家，未爲后妃之時之語，決無疑矣。如其起家亦爲后妃，乃用志於刈葛濩葛、織絺織綌，且爲一己衣服而言服之無厭，不但三百篇無此淺義，即後人作詩亦不詠此等無謂之語言，此所以諸家聚訟可一言決之曰：斷須從序説，爲后妃在家之詞無疑也。魏默深説《詩》最爲有義理，而好采三家《詩》説以駁《毛詩序》，是本朝乾嘉考訂派之餘波，因此立異之念生出無數詞辨，其實無當。夫一篇之中必前後文詞相應，今人作詩且然，而況於古，而況於孔子所訂之樂章？如本章既有"歸"字，則下言之"歸"字與上言必不能兩義。今解下言之"歸"爲自夫家歸，則上言之"言歸"亦必自夫家歸，其文乃順，而義始通，乃可解爲謂嫁曰歸之"歸"。是上文一"歸"字與下文一"歸"字相連而異義，有此文法乎？

今請從頭解之曰"葛之覃兮"謂葛蔓生，從初生萋萋之嫩枝稚葉而至於莫莫之成陰。后妃之在母家，皆親采而刈之，親築而煮之，以至成葛而爲絺爲綌。服，事也。傳所謂煩悶之事，從事於此而無厭心焉，故曰"服之無斁"也，非謂服絺綌而無厭也。如謂服絺綌而無厭，豈有冬亦服葛之理乎？

"言告師氏"，言，我也，古之名詞。"言"與"我"皆爲稱代，故其義相通。後世小學漸衰，誤認"我"字爲一己，不知"我"之名詞乃代名，與"言"之訓"我"詞義相通。言者，

---

[1] 此處原衍一"倫"字，據文意刪。

代名詞也；我者，亦代名詞也。凡語詞舉"我"爲稱者，譬如史文曰"某國伐我"，其實執筆者史臣也，所伐者國也君也，與史臣無與也。統兵者將也，臨陣者卒也，亦與史臣無與也。而述史者曰"我"，不以爲疑也。然則我者代詞也，與此詩之"言"訓爲"我"，其義一也。其詩不必爲后妃自作，而其曰言曰我者，皆我后妃。上云"言告師氏"則教成之祭，女子筓而字，將起家而適人也，故曰"言告言歸"。其曰"薄污我私，薄澣我衣"，女子衣裳連，故但舉衣爲稱。其次惟有褻衣，古語稱褻衣爲私，即褻字之義。《說文》有衵字，見《漢書》注"褻，衣也"。舉褻衣與外衣而無禮服各名詞，明乎女子在家之詞。如謂爲后妃之後作詠，不言衣服則已，如言衣服，則副筓六珈、錦衣接翟，其名多矣，豈得以裏衣外衣命詞乎？此所謂必知文章乃可誦詩，即此謂也。

教成之祭，即女子許嫁、筓而字之期也。《禮》曰："女子許嫁，纓。"謂女子在家無紒，及許嫁乃於外衣加纓。此詩問師氏以"何澣何否"，謂教成而筓，有適人之道。而婚禮不稱主人，以厚廉恥也。<small>主人指爲婚之夫婦并言。</small>及至歸有期矣，則可告於師氏，當何所澣而何所不澣，不澣者不以攜之其夫家之謂也。於是重接上文一字曰"歸"，乃所以甯父母，此所謂后妃之本。禮之言女子之義，謂所以結二姓之好，故其歸於夫家也，所以安其父母也。孟子云"男子生而願有家，女子生而願有室"，父母之心，人皆有之，此所謂歸甯父母，乃指兩家之父母而言也。據《左傳》《公羊》義，皆以歸甯爲非禮，歸甯二字乃後人附會詩詞，禮無歸甯之正例，而有甯於兄弟之一語。何邵公《公羊傳》注遂有士大夫妻歲一歸甯之說。禮，婦人無歸甯之義，而有歸宗之道，故《國策·觸龍說威后》曰"持其踵爲泣下，曰'必勿使反'"。《左傳》富辰諫曰："男有室，女有家，無相瀆也，謂之有禮，易此而敗。"後世由於有國有家之世封世祿廢，自宰相以下皆用民禮，遂以歸甯爲禮節。試觀於王家，一入掖庭，則不得返視其家，宮女且然，而況於後宮乎？以此推之，如其世國世祿尚存，其不得歸甯可知矣。<small>此所謂禮之近人情者，非其至者也。</small>故解《葛覃》之"歸甯"，斷不得引後世之常禮語爲解。《毛詩》有父母在則有時歸甯耳，即世語"歸甯"二字之所本。傳意謂父母在，則有時可以歸甯耳，詞意甚明，與《左傳》富辰之語相發明，非如後世說以歸甯爲典禮也。

《卷耳》，后妃之志也。

又當輔佐君子求賢審官，知臣下之勤勞，內有進賢之志而無險詖私謁之心，朝夕思念，至於憂勤也。此篇最爲《周南》之大義所係，王化之大本，婦道之極則。續序發明"志"字訓義，精微可謂觀止矣。而說《詩》者於此尤斷斷聚訟，即一"我"字，爲我君子、我使臣、我后妃，尚無定論，可見治經之難，說《詩》尤難。雖然，得其門徑，以序爲主，則可以解難決疑而不惑。言又當者承上兩章，不但憂在進賢，躬承婦道，又當輔佐君子，疏說是也。禮，婦不與外事，而國之治亂興衰與君之共其憂樂，同其榮辱，是以無專輒之行，而有輔佐之責。惟其行不得專，由而爲心之所觀念，故謂之志。求賢審官者，設官之義，所以輔治，任官惟賢。又曰序賢官以賢，以其賢之等，爲其官之等，所謂上賢受上位，次賢受次位，乃命官之本義也。故云求賢審官，求得賢才，審其應居之官，當屬何等之職，志在進賢，而非私謁。成湯禱旱，以女謁盛自詰。常人之情，私其親戚，女子之性尤易私之私親。險詖者，情實不正，譽惡爲善，由掖庭之請托而得官，謂之女謁，是謂險行。后妃有明德而志佐君子，其篤志欲君子之賞勞進賢，至於朝夕思念，推其憂在進賢，共其宮事之心，推之於國政，勤思有位，勞於求賢，可謂篤志之極，而又無請謁之行，所謂純乎義理，即今學界之言公理也。學者知此，則出身加民，當知國而忘家、公而忘私以成事君之忠，是爲愛國之本。故鄉飲、燕射無往而不歌《關雎》《葛覃》《卷耳》，用之鄉人，用之邦國，使人熟誦深思，長言詠歎，情發於聲，聲依其形，被之管弦，睦於心耳。舉國之人備聞后妃之德如此，大夫、卿、士夫焉有不聞而興感淪浹於心，而發爲言行者乎？此王化之所以行，文王之所造周，孔子之所以述王，推本於女教而重言之曰"興於《詩》""成於樂"，又曰"《詩》可以興也"。

采采事采，因事而采。《書》"載采采"訓爲"載事事"。頃筐爲盈之器，而采之不盈，心有憂思，手忘所事。如唐人詩云"提籠忘採（桑）①葉，昨夜夢漁陽"，其比例也，故云：說《詩》須兼知文章之義。文章之美首重在意境，而詞采相宜；次重在藻翰，於此詩可見一班；再次重在音節，先於文句組織、清濁長短之音，再合之管弦，譜以聲字。即工尺，宋以來謂之聲字。爲之抑揚長短抗墜，音之音節與詞之音節兩相諧會，所謂感人神，和上下，莫善於詩者，此也。

"寘彼周行"，箋訓周行爲列位，魏默深疑與《鹿鳴》訓"大道"之詞例不合。自朱子疑登高作賦、置酒散懷非婦行所宜，誠不當詠歌傷懷以爲美德。至箋解篇中"我"字，"嗟我"之"我"，指爲后妃句"我"，而又礙於下。箋云我，我君，我，我使臣，首章"我懷人"無箋，據《詩》美后妃，遂以我后妃句"我"爲解。篇中連用我字，而處處異其詞之所指，於文法組織機軸不合。且序曰"求賢審官"，而《詩》語皆目使臣。使臣者已官於有位之賢，非所謂求未官之賢，而審處其所當受之位也，明與序意不合。且僅謂優待勞臣，則於義爲狹，祇欲君子之優恤勞臣，至於朝夕思念，憂勤忘其食事，楚詞"君思我兮忘食事"，忘事即采不盈筐，忘食指酌酒散懷也。情詞亦屬不倫。不佞平昔研究有一新義，今講此篇請審其義，與諸君共證之。后妃得配君子之時，文王方爲西伯，方伯有貢士之典。文王六分有二以服事殷，其必貢士於王朝可知也。禮，諸侯貢士於天子，一適謂之賢賢，再適謂之有功，三適加地。《進律》適者謂王朝察其所貢之士，舉得其人與否。適者進而用之於王朝，不適者復歸於所貢士之國，不用於王朝者，得用於其所貢士之本國，禮之常經也。伊尹五就湯，五就桀，蓋湯五次舉伊尹貢之於桀，桀不用，遣歸國者五次。《書序》"《汝鳩》《汝方》"，即伊尹被放還本國，出王朝國門，遇汝鳩、汝方，作《汝鳩》《汝方》，是其事也。文王貢士於商，不知其適與否，文王之所貢士必賢，而紂之所官者不必賢。后妃知此，與文王同德，欲其寘彼周行以佐王朝，而又憂其未必見用。再思其次，惟我君子自用之，庶不致遺賢鹿野，有傷善之心耳，亦聊以慰求賢之懷耳，故曰"我姑酌彼"，"惟以不永傷"焉，"惟以不永懷"焉，如此尋繹全篇詞旨神情，宛轉一線，實成序意，與經文無往不合。通篇我字，皆"我君子"，無庸改訓，諸駁盡釋矣。

"嗟我懷人"者，我者，我君者所求而得之之賢，以貢於王朝之士，是我君所懷之人也。周行，言外指大道，而意內喻周列，與《鹿鳴》"示我周行"訓義皆同。貢士之禮，國爲之駕，所乘之車乃我君廄有之馬也。駕我乘馬，乘我乘車，往之王畿。正如《木蘭詩》云"旦辭爺娘去，暮宿黃河邊""旦辭黃河去，暮至黑水頭"，佀是遠道，崎嶇山險，至於公車馬力已將□□之僕夫告瘏，而未知貢士之得適於王朝與否，則於求賢審官之初顧有違。故於其始爲之駕，即念我馬之隤瘣，爲後來之地，則設爲詞曰無已，則我君"姑酌彼金罍"，設燕饗之禮，俾爲我國之臣處以大夫之位。傳"人君黃金罍"，《韓詩》說諸侯大夫皆以黃金銘，是其義也。兕觥，《周禮》以爲罰爵，閭胥掌其比觥撻罰之事，小胥觥其不敬者。《七月》"朋酒斯饗，稱

---

① 桑：原衍，據張仲素《春閨思》刪。

206

彼兕觥”，則不以爲罰爵。《左傳》鄭人燕趙孟，穆叔、子皮，及曹大夫興拜，舉兕爵亦不以爲罰爵。然則兕觥有兩義：《七月》《左傳》所舉，燕饗之事也；小胥、閭胥所掌賓興賢能，鄉飲之事也。用爲大夫，固后妃求賢審官之志也，降而再思其次，猶得與於燕饗、鄉飲。不失其職，所謂使民興賢，出使長之；使民興能，入使治之。出使長之者，出於其鄉而化於朝，謂官師以上，進爲大夫以長民也；入使治者，就命治其鄉，謂州長以下，命爲鄉吏以治民也。故舉兕觥爲詞，以明其意之所指。

《樛木》，后妃逮下也。箋云“后妃能以意下逮衆妾，使得其次”，序則衆妾上附事之，而禮義亦盛，傳訓履爲祿。按履無祿義，而履、祿雙聲。傳意以“履”爲“祿”之借字，《鴛鴦》《南山有台》言“福祿樂祇”與此同。詞皆爲頌美妃妾以禮義相與和，又能以禮樂樂其君子。箋意讀“樂”爲“樂”，樂其所自生之樂，雖不破傳，訓“履”爲“祿”，而增入以禮樂樂其君子，蓋取“禮，履也”訓詞之義，明妃匹之際，嫡妾之閒，非人以禮義自節，則不能和。非有禮樂以文之，則不能以安君子。禮，如金環退之、銀環進之，有孕者授以玉環，鳴佩玉於房中，抱衾裯而宵肅諸類是也。樂，房中之樂，《關雎》之琴瑟鐘鼓是也。

《詩》多三節，如後世之歌詞必作兩闋，其樂語與詩意小異而大同。主於詠歎，其樂譜之聲字，即工尺，即宮商七音。三節皆同。使習者易於嫻熟，聆者加以尋繹相引，而深入其中。今樂曲猶然，前後腔換詞不換調，即不換工尺也。

《螽斯》三章，詞語尤單簡，主於詠歎。不妬者婦德克己之極功。婦德盛者生子賢，故傳訓振振，仁厚；繩繩，戒慎；蟄蟄，和集也。

《桃夭》，后妃之所致也。不妬忌則男女以正，婚姻以時，國無鰥民也。疏云：“致者從家至國，亦自近致遠之辭。”《春秋公羊傳》：“曷爲或言致會，或言致伐？得意致會，不得意致伐。”凡言致者，皆從此致彼之辭，即新學界名詞所謂即果求因之義。經術始於名，故經傳之名詞無往非名學，名學非他，即訓詁之深焉者也。《詩》主訓詁，《春秋》主名學，故《詩》與《春秋》相表裏。從簡質而言之，凡舉一字，皆先正其詁。知其詞內之涵義，始能知其言之所指，始不致誤解言外之詞，致誤會詞內之意，即名學之體用也。故西學者言世閒，各學科無一可離名學。此篇男女以正，婚姻以時，國無鰥民，係其效果。而推歐所由，由於后妃不妬忌之所致是其原因。據常識推論，后妃以不妬忌修其國之女教，舉國化之，當言國無怨女，何以言國無鰥民？據禮制，士以上妻妾之數當如其命數，此屬禮文之限制，使不得過。然室家之際，禮以安人，故其閒雖定有等差，而亦有進退，故禮家說此制術有不同。《春秋繁露》所述古制，尤與傳記多所同異。舉其廣額則九命做牧，上公九命，均得娶九女。《禮文通例》相殺以兩則，“諸侯七，伯、子、男通爲諸侯。大夫五，諸侯之上大夫卿，故大夫與卿同等。士三。天子之元士三命，諸侯有命士，雖不至三命，亦得上比元士。”舉其減額則天子祇娶九女，諸侯五，大夫三，士二，進退兩比，多寡異數。緣妃匹之愛，取其相得，若使女多妬嫉之行，則家失和平之樂，故禮文雖其甯減毋增，亦自然之道也。文王，《詩》爲牧伯，蓋備九女，故《詩》遂文王后妃之事，皆據天子之制而言。由於后妃有《關雎》之德，求賢女以共事君子，備足後宮之數。其下，卿、大夫、士之妻，聞風觀感，薄專妬爲惡行，樂於哀窈窕、思賢才之美德。命士以上之家，無不備禮數。男有分，女有歸，惟是計通國男女之人數，必仍係女浮於男。男女人數見《周禮·職方》，說見前期講義。因此設媒氏之制，矜怨曠之情爲之酌室家之宜，以有佚者不禁之律。按《周禮·媒氏》掌萬民之胖合，仲春之月，大會男女，佚者不禁。佚或爲奔，故書當作佚。禮，娶則爲妻，奔則爲妾，奔亦當作佚。佚爲正字，奔本借字也。《書解》誤解

"奔"字，并誤解會字，遂不成法律之文。按"會"讀如"會計"之"會"，綜通國男女之數而會計其男女年及嫁娶者，除已書胖合之外，其未胖合者，男若干人、女若干人，除男女平均，餘女若干口，有女願儕於有妻之男者不禁。儕讀爲媵，媵，賸也，增也。禮有媵爵，謂加一爵也，即妾媵之意。禮制庶人匹夫匹婦，男不得有妾媵，女非單夫不得嫁之，則男年過三十未得娶婦，或年未滿六十妻死而無力再娶者居多。今文王后妃推宮闈德意，體及平民，特頒明律於仲春之月，會計通國男女其未胖合之餘，女願自儕於有妻之夫及鰥而無力娶妻之男子者，告於媒氏，即爲胖合，不因無禮聘，無父母、伯叔父母主婚。庶人先有妻，不得重娶；庶人匹婦不共一夫，諸常例而禁之。推原禮意，大夫以上爲爵，士卑非爵，其等甚多，其推例甚廣。天子元士，諸侯適士，一命命士，凡三等，爲士之正等。其下有在官不命之士，兩等有在學未服官之俊士、選士、進士三等。宗子册守封田，奉先代祭祀者，禮同於士。庶人在官祿，凡代辦者亦與士齒，諸可援照士例，得有一媵也。傳云國無鰥民，凡該三義：女子易嫁，則年過三十未娶者，易得妻，稱爲有鰥者。少庶人援庶士之例，得備一媵，則年未至五十而喪偶，雖鰥而不鰥；宗子雖七十，無無主婦，有媵則繼室，以攝內主；雖過六十不再娶，而不復稱鰥。此所謂國無鰥民，而必推原於后妃所致者。室家之情，其發乎人情者，男女一致。婦人明乎不妒之義，始能以禮抑情，知女嫁於男，非男從於女。以后妃之盛而其稱德在此，所謂《鵲巢》之夫人起家而有之，《采蘩》之夫人不失職，《草蟲》之大夫妻能以禮自防，《采蘋》之大夫妻能循法度，皆此志也。由是，奉宣朝廷德意，以立媒氏，大會男女專條，俾舉國咸知均平男、及時婚配之意，然後群知女有不妒之行，則男女之道，乃得其正，而婚姻之宜乃不失其時。國家設法律一條，要使民知立法之意，將屈女性以從男者，爲重男統以定世係、叙人倫也。法行自貴，故必先自后妃能不妒始也。夭桃花灼，仲春之時，即《周禮》專條之證。

《兔罝》，后妃之化也。六經之文相通，其名詞皆有義例。《春秋傳》所謂前後相切，即謂篇帙雖隔別前後，而其指同詞可以互證，即詞例亦即名學也。此篇"好仇"與《關雎》同詞，"公侯"與《采蘩》同詞。魏默深説兩詩稱公侯，《麟趾》稱公子、公族、公姓，而《汝墳》以王室稱商，明文王爲西伯。又曰《兔罝》明美公侯而兼言后妃者，有慎因幽深之淑女，而後可爲君子之好仇；有肅肅敬獨之武夫，而後可爲公侯之好仇，其説得經旨矣。箋於此再引"怨耦曰仇"，與《關雎》所引同，申其説曰"敵國來侵伐者，可使和好之"。疏於彼章，既舍傳從箋，於此章又駁箋申傳，此經學之淺深，視經爲有用之學與無用之學所分界之處。視經學爲有用之學，則正名詞以知（六）[大]①義，推大義以容斷言，所謂校經之心，豈得任意出入？視經爲無用，則記問之學，章句之徒，所謂帖括家數也。續序申言"《關雎》之化行，則莫不好德，賢人衆多也"，明引《關雎》尤爲深切著明，即前期所説以此立教科，示女教爲國學之原點。女子知婦德之極，在於不妒，不妒之美，憂在進賢，即堯以不得舜爲己憂，舜以不得禹、皋爲己憂之意。容言其極，如得其賢，舉己位而讓之，可也，<small>皋陶邁種，禹先讓之，及皋陶年老，歸就東樓之封。禹將告終，行讓於益。益，皋陶之子也。</small>舉中國而授之，可也，造獨與同升，諸公比肩而事之乎。不妒始能好德，好德始能尊賢。尊賢之等，禮所生也。樂，樂其所自生，制爲樂章，被之管弦，用之鄉人，用之邦國。男女學之教科，手弦口誦，耳入心通，群情欲忻，鼓舞於好德樂善之情，而消融其私己妒賢之念，皆《關雎》之化所致。故干城腹心之選，明

---

① 大：原作"六"，據文意改。

言爲公侯之所有，而歸美仍始於后妃，故曰："《關雎》之化行，則莫不好德，而賢人衆多也。"箋曰："罝兔之人，鄙賤之事，猶能恭敬，則是賢者衆多也。"

聖王之制，軍旅以保衛民生爲主義，不以戰勝攻取爲主義。及其軍禮既成，則運天下於掌上，如身之使臂，臂之使指。天下有不遵王道，逆行犯順者，以王師臨之，王師出，而列國以軍從，其制度在《王制》及《周禮》，其說長非一篇所能盡，容器其凡。服罪而軌之，付之軌法，與天下共棄之而已。故曰王者之師，有征無戰，其於敵國則先爲其不可勝，以待敵之可勝，文王因壘而降崇是也。故於文，止戈爲武。止戈者，止敵人之戈，不敢稱戈以相向也。其在王者即有征無戰，其對敵國即上將伐謀，使敵不生心也。故此篇首章言爲公侯之干城，軍旅主守以保衛國境、以保衛民生爲主義。次章言爲公侯之好仇，所謂能守則固，罷師而媾，由兵返禮，即軍禮也。卒章言腹心，箋云謀策之臣，使之慮事。軍旅之始事主於守，其中事則交綏而退，其終事則自我在用謀對敵，在伐謀。非有賢才，莫能與也。此《兔罝》之所以志也。《韓詩》說文王得泰顛、閎夭於網罟之中，足爲當時事實之證。

《芣苢》，后妃之美也。疏釋《兔罝》傳云，《桃夭》《兔罝》《芣苢》三章所美如一，設詞不同者：《桃夭》承《螽斯》之後，以前皆后妃之身事，《桃夭》則論天下婚姻得時，自近及遠之辭，《兔罝》已在致限，故變言之化。《芣苢》以后妃事終，故楬主之美深細可味。此篇不著一詞，惟當據序以推勘篇中賦物神情，以求一詩之旨。"芣苢"見《爾雅》，傳文全同。《陸疏》"江東呼蝦蟆衣"，今蜀中尚如此呼，俗語衣聲轉爲葉，其子可用以催生治難產。王肅引《周書·王會》，雖與車前是異物同名，然亦云芣苢玉[1]李，其實宜子，應是外域貢此異物，其用相同。周人因以本國之名名之，猶今譯語矣。據此則續傳婦人樂有子之義已確。《韓詩》說蔡女所作，夫有惡疾，不去，喻芣苢惡草，懷襭益新，此亦足證當時此詩所出事實，與毛傳、詩序并無歧異。惡疾謂人道不通，不能立子，惡草猶言敗草，非以惡草喻惡疾，正以芣苢表示惡疾之所指，謂夫有惡疾不能立子，則爲之婦者可去，然蔡人之女守義不去，詠《芣苢》以見意。若謂婦有難於生子，采襭芣苢之草可以宜子，夫有惡疾不能立子，不亦有芣苢宜子之藥可以懷襭益新，求其疾愈者乎？后妃有不妒之明德，國人化之，乃有不淫之善行。故夫有惡疾不能愈，而望之愈；可以去而猶不去也，則教化之隆也。"和平"謂夫婦之情得，夫婦之情得，則宜有子。

《漢廣》，德廣所及也。文王之道被於南國，美化行乎江漢之城，無思犯禮，求而不可得也。疏云："於此言文王者，因陳江漢爲遠詞，遂變后妃言文王。"按序言德廣，則義當述文王。《韓詩》"休息"作"休思"。木高其枝葉，人不得止息，女高其操行，人不可求思。然則求思是兩義，正當作休息，休息亦兩義也。"息"與"思"不相爲韻，不必"休""求"爲韻。此篇用韻，如《古樂府·採蓮歌》之比例。方亦爲附，即桴字古韻，讀如浮，與求不可爲韻。文王之道被於江漢，士以守禮爲貴，女以貞潔爲高，男女有相求之情而無邪僻之心，故言迨是子之於歸，而我願爲之秣馬。箋所謂謙，不敢斥其適也。禮，大夫稱子，卿妻稱內子之子者，尊詞也。重言詠歎，樂語之宜，重在聲音，說見前矣。

《汝墳》，道化行也。此篇序變詞爲道化行，而其詞爲"婦人能[閔][2]其君子，勉之以正"。箋義前精，請申其說。首章箋云伐（苑）[薪][3]"非婦人之事，以言己之君子賢，而交於勞職，

---

① 玉：應作"如"。

② 閔：原脱，據《汝墳·序》補。

③ 薪：原作"苑"，據箋改。

亦非其事”[①]。次章“不我遐棄”，箋云“知其不遠棄我而死亡”，謂君子不死之於外，而我得見之，此社會思想深怨政界之詞也。卒章云王家如燬，箋云“仕於亂世，其顔色疲病，如魚勞則尾赤，所以然者畏王家之酷烈，是時紂存”。“父母孔邇”，箋云：“或時得罪，父母甚近，當念之以免於害，不能爲疏遠者計也。”如全章之義，鄭箋最爲激切，皆屬社會思想。據公義以推究人情，因而推究世亂所由致，怨於人主，見政化之盛衰，或爲世道之升降以有文王之化，知有商紂之暴，對照而明。“如燬”以指商王，“孔邇”以比文王。就近義而言，則王朝如燬不可以救，父母孔邇，猶可以近而自保；就遠義而言，太史公所謂之近指遠師，後世詩家所謂寄托。君國無可救，則退而思盡孝道於家。不得爲忠臣，則甯爲孝子，乃賢者極哀之詞，與《關雎》爲反應者也。

《麟之趾》，《關雎》之應也。此三章衹易六字，而成爲一篇，且爲《關雎》之結論。結論二字係新名詞，乃謂一篇之總結也。前朝演説樂歌之意已揭其旨，論其詞不過讚美公子、公族之盛。即據傳箋“信厚”之訓，亦僅頌揚宗室之賢，而以《周南》之終篇説爲《關雎》之德應，則何以故？請申其故。女德以不妒爲賢，然後男統以子孫繁衍爲美。假如執常識之論，謂男女同情，一男而妻數女，實屈女性，則試問子孫衆多之説從何立根？設如用女統，則子孫衆多之説不能立足於世界。女數乳而（而）[②]生子，算年其數，决有定限，不得頌子孫衆多，且於男無與也。正惟《關雎》之德，抑女性以就男統，立男統以立宗法，由是乃有公子、公姓、公族之論。公子所謂别子爲祖，公姓所謂繼别爲宗，公族所謂繼禰爲小宗。親盡於上則族單於下，此宗法之統條，即親親之倫教所據以立根之處。後世宗法既廢，故世論就現象而言，衹見親親之爲累，而不見親親之有益。由於未明宗法之原理，誤以晏子以下，道家之所行爲儒理之正鵠。此説甚長。晏子所謂三族派惠，大悖於孔子人倫宗法之理，乃道家不行其德之事。晏子爲道家，見《史記》。譌傳譌而家族之法無所統，倚賴之心由此生，其端甚微，而敗禍甚巨，由辨之不早辨也。宗法者，以國家思想合於世界思想，用社會之義規爲家庭主義，徹上徹下之道也。俗學不解所謂，或誤認爲粤人太公堂之今致伍，江右人機門之行。舊學又向於墟，每誤會爲元明以來講學家推崇宗子以官儀之事，皆不值一哂。不知無采何以有宗，無宗何以傳重，非有圭田宗廟，則傳重兩字何所指而言？既無所指，則孫之承重，重於何有？所以六朝議承重之服，謂生不統家，死乃統喪，其義無取，即又不知國政既殊，采受圭田既廢，何以爲家？既已無家，家於何統？是皆未明經術，安能論三代之政治乎？雖然以上所論，皆就政法規則原理而言，推其原理之原理，則以立男統叙九族爲要素。再推究其男統之所由成立之原素，必須先使女德明乎生人之義，非歸重男統不能正以相傳，非抑女性以從禮制之範圍，則男統不能成立。是以述《關雎》后妃之德，而其應爲《麟趾》公族之賢。女教修而男統始能立，男統立而世系宗法乃由此推行也。

《鵲巢》，夫人之德也。此篇夫人或主文王爲諸侯時，則后妃稱夫人，説或主南國諸侯之夫人，不屬太姒説。傳箋未指明，疏云文王之迎太姒，未爲諸侯。而言國君者，《召南》諸侯之風，故以夫人、國君言之，是主后妃爲夫人立説。由此一篇釋義之差，遂生《周南》《召南》分地、分時之聚訟。或主采詩之地爲陜以東周公主之，陜以西召公主之；或主作詩之時爲文王化行南國時作，爲周公致太平後追美而作。説經須一字不可放過，所謂一字之義變，而全篇之主義變，一篇之義變，而全詩之主義皆變也。然則何以明之？仍須據序以明之。謹按大

---

① 鄭箋：伐薪於汝水之側，非婦人之事，以言己之君子賢者，而處勤勞之職，亦非其事。

② 此處原衍一“而”字，據文意删。

序云《關雎》《麟趾》之化，王者之風，故繫之周公。南，言王化自北而南也。《鵲巢》《騶虞》之德，諸侯之風也，先王之所以教，故繫之召公。言王者之風，繫之周公；又言先王之所以教，繫之召公。"繫"如《易·繫傳》之"繫"，即删訂之微旨也。《春秋傳》云："王者孰謂？謂文王也。"《春秋》由後以溯前，奉王政以治天下，《詩》由前王以施及後世，述王化所由興。二南俱屬文王，更無疑義。前説文王身爲西伯，六州向化，雖不稱王而躬行王政。后妃助王化之成，備九御之禮，主六州之陰教，於南國諸侯實行上國主持教化之典禮。虞芮質成，即聽訟於王朝之禮可證。故其時詩人稱述文王后妃皆陳王者之事，備以王者之禮。《關雎》述太姒始來京室，《葛覃》述太姒先在母家，《卷耳》述文王爲西伯貢士王朝，已稱爲后妃，何容於《鵲巢》又變稱夫人？且《麟趾》之詞，明稱公子、公姓、公族，而小序言《關雎》之應，大序謂爲王者之風，明乎文王受命發政施仁，太姒佐行王政，先立女教以興王化。武王總有天下，周召分陝所主，即文王王政自北而南之地。周公承文武之德，總定太平，制禮作樂，乃推本先王王政之迹，以"周南之三""召南之三"布之樂章，譜於管弦，用之鄉人，用之邦國。孔子删訂以周召"二南"爲國風之正始，因以周召分陝繫正風之名，而謂之《周南》，謂之《召南》，分繫於周召而統名之曰"南"者，即《大序》所謂"王化自北而南也"，"王者孰謂？謂文王也。"或王分天下以爲左右，以周召爲二伯，而王政由此大成。周公、召公奉行王政，以正天下，而王化之行極盛，其政則文王之政，其化則文王后妃之化，其地則仍文王后妃行政施教自北而南之地也。明其非述周公、召公之事，又非專指陝以東陝以西之地，故曰："繫之周公、繫之召公。"其分別《關雎》《麟趾》爲王者之風，《鵲巢》《騶虞》爲諸侯之風者，明王化之行自近而遠，自家而國。由於女教盛而社會之風俗乃成，故不述文王諸侯之德，而先述后妃夫人之德。陝以西爲王坼之本，陝以東爲列國之先。周公居攝，實主王坼，總王朝之政，召伯巡行，布政南國，宜先王之教爲諸侯之表。所以分別以王者之化係之周公，以諸侯之風繫之召公。序意至爲深細，猶恐學者難明，故於"繫之周公"之下注明一語，曰"南者，王化自北而南也"，又於"繫之召公"之上增注一語曰"先王之所以教"。謂教化之行自貴近而施於疏賤，必也，諸侯夫人能先體於后妃之德，以次乃能及於大夫妻，被及士庶人，此一定不移之次第階級也。

續序云國君積行累功，以致爵位，夫人起家而居有之。此即明章婦順之原理，亦即后妃體明德以立陰教之精義也，與西學説實屈女性之義相爲反應。即前説所謂屈女性以定男統，定男統以重宗嗣，中外國教立根不同之異點，即中國國教正人倫，以親父子造端乎夫婦之原點也。將教天下以義理之正，克情欲之私，其最可明者，莫明於夫婦之際。情愛之感，男女所同，而相生相養之道，男女有異。如必男女一例，則家無所統而相養之道不足，相生之道必因以日微。人口之衆以中國爲最多，是其一證。中國全域所存者，皆聖帝明王之胄。西人考求黑人亦人種於殆將□盡，是其二證。西人之民族并計男統女統，實有名而非實，是其三證。夫婦不同財，子父不責義，其得效在人人競業，其次處在壯年以後人皆異境，無生趣，是其四證。故中國先王之教以女從男，以國君之富貴而爲之夫人者，起於其家而共有之。其在始封之君，固屬積行累功以致爵位，即在繼嗣之君所有之爵位，仍屬其先君積行累功所致，與來歸之夫人，初不相屬，故以《鵲巢》鳩居爲比。《鳲鳩》之詩云"均德七子"，言外雖統言其子，意内實兼屬不同母之子。禮之名義，子統於嫡。故此序云"德如鳲鳩，乃可以配焉"，即表明婦德不妒嫉而子孫衆多之意。三章云"維鳩盈之"，箋以娣姪衆媵之多爲説，成之者成其爲夫人之體，此王化之行興於女教，自近而遠之驗也。

《采蘩》，夫人不失職也。傳云"公侯夫人執蘩菜以助祭"，沼沚澗溪之草可以薦，王后則荇菜也。箋引禮，夫人於君祭祀而薦豆以釋"公侯之事"，疏引"四豆之實皆有菹"，以證箋義，皆言祭祀也。先王之禮以嗣續爲重，故以祭祀爲重，重嗣續所以重祭祀，其義一也。此詩所言皆祭祀之事，明乎以嗣續爲重者，爲以承祭祀也。《左傳》今文作"可羞於王宮"，據此文作"可羞於王后"，指言荇菜，謂《左傳》所言"言可羞於王后"，謂荇菜也。據此文知先王之禮，其於祭亦無一定之菜，令其妻婦各以其意采之，滌濯以供祭祀爲敬而已，故《左傳》云"然非有一定之菜也"。所以云潤溪沼沚之毛，蘋蘩蘊藻之菜，此言公侯之事、公侯之家宮。而彼言可薦於王后，又知王后之禮與諸侯夫人同。敢爲髲鬄，疏説已詳，知其爲髲鬄則可知其爲夫人之服。《周禮》王后之六服，上得兼下，下不得兼上故也。《周禮》又云"爲王后之首服爲副編，次副則副笄之副編，次則此云髲鬄"，即經云"被"也。彼經亦指諸侯夫人而有副者，王后兼下，首服與諸侯夫人同，故《記》云副褘乃王后之服，《詩》云副笄乃諸侯夫人之服也。

《草蟲①》，大夫妻能以禮自防也。傳云卿大夫之妻約禮而行，隨從君子。又云婦人雖適人，有歸宗之義。箋云"未見君子"者，謂在途時也。在途而憂，憂不當君子無以甯父母，此即前説《葛覃》歸安父母之義。所謂以禮自防者，即謂自潔清以事其君子也。疏云"此大夫妻能以禮自防，必不苟求親愛。《斯干》曰"'無父貽罹'，明父以見棄爲憂。緣父母之心，憂不當君子無以甯父母也。"②此即前説歸甯父母之義。疏之所引，乃六朝禮家之説，緣孔仲達之學爲後世抄撮家之所本，故所引多異同，不能一致，而古義舊説所存不少，兹於此疏見之，故略伸其説。此外異同離合，深者見深，學者自參考之，不能遍舉也。

次三章襲詞，言采傳箋疏説，皆就蕨蘩薇菜立言，未多深義。不佞問之師，蕨薇者至清潔之物，生於山顛，不需水澤，今干薺之屬，故夷齊西山而隱。説者以爲采薇蕨而食，其實不必屬實事。既餓且死，則所食何物，誰見之者乎？

且夷齊既以餓死自表，即食食亦無傷，不必定采薇蕨。而《夷齊歌》有"采其薇矣"之詠，則亦自表清潔之詞，如《離經》之稱香草也。此詩"薇蕨"正是《夷齊》蕨薇之意，以表其清潔爲托詠之詞。南山，周南山也，亦正南西山詞旨相合，後世地理家考拔或謂終南或爲王屋，皆屬拘泥。須知《夷齊》所謂西山，謂在國郊之西耳，故首陽之名訖今考辯無定次。言各有當，如爲地志，則必須指實，如有詩歌，則不必指證其地始下此言。譬如《甯戚之歌》所謂南山，決不必始此南山作證。今日北京都城外，遊人經者曰西山，斷不能據《夷齊》之西山作證也。

"我心傷悲"，我者，代我也，絮子也。前章皆同。傳云"嫁女之家三日不息燭，思相離也"，箋云"維父母思己，己亦傷悲"。此章之義傳箋相同，箋補傳意。疏義亦同，然無所發明，則去箋義遠矣。箋意"三日不息燭"，乃父母家嫁女思離之意。女子生而願爲有家，女之適人不當有傷悲之情，此以理義折抑人情之義，即所謂發情正乎禮義也。（金）[今]③臨行在途，而有傷悲，蓋緣父母教子之情，思其三日不息火之相念、思離之念，而興此傷悲，亦見見正成昏矣，則父母之心安矣。《葛覃》所謂"歸甯父母"，得其所歸，以安其父母，故曰"我心則夷"。夷，平也。此《故訓傳》訓義之徵也。

《采蘋》，大夫妻能循法度也。續序云："能循法度則可以承先祖共祭祀矣。"上主論禮教，

---

① 蟲：原作"欲"，據《詩》改。
②《毛詩正義》原作"'無父貽罹'，明父母以見棄爲憂。己緣父母之心，憂不當君子無以甯父母也"。
③ 今：原作"金"，據文意改。

制夫婦之倫，以共祭祀爲重，既是重嗣續之義。重嗣續所以必立男統，立男統所以奠。氏族有一脈相傳之氏族，乃知其一脈相傳之先祖，然後有所謂承先祖以明人道之貴。承先祖之義，生於人之理想，制祭祀之禮，乃所以實行其承先祖之事實。生奉其祀者，没享其祭。明受傳於先祖，轉以傳於子孫，明以教孝養，幽以通神明，如此始能用百物以養人，而不與動物同其生殺。故於祭祀，明告殺生用魚臘菹醢，祀既殁之祖考以神禮，乃尊人類，以同於神而大遠於物，此中國聖人之教。觀別國宗教爲特異之典，即中國宗教之特色。西學者稱拜祖先爲中國人之特色，見孟德斯鳩《法意》，譬如耶佛論教皆言人與物相食相殺之理，有報施之道，確與聖教爲異點。女生其家而適於人，生爲之婦，殁爲之妣。生共其祭祀者，殁受其饗祀，制從一之義，又制出與廟絕之義。統而言之，教親親之極點在尊重其親，即尊重人道；析而言之，教婦德之極點在尊重其身，即所以尊重婦道。立男統以重嗣續，重嗣續以奠氏族，奠氏族以承先祖，承先祖以通神人，通神人以和上下，其理一貫，所謂一線到底，組織而成，而其組織之機關實行，其主義在以女從男，立夫婦之倫以共承先祖之祭祀爲惟一之重心點。此章言南國之化行由諸侯夫人不失其職，可以奉祭祀於公侯之宮，其下以次相觀而美。大夫妻皆能循其法度，以承其夫家之祭祀，明禮教之所由成。

序意發明此詩之旨，係表南國大夫之妻能循命婦之法度，以承大夫之宗之祭祀。而詩詞乃述先嫁三月教成而祭，得非兩歧？正當於此尋求大義，乃可悟以微言，得知政理，教他之原理而言政言教，乃不迷惑。夫能循法度於夫家，必先教成於母家。先嫁三月而有教成之禮，必其十年不出而成教之方。禮非虛設之文，教非一日之事至於能，能共祭祀以承先祖，乃於此考婦德之成，非此爲婦教之始也，故傳引“女子十年不出，姆教婉娩聽從、執麻枲、治絲繭、織紝組紃，學女事以共衣服，觀於祭祀，納酒漿籩豆菹醢（菹醢）①，禮相助奠。十五而笄，二十而嫁”。既嫁爲大夫妻，能循其爲女時所學所觀之事以爲法度，最爲深切著明。明乎女教先行於國中，學校之效成，然後女界之賢才衆。女界之賢才衆，而後社會之家道成。上之爲諸侯夫人，次之爲大夫妻，次之爲士妻，皆各能稱其所學所觀之事以爲法度，則遍國之中，女皆有士行，如是而禮教不興、家道不隆、國教不盛者，未之有也。此三百篇中所以屢言“女士”也。

疏申傳義，女子十年不出，對男子十年出就外傅。婉謂言語，娩謂婦容，聽從謂婦德，“執麻（無）[枲]②”至“共衣服”謂婦工也。“觀於祭祀”以下，謂練習之事，所謂婦職是也。箋，行先嫁之日，“祖廟未毀，孝③於公宮；祖廟既毀，孝於宗室”，“孝成之祭，牲用魚，苃用蘋藻，以成婦順也”。法度莫大於四孝，是又祭以成之，故舉以言焉。序說係舉其終，傳說係原其始，箋義據詩詞。《采蘋》季女主設，故舉孝成之祭，合始終中三節而又申明之，此詩之精義備矣。

箋與傳有微異者，傳以爲醴女，文作“禮”，古義通也。鄭君據季女主設，知其非醴女之禮。於禮，女將行，始醴之。醴之者父，而主設者其母也。其云粢盛黍稷者，據詞有筐筥，蓋簠簋之本名，質而稱之也。

《甘棠》，美召伯也。傳云召“作上公，爲二伯”，即兹説分陝之制。外一伯，主外諸侯，是其證也。外一伯主諸侯，故以舉國之化行，係之召公，而於篇中録召公聽訟、決訟於甘棠

---

① 菹醢：原衍。
② 枲：原作“無”，據疏改。
③ 孝：即“教”，此節及下節同。

之下，國人愛（下）[召]①伯而敬其樹，故序以爲美之也。

箋云“茇，草舍也”，據《左傳》茇舍之文立訓。又知爲聽男女之訟者，據二南兩口皆主女孝而言，又據下章《行露》言男女之訟。禮，男女之陰訟，聽於勝國之社。勝國之社屋之，男女之訟聽之於此者，出陰之義。又男女之情容有不能廣對於庭，故就有屋之祐聽，亦所以屬孝化應恥之心也。

《行露》，召伯聽訟也。據詩言“室家”，故知爲男女之訟，詳《詩説召南》。申女許嫁於鄷夫，審六禮不備，而迎之不行，則訟之，女終不苟從也。嘉申女之守禮，《毛詩》義同。惟箋釋“室家不足”謂六禮之來，强要之，與韓義六禮不備而迎之義有微異。疏引《左傳》徐吾范之妹公孫華、公孫黑之爭，以證强委禽，其於大義無所出入。《行露》指仲春嫁取之時，箋引《周禮》仲春之月，令會男女之無夫家者，疏引彼經原文，申説其例兩條：“令會男女”謂初昏者也；曰“男女之無夫家者而會之”，謂矜寡者也。彼文不相連合，并引之，謂初昏及矜寡，皆是男女之無夫家者。前説奔則爲妾，正文作“侪則爲妾”，不備禮也，正與此篇可相互證。無論六禮不備、六禮之來强委之地，屬男申女屈，如世俗所謂强權，故續序以强暴侵陵爲説。不待以論禮是其名，雖以室家之道來，其實於室家之道不足，至於速訟更非所以合二姓之好、成室家之禮。傳釋“獄”爲“埆”，盧子干説“埆”爲相質，確仍屬爭訟之義。鄭君駁《五經異義》云“獄者，埆也，囚證於埆核之處”。然則獄者，核實理之名，獄事未決，係之於圜土，因謂圜土亦爲獄。毛、鄭意皆知獄非圖圄之獄，其引“圜土”，與《周禮》“圜土”義別，如後世之云“待質所”矣。司寇職云以兩造禁民訟，兩劑禁民獄。彼注云，訟謂以貨財相告，獄謂相告以罪名，即相確質之義，猶今以悔婚控女家也。因下章言訟，上章言獄，故箋推究其隱義而發明其微旨，於此注云：“幣可備也。室家不足，謂媒妁之言不和，六禮之來强委之。”

昏禮自問名至請期，皆男下於女，至親迎而女之父授女，於是女始從男，猶有執轡授綏、御輪三周之禮。明婚姻之道，男先於女，將屈女性之以從夫義，有先施而後報。此於明章婦順之條爲對照之例，男先盡禮於女，於婦順之中明適體之義，此亦指士以上而言。若《周禮》仲春之月，大會男女，侪者不禁，則爲庶民不能備禮，及有妻之男與無夫之女願從爲媵者特設專條，非士以上昏禮。故《桃夭》以仲春托興爲正比例，《行露》以仲春托詞爲反比例，明昏禮之正等與變例。正室家之道與室家之宜，抑女性之正男統，義在其中，申女權以正家道，義亦在其中矣。

《羔羊》，《鵲巢》之功致也。此與“《桃夭》后妃之所致也”同一義例。彼由王朝化之於王圻，此由《鵲巢》之君積行累功，夫人起家而居有之，合同其德，相承以禮，以致此《羔羊》之化。在位卿大夫競相切化，皆如此《羔羊》所詠之節儉正直。傳引大夫羔裘以居，本經詞云“退食自公”，公，公門也。云“退自公門”，則指退朝而反於私室。羔裘以居，其謂室家相處之時，明矣。委蛇，行可蹤迹。箋云“委曲自得之貌”，傳意行可蹤迹，即所謂“宴私之意不形於動靜”。箋意委曲自得，乃所謂庇其家事無憾，而後即安也。六義相成，明其室家之美，其女主因承《鵲巢》夫人之化成其婦順，其卿大夫亦不傷於妾御，暇於燕私，致有驕盈矜誇之行，故續序謂之節儉正直，而曰德如羔羊也。緣禮托羔，取其群而不黨。《公羊傳》何注羔，取其貨②之不鳴，殺之不號，乳必跪而受之，此羔羊之德也。明乎夫婦之道，室家之

① 召：原作“下”，據文意改。
② 貨：《公羊傳》作“執”。

義，制爲卿大夫士妾御之等者，所以供内政，成嗣續，教孝弟之順德，示交讓於刑，于屈女之化者，不以縱男之情也。

此篇三章，反覆同詞，由退自公曰委蛇，其爲退朝家居之詞。已蹤人必言食者，禮，夫婦同庭宴居，常食必夫婦同席。《鵲巢》述夫人即不必述國君，《羔羊》爲《鵲巢》之功致，述卿大夫即不必述内子命婦，在文相備，正以明婦之道，榮辱共之也。箋於此易傳之退食爲減膳，失之矣。《記》羔裘豹褎、緇裘青犴里，正與《論語》"緇衣羔裘，素衣麑裘"相應，皆舉晏居之服。傳引羔裘以居，可以相證。疏謂居於朝廷，非居於家，且謂在家不服羔裘，乃緣申鄭減膳之義，以自公爲在公，更失之矣。英裘謂飾，若今之長絛，正以形容委蛇之貌。

《殷其雷》，勸以義也。按續序云："召南之大夫遠行從政，不遑寧處。"傳云"召南大夫，召伯之屬。遠行，謂出使邦圻"。傳義所稱即制度，前期演說所謂經術之第四課在於制度是也。不明制度未可以言經術。序傳數言單簡，宜若易解而其實不易解。此何以故？曰：以不明經術次第之故。其不明經術次第，又何以故？曰：不明經術淺深之故。其不明經術淺深，又何以故？曰：不明經術所以然之故。何以謂之經術之所以然？曰：治經須問經術爲何而設？既問明爲何而設，即知經術有何用處。既問知有何用處，即可以推求其究竟有無用處。但經術之用處係原理，如以淺求之，必不可得，須以深求之。如此詩，傳云："勸以義也。"學者善問，即須問曰：曷言乎勸以義？又問曰：勸以義者何？又問曰：勸以義者何人也？勸以義者何人也？即《春秋傳》"伐者爲主，伐者爲客"之義。兩不改字，而義自明。勸以義屬於勸之人，則其婦也。勸以義者屬於所勸之人，則其夫也。此篇爲夫婦之詞，一爲勸者，一爲勸者。故列《公羊傳》義，則將應之曰"勸者爲主，勸者爲客"爲比詞，曰義異。如善問者則將問曰何言乎"勸者爲主？"何言乎"勸者爲客？"則將應之曰："勸者，主勸之者，即《記》言婦道也；勸者，受勸者也，即托言其夫也。"此經傳之詞例也。解此詞例，然後能解此傳之詞。故其言曰"勸以義也"，不曰"婦勸夫以義也"。何故？非夫婦之義也。勸以義者，勸以君臣之義也。以上剖解序義，宜若可明。學者如疑，不能明，可別以杞記記問，今再從勸以義統貫詩中之詞。先序全詩大義，與諸君共明之。上段已説明勸以義者，爲大大妻者勸其夫以大義，斯既明矣。夫召南之大夫既承召伯，閒接文王之化，即係召伯能奉宣朝廷德意，其南國大夫亦必皆能奉宣方伯之德，以施行於國中，何待其室家之相勸勉，然後能知義乎？又何待室家之勸而後喻於義乎？從疑生悟，應知人情於室家之際，不勝其私而忘公之情、其私而忘公之念所由生，生於室家之閒其勤勞而不能勸之以義。人臣之勤勞與否，於外可以飾，而於家不能飾，於外不能見，而室家獨見之。於此而不閔其勤勞，則非人情，無室家夫婦之義。然使於此，即但知閔其勤勞不勸之以大義，則兒女耳。何足以見女孝之興、王化之行？而文王后妃之德何以自家而國？是以次於《羔羊》卿大夫家居之後，而表示大夫行彼，其室家閔其勤勞而相勸以義之詩。續序申明序義，兩詞互相證明，亦互文相備，故曰："能閔其勤勞而勸以義也。" 能閔其勤勞，室家相愛之恒情，不足多也；勸之以義，亦有節行之士女，皆能激於一，此亦不足多也。惟其能閔其勤勞，而又勸之以義也，所謂發乎情正乎禮義，然後見文王后妃之化行由於女孝①興，然後風俗美而士行立也。此篇序中大義如前所説，略已明矣。詩中説制度，序云召南之大夫，傳謂召南大夫召伯之屬技。《王制》述文王之制，彼經文云天子建天官，先六大，曰大宰、大宗、大史、大祝、大士、大卜。又曰天子之五官，曰司徒、司馬、司空、司寇、司士，其下文曰五官之長曰伯，

---

① 孝，即教。

是職方。據文可知曰天官、曰天子之五官、曰五官之長曰伯，以彼經之文，按及此經之傳，可知召南大夫謂公伯之屬者，謂本經所詠之召南大夫，即係天子之六大五官，其長官即名伯，所謂「五官之長曰伯」也。召伯爲分陝之伯，統六大五官之王官，皆爲之屬，以（以）①出治諸侯，召伯即爲五官六大之長，乃職方之伯，是以統其所屬王官在大夫之爵等者而言，謂之召南大夫。按續再釋其義曰召伯之屬官也。此釋序文即述經義，即述王政之制度也。述行明使出邦圻者，謹按王圻於里謂之圻，圻以內謂之邦中，圻以外始謂之國，是以公卿受成國亦祇稱爲邦。《論語》所謂且在邦域之中，是其證也。出使邦圻者，天官六大。六，天子之五官皆王圻之官，大伯領諸侯，亦王官之長，由王圻受命而出使邦圻，具屬之六大。五官亦從而使出邦圻。疏所謂施王命於天下，其長官奉宣王命以率僚屬，其大夫莫敢或違，此尚不足以訓型天下，而惟勤勞王事之意，喻於閨門，斯乃可風矣。此詩之志也。疏於制度未明，故正義曰此解大夫即是王朝之臣而謂之召南者，以其是召伯之屬。文王未稱王，召伯爲諸侯之臣，其下不得有大夫。此言召南大夫則是文王都豐，召伯受采之後也。言召伯之屬者，召伯爲王者之卿士。《周禮》六卿，其下皆有大夫，各屬其卿，故云之屬。此段孔沖遠亦極考證經制，而其說支節難通。不佞於說經用漢博士家法，不尚辨駁，今偶引此以證前說，姑勿細辨，學者將前後兩說比例勘合，旁證群經，其優絀自明。如有所擬，筆記質問。讀經須細，不但經文序傳古注，皆須逐字推勘，如正義說以遠行從政，知非二州大夫，其與序義使出邦畿之語全不相附，猶北轍而南轅矣。舉偶可知說經不貴辨駁，故不盡言，學者真積力久自悟。

看注疏折章，應屬學者自修時閒課程，故每略而不講，但於本經有隱義微詞，或一名一詁之異，而全篇主義偶變，則不能略而不講。如此篇，箋云「大夫，信厚之君子，爲君使」，乃緣傳義釋「振之」爲「信厚」，而廣其義。而其於信厚之上增「大夫」二字，於君子之下增「爲君使」三字，乃證明君子名詞爲大夫之稱，又屬於爲天子使。其釋詞祇在名義制度，而序意所指遠行從政，不遑寧處，義括其中，其室家閔其勤勞而勸之以義，亦躍然紙上。

《摽有梅》，男女及時也。召南之國，被文王之化，男女得以及時也。《詩》爲樂章，每章同節，即按之弦管，其音節相同，故其詞不改，但易每章一二字以轉韻。其一二字之中，亦喻有義焉。所謂詞也者，各指其所之也。兩例勘合，始能解詩，始可言詩也。風詩大率皆然，而二南尤爲顯著，以其皆被管弦，用之鄉人，用之邦國，以詩示意，爲普通教科，不可以詞費也。此章以摽梅托興，而前兩章祇易兩字，後一章易一句，又易一字，自淺觀之，宜若爲男女相求之語。而序言乃謂被文王之化，男女得以及時，若無禮制之文作證，則小序所指男女及時，尚與本詞相印。續序「被文王之化」，乃同贅語，又似膚詞，此篇鄭君箋說甚明，今更引申其義。首章箋云謂「女子二十」，傳「吉，美也」，箋云「美時謂年二十」。末章箋云「謂，勤也」，女年二十而無嫁端，則有勤望不待禮會而行之者，謂明年仲春時，禮雖不備，相奔不禁。奔亦當作侔。疏於此并申傳箋，引禮作證，頗爲詳備，學者細翫注疏，於婚姻之禮制思至半矣。其謂被文王之化，乃得以及時，則義隱而未發。夫男女之情、婚姻之宜與世推移，因時成俗，迫吉、迫今、迫謂，人所同情，而以言自由結婚則女欲急求士，或未應，怨女鰥民於是多矣。惟嫁取之禮正，昏期之時定，而又廣以仲春會合之專條，則曲禮人情而仍合於禮意，斯其爲王化之行，與自由結婚之義異矣。

《小星》，惠及下也。三心五噣，四時更見。此傳釋詞，表明三爲心，五爲噣，同爲一宿，

---

① 此處原衍一「以」字，據文意刪。

216

以釋《小星》之"三五"也。箋云心在東方，三月時也，噣在東方，正月時也，皆言在春三月中爲東方之宿。東方蒼龍七宿，其正星之見者爲恒星，其旁星之見者爲三五，故傳箋皆曰衆無名者，此解天文以爲譬喻。《韓詩》說《小星》，使臣勤勞在外，以義命自安，此乃旁義，即前說妻道臣道之喻也。其曰"實命不同"，鄭君主謂禮命不同，與傳意不悖。又據禮謂妾御不敢當夕，此語與《采蘩》注同，鄭君之失也。夫不當夕與禮命自爲兩事，不得合而言之也。"參昴"，傳箋所釋與首章"三五"不謀。傳云"參伐昴留"釋星名也，未爲有失；箋乃云衆無名之星，亦隨伐留在天，疏引《天文志》《公羊傳》，則與經文之義不相附矣。

統觀此章詩之本詞，與傳箋所言，前後不相附。又考三家於此詩有引說而無本義。然則說此詩者，宜何從焉？則必以詩序爲本，而以詩詞作證，乃可以說此詩，必無疑也。按此詩傳云"惠及下也"，明係指后妃之德。《樛木》之傳云"后妃逮下也"，此傳云"惠及下也"，其義一也。《周南》謂后妃，《召南》必謂南國夫人。《周南》之逮下以在地之樛木爲比，祝其福履；《召南》之夫人能逮其下，故變文以在天之小星爲比。《樛木》之詩所易數字，《小星》之詩所易亦數字。前說已明，其例原夫樂章之意，不在於費詞也。即以詞言王后，則以地之所生樛木爲者，在諸侯夫人則以天之所見小星爲比。前後兩詩互文相證。

《江有汜》，美媵也。此章疏解禮文至爲蕪褻，由於不知禮制，以常識推測，無有是處。傳文不備，箋亦依違其詞，皆守《詁訓傳》之義，於所不知，蓋闕如也。此先漢經師說經之慎言不妄發，是以有所不通而無所妄說。不佞今說經，守漢博士家法而不免有近似武斷，疑於不守蓋闕之義，則何以解？如說此章，在兩漢經師，則窮於詞不能再下己意，但其間有辨，後儒旁義至多，先儒正義正篇，故先儒有說窮而疑闕，後儒必詞偏乃止，此即先漢與後世經術之不同，而亦即（克）[先]①漢與後學經說淺深之辨也。如此詩序祇有"美媵"二字爲正詞。美媵，美是得禮而已。嫡妾之間，夫婦男女之際，祇以微詞見義，"中冓之言，不可詳也"。發於諷詠，即是發於弦歌，祇在三字之間，托於諷諭，故文中子曰《詩》殘於齊魯"，此之謂也。此詩詞其曰先不此而後悔，其曰先不與而後同處，先嘯而後歌，皆詠歎以寫其情，而不必以文詞解說也。此乃宗人嫡庶夫婦男女之際，始於仳離而終歡遇之情也，成於樂則悟矣。

相續相成。《小星》言嫡之惠逮下，以教爲人嫡之婦德，《江有汜》之媵之見擯於嫡，勤而無怨，以教爲人妾之婦德。此主義也，而《小星》言嫡能逮下，則其詞述媵妾之美曰"命不同""命不猶"。《江有汜》，美媵之勞而不怨，而其詞述②。

《野有死麕》，惡無禮也。續序曰："天下大亂，強暴相陵，遂成淫風。被文王之化，雖當亂世，猶惡無禮也。"此章□續序之解釋與魏默深說二南之義相合。魏氏《詩古微》反覆說二南之義爲當紂之時，歸化者在六州，而被於淫昏者在殷紂之世，不但三州，直遍九州，於是文王起於西偏，六州向化，故於《汝墳》《江漢》皆明顯此義，即至《關雎》《騶虞》亦莫不然。以此詮釋樂不淫、哀不傷之旨，其詞似矣。但如所說六經皆真人之詞，則何以解於正變之說？故此義未敢從也。第於此章序文明之，文王與紂之世則其詞信而有徵，其義有確可采。茲就四章之義，統貫前後，以明大義所在，而以此章之詞證最多。請僅就所聞，申說其義，於魏氏之旨有合，其於本詩之旨亦有合焉，（克）[先]③解本章之義如左。謹按昏禮用麗皮，制於庖犧氏。麗皮，鹿皮也。麕，鹿也。古序之"惡無禮"，謂不備禮，故以儷皮托興，猶曰"雖

---

① 先：原作"克"，據文意改。
② 後有脫文。
③ 先：原作"克"，據文意改。

不備禮，可以彼物代此物"云爾。"有女懷春"，鄭君引仲春之禮，極合，猶曰"雖不備於禮，猶有仲春大會之期，可以遂士女相求之意耳"。吉，即《摽梅》之"求我庶士，迨其吉兮"，於此時而相求，雖不備禮，仍不失禮，故云雖當亂世，猶惡無禮也。純束，束帛，正指婚禮之納幣。所用純二，即讀各屯，其實不必改字。純即《周禮》"涽制"之涽。純從糸、屯，乃涽制之正字，涽乃其借字，下云"有女如玉"，即《周南》潔清之義也。

　　風詩多同詞，此獨三章變詞，明其義之所指，非爲詠歎其美，形容其盛，故序文於此特申當文王與紂之事。魏氏說詩義深而以一例盡其之旨，則無解於正始與變風分界之說，故不盡從。至如此篇，則與魏氏之說正合。末章變詞，感悅吠尨，即指明非禮相求之意，而先正其詞曰"舒而脫脫兮"，謂君子之容舒遲。故傳曰"舒，遲也"。按，脫脫，猶施施也，而狀舒遲之貌。此雖主托情欲之惑，無介乎儀容，宴私之意不形於動靜，有士女之行者，男女同之也。無，古無、毋通，即禁止詞也。女子生而設帨，在門右，所以表女子之行，爲女子之表也。居則佩紛帨，又女子之事也。《說文》"毋從女"，有好之者，一以止之，是其義也。

　　《何彼襛矣》，美王姬也。王姬，後世稱爲公主。後世公主招額駙爲尚公主。尚者，奉也，侍也。乃以男從女，明言之曰以男事女也，故曰"尚主"。其禮反乎經傳之禮而行，歷觀史傳可證，其事一無所可，又歷觀史傳可徵也。故《召南》之末，特著此篇，其細節箋疏皆中傳義無異。後來說經家乃鰓鰓焉外析平王爲東遷之平王，齊侯爲侯某，乃不知詩義之學究語。據序傳詩詞以究其大義，乃明王姬下嫁諸侯，一如昏禮以女從男，無所謂後世之尚主耳。此篇大義最宏，與後世之明禮者之禮最不合，其中細證甚多，先舉大義如右。

　　《騶虞》，《鵲巢》之應也。《鵲巢》之化，人倫既正，朝廷既治，天下能被文王之化，則庶類蕃殖，搜田以時，仁如騶虞，則王道成也。此章亦衹易兩字，而詞僅三語，不過形容庶類蕃殖，蒐田以時，乃侈言祥瑞，豈非渺於附會？抑或近於後世之頌揚靈美？且《鵲巢》爲夫人之德，而《騶虞》乃王者之化，似不能相應，其曰《鵲巢》之應者何也？箋云應者，德自遠而至南國夫人，奉宣后妃之德，即奉宣文王之德。就后妃文王而言，爲化起宮闈，自近而遠；就南國之諸侯夫人而言，爲自遠而至，故其瑞應有騶虞之仁獸自遠而來。傳云"有至信之德則應之"，所謂修母以致子也。五行之德，水主信，木主仁，水生木，水爲木母，木爲水子。《韓詩》說騶虞爲天子掌養鳥獸之官，據韓義則屬官名。按《周禮》掌鳥獸之官有服不氏、大羅氏，不名騶虞。禮，"大射"天子以《騶虞》爲節，射節有鼓樂無歌舞，據此之下管及笙，與全奏皆無歌舞但據本章之詞，按吹其音節聲字，即後世之工尺調名也。如後世詞之《鷓鴣》一名《迎仙客》，而吹調亦原《迎仙客》，不唱《鷓鴣天》之詞曲，但□聲字而已。此次略列樂譜乃能知解其意，故經學之輔助科不可不完全預備也。

　　續序云人倫既正，即前期演說先靈先王之政策爲人倫之政治，於此見端。人倫正則朝廷治，本屬一貫。夫欲行人倫之政治者，必先自自治朝廷始也，故曰正朝廷以正百官，正百官以正萬民，此理甚微。自暴秦蔑先王，行無道之政策，二世而已。漢興乃後用人倫之政治，國祚再斷而再興。及至魏氏篡竊，先背君臣之倫而內寵立賤，晉氏效尤，賈午亂內，立有五胡之亂，蓋人倫道廢則中國已自降於夷，《春秋》所謂"中國亦新夷狄也"。中國既自降於夷，則自等於狄道而與戎狄同風一德。天道均平，人道相感，是以四夷并起以奸中國，事有必致，理有固然，故曰《小雅》盡廢，四夷交侵，春秋至之義。狄道與王政爲反應，迭相消長，即《易》"君子道長，小人道消""小人道長，君子道消"之理。正翔三而欲人貿，再而復貿，家之敝野，固易降於夷。文家之敝僿，似與狄道不相近，而男女夫婦之際一失其道，宮闈先亂，即狄道行乎其閒。觀於賈午以後，羊皇后至再配劉曜，詆毀前夫司馬家兒之語，醜污史籍。馴至以牛易馬，洎及六代□□宮闈，直至隋唐五季而流毒未已，豈不可鑒也哉？此與王化之行正相反也。

天下純被文王之化，指六州之外漸推而廣，須知當文王與紂之世，即陰陽疑戰之時。文王不但以文治，亦且以武功，如伐崇戡黎是其證也。故其詞以葭蓬之苗著春田之時，以一發五連明殺獲之致果，以爲射節，謂有文德必有武功也。

《邶》《鄘》《衛》爲商圻內之地。《漢書·地理志》云河內本殷之舊都，《譜》云其封域在太行之東，疏引《地理志》“太行在河內”，河即紂舊都而西不踰太行，故曰太行之東。《譜》又云“武王伐紂，以其京師封紂子武庚爲殷後，庶殷頑民被紂化日久，未可以建諸侯，乃三分其地置三監，使管叔、蔡叔、霍叔尹而教之”。疏引《地理志》“三監并叛”，禄父按鄭義謂盡以故都王圻封武庚爲殷後，而以三叔爲之尹，治其政事，與監於方伯之國之卿大夫同名曰三監。稽之禮制，王者存二代之後，待以上公，使主其宗祀。三公與二伯同等，又盡王圻千里之□□，地足一州。《王制》八州八伯，州每地一圻爲一州，當設一伯。今以先代三圻建爲殷後地，當一方伯所治，宜依《王制》天子使大夫爲三監，監於方伯之國之制。故雖非通制之三監，而其名義則同。謂之爲尹者，直隸之稱，乃以王官執其政治，即舜封象於有鼻之法。所謂天子使吏治之，而納其貢稅言。《鄭譜》申其義，故云“庶殷頑民，被紂化之日久，未可以建諸侯也”。武王崩，周公攝三監，以殷叛成王，既黜殷，更於此三國建諸侯，以殷民七族封康叔於衛。疏引《地理志》云“盡以其地封弟康叔，遷邶鄘之民於洛邑”，自據《尚書·召誥》《洛誥》《多士》《多方》之文。但據《周禮》，公之封疆不過五百里，不得以一圻之地盡封於衛，故鄭知更於此三國建諸侯。其云後世子孫稍并彼二國，混而名，則未有確證，由是解“邶鄘衛”者求其故而不得。自鄭君以來，皆附會於作詩、采詩之地而言，與說《周南》《召南》同一曼衍支離，不得經旨。謹按《周南》《召南》述文王之化，其詩皆作於未建二伯之（箋）[前]①，尚無周召分陝之事，而分篇托於周召分陝，奉宣王政，命曰《周南》《召南》。《邶》《鄘》《衛》詩始自頃公，皆述衛事，作於二監既除，邶鄘已分建列邦之後，而命篇題曰“邶鄘衛”，乃托於三監監於方伯之制明矣。以二伯統治畿內畿外之政教，以三監輔一伯，推行王朝之政教，明政教之行於天下，先在治王官也。故《左傳》曰：“爲之歌《邶》《鄘》《衛》”而季札則云‘吾聞衛康叔武公之德如是，其《衛風》乎？’” 題篇爲“邶鄘衛”而評語曰“其《衛風》乎？”可知左氏所云爲之歌《邶》《鄘》《衛》者，乃使工爲歌編詩合爲一什之“邶鄘衛”，初無“邶鄘衛”之名。而季札聽之揣測而言曰：“吾聞衛康叔武公之德如是，其《衛風》乎？”可見國史宣布於各國者，祇有《衛風》，并無“邶鄘衛”之名詞也。“邶鄘衛”者，猶之《周南》《召南》之稱，乃托名詞以見義例，非就本文而照録之詞。既破此疑，然後詩義可得而説，即詩之大義也。大義既明，然後於説一詩之義其有不合處，以大義通之，所謂不以文害詞，不以詞害意，以意逆志，是爲得之。

《柏舟》，言仁而不遇也。衛頃公之時，仁人不遇，小人在側。鄭云，不遇者君不受己之志也。君近小人，則賢者見侵害。疏引《穀梁傳》詮證鄭義，最爲確切。傳云：“遇者何？志相得也。”故知鄭君於此釋序意“不遇者君不受己之志”，是則志不相得也。此以經傳訓詁自釋。經傳之詞，於義最古。此詩作於衛頃公之世，而著於《邶》《鄘》《衛》首篇，爲變風之

---

① 前：原作“箋”，據文意改。

首者，其義可思也，必不爲頃公而作也。衛頃公之時，當周夷王之世矣，王下堂而見諸侯，以常識論爲謙德而不得爲謙德者，壞法律故也。法律者，上與下共守之，非民臣所得僭，亦非天子所能謙也。君不君則失其所以爲君，臣不臣則失其所以爲臣。夷王之下堂而見諸侯，君不君則失其所以爲君也；頃公之賂夷王命爲衛侯，臣不臣則失其所以爲臣也。至是而天子諸侯皆失道而民散矣，此變風之所由作也。故序曰"言仁而不遇也"，不直曰"仁而不與"，而曰"言仁而不遇"，其詞意之意即包括《韓詩》之本事。而言《韓詩》主本事，故專指衛寡夫人，則其義狹，所謂作詩之本旨。至於采詩以視民風，國史編詩以同好惡，已不主於作詩之本旨，何況夫子刪訂，以《詩》爲萬世教科？則所謂思無涯非一事之詠一人之歌，如後世學者選詩而已也。故有《大序》一篇之發明，既與後世文選、詩選之序異矣。

"言仁而不遇"者，正謂本詩爲衛寡夫人之詩，無論其爲宣姜歟非宣姜歟，要之，爲衛寡夫人詠志之詩也。衛寡夫人其爲某公夫人歟宣公夫人歟，要之，其爲不受己之志無疑也，即不遇之謂也。不受己之志，必其己之志可白於天下萬世，而不受者之心不足以正告於天下，又無疑也，如此則不遇者爲仁矣，不受其志者爲不仁矣。因不受其志者之不仁，蓋以見不遇者之仁，故序曰"言仁而不遇也"。不別其爲男女之詩，而但序其旨曰"仁而不遇"。無論其爲女子爲男子之詞，其義一也。其爲女也，則不遇於而家；其爲男也，則不遇於而國，其爲不遇一也。斯其爲"仁而不遇"，一也。故序此詩者，但曰"仁而不遇"，斯可也。仁而不遇者□□義言之，其詩之本事，則女子之詩歟，其仁而不遇於家也。無論主衛寡夫人因請與同庖而知好之無人，致歎於在侵之皆群小，於義固通，即從衛宣夫人立說，謂見怨於家妾，而爲憂心悄悄，群小猶惕，亦無不可，要以表仁而不遇之情耳。以上乃通三家之詩義，而就其大義立言，至就毛傳而申其義，則主於國政。傳屬君臣，其中含有本詩之事實，而不主於事實，即前期所說妻道臣道之義也。故序統括其詞曰"言仁而不遇"，此語兩端皆通。至續序之言，則直叙衛頃公之時，仁人不遇，小人在側，乃專屬於朝，不能就本事解說，以爲女子之詩矣。

大義前說數備，考訂三家說互參已詳。此篇爲變風之始，究其何以取爲變風之始，前說所謂二南皆明王化之始，由於正人倫。人倫之始，在於正夫婦，夫婦之義定於正男統，正男統之事在於婦從夫，婦從夫之實在於女婦於其夫家，一與之齊，終身不改，而推其一與之齊，終身不改之原因，乃見端於《鵲巢》之義。國君積德累行以致禄位，夫人起家而居有之，以此義上推，致於天子王后，下推致於大夫妻士婦，莫不皆然。此禮教之所由定，而亦即王化之所由成也。正風既由此而興，變風自由此作。興於男女之情，達於夫婦之道，以此始者，亦以此終，由此成者亦由此衰，無二道也。故將明政教之衰，就其明著者而顯言，則君臣之道衰而國政乃□。就其隱凝者而曲喻，則夫婦之道苦而家庭之教育先亡也，故此詩之序曰："言仁而不遇也。"續序則直就仁而不遇之廣義推求其詞之所指，乃謂指頃公之時，仁人不遇，小人在側，而托爲諷論之詩，猶曰借婦怨於家之詞，以明士不遇於朝，如《離騷》之怨云耳。《離騷》之怨，皆托男女之詞，其爲君臣之怨，《屈原本傳》可證，故後世無疑，與當鏡反觀，詩亦猶是，却爲反比例。乃以男女之詞，托爲君臣朝野上下之交際，"群怨"對視自明。女無美惡，入言見妒；士無賢不肖，入朝見嫉，此原人性質之偏，同然之性。故女必克己不妒，始能求賢以佐家；士必先克己不嫉，始能求賢以輔世，其義一也。

此上所述即前講《關雎·大序》所說《關雎》之義，亦即二南之義。二南正始之義，亦即變風反言作諷之義，故曰："下以風刺上也"。下以風刺上者，即變風之旨，於《柏舟》可見。《柏舟》者，反《關雎》也，猶反《招隱》及《離騷》之意也。

鄭君逮見三家詩，而於此獨箋毛義，不參用三家詩義者，有見於刪訂之漸旨，知三家詩指本事於義乃狹，《毛詩》多通大義，於義爲廣也。故曰一字之詁異，而令篇之義異。如此篇言仁而不遇，則通篇之訓義皆以"仁"字爲重心。首章箋云喻仁人之不見用而與群小并列，仁人既不遇，憂見侵害；次章箋云兄弟至親，責以兄弟之道，謂同姓臣；三章箋云稱己威儀，言己德備而不遇；末章箋云臣不遇於君，猶不忍去，厚之至也，皆就"仁人"詮釋詞意。其曰與小人并列，曰謂同姓臣，曰群小，衆小人在君側者；曰日君象也，月臣象也，君道當常明如日，今君失道而任小人，大臣專恣，則日如月然；曰臣不遇於君，猶不忍去，皆切指臣道事君而言，絕不泛涉別義。魏氏《詩古微》說詩，常得深義，而於此尚固於《韓詩》之說，疑於其詞不及君國，但知傷己，解摽悲吟怨及兄弟，斷爲閨房之作，是仍不免孟子所誚"固哉，高叟之爲《詩》矣"。《小弁》小人之詩也，何以言之？曰怨人。與魏氏說此詩之意正似。□□□□□人之詩也。何以言之曰"閨房之怨"。須知此爲變風之首節，雖於大序之言《關雎》以哀思賢才爲正始，則當知變風之首□□不同仁賢爲變始，其義可推也。夫憂在求賢，則未有仁而不遇者，可知也；有仁而不遇，則有傷善之心矣，又可知也。正變之風，始相爲反應，皆始於閨門而推之邦國，又何故乎？心之於《大序》之義，然後知鄭學之精矣。鄭君生於亂世，隱言從學不仕，故於說《詩》每發其感懷之情，自待人之思，故其於說《詩》，得刪訂之旨者爲多。如此篇言"舟載物者哉，今不用而泛泛然俱流水中，喻仁人不見用而與小人并列，亦猶是也"，"鑒之察刑，但知方圓黑白不能容其真僞，我於衆人善惡外內心度知之，兄弟至親言亦有不相懷依，以爲是者希耳"。君失道而任小人，大臣專恣，日如月然，皆身經親見親歷之情，而發於說《詩》之義，此以知前漢名賢之制行皆本於所獲習之學，不仕與仕，其道一也。王式以三百五篇諫，深見於所謂之原理，乃得以三百五篇爲諫書。此亦誦詩而能達政之一端也。上得其道則君子盈朝，哀窈窕思賢才之所致也；世亂則仁而不遇，憂心惕惕，慍於群小，遘閔受侮，事有必然，可爲長歎也。至於遘閔受侮，不能奮飛，非則詠奮飛也，箋所謂猶不忍去，厚之至也。《柏舟》之箋即《離騷》之詞也。其云憂在見侵害者，非直憂其見侵害於己而已，仁人既不遇，則小人道長君子道消。傳云"隱，痛也"，如有痛憂，痛夫同類之仁人皆有見侵害之憂也。此憂字與《關雎》"憂在進賢"互相發也。

《綠衣》，莊姜傷己也。續（續）①序云妾上僭，夫人失位而作是詩。鄭君破綠爲緣。疏中之云五服不言色，惟緣衣言色，明其字誤。按《周禮·內司服》掌王后之六服，餘服雖不言色，各有主名。鞠衣躬如鞠色，《月令》鞠有黃花可證綠即菉字，亦作綠。綠之名色，亦躬其色如菉，與鞠衣之命名躬意正同，無庸破字。鄭又據禮大夫展衣、士緣衣，以見緣爲專名。其實緣以繢緣得，禮又謂之繢袡，不必爲正字，不妨綠衣是正服之名。《周禮》字作淥，與緣字形不必相混致誤，且綠衣下言素沙，素亦表其色也。據本詩曰黃裏曰黃裳，正以素沙爲裏之禮制，明黃裏之非制以黃裳之殊色，明綠衣之當綠裳，婦人不殊衣裳，上下同色，所謂女子衣裳連，鄭說是也。且如易作緣衣，則"緣兮絲兮"爲不辭矣。古法先染絲而後製，《周禮》文可證乃先染而後製爲繒，然後裁製以爲衣，未得遽言染即治爲衣也。其不得言緣絲審矣。

正始之風是以《關雎》思賢，繼以《樛木》逮下，《召南》之應，應以《小星》之美嫡，《江有汜》之美媵。明家道所由興，風化之所由美，至於王化既衰，風變於上，亦自諸侯夫人

---

① 此處原衍一"續"字，據文意刪。

始矣。莊姜不能循法度於始，傅母乃賦《碩人》勉以操行，僅能掩過，未足稱賢，而嬖妾上僭之患作，至於夫人失位矣。國政之興因由於主臣一德，尤在於同寅協恭，顧能主臣一德者，則以體君心勤思盡職，未有不同寅協恭者也。猶如家道之興固由於夫婦同慮，尤急於嫡妾相宜，顧能夫婦同德同心者，未有嫡妾不能相友、相善者也。《召南》之諸侯夫人、大夫妻能循法度不失職，自無妾上僭而夫人失位之事，無他，唯以禮自檢者能以禮治人，相觀於善者不能動於惡也。王化衰而國風變，婦於上之不能以禮自防也。

　　全詩不著一語，一則曰心憂何已，再則曰憂不能思，三章乃以女之所治一語顯明詞旨，知爲後宮掖庭之事，末章乃變詞言絺綌以風。詞外固喻失時，不當其位，意內亦指絺綌煩辱之事喻妾媵之詞。綠衣爲六服之末，明其爲指卑妾之詞。再言我思古人，鄭箋皆指謂古之制禮者，義固深微。但詩人之意於此不但責妾之僭上，亦以責夫人之始不能以禮自防也。《古今人表》莊姜在七等，莊公居第八，夫婦之道榮辱共之，《韓詩》說《碩人》之與毛義相通也。

　　《燕燕》，衛莊姜送（婦）[歸]①妾也。此篇無續序，而三家各異同。今講《毛詩》先申毛義，後按別說。鄭箋主莊姜送戴媯大歸於陳。鄭君長禮學，知禮，婦人送迎不出於門，故於遠送於野，特釋舒慣盡情之意。風詩之體，前興以文，後亂以實，故末章乃顯其意，曰仲氏任祗，曰先君，曰寡人。《韓詩》以“任”爲薛姓，《毛詩》解“任”爲美詞，稱先君或爲對子之詞，或爲稱夫之語。其次第，《韓》在《碩人》之後，《毛》在《碩人》之前，皆各持之有故。以不佞所聞，則仍以序斷之。序祗送（婦）[歸]妾一語，無論其本事爲送戴媯爲送薛。據《左傳》爲莊姜爲定姜，訓任爲姓，訓任爲大，《韓詩》“以畜寡人”作“畜”，《毛詩》“以勗寡人”作“勗”，屬定姜之詩則先君爲指婦之君子，屬莊姜則先君爲指己之先夫，事不相謀而義仍無異。《詩古微》博考而詳辨之，亦曰魯、韓義相備，而終之不敢斷定，亦惟曰或者莊姜子完被弒後，姜送完（婦）[歸]薛，曾有是詩而定姜重賦之歟？言似昌矣。但又曰要爲送婦非送娣，爲任姓女非媯姓女，則於義未安。何則？送（婦）[歸]妾三字，序無餘辭，則決爲送娣非送婦明矣。“任”之下，詩綴以語己之詞曰“祗”，則非述女之姓相呼之辭明矣。而且對婦語其亡子，稱以先君，古名詞無此例。況其詞曰“差池”，其語曰“下上其音”，曰“頡頏之”，乃以明嫡妾共事一主之情，而非對婦之詞可知也。禮，嫡之於妾以孟仲爲稱，《左傳》魯惠西元妃孟子繼室以聲，又繼以仲子，其曰“仲氏”即嫡對於妾親之之稱。任塞淵溫惠淑慎，皆稱道其善之言，惟其臨別贈言，故以仍念先君，善以自保爲相勗之詞。如蘇李贈答之書，幸謝故人勉事聖君也。誦《詩》說《詩》須兼以治古文辭之內心治之，反覆其詞，而始見意。後世之長於詩詞者且然，而況誦《三百》乎？

　　《日月》，莊姜傷己也。序與《綠衣》同詞，續序所指則異。據續序爲遭州吁之難，追怨先君之詞。州吁弒桓公而其母不能容，故送之大歸。莊姜以嫡母正夫人之位，州吁不能遽絕之，故莊姜猶得處宮中，擁太夫人之虛位。《綠衣》之傷己，據《史記》當爲莊公再娶於陳以爲夫人者，僭嫡之位，莊姜雖未被出，而其所處情形已同於出而未去，<small>禮有七出，又有三不去。但失其正嫡之位，如後世所云退爲房老。</small>故《綠衣》之詞云然。陳女生子果，死，其子蓋殤，非完也。其謚曰屬，即此可證其僭嫡不讓，無禮於莊姜情狀。據禮，諸侯無再娶，故莊公再娶陳女，實處之以夫人，而詩人詠之，仍比之於家妾。《春秋》之義，所謂實與而文不與也。其娣戴媯，與莊姜相得，生子完，莊公欲立以爲世子，乃命嫡夫人撫爲己子。是時王道始缺，而立嗣之

　　① 歸：原作“婦”，應爲繕寫錯誤，據此改。本段另外三處同。

法先王所制，群侯奉守，尚無敢亂。子以母貴，莊姜不見答而無子，莊公又欲立其妾子，乃用此調停。莊姜雖不足稱賢，猶述傅母之誠電勉操行，亦即相安，故《綠衣》以後，姜無怨詞。而《燕燕》之送戴媯，追述平生，惋傷離別，情詞怨至，正如蘇李贈答，千載下如聞其聲。至於戴已大歸，姜愈孤立，追念國家之難，始於先君之棄嫡再娶，不守禮，夫人無罪，形同見出；貴妾匹嫡，則嬖妾因而效尤，以成州吁篡弒之禍。故呼日月而訴，所謂「天乎！余之無罪！」魏默深氏致疑於十六載未亡人尚追怨先君於無已，蓋泥於後序「不見答於先君」一語。不知不見答云者，即指失位夫人之位，別娶匹嫡而立，非止夫婦之際、不比於御之恒情也。且由不見答而嫡乃無子，無嫡子則君統不定，勢必立妾子，於是命嫡夫人子之。然完係妾子，然則州吁亦妾子也，此亦妾子，彼亦妾子，爭立之嫌、篡弒之禍由此啓矣。

《邶風》自首篇外皆屬莊姜之，惟末篇言州吁好兵之事，其事係衛國三朝，終始皆係於莊姜失位之所由致。夫古今朝野國家之禍變，未有不始於宮闈者也，故史公曰：「夏之興也以有莘，而桀亡也以妹喜；殷之興也以有娀，而紂之亡也以妲己；周之興也以姜嫄、太任，而幽之亡也淫於褒姒。」辱嫡寵嬖，其主罪固在國君，而夫人失位之所由，亦或鮮克由禮，有失其職之所由致，是以二南諄諄以循法度不失職爲告誡，此所謂「可以興，可以觀」矣！

《邶》《鄘》《衛》之題篇托於三監之名義，以表明奉布王政，承宣禮教，爲實行王化之次第。故於首篇歌衛寡夫人之詩，而推演爲國有仁賢而不遇，於主以見王澤之所由哀。以此例破，由家而國，謂之意內爲夫婦之詞，而言外表君臣之義，可也。即謂之爲意內表君臣之義，而言外托夫婦之詞，亦可也。此後即歌莊公與莊姜，夫婦失其道，以致家亂國難，君弒身危。以莊姜之美質而重罹三世之殃，躬患篡奪之禍，等於幽因，爲國人所哀，名譽不保。卒之州吁雖以力奪嫡竊位，終以好兵致國之怨，以成（不）[石]①碏討罪之功，納晉而立爲君，禍及三世而亂乃定。有國有家者，必由禮則治，不由此則亂。《列女傳》述《碩人》之義，謂莊姜姣好，始往操行衰惰，淫佚冶容，傅母論之云「子之家，世尊榮，當爲德則；子之質，聰達於事，當爲人表式。儀貌壯麗，不可不自修整。錦在興馬，是不貴德也」，乃作《碩人》之詩砥礪女以高節，女遂感而自修。君子善傅，是之防未然也，是古義也。莊姜猶能改而自修，故君子猶躬焉。故備載於《詩》，明其不幸，釋其無罪。錄《日月》之詩，即許其可怨，猶《小弁》之義也。

《日月》喻國君與夫當同德齊意以治國。箋意至深微，即上所述大義，君不君則失其所以爲君，至於君失其道，夫人失其位，則將何以教國人乎？「古處」，傳箋皆訓古指莊姜初來之時，殆非《綠衣》再三稱思古人，箋謂制禮之人是己。此古處不當謂古先之道。疏釋「胡寧有定」二句，謂「公於夫婦尚不得所，於衆事亦何能有所定？」訓義最當。「父母」，箋指謂公，爲失之。推箋意，據禮《喪服》，夫婦之服，服以父者輒以母，於義因可通。但愚見以爲終篇呼父母，即與《周南》婦安父母之意爲反證。父母者，人之本。人人子得所則父母安，既嫁得所而義失位，則父母之心何安焉？謂言我不能終。在家事父母以不嫁，則是父母雖生我、畜我，不能終我之身也。是以古人制禮，以歸得其所爲女子安親之孝，所謂有受我而厚之者，今若此所謂人窮則反本，未嘗不呼天也，未嘗不呼父母也。《屈原列傳》即此詩之義也。述，循也。箋伸傳義云：「不循，不循禮也。」禮務施報，所以禮辭父母而適人者，女子之道然也；夫婦之道，報施之最深切著明者，不循禮則非所以爲施報之道也。

---

① 不：應作"石"，即石碏。

《終風》，衛莊姜傷己也。三詩序皆同詞，而續序各申其義。此篇言遭州吁之暴，見侮慢而不能正，說經家多疑情辭不類。魏默深氏引《文選》注《韓詩薛君章句》"時風又且暴，使己思益隆"，決爲夫婦文詞，而非母子。"願言則嚏"，箋曰今俗人嚏云"人道我"，益用韓義以易毛義。"願言則懷"，箋云："懷，安也。女思我心如是，我則安也。"皆以韓義易毛義，決爲夫婦之詞而非母子。按傳義"笑，侮之也"，謔浪笑傲之不敬，"莫往莫來"釋謂人無子道以來己，亦不得以母道往。嚏，跲也；懷，傷也。箋意確與傳異。愚按序文同爲莊姜傷己，則其詞皆爲追怨莊公。四章蓋追叙初來以至莊公既没，故以殿於三篇傷己之終。首章言初至時，次章言不見答時，三章言久暌之時，四章言既寡之時，據辭可證。

《擊鼓》，怨州吁也。衛州吁篡弑而自立，藉名修先君之怨於鄭，而求寵於諸侯，於是使告於宋，以平宋亂爲辭，爲宋殤公立，公子馮出奔鄭，鄭人欲納之，則將不利於殤公也。自爲兵立約陳蔡之師，以從春秋時外交之例。諸侯雖篡弑而立，既列於會，則不得復討。而歐州萬國公法相同。公法云新改易之國，多由亂民叛臣篡弑，而改革當其亂未定時公理，其他之國不得認之爲國家。但有何國願即認之爲國家者，公法所不能禁也。其國亂既定，他國皆得而公認之，即《春秋》既而於會不得復討之義。惟孔子既修《春秋》，則嚴杜篡弑，乃設伯討之義。二伯爲王官，即孟子所謂天吏奉先王之政，以討不義。又立臣子討賊之義，以篤臣子之恩。再廣其義曰"亂臣賊子，人人得而誅之"，即新學界名詞所謂"天下之公敵"是也。州吁以修先君之怨，掩其弑桓公之迹，又以平宋亂要寵於諸侯，即列於會，以固其位，不知患伏於所慮之外。欲以此和其民，而反以此結怨於民。其端伏於有寵而好兵之時，所謂殘民以逞，民各有心，不可欺也。石碏民於臣子之恩，合於《春秋》大義，因陳桓有寵於王，假於王命，申其篡弑之罪。據臣子請討之義，因國人之怨，一舉而誅之，以定衛國三世之亂，故《左傳》稱石碏爲純臣大義。因昭於臣子，而是非尤係於國人，故《春秋》許石碏以定社稷之功。以請討州吁連誅，不厚許以大義，而立君則不與焉，故書曰"衛人立晉"，謂國人立之也。討篡逆，定國亂，固當由大臣執行之，而其實阻兵無象，安忍無親，爲國人之公敵，石碏乃得從國人之請，願上請於天王，討有罪，伸大義，以安民而服衆。援晉而立之者，實從國人之公願而立之也。故夫子於《春秋》著其大義，而於變風之始第一什終篇，著篡弑得國如州吁，雖用權力内以威其本國，外求寵於諸侯，而民有是非之公，卒蹈不戢自焚之禍，所謂微言也。

師以鼓作，見《周禮·大司馬》篇及《左傳》戰於長勺，暨《司馬法》諸書。此以鏜然鼓聲造詞，正屬形容起軍旅師徒，皆作聲容舉肖。兵，徒手執斤，本義爲兵械，故《說文》訓"刀"，古謂"戈矛劍戟刀"爲五兵也。鄭箋"用兵"謂治兵時，正釋本義，與迹義異也，治兵謂簡戎器也。土國城漕，明州吁無往而不虐，用其民平陳與宋。箋釋"與"爲"於"者，據《左傳》使告宋爲兵主，以陳蔡從，則非宋陳列也。不我以歸，有出師之期而無歸期。王仲宣《從軍行》[①]云"從軍有苦樂，但問所從誰。所從雄且式，安得久勞師"[②]，正與此相反。先言踴躍，即次以居處，無何而喪其乘馬，求而尋之，乃在林下，則執冰以嬉，沿途逃亡，種種情形，皆所不免其軍心潰亂，軍形之不整可知。然則踴躍者，一鼓作氣，（站）[戰][③]迫使

---

① 行：應作"詩"。按，《從軍詩》爲三國時期魏國詩人王仲宣所作，《從軍行》爲唐代詩人王昌齡所作，從詩的内容看，應爲《從軍詩》。
② 今本《從軍詩》爲："從軍有苦樂，但問所從誰。所從神且武，焉得久勞師。"
③ 戰：原作"站"，據文意改。

然，非節制之師不足以持久也。下言祇有嘆詞"契闊"，傳云"勤苦"，乃以同音爲訓，以兩字爲詞。箋訓"說"爲"悅"，則解"成說"爲成其相悅愛之思。"偕老"，傳訓"諧"爲"偕"，箋意以同，均主從軍之士自相結約爲言。夫軍士自相結約，則行軍必勝矣，故曰軍中有約者勝。今既民怨軍離，則何結約之有？末章"闊"字即承"契闊"之闊字而言，三四句之"洵信"即承上文"成說"而言。然則八句文義相承，不別立解。傳傳古義，故但著詁訓，別無(十)[他]①詞。即此可推矣，軍行而死亡相踵，逃亡相維者，此心敗之道也。至於求馬於林，其情狀可想。師不欲行，乃以威迫之以行，所謂其鏜踴躍是也。至於求馬於林，其師之無紀可知，而尚望軍士相約以死乎？必無之事也。傳說謹嚴，箋則稍附會矣。以不佞所聞，則當用名詞推斷，不嫌於改變舊說。偕老者，夫婦之詞，《君子偕老》詞可證也。蓋初出軍，近郊之地，而逃亡失散，又復追逋及其家，而其家實未見征夫之歸也，則知其畏死，怯奔而逃於林耳。于以求馬，於林得之，軍律又嚴，聊復立斯須與爲《無家》《垂老》《新婚》別耳。故曰"吁嗟契闊"，固已矣，并不能望偕生矣；"吁嗟成說"，固已矣，并不能相證於信不信矣。即杜詩所云"情知是死別，尚復哀其寒。此去必不歸，猶聞勸加餐"②，又所謂"妾身未分明，分由見③姑嫜"也，又所謂"存者且偷生，死者長已矣"也。殘民以逞者可以鑒也。此詩"吁嗟"重兩言之，又與《騶虞》《麟趾》同詞。正風二南之終，變風首什之終，皆曰"吁嗟"，可以知聖人憂世之心矣。自變風此詩以降，文學者述其旨，皆非攻非戰，墨子精於大攻，極能兵戰，而其篇明著《非攻》者，王兵者所以止人之攻，我非用以攻人也，故於文止戈爲武，爲止人之戈，使敵人不敢以戈向我也。詞賦家尤重此旨。所以師箴、瞍賦、矇誦，皆所以警人君，不令殘民以逞。故孟子辟兵家之善戰，至比之於率土地而食人肉，罪不容於死，即杜子美詩云："殺人亦有限，列國自有疆。苟能制侵陵，豈在多殺傷？"亦此意也。皆古義也。後世學衰，武人不問國政，惟知以戰邀功，憸人乃不恤國恥，惟知以和邀賞，其實皆非。未有不能戰而能和者，亦未有不知所以戰而能戰者。何謂知所以戰？則民情是也。民情不欲戰，驅之適以陷之，故曰以不教民戰，是謂棄之。至於近日倡父乃倡等民輕生之說，生則誠輕矣，怯於公戰，勇於私鬥，則且奈何？甚或著爲詩歌，欲以鼓蕩民氣，特不知無道義之勇，則君子爲亂，小人爲盜。事有必至，理有固然。嘗試問日俄之戰，日之所以勝俄者安在？則皆曰武士道也。問武士道之注重何在？則郢書而燕說，可笑者居多。以不佞推求而得，則與時流之所聞獨異。夫所謂武士道者，則吾所謂道義之勇是也。反是而思，日之勝於我者安在？夫亦曰武士道而已矣。以上歸結衛莊姜之朝變亂歷史，由於夫婦之倫失其道，而篡弒之禍由此起。君上不能化起宮闈，以風化其下，施及卿大夫、士、庶人，於是乃有人臣匡君之惡，救國之難，於是乃有國人立君，此石碏之所以定社稷，衛人之所以立晉也，故《老子》云："六親不和，有孝慈；國[家]④昏亂，有忠臣。"三代之書，不但經書須字字紬繹，即子書亦然，其詞意皆奧賾，不可但觀詞外之言而不求意內之旨。如《老子》此言，即演繹世道治亂盛衰之理由，非漫然非毀禮教。如俗學但誦其詞，即曰予既已知也。六親不和，然後自《燕燕》之思先君、勗寡人；《日月》之呼父母，國家昏亂，然後有純臣之大義滅親。因民情而靖國難，即變風之始。衛國三朝之事可見，推此以例一部廿四史，無不皆然。故曰國史明於得失之迹，歌詠性情而懷其舊俗者也。完結此

---

① 他：原作"十"，據文意改。
② 今本杜甫《垂老別》："孰知是死別，且復傷其寒。此去必不歸，還聞勸加餐。"
③ 今本杜甫《新婚別》："妾身未分明，何以拜姑嫜。"
④ 家：原無，據文意補。

一段公案，以著變風之所由。但莊公之夫婦失其道尚屬小失，而由此即可以致大患。此後宣公、宣姜之無行，至於國人哀思二子，而人倫之道殆盡，於是所謂下以風刺其上者，達於極點。上失其道而民散久矣，孔子述王政之道，所謂人倫政治，乃宗教與政治組合爲一，爲極文明時代之標本。其綱領在自上以率下，故責重在人君，於君之人格示範最高，故在國君謂之主極，在天子謂之皇極，猶東學界名詞積極、消極之極。至於禮教漸衰，人君之人格日降，始如莊公之并後匹敵。君道已非，甚如宣公上烝下隱，人倫道盡矣。國君之人格至於如此不堪，則王者之迹熄，禮教之政治消亡，而兵刑之政以起，故曰："《詩》亡，然後《春秋》作。"大刑用甲兵，兵刑一事也，所以既修之《春秋》，因魯事而加王心以齊晋，當二伯仍奉文王之政以治春秋之世，以伯討攝王者之師，平暴亂，誅無禮，興滅世，繼絶國，使天下由兵而進禮，止爭而相睦。故曰撥亂世反之正，莫近於《春秋》，而其責重仍重在君上。故史公说《春秋》大義曰："貶天子，退諸侯，討大夫，以達王事而已。"王者孰謂？謂文王也。得其民以得天下者也。然者王事者民事也，故《春秋》之義貴民。貴民之義，經術與近世紀歐美政治家學说無往不同，惟後世史家習見而移，學说漸有差異，故曰此乃專門人倫政治學業。一家各具倫理，合一國爲大倫理，合天下而奉一王又爲最大倫理。而家之大者莫如王家，其次則千乘之家，其次則卿大夫有采之家。其居最高之地位，據最大之家而不足以示範於人群，則何以責之其次者？即是以自《詩》以至於《春秋》，其閒由治而亂，撥亂反治之理由備於此矣。自家而國，盡之矣。家之成敗，夫婦共之。莊姜先無失職，則屬媯之娶或未之能行；夷姜、宣姜而能知禮也，即宣公禽獸之行無得而施也。故經有大義，有（衛）[微]①言，明女子起家適人之義，正嫡妾之名，勸不妒之聽，固所以屈女性而定男統，而表從一之義，示清潔之行，亦正所以尊女性而高婦行也，猶云不可侵犯也。斯之謂可以興、可以觀也。

《變風》之大段既明，其閒緯以氏風，世變之國，敗家之事，粲然可睹，荀子所謂觀帝王之道則於其粲然者矣。王澤非一朝所能竭，其閒流風餘韻，若絶若續。大抵率之自上，則風行草偃，天下景從；刺之自下，則噫氣爲風，陰陽疑戰，此亦自然之理。近世紀歐人自詡文明者，其治象亦略可睹矣。特我以紋紋見其爲察察，我以其昏昏蓋人之昭昭耳。著《采風記》言彼中有廢國法，均貧富之黨，有相約自盡之會，請其治術尚未立，家給人足僅在商鞅之閒。管子之下，聞者或河漢其言，又或視若無睹，迄今漸表明乃其亂黨之说盛行，而自盡之會成爲秘密，更多變相。我今日四海困窮，民不聊生，吾輩猶端坐而講三代之政，誠可悲笑，但彼中亦聊生者自聊生耳，特不至如我之皆不聊生耳。中國昔日學说，動曰内聖外王。内聖所未敢言，外王却是何物？豈非謂三代先王之政治學耶？政治舉談何容易？外國有汗牛充棟之書，而其理至今未始有窮也，非活剝條文、生養法理即可自命爲政治家也。"活剝"二語出近日西報说我國新政治家之語。

《凱風》，美孝子也。據後序之"衛之淫風流行，雖有七子之母，猶不能安其室"，則詩次當在宣公以後。今在前，則其謂淫風流行縱非失實，亦太無證。按全詩之意，有報劬罔極之意，而無止嫁之情。序祇言"美孝子"，仍由見七子之母不安其室，而其子乃因是以爲孝乎？其不合於聖人訂《詩》之意與子夏序詩之旨，明矣。況詩言"有子七人，莫慰母心"，又曰"我無令人"，據詞氣則七子皆以成立，始能以"莫慰母心"自咎不令。七子長成，以年計之，即使繼續而生，最少者成童以上遞長又七八年，其母二十即生子，至此年已近五十矣，不知續

---

① 微：原作"衛"，據文意改。

序何所據而云然。

棘心、棘枝，尖刺也。《禮記》"如松柏之有心"，亦謂松柏葉有尖刺。夫屈也，棘刺尖從葉側生，故云屈也，狀其弱稺尚未成薪之時。次章變言棘薪，則已成薪木矣，故曰"我無令人"。易井冽寒泉食喻潔清，此乃孝子述其孀母茹蘗飲冰，撫孤勞苦，何嘗涉有改嫁之喻？且改嫁爲禮之所許，母去與廟絕，不與子絕，推尋詞意，當是通俗以改嫁爲常，而七子之母獨以守節，撫孤特立，而其子述之。故上言"聖善"，下言"勞苦"，以表其母之操行。禮有繼父同居，改適仍可撫孤。明其子非述撫己之恩，乃欲揚名於後世，以顯父母。故卒章以"睍睆其音"喻愉色柔聲，相戒以養。此序所以云美孝子也。

《雄雉》，刺衛宣公也。二南之效應，則婚姻以時，國無鰥氏；變風之感應，即先見於男女怨曠，即所謂正風之反應也。人君淫亂，似與人民怨曠不能直接反對，故續序申述其旨，謂淫亂不恤國事，軍旅數起，大夫久役。疏釋箋義以荒放於妻妾解淫，以烝於夷姜解亂，其實箋意不如此。箋云"荒放於妻妾，烝於夷姜之等"乃包舉而言，非分析之說。此下疏引古義釋淫亂，謂若非其匹配，與私通者。服虔說傍通曰"淫言傍者，非其妻妾"，此古義名詞之界說於妻妾，無加以淫字之理。此所謂嚴血統以正人倫，乃規定之禮法，故曰夫婦有別，即此匹偶不相亂之謂。別理學家所釋夫婦有別之義，求深反淺。假若所言譬如於妻妾之閒，進御甚稀，而其人不免有瀆倫之事，此得謂之夫婦有別乎？《雄雉》傳（第）[箋]①皆謂喻宣公，按下章雉鳴求牡，喻非其匹，故不曰於雄，而云求牡。雉性柔順，馴習稱雄雉者，雌而似雄，蓋喻夷姜。猶《離騷》之詞云"雄鳩之鳴逝，余猶惡其佻巧"，下鄭袖也。"我之懷矣，自貽伊阻"與"我之懷矣，自貽伊戚"同詞。據《左傳》趙宣子引此自況，則大夫久役，咎怨同列，不能諫君之惡，格君之非，有將順而無匡救，以致朝無嚴憚之臣，肆行悖亂之事。大惡且無人諫止，則不恤國事，數起軍旅，不體民情，更自行所無事。故云"我之懷矣"，猶云早知今日而不救亂於萌，實自貽其艱阻也。故次章欲愬於君子，末乃質言之曰"百爾君子，不知德行"，以至今日。猶《離騷》之詞曰"已焉哉！國無人也！"君亂於上而臣無匡救，其舉朝之阿諛逢迎，殆可想見。故結言："不忮不求，何用不臧？"人臣皆進以禮，退以義也，自無所用忮求也，反是而思，徒懷此想，望古遥集，則其在朝者之不能進以禮，退以義，忮求幸位者多矣！此與《汝墳》《殷其雷》對照反比，其義自明。世道國風之隆污，於此可以觀矣！

《匏有苦葉》，正刺衛宣與夷姜、宣姜之蔑倫犯禮，爲鳥獸行。故續序云"公與夫人并爲淫亂"，乃統詞也。匏有苦葉不可食，濟有深涉不可渡也。箋以禮制解"深"字，殊太迂曲，不可從。故下云"濟盈"，猶曰此閒不可踰也。次以"不濡軌""求其牡"乃喻見意，猶曰："異哉！濟水之深乃不濡軌而涉之矣。"雉鳴非求其雄，乃求其牡也。鳴雁四句乃正陳昏姻之禮，以刺宣公之悖亂。舟子四句乃設喻以刺夷姜、宣姜之非人也。夫六禮不備，貞女不行，速之訟獄，且猶不從；苄苢惡草，懷褵益新，猶不思去。二南之國人如彼，而《邶風》之諸侯夫人如此。人之度量相越，豈不遠哉？王化之盛行，與變風之衰亂，其世道之相去，又不可以道里計也。世變之隆污又可以觀矣！

《谷風》，刺夫婦失道。由於衛人化於其上，其爲怨婦自作之詞，與詩人托於怨婦之詞，皆不必深論。其詞從初婚歷叙至無罪見出，退爲孤嫠，雖出與廟絕不與子絕，而一身不保，其終遑能恤及所生之子耶？至就深就淺八句，其文情淒絕。禮有七出，然有三不去：曾共三

---

① 箋：原作"第"，據文意改。

年之喪不去，始貧賤後富貴不去，有所去無所歸不去。此篇先叙"黽勉同心"，則共貧賤也；次言"及爾同死"，有信誓也。禮有嫠婦之笱，因貧寠不嫁，國例許其設笱於魚梁，取魚以自給，如遺秉滯穗，寡婦之利。言"毋發我笱"，明已雖見出，仍守義不嫁也。再言"何有何無"，即謂貧富與共，未有怨尤。并及鄰里之喪尚往盡力，則明乎曾與共三年之喪也。正義云"怨痛之極"，誠哉其言也。箋破傳，訓"愔"爲驕，云不能以思驕棄我，即據禮例，始貧賤後富貴不去爲說。故於"既生既育"，訓"生"謂財業，訓"育"謂長老，釋"恐育鞠"爲"恐至長老窮匱"，末釋"以我御窮"，直揭全旨，謂以我御窮苦之時，至於富貴則棄我也。結語收束全篇，與篇首相應，統以"不念昔者"，初來相安之情，即《晏子》所載景公見平仲內子之事。所謂人固以其佼托其醜，以其少托其老也，此即《柏舟》仁而不遇之旨也。婦有仁賢而遇人不淑，猶國有仁賢而遇昏闇之君也，竭志盡忠而蔽障於讒也。

夫婦之倫壞，始自公侯而化及士庶。有非禮之求而下莫之敢諫，有非禮之棄而國法亦不能禁。親戚、州黨、鄉閭亦莫之能正也，則社會之風俗腐敗已達於極點，宜乎王澤竭矣！王道者天理人情之至，以此爲教，即以此爲政。其政不行者先由上失其道故也，然而至是王澤猶未竭人，國人猶聞而哀之，詩人猶作歌以誶之。特從容詞令，對君上則莫敢直諫，對社會則不行干涉，於是見人倫道德之衰。而人死尚未死，公理尚有存焉，故必漸漸漸滅以至於刺詩不作，則王澤竭矣。王迹熄矣，而《詩》亡矣，《詩》亡然後《春秋》不得不作。《詩》者，王道道之以德，齊之以禮之政策也；《春秋》者王道用兵刑之政策也。是以一正一反，而皆曰王政，文王之政也。

自此以降，則亡國敗家相隨，屬勢有必至，理有固然也。故有狄人逐黎侯，黎侯爲庽公。《簡兮》之賢者仕於伶官，《北門》之忠臣室人交讁，《北風》之良民思逃於虐政，《靜女》之彤陳古以諫（令）[今][1]。上中下流社會無不各失其所，而以國人哀思二子，著人倫之極變。《周禮·大司馬》九法，內外亂、鳥獸行則滅之，如其王政尚行，則衛迄宣公而已，滅國之氏矣。故閒次《新台》一篇於《二子乘舟》之前，乃《春秋》前後相起之義也。知此則知人倫之義至重，治亂悉由於此，邪說不能亂矣。

《式微》，黎侯庽於衛，其臣勸以歸也。此序兩自相連屬如一句則不成詞，知是原文，無所附益，先說三監之義以演《邶》《鄘》《衛》題篇之旨，於此兩篇更得確證。三監者監於方伯之國、國之人。外八州八伯則止有二十四人，其爲二十七人者，《大傳》所謂旁立三人，謂王官之大伯。其受命爲王官，大伯者不定在何國，不妨其國之州伯已有三監，而此國之諸侯既受命爲王官之大伯，則從旁又立三監，因曰旁立之人即托所稱二十七大夫、八十一元士，《弟子說》以三輔一之制也，九卿乃夏殷之制，而周監於二代仍用其制，命諸侯之賢者入爲王朝卿士，合六卿而爲九卿，故《月令》仍稱三公九卿。諸侯大夫其制度詳見前著《周禮表》，今略發其凡，後再詳說。皆舉王官治外之等，故與《周官》官制不同，爲古文家、今文家聚訟之點。其實無有不合，《記》所舉之三公九卿、二十七大夫、八十一元士，皆指王官治外之等，《王制》所稱六大五官，乃舉其官名職務，《玉藻》《曲禮》所述乃其官等爵命也。統而言之曰是職方，明其爲王官治外之職，即《周禮·職方》所掌建其牧，立其監之制也。統於太宰而分屬職方。牧之下有監，即以三輔一，無論孔子刪訂合虞夏商周四代，以組合大一統治內治外之政體，示大一統之政法，其制度處處相通，萬無枝節破碎不成全體制度之理。而周公監於二代，思兼三王，其於夏殷制度，亦必融合貫通，

---

① 今：原作"令"，據文意改。

以成王者通三統之政策。通三統、大一統之類，乃經傳政策之名詞，非理論之名詞也。據不佞所推見，舊學名詞所稱外王之學，確有王者之全體政策備具於六經之文，敢造一語以正告天下曰所貴乎？經者非"四朝聞見錄"，乃一統政法書也。前說《邶》《鄘》《衛》爲三監盡殷故都一坼之地，即一州也，一州應有州伯，《王制》所說百二十國以爲州，州有伯，八州八伯是也。《邶》《鄘》《衛》分區各立一監，而其後以衛封康（林）[叔]①爲一坼。諸侯之長即命以爲州伯，故即《邶》《鄘》《衛》之標題以知王政之制度。一州伯、三監大夫同治一州之王政，三監分區爲其權職，州伯不分區，合一州三監所治皆其所治，故於《邶風》可以見衛伯之名義，事實明乎監統於伯也。

前義略說可見王官治外之大義，此篇乃明王官治外之功用，見於黎侯失國庽於衛，其臣勸以歸。此序最明而最難解，何以言之？黎侯失國與衛侯言與黎侯庽於衛南，與衛亦無與，其臣動之與衛更無與，其臣勸以歸與衛之得失更無與也。然則此詩何謂也？曰責王官也。衛爲王官，天下諸侯有相滅亡者，王官之職所不許也，豈有黎侯失國至衛爲庽公，衛爲王官乃苟容之乎？如其黎侯失國當其罪，則請於天子黜其爵可也；如不當其罪，則州伯之職討，猶以隱其聞可也。豈有將於苟於聽其爲庽公，處以二邑之禮乎？此《式微》與《旄丘》之所以作也。

《旄丘》，責衛伯也。續序曰狄人迫逐黎侯，黎侯庽於衛，衛不能修方伯連帥之職，黎之臣子以責於衛也。此篇"責衛伯"三字舊說不得其解，是以無解。按此可證前說一伯三監之制，衛之爲伯無論其爲二伯歟其爲州伯歟，其爲州伯則上言之說也，其爲二伯則前言之說也，要之爲王官則無疑也。既舉衛侯爲王官，則無論其爲不當如宣公、賢如武公，皆王官也。以爵等推職而言，不問其賢不肖，居其職者則責以其事也，故曰《春秋》責義不責事也。衛既爲伯，則諸侯有相滅亡者，州伯之事也。州伯不能救而處之以庽公之禮，非禮之禮，亡於禮者之禮也。故其臣勸之以歸也，於《式微》之詩已見之矣，此又申言之也，故（庽）[序]②曰責衛伯也。

續序之言此篇最詳，知爲七十子後學所撰也。狄人迫逐黎侯，則夷滑夏也。夏與夷之分在於禮教，前已詳說，猶恐未喻，再申論之。無君臣上下、父子夫婦之倫者，是謂夷也，不以他爲斷也。今我中國一新夷狄也，悲夫！吾不忍盡之也。且就詩義言之，狄人迫逐黎侯者，王道缺也，王靈不及於八州也，其次之罪則八伯不能舉職也，再其次之罪則三監不能舉職也，再其次之罪則伯國之臣不能救其君，失職之恐也，再其次之罪則失國之臣不能執義以請討於其上也。此詩之所以作，則其失國之臣猶知請討之義，不以能棲身絕國苟安其居也，此詩之所以錄也。

此篇傳詞簡、箋詞博、疏詞漫衍，皆因說制度而不能明。以後詳說，此講先說詩義。鄙見自以爲能明，姑置爲後說，諸君就其已說者推求，當可睹也。且言本詩黎侯失國，何與衛事？而責衛如此之重？則有王官之責可知。就詩詞而言，稱"叔伯"者，天子諸侯稱其大夫之詞。天子稱同姓謂伯父、叔父，異姓謂伯舅、叔舅，諸侯禮降亦稱伯叔，故此爲黎侯稱諸大夫之詞，即此名詞通解，即全詩之詞通解矣。天子失官望在諸侯，諸侯失官四夷交侵，此之謂也。《小雅》盡廢則四夷交侵，其義先示於變風也。

① 林：原作"叔"，據文意改。
② 序：原作"庽"，據文意改。

《左傳》引《狐裘》改下字增二句，即此可知刪詩之迹。原文如《左傳》所云也，孔子以其不合於義理，而刪其二句以合於此篇，顯而易見，而世尚不之信，甚矣！俗學之難悟也！"同"，箋謂不與諸伯之臣同義，不顧然，殆非。愚按"同"謂"會同"之"同"，謂若衛伯如此監大夫，如此伯國之諸大夫，如此何能會同軍旅以討不庭、彰有罪、興滅繼絕耶？故云："匪車不東也。""流離"，傳箋疏皆以鳥喻，愚按通篇惟"旄邱之葛"似喻而非喻，無容篇尾獨取梟鳥爲比，且亦非喻先以（瑱）[瑣]①尾爲詞，接續用流離之狀，皆連綴名詞耳。

《簡兮》，刺不用賢也。續序云衛之賢者仕於伶官，皆可以以承王事者也。推求續序之意，特以以篇中有執籥秉翟萬舞之文，故就文生義，其實刺不用賢，容可以尋。賢者於伶官爲詞，而其義則廣，不得專以仕於伶官爲義也。然則後續之序有失原旨，不合原序之義可知矣。愚按此章詩詞亦極變幻恢詭，非可執一義以爲之解。前期演說謂治經須兼用治辭章之法，惟《詩》爲最切正，謂此等處也。今據原序立解，不斤斤於傳箋疏之詞，從續序樹義或爲得之，請申其説以備同學研究。

説《詩》雖有以意逆志一例，乃孟子所傳，即謂此派説詩爲孟子家法可也。但既生毛鄭之後，治毛鄭所傳之經，雖可據經文以正本師之失，但其於訓義非有特別確見確證，亦不能離本師之訓，別求異聞。樸學之理法必須如此，乃不違惑，今仍據鄭箋申合毛傳，專就本序爲斷，發明所見如左。

先釋名詞推本於經傳，則本師之説有誤，乃可得而破也。萬舞，文舞與武舞合也。"有力如虎，執轡如組"者，武舞也；"左手執籥，右手秉翟"者，文舞也。文舞與武舞合，謂之萬舞。《左傳》謂考仲子之宮，將萬焉，此爲樂舞之盛典，故重言之也。"公言錫爵"，傳箋疏皆引"祭有畀煇炮翟閽寺"，其義是也。榛，婦人之贄也。芩，大苦，禮以爲和羹，牛苦、羊藿、承薇。芩以和太牢，榛以贄而見姑，皆謂進禮於所尊者，祭饗之禮也。下獻上曰饗，上獻下曰醴。通證本篇詩詞，皆言宗廟之事，故從萬舞鋪陳，以至榛芩爲喻指，謂祭畢而燕，則有榛栗之實，大苦之和。至於饗祀夫婦親之，其中有婦事焉，更無論矣。

據上所刺舉名詞，既定其詞，則知其意。又有小序之斷詞爲全篇之主義，由其詞意以勘合序文，則刺不用賢之義微而顯矣。"簡"當從《爾雅》訓大，猶云"大哉，大哉"，方將行萬舞之盛儀也。"將"即考仲子之宮將萬焉之"將"。日方中如鄭君之説，傳意亦同，謂夫教國子以習樂、合樂者，爲其自上率下，以禮飾情，可以化民也，可以成德也，所謂或以攄下情而通諷諭，或以宣上德而盡忠孝，而非徒用聲容綴兆整齊行列。在前列，居上頭以爲視聽之娛，如《內傳》供奉之事也，故曰處也。碩人，大德也；俁俁，大容也，此其執事以事宗廟者，以美先君盛德之形容，而彰繼體之象賢崇德、肅雝宮廟，能承祭祀也，豈有用此碩人之大德，俁俁之盛容，竟視如煇庖閽翟，執藝以事上之人乎？此刺不用賢之實際。觀於宗廟，尤無遁飾，《書》曰"七世之廟，可以觀德"，此之謂也。觀於宗廟且然，而其君之在朝在宮可知矣。宗廟序爵，所以辨賢，謂夫平居莅事，或有己意之私，至於齋戒以迎於神明，享其祖考，於此躬行大典禮之時閒，而不知辨賢之等，則本德亦亡矣！不可救矣！是不知有賢矣，尚何賢之能用乎？重言之曰"碩人俁俁，公庭萬舞"，甚之之詞。

"有力如虎"四句，乃敷陳文舞、武舞之節。"公言錫爵"亦正述逮下之禮文，而閒以"赫如渥赭"一語，正如"魴魚頳尾"之意，明其勞而不見知也，亦視爲小人獻媚於上而已矣。

---

① 瑣：原作"瑱"，據文意改。

此前説所謂説《詩》必兼辭章之意，乃文字之色澤也，有意有詞，有聲有色，而弦外之音出矣。此詩與樂之用，而樂已亡之久矣。幸有詩歌尚存，學者由作詩詠詩諷詩之意，以會樂意，樂其可知也。

碩人，據《碩人》章名詞當爲稱夫人之詞。美人，詞亦稱女，據《静女》可證。然則此詩"碩人""美人"皆當指國君夫人而言。而序謂刺不用賢，故傳箋不主此爲説。愚案名詞固有主名，而男女之美詞，亦互相通用。如碩人、美人，其名詞本爲女之美稱，正如君爲男子尊稱，而内子亦稱女君；士爲男子通稱，亦美稱，而女而有士行者，不嫌亦稱女士。又如美士曰彦，而《書》言彦聖，以言其美，則大行細行，統詞可以互用，猶今言曰好，其詞通矣。西方，傳謂指周室之賢，箋詣宜在王位，其意相通，即《緑衣》《雄雉》稱君子之意，謂其意指文王以下之聖賢群輔可也，謂其指后妃之下之賢侯夫人、賢士大夫妻亦可也。上言之碩人謂其爲正斥學士、諸賢徒，學而不見知於朝可也；謂其對照國君夫人，徒侈聲，係有愧西方美人亦可也，前説所謂詩無涯也。至傳箋説此詩極爲謹嚴，專主"刺不用賢"一語爲註脚，反覆致其感歎。夫不信仁賢，則國空虛，設位審官，其原理以求賢共治爲始。猶依違兩可，國人如或望之，至於不用賢之事，實□之。詩人作歌以刺，則世閒無可望矣。内而家庭則《谷風》之夫婦道消，人倫愛盡；外而軍國，則《簡兮》□，君臣送喪而人倫義盡，互相發明，世亂由此而致也。

《泉水》，衛女思（婦）[歸]①也。續序云嫁於諸侯，父母終，思（婦）[歸]寧而不得，故作是詩以自見也。按此詩爲許穆夫人作，三家詩説似異而同，特毛舉其義，韓舉其事，魯詩在離合之閒，何則？非有故則詩可不作，常情所思即有其詩，亦不必見采識；即其詩見采，非有可見之義焉，不必爲夫子所存也，所謂取其合於禮義者是也。衛有國難而許穆夫人思深父母，然猶以義斷恩，思（婦）[歸]不得，此先王之澤所貽，非可以望於末世也。故備録其詞以見王澤之深，將衰而未衰，將竭而不竭，所謂以一國之事係一人之本也。泉、淇、衛、涕、禰、干、言、肥、須、漕，連篇之詞皆述本事，傳疏詳矣。至於謀及諸姬、（向）[問]②於姑姊、思須與漕、而終斷以義，其詞外則見女教之行。流風餘韻，雖衰世而猶有賢女。鄭君發其義云："雖非禮，思之至也。"知爲非禮者，先王之澤；思之至者，發乎情也。意内則謂以衛之國難，而上無君子，下無方伯，當救而莫之救，乃勞出嫁之女憂深長、思守禮顧義而莫之知也。與黎侯君國而其臣之責衛伯，前後義相起也。

《北門》，刺仕不得志也。續序云"言衛之忠臣不得其志"。前序此言仕不同志，而續序申以忠臣，其義相發，非忠臣不得志則不足以陳於詩也。詩詞祇述貧勞兩義，既勞且貧，既貧且勞而不改其操，則忠臣之義顯矣，故後序云然。三章結語，不易其詞，與《殷其雷》《漢廣》之詞同例，長言之不足故嗟歎之。詩有此例者，爲播之管弦，一唱三歎。

《北風》，刺虐也。續序云相攜持而去，謂民不堪虐，故相率而去其國也。"赤狐黑烏"，傳謂莫别，箋謂相率爲惡如一，亂世之情可想，結語亦三章同詞，與《北③門》之意同也。

《邶》《鄘》《衛》存許穆夫人三詩，魏默深氏《詩古微》考辨最詳實可貴。本朝經學至龔定庵、魏默深歸結前塵，始萌芽經書之意，即推勘經義，發明先王政教之原理是也。魏説《詩》

---

① 歸：原作"婦"，應爲繕寫錯誤，據此改。本段另外二處同。
② 問：原作"向"，據文意改。
③ 北：原作"此"，據《詩經》改。

《書》皆以發古意爲主，故名其書曰"古微"。惟古義中有聖人之微言在焉，此其與義疏之學異點，而深於義疏之處，故講本經於注疏之外，特取《詩古微》以資研究。

義疏之學興於六朝，前説大桁頭之僞《尚書》出而學説一變，佛説東來，何晏、鄧颺更倡無虚。由於經術學衰，人倫之政教知之者既稀，行之者更鮮，所存者僅有。匡廓形式，高才通達者流視爲糟粕，中材以下習其外貌而不能通經，自莫知其所以然。至於朝野大亂，五胡十六國相繼以干中國，南北分朝乃中國之退化而四裔之進化，則兩比適得其平。_{北魏孝文進行}周官之制，雖僅模具匡廓，而幾至升平。文中子深稱之有旨哉，有旨哉！斯進化之驗也。南朝篡弑相尋，治尤不競，斯退化之驗也。學界既失其中心點，則孔子所組織以垂法守之王政，即人倫政治。無人深察所由，即不得其效用所在，而世界生人之故與國於天地之所興立，必有學説以范人群而綱百度。於是中國原有之道家最舊學説，微而復顯，以原其始，自西東來之佛氏最新學説來虚而入，以要其終，由是學者據爲內典，而別名孔子所述之經，以爲外典。其詞外如此，其意内即視爲累朝之掌故，可以博聞而不必取法。至今日學界雖然此名詞，而眼先所注意亦如此。

歐洲羅馬破散以後，毛塔尼耶未出以前，學者以破碎理論相尚辨其所不必辨，講其所不必講，播弄聰明以爲美術，相競誇耀而已。其時文學最盛，所謂經學仍屬詞章，但猶習聞先聖之言，備言引詩禮之訓，故其時尚不足篤行之士，而學行政教從此分流。南齊立四學以立學，儒學、經學對舉，即可證矣。其時以九品中正品第人才，而吏部掌選，操進退人才之柄，雖偏重世族高門，而世族高門皆相競以學，是以文武之才華生，故尚足與北朝相競。至隋氏乃興考試取士，唐承其後，始集諸學士，命孔穎達主修《五經正義》①，就記問之學而論，實集諸家義疏之成；就考試之學而言，實啓後世講章之漸也。

《正義》集義疏之成，而考試即盛於唐，其事實相感應，但其時明經與進士爲常舉兩科。明經試帖經，進士試詩賦，而明經所出之人才甚少，遠不如試詩賦所得之進士，即此可證以記誦文詞爲經學，失經學之本，反不如以詞賦鼓吹經傳，猶得承經學之流也。本朝經學考訂訓詁，較六朝、唐之義疏、正義爲有進步，但仍未脱義疏家科臼。自龔、魏以來，始稍進求之微言大義，故晚出爲精。就本經而論，陳氏《詩毛傳義》最爲博瞻多通，但其稽求古義、發攄微言之處，視魏默深氏所獲尚少，諸同學自可參觀。茲於注疏之外，刺取作證，以備參觀者，祇就魏氏一家爲其古義獨多也。《詩古微》八説許穆夫人，三詩詳哉！其言愚見悉同魏説，茲不重録原文，同學自取原書録之，故古義思過半矣。

所稱《列女傳》因傅母而言《韓詩外傳》，高子問於孟子最宜詳玩。前説經傳通義，立法衆人議道，自己夫嫁非已所自親也，衛女何得編於詩？於高子之問可證刪詩、存詩之事，實皆出孔子筆削，□載非國史舊本，於孟子之答曰"有衛女之志則可"。又曰衛女行中孝、慮中聖，故得爲賢，可證聖哲之所許以爲賢，不在立法衆人之科，而知避嫌非賢者之事。自古義不明，學界迷惑，或據恒常而昧通權之道，致疑於聖哲之行，或據本質而非昏姻之禮，致欲倡自由結昏。於倫理之故未識根源，邇之事父，遠之事君，無往而不迷，於所處觀於《載馳》之詩，可以知臣子之義與夫婦之倫理矣。當王澤始衰，國風已變，而女界尚有許穆夫人之賢，則逆推王政盛時，禮教風行先興於女學可知矣！夫天下有學焉而不能知，知之而不能行者矣。未有不知之而能行，未嘗學而既能知者也。孟子之稱許穆夫人與稱伊尹同其志，夫天有不學之人而已比蹤伊尹者乎？三代女學界之隆，即此又可想矣。

---

① 《五經正義》：衍一"經"字，徑刪。

魏氏又據《史記》與三家詩傳相證，辨明宣無烝於夷姜之事。許穆夫人爲懿公之女，不但非宣姜所生，并與昭伯無與，證《鶉奔》爲左公子泄、右公子職怨宣公之詩，與《左傳》左公子泄、右公子職立公子黔牟，惠公奔齊事實相合，推知無公子頑烝於宣姜之事，平反《詩》與《春秋》千古之疑獄，誠爲特見。第以《左傳》異詞，指爲劉歆竄改，不免枝葉仍落考據家習氣。愚見推論《史記》世家與《左傳》異詞，即三家詩說與《毛傳》異義之所緣起。自古宮闈不正，帷薄不修必有傳過其實，聞各異詞，此即《墻茨》之詩所爲作也，故曰“不可詳也”“言之長也”。夫以諸侯之貴，舉國所瞻。爲子納婦，以禮聘之於大國，而忽有新台之要，亂翻棋局，指鹿爲馬。非但干名犯義，悍然不顧，直是廉恥道盡，幾無人理。其時之舉國齾盼，街談巷議，視其君爲何如？《新台》之作，特舉一詩以概其時與論，《衛世家》所稱：初，惠公之讒殺太子代立爲君，至於懿公，百姓大臣皆不服，常欲敗之，乃由後果以推論前因。其實再推遠因，則國人大臣之不服早始於奪婦易嫡之時矣。夷姜既先自裁，二子後又爭死。在衛宣十數年閒，其國人之誹謗，鄰國之傳聞，鄙薄之心與怨憤交集，所謂天下之惡皆歸焉。容或誤傳夷姜有如武曌曾充太宗百陳之事，而宮闈深密莫得其實；宣姜本屬尤物，既失行於前，又構侂於後，所謂禍收，以致國人怨毒欲群起而敗之，以召狄人之滅。據《左傳》事實推之，懿無失德，徒以好鶴之閒情逸致爲國人所籍口，委而去之，以見殺於狄。即《衛世家》所謂國人大臣不服，必欲敗之，乃推怨宣姜之惡，不欲其後爲君耳。故其前胥動浮言，造爲蜚語，以有齊人使昭伯烝於宣姜之説。因左右公子共立黔牟，衛朔奔齊，宣姜失勢，情同幽閉，容或年長而不衰，有如夏姬之異。因其瀆倫亂禮失行於前，故亦以瀆倫禮之事加之於後，無非以甚衛宣與姜之惡耳。容或衛朔復位以後，左右公子被殺，黔牟被放，昭伯已死，宣姜欲解釋於國人，以昭伯之子申煬視如己子，國人因造此言以實之。傳聞數世以後，世次失實，記載異詞，遂成四家詩傳之異義矣。《史記》多見三代古文，其採擇最善，所謂盡據周譜也。《衛世家》云：“初，狄殺懿公也，衛人憐之。”懿無罪，失國徒以先人遺殃，國人共棄以致見殺。國人既泄其情，乃復念懿之無辜，故又曰“衛人憐之也”。思復立前死太子伋之後，伋子又死，而代伋死者子壽又無子。太子同母弟二人，其一曰黔牟，嘗代惠公爲君八年，復去；其二曰昭伯。昭伯、黔牟皆已前死，故立昭伯子申爲戴公。戴公卒，復立其弟煬爲文公。此《邶》《鄘》《衛》諸篇全詩之案也。《詩古微》所訂諸篇有得有失，故提出以備參考，詩案定而大義乃可得言也。

《靜女》刺時，《新台》刺宣公，《二子乘舟》思伋壽，已見前說。惟《靜女》，韓詩異義，魏默深申之，據以駁毛義，其說似長。但細按韓義仍與毛傳不甚相遠。《韓詩外傳》及《說苑》釋此詩云：“賢者精氣閫溢，復傷時之不可過也。不見道端，乃陳情欲以歌道義。”魏氏《古微》解韓義則得之矣，而謂詩無刺意，并疑毛序，則失之。夫《離騷》美人，君門萬里，蔽而不見，感傷逐暮，豈明時之所有？非刺時而何？續序之直指衛君無道，夫人無德，而韓義所說“不見道端，乃陳情欲以歌道義”，正謂斯世不可以莊語，惟以情欲之詞寓道義之諷，以自托其意，而以彤管表其怨而不亂，雖復精氣填溢，自傷過時，而猶以禮自防。與前說“發乎情，止乎禮義”義正相發，即《離騷》所謂“忽馳騖以進①逐兮，非余心之所急。老冉冉其將至兮，恐修名之不立。”三百變風，與楚騷漢賦同一機軸，如此者更僕難終，必謂三家之義與毛義殊科者，是猶之“固哉！高叟之爲詩也”。

---

① 進：《離騷》作“追”。

古人義理之學即寓於《詩》教，別無性理之書。由性情而推理義，由理義以治性情，據人倫以爲主點，因人事而見道端，由此立美刺之名詞，定貞淫邪正之界說，以爲學校男女并授之教科。示人事之端，申禮教之防，以範圍性情之正。性情既正，然後可以興、可以觀、可以群、可以怨，故首"二南"，俾學者先識前言往訓，多識義言懿行，先入爲主，然後示以悖理害義、失德之行必始於閨門，而害於家國。社會之秩序必由此不保，生民之幸福必由此日清，而殘殺之相尋必由此而至。西學界所談流血以爭生民幸福者，固爲未有幸福之生民言之也。彼城國數萬里而爭殖民地者，固爲無地以殖民生者設策也。易當知中國人倫禮義之幸福，正以淌流血之慘傷，中國廣土衆民之樂利，祇有不殖之民，而不患無殖民之地者哉！孔子所述王政，言當以家給人足爲主，故曰不患貧而患不均，言強以固守封疆爲主，故曰不患寡而患不安。又申之曰均無貧、和無寡、安無傾，而究夫均與和與安之重心安在？則曰男女以正，婚姻以時，各實愛其室家之幸福。學校風紅，詠歌禮義，男女皆有學，共等重其治安之秩序而已。富強之效，由此而來，由此則治矣，此則亂。此二南與變風成敗興喪交際之機關，不可以不察也。此先王《詩》學教科之主義也，即孔子删訂三百，垂爲教科之本旨也。《邶》《鄘》兩《柏舟》，毛義於《邶‧柏舟》主貴義不貴事之旨，以其爲變風之首篇，必推要道於臣道，於《鄘‧柏舟》亦主事實。南、韓魯說同前篇，廣義已明，則此篇專就狹言之，不以詞害志也。如讀《楚辭》，既解《離騷》經詞之所指非閒情，無題本事詩之謂，則以下九歌九章詞之所指自明，不必再重遁言之曰湘夫人非謂湘夫人也，湘君非謂湘君也。讀者不妨何作湘夫人、湘君立解，而心之所志則知之矣。

疏引《史記》皆以共伯爲武公之兄，證成武公篡立。夫《淇澳》之篇載在本什，引於《禮記》。武公睿聖，何等人物，而乃謂殺兄於墓，尚復何以爲賢？《衛世家》篡共伯而立之語，於《左傳》無徵，容出《周譜》，決非情實，即據本詩之詞可斷其誣矣。髧彼兩髦，傳"髦者，發至眉，子事父母之飾"。箋引《內則》以合於世子之禮，故云世子昧爽而朝，亦櫛、纚、笄、總、拂髦，疏引《喪記》"脫髦"，明知不合而曲就前說，謂共伯死時僖侯已葬，脫髦久矣，仍云兩髦者追本父母在之飾，亦知強詞難恃，末復引《玉藻》云"親沒不髦"，則是自相矛盾，其說兩歧矣。髦爲我特，髦爲我儀，決絕之詞，非追述之情。證以序言"蚤死"，決屬不禄、早卒，而疏又遷就以不得爲君爲蚤死，遍證經傳，無此名詞，其誤自不待辨。則共伯爲世子而早死甚明，正惟僖公尚存，故詩稱"髧彼兩髦"，指其臨沒之容，以證終身之誓。此詩單簡，誦而聽之，恰似哀詞，可以觀矣。

《牆茨》，前說已及。《君子偕老》，序"刺衛夫人"，即宣姜，後序釋之云"夫人淫亂，失事君子之道"，故陳人君之德、服飾之盛，宜與君子偕老也。此篇續序之文最得經意。上言直斥其非，下言乃結論曰"宜與君子偕老"，此詩全篇皆稱宣姜容飾之美，描寫盡致，而先以"子之不淑，云如之何？"結以"展如之人，邦之媛也"。"如之何"與《論語》同詞，"邦之媛"與《韓詩傳》"結援大國"同詞，可以觀矣。

《桑中》，刺奔也。續序："衛之公室淫亂，男女相奔。至於世族在位，相竊妻妾，期於幽遠，政散民流而不可止。"此詩無異義，全以序義爲注腳。公室之亂相觀於宮闈，世族之亂相觀於公族，在位之亂相觀於世族，國民之流相觀於在位而不可止也。嗚呼！可以觀矣！俗學徒知桑閒濮上之爲亂也，夫亦思桑閒濮之何以獨亂？其必責於有政矣。不然則民自亂耳，（河）[何]①干國事，乃曰"亡國之音"乎？

---

① 何：原作"河"，據文意改。

《鶉之奔奔》說已見前，主《韓詩》說爲左公子泄、右公子職刺宣公之詩。

《定之方中》，美衛文公也。續序：“衛爲狄所滅，東徙渡河，野處漕邑。齊桓公攘戎狄而封之，文公徙居楚邱，始建城市而營宮室，得其時制，百姓說之，國家殷富焉。”此篇以揆景、占星始，以“騋牝三千”終，而中提“升墟”“望楚”，則含有天文、地輿、畜牧三類科學，即就箋疏所徵引，亦已繁博，但尚多異同。今就所聞天文、地輿、畜牧科學之濣者，略舉一班，別爲《詩經志小》，另次爲篇。下學期詳說，茲講變風三什，已更僕難終，先撮要義略說如後。

《定之方中》至《干旄》在毛傳爲文公中興以後詩，三宗義不同，愚見仍主毛義。惟《載馳》《淇水》《竹竿》三詩爲許穆夫人作，前說已具大旨，主於魏默深氏。三家詩說其不主者如魏說黎夫人三詩，及以《干旄》屬伋、壽諸義。既不主之，亦不必辨。推尋詩義，《鄘風》之可言者在《定之方中》一詩。以社會觀念之心著人主中興之迹，《左傳》所稱“大布之衣，大帛之冠，務財訓農，通商惠工，元年三十乘，次年乃三百乘”是也。

《定之方中》測星，即擇時月也。揆之以日，揆度日景以知東西南北，即擇日以定向也。先築主屋，然後環布樹籬，建造之德然也。故樹之榛、栗、椅、桐、梓、漆。榛、栗則贄也，食也，旨蓄也；椅、梓則斫也，削也，木頭斗拱也；桐、漆則樽俎、琴瑟也，室家之用備矣。齊桓公攘狄而封衛，亦以觀其自立何如耳。方其始事則未嘗以成國，詩之於是衛文經營繼縷，有可觀矣，乃得列於諸侯。升墟而望故都，降觀而綢桑土，“卜之云吉”者鄰國亦交與之矣。於是乘靈雨而聖駕，編履勘於桑田，樹藝既成，然後畜牧乃從此發生，騋牝三千，蔚然興國，此《左傳》之所由稱也。此一篇之中而務財訓農、通商惠工皆具，或謂商不見焉，不知商之事乃通於農工之事也，舍農工交易之外，別無所謂商也。有國家政治觀念者於是可以觀矣，可以興矣，可以群矣。

《衛風》以《淇澳》爲首，則美武公和之德也。見於《禮記》所引說，乃由王政退而諸侯代政，其旨甚微，講入《小雅》再爲詳說。

二《南》、《邶》、《鄘》、《衛》，《大序》既明，則正風、變風之旨義皎然明白。以一人之事係一國之本，人倫政治，國政由家政演成，家政爲國政之標本模型。其組織政體，首在正夫婦之倫，定男統以正血統。由此生子娶婦、立家人嚴君之道，衍爲尊卑長幼之序，詔以相生相養、疾病相扶持、死相送終之道，成爲家庭之秩序。因此小模型推廣爲大模型，以立國政。橫推其例，以夫婦之義比例爲君臣之義；豎推其例，以父統家，以君統國；互相比例以血統自然之團體爲標本，組合人群之團體。規定其秩序，仍以相生相養、相扶持、相送終人生所必要之原質，爲之區分等次，成爲國體之機關。於是家國兩義乃爲人人意中所有，而家國兩字之界說不煩解說而爲人人意中所識。近西學說以國家爲契約結成，又謂先有此國家機關，然後組織以成政體，不知所謂契約結合乃從單位之一個人_{英語謂之么匿}。與一個人之交際起點，正足以表示彼中人倫不備，初未嘗有家道，所以經從單位之一人直進位而合成一部落。_{英語謂之圖騰。}此後兼并漸廣，聚群漸多，即以此爲其立國之體質，與我中國書契以來組合之人倫政治國體絕不相謀。_{中國開闢最早，開化最先，彼中所謂由么匿而進爲圖騰，爲書契以前所歷過之時代，去黃帝世已遠。}

其所謂先有國家機關，更屬憑空臆想。假使世界無人，并無動物，惟有植物流質定質，則國家機關從何而生？有人爲動物之靈，聚人成國，然後逐漸發生立國機關。聚人成國，容或可以取動物之群居爲人事之比例，而斷不能取植物流質定質之宗生并育爲國體之寓言，其謬不待辨而不難辨也。動物如蜂蟻之屬，西學說安好取以爲人群立國之比例，不知□□□知識短少，故其知能億萬相同，經古不變，與人道之智愚賢否萬有不齊，進化退化，歲道月易絶不能，此《天演論》以篾□托喻，開口便錯矣。據此推理，則中國立國之原質與外國截然兩道。中國爲君子之道，故造端乎夫婦；外國爲小人之道，故二君而一氏。"君子""小人"名詞爲孔子所發明，其本位名義爲在位與在野之分別名詞，即文野兩義之代表。孔子修訂以後，發明其義，亦仍由本義推廣其界說，即《左傳》所云"鄙人曰'父母何算焉！'都士則知之矣"，即"君子""小人"名詞古今義之過脈語也。後來說經家不甚深求訓詁，文史家沿襲口禪不求甚解，過於半說"小人"二字之名，因而誤解其義，以"小人"爲惡人之稱。界說不明，人人皆行小人而以君子，當知小人非賤惡之稱，不過凡民固有之本質。然□□□而□□而君子之道難能可貴，古訓之證據甚多。今□略發其義以□□後再爲詳說。惟其學界學說不明，以致學術日卑，君子之道日消，不能以治其國，小人之道日長，以至今日群起而慕之，非一朝一夕之故，其所由來者，漸也，由釋之不早辨也。

《詩經》"二《南》"大義，化家爲國，即謂造端夫婦，男女以正，婚姻以時，故曰："人倫正始，王化之基也。"及於王道□而變風作，《邶》《鄘》《衛》之所陳，皆述人倫之變，亦皆始於夫婦之倫，前期所說詳矣。至《桑中》而見其舉朝上下寡廉喪恥，極風俗之變，潰男女之防。《蝃蝀》乃質直言之曰："乃如之人也，懷婚姻也，大無信也，不知命也！"《相鼠》又極言竭詆，大聲疾呼曰"人而無儀""人而無（正）[止]①""人而無禮"，詛之以死爲痛絶之詞至詆。六章則其詞愈煩，其情愈苦，其事愈可悲歎。乃直述當時王化不行，婚姻禮廢，民閒自由結婚卒至中道相棄，所謂以此始者亦以此終，乃必然之理也。《有狐》乃此段之終結，《楊》②變風之尾聲。男女自由婚嫁則中路相棄者多，失偶者又自相求。寡婦鰥夫不思舊姻，各求新特，不待百年，此其戒矣。爲狄所滅，乃天道之宜然，非生民之不幸也，自取之也！夫民猶是文武之遺民，而所以至此者，國君之失其德，自壞人倫，有以率其臣民以至此也。夫國君猶是文武王澤之遺，未嘗不被先王之教，而所以至此者，上無天子，下無方伯，肆意縱情，破滅禮法，而天子莫之責，方伯不能問，諸臣亦莫敢諍也。故序《詩》之旨，以二《南》當二伯，《邶》《鄘》《衛》當三監，明王者統治侯甸之法，而以《木瓜》殿《衛風》之終焉。亂極而思治，明王政之可筱張，伯討之有功，由正而變，由變而反正，尚賴有王官之制度存也。夫天子猶是承文武之遺，而王靈不振，王官不治，遂至於此者。夷王殿受賄之門，納頃公之賂，亂錫命嗣封之次，無以治侯甸分土之君也，此變風"仁而不遇"之詩所以始於衛頃公之世也。

《蝃蝀》質言乃如之人懷昏姻，直斥國人不遵法定昏姻年期，感蝃蝀之淫氣，惟匹耦之是懷，相習成俗，而國人亦莫敢指斥其非。朝爲行云，暮爲行雨，曾不思女子有行，辭家而適人，從此與父母兄弟日遠。禮，"三日不息燭，思相離也"。乃不待父母之命媒妁之言，所謂"不知命也"，所謂"大無信也"。而六禮之不行，更不待言也，所謂"士之耽兮，猶可說也。女之耽兮，不可說也"。

《相鼠》，魏氏《古微》謂爲夷薑之詩，所言《詩》次不合，今不從其說，仍當與《蝃蝀》義同。詩人知禮者，目睹政俗之日壞，趨愈下，舉國若狂，蔑倫棄禮，故爲此決絶之詞，寧死不願見舉國之有此行也。

《氓》六章詞最顯，歷叙如繪。其爲自由結婚，中道相棄，不待詮釋。按傳箋説皆可證明，始於"來即我謀"，終於"亦已焉哉"。以視《柏舟》見棄之詞，溫柔敦厚又慷慨激昂，情詞

---

① 止：原作"正"，據《詩·相鼠》改。
② 楊：疑作《木瓜》。按《詩經·國風》最後一首爲《木瓜》

迥不侔矣。兩章皆文煩不殺，細味文詞，不煩箋注可以觀矣。

《有狐》詞簡，但言知可無裳、無帶、無服，而以狐托興，其義亦顯。綜以上四章，爲正風之反對，而政治之治亂興衰，詢言即見。《邶》《鄘》《衛》三什既皆衛詩，除詠三朝變亂事實外，其述民風者專言男女昏姻，此外惟《定之方中》《淇澳》《木瓜》之詩爲美詞箸官之政也，別説於後。

前説三監王官之制，於《旄邱》責衛伯，見東遷以前之方伯失其官，著風之所以變。於《木瓜》見東遷以後之伯討能舉其職，有攘狄存衛之功，行興滅繼絶之政，與《定之方中》相應，明變風之可以反正。使其時有明王作，復修先王之政，爲武丁、周宣之中興，易於反掌。將見王化復行，王官復舉，有治人以行治法，亦賴有治法斯不難得治人。此《春秋》之所以志也，所謂《春秋》經世先王之志也。荀子説有治人無治法，近日新學界又編主治法，不待治人，皆一編主之論。《淇澳》一篇爲美武公，《大學傳》引而釋之，證以"前王不忘"，又申釋之曰"君子賢其賢而親其親，小人樂其樂而利其利，此以没世不忘"，似與本詩之義不相應。説者不知其所指，以經例推求隱義，乃因衛武公能舉王官之職，詩人歎美王政制度之善。得人而政舉，雖中衰之時，人心係於先王之澤，在上位者有君子之人，能修君子之道，其在位之君子，服習先王之禮教，自易相觀而善。賢其賢而親其親，則其下之小人，自相安其樂利。親親之殺，尊賢之等，禮之所生。親親、賢賢兩大綱，即制禮之兩要素，證以今言，即禮教之兩種原料也。親親而知其殺，尊賢而別其等，即禮制度數等殺之精，所謂人義等殺之精也。親親、賢賢指禮教而言，其賢、其親、其樂、其利，其字皆指先王之政策，即前説人倫政治是也。人倫政治之政策、組織支配，祇以親親賢賢之道，專課於在位之君子，所謂禮不下庶人。其所以爲小人謀者，但爲之謀樂利，自製其田里，教之樹畜，以至屬民讀法而觀治象，所以爲養者織細畢具，所以爲教者乃粗淺普通而已。萬無悉舉塗手沾足之民，舉令澤躬於禮樂，束身如圭璧之理。世亦豈有人盡君子而無小人之國？文武之政，布在方策，即指《周官》，可按而知也。故曰小人樂其樂而利其利，其樂其利，皆先王之政策所貽也。其所以貽君子者如彼，其所以貽小人者如此也。禮之大經，尊賢之等以親親之殺爲比例，而親親之教又以孝爲根本。如謂者言不信，試證以《孝經》自"天子之孝"至"庶人之孝"分章。其《士》《大夫章》所以責其孝而課其行者，如何之委曲而繁重，至於《庶人章》則曰"用天之道，分地之利，謹身節用，以養父母，此庶人之孝也"，如此簡易，便已完其分量，可以悟矣！自經術不明，混君子小人而一之，於是君子小人不能分矣！於是僞君子真小人彈冠千千而來，塞滿賢路，據於上位矣！於是君子失職，賢人在野矣！於是天地閉賢人隱而君子道消，小人道長矣！先王修禮樂之教，立君子之道，其所以委曲而繁重者，專爲在位之君子而設也。課其君子以實行禮樂之實，其小人但令觀感，自知不如而安分守己，享其樂利。即今詞之言幸福。

故曰"示民不佻，君子是則是傚"，非君子即不能望以則傚，但以此示之，使知不佻而已。是以《淇澳》美武公，專提"有斐君子"，《大學》所引作"匪"，正字，"匪"借字也。謂文質彬彬，斐然成章。篇中所述切磋琢磨、赫咺瑟僩、如金如錫、如圭如璧，皆稱其一己之德，無一字及於政，亦無一字及於民。而《大學傳》引而釋之曰"盛德至善，民不能忘"，申之曰"前王不忘"，已似不倫不類；又申之曰"君子賢其賢而親其親"，而繼之曰"小人樂其樂而利其利，此以没世不忘"，又若下言不應上語。治經當於塞處求通，疑中生悟。正惟君子自躬行其禮教之實，新又日新，精益求精，并不以責諸民，而但奉行先王之政策爲小民謀其樂利。小人但觀感於其君之盛德至善，而因知爲先王之盛德至善所貽留，所享之樂利，無非先王之所賜，是以"没世不忘"。此《大學》釋《詩》之大義，即夫子説《詩》之微言也。結章於稱頌盛德，擬於圭璧之後，點出"寬兮綽兮"一語，終以"謔而不虐"之言。揭明臨下以簡，御衆以寬，不責於民，行其在我。雖含有以風諷下之意，而仍具謔而不虐之情。嗚呼！可以興矣！可以觀矣！可以群矣！

詩美武公之行，何由知爲美王官之制也？以"猗重較兮"之言知之也。重較，卿士之車也。命諸侯有德有功者，入爲王朝卿士。卿士，王官之職也。見於《詩》《左傳》《國語》。其制詳見杜著《周官表注》。

《載馳》《泉水》《竹竿》三詩，皆許穆夫人閔衛傷亡之詩，《笤蘭》爲刺衛惠，《河廣》爲宋桓夫人發情止義之作，愚意皆同於《詩古微》之説。魏氏徵引考證詳矣。《碩人》非美詩，乃莊姜傅姆諷諫之詞，《韓詩》説最爲確據。默深稱引亦最完備，然則衛之三朝變亂始自莊公，而有以啓其端者，莊姜之過也。莊姜之過微而其啓，莊公之惡以成衛國之禍者大，由於不以禮義制情，以致墮壞法度，夫婦失其道而禮教從此衰。諸侯之禮，一國嫁女，二國往媵，各有親娣姪從。先其娣姪後及左右媵，及左右媵及左右媵之娣姪，一人有子三人緩帶，於屈女性正男統之中亦并正女統。重嫡係，故曰"立嗣以嫡不以長，立長以貴不以賢"，又曰"子以母貴、母以子貴"。嫡夫人與君爲敵體，嫡貴，故所生之子貴，是爲子以母貴。若嫡無子，則嫡之娣姪所生子亦如嫡子，故依次得嗣立，雖妾母亦得繼爲夫人。《春秋》書"夫人子氏薨，葬我小君成風"，與嫡禮同詞無所貶，是其義也。是爲母以子貴，所謂"一人有子三人緩帶"，重嫡之義與逮下之情融合一片，而家國之道由此而成，世係之道由此而廣。莊姜不見養而無子，至其娣姪亦不聞有子，以《碩人》之詩推求當日情事，蓋初來驕縱專寵，無逮下之德而有蔽賢之行，致煩傅姆之諫其詩曰"大夫速退，無使君勞"，總之曰"庶姜孽孽，庶士有朅"。禮使人親，大夫退然後適小寢釋服。今夫人專恣竟可傳語"大夫速退，毋使君勞"，先自失禮忘敬，惟驕四牡翟茀之華，揚巧笑蛾眉之美，故以"碩人敖敖"爲起下之詞，而以"庶姜孽孽"示諷刺之意。敖敖，傲也；孽孽，三家作"巘巘"，《爾雅》訓戴也。孽孽猶嶷嶷，巘巘猶岳岳，皆形容竦側之意，其不能逮下可知也。與"肅肅宵征""被之祁祁"詞氣迥乎異矣。朅即竭，殆也。大夫且令速退，則群士之執事於朝者殆矣。夫夫婦之倫以義爲重，以色授者恩深難恃，愛極則遷，此人情之常然。聖人先知之矣，當其年盛則專己蔽下，及其情過境遷則寵移新愛，時不可追矣。己既無子，娣姪亦無從緩帶，莊公乃得援出而不去之例，舟聚屬媯，故曰莊姜有以啓之也。當其去文武之世未遠，被周召之澤孔深，以懿親之諸侯如衛，而若干名犯義、非禮自專，亦殊不易。必仍援據禮文，假公以濟其私，然後莫餘毒也矣。故以諸侯而犯停妻再娶之大法，天子不能責，方伯不能向，諸臣莫之敢諫也。而禮教之衰自此矣！可以觀矣！

《衛風》三舉碩人，而以碩人爲稱詞，指國君夫人，自以碩人詠莊姜爲詞主。據詞推例，《簡兮》之碩人亦指夫人，而《考槃》之碩人不得別解，明矣。此詩四家、古今詩説皆存疑不能甚解，今斷以"碩人"二字與《碩人》相次爲刺女謁行而賢人隱之詩。

正風二《南》，變風《邶》《鄘》《衛》講貫已畢，於夫子訓《詩》不學面牆、可以興、視、群、怨、邇事父遠事君、學《詩》能言可使專對，王化之興何由自家而國，國風之變何以自國而家，大略具矣。此後各國變風推求章句，有諸家之説在，推求大義有鄙人演説，稱引後師以勘合先師毛、鄭之義。在學者由大義以尋求章句，不必逐篇講貫，如初級小學之講授，直須講至《雅》《頌》始有更端。但《詩譜》次叙王風與三家之次第同，而與毛詩之次第異，说經家自歐陽永叔以下於此亦聚訟莫解。歐公非經學家，原不必稱引。因漢以後説《詩譜》者自永叔始成爲學説，亦文學家説經之祖，故閒及之。魏氏《詩古微》①於此亦主三詩，引《詩譜》爲證，駁《毛詩》次叙不當。第就《詩譜》論之，其傳本次第是否鄭君原本無可取證。何則？《詩譜》本注非有如《序卦傳》"故次之以其某"之文，則其篇第可移，不得據所見之本以爲原本之次也。又非有如《藝文》注説"以某篇校某篇脱簡幾字者""錯簡亦幾字""以某家校某家脱某某字也"。然則治《詩譜》祇能據以解詩次之原理，不能據以證原書之篇第也。《鄭譜》本非爲目録而作，更非爲目録考訂而作也，然則何爲而作？爲注解章句，就篇目而引一旁助也。以《譜》證《詩》，亦以《詩》證《譜》也。

　　前如歐近魏，皆先讀《譜》，故誤以《譜》爲主。魏學博於歐，故所引三家詩説以證《鄭譜》，而駁毛序説較有據。欲知其誤，仍引《鄭譜》以正之。按《黍離》，鄭箋云："幽王之亂而宗周滅；平王東遷，政遂微弱，下列於諸侯。其詩不能復《雅》，而同於國風焉。"《王》之降爲風，由平王東遷以降，三家既無異詞矣。據《左傳》言周之東遷，晉鄭焉依，晉以後列於伯，故詩次不與鄭相次。據王風之末《丘中有麻》"美留子"，《史記》載史伯謂桓公曰："雒之東土，河濟之閒可居。地爲虢、檜，其君貪而好利，百姓不附。公爲司徒，民皆愛公，誠請居之。虢、檜之君見公用事，輕分公地，虢、檜之民皆公民也。"桓公言於王，遷其民於洛東，而虢、檜果獻十邑。《鄭風》首《緇衣》，傳云"美武公也"，後序云"父子是爲周司徒"，鄭云"父謂武公，父桓公也"，正與《史記》所紀之事實相合。上篇之終以啓下篇之首，其文相次，正以相起。上無明天子則民思賢侯，王化不能下逮群，乃各專政。必《王》降爲風，而列國之風始變。又必二伯三監之官廢，而後《王》降爲風也。此二《南》之正風將變，次以《邶》《鄘》《衛》；《邶》《鄘》《衛》之後，次以《王風》；《王風》之後，次以《鄭風》，次第了然，無庸致疑者也。此鄭君所謂其詩不能復《雅》，而列於《國風》之義也。自《鄭風》以降，皆東遷以後之詩，按序可證，按詞可釋，證之《左史》，無不相符。然則就《詩譜》所（所）②説"其詩不能復《雅》，而同於《國風》焉"，正以見"雅"爲樂之專名天子之所出政，王化之所由施，所謂禮樂自天子出。樂與禮爲一事，行禮不必定爲樂，徒鼓不必行禮，惟教禮習樂必合爲一。審音定譜必本於禮，爲教育之統系。其次乃以樂賜分土而治之諸侯，俾得奉宣王化，謂之《小雅》。至於王朝不能復《雅》，其詩同於《國風》，則諸侯國自爲教，王國亦自下同於列國，則《王》降爲《風》矣。《王》降爲《風》是爲《大雅》道廢，即所謂不能復《雅》而同於《國風》，於是乃臚陳列國之風以著禮教興廢之由，而其時之國異政、家殊俗附見於篇。然天子失政，政在諸侯，顧諸侯猶屬分土之君，原受先王之命以分治斯土，又受賜樂之權以主行教化，是謂禮樂自諸侯出。有賢侯知禮，猶得秉周禮以行王官二伯之政，齊桓、晉文是也。至於《小雅》盡廢，則四夷交侵，禮教從此漸滅殆盡，而《國風》亦亡矣，是謂《詩》亡。《詩》亡者，禮教亡也。禮教亡則王澤竭，不能以教養安萬民，而兵刑之政復起，故曰："《詩》亡，然後《春秋》作。"《春秋》者，兵刑之法典也，即平戰條規也，即公法也，亦王政之所固有。而當禮樂盛興，萬流歸化，則謹修其事，措而不用；及其禮樂兵刑交戰，則有變風之時代，爲治亂之過渡時閒；洎夫禮樂道消，即不得不專用兵刑爲治矣。此知變風之次，《王》不得次於列風之後，有斷然也。

　　《黍離》三家有異義，魏默深據三家説指爲伯封所作，牽合《二子乘舟》以爲公子壽之詩，

<hr>

① 《詩古微》：原作《詩大微》。按魏源所著《詩經》著作爲《詩古微》，據此改。
② 此處原衍一"所"字，據文意刪。

變亂篇第殆不可從。今依本經師承小序，標明"閔宗周也"，此後《君子陽陽》《中谷有蓷》，皆祇言"閔周"，而不言"閔宗周"，可見此序不可移。正以著東遷爲《王》降爲《風》之鐵案。有東周而後著其爲宗周也，詞意甚明，章勿無待疏釋，惟三家説"見稷而以爲黍""見穗而以爲實"寫憂心目盲之情形，説較毛義爲長。箋云"此亡國之君，何等人哉？疾之甚"，即諸葛君云"先帝在時，每與臣論及此事，未嘗不歎息痛恨於桓靈也"。《麥秀》之歌言彼，《黍離》之詩言此，其義一也。

《君子於役》，刺平王也。

《君子陽陽》，閔周也。君子遭亂，相招[爲禄仕]①，全身遠害而已。

《揚之水》，刺平王也。續序云不撫其民而遠屯戍於母家，周人怨思焉。

以上四篇皆詞意甚明，無待再爲疏證。惟《揚之水》後序與詩詞相證，不恤其臣民而惟願其私親，是爲君不君則失其所以爲君，此東遷之所以夷爲列國也。非王室之不咸，實平王之自取也。申侯以犬戎滅周，雖幽王之自取，亦申侯之不道也，平王有以致之也。

《中谷有蓷》，閔周也。續序云夫婦日以衰薄，凶年饑饉，室家相棄爾。

《兔爰》，閔周也。續序曰桓王失信，諸侯背叛，構怨連禍，王師敗傷，君子不樂其生焉。

以上兩篇序文同爲閔周，而續序分析其旨，前篇爲女怨，不樂生於其家；後篇爲臣怨，不樂生於其國。所謂妻道、臣道其義一也，總之爲不聊生而已。至於啜泣而嗟何及，但願長寐而不願覺，聽則不忍聞、不忍睹，幽咽然。亂至此爲極，桓王伐鄭，祝聃射王，君不君臣不臣，禮教凌夷，君臣道廢而邦分奔離析矣。

《葛藟》，王族刺平王也。周室道衰，棄其九族焉。按續序謂周室道衰乃指禮教衰廢，全詩大義固如此，不謂其他也。九族者，禮制之大倫，親親之統系。親親以三爲五，以五爲九。謂父、子、身爲三；由父以溯父之父、由子以推子之子，是謂以三爲五；父之父爲祖，祖更有祖，子之子爲孫，孫更有孫，是謂以五爲九。上殺、下殺、旁殺而親親之道備，由此以生五服之制。親盡於上則服單於下，禮教之防不慎，男女之辨不明，夫婦之倫無別，則有烝隱淫佚之行，而血統將亂。血統亂而世次壞，九族不能親矣。傳箋所主義殆淺，證以經詞亦不合。"謂他人父""謂他人昆"，辭微而顯，"謂他人母"，其辭益微。據考經傳，平王尚無瀆亂之行，而假母家以召我、棄臣民以戍申，其不知禮無宗道概可想見。君者，國之宗也。君無宗道，棄其九族，世係之紊亂，由此而血屬之統亦危，不可不防其漸，是以其旨遠而其詞微。

《采葛》，懼讒也。鄭云："桓王之時，政事不明，出使者則爲讒人所毀。"傳云"一日不見於君，憂懼於讒矣"，夫臣之憂讒，由於君之信讒。勞臣勤於外，而讒人間其內，君子所傷，賢人所去，莫冤於此。故托興於采葛以爲衣，采蕭以供祭，采艾以療疫，詞婉而意深，詩之所以爲諷諫也。

《大車》，刺周大夫也。續序云："禮義陵遲，男女淫奔，故陳古以刺今。"大夫不能聽男女之訟，此與《召南·行露》《甘棠》相反應。大夫巡行於國，聽決訟獄，此王官之職然也。傳舉周禮大夫四命，其出封加一等五命，比於子男，據下大夫而言，解出封爲出疆。疏釋大車爲革路，引《周禮》子男之服，自毳冕而下，皆申傳義。《列女傳》《魯詩》説此爲息夫人之詩，魏默深申其説謂息爲畿內之國，故附諸《王風》，於末章有證矣。而無如上二章，詞尤難通，然則息嬀之事在此詩之後，仍是引詩以自明，非此詩之本事也。

---

① 爲禄仕：原脱，據《詩·王風·君子陽陽序》補。

《丘中有麻》，思賢也。據《毛詩》義仍是傷今而思古。《詩古微》據《韓詩》義引《公羊》《國語》《史記》，則信而有徵，與經詞亦合。

《詩譜》世次，三家不同，與《毛詩》次叙之異點，自歐公以來，諸家聚訟。要而言之，則以《王》次《豳》前，《鄭》次《檜》後，異義由此而生，篇第由此而亂。近魏氏偏主三家詩説，遂以《黍離》爲伯封所作，則應在《邶》《鄘》《衛》之什；《丘中有麻》爲故《檜》之詩，則非《王風》之什所有。推究所原，無非據《國語》《史記》，以傳合《左傳》，依某國某公世次先後爲説。《詩》之依據，一言以蔽，不外于以史證經。據《孔疏》所稱，鄭因虢、檜之地而國之，而檜亦有詩，既譜檜事，然後譜鄭，故先言有鄭之由而後説得檜之事，則似鄭君《詩譜》亦屬《檜》列《鄭》前。又疏解《鄭譜》"武公又作卿士，國人宜之，鄭之變風又作"，謂對上《檜風》已作，故云"又作"。雖不必得鄭君之意，然據知孔沖遠所見《詩譜》次第，《檜》在《鄭》前也。自《孔疏》以來，據史證《詩》，其之於世次而有不合，乃又從而爲之詞，故《孔疏》於此直云由於爛脱失次，引《鄭志·答趙商》爲解，其實所引鄭者即誤會鄭意。按《鄭志·答趙商》云："《詩》本無文字，後人不能盡得其第，録者直録其義而已。"鄭君之意，謂《詩》本不指陳事實，故云"本無文字"。"後人不能盡得其第"者，謂其作詩之初，孰先孰後之次第，後人本不得逐篇而指定之，録者謂子夏序《詩》秉承於夫子之所録，_{《公羊傳》義有思録、隱録之義，即此録字之解。}直録其義謂"以義相次"。_{即《春秋》貴義不貴事之旨。}《孔疏》誤解乃云如志之言則作序，乃始雜亂，不知鄭君之意正謂作序乃始次第。《孔疏》所言，適與相反，今主《毛詩》，不得據三家《詩》次異同，更於通處求塞。因三家《詩》説殘缺不完，其次第不同或別有義，而其遺説不見，不得申彼絀此。若如魏氏所稱，據史家世次爲篇第先後，依大師采詩之次，一歸於舊史所遺，則失刪訂之旨，不必從矣，即無庸論矣。緣孔沖遠所見之本有《檜》次《鄭》前，不必定屬鄭君原本。鄭君爲《毛傳》作箋，初無改定《毛詩》篇第之文也。

《緇衣》，美武公也。續序："父子并爲周司徒，善於其職，國人宜之，故美其德以明有國，善善之功焉。"鄭桓、今武公父子相繼貳工室以謀奪檜、虢十邑，事具於《左傳》《公羊》《國語》《史記》，《鄭譜》《孔疏》引證甚詳。桓處幽王之亂，朝不能諫救，僅能死事犬戎之難以塞責。明知王室多故，陰謀於史伯，寄帑賄於虢、檜，不忠莫甚焉。武公與平王東遷，王室由此卑，王綱由此墜，惟知取十邑以爲己謀，惡在其能舉司徒之職也。《左傳》又稱武公爲平王卿士，王貳於虢，鄭伯怨王，至於交質，是王臣之不忠於謀國者，發端於鄭桓，諸侯之甘冒於不臣者，倡首於鄭武。據當時事實，正與《詩》説相反。顧好賢如《緇衣》，雖三家無異義，此閒有大疑，當於疑中生悟。王官失其守而變風始作，《邶》《鄘》《衛》之責在三監是其義也。王官舉其職，而變風倖存，《緇衣》之美及武公是其義也。武公本不足美，桓公本不足述，雖然，先仁而後義。桓公爲司徒，當幽之失道也，雖不能救，猶能死之。武又繼爲王官，值顛沛流離之際，雖不能復康王室，猶能勉圖國難，東徙避戎，周室得以偏安，而不致遂爲犬戎所裂，故傳曰："周之東遷，鄭晉焉依。"此《詩序》之所以專舉美武公，明變風係東遷以存王迹也。續序并稱父子爲周司徒，推及桓公，明其死事爲不失王官之職。至於桓、文既没，而變風亦亡，則王者之迹熄矣。

詩詞以《緇衣》托興，箋據禮制，知爲王卿士居私朝之服是矣。顧又訓"適館授粲"爲公館埰地，則上下文意不能貫通。《春秋》有文與而實不與，此詩之詞與序文之離合是也。"予"指司徒，謂政由己出；"子""子大夫"，指所引置之賢也。

《將仲子》，刺莊公。子勝其母以害其弟，弟將失道而公弗制，祭仲諫而公弗聽，小不忍以致大亂焉。

《叔於田》，刺莊公也。叔處於京，繕甲治兵，以出於田，國人說而歸之。

《大叔於田》，刺莊公也。叔多才而好勇，不義而得衆也。

右三詩即《春秋》之首案也。詩所陳，即《三傳》所述"鄭伯克段於鄢"之事。聖人明倫立教，首重親親之倫。親親之道於義則合有等差，於恩則誼同厚薄，著於《喪服》之經，見於《詩》《春秋》之義。服同者其報服亦同，明其恩同厚薄，而後以義裁之。故於《喪服經》著其正降，其正等則子爲父母三年，父母爲嫡長子亦三年；婦爲夫三年，夫爲妻亦三年；猶子爲世父、叔父期，世父、叔父爲兄弟子亦期；兄弟互相爲服，皆期。然後以義裁之，家統於尊，爲尊厭降。父爲子當服三年，而降爲期者，以己之尊厭降之也；夫爲妻三年，而降爲（妻）[期]①者，亦以己之尊厭降之也，父降，子亦從而降，此義其隱，故禮，父在，爲母期。是爲本支正親。其兄弟伯叔，非爲旁支，故云旁期。禮，諸侯絶旁期，明其正服當期。恩無厚薄，而國人不得以其戚戚君，立君之義，以統其國，故諸侯於其兄弟伯叔有期之服，而以禮絶之，即以義斷之也。但絶其服，而仍著其文者，明其義殊而恩不殊也。故二傳於晉侯殺其世子申生，發明經義曰："殺世子、母弟，目君。"目者，直數之也。稱國爵者示如外人，猶曰'有如此不視其親者'，是直形同路人也。目君者，責君也。《左傳》於"鄭伯克段於鄢"發傳曰"稱鄭伯，譏失教也"，謂母弟有不義非法之爲，當先以親親之道愛而教之，以國君臨之，以友道畜之，未有不能禁制其惡，而竟致終成於殺者，故云謂之"鄭志"，言鄭伯之志成於殺也。故縱之爲不義，而坐實其罪以殺之，與《公羊傳》"猶曰取諸其母之懷而殺之云爾"，其義互相發明。自漢以來，三傳爭訟，其時《左傳》初出，傳習者少，無怪其然，惟鄭君兼通，故排其墨守。後學不細覽古訓，誤以鄭君爲反對二傳，不知鄭君正屬兼通，所以排其墨守一家，而不求異義之所以然者，乃有排墨守之作。二家以《左傳》爲膏盲之疾，故又作《箴膏盲》。古文詞簡，意多隱晦，學者自不求甚解，由此以譌傳譌。以愚見研究，三傳相通，正如互文相備，不細與本朝諸家異趣，直以爲不難平兩漢經師之難也。

人倫道消而變風作。人倫即王政之元樞，禮教是也。夫婦之倫先壞，次及兄弟之倫。有殺母弟，然後漸積天性之恩日薄，而人倫之禍日深，乃有殺世子。故春之元，公及邾儀父盟於蔑，表隱公之讓，以字邾儀爲賢，賢其能與公盟，示《春秋》託始之義。次即首誅鄭伯殺母弟之罪。二傳以稱段爲當國，《左傳》謂段不弟，故不言弟，如二君，故曰"克"。如二君，即二傳當國之義。王降爲風，而鄭乃從楚，此《春秋》之所以托始，而《詩》次之，所以《鄭》次於《王》。段不弟，鄭伯不友，王政所當誅，此《春秋》所以比次於賢邾克之後，乃《春秋》之治獄也。

前說《緇衣》逮王官之義與《邶》《鄘》《衛》寓王官之制，其文相起，爲歸結王官大義。前案此三篇與《春秋》書"鄭伯克段於鄢"文亦相起，起文乃《春秋》之例，即屬詞比事。屬者上下文相屬，比者前後事相比，即裁判引律比案之義。爲《詩》亡然後《春秋》作張本也。

三詩之事實，三傳特詳，亦爲《春[秋]②之判決第一案，故詳哉言之。《左傳》於此條字字爬梳，過於二傳，實係解經，而非說史，與二傳同例。若猶誤《春秋》爲斷爛朝報，不求屬詞比事之作何解，決觀於此可以悟矣。近日禮教問題與新法律交訟，修律大臣猶引《春秋》"晉侯殺其世子申生"，暨傳"殺世子、母弟，目君"比決法理，卒令爭者持服，此其經義中

① 期：原作"妻"，據文意改。
② 秋：原脱，應作《春秋》。

242

之太倉一米，昆山片玉耳。若猶誤認《詩》爲太師之舊編，《春秋》爲魯史之書文，考據名物，盡經學之能事，而謂通經不足以致用也，觀於一鱗一爪，不可以悟矣。

篇中訓解所當尋求者，傳云"仲子，祭仲也"，箋申其義云"'踰里'喻言毋干我親戚，'折杞'喻言無傷害我兄弟"，此謂莊之志成於殺，而飾僞詞以拒祭仲也。祭仲乃王朝所命之監大夫，如齊之國、高二守。監大夫對於國君爲臣，國君對於監大夫視本國之卿尊有加而親則減，故詩詞云然。其詞氣與《大叔於田》"將叔無狃，戒其傷汝"相同，皆僞詞以欺國人也。鄭莊之爲人，乃奸人之雄也。

《清人》，刺文公也。高克好利而不顧其君，文公惡而欲遠之，不能使高克將兵而禦狄於竟，陳其師旅翶翔河上，久而不召，衆散而歸，高克奔陳。公子素惡高克，進之不以禮，文公退之不以道，危國亡師之本，故作是詩。此詩事實亦見《左傳》，不必贅詞，其必采此詩以列於《風》，且刺莊公、叔段三詩之後即爲此詩者，後序發明所謂"進之不以禮，退之不以道，危國亡師之本"。作此詩之旨，即序此詩之意也。君臣又失其道，已足召危亂而有餘，況棄其師，更自取亡之道也。此鄭棄其師，《春秋》之所以志也，故據世次在後，而舉義例則次於前，此又刪訂微旨之一證也。魏氏《詩古微》乃斤斤於世次，而其比諸篇之師説，通而蔽矣。《將仲子》之詩，著兄弟失其倫；《清人》一篇，著君臣失其道，皆括《春秋》科斷之案，以著於篇，其文相起。叔段養兵以謀奪國，鄭莊用兵以殘母弟，鄭文借兵以去強臣，高克棄師以危君國。夫兵者，諸侯以守其國，而佐天子以討不庭者也。列國各私弄兵，而軍禮壞矣，而搜伐且從此起矣。此與《衛風》"擊鼓其鏜"，又前後相起。此上五篇合爲一節，乃《鄭風》令什之綱領。《羔裘》刺朝以下，則統陳朝野上下禮教凌夷，風俗漸壞，不爲專屬一端事實。魏氏□三英之詞，博引《左傳》，證爲叔詹、諸叔、師叔三良，言辨而思深，足以立一意。

《羔裘》，刺朝也。續序云"言古之君子以風其朝焉"，原未指定爲何世之詩，亦未指定爲某事而作。魏氏《古微》據"三英"説爲"三良"，合以詩詞，有美無刺，義固通矣，但亦不得執以難毛義。小序祇言刺朝，後序亦見詩詞無刺，故申其義曰："言古之君子以風其朝。"箋再引《論語》"正其衣冠，尊其瞻視，儼然人望而畏之""守死善道""見危授命"。據鄭君義，主孔子刪訂之旨，六藝互相發明，與何邵公引《論語》釋《春秋》大旨相同。漢經師相傳，皆知《論語》多釋六經微言，明君子之道，爲六藝之總會，故《劉略》《班志》，列《論語》《孝經》《爾雅》爲一類，以爲六藝之提綱。否則作詩之時，尚無《論語》，不得引《論語》以說《詩》矣。其云自莊公而賢者凌遲，朝無忠正，蓋據下篇後序就莊公朝立說。亦推究變風之義，廢棄王官，變亂國典，自鄭莊始也。其實序於此以下三篇，皆統陳朝野失道，不必定指某公之世，何代之事。不妨此詩之本事爲三良而作，而序之次在此者，無下三篇統陳一國之事係一人之本，貴義不貴事，故子夏作序，不據國史，後學乃必據《左》《國》《世家》以攻《詩序》，未免本末倒置。

詩詞同者義相證，群經皆然。《召南》羔羊之皮應與此《羔裘》互證相起。箋於彼知羔裘爲大夫之服，於此説爲諸侯朝服，詞例相亂，蓋緣以傳釋侯爲君之義，遷就其詞。疏又遷就箋義，引《士冠禮》"主人玄冠朝服"，牽合《玉藻》諸侯"朝服視朝"之文，以證緇衣、羔裘是諸侯之朝服，不知《士冠禮》自以玄冠、緇帶、素韠屬士之朝服，與諸侯之朝服異等，不得誤稱一服。三代冠服之制，上得兼下，下不得兼上。每降一等，大夫之燕服，即以爲士之朝服。《記》稱羔裘豹袖，緇衣以襲之，麛裘青犴袖，玄綃衣以襲之，皆謂大夫之燕服。《論語》亦稱緇衣羔裘，又曰"羔裘玄冠不以吊"，次以"吉月必朝服而朝"。孔子從大夫之後，應用大夫之禮，故緇衣羔裘以晏居，但不以朝，而於月翔必易朝服以朝於君所。其文相次，明是二服。二章羔裘豹飾，即《記》之云羔裘豹袖也。三章羔裘晏分，明其爲大夫晏居之服也。傳以三英爲三德，乃指大夫而言。《書》"日宣三德，夙夜浚有家""日嚴祇敬六德""亮采有邦"。古義命爵以德，序官以賢，《皋陶謨》所陳即當時制定官人之法，有如《漢官薄》《唐六典》選官注考之法式也。今由東譯西之名詞，稱之爲資格。須知新詞之"資格"二字，非舊史文"循資格"之解。北齊立循資格，唐以來皆循用之。所謂資者，以積年勞爲資，如學堂之積日功課分數；所謂格者，以自下階洊升上階爲格，非量才器使之格。新名詞之資格，則據其人之學業程度而言。三代之政治，注重在德，其官人則以道德之高下爲次，是爲豎格而任官。惟賢位事惟能，《周禮》賢能之書，并舉賢者能者，則并注重橫格，其法最精密。今各國之政，注重在能，其官人則以學科之優絀爲別，是爲橫格。而一官之屬，約分長屬三等，則亦參有豎格之意。此古今中外政治升降之不同。今於法定官人之異點，如北齊以來之循資格，不足以得人才，而尚可以守成法，則其政治祇有消極，而無積極。今既不循資，又無所謂格，是謂用人無法，不知所云矣。《尚書》稱三德有家，六德有邦，即謂合於三德之資格者，法當有家，謂大夫受采爲家也；合於六德之資格者，法當有邦，謂出封受地爲諸侯也。據經法以推本經之文，三德明謂大夫，故云邦直、邦彥，君指邦君，則不詞矣。

《遵大路》，思君子也。此古決絕詞也。朱子《集傳》說爲夫婦之詞，就詞外而言，固是如此。朱子說《詩》，後學多指摘，謂其多指爲男女相悅相私之詞。不知先儒雖有誤說，後學當平心靜氣，審察所由。朱子即是細心諷誦詩詞，始一概屏棄舊義，而下此斷語，即前期講義所說治《詩》須知兼有詞章在內。詞者，意內而言外也。《詩》主文而譎諫，不主質說，故意內所思無涯，所指甚廣；而言外多托爲男女之詞，以夫婦之愚可以與知。譬如爲未嘗學問、未嘗知義之婦孺言君臣之義，其必一時茫然無從索解。喻以夫婦之感情，爲言君臣之契合，如美滿夫妻，嘉耦相得；國有賢臣而不遇於主，猶之室有賢婦而不見答於夫；君棄其臣，猶之夫棄其婦；至於臣去其君，猶之遇人不淑，不得已而下堂求去也，則聞者易悟矣。朱子之說《詩》，專就詞外而言，其失在此，而但就詞外，則古之爲詩者，沈思藻翰，固托於此，是其所得也。治經者所求通經，非爲博覽注家以備獺祭，亦非求通諸注說以資談數。故愚見主漢博士說經家法，治經不主義疏家法，繁徵博引，更不主宋元學派，專事排擊，務屈衆說，求伸己意。故疑諸家之說，於所見有關係者，始稱引一二，或破或申，皆以義明而止，其與所見無甚關係者，即不稱引。

可以群，可以怨也，是之謂遠之可以推於事君也。

《女曰雞鳴》，刺不說德也。後序釋爲陳古制，今固屬就文傳義。朱子以爲賢夫婦相警之詞，審察詩詞，甚爲切合。魏默深申其義云"射者男子之事，中饋者婦女之職，琴瑟者君子無故不去，是勉其夫以射御禮樂之藝，末章勉以親賢取友之行"，得其義矣。偕老爲夫婦之詞，與《君子偕老》《擊鼓》之"與子偕老"互文相證，此類即經傳名詞也。曾文正論古文始於造句，終於造句，此語爲治文辭之點精。經傳先造名詞，次則楚詞，次則漢賦，再次則漢魏六朝大家之詩，至於唐則杜、韓以前名家詩，猶能製造名詞以貽後學，以韓、杜兩家爲最多。大曆以後則祇能承用已有之名詞，不能戛戛獨造矣。因由後人之寸力薄，亦由訓詁小學漸廢不講，大先所貽制就名詞，可已足用故也。至宋而蘇、黃詩文大家出，始變格而制煉虛字以求推陳出新，去風詩尚近而去雅詩已遠矣。所云治詩須兼明詩賦之理由，爲學詩可以言，爲文言之統系。賦者古詩之流，能知沈博之文者，始能解深沈之思；能解深沈之思，始能達義理之奧。文言與禮樂相表裏，即所謂道藝也。文言須由委溯源，知六朝詩文之美然[後]①能知漢魏知漢魏詩文之雅，然後能知《三百》之[文]②深，知《三百》之文深以雅，斯於聞道也近矣。

《有女同車》，刺忽也。續序鄭人刺忽不昏於齊。

《山有扶蘇》，刺忽也。所美非所美然。

《籜兮》，刺忽也。續序君弱臣強，不倡而和也。

《狡童》，刺忽也。不能與賢人圖事，權臣擅命也。

《褰裳》，思見正也。續序狂童恣行，國人思大國之正已也。

《豐》，刺亂也。續序婚姻之道缺，陽倡而陰不和，男行而女不隨。

《東門之墠》，刺亂也。續序男女有不待禮而相奔者也。

《風雨》，思君子也。亂世則思君子不改其度焉。

《子衿》，刺學校廢也。亂世則學校不修焉。

《揚之水》，閔無臣也。君子閔忽之③無忠臣良士，終以死亡，而作是詩也。

《出其東門》，閔亂也。續序公子五爭，兵革不息，男女相棄，民人思保其室家焉。

《野有蔓草》，思遇時也。續序君之澤不下流，民窮於兵革，男女失時，不期而會焉。

《溱洧》，刺亂也。續序兵革不息，男女相棄，淫風大行，莫能救焉。

以上刺忽各篇，《詩古微》云謂齊女賢而不取，則是以德音美文姜。若謂桓六年再敗戎有功，齊侯復欲妻之之事，則次女安得復稱孟姜？且左氏稱其善自爲謀，而《說苑》亦載其事於《權謀篇》內，不以辭昏爲失計，其辭傳辨似可破《毛》。但由此附合傳史，竟以爲文公之詩，引僖二十二年楚伐宋以救鄭，夫人芊氏、姜氏勞楚子於柯澤以應孟姜之文，因以再娶楚芊爲從楚逃盟張本，因謂詩人睠睠齊姜，匪姜之爲美，而中夏主盟之爲美也，亦近望文生義。何則？《詩序》明刺忽，而遽引文之事之實之，與空言說經相去殆無幾矣。以下三詩皆然。今引《有女同車》首篇之說以廣異義，但不敢破師說以從之，因次各篇比類合誼以見指撝，以次發明於後。

魏氏據《左傳》鄭文叛齊從楚，孔叔請下齊公，曰"子姑少待"，夏鄭殺大夫申侯以說於齊，以證"子姑少待"即"豈無他人"之謂，又恃有惠王卿士之命即"豈無他士"之謂。"狂童"則謂申侯以楚文王嬖臣，適鄭有寵，說鄭背齊以事楚。狂童、狡童、狂且，皆指嬖臣。忽無狂狡之失，微子《麥秀》非斥紂之詞，駁傳以狂童、狡童，斥鄭昭爲不合，持之有故，言之成理。箋於《山有扶蘇》不從傳義，自據續序所美非美爲言，於《褰裳》"子不我思，豈無他人"亦云他人者先鄉齊、晉，後之荊楚，而於"狂童之也"且第云"狂童之人曰爲狂行，故使我言此"，未實指爲斥鄭哭，似與魏默深之說合，即爲《詩古微》之說所本。但於狡童，箋云"賢者欲與忽圖國之政事，而忽不能受之"，似仍以狡童爲斥鄭昭。連章刺忽狂狡，同詞不應詞例乖異。按狡童雖屬刺忽，而事指權臣專命，然則鄭意仍以狡童爲斥祭仲，特云忽不能受者，謂其政權在祭仲，鄭昭徒擁虛位不能聽受耳。忽爲世子，當立，徒以權歸祭仲，以啓宋人執祭仲以要納哭，遂成兩世國亂。祭仲持反覆以攬國柄，置君如奕棋，大國莫能正。推原其始，由忽有功於齊而不能結以爲援，其辭昏之事，雖《左傳》無貶詞，乃因其後文姜失敗之故，及再辭昏則失計矣。且文姜之初未必先有失行，鄭昭何從逆料？以其事實考之，

---

① 後：原脫，據文意補。
② 文：原脫，據文意補。
③ 忽之：原作"之忽"，據《毛詩正義》乙。

鄭忽爲人識闇，既不肯結大國之援，又不能信用賢人與圖國事，以此孤立，自取敗耳。據經推例，狂、狡皆斥祭仲，是以連章同詞，其後鄭背諸夏之盟，亦由忽先棄齊國之援。有以啓之，不必定指文公逃盟及殺申侯以説於齊之事以實之，於義反狹也。

以上疏證鄭君之義與《詩古微》之説不以狡童斥君，其意略同而鄭君所持之義較廣。又按魏氏不主狡、狂爲斥祭仲，謂祭仲莊公舊臣，身事三朝，何得尚稱童幼？其説於義亦長，然則當如何解決？請以《麥秀》之歌爲解。主箕子之歌，則狡童當屬斥紂王；微子所作，則狡童當屬武庚。箕子於紂爲諸父，微子於武庚亦世父，故其詞如此。古義“重昭穆”，所謂昭與昭齒、穆與穆齒，即後世所謂行輩，尊行斥下行，既屬貶詞，則指斥爲童昏，猶云不曉事孩子，《書·微子篇》亦曰我舊云孩子，_{今本爲刻子。}不直彰其大惡，但目之爲童稚，仍存爲親者諱之義，故《春秋》之義內大惡則諱，內小惡則書，因目古名詞相承，隱傷其君不能爲君，則托詞如此，猶曰口兒童壞好家俱也。

如前解決詞重章皆通，忽之辭昏，雖失齊大之援，尚存自立之識，故傳稱之曰：“善自爲謀。”而《詩》之《有女同車》其詞微而宛，反觀其自爲謀者，乃所美非美，則其識闇而自用，性弱而偏任，國人失望，而權臣執柄，鄭國由此亂矣。史公所（所）[1]謂“其所謂忠者不忠，而賢者不賢”，人君之大患在不知人，不知人則所美，所美賢奸倒置，政出多門而君將不君國非其國矣。箋云扶蘇之木生於山，喻忽置不正之人於上位；荷花生於隰，喻忽置有德者於下位也，即左太冲詩“鬱鬱澗底松，離離山上苗”，借彼徑寸莖蔭此百尺條之意。又云忽好善不任用賢者，反任用小人，諸葛公云“親賢臣，遠小人，此先漢所以興隆也；親小人，遠賢臣，此後漢所以傾頹也。先帝在時，每與臣論及此事，未嘗不歎息痛恨於桓靈也”。夫桓靈非舊君乎？而先主、武侯相語痛恨，是即《麥秀》之歌與此數篇斥狡童狂且之意，至《蘀兮》而其詞益著。伯叔，群臣相謂也。群臣無其君而行，自以强弱相服，此倡彼和，則强權中尤有强權者，出而爲權臣以擅國命矣。伯叔即指公子、大夫，國君之伯父、叔父，以此詞推例，即合於《麥秀》之詞，諸父相謂，其意若曰孺子誤用聰明云爾。《狡童》，傳云昭公有壯狡之志；《褰裳》，傳云狂行童昏所化也，是爲古義。童心未去，則志昏壯而思狡，乃化爲狂行。但知爭位，不自爲政，倚賴權臣。突之與忽如出一轍，而突尤不當爭位，故國人思大國之正己也。子者，大夫之稱。兩子字皆目祭仲，人謂主人，士謂卿士，豈無望其有而傷其無也。以上説刺忽前後國亂一段歷史已終。前期演説本經大義總綱，其有朝廷國家變亂之故，稱引本事外所述民風，則皆夫婦男女之詞。不獨《鄭風》爲然，十三國風皆然，又不獨變風爲然，二《南》亦然。兹就《鄭風》本什諸篇推之。《豐》刺亂也，《東門之墠》刺亂也，《風雨》思君子也，《子衿》刺學校廢也，《出其東門》閔亂也，《野有蔓草》思遇時也，《溱洧》刺亂也，皆男女之詩也。分章説之如後。豐、昌皆虛詞，而篇即爲豐，然則當據本句推詞例以見義。子者稱大夫之詞，豐、昌皆盛也，傳云“昌，盛壯貌”，是其義也。序云“刺亂”，後序指婚姻之道決，陽倡而陰不和，男行而女不隨。正義謂鄭國有男親迎而女不從，後乃追悔，皆從昏禮立解，獨於“豐”字蓋闕。愚按豐、昌同義，皆謂盛。昏禮攝盛，故篇首用此爲詞。子者，大[夫][2]之稱，昏禮士用大夫禮，故云昏下達，其乘墨車，_{墨者，漆也。}如今馬車，其服爵弁，見《冠禮》冠者三加服爵弁，弊用元纁，見《昏義》，皆大夫之禮也，而士昏通用之，故曰攝盛。此篇明著昏禮之失，以告變風所始，故用禮詞，明其義例。首稱子者，以大夫迎娶之禮來也。曰豐、

① 此處原衍一“所”字，據文意刪。
② 夫：原脱，據文意補。

曰昌者，明其爲攝盛，不必本職定爲大夫也。傳云："巷，門外也。"門外者，壻受女後，俟女登車之處。悔不送者，謂女家之內長。禮，母送於門，不出於門，俟登車者。姆，若諸母，此據備禮之詞，則謂姆也；姆者，以禮傳人，凡女嫁，以姆相禮。我者，我嫁子，與子爲對文。子來親迎，俟我乎巷，備禮矣，可以行矣。而世衰道微，傅姆失道，乃有親迎備禮而女不行。由於女教墮落，傅不知禮，以致迷惑無所適從，故詩人托爲傅姆自悔之詞以見意。變詞言舍，以別於我。送者，正傅姆之事，其詞甚明。昌，亦盛也。堂者，父授女於堂，送之於堂下，先言巷而後言堂，責在母而不責在父也。將，亦送也。裳，綱也景也，皆禮加景。鄭於彼注但謂禦塵，於此引《禮記·中庸》"爲其文之太著也"，互文相備。叔伯，迎己者。傳箋皆就文立解。按（皆）[昏]①禮，皆無使叔伯迎女之文。禮惟天子不親迎，使上卿迎之，與嫁王姬，使上公主之，命意相同。《春秋》書"祭公來，遂逆王后於紀"是也。諸侯即當親迎，而據詞稱子，又非天子、諸侯之事，故疏不從其說，釋爲女夫之字。又因伯、叔不能兼稱，故云非知此女之夫實字，伯叔托言之耳。愚按此章伯叔乃皆禮不稱主人，以遠廉恥之義。謂姆不送將，女無從往，既而思之，不知夫家之主婚爲伯歟？叔歟？若再爲之駕，則予與之行，予與之歸。詞稱予者，仍托爲傅姆之詞。錦衣裳裳、裳衣錦裳，反覆其詞，以明詞主嫁子之意。

前篇有禮備而不行，則此篇有不待禮而相奔。風俗推移，勢所必至。室邇人遠，思子我即，其情近於《蝃蝀》之"懷昏姻矣！大無信矣！不知命矣！"然而猶有異者，尚知男先於女，女乃後男，故傳釋"踐"爲"淺"，較箋之"竊取"義爲近正。

《風雨》傳意就經立訓，不專所指。箋意屬於在朝之義，故云君子雖居亂世，不改其節。愚按此章上承制亂，下連《子衿》，互證可明思君子者，思君子之當亂俗而猶自守，如柳下惠與魯男子之故事。以風瀟雨悔，而君子處暗而不亂，可以風矣。但由是以推風雨如悔無人知覺之時，而守禮之君子於男女之嫌，尚守而不亂，則其於出處進退禮義之大閑，亦視此矣。此即前說思無涯之義也，即前說詞者意內而言外之義也。是一是二，學者宜致思焉。

《子衿》，魏氏《詩古微》說最優。解"挑""達"引《說文》所訓仍與《朱傳》之說合，謂學校廢則嬉游挑達，登城望闕，日暮相期，相因而致。鄭君於此拘解古義，引"以文會友"釋一日不見爲禮樂不可一日而廢，則啓語錄膠柱之習，不可從也。何則？此與《采葛》同詞。《采葛》既從怨望之情詞立解，則此不能別釋以莊語。疏釋"嗣音"依傳立義，亦較箋義爲長。其云古者教學子以詩樂，誦之謂闇文背誦，歌之謂引聲長詠，弦之謂以琴瑟播之，舞之謂以手足舞之。學樂學詩，皆是聲音之事，即所謂誦詩三百、歌詩三百、弦詩三百、舞詩三百也。傳言禮樂不可一日而廢，與箋義自別，據上章此釋嗣音之言可知也。

《雞鳴》，思賢妃也。續序哀公荒淫怠慢，故陳賢妃貞女夙夜警戒相成之道焉。

《還》，刺荒也。續序哀公好田獵，從禽獸而無厭。國人化之，遂成風俗，習於田獵謂之賢，閑於馳逐謂之好焉。

《著》，刺時也。時不親迎也。

《東方之日》，刺衰也。續序君臣失道，男女淫奔，不能以禮化也。

《東方未明》，刺無節也。續序朝廷興居無節，號令不時，挈壺氏不能掌其職焉。

按以上五章其詞相同，而序文略有異。推究義例，并無不同，統釋其詞則皆謂男女之詞，

---

① 昏：原作"皆"，應爲繕寫之誤。

統釋其義則皆指夫婦之道。《齊譜》説太公受封，與弼成五十五服五千里，五服萬里。夏殷封諸侯百里，周封諸公五百里，其説甚詳，後學無述。今且置爲後講，先講諸詩大意如後。《齊風》以女爲主，與《周·召南》以女爲主，其意相同。齊爲東遷後二伯之首，論其事實則齊俗最敗，論其奉先王之道之治諸侯，明先王之德以示天下，則齊桓、管仲爲首功，故於《春秋》《論語》美其功，而於《詩》著其失。於何證之？於《齊風》首述哀公證之，可以觀矣。

　　按《齊風》始於哀公者，周政之哀亂始於夷王，前説夷王下堂而見諸侯，衛頃公以賄賂夷王得命爲君，是爲賄賂之始。有此賄賂之政，自有賢而不遇之事，此《柏舟》仁而不遇之所托始也。變風之始以此爲始，其始既已曉然，猶恐人不能明，乃於東遷以後齊國創霸之先，又著變風之所由始，仍復托始於夷王，如此以告學者，學者猶不信，則《書》無可取信者矣。今就《詩》論《詩》，再申論之。

　　夷王烹哀公，疏分《世家》，明知與《鄭譜》不合，乃遷就其辭而曰"王世不長，而齊君壽考，故得一君當三王"，其實與事實不合，此當以《鄭譜》爲斷。《譜》據《世本》爲夷王，明屬哀公見烹，而其弟立爲胡公，與續廣説正合。未幾，又有哀公之同母少弟山殺胡公而自立，其事相接，特懿、夷相次。懿、夷同音，傳寫以同音異文，遂誤以《鄭譜》之夷王爲懿王，又從而爲之説。周之衰自夷王始，濫用刑賞，開賄賂之門，而三王之政治從此壞，齊風之托始與衛風之托始同也。一則西周以降，一則東周以降，前後互相發也。

　　雞鳴而夫人作，朝盈而君作。箋申傳義，其詞如一。作即起也。"匪雞則鳴，蒼蠅之聲"，箋意則加進一層，謂夫人以蠅聲爲雞鳴，則起早於常，謂其起之時早於常起之節也。次章，傳東方明則夫人縰筓而朝，朝已昌盛則君聽朝，箋云"君日出而親朝"。"匪東方則明，月出之光"，箋云"夫人以月光爲東方明，則朝"，即申前章之意，謂起早於常也。末章"蟲飛"，箋與傳異，傳謂興君與夫人相愛，箋謂"體群臣之罷歸，各於室家有愛，毋爲吾與子之愛以忘人之愛，而使人失其歸休之時"，意固較傳爲深，但亦無甚差別，同爲推己及人，不敢慢於人，不敢失於人之意，謂之爲同，亦可安之，無論詩詞反覆，而據後序皆指哀公。

　　《還》，刺荒。與上章連文而及，則可知《齊風》之旨矣。《齊》雖變風，首章仍主夫婦之詞，以國君爲主，説大夫入朝，夫人鳴佩玉於房，國君視朝諸節，謂之陳古諫今可也，謂之賢夫婦相警可也。而後序必屬之哀公，《鄭譜》亦屬之哀公，此其聞於刪訂之旨矣。齊自哀公而國亂，實由於周至夷王而天下亂也。著哀公以著夷王，猶之著頃公以著夷王也。此章刺荒，後序仍著哀公，可以觀矣。言國君之從禽無厭，而必曰國人化之，遂成風俗，又可以觀矣。齊之變亂自哀公，以後至於襄公，始有事實關係國政民[風]①，故此後三章皆言風俗。

　　前屆講義屢發明本經之大義，除本國變亂有事實可指之事，每一段必閒數章言民風國俗。實言民風國俗，無篇不指男女、婚姻、夫婦，而其男女失所、婚姻失時、夫婦失道，必推本於上失其道，禍及生民，其責爲上者至深。而所以科斷爲下者之隨上爲轉移，又爲事所必至，此即經義之精微，不可忽也。社會未有能自爲風俗者也，必有大力者負之而趨也。時不親迎，與"子之豐兮"成正反對。《豐》有親迎而女不至，則《著》有女願從而壻不親迎，故兩篇皆以一字名篇。

　　此篇以《著》題篇與《豐》不同而同，皆有典禮可據。著者，門屏之門，即佇，即寧，乃人君俟外朝所立之所，故在庭南近門之屏閒，所謂塞門。惟國君之宮有此，則由此進而爲

---

① 風：原無，據文意補。

庭，由庭進而爲堂，乃女父授女之位，非人君則無所謂著。傳箋因著與甯、佇異文，遂生異義。兼君及王而立解，則扞格不能配貫。按序謂時不親迎，其風首倡於國君，自然及於臣庶，其意固可兼臣庶。而言其詞，則以國君不親迎爲主。觀孔子對哀公之詞可證親迎之重，專重上國君上，不及天下共主之天子，下不責不能備禮之臣庶，故曰"以爲社稷宗廟主，可不重歟？"禮之親迎，自門外以至堂，皆爲俟女，所謂男先於女也。

《東方之日》據正義亦刺哀公，推知《著》亦刺哀公也。周夷王失道，一時衛頃、齊哀各以私私於王室，濫用刑賞，而周道以衰，諸候背叛。先以君臣失道，政令無方，必致教養道消，萬民失所。小民之情給求養，欲惟其上是賴。至於上失其道，則民散矣；民散則室家不能相保，甚至男無以爲室，女無以爲家，亦必相而勢有必至。衣食足而知禮節，倉廩足而知榮辱，教養既失，人民離散，救死而恐不贍，則廉恥道消。又加以在上者自爲非禮以導之，則民何由於守其秩序？於是男女淫奔，固其本性之固然，亦殊不足怪。而詩人詠而歎之者，爲先王之澤將竭猶未竭，民風不可爲而尚可爲，責在爲人上者也。觀於《詩》爲之文，無不一以貫之，千篇一律，可以觀也。據傳箋意以"姝"爲來奔之女，爲男女拒奔之詞，釋"履"爲禮，其意深厚，謂若如合於禮也，則我就之矣，我行之矣。

朝廷興居無節，號令不時，而必加以挈壺不能掌其職者，指非時傳召也。挈壺所掌，皆有一定之時刻，今乃非時傳召，號令不時，則挈壺失官守而群臣各擬貳矣。正義亦指爲哀公之時，則齊之不國在哀公事事失道，可知矣。上二章其辭顯而易明，末章傳箋指挈壺氏説似不能達本詩之旨。本詩所刺者人君，而非刺挈壺之失職。《韓詩》説瞿瞿然顧禮義也，謂仕於亂朝，靡哲不愚，雖萬狂不識職，而心知其非夙莫趨非時之令，而心固瞿瞿然顧禮義也。何也？於其目之瞿瞿見之也。

《南山》以下皆刺齊襄之詩。序稱"鳥獸行"，按鳥獸行，乃先周之法律罪名。《周禮》大司馬司九伐，內外亂、鳥獸行，則滅之。序舉此者亦明王政，上有天子，下有方伯，則大司馬當奉行天討，滅其國而誅其人。大司馬即王官之外一伯，統六師，治諸侯，平日統六大以治朝貢會盟典禮。諸侯有犯九伐之誅者，則以王師臨而執之。王師出則諸侯以師從，大師壓境，以罪討有罪，無敢與抗，故曰："王者之師，有征無戰。"東周以後，齊桓、晉文合諸侯，皆托於王官二伯之職。伯、霸，古今字也。故葵丘之會所宣五禁，皆先周禮制，即上國統一群國之王章也。《尚書·文侯之命》即周命晉侯爲伯之制，書在國稱公，從其臣子之詞，對上國稱侯，從其壽也。"父義和"，父者，天子稱同姓爲伯父、叔父；義和，即羲和。二伯之制，始於唐虞命官之羲和，所謂掌天地主四岳是其職。歷三代相沿，官制略有損益。見鄙著《周禮四代官制沿革表》。而推原所始，以古官名爲稱，如今稱大學士爲相國、吏尚爲太宰矣。齊襄□爲鳥獸之行，應坐滅國之誅，既己逍遙法外，乃反欲勤遠略，故南山之大夫作詩而去之。《甫田》之詩以總角而突弁作刺，《敝笱》始直刺文姜而致惡於魯桓之微弱，不能防閑文姜，使至淫亂爲二國之患，即《左傳》申繻所諫"男有室，女有家，毋相瀆也，謂之有禮。易此必敗"，互相發明。至《載驅》更加甚焉，肆無忌憚，播其淫惡於萬民。魯桓外柔弱，依違尚從文姜以如齊，而內不能堪，乃以同非吾子一語之怒，而構謀殺之禍。《春秋》累書夫人會齊侯，以至夫人孫於齊，且變其辭曰："夫人婦姜，曰夫人氏，明其當出與廟絕。"禮，母出與廟絕，不與子絕爲七出常條，至謀殺其父則并當與子絕，此《春秋》所以治人倫之獄。而序詩存此數篇爲獄詞之證，如曰國之人皆得而舉發之也。於拓末篇叙《猗嗟》刺魯莊，而其詞曰"展我甥兮"，與《春秋》先書"子同生"互證。齊人謂之我甥者，魯人曰吾君之子也。前説《衛風》

始於莊公并后匹嫡，至於宣公，上烝下讀，亦有夫權過專之所由致。此刺魯桓則著其夫綱不振，幾至亂宗滅後。兩害相形，此爲尤重。要之執禮教以通王政，則兩患全銷矣。此聖人制人倫、正血統之大義微言，《詩》與《春秋》相表裏之確證也。

魏者，舜禹之故都。據《左傳》虞、虢、焦、滑、霍、楊、韓、魏皆姬，但不著始封之君爲誰。其後晉獻滅之，以封大夫畢萬，歷時不久，國小而弱。歷世之君，無美刺可言，故專著國俗民風，閒及國政，亦不指其君之世次。述其民風，則刺中有美；述其國政，則美中亦有刺。民風之美，國有君子者，先王之澤也。其君不能爲政，苟且偷安，則周衰之治也，可以觀也。

《葛屨》，刺褊也。魏地狹隘，其民機巧趨利，其君儉嗇褊急，而無德以將之。

《汾沮洳》，刺儉也。其君儉以能勤，刺不得禮也。

《園有桃》，刺時也。大夫憂其君，國小而迫，而儉以嗇，不能用其民，而無德教，日以侵削，故作是詩也。

右三篇爲一段，所謂陳詩以觀民風及民之好惡、志淫好辟，是爲王制。太史陳詩以觀民風之正經，猶言正條。故《左傳》記季札觀樂，聞《魏風》曰"以德輔此則明主也"，謂其地漸舜禹之遺澤，國人知勤儉營業，而其君不能利用其民，既不能如周公之治魯，三年報政，導之以禮樂；又不能如太公之治齊，三月報政，進之於功利。徒和苟簡爲治儉嗇自保，氣量褊小，因而政治急救，無德以堪其任，至於其國日衰。《譜》云"昔舜耕於歷山，陶於河濱，禹菲飲食而致孝乎鬼神，惡衣服而致美乎黻冕，卑宮室而盡力乎溝洫，此一帝一王儉約之化於時猶存"，故《葛屨》序云"其民機巧趨利"。夫機巧趨利，所謂皇皇求財利，惟恐不足者，庶民之事，乃庶民之職分也，即聖帝明王之所籍以爲資也。在上爲政者，當爲之因勢利導，可使足民，所謂既庶何加？曰"富之"是也。又當皇皇求仁義，以進其民於禮義，所謂皇皇求仁義，惟恐不得化民者，卿大夫之事也。既富何加？曰教之是也。今魏撫有此能勤民職之庶，而不知加富、加教之謀，亦自等於庶民之求財利惟恐不足，儉嗇自安，褊急爲治。蓋徒知菲飲食之能儉，而不知修祭祀以致孝乎鬼神；徒知惡衣服之不傷，而不知章明禮度，示民不佻，致美乎黻冕；徒知卑宮室之苟安，而不知致力乎溝洫爲民興長久之利。故曰："無德以將之也。"

次以《汾沮洳》曰"刺儉"。夫儉爲美德，而此獨曰刺儉者，何也？禮曰"國奢則示之以儉，國儉則示之以禮"。禮者，所以教中也。過奢固失禮，過儉必廢禮，故後序申其義曰"儉以能勤，刺不得禮也"。禮者，先王之所以化民，故自上下（下）[①]一切宮室、服器、輿馬、飲食，皆爲之等差。不豐不儉各如其量，所以保治安秩序於長久，而便民得各遂其給求養欲之思，而隆其養生送死之道也，故曰："便民養生送死而無憾，養生送死而無憾，王道之本也。"上無禮則下無義，而民且各自爲謀，則相賙、相恤、相保之政廢，民且離散無日矣。此人倫政治以禮爲統系之原理也。

次以《園有桃》，再申其義曰："不能用其民而無德教，日以侵削，不能用其民。"即上節所說不能利用機巧善趨利之民力爲加富之謀，徒知儉嗇自保，斯民散矣。其爲趨利也日微，而國日以貧矣，而無德教，即上節所說不知修明禮度以化導其民爲加教之謀，徒知躬行勤儉等於庶民，惟恐不足則必日形退化，細則不知衛生，大則不知衛國，而國日以弱矣，其見侵

---

① 此處原衍一"下"字，據文意刪。

削宜矣。綜觀三篇大意，魏之國形如今歐州之瑞士、荷蘭，其民勤於職業學術，而民政不振，不能爲地方自治無何而見并於晋。故季札觀樂於此，深歎之曰"以德輔此則明主也"。此後數篇并述其國多君子，而君不能用。《陟岵》，孝子行役也；《十畝之閒》，相招偕隱也；此篇不從續序之義。《伐檀》，君子不得仕進也；至《碩鼠》，而其君儉嗇之效成，國乃不可爲國。夫皇皇求財利，惟恐不足者，庶民之事也。以人君而躬庶民之行，惟恐不足，則儉而廢禮。儉嗇而無禮則生貪，貪則思斂，與民爭利甚或奪民之利以爲己利，則民不堪命且不聊生，而思適樂土、思適樂國。此非民之棄其國也，乃國之自棄其民也，可以觀矣。

《陟岵》，孝子行役，思念父母也。國迫而數侵削，役乎大國，父母兄弟離散而作是詩也。

此篇箋申傳，而推闡其義以合於序，乃得子夏序《詩》之旨，又得孔子删《詩》之旨矣。何以明之？據本經之詞，但有嗟歎而無是非，此乃詩歌之正風。《詩》之本在下位者以諷其上，分際詞氣止於此也，其言皆爲對在上者而發也，在上者不可不止而戒之也。至於諷議而上不知，乃有直言而諫；直言而上不改，乃有犯君之顏，此龍逢、比干之所由出也。犯君之顏，其所遭者，必暴君也。暴君則必以無道行之，此龍、比之所以以諫而死也。故孔子曰"諫有五，吾取其諷"，謂不欲爲人臣者，犯君之顏以至於死也。然至於犯君之顏，以至於强諫，其必致於死無疑矣，故孔子又從而許之曰"殷有三仁焉，其術雖疏而其心則一也"，故曰"君子一仁而已矣"。此篇傳但言訓詁，不説詩義，因詩詞甚明，可不煩解説也。而箋據大義引申之曰"思其父之戒曰'無己無解倦'"，曰"止者謂在軍事作部列時"；次章又曰"此又思母之戒"。傳於三章分別其義曰"父尚義，母尚恩，兄尚親"，鄭君確本此義立解，故其訓義深微，皆據禮意爲言。以事君不忠非孝，戰陣無勇非孝，反復申明，即傳意也，即序意也，即《詩》意也。皆所以發明孝之旨也，非末世流俗之所謂孝也。

《十畝之閒》，刺時也。言其國削小，民無所居焉。此篇傳箋詞簡，而續序"民無所居"一語簡而不明，以啓後説疑義異論。愚按此詩爲招隱而作，陶詩"願得桑者閒"即述此詩之意。據本詩詞"行與子還""行與子逝"確爲招隱之詞，殆無疑義。十畝而指桑者爲言，傳又以男女無別往來立訓。傳義最古，無增詞，故每似不相屬，然據此可以推求古義。其所以必及女者，蠶桑之事，乃女子之職，蠶桑之所有事乃婦事也。自在朝士夫之家言之，則南澗采蘋各有其事，即各有其地；自鄉野言之，則不能別異其事。雖各有所職，其地則共在一地，不能如朝士在官之有別也。孟子説五畝之宅，樹牆下以桑，女子之職也，故曰"匹婦蠶之"。據《周禮》宅田、士田、官田、賈田、牛田，皆二畝半在城，二畝半在鄉。所謂宅田以下，皆下士與庶人在官之田，其人在城治公事，其家在野治田事。至孟子所述，則專謂在野之農民，故無二畝半在城之其所受之五畝均在於鄉，所以有五畝之宅。宅地五畝，宅不能占五畝，故以其餘地種桑，此庶人在畝受田之制。今國亂而君子不願立其朝，相招偕隱，則退於鄉而自處於庶人。兩家爲鄰，各宅五畝，故云十畝之閒。桑者乃其家之婦女，非招隱之士夫歸農之所事也，故傳於"閒閒"釋爲"男女無別，往來之貌"，猶云吾行與子旋返於田閒。五畝之宅，彼此還往，在十畝之閒，謂此宅五畝，彼宅五畝，由此宅往彼宅，則往還在十畝之閒耳，即陶詩所云"昔欲居南村，非爲卜其宅。聞多素心人，樂與數晨夕"之意也。閒閒然者，明其退與士女共休息之，故兼男女而言。泄泄，傳云多人之貌。如據後師之説，愈不可解。正謂田閒尚質，無禮貌周旋，亦即無嫌疑之避，故閒閒然往來無別，泄泄然多人住還無猜，其意互相發矣。本序祇言刺時，刺時之大者，莫如賢者去位而不居，去朝而耕於野。夫在野非君子之居，乃不能由禮隆禮之地，故曰"禮不下庶人"。今在朝之君子，而思與同志相招偕隱，并耕於野，樂乃庶人，則其朝之亂可想，而其時之君子道消可知矣，故曰"刺時"，其義已明。後序乃望文生義，謂民無所居，以啓後學之惑。茲故論正之云魏氏《詩古微》亦極辨毛傳之誤，然所辨者續序之誤，而鄭箋亦有遷就後序之言。若毛傳則與後序不相謀，而其説并不誤於此，可證續序爲後學附益，毛傳見有原序不見有後序，其相同者乃續序在毛傳後起之證，不足爲毛傳因緣後序之證也。此考訂之説也，然而非俗學之所爲考訂也，考訂其所關於經訓者，不必考訂其不關於經義者也。

《伐檀》，刺貪也。續序，在位貪鄙無功而受禄，君子不得仕進爾。原作進仕，當爲仕進。正義分首三句爲君子不得仕，原作首章，當無章字。次四句爲在位貪鄙者，卒二句言在位貪鄙者不素餐刺小人之貪，其義固通，然不免爲義疏家言，尋章摘句。夫一篇之詩，周回往復，言之不足，故長言之；長言之不足故嗟歎之，乃樂章之旨也。言在此而意在彼，言有盡而意無窮，故曰"言近而旨遠"。如疏言所言，乃下乘之説教，初讀經者分別之詞，則可矣。以言博士説經述聖言，以訟來學，則不如此云也。請申其説如下。

《伐檀》之刺貪，與《十畝之閒》之刺時，其例一也。所刺者在彼，則所美者在此。《十畝之閒》所刺者在朝，則所美者在野；所刺者在仕，則所美者在隱。《伐檀》所刺者在貪，則所美者非貪；所刺者在無功之禄，則所美者在禄稱其功，前後相發，反復證明，不得斷章以取義也。鄭箋雖如此分注，但非疏義之所云證以卒二句。箋云"彼君子者，斥伐檀之人，仕有功乃肯受禄"，可知鄭君之意，分疏而合言之。孔氏之義，分疏而分言之。此經術淺深之辨，不可不察也。

此篇乃長短言，而極有韻味，即前説説《詩》須明詞章之原則是也。如據漢魏以下文詞，則云"坎坎伐檀，置之何干。何水清且漣，不稼不穡，何取三百廛？不守不獵，胡瞻爾庭有懸貆？彼君子兮不素餐"，比而擬之，與"南山粲，白石爛。生不逢堯與舜禪"一篇音節情景一色無異，但細按其節段，托意摘辭，則非甯戚之歌所能及。此爲一片宮商，彼有出入，此爲一意到底，彼有參差，是即詞章優劣之分，亦即德義深淺之別。請申其説，伐檀者，取車之材也。檀，木之堅者也，伐檀以爲輻，三十六輻共一轂，合以爲輪，故先言其林，次言其分料，次言其合物。車者，君子之器也，故《易》曰"負且乘，致寇至"，以"小人而乘君子之器，寇斯奪之矣"。君子之義既明，乃敷陳君子之義。治人者食於人，不耕而食粟，不獵而食肉者，彼其有以易之也，即《孟子》所謂"子不通功易事，則農有餘粟，女有餘布；子如通之，則陶冶以其械器易粟，不爲厲農，農以粟易釜甑，不爲厲陶冶。君子之以其勞心治人，易粟肉其非素餐也"，明矣，與此詩互相發也，故曰"孔氏之門，其言如一"，故曰"游於聖人之門者難爲言"，不容有異言，不能有異言也。反是而觀，則無功受禄者，君子所不居；世有無功而受禄者，必君子之所棄也。由反觀而對照，則有功而不得仕進者，小人之所幸而君子之所憂也，即詩人之所刺也。有功而受，不以爲泰；無功而受，即謂之貪。在位者貪，必其功不逮禄，即以明君子之退，必其禄不逮功，前後互相發也。此章句法，純爲後世七言之祖，不在經學正課，故不詳説。

《彼汾沮洳》篇，《韓詩》説有異義。《外傳》云："君子有主善之心，德足以君天下，行足以及後世，雖在下位，民願戴之，雖欲無尊得乎哉？故曰'彼其之子，美如英，殊異乎公行'。君子蕩蕩乎其義不可亂，嗛乎其廉不可劇，温乎其仁厚之寬大，超乎其有以殊於世也。故曰'美如玉，殊異乎公族'。"魏默深氏申其義云："蓋歎沮澤之閒有賢者，隱居在下，采蔬自給，然其才德實高出乎在位之上，故曰雖在下位而自尊超乎，其有以殊世，乃指譏世卿"。

而夫譏世卿乃孔子修《春秋》特立之專條，以明其政教之學說。《韓詩》此說與毛傳雖異，而與小序不異，正所謂刺儉也。言異乎公路、異乎公行、異乎公族者，正謂雖窮而在下，采莫采桑采蕭，而其美不容掩，如玉如英，與公路公族公行殊異。箋云"公路，主君之輅車庶子爲之"，疏引《左傳》云"晉成公立，乃宦卿之適以爲公族，又宦其餘子亦爲餘子，其庶子爲公行。趙盾請以括爲公族"，服虔云"輅車，戎車之倅"。按《周禮》巾車掌王之五路，車僕掌戎車之倅。故《書》亦作革，《穆天子傳》所謂七萃之士是也。孔以《周禮》無公族、公行之官，以爲天子、諸侯異禮。按下章箋云"從公之行者，主君兵車之行列"，末章箋云"公族，主君同姓昭穆也"。《周禮》有諸子即餘子，故云"有大事致餘子"，此王族之餘子，與庶人之餘子同名，其在侯國則名公行矣。公族則與《周南①·麟趾》之詞，箋謂主君同姓昭穆者，正釋公族之義，謂指公之同姓昭穆而言，非謂其職所掌，主叙君之昭穆，乃謂其詞主於君之同姓昭穆，與《麟趾》解說同義。疏未明箋義，故望文生訓耳，先舉世禄之有職者，次及其親屬，次及其疏屬，屬詞之體也。疏引《左傳》晉荀會、欒黶、韓無忌爲公族大夫，使訓卿之子弟，不足爲此經公族之證。《左傳》是言三人者爲公族之大夫，因主教公族子弟爲晉卿之兼官，非以公族爲此大夫之官名也。

《碩鼠》，刺重斂也。國人刺其君重斂，蠶食於民，不修其政，貪而畏人若大鼠也。

此篇續序甚明，故傳箋無多詞，其君重斂不修其政，則無能爲國，惟仰食於民，大强相逼，則未有不畏矣。鼠爲寓屬，乃動物中之不能特存者，恒依於人，以拾餘食，故曰"寓也"，讀如"寓公"之"寓"。或說爲禺，殊無意義。君之於民也，德則其人也，不德則其鹿也；民之於君也，德則其主也，不德則其鼠也。故於《魏風》刺貪，特著其義，斥君爲鼠，爲人上者可以戒矣。故曰："《詩》可以（親）[觀]②，可以怨。"

樂土、樂國、樂郊，由本國言，則自近而遠；由所適之國言，則自遠而近。土則其鄙也，國則其遠郊也，郊則其近郊也。王國六郊六遂，侯國三郊三遂。近郊始名之曰郊，所謂附郭是也。民雖棄其國而他適，較之其臣去之國亂愈甚矣。綜《魏風》以上數篇，則其國多君子，至於庶民亦且知去昧向明，疾其君之不能爲政，而思適彼樂國，故季札聞歌歎曰："美哉，以德輔此，則明主也。"

《吕覽》"甯戚扣牛角而疾歌，齊桓聞而舉之"，高誘注謂歌《碩鼠》之詩。《說苑》"甯戚（飲）[飯]牛於康衢，擊車（輪）[輻]而歌《碩鼠》"③。魏默深説《樂府》載甯戚飯牛之歌，爲漢人擬作，用此詩適彼樂郊、適彼樂國之義。故一章曰吾將舍女相齊國，二章曰吾將舍女適楚國，其義亦通。

《唐風講義》

《唐風》者，晉風也。其此叙源流，《詩譜》備矣。詩皆《晉詩》，而經題舊封之號者，即《左傳》稱引季札觀樂之旨也。《左傳》季札觀樂，爲之歌《唐》，曰"思深哉！其有陶唐氏之遺風乎？不然，何憂之遠也？非令德之後，其誰能若是？"此與《魏風》同意。魏有舜禹之遺澤，故其民能治生而士多君子，唐有陶唐氏之遺風，故其民知儉，而且能樂其生。此民情之大可用，而賢主之藉以爲資也。而國無明君賢輔，以啓五世之亂，是以《左傳》載季札之歎美於前，而子夏序《詩》明其刺於後，互相發明以示君民之際，而其大夫君子，不能舉職

---

① 南：原脱，據《詩》補。
② 觀：原作"親"，據《論語·陽貨》改。
③ 飯、輻：原作"飲""輪"，據《説苑》改。

以匡君輔國，尊主庇民，在其中矣。王船山、魏默深皆疑於其民之好儉不中禮，反復致疑於《毛詩》序傳，正坐不知君子小人之界說，貽誤學者，不可不辨。夫皇皇求財利，惟恐不足者，小人之事也，即庶民之事也；皇皇求仁義，惟恐不得化民者，君子之事也，即卿大夫之事。卿大夫之職務且然，而況人主乎？故尚儉趨利，在小民則可美，在君子則當刺，君子，在位之統稱，兼君若臣而言。義固如此也。知此然後知季札之歎美《魏》《唐》，美其民也。《詩序》之章章作刺，刺其君若臣也，以小人而乘君子之器，冠思奪之矣；以君子而躬小人之行，百姓棄之，賢者去之矣，故曰"畜馬乘者，不察於雞豚；伐冰之家，不畜牛羊；百乘之家，不畜聚斂之臣"，此公儀休之所以拔園葵而棄機妻也。若如後世學界所言，以魯相之行而絕於氓庶之家，將拔牆下五畝之桑，殺雞豚狗彘之畜，以自鳴高雅乎？學說蒙蔽殆千餘年，乃有今世專主衣食住爲人生之要素一編之論，實由此等學說激而反動也，不知君子小人之分界正在此也。營於衣食住，以畢一生之事業者，乃小民之事，即其本分，不得而非之也。以君子在位，執治人之職務，受國家之酬報，而皇皇於衣食住以爲主義者，乃社會之罪人也。即《伐檀》之所謂素餐，而《唐風》之所以作刺也。《唐風》首於《蟋蟀》，反復其詞，詩情之妙於語言者矣。既勸其樂，又警其康；既思其職，復慮其荒。可以觀矣！

《唐譜》云唐者帝堯舊都之地，今日太原晉陽，是堯始居此，後乃遷河東平陽，成王封母弟叔虞於堯之故墟，曰唐侯。南有晉水。至子燮改爲晉侯，其封域在《禹貢》冀州太行、恒山之西，大原、太嶽之野。至曾孫成侯南徙居曲沃，近平陽焉。當周公、召公共和之時，成侯曾孫僖侯甚嗇愛物，儉不中禮，國人閔之，唐之變風始作，其孫穆侯又徙居於絳云。

謹按《詩譜》以《唐風》爲最明，與上《魏風》相表裏。曰唐者帝堯舊都，成王封叔虞於堯故墟，曰唐侯，著此篇之所以命名也；至子燮改爲晉侯，著諸侯不用命，國風之變所由始也；至曾孫成侯南徙，居曲沃，著九宗五正，離王朝而私宗族，以啓列邦各私其國，再啓列邦諸大夫各私其家，三家分晉，其源始於曲沃，概可知也。又明其旨曰："當共和之時，成侯曾孫僖侯，甚嗇愛物，儉不中禮，國人閔之。"唐之變風始作，此明上無天子下無方伯，在朝之貴卿輔政，雖其明達稍得尊安，而國既無君，不能久也。朝無天子則下無方伯，諸侯自爲政，勢所必致。故歷序始封先代，迄於變亂，而推本共和，此《詩譜》之言，與序意同也。夫共和者，乃亂世不得已之爲，而周衰亂政之所由作也。流王於彘，乃有共和，共和之後，俄而幽天亂政，周遂東遷。東遷而變風乃作。變風之極，至於傷天下之無王、傷天下之無霸，而赧王以滅矣。然則共和之語乃不祥之言，而中國之所諱也。據《詩》之言，已事可睹，奈何今日學者日以共和號於天下，以爲美談乎！此不可通訓詁名詞之過也！至於今外域之政，世稱之曰共和，其實名相邇而實相遠，民政之得失姑且留爲後論，第就名詞而言，則斷不可以"共和"兩字稱之也，此本科治《詁訓傳》者所當知。共和也者，臣執政之謂也。臣無有作福作威，而當世尚稱之者，民逐其君，臣猶守節，姑與民爲共治。周召二公，守先公之遺，猶有可觀者焉，非西晉八王相爭之可比也，故君子猶有取焉，而見於《唐譜》者亦略可睹矣。自諸侯出，七世希不失；自大夫出，五世希不失；陪臣執國命，三世希不失。其故何歟？相觀而效尤，以其不應有之權利，而忽然可奪而有，則豪傑者流群起而心計曰"彼可取而代也"，此七世、五世、三世希不失之所由來也，不可以不察也。夫子於此又申論其要旨曰："天下有道，則政不逮大夫；天下有道，則庶人不議。"今與民議，新學界疑於庶人不議之言，輒欲非毀先聖；舊學界執於不議之言，又欲厚誣先聖。不知此二語反正相承，互文相備。其曰"天下有道則政不逮大夫"者，明乎政逮大夫，是爲天下無道也；其曰"天下有道庶人不議”者，明乎天下無道，則庶人當議也。猶之此《譜》之言曰：“當周召共和之時，成侯曾孫僖侯甚嗇愛物，儉不中禮，國人閔之，唐之變風始作。”共和之時，政逮大夫矣，國人閔之，則庶人議矣。孰有明天子在上，分土而君其國，司牧之君而國人閔之者乎？此天下無道則政逮大夫，天下無道則庶人議之明證也。

《蟋蟀》，刺晉僖公也。續序，儉不中禮，故作是詩以閔之，欲其及時以禮自虞樂也。此晉詩也，而謂之唐，本其風俗，憂深思遠，儉而用禮，乃有堯之遺風焉。

《山有樞》，刺昭公也。續序，不能修道以正其國，有財不能用，有鐘鼓不能以自樂，有朝廷不能灑掃，政荒民散，將以危亡，四鄰謀取其國家而不知，國人作詩以刺之也。

《揚之水》，刺昭公也。續序，昭公分國以封沃，沃盛強，昭公微弱，國人將叛而歸沃焉。

《椒聊》，刺昭公也。續序，君子見沃之盛彊，能修其政，知其蕃衍盛大，子孫將有晉國焉。

以上四篇爲一段，與前《魏風》之什首三章刺褊、刺儉、刺時爲一例。此變風云刺僖、刺昭者，互文相備，亦因晉君有事實可指，故變文云爾。其實即刺褊、刺儉、刺時之義，據經詞比例推文可知也。全什大意與《魏風》同，故季札觀樂之歎美，亦同季子歎，即陳古諫今之義也。可以觀矣！

此數篇大義甚多，講義前後所發，已可推例，茲不再（速）[述]①。學者據序文、《詩譜》及鄙說，舉隅反三，其義廣矣！茲就經文，略引其緒，以助觸類旁通之益。蟋蟀，蟲類之慧而歷時最久者，故《豳風》特著於一章，曰：“五月斯螽動股，六月莎雞振羽，七月在野，八月在宇，九月在戶，十月[蟋蟀]②入我床下。”此物與禽之燕同一比例，依人而居，與氣相應，故詩人以此爲侯，與《小正》《商頌》③以燕爲祥，其義一也。此詩直從蟋蟀在堂起興，舉九月爲詞。疏說“堂”者，室之基，戶內戶外總名，曰堂。《禮運》曰“醴醆在戶，粢醍在堂”對文，則堂與戶別；散文，則近戶之地亦名堂也。故禮言升堂者，皆謂從階至戶是其義也。蟋蟀在堂，則農事將畢，授衣之候，君子當勞農以休息之，而躬率官士以行禮。在君子爲虞樂，而示民以不佻，即下篇所舉鐘鼓、衣裳、酒食之事也。今不知此而皇皇焉，惟恐不足思，在於禮樂之外所謂庶民之事也。以君子而躬庶民之行，則其殆矣，是可憂矣，故末章傳云“憂可憂也”。此篇傳義甚明，箋意反晦，但箋意與傳意亦無違異，特於禮樂之後推及政治，推鄰國之憂，未免自求深反淺之累，不及傳之直捷耳。當農事將畢，蟋蟀在堂，爲國之君、鄉大夫宜及此時行其禮樂，勸老勞農以休息之，因以酒醴爲樂，與民燕安，故《豳詩》曰“爲此春酒，以介眉壽”，“躋彼公堂，稱彼兕觥”，所謂好樂毋荒者，與民同樂之謂也。故卒章云“役車其休”，箋云：“庶人乘役車，役車休，農功畢，無事也。”“瞿瞿然顧禮義也”，與韓詩說“狂夫瞿瞿”義同，知爲古訓。蹶蹶，傳云動而敏於事，《周禮》於黨正屬其民而飲酒，書其敬敏有學者。農事畢，餘子皆入學，於是乃書其敬敏有學者，是其事也。休休，傳云樂道之心，與《書》“其心休休”同義。三章良士之品目，其淺深次第可得而識，所貴好學深思者，心知其意也。

《山有樞》後序似覺詞繁，但審察所由皆在義也。不能修道以正其國，而曰有財不能用云云者，君子行禮以化民，不豐不儉，然必以鐘鼓酒醴將之，無其財亦弗行也。既有國有民，則有財矣，而乃置鐘鼓而弗鼓，有車馬而弗御，置廷內於荒蕪，輟酒食而弗燕，此庶人惟恐

---

① 述：原作“速”，據文意改。
② 蟋蟀：原脫，據《詩·豳風·七月》補。
③ 頌：原作，“飲”，據文意改。

不足儉嗇之所行也。以一國之大，人君之安，而於循行之禮，與臣民共樂者猶吝而弗舉，則臣民偷惰而離散，勢所必然，是以洊至危亡，四鄰謀之而己不寤也，此其理由如此也。若問其事實，則君與臣民共樂之禮安屬？據禮文可知也。饗也，燕也；公食大夫也，射也；鄉飲酒者也，大蠟也；社也，大嘗也，皆禮教之節文，而君與民共樂之事也，即皆有鐘鼓酒食之事。車馬者，武舞，因以習射御，其節文約見於《儀禮》，後再詳說。

《揚之水》，序但舉刺昭公，其義已足。續序據《左傳》演說其事，以事言志。魏氏《詩古微》又因此駁毛傳，要皆據史以亂經，其失與續序同矣。詩者陳義也，非述事也。因事以陳義，非依事而作傳也。文各有體，以淺言之可喻。而詩爲樂章，經孔子刪定，有一定之指歸，非襍采歌謠如《樂府詩集》之比乎？但説詩無據，從何取斷？何以徵信於古，何以自信於心？故就後序、《左傳》之文可以推得先聖刪訂之意。據續序，《左傳》昭公分國以封沃，正義云封沃者使專有之，別爲沃國，不復屬晉。傳述命太子曰仇，弟曰成師。師服，聞沃之封也，陳述古義曰："天子建國，諸侯立家。今晉，甸侯也，而建國，本既弱矣，其能久乎？"此古義之最昭然者也。唐爲天子所命之國，自改爲晉，已蹈非禮，君子之所不與，故題篇曰唐，今又以甸侯而專封大都偶國，夫先自僭天子，則何怪曲沃伯之欲并公室乎？序言刺昭而傳箋以爲美沃，因據《經》有"素衣朱襮"與"君子"之詞連文而誤。夫曰"素衣朱襮"者，明爲諸侯之服，晉君乃得服之，受之於天子也。奈何"從子於沃"乎？兩稱"既見君子"，與《雞鳴》同詞，刺其不見正於君子，以取滅亡也，故卒章變詞云："我聞有命，不敢告人。"傳箋就上文生訓，乃大失詩旨矣。按聞命正謂封沃之命，以甸侯而擅天子之命。故曰不敢告人，滅王章矣。

《椒聊》，刺晉昭公也。前篇刺昭公而詞美桓叔，此篇亦刺昭公而詞美曲沃。古義深微而義甚顯明，非桓叔之可美，曲沃之能強，乃由昭公君不君，則失其所以爲君。故詩詞無刺昭公之言，而序文仍以刺昭公爲斷。夫昭公之失其所以爲君，先由於昭侯之失其所以爲君也；昭侯之失其所以爲君，由穆侯之失其所以爲文也。《左傳》載師服曰"異哉君之名子也。嘉耦曰妃，怨耦曰仇，古之命也。今君命太子曰'仇'，弟曰'成師'。始兆亂矣！兄其替乎？'"惠之二十四年，晉始亂，故封桓叔於曲沃，師服曰："天子建國，諸侯立家。今晉，甸侯也，而建國，本既弱矣，其能久乎？"春秋之際，前有師服、眾仲、申繻、富辰，皆知禮，君子能盡臣道以諫君。所陳多古義，於此見三代學校之留遺，所謂王澤也。故言必稱古，稱先王，明天下之政成於三代之先王。而甸侯之職，當奉王政以治其國政。先王之大法，無易樹子，不許專封。今（程）[穆]①侯名子，不守古之明命，而露私愛少子之心，以啓曲沃專封，卒成奪嫡易宗之亂。禮教盛時，最重名義。《史記·自序》"太伯避歷，江蠻是適"，《論衡》云太王以王季之可立，易爲歷。歷者，適也，歷者，適也，往適之適。謂嫡也，舊説誤爲太伯覺悟，乃之吳越以避王季。《吳越春秋·太伯傳》説與之同。有太王之聖明，爲傳季以及文王昌爲立賢起見，有太伯之至德乃避歷以讓文王昌，爲興周張本，然後成其盛事，播爲美談。降此則惟守不易之常法，一有不慎，（近則）②近則啓曲沃之爭，遠則成宋宣之亂。而推原其始，則又由於王政之不下，究不能以禮治上國之邦交。所謂王官失守，其始群侯失禮而莫之問，習以爲常，其繼甸侯專封而莫之詰。然則穆侯之失其所以爲父，昭侯之失其所以爲臣，由於天王之失其所以爲君也。夫建國君民所以爲民也，非以爲私親也。天下戴共主，王官治諸侯，所

---

① 穆：原作"程"，據《詩·椒聊》改。
② 此處原衍"近則"二字，據文意刪。

以爲天下也，非以爲群侯也。今天子失其守，而惟知顧群侯之私，群侯亦惟知私其私親之私，古義一亡而民無所適從矣。故曰："名不正，則言不順；言不順，則事不成；事不成，則禮樂不興；禮樂不興，則刑罰不中；刑罰不中，則民無所措手足。"此三代之所以降爲春秋，而孔子繼衰周爲素王之所由作也。繼衰周爲素王者，傳堯舜文武政教之統，祖述憲章，修訂六經，述其政教，制法垂後，以俟百世之明王作。究其政教之起點，規定人倫造端夫婦，始於男女以正、婚姻以時，本於天子諸侯之家庭，推而致於一國，至於天下。故《大學》引《詩》，特發其義曰："宜其家人，而後可以教國人"，"宜兄宜弟，而後可以教國人"，"其爲父子兄弟足（發）[法]①，而後民法之也。"反是，則其爲父子兄弟不足法，且爲國人所閡。其君子則引而去之，其小人則相率而爲亂，勢所必至，無所逃之，公例也。故四篇刺昭之後，繼以《綢繆》之刺亂，繼以《杕杜》之刺時，仍推本於婚姻之失道、宗族之離散，而其國象可睹矣。未有一國之君其家庭失道，而其國不亂者也。

《綢繆》刺晉亂也。續序國亂則婚姻不得其時也。十五國風述一國之亂，其流失被於民閒者，必有數篇陳夫婦之失道、婚姻之失時，此何以故？請明其故。《王制》曰"修六禮以節民性"，六禮之目爲：冠、昏、喪、祭、鄉、相見。始於家庭，終於社會。冠爲成人之始，昏爲成家之始。一國之治象必康樂然後安平，必安平然後和親，必康樂、和親、安平，然後能施得禮教，至其國之政亂，則其爲士者不能執禮，自無由率民以由禮。冠之爲成人者，所以成其爲士，成爲士者乃能執禮之人也，故曰"成人而與爲禮也"，即《詩》言"肆成人有德"之"成人"，乃卒業於學校，且卒業於大學者，故別乎小學而言之曰"小子有造"，再明之曰"譽髦斯士"。禮不下庶人，故無庶人冠禮，惟有士冠禮。昏禮攝盛，故士昏即庶人昏禮。但昏禮之逮庶人者，亦祇婚姻之制度，不必及婚姻之節文。喪祭亦然，三年之服制，自天子達於庶人，無貴賤一也。至其節文，則《記》有明徵，曰："不有而事行者，扶而起；待之而事行者，扶而起；躬親而後事行者，面垢而已。"

祭禮亦然，《記》曰"庶人無廟，薦於寢"，又曰"庶人無廟，死曰鬼"。無廟則無廟中一切之節文；曰鬼，則無設重遷祖、虞祔、立主、稱祖、稱禰之名號，薦以常食，自不得有特牲、少牢饋食之禮文。推勘經術之治，凡言禮，皆自士以上至於天子，緣夫士者，執行禮教之本位，進位可爲天子之三公。而世及之天子、諸侯，其爲太子、世子之時，皆與士同齒於學，即明其本位皆爲士也。故堯舜、禹、湯、文武稱爲六君子，而匹士亦可稱爲君子。此外，齊民則曰小人，乃治於人而非治人者也。治人者自失其道，則治於人者焉知所從？必致婚姻不得其時，男女不得其正。而所謂自由結婚之事，自然而至男女各自由，則婚配無法制規則，又焉得有婚姻之時，期行嫁娶之正式乎？是國亂之原點，而王澤不能不究之明證也。

《綢繆》三章，純爲男女之詞，據詞可解。但其於意云何？則須推究而知。三星者，本詩之主詞；在天、在隅、在户，三星之行次，即一夜鐘點之時閒。欲知詩詞之所指，（次）[須]②知詩詞之所取。明取者何？取於天之三星，以其候爲人閒之候。人閒之候，以婚姻之候爲最重之時閒。今國亂，而上之人不能執禮以導民，下之人安知禮之所在？則惟有候星時以爲婚期已耳。其詞曰束薪，則庶人之家也，次曰束楚、束芻亦然。古三星者以爲期也，其無父母之命、媒妁之言可知也。此在今人以爲美談者，古人之義，以爲國之大耻也。何以明之？以

① 法：原作"發"，據文意改。
② 須：原作"次"，據文意改。

禮明之。（庶）[禮]①雖不下庶人，謂其節文度數云爾，至其必告父母，必待父母之命，必須媒妁之言，必以昏爲期，必爲酒食以召鄉黨，其無上下一也。今據詩詞言晉國之現象，則一家之中虛無人焉。初時束薪見三星之在天，傳云："三星，參也；在天，謂始見東方也。"次篇三星在隅，傳云："隅，東南隅也。"三章云三星在戶，傳云："參星，正月中值戶也。"一章箋云："三星，謂心星也。心有尊卑，夫婦父子之象，又爲二月之合宿，故嫁娶者以爲候焉。昏而火星不見，嫁娶之時也。今我束薪於野，乃見其[在]②天，則三月之末四月之中，見於東方矣。"次章箋云："心星在隅，謂四月之末五月之中。"三章箋云："心星在戶，謂之五月之末六月之中。"其釋良人、邂逅、粲者，傳箋亦異其詞，今引證之，以爲古今義異同最顯之證。傳云："良人，美室也。""邂逅，解說之貌。"粲者，"三女爲粲，大夫一妻二妾"，此古義也。（傳）[箋]③說則稍有異義，於良人無釋，則曰於傳可知；於"邂逅"亦無釋，當與首章同；於"粲者"必無釋。但云："（心④）[三]星在戶，之五月之末，六月之中。"據⑤此推例，則鄭君仍以昏期爲詞，則明不破傳而實不從傳。鄭君意知爲庶人之事，故不從三女爲粲之義，從序義也。然則此詩如何解決，愚謂婚姻不時而匹合無禮，此其現象耳。

子者，大夫之稱也；大夫妻爲內主，亦同大夫之稱。卿之妻稱內子，乃其正稱。上大夫即卿，卿即上大夫，其位同，故其稱同；其卿大夫之稱同，故其內主之稱亦同。至於士，則不得稱子，故士妻亦不得稱子。凡《詩》言"女也。""士女"，即指士與士妻；凡曰子也，即指卿大夫妻。如"女也不爽，士貳其行"，"女之耽兮，猶可說也。士之耽兮，不可說也！⑥"有依其士，思媚其婦"，"惟士與女，伊其相謔"，"以穀我士女"，"彼都人士，彼君子女"，隨文可證。其稱子者極多，自《周南》《召南》稱之子，以及《衛風》《齊風》，凡指諸侯夫人，其詞皆稱子。諸侯夫人雖尊於卿之內子、大夫之妻，但以《禮經》之正詞比例，則公子比例爲大夫，則女公子亦然。從其家之稱，則曰子，從其夫之稱，乃曰夫人。國人稱之曰君夫人，稱諸異邦曰寡小君。今《詩》皆據室女與初嫁而言，故於諸侯夫人亦稱曰子也。凡《詩》言之"子"，傳箋所謂"是子""嫁子"皆是也。舉此例推，則《詩》詞皆通，一線到底，一絲不漏矣。《綢繆》三章，重曰"子兮"，推就文義乃兼男女而言。一章之"子兮"，曰"如此良人"，何則詞指女也？二章之"子兮"，曰"如此邂逅"，何則詞兼男女而言？三章之"子兮"，曰"如此粲者"，何則詞指男子而言。其稱名皆指大夫與大夫之內子爲尊者之詞。"三女爲粲"，傳引大夫之制爲言。其實此詩反詞以見義，示言制度一亂，邂逅相遇，無可如何也。

《羔裘》，刺時也。晉人刺其在位，不恤其民也。

《鴇羽》，刺時也。昭公之後，大亂五世，君子下從征（彼）[役]⑦，不得養其父母而作是詩也。

《無衣》，刺晉武公也。武公始并晉國，其大夫爲之請命乎天子之使，而作是詩也。

《有杕之杜》，刺晉武公也。武公寡特，[兼]⑧其宗族，而不求賢以自輔焉。

《葛生》，刺晉獻公也。好攻戰，則國人多喪矣。

《采苓》，刺晉獻公也。獻公好聽讒焉。

---

① 禮：原作"庶"，據文意改。
② 在：原脫，據《毛詩正義》補。
③ 箋：原作"傳"，按上文"傳箋亦異其詞，"此"傳"字應爲"箋"，據此改。
④ 三：原作"心"，據《毛詩正義》改。
⑤ 據：原作"推"，據文意改。
⑥ 按《詩·衛風·氓》此句"女""士"位置顛倒。
⑦ 役：原作"彼"，據《毛詩正義》改。
⑧ 兼：原脫，據《毛詩正義》補。

《唐風》號晉，前既言之矣，此後皆刺詩，終《唐風》無一美詞。至《羔裘》作刺，則上下之情於此可觀矣。在位不恤其民，此亂國之所由極也。請證其詞，以見其實，其曰"羔裘豹袪""羔裘豹褒"者，大夫之服也，即指大夫而言也。曰，自我曰、人曰；"豈無他人"，皆謂王人也。王人失官，而諸侯放恣，至於大夫放恣。此章之詞也，怨王官之放失，而侯國諸大夫之放恣亦以至於此也。"維子之故""維子之好"，若曰與我好者爲好人，與我不好爲不好人也，此刺其在位不恤其民之驗也。箋云："民之厚如此，亦唐之遺風。"此乃就《左傳》之義言説，其實破傳。按傳首章云：在位與民異心自用也，居之懷惡不相親，比之觀我人者，我之人也；我之人，我大夫也。

《鴇羽》後序云"大亂五世，君子下從征（彼）[役]，不得養其父母"，此古義。古《譜》言："大亂五世者，昭公、孝侯、鄂侯、哀侯、小子侯。"疏引"《左傳·桓二年》'晉潘父弑昭侯而納桓叔，不克。晉人（言）[立]①孝侯。惠之四十五年，曲沃莊伯伐翼，弑孝侯，翼人立其弟鄂侯。'《隱五年》傳稱，'曲沃莊伯伐翼，翼侯奔隨。[秋]，②王命虢公伐曲沃，而立哀侯'。《隱六年》傳稱，'翼人逆晉侯於隨，納諸鄂，晉人謂之鄂侯'。《桓七年》傳，冬，'曲沃伯誘晉小子侯殺之''八年春，滅翼'，是大亂五世之事。"

右詩言國亂無君，而稱其下有君子也。與魏詩《十畝之間》《陟岵》等篇同意，今釋大義已明，下就本經篇詞立解如下，以見本詩之意。

本章著要在"靡鹽"二字，乃應序意，後序縱不必據，原序所不可遺。如原序之言，與本詩之詞不（虛）[應]③。本詩謂孝父母之詞，而序以爲刺好君之作。此何以解？曰即此可以解。既云自序其孝情，何以牽涉王事而云"靡鹽"？此可以知古訓之不能改矣，可見非一人自序其孝情之謂，可見非一人自序其孝情所得，與於孔子删訂所存之内矣。何則？一人之私，不足爲社會之教科也，故曰"王事靡鹽"也。但"靡鹽"之名詞難解，此詞一解，則全詩皆通。愚按"靡鹽"謂"糜梏"也，此訓無徵，就文義釋之，當如此也。靡鹽既無徵，謂兩字組合名詞言之，既無此兩字組合之名詞矣，則此兩字應各就獨立之字義而解之，此一定之理也。靡者，無也，如"靡不有初，鮮克有終"，如"靡明靡晦"，如"靡治匪明""靡亂匪武"，皆用"無"字爲訓，蓋即"莫"字之轉音而假"靡"字爲代詞也。此篇"靡"字如用"無"字解之，則與文"鹽"字絶不相應。而"鹽"字於别經他傳則無徵焉，惟徵於文則解矣。於文從鹽（有）[者]④，古聲，練鹽不堅致也，即《詩傳》所謂"不攻致也"。箋云"無不攻致"，乃説（説）[經]⑤敬慎，就文立訓，不敢輒出己意，鄭君之慎也。但其有誤者，則在誤認平列字爲順語詞，差之毫釐，謬以千里。靡因訓無，而此章之靡非訓虛無之無，正當如披靡之靡耳。"靡"即"糜"，"糜"即"糜"，即糜爛之糜；"鹽"即"梏"，即梏窳之梏，猶今名詞所謂腐敗。"靡鹽"者，名詞，即腐敗之謂也。因三代文治之隆，士夫不言以詩見意，主文譎諫，言者無罪，聞者足誡，故有此（諛）[廋]⑥詞，使人以意會之。漢以來即不知其義，後此無聞矣。然則予何得聞，此亦問題也。偏考經文無有孤句無證者，其句無證，非吾人聞見未及，則必析字析解。何則？二字組合必有證焉，一字獨立，必有解也，此中國自古學界相傳之要，

---

① 立：原作"言"，據《左傳》桓公二年改。
② 秋：原脱，據《毛詩正義》卷六補。
③ 應：原作"虛"，據文意改。
④ 者：原作"有"，參考宋育仁著《詩經毛傳義今釋》改。
⑤ 經：原作"説"，參考宋育仁著《詩經毛傳義今釋》改。
⑥ 廋：原作"諛"。按，"廋詞"爲"隱語"，符合下文文意。

自孔子而已然，不可不察也。

《羔裘》，箋云"此卿大夫采邑[1]之民所作"。羔裘與羔羊之皮、羔裘如濡同詞，詞指卿大夫固無疑義，即序所謂在位也。居居，訓"懷惡不相親"，《釋訓》"居居、究究，惡也。李巡説'居居，不狎習之惡。'孫炎説'究究，窮極人之惡。'"然則"居"爲"倨"之假借，究爲本義之引申，自當屬所刺之在位者而言。但據經詞"自我人"之語，則其義不貫。故箋於此增字立訓，謂："其役使我之民人[2]，其意居居然，有悖惡之心，不恤我之困苦。"但以"役使"解"自於"義爲"支"。愚按此篇之詞，"我人""他人"連比見例，連文見義。諸侯之卿三命以下，當王朝之士，王朝之士稱人，今此稱其國卿大夫，爵秩比於王朝之士，故稱人矣。按《左傳》桓王六年[3]，曲沃莊伯以鄭、邢之師伐翼，王使尹氏、武氏助之，是年秋，曲沃叛王，王命虢公伐曲沃而立（鄂）[哀][4]侯。尹氏、武氏，王朝之士。《春秋》書"武氏子來聘[5]"，《公羊傳》謂"父老子代政"是也。王人微者，故不著其名，稱氏也。故經詞對文，從其國民之詞，稱其采邑卿大夫，則曰"我人"；稱其王國所使來助之士，則曰"他人"。《褰裳》之"子惠思我，子不思我[6]，豈無他人，豈無他士"與此同例互證。再明其意曰"維子之故""維子之好"，乃述國民之意，云以子大夫爲我之故舊，念子大夫與我爲愛好也，故箋説此爲民風之厚。

昭公之後，五世大亂者，昭公、孝侯、鄂侯、哀侯、小子侯。正義按："《左傳》'惠三十年，晉潘（文）[父][7]弒昭侯而納桓叔，不克，晉人立孝侯。惠四十五年，曲沃莊伯伐翼，弒孝侯，翼人立其弟鄂侯'。隱五年，'曲沃莊伯伐翼，翼侯奔隨。秋，王命虢公伐曲沃，而立哀侯於翼'。隱六年，'翼人逆晉侯於隨，納諸鄂'。桓二年，鄂侯子哀侯'侵陘庭之田，陘庭南鄙啓曲沃伐翼。'桓三年，'曲沃武公伐翼，獲翼侯。即哀侯。'桓七年，'曲沃伯誘晉小子侯殺之'。是大亂五世之事。"孔疏按桓公[八][8]年，《左傳》冬，"王命虢仲立晉哀侯之弟緡於晉'，則小子侯之後，復有緡爲晉君。此大亂五世，不數緡者"。以亂從昭起，故追數昭公。（遇）[愚][9]按《晉世家》：哀侯二年，曲沃莊伯卒，晉侯緡立。二十八年，曲沃武公伐晉侯緡，滅之，盡以其寶器賂周厘王[10]，王以曲沃武公爲晉君，列爲諸侯，於是盡并晉地而有之。緡立二十八年，始見滅於曲沃，奪宗易祚。五世之亂，不容不數緡。據序明言昭公之後，疏説曲申鄭意，反失。序有曲沃伯既誘殺小子侯，王命虢仲立晉侯緡。"虢仲、芮伯、梁伯、荀侯、賈伯，伐曲沃"，是王師屢臨於晉，其事甚正，似尚能舉王官之職，故《詩》以王事稱之。然不能先正晉國專封之罪，又不能將王命率諸侯之師以治曲沃抗命，而惟知出畿內諸大夫，王朝大夫芮伯等是也，位視侯伯，故稱侯伯。率王朝之師以從事，爲之納君，比於邢、鄭之舉。王政之不行，由於王官之失守；王官之失守，由於王制之不明也，故詩人又歎之曰"靡鹽"焉。王者之師，有征無戰，必正名分以申大義。王師出，而諸侯以師從，不得自等於列國構兵，各私其所愛也。

---

① 卿大夫采邑：原作"采邑卿大夫"，據《毛詩正義》乙。
② 民人：原作"人民"，據《毛詩正義》乙。
③ 桓王六年：應作"隱公五年"。按，"曲沃莊伯以鄭人、邢人伐翼，王使尹氏、武氏助之。""曲沃叛王。秋，王命虢公伐曲沃，而立哀族於翼。"見於《左傳》隱公五年。此處應作"隱公五年"。
④ 哀：原作"鄂"，據《左傳》隱公五年改。
⑤ 聘：《左傳》隱公三年作"求聘"。
⑥ 思我：《褰裳》作"我思"。
⑦ 父：原作"文"，據《毛詩正義》改。
⑧ 八：原脱，據《毛詩正義》補。
⑨ 愚：原作"遇"，據文意改。
⑩ 周厘王，即周釐王。

大義不明於天下，而惟各向所私，出自翼之九宗五正，則爲忠於舊尹；出自王朝侯伯，則亦各於其黨，以此勞民，以勞諸大夫。國爲其親，人亦念其親，以視王室如燬，雖則如燬、父母孔邇之詞，異矣。思父母而號蒼天，可以怨矣。

《無衣》序，閩本、明監本作刺；《唐石經》小字本、相（遠）[臺]①本作美，校勘記據正義以作美爲是，《詩古微》據作美以駁《毛詩》而申三家。其實三家於此詩無（微）[徵]②，兩本美刺異同又安能定《唐石經》小字本之必不誤？孔沖遠自據《唐石經》本，《相臺五經》亦自沿於《唐石經》，要不能據此校勘，決《小序》原文必爲美而非刺，此皆書本內之學，學而不思之學，尚未并爲經學也。所說此篇，同是武公行賂請命，王命武公爲晋君之事，徒以美刺二字。兩本異同，斷斷辨爭，非吾所聞也。如通其意，不妨言外爲美，而意中作刺。且其事非美，而其詞無刺，即題曰美，俾誦詩者循其事而刺自見，亦何害於義？故曰："說詩者，不以文害詞，不以辭害志，以意（之）[逆]③志，是爲得之。"孟子真經學家，其詔我矣。且正義明著曲沃之大夫，美其能并晋國，故爲之請命。此序請命之事，經二章皆請命之詞，（斯）[斷]④其爲曲沃大夫之詞，其詞固當有美無刺。而序詩之旨，則固當正詞爲刺也。子者，子號公，傳稱王使號公命曲沃伯爲晋侯，號公奉使爲王朝大夫，從大夫之稱，接使之詞也。七、六，傳據《周禮》侯伯之禮，七命，冕服七章；天子之卿，六命，車旗、衣服以六爲節。天子之卿視諸侯，其在內六命者，其出封加一等。諸侯入爲王朝卿士，亦從六命之等。箋云，謙"不敢必當侯伯"，失之。以武公之梟桀，據邑以滅其宗，屢抗王朝。今既滅晋，有挾而請，又恃有寶器之賂，以要闇弱之君，惟有乾沒不已，（父）[豈]⑤有謙不敢居乎？蓋既要請賜侯伯之命服，又欲冀爲王朝之卿士耳。

《有杕之杜》，刺晋武兼其宗族，序文甚明，以啓晋獻盡滅桓、莊之族，故次以《葛生》刺晋獻。《有杕之杜》，續序所謂不求賢以自輔者，即謂不用九宗五正諸宗之遺賢。《葛生》，續序所謂好攻戰者，即攻殺其宗親，滅桓、莊之族也。君子者，公子大夫也。據《詩古微》引《內外傳》："頃父之子嘉父，逆鄂侯，納諸鄂而奉之。"樂賓之子，共叔（實）[成]⑥，仕晋，武公許以上卿之位，彼終力戰而死。見於《紀年》者，又有公子萬，荀叔軫，皆忠晋以拒沃。飲食之禮以親兄弟，《周禮》"宗伯"之明文經詞正用此也。國人多喪，正謂宗族被殲，而"其妻守義"，是爲寡婦悼亡之作。箋失傳意，說爲生離相念。齋則"角枕""錦衾"，謂陳其生時齋日之所用。箋補攝主、主婦自齋而行祭事，故（擇）[釋]⑦爲"生存"，顧疑於傳之訓域爲"塋域"，則於百歲之後歸於居室，亦從傳義，說爲墳墓塚壙，其詞無異同，惟說生死異耳。

《譜》云"秦者，隴西谷名，於《禹貢》近雍州鳥鼠之山"，正義引《漢書·地志》云"秦，今隴西，秦亭，秦谷也"，以谷名證國名者，明雍州本王畿舊地，不名爲秦。其後平王東遷，乃以岐、豐之地賜之，始列爲諸侯，於是雍州岐、豐之地乃合於秦，後世遂稱岐、豐之舊畿謂之爲秦矣。又明其先始封未能成國，特取亭谷之舊名，因以名之。後得岐、豐之地，承先

---

① 臺，原作"遠"，參考宋育仁著《詩經毛傳義今釋》改。
② 徵：原作"微"，據文意改。
③ 逆：原作"之"，據《孟子·萬章上》改。
④ 斷：原作"斯"，參考宋育仁著《詩經毛傳義今釋》改。
⑤ 豈：原作"父"，參考宋育仁著《詩經毛傳義今釋》改。
⑥ 成：原作"賓"，共叔應爲"賓"之子"成"，據此改。
⑦ 釋：原作"擇"，參考宋育仁著《詩經毛傳義今釋》改。

王累世締造之遺風，驟得進乎諸夏，故季札觀樂爲之歌，乃曰："此之謂夏聲。能夏，則大其周之舊乎？"《譜》於此三致意焉。見裔之所以進於夏者，周之失道，自棄其舊封，有以資之也，故"俴駟孔群"至"竹閉緄縢"於其車甲也，其曰婦人能閔其君子者。一章曰"言念君子，溫其如玉"，二章曰"言念君子，溫其在邑"，三章曰"言念君子，載寢載興"，乃婦人閔其君子思義之至也。何以謂之思義之至？其首章初從征之始離別之情，故曰"亂我心曲"；其次章曰"方何爲期？胡然我念之？"未歸期也；其三章曰"秩秩德音"，勉之以義，榮名爲實也。

右三章在秦爲興國之詞，在王政爲退化之詩也，何以言之？由尚武而進於禮則爲進化，由王政而求於野則爲退化矣。周東遷，王政不行，而秦乃受岐、豐爲諸侯，至穆公遂霸西戎，進於王室，此周之不競而秦之所以近於夏也。

中庸大義

提　要

　　《中庸大義》是宋育仁解讀和講授《中庸》之作。該著分兩部分，第一部分爲宋育仁概述《中庸》獨立成書的歷史，并在批判宋學解《中庸》之誤的基礎上提出治經方法。宋育仁簡述"宋儒始取《中庸》與《大學》，合以《論語》《孟子》爲'四書'"的歷史，并從解"庸"入手，揭明孔子特製"中庸"一詞，"以發明設教造士，依於中行而詔以日用行習之程次"之目的。宋育仁還批評宋學解《中庸》和治經"先入爲主"，"不明六經旨要，誤認孔門宗旨，自亂其例"之誤區，揭明其"先須求詁，始能訂譌"的治經方法。

　　第二部分，宋育仁將《中庸》分爲三十一章逐章解讀，揭示《中庸》大義，明孔子"君子之中庸"與"小人之中庸"之别。"君子之中庸"，服習於戒慎恐懼，不遠復而合乎中；小人之中庸，非服習於戒慎恐懼，不知慎獨，而無所忌憚。宋育仁在明"君子中庸之道"的基礎上，揭明進"君子中庸之道"的路徑。在《中庸大義》中，宋育仁探討了"性""命""欲"等人性問題，通過"教"，修君子之行，而致"中""和"。指出夫子設教特進以中庸之道，從下學實行作起，引之於聖覺之路。指出中庸而必言擇者，即分别"君子之中庸""小人之中庸"，必由好學以求知，非本能知所擇。舉顔氏之庶幾中行爲證，揭示學者如顔氏之超穎，亦從下學著手，以幾於道。宋育仁以爲，下學由得一善而積累之多，非由頓悟大覺而得。宋育仁認爲《中庸》爲辨道勸學而作，專爲下學而上達，詔萬世學者，踏實進步，絶無玄言，非爲中行指點參悟説法。

　　宋育仁闡釋《中庸》微言大義，參以《詩》《易》《春秋》《尚書》《孟子》《孝經》《爾雅》《論語》《荀子》《三禮》等儒學經典和《國語》《漢書》等，并且與釋道互文相參，還偶引墨子、荀子諸説，兼及日本學者之觀點。

　　宋育仁對《中庸》微言大義的闡釋，對於我們理解"中庸""君子"等儒學概念和修君子之行的方法有一定的借鑒價值。其對宋學的批評，也對我們重新認識宋學、重構儒學歷史提供了新的視角。宋育仁解讀《中庸》互文相參、以求詁訂譌的經學研究方法，爲當代的國學研究提供了可資借鑒的方法。

　　本冊《中庸大義》爲《問琴閣叢書》（封面手書"叢書之十七"，藏書印章爲：四川師範學院圖書館藏）刻本，封面爲"中庸大義"，內頁印"中庸大義"、小字"男維瑜敬署"五字，無刻印書局資訊（宋育仁後人宋光輝提供的《宋氏家譜》記載宋育仁著作名録中有《中庸講義》一卷，蜀學會刻本，此本應是）。正文標題爲"中庸講義"。宋育仁《中庸大義》使用的《中庸》經文版本略異於通行版本，有三處的分章不同於通行本。其一，"子曰：'射有似乎君子，失諸正鵠，反求諸其身'"與"君子素其位而行，不願乎其外……"合爲一章。其二，"子曰：'好學近乎知，力行近乎仁，知恥近乎勇'"與"哀公問政。子曰：'文武之政，布在方策'……"合爲一章。其三，子曰："吾説夏禮，杞不足徵也……君子未有不如此而蚤有譽於天下者也"與"大哉聖人之道！洋洋乎，發育萬物，峻極於天"合一章。宋育仁對其分章有所論及，認爲"知行互相先後，各有機緣。祇從下學築基，以'及其知之''及其成功'爲成熟，故下重提'子曰'，此仍在本章答哀公問政。重標若更端者，鄭重其詞，或答哀公問止此。子思乃引他日夫子所論'修身'至'治國、平天下'之道以證明之。要之，子思之意合上爲章，則據詞甚明，乃指修身之路，專從下學著手"。

《中庸》屬《禮記》之一篇，宋儒始取此篇與《大學》，合以《論語》《孟子》爲"四書"。按，《大學》《中庸》兩篇在《禮記》中，固屬發明道理之精蘊，而主旨亦各有不同。大學即成均太學，《大學》始教造士之道，故開首揭題曰大學之道，以別於鄉三物、六藝統匯、普及教民之小學而言。中庸二字組合爲名，不見他經，乃孔子特製名詞，以發明設教造士，依於中行而詔以日用行習之程次。庸者，用也，謂中行之應用。《周禮》"民功曰庸"即"庸"字之本義，亦即後起之文加偏旁做傭工之傭。以語錄家言通俗文解之，即是工夫二字之詁，謂學爲中行之工夫。故於第二章即引孔子之言，釋《中庸》題篇之旨，故不易字而訓。曰君子之中庸、小人之中庸，猶言君子中行有工夫、小人中行有工夫。故章首以"小人反中庸"揭明是一番做作，其語意甚微，而語氣甚顯。宋學有先入者爲主，因見首章與終章從微而致著，又從著而致微，遂看成通篇一片，視綫既差，觸處皆六經注我。朱子叙言老佛彌近理而大亂真，不知自己已入老、佛夾裏。老、佛主重教出世，其言固應如是，意各有主，詞各有指，并不亂真。乃由宋學家不明六經旨要，誤認孔門宗旨，自亂其例也。是以先須求詁，始能訂譌。按章次説如左：

天命之謂性，率性之謂道，修道之謂教。道也者，不可須臾離也；可離，非道也。是故君子戒慎乎其所不睹，恐懼乎其所不聞。莫見乎隱，莫顯乎微，故君子慎其獨也。喜怒哀樂之未發，謂之中；發而皆中節，謂之和。中也者，天下之大本也；和也者，天下之達道也。致中和，天地位焉，萬物育焉。

"天命之謂性"，人受天地之中以生，其降曰命。其中於天也，本謂人之生命，即受天地之中氣，而中氣本降自天，是在降中時爲天之命。受於人身，中即爲人之性，此性由受天之中而來，所以秉有中和之性。《樂記》曰："人生而静，天之性也；感於物而動，性之欲也。"《説文》"情"下説性之有欲者也。降中之初，原來至静，故無欲。一動而發爲情，即屬有欲，故必有以率之，乃謂之軌道。率，《説文》爲捕鳥畢，經傳通借作"率"。循字即後出增偏旁之衙字，唐官衙更令猶用此，後乃罕用。本亦作帥，即《孟子》志爲氣之帥義。有帥其性者，然後性之動而有欲；發而爲情者，始成其綫路，斯之謂軌道，即下文喜、怒、哀、樂之"發而中節者"是也。脩，本義爲服脩、束脩，謂方段皆有取裁，今世俗所謂方式。凡經傳用脩字，皆是此義，謂裁制之也。世學相沿，誤認修、脩爲一字，開宗三句，遂成直解。歸納於性命主旨，三句只是一句，全篇只作一章。孔門遺書，遂融入玄學一科，視佛説上乘，尚望塵不及矣。須知道譬如界畫虛綫，其方程法式，如制匠梃臁服脩。自聖人品節而裁制之，斯之謂教。朱注品節之（三）[二]①字，却是不錯，但未深明句義，故致誤耳。原理既滴滴探源，層層演繹，復次從句中提出道字，明其所以帥而行之者。時念當體天命所降之中，是以念茲在茲，不可須臾離，一離即出於軌，故云"可離，非道也"。

孔門示範立君子之名，即皆修君子之行，故提綱之次，即出君子名詞。顧君子之道，合外内，有淺深，其所戒慎恐懼，不可驟得，而惟恐失之者，即在此中庸之中。道，天君之所主，在於隱微，而發爲見顯，不可襲取，即孟子所云勿助、勿忘，集義之所生非義襲而取之也，故其功用在慎獨。此與《大學》之慎獨互相發明，《大學》慎獨在誠意章，詞稱君子亦同。彼經上文"自天子以至於庶人，一是皆以修身爲本"，是賢愚貴賤所同；下提"所謂誠其意者，毋自欺也"，係學爲君子者所別。此經又就學爲君子者指授下學而上達之方，故彼經詔示君子

---

① 三：應作"二"。

之道，從源達委；此經詔示君子之學，從委溯源。次言喜、怒、哀、樂即屬情，溯其未發，即承上文人所受天命之中，猶云情之未動謂之性，及感於物而動，則性之有欲而爲情矣。乃若其情，求其中節，不離軌道，斯與性相和，故謂之和。中、和爲《周禮》六德之二綱，又司徒以五禮教之中，以六樂教之和，中、和即禮樂之元素。由禮樂之元素，發爲節文，本立而道生。推而致之，際天蟠地，即贊天地之化育也。

仲尼曰："君子中庸，小人反中庸。君子之中庸也，君子而時中；小人之中庸也，小人而無忌憚也。"

孔子祖述堯舜，憲章文武。本經所述，承帝王之政統而在下位，故從大夫以伯仲之稱字，表曰仲尼。本經再見，與《孝經》旨同，明其法堯舜執中、用中，立君子之教，進君子於中行，特製名詞曰中庸。謂中行之道有工夫，在日用行習也。勉君子以慎獨，必戒慎恐懼於不睹不聞，乃從微而顯，體中以爲用；小人不能慎獨，於不睹不聞之地，適得其反，故曰"小人反中庸"。再申其義曰，君子者其於體中爲用工夫，勿助勿忘，不遠而復，時而穆合於所受之中；小人惟無所戒慎恐懼，其依中作用工夫，適以便其小人之善自爲謀，而無所忌憚也。無忌憚即明其反於戒慎恐懼。猶云君子之中庸也，服習於戒慎恐懼，故不遠復而合乎中；小人之中庸[①]也，非服習於戒慎恐懼，不知慎獨，而因以無所忌憚也。晚出增偏旁之"傭"字，即是"民功曰庸"字古義，謂日用行習，若服役傭工然，倒其詞氣則易明。古文凡字均兼動、靜二例，故不易詞而訓。如《春秋傳》"伐者爲主，伐者爲客"，即此例也。此正辨明"鄉愿亂德"，防學者誤入歧途。孟子屢稱與夫子自言惡鄉愿，恐其亂德，針芥一氣，惟其"非之無舉也，刺之無刺也，居似忠信，行似廉潔，同乎流俗，合乎污世。"眾皆悅之，自以爲是，托於中庸，是以無所忌憚。漢時古義未湮，故當時有天下中庸有胡公之語。原《儒行》重砥礪廉隅，《易》有圭角嚴岸，於庸德之行，庸言之謹，不足者多。夫子設教特進以中庸之道，引之於聖覺之路，故必嚴鄉愿亂德之防，而仍詔以須從下學實行作起，故下特讚中庸爲至德。

子曰："中庸其至矣乎！民鮮能久矣！"

既特出仲尼，以下皆從本師稱子之例，與《孝經》同科。中庸爲至德，躬行君子者，始能進而至於道。明非普教，不及凡民，故曰"鮮能久矣"。

子曰："道之不行也，我知之矣：知者過之，愚者不及也。道之不明也，我知之矣：賢者過之，不肖者不及也。人莫不飲食也，鮮能知味也。"

傳經以詔來學，本爲行道，先以明道。上章既讚其至，於義已足，而於此又反復於道之不行、道之不明，似違譔述之例。深察其故，爲揀外道，與後章"素隱行怪"文相起。楊、墨即當時已發見之外道，楊述道家之別傳，墨述夏道，皆古昔所有，特至孟子時始大倡明。欲覈道德之精微，不能不預防其疑似。後章言"道并行而不相悖"，與此文相覆，如後來佛道不妨并行。但欲標本宗，必揀外教世出世閒法[②]，此爲中點，則彼爲極端。"知者過之"，係揀道宗；"賢者過之"，係揀異道。一則理過乎中，而愚者望而生畏；一則行過乎中，而不肖者聞而滋疑，故結以"人莫不飲食"爲喻說。佛說修苦行必沾一粒，服氣亦未到不死而神，故以知味適口爲中庸之喻。

---

① 中庸：原作"傭中"。按，前句講"君子之中庸"，此句與之相對，講"小人之中庸"，故"傭中"應爲"中庸"之誤，據改。

② 世出世閒法：指佛學"世閒法"和"出世閒法"。

子曰：“道其不行矣夫！”

“道之不行”，上章已爲揀外道舉似矣，本章獨標單句，易其詞氣，已足懷疑。況譔述明道，而先自疑曰“道其不行矣乎”，豈不可怪？此爲及身行道以起下章，且爲後述授受淵源張本。自古中國道統傳授帝王，所謂及身行道。孟子所述五百年之運會，自孔子而改度。聞知之統，別爲教宗。子畏於匡，曰：“文王既没，文不在兹乎？天之將喪斯文也，後死者不得與於斯文也。”《家語》引《詩》云：“‘匪兕匪虎，率彼曠野。’吾道非耶？”兼以自考。夫子言必稱先王，所述皆先王之道，其稱吾道者，惟此與《論語》“吾道一以貫之”兩見。蓋五十而知天命，乃決定終不有位，不能及身行道，而道之傳仍在吾身，乃云吾道。此章不標吾字，與浮海同情、鳳圖共證。

子曰：“舜其大知也與！舜好問而好察邇言，隱惡而揚善，執其兩端，用其中於民。其斯以爲舜乎！”

舜及身登庸，行道於天下，法傳於後世，故舉其“用中於民”，先有達德以行達道，亦從下學而上達。後章云“好學近乎知”，學之真積力久乃成大知。“好問”“好察邇言”，即是下學。“隱惡”“揚善”，亦即是以人治人，改而止，仍屬下學功夫。“兩端”，鄭注“過與不及”。“‘用其中於民’，賢與不肖皆能行之也。”愚按“兩端”，指賢與知；知者所持之理，賢者所持之行，過於高深，皆趨極端，是謂兩端。《論語》“有鄙夫問於我，空空如也。我叩其兩端而竭焉”。空空，蓋即釋家初步所談之空，鄙夫一聞而知；兩端而竭，即窮究知行二者之極端。如楊朱所述知者之過，空諸所有，惟取自適，所云人生行樂耳，其他非所問。賢者之過，亦原於空諸所有，如墨翟所行，使人憂悲，莊子論之最明。以此率民，其流必偏於利己，巧於自謀，公義由此消滅，人心同於散沙。唐宋以來之中國是也，至今爲極。日本學者指中國爲楊子之道，俗宦、素封、老生、游士，只謀身家幸福，荀子所稱“以從俗爲善，以貨財爲寶，以養生爲己至道”確切不移，乃至一道同風，牢不可破。行近於墨者，非出家修苦行，其教不能澈地；釋迦之宗最與暗合，非凡民所能行。其別派則流爲耶穌之歐化、東洋之佛學。惟聖人之禮教人倫，賢者俯而就，不肖者可跂而及。堯舜宰世，立君道、臣道之極則，合爲一代，堯無能名，故祖述淵源并舉堯舜，而用中於民，獨稱舜也。

子曰：“人皆曰‘予知’，驅而納諸罟擭陷阱之中，而莫之知辟也。人皆曰‘予知’，擇乎中庸，而不能期月守也。”

承上稱舜成物之大知，以明凡民之不知而皆曰予知，即爲後章“好學近乎知”起文。舜之大知，從好問、好察邇言、樂取於人以爲善而得，非自謂予知者所能企，爲下文指點“擇乎中庸”過脈。舉“罟擭陷阱”爲言者，人世閒皆罟擭陷阱也，惟擇乎中庸，乃老子所云“無死地”。中庸而必言擇者，即分別君子之中庸、小人之中庸，必由好學以求知，非本能知所擇。如臨財毋苟得，而義所當受，亦無苟讓，則讓者亦非；臨難毋苟免，而可以死，可以無死，死傷勇，則可免而不避，亦爲不知；君子無所爭，而當不義，則子不可不爭於父，臣不可不爭於君；仁者不憂，而聖人以天下不治，爲天下得人難，引爲己憂。非好學近知，則不知所擇。既擇矣，又須能守。“期月”謂歷周期之月，身意相持至一周期之月，即可持以終身，服習已久故也。鄭君說此爲愚而無恒，不至期月而移所守，是無恒矣。

子曰：“回之爲人也，擇乎中庸，得一善，則拳拳服膺而弗失之矣。”

承上，“擇乎中庸”舉顔氏之庶幾中行爲證，揭示學者如顔氏之超穎，亦從下學著手，以幾於道。拳拳奉持，服膺不忘，惟恐失之，形容下學由得一善而積累之多，非由頓悟大覺而

267

得，亦不得邊期坐忘、無相也。爲後世陸王姚江學派，當頭棒喝，頂門一針，後世學者皆據及其成功，而躐等以求，忘却學知困勉，《中庸》乃爲此而作。宋學轉由此迷失津梁，故證而明之。

子曰：“天下國家可均也，爵祿可辭也，白刃可蹈也，中庸不可能也。”

此標章次，係就學子通習傳本以便推求，各章語本相承如一篇之開合，發例於此。既舉顏子之庶幾中庸，即於此贊中庸之至，舉知、仁、勇三達德至優之程，比儗形容，以進於中庸之境。均天下國家，知及者可能；辭爵祿，仁能守者可能；蹈白刃，勇於義者可能。下學之程及此，而中庸猶不可能，即釋典所云“能我非我所”，故曰“其至矣乎”。

子路問強。子曰：“南方之強與？北方之強與？抑而強與？寬柔以教，不報無道，南方之強也，君子居之。袵金革，死而不厭，北方之強也，而強者居之。故君子和而不流，強哉矯！中立而不倚，強哉矯！國有道，不變塞焉，強哉矯！國無道，至死不變，強哉矯！”

顏子之次出子路，爲標明強之宗，以示君子之范。兩賢在孔門爲四友，顏子爲先後，子路爲禦侮。聖道之主中庸，異於老子之用柔，故於擇善之次，述子路問強。明顯知德，強顯勇德。所謂道義之勇，乃君子之強，與強者之強有別。南方、北方，括人群所受天命之中，而於地質有氣秉之異。中國之域，在昆侖南，屬於南方，即今稱[東]①西半球，亦曰南北半球也。鄭君説“而[之言]汝也，謂中國[也]”②，似以“而強”屬中。育仁謂“南”屬中國，“而”“謂”在夫子之門，猶言“吾黨”。南方，中國之域，秉質本寬柔，故自古道家均主柔爲教，不報無道，有報怨以德之（遺）[遺]③訓，見於《老子》。至孔子組合政教爲一貫，爲政之道則重在以公理爲平衡，故夫子駁報怨以德之語，問“何以報德”，見於《論語》。史載老子好德而務施，《禮記》亦云“太上貴德，其次務施報”。此即隆禮與貶仁義之分界處，即合政教與專主教之分界處。孔與老爲新舊教之異同處，惟此而已。北方之強，至今猶爲改進。原君子之倫教出於南方，孔子修教進化，宜用沈潛剛克，故重提君子由沈潛而剛克。漸進之次序，先以“和而不流”，仍是寬柔本色；進以“中立而不倚”，稍用剛克。塞，讀如《尚書》“文塞晏晏”，與文爲對詞，古語也。樸實持操，不偏於文柔，處無道之世，不苟免以避害。四端爲四層，每更端皆贊以“強哉矯”，矯其文柔之原質，鞭辟入裏，非矯不爲功也。皆屬下學工夫，於行實上見。

子曰：“素隱行怪，後世有述焉，吾弗爲之矣。君子遵道而行，半塗而廢，吾弗能已矣。君子依乎中庸，遯世不見知而不悔，唯聖者能之。”

《中庸》爲辨道勸學而作。辨道者，揀外道之異宗；勸學者，示下學而上達。此章爲辨道分之總結，以上約爲辨道。舜與顏子，一示及身行道，一示及身道之不行，均融入勸學，爲下學指迷，此後既明本宗，屬勸學分。程朱推重此與《大學》爲經，頗有特識。惟説此經，輒闌入外道，躐語中行，適得其反，豈不可異？然細究所原，亦無足異。程子自言得絕學於遺經，朱子宗程，自以先入爲主。首卒兩章，反覆於大道之源委究竟。絕學崛興，既無章句、訓詁之家法師承，又未貫通三禮，只作文論觀，則演釋歸納於所謂始言一理，散爲萬事，末復合爲一理。襄城之野，七聖俱迷，宋學之宗，由斯而立，兹故辨而明之。

“素隱行怪”，鄭注：“讀如‘攻城攻其所傃’[之傃]。傃，猶嚮也，言方嚮避害隱身，而

① 東：原脱。按，下句説南北半球，此句説東西半球，據此補“東”字。
② 之言、也：原脱，據《禮記正義·中庸》鄭注補。
③ 遺：原作“遺”，疑爲“遺”之誤，即“遺訓”之“遺”。

行佹譎[以]作後世名也。"① "半途而廢","廢,猶罷也,'吾弗能已',汲汲行道,不爲時人之隱行。"此謂主避世說法,故釋"君子依乎中庸,遯世不見,知而不悔,唯聖者能之",云"言隱當如此,惟舜能如此"。其義亦原上章稱舜"用中於民"立解。所以者何?爲孔子以前道家之傳,難進易退,"無道則隱"。舜揚於側陋,亦屬己隱於耕稼陶漁,而及聞善言見善行,沛然莫禦,及爲天子,若固有之。可處可出,可隱可進,是爲中庸,故鄭云然。育仁謂此爲辨道,即是辨教。素隱行怪,揀外道隱字謂神秘,亦兼身隱,學神秘之道,身亦必隱而後可。怪字《論語》一見,於文從圣,即古文堅字。行僻而堅,難以名之,故從堅增偏旁心,涵義爲佹譎。佹譎亦非惡名,正猶言神秘耳。世談丹道,亦古道家養生之支流,即此是也。但云其"後世有述,吾弗爲之",詞無所貶。"君子遵道而行",屬稱古義。有位爲君子,禮興中古,四代相承,在位者未有不習於禮,是本遵道而行。然僅修其外,固屬半途,或倦於進修,或退而耽隱,均不免爲半途而罷。而孔子獨退而以教爲己任,故曰"吾弗能已",乃自明此之謂"依乎中庸",與舜易地皆然也。

君子之道費而隱。夫婦之愚,可以與知焉;及其至也,雖聖人亦有所不知焉。夫婦之不肖,可以能行焉;及其至也,雖聖人亦有所不能焉。天地之大也,人猶有所憾。故君子語大,天下莫能載焉;語小,天下莫能破焉。《詩》云:"鳶飛戾天,魚躍於淵。"言其上下察也。君子之道,造端乎夫婦;及其至也,察乎天地。

"君子之道費而隱",程朱解作"微而顯,志而晦"一例,由是以解夫婦與知與能,影射爲內修丹道。而引《詩》之鳶飛、魚躍,謂之"活潑潑地",誤認全經,因而誤說群經,以主空談聖道。鄭注於此固未深切,但釋隱字,仍根上章言可隱之節。釋費云"猶佹也,道不費則仕",仍從上章釋怪之涵義爲訓。此之謂章句,章句相承,斷無上文隱字與下文隱字別爲兩解之理。宋學無師法,故望文生義如此。按費讀爲《曲禮》"不詞費"之費,費者,難言之也。道之不行至已難說解理喻,則時可隱矣。佹,即前注佹譎,《詩》"主文而譎諫",諫有三子取其譎,"晋文[公]②譎而不正",皆非貶絕之詞。《荀子》"天下不治,請陳佹詩,與愚以疑,願聞反詞",即盡佹字之涵義。至理有難言,則隱而不發,故次以夫婦之愚、不肖,可與知、與能。有如陰陽交合而生人,夫婦之愚皆知之;三合然後生人,則聖哲始知之;而有夫婦終身不能生子,則雖聖人亦有所不知。不知即難言,知窮於即下承當,是爲不知。匹偶不亂,夫婦有別,不肖亦能信而行之,至於乾道變化,各正性命。道藏所傳有形交、有句抱、有對笑、有相視,雖聖人不離乎有,夫婦亦必形交,然後生子,故"有所不能"。

復次"天地之大,人猶有憾",謂道法天地,以天地之廣大無不覆載,猶不能滿人之願,知窮於言不能共喻諸人也。故道至難言,則隱而不發,惟可以意會,使之躍如。故次以君子"語大""語小",亦惟曰其大無垠,謂之無窮,細入無閒,其小無內,言盡於此而止矣。復次引《詩》"鳶飛",惟知上去形似抵天,而究不知所止安在;"魚躍",一上即墮,終不離於其淵。人之上下觀察,亦若是焉已矣。結論復提"君子",謂君子之道以倫教爲下學始基,先使夫婦有別,就夫婦之愚不肖、所與知與能,而爲之造端。《易》所謂"有男女然後有夫婦,有夫婦然後有父子,有父子然後有君臣,有君臣然後有上下"。《禮》所謂"夫婦③有別,然後父子親,父子親然後義生,義生然後禮作,禮作然後萬物安"。而所崇效卑法者,極乎天地而止,

---

① 之儶、以:原脱,據《禮記正義·中庸》鄭注補。
② 公:原脱,據《論語·憲問》補。
③ 夫婦:《禮記·效特性》作"男女"。

是以六合之外，聖人存而不論，是爲範圍天地之道而不過。又曰"夫禮本於太乙"，"肴於陰陽"。此明下學，兼揀外道。老子言"道先天地生，道生天地"，孔子微言亦有"先天而天弗違"之語，而非所語"用中於民"。佛氏專修出世，故求諸六合之外，與中庸之道別宗。道不同，不相爲謀，亦不必相攻，故他日又曰："攻乎異端，斯害也已。"也已，讀如"末由也已"。俗學誤解，指異端爲害，以闢佛爲攻異端，乃正孔子所禁其斯爲害也。後來丹道家誤道生天地爲我生天地，道學家又云道通天地有形外，則皆非是。

子曰："道不遠人。人之爲道而遠人，不可以爲道。《詩》云：'伐柯伐柯，其則不遠。'執柯以伐柯，睨而視之，猶以爲遠。故君子以人治人，改而止。忠恕違道不遠，施諸己而不願，亦勿施於人。君子之道四，丘未能一焉：所求乎子以事父，未能也；所求乎臣以事君，未能也；所求乎弟以事兄，未能也；所求乎朋友先施之，未能也。庸德之行，庸言之謹，有所不足，不敢不勉，有餘不敢盡；言顧行，行顧言，君子胡不慥慥爾！"

"道不遠人"，揭明下學。復曰"人之爲道而遠人，不可以爲道"，亦兼揀外道，而仍是注明下學，只在日用行習也。引《詩》"執柯""伐柯"，手持斧柄，伐木以爲柄，寸尺原在手中，反欲別求柯則，必其視綫自差，明矣，故曰"睨而視之"。復次"以人治人"，重提"君子"，蓋明下學，責人以所能行，其初不能無越人範，但求能改其過不及之差，及於人範而止。補足其則不遠，此之謂"道不遠人"。復次"忠恕違道不遠"，人能行忠恕，即是近道，確定"道不遠人"。忠恕見於日用人事，又以指證中庸之道，須從下學下手。曾子曰："夫子之道，忠恕而已矣。"子告子貢一言而可以終身行之者，"其恕乎"。孟子云"强恕而行，求仁莫近焉"，"己所不欲，勿施於人"。子語仲弓、子貢及孟子所述句義，小異大同，此與靜坐冥悟絕不關通，全在人事上説，原所重人倫之化，全在人己之交。子臣弟友，即己之所以自處爲道之地。知爲人臣，然後可以爲人君；知爲人子，然後可以爲人父；知爲人弟，然後可以爲人兄；知事人，然後能使人。故次舉"君子之道四"，而自言盡己尚未能，惟日用之行習、言行相顧，與學爲君子者共勉焉爾。

君子素其位而行，不願乎其外。素富貴，行乎富貴；素貧賤，行乎貧賤；素夷狄，行乎夷狄；素患難，行乎患難。君子無入而不自得焉。在上位不陵下，在下位不援上，正己而不求於人，則無怨。上不怨天，下不尤人，故君子居易以俟命，小人行險以徼幸。子曰："射有似乎君子，失諸正鵠，反求諸其身。"

"君子素其位而行"，素，鄭讀爲傃，謂所嚮也，與上章素隱之訓同。朱注於此讀如字，於彼讀爲索。同在一篇，并爲一字，不得前後迥異，此爲訓詁章句、經學之初程。非敢輕先賢，際時之會絕學已久，不得師承，以致説經隨處迷於津梁，不得其門而入，科學之理然也。經學之初程，即科學之方法也。人生逆旅，行至何嚮，思不出其位，是謂素其位而行，不願乎其外。移步換形，皆有所以自處之道。位，即今言環境。人生之境，以富貴、貧賤爲常途，而遭遇世變，則有"患難""夷狄"之境界。再從微細智觀察，聖賢在世，無非與凡民共歷患難一場，故《易》云"吉凶與民同患"。再遭家國之不造，環境有悖逆之現象，非禮之橫加，即是夷狄，故《春秋》義曰"中國亦新夷狄也"。次舉"上位""下位"，概括人生歷境而言，實指下學功夫，雖之夷狄，不可棄也。鞭進一層，歸於"正己而不求於人"。"無怨"，兼謂人己，極其心境所發。"上不怨天，下不尤人"，乃可幾於知天命之境。復次三節，皆揭言君子。先以"小人"對照，次以"射鵠"爲譬，"居易"謂不急求自見，"行險以徼幸"即急求自見，以邀其倖獲。鄭注以畫爲正、棲皮爲鵠。按，張侯爲正，今騎射有射鵠子，蓋五射之遺，證明正己而不求於人之實相，示以下學之方程也。

君子之道，辟如行遠必自邇，辟如登高必自卑。《詩》曰："妻子好合，如鼓瑟琴。兄弟既翕，和樂且耽。宜爾室家，樂爾妻帑。"子曰："父母其順矣乎！"

君子之道由下學而上達，辟如"行遠自邇""登高自卑"，用必字，盡詞也。引《詩》爲證，實指其道自家庭作起，即覆上章"造端乎夫婦"。此詩之"妻子"與孟子兩言"妻子"義同，子爲詞，謂妻妾也。型於寡妻，至於兄弟，被於子孫，而其初無甚高遠，直云和樂而已。而上以順於父母，隆其孝道，即在於斯。是則夫婦之愚不肖，可以與知與能，及其至也，察乎天地，仍是此理。

子曰："鬼神之爲德，其盛矣乎！視之而弗見，聽之而弗聞，體物而不可遺。使天下之人齊明盛服，以承祭祀，洋洋乎如在其上，如在其左右。《詩》曰：'神之格思，不可度思，矧可射思。'夫微之顯，誠之不可揜，如此夫！"

"鬼神之爲德"，固承上章，孝爲德本，極於宗廟致敬，祭則鬼享，以致郊宗享帝，嚴父配天，即祭禮以明行在《孝經》之義。故云使天下之人，謂以孝治天下也。引《詩》"矧可射思"，慮防末學以鬼神爲虛無而厭倦，不誠於祭祀。故結以説明天人交際，微之所能顯，由"誠之不可揜，如此"，即指"齊明"四句。盡禮致誠，神即如在，一是宗教，莫不皆然。

子曰："舜其大孝也與！德爲聖人，尊爲天子，富有四海之內。宗廟享之，子孫保之。故大德必得其位，必得其祿，必得其名，必得其壽。故天之生物，必因其材而篤焉。故栽者培之，傾者覆之。《詩》曰：'嘉樂君子，憲憲令德。宜民宜人，受祿於天。保佑命之，自天申之。'故大德者必受命。"

中庸專爲下學而上達，詔萬世學者踏實進步，絕無玄言，非爲中行指點參悟説法。下學上達而一以貫之者，孝道而已矣。自好學而知所以修身事親，以至於學究天人，德爲聖人，無以加於孝。故次此章以下歷舉舜、文王、武王、周公，與《孝經》相發，終以"哀公問政"，明聖人親教下學，備具綱領條目，統自天子以至於士。下學在此，上達亦即由此，合外內之道也。舉舜先出大孝，故"大德"目言四"必得"。士侍講説必得其一，始能成其大德。舊説有大德者，感應而必得。育仁按，經義會合二義爲言，必得其位、祿、名、壽，始能成德，是按切事理而推究其原，亦有感應之必得，故援"天之生物，因材而篤"。篤，鄭注："善者天厚其福，惡者天厚其毒。"栽培、傾覆，與他經詞旨亦有微異。傾猶棄也，用微細智觀察，人之所棄不甚愛惜之物，本出於天然之覺照。人之所栽植，固出於智識爲多；造物無心而成化，禍福相倚如循環。厚其福與厚其毒，天人互爲其根。然非好學以求智，即非其所能知，其旨微也。引《詩》累六句，互文相備，完足大德必得之義。位者，指天子、諸侯。士曰不祿，大夫曰卒，位雖未至，祿爲已終，是祿者指卿大夫；名者指士，成君子之名，在爲士之日也；壽者兼及庶人之老，秩比於士。董子説《春秋》"人人有士君子之行"，謂使民皆勉至於士也。故引"宜民宜人，保佑命之"，居易以俟者，終必有一得也。

子曰："無憂者，其唯文王乎！以王季爲父，以武王爲子，父作之，子述之。武王纘大王、王季、文王之緒，壹戎衣而有天下，身不失天下之顯名。尊爲天子，富有四海之內。宗廟享之，子孫保之。武王末受命，周公成文武之德，追王大王、王季，上祀先公以天子之禮。斯禮也，達乎諸侯、大夫及士、庶人。父爲大夫，子爲士，葬以大夫，祭以士。父爲士，子爲大夫，葬以士，祭以大夫。期之喪，達乎大夫；三年之喪，達乎天子。父母之喪，無貴賤，一也。"

"無憂者，惟文王"，鄭君説："聖人以立法度爲大事，子能述，則何憂？"起下章武周達孝，繼志述事，亦推崇王季，云"父作""子述"。《禮·文王世子》稱文王之事王季，武王率而行之，不敢有加，即明文王聖德，亦從孝立本，於孝無加。纘緒繼業，上推至太王，爲追王之禮説明理由。此章并揭禮制之上達下達，由追王上祀之禮，下達爲祭禮。祭禮本止於士，兼言及庶人者，有父爲庶人而子爲大夫、士者，亦同此例。次及喪禮，義精辭覈。鄭君説亦甚明，而宋、明兩議大禮，緣不能解經義，妄生荊棘，可謂冤死。明大禮議所謂考與不考，要其歸重，則在期與不期。"期之喪達乎大夫"，鄭注云"謂旁期所降在大功者，其正統之期，天子、諸侯猶不降也。大夫所降，天子、諸侯絕之不爲服，所不臣，乃服之也。"諸侯絕旁期，指伯叔兄弟，諸侯君其國，則臣其諸父。旁者，謂旁支也。正統之期，乃由三年而降爲期者，惟孫爲祖父母，非降，亦屬上殺，承重爲後亦三年。此外，父在爲母、爲嫡長子，皆爲三年喪之降服。然屬身之正統，非旁支，即不得引旁期爲比。《左傳》"王一歲而有三年之喪二焉"，謂王后與太子。此經緊接"期之喪達乎大夫"，即揭"三年之喪達乎天子"，互文相備。明乎本生父母三年降期，正屬"三年之喪達乎天子"正當條文，所以又接言"父母之喪，無貴賤，一也"。明臣議禮，亦引經而妄説，繆以"父母之喪"二句，混合於上"三年之喪"二句爲一條，意謂不考則不喪服，喪則必考。不知考者，入廟之稱，入廟則亂昭穆。爲人後者爲之子，小宗繼大宗，爲大宗之子，則別爲小宗立後，自有承其後者爲之子，不得繆引上文"父爲士，子爲大夫，祭以大夫"。是則考自不當考，服喪自當服喪。艮①由經學不明，誦者斷章取義，解者望文生義。既遵聖人之道，乃不畏聖人之言，致數興大獄而卒成懸案。後有王者繼統，宜依此爲斷。

子曰："武王、周公，其達孝矣乎！夫孝者，善繼人之志，善述人之事者也。春秋修其宗廟，陳其宗器，設其裳衣，薦其時食。宗廟之禮，所以序昭穆也。序爵，所以辨貴賤也；序事，所以辨賢也；旅酬下爲上，所以逮賤也；燕毛，所以序齒也。踐其位，行其禮，奏其樂，敬其所尊，愛其所親，事死如事生，事亡如事存，孝之至也。郊社之禮，所以事上帝也；宗廟之禮，所以（事）[祀]②乎其先也。明乎郊社之禮、禘嘗之義，治國者其如示諸掌乎！"

述武王、周公達孝，固承上文，而即發明《孝經》嚴父配天、孝治天下之精義。繼志述事爲達孝之詮注，示以孝治天下者，其樞在立宗廟之教。主持教治，助成孝治之君，與臣親宗廟而念承先，自盡其繼志述事之孝，爲法於後世，普及於庶人，故謂之"達孝"，即本經之云達德、達道，孟子之云達尊。猶《論語》云三年之喪，天下之通喪也。賢者俯而就，不肖者仰而跂，不得過，不得不及，以禮爲准。即以所居之位爲斷，故特題"春秋修其宗廟"，下文又再題宗廟之禮。"陳其宗器，設其裳衣"，鄭注："先祖之遺衣服，將以授尸。"③祭禮立尸最重，而其義不明，從古至今者，二千餘年，今請正告以明之。後人祭祀，繁於拜跪，而無生人獻饗之節。讀《儀禮》不能分節目，似乎不近人情，至袁枚竟武斷以爲近戲。謹按祭禮之大綱最目，分陰厭、陽厭、降神與迎尸爲兩大段。前一節爲陰厭，陳設畢齊，告享，始有一次再拜稽首，無多拜跪。闔戶以後，爲陰厭事畢。乃迎尸、獻尸，爲祭終燕始之際，但尸以像神，仍屬神事爲主，故仍屬之祭。祭畢必有燕，《記》謂"餕尸之餘"，而又云屍"餕

---

① 艮：疑作"良"。
② 祀：原作"事"，據《禮記·中庸》改。
③ 語出《禮記正義·中庸》鄭注，原作"先祖之遺衣服也，設之當以授尸也"。

鬼神之餘"，故知爲祭之終、讌之始，所以通人神之交際，義爲至精。四時皆專祭饗祖禰，父廟稱爲禰。禰者，近也，最親近之廟。以妣配，即如生人之正客、陪客。譬於今世爲祖、父供生，父壽則正座爲父，陪座屬母。若祖壽，則正座爲祖父，陪座屬祖母；或祖母已逝，有庶祖母，亦得作陪；如無，則自推父爲陪座。乃自然而然之道，一定不移之理。故禮，夫婦同庖，日饌孝養，則父正座，母陪座；父歿，則母正坐，長子陪坐。母先歿而父在，妣不能特祀，所以附於祖姑。尸有定例，孫爲祖尸，如正饗爲祖，主祭爲孫，則卜於同班兄弟；正饗爲考，主祭爲子，則卜於姪行。無有父主祭，而其子爲尸之事。《禮記·曲禮》有明文，父母存，凡爲人子之禮，祭祀不爲尸也。其義云何？依生時之禮，卑幼餕尊老之餘，陰厭既畢，孝孫有慶，子姓咸在，祀告受胙，即爲生人祝福，以彰祖考之蔭，承先德禮樂之遺，人必餕鬼神之餘，亦自然之理。於此之際，欲表"祭則鬼享"之誠，則必推一人爲首坐，表其爲先祖代食，亦以表生人之敬，事之如神，故名曰尸。尸字，即爲此特製。《説文》誤混於人死在床曰屍，故説尸爲人臥形。按古文化作乚，係從𡰥變相，反尸爲化，反化爲尸，兩義互相爲證，誼均甚精。尸尊，嘗①坐不立，故禮曰"坐如尸"。探得字源，便恍然有悟。尸是化人遺體，即是化人現相，𡰥是象②形人，尸是象坐人，而尸訓爲主、爲陳，於義皆通。其在床曰尸，本當作屍也。先卜於廟，而命某爲尸，尊神所命。亦猶今京師讌坐，主人家慶事，延尊老長親，均可遣子代赴，主客均仍推在首坐，百姓日用而不知耳。如經術大明，士通經知禮者多，此禮自當復，然後孝道可隆。今時尚未至，先須講明爲要，須知是人道缺陷未備，非聖教有所不行也。重提宗廟之禮，即從上祀之先祖，與將事之後嗣，通死生合人神之際，指明禮教之所以然，今語所謂説明理由也。歿而敬事於上者，有昭穆之分行輩；存而敬事於下者，仰視而知，亦復如是。昭穆行輩，次序秩然，自一世十世，以至百世萬世。則人道之貴，尊若天神，以此示民，吾見有發心，五體投地而已。次言廟中執事等位，鄭君引《文王世子》云："宗廟之中，以爵爲位，崇德也。宗人授事以官，尊賢也。"其析言爲此證者，凡祭禮之節目，隨處皆是，不可勝舉。據此原理便知，爵等貴賤，其原則純全以德之賢否爲考程，原非得著便是。今世語所謂法律的、非事實的，學者須知，即可知一部廿四史并無價值。宗廟之中以有事爲榮，即是以賢爲貴，而能次之。

"旅酬下爲上"節，詳《儀禮》，均依侍班之次序，立班在次者，以次取觶，敬上首一人。進酒順輪而下，從階上侍班之賓弟子、主人、子姪，直到門外侍班之閽寺，無人不沾飲同樂，故云"所以逮賤"。此爲既祭而燕，然後有優尊老而燕毛之禮。《詩傳》③所云"脱履升堂，能飲者飲，不能飲者已"。在"無算爵"一節之中，別延尊老入坐，以齒爲序。《詩》所謂"飲酒之飫"，《韓詩》作"飲酒之醧"，貴高年也。鄭注"以髮色爲坐"，蓋知毛當爲髮。乇字上拔爲髮，乇字下垂爲毛，篆合爲一字也。復次兩重結論，説明禮意，即禮之説明。其位、其禮、其樂、其所尊、其所親，"其"字指先王，故鄭注"'踐'或爲'纘'"。"敬其所尊，愛其所親"，即《大學》"君子賢其賢，而親其親"。因賢設位，而有尊尊，尊尊即是賢賢。如教不同，則所謂賢者，非先王所謂賢。親其親，乃九族之倫，三黨以至六姻疏戚之辨。觀於外道之謂賢，不盡同於先王；外域之所謂親，迥異於中國之九族之親，可以悟也。

復結再提宗廟之禮，而以郊社之禮居前，固是總挈，亦以明先由宗廟親親，推而致於郊

---

① 嘗：疑作"當"。

② 此處疑脱一"立"字。按，下句"尸是象坐人"，與之相對，前者"象立形人"。

③ 此處指《韓詩》。

社尊尊之至，乃通天人之奧，明聖人能以天下爲一家、中國爲一人之理。先由家庭教孝而起，而國而天下；"及其成功"，乃由天下而統一國，而統一家。其最目，皆有精意，明"從周"而"據魯"，乃《春秋》制作之微旨，而群經息脈皆通。四代皆立禘郊祖宗之大禮，周置文、武二世室，合之於祖廟。成王、康[王]①、周公以天子之禮樂，乃合禘、郊爲一祀，仍同郊稷配天。《禮經》有方澤、祀地，而傳、記不言其節目，蓋合方澤於圜丘，明地從天之義，故別有祈穀之郊，不以祖配。更分祀地於秋報之大社，亦名曰秋嘗。所謂君子合諸天道，春禘秋嘗，合稷於社。周公爲太祖，不能立文、武世室。禮，不王不禘，亦不得祀感生。禘，王者所自出，故"宗祀文王於明堂以配上帝"，仍合周禮以二祖配天，是以《孝經》專稱"周公郊祀后稷以配天，宗祀文王於明堂以配上帝"。故此經目舉郊社，郊兼括郊、禘；目舉宗廟，宗指宗祀明堂，廟乃承上祖廟，社即下文"嘗"也。乃總結云："明乎郊社之禮，禘嘗之義，治國如示諸掌。"并見《論語》，謂其如專門科學之掌訣然。

哀公問政。子曰："文武之政，布在方策。其人存則其政舉，其人亡則其政息。人道敏政，地道敏樹。夫政也者，蒲盧也。故爲政在人，取人以身，修身以道，修道以仁。仁者人也，親親爲大；義者宜也，尊賢爲大。親親之殺，尊賢之等，禮所生也。在下位不獲乎上，民不可得而治矣！故君子不可以不修身；思修身，不可以不事親；思事親，不可以不知人；思知人，不可以不知天。天下之達道五，所以行之者三。曰：君臣也，父子也，夫婦也，昆弟也，朋友之交也，五者天下之達道也；知仁勇三者，天下之達德也，所以行之者一也。或生而知之，或學而知之，或困而知之，及其知之，一也。或安而行之，或利而行之，或勉強而行之，及其成功，一也。"子曰："好學近乎知，力行近乎仁，知恥近乎勇。知斯三者，則知所以修身；知所以修身，則知所以治人；知所以治人，則知所以治天下國家矣。凡爲天下國家有九經，曰：修身也，尊賢也，親親也，敬大臣也，體群臣也，子庶民也，來百工也，柔遠人也，懷諸侯也。修身，則道立；尊賢，則不惑；親親，則諸父昆弟不怨；敬大臣，則不眩；體群臣，則士之報禮重；子庶民，則百姓勸；來百工，則財用足；柔遠人，則四方歸之；懷諸侯，則天下畏之。齊明盛服，非禮不動，所以修身也；去讒遠色，賤貨而貴德，所以勸賢也；尊其位，重其祿，同其好惡，所以勸親親也；官盛任使，所以勸大臣也；忠信重祿，所以勸士也；時使薄斂，所以勸百姓也；日省月試，既禀稱事，所以勸百工也；送往迎來，嘉善而矜不能，所以柔遠人也；繼絕世，舉廢國，治亂持危，朝聘以時，厚往而薄來，所以懷諸侯也。凡爲天下國家有九經，所以行之者，一也。凡事豫則立，不豫則廢。言前定，則不跲；事前定，則不困；行前定，則不疚；道前定，則不窮。在下位不獲乎上，民不可得而治矣。獲乎上有道：不信乎朋友，不獲乎上矣。信乎朋友有道：不順乎親，不信乎朋友矣。順乎親有道：反諸身不誠，不順乎親矣。誠身有道：不明乎善，不誠乎身矣。誠者，天之道也；誠之者，人之道也。誠者不勉而中，不思而得，從容中道，聖人也。誠之者，擇善而固執之者也。博學之，審問之，慎思之，明辨之，篤行之。有弗學，學之弗能，弗措也；有弗問，問之弗知，弗措也；有弗思，思之弗得，弗措也；有弗辨，辨之弗明，弗措也；有弗行，行之弗篤，弗措也。人一能之，己百之；人十能之，己千之。果能此道矣，雖愚必明，雖柔必強。"

"哀公問政"，全經之樞要。從下學修身、治人，以至治國、平天下，與《大學》爲表裏，

---

① 王：原脫。按，與"成王"表達一致，此處應作"康王"，據此補"王"字。

相經緯。《大學》引衛武公證格物致知、正心誠意，以修身至治國平天下；此出哀公以證由下學好學、力行知恥，以修身至治國平天下。彼經以引《詩》之瑟僴、赫咺、切磋、琢磨，顯自誠明之程功次第；此經以"其次致曲，曲能有誠"明下學而上達之層累曲折。衛武爲王朝卿士，亦處於平天下之地位。《春秋》托王於魯，終於哀公，示天下文致太平，明王道終始之際，天下無王，諸侯有賢者奉王道行政令，亦爲政於天下也。故《詩》有《大雅》《小雅》，即目諸侯代政。故《序》曰"《小雅》盡廢，則四夷交侵"，又曰"《下泉》傷天下之無王，《匪風》傷天下之無霸"。

自杜元凱講《左傳》，先失古義，謬解尊王道爲尊時王，遂與《公羊傳》托王政之義相抵牾；而公羊家又謬衍親周爲黜周，認托王政爲稱尊號。兩家互詆，而兩義皆差。霸者固須翊戴王室，然非反政於衰周；《春秋》固托王制於宗國，然非僭位爲天子。後世只有史家眼光誤認劉裕、蕭衍之事爲霸者春秋之事，不知伯爲何物、《春秋》是何書矣！武公耄而好學，稱爲睿聖；哀公親炙於孔子之門，乃受業弟子。故《儒行》一篇與此篇，皆明授受之迹。《莊子》所稱哀駘其人，本無其人，所稱哀公云"吾與處三月，視他人皆非完人"，將托魯國焉，即影射孔子，所謂寓言。夫子又告哀公以習《爾雅》，斯能辨言，明修身、齊家、治國、平天下之道，悉在《詩》《書》詁訓。能辨言乃能知言，能知言乃能知人也，故此經文云："思修身，不可以不事親。"齊家之要，事親爲本；諸侯之孝，宗廟爲重，故曰"事死如事生，事亡如事存，孝之至也"，又曰"思事親，不可以不知人；思知人，不可以不知天"。三句相聯，若以普通恒理解之，似甚離奇，不能通貫，不知正發明《孝經》天子、諸侯之孝，所謂"合[1]萬國之歡心，以事其先王""得百姓之歡心，以事其先君"，乃所謂合諸天道，必知道之大原出於天，然後知"修身以道，修道以仁"，不二法門，惟一主義。通此關鍵，乃能知聖人之言，故此篇目題哀公問政。

開宗即稱"（先王）[子][2]曰：'文武之政，布在方策'"者，指《周官》經及其分職之典籍。分職之典籍，其目均見經文各官職掌之下。今所存者，有《司馬灋》《弟子職》兩篇，方版書《詔令條教策五扎》一編，記制度事實。其人，指聖賢、群輔。"人道敏政，地道敏樹"二句，係古語引以爲詞。下一解說云"夫政也者，蒲盧也"，蒲盧，螺蠃；螺蠃，蜾蛉。謂古語所云人道之苗長於政，猶地道之苗狀於樹，謂互相長養。敏，古文即作每，謂如草每每而生。政治造成人道，如螺蠃之與蜾蛉也。

次承上起下直接云"故爲政在人"，緊承曰"取人以身"，此語精微，即體用之交關處，修身與治平，密接之機緘。世學昧此，打成兩橛，迷惑千載，汩沒萬靈，其端在此。人無論知愚、賢不肖，未有不喜同於己，即至與我好者是好人，仍與聖哲同情。又無論華士、文流、鄉黨自好，皆不能自覺其身有未修，必皆謂我與我周旋久，寧作我。我自用我法，卿自用卿法，故必就此鞭辟入裏，必須認定能修所修。佛典說此義最細微，所謂能我我所。能我者，且聽人人自爲修身，但問我所修是否以道，但就此義尚屬過脈，就云人人自謂能修，須問所修是否以仁爲主，層層歸納，乃見根源；再從根源勘破發見源地，先從名學堪入。"仁者人也"，"義者宜也"。仁字從人二，二人、人人，諸義一元。人爲天地之心，人心爲人之心。人心中之仁，如果之仁，爲心中之中心。從三合生人，即先得天地之仁氣，而父母生之膝下以養，

---

① 合：今本《孝經·孝治章》爲"得"。
② 子：原作"先王"，據《禮記·中庸》改。

即人心中之中心，仁德所流行，故以"親親爲大"。義，古文作誼，謂事之宜。人生相續以成世界，人既成人而有事於世間，事有宜然，合之以成人世之最適宜，必是愚者仰賴賢者，自扶養、約束、指導以至教化。如不尊賢，則有物競而無人治，必永久大亂，人道沉淪，以至萬劫不復。故義之適宜，必以"尊賢爲大"。

再接即轉云"親親之殺，尊賢之等"，抉出制禮之源，乃由仁義等殺之精而發生爲禮。何則？如"親親"而無上殺、下殺、旁殺，勢必至種族之界日嚴，偏於所私，返於部落時代之習。殺，古文只作杀，上體從父，交也；下體從手指縫，即必字。必之古義爲審察。審從之采，即從必取義。察音即同杀取聲，謂交察而見其過，差也。尊賢無等，則賢者多過求喜贏，而竭勞者之力，供不給求，又必相承爲爭民施奪，以致大亂，即今日環球之現象已可徵知，足爲鐵證。若是乎可以知禮之重矣！既明揭禮之根源，即示修身、治人以至天下國家，皆在於禮。故次明"修身"以至"知天"，乃下學而上達，其澈終、澈始、澈上、澈下之程，提綱在三達德、五達道，列目即在禮。達道五倫，學者盡知，謂通行之軌道。達德"知仁勇"平列，與上文"修道以仁"，義似有歧。按上文從爲政歸納，到"修道以仁"，是一元；次以仁義對舉，是分爲二儀，以明體用。親親爲體中之用，尊賢爲用中之用。復次三達德，是明下學由體達用，即是中庸之所用。故揭明爲達德，即是通德。通德之用，先從知起。三者是能用，五達道是所用。換言則五達道是能用，三達德是所用。上言"天下之達道五，所以行之者三"，結乃言"所以行之者一也"，"一"謂統於修身。

次分知、行兩段，明知行并進，即是内外交修。注重在下學學知利行，即兼有困勉之境，故皆歸下學。再重結兩段，與上文"行之者一也""及其知之一也""及其成功一也"相應，謂且知且行。而其所以行之者，始終以五達道爲正鵠；所行者爲五達道，君臣、父子、夫婦、兄弟、朋友之交。而對於處此君臣、父子、夫婦、朋友之交者，身也。初地只是發心，復次知行，乃深心實踐。其實發心初地，先已依法履行，譬如詔弟子入孝出弟，不必知其真理如何，第承而行之。及察以深心，固皎然有生知、困學之別。求諸實踐，時有出入，自見安利勉強之分。而執柯伐柯，以人治人，其始見"所以行之者一"，其終密課知行，"及其知之"，"及其成功"，仍同歸於一致。此明生知、安行爲希有，特以生知、安行之盡倫爲正鵠。其次皆執柯伐柯，以人治人，或學、或困、或利、或勉，無非下學。理學門户，或偏重知行，或主先知後行，無有是處，惟"即知即行"語本無差，而意偏頓悟，則亦非也。知行互相先後，各有機緣。祇從下學築基，以"及其知之""及其成功"爲成熟，故下重提"子曰"，此仍在本章答哀公問政。重標若更端者，鄭重其詞，或答哀公問止此。子思乃引他日夫子所論"修身"至"治國、平天下"之道，以證明之。要之，子思之意合上爲章，則據詞甚明，乃指修身之路，專從下學著手。明三達德之即體爲用，所以履行五達道，須知其所以然，使理事無礙，始能合外内而時措之宜，期於合中庸之道，以成君子之極詣。先揀生知、安行不可幾及，故特顯好學。《記》云"學然後知不足，不足①然後知困"。凡不好學而曰予既已知之，侈然自足者，非欲速之狡童，即庸妄子也，故曰"好學近乎知"。不足然後知困，然後能勉而力行，而以恥不若人爲隨時對照之鏡，此皆初習下手之功，勢必時有出入，尚未成爲達德，故曰"力行近乎仁，知恥近乎勇"。又重丁寧②曰"知斯三者，則知所以修身"。修身治人，即是隨時對治，即對於五達道。我之治人與人之治我，有絜矩之道，即是中庸之道，皆當知其所以然之

① 不足：今本《禮記·學記》爲"教"。
② 丁寧：今用作"叮嚀"。

故。固是即知即行，亦是且知且行，又是且行且知。有時先知後行，有時先行後知，如交蘆之相依，故謂之"所以"。治天下國家，不外以人治人，以我治人。視人治我，無非執柯伐柯，其則不遠，故包掃一言曰"知所以治人，則知所以治天下國家矣"。

復次目言"凡爲天下國家有九經"，即從修身起點。禮之本自家而國，故上言先親親，次尊賢。禮之用以國範家，故本節先尊賢，次親親。敬大臣、體群臣、子庶民、來百工，屬本國之臣民；柔遠人、懷諸侯，屬列邦之臣民。柔遠人在懷諸侯之前者，謂他邦之民來於國中，若商賈及流徙須有以安之。內其國而外諸夏，內諸夏而外夷狄，先自治而後治人。至諸侯分國而治，非犯九伐之條，不干涉其內政，亦無非推己及人之道，以三達德行之。次明九經之效，道立謂施行五達道，廣之於天下，非有知仁勇之達德，則道不能立。次出九經之用，"齋明盛服"，與"鬼神爲德"節同詞，指宗廟孝享，覆上武、周達孝。《孝經》所云"明王以孝治天下"，修身之要道，念茲在茲。大孝尊親，其次弗辱，其下能養。天子則思"德教加於百姓，型於四海"；諸侯則思"保其社稷，和其人民"；卿大夫、士則思"保其宗廟祭祀"，一是歸納於禮教。綜日用行習之禮，統歸納於大祭祀之禮，依事顯理，即是借權顯實，故謂之大事於郊廟。至於"坐如尸，立如齋"，即以示修身之模範，故云"所以"。在天子公侯之位，臣下爭自獻，後宮充下陳，財貨積府庫，故所戒在此。於此不惑，始能真知貴德，覆上不惑。鄭注："'同其好惡'，不特有所好惡於同姓，雖恩不同，義必同也。尊重其祿位，所以貴之，不必授以官守，天官不可私也。'官盛任使'，大臣皆有屬官所任使，不親小事也。'忠信重祿'，有忠信者重其祿也。'日省月試'，考校其成功也。'既'讀爲'餼'，'[餼]①廩'，稍食也。《稾人》職曰'乘其事，以上下其食'"，義皆精覈。"送往迎來"，如《周禮》商賈遷徙皆爲之節，及關而傳道之。"繼絕世"一節，條文約在《春秋》《周禮》。

重提"凡爲天下國家有九經"，重結"所以行之者一也"，覆上文"所以行之者一也"，謂"知仁勇"三者，從下學而上達，"知斯三者，則知所以修身；知所以修身，則知所以治人；知所以治人，則知所以治天下國家"。

復次"凡事豫則立"，鄭注指"一謂豫"，亦是猶今世語學科預備之豫，即指下學修身，須有預定之正鵠。豫預古文同字。其預備進行，從在下位朋友之交作起，係由粗淺以達精微。至於反身而誠，爲上達之極詣，言在外而志在內，以理該事，即事顯理。所謂中之工用，同此日用行習之工，而有君子中庸、小人中庸之別，其眼目在"有道"二字。在下位不獲上，不得居位治民，人所共知；獲乎上，須得同列或上列之延引，亦人所共知，世俗普通所與能。"君子之中庸"亦不能獨異，但有其道，在信乎朋友。朋友有信，仍屬下學之粗迹，硜硜小夫與知與能，至"信乎朋友有道"在"順乎親"，據公知推理似屬隔膜。但反言示證，謂不順乎親即不信乎友，則揭明以孝弟爲本，乃隱括《周禮》六行之教，統孝、友、睦、姻而兼有任、恤在內。以此考其言行，至此已進於學知利行，而仍未離乎下學。

再進乃曰"順乎親有道"，更須重看"有道"二字。并大孝尊親，喻親於道，事父母幾諫，不義則諍；其次弗辱，一舉足一出言，而不敢忘父母，不敢以先父母之遺體行，殆惡言不出於口，忿言不反於身，均當學知力行。見賢思齊，恥不若人，始足爲順親有道。再進曰"誠身有道"，反證爲"不明乎善"，即屬不誠其身，則始於好學者，終於學而不厭。始於近知者，終於知至。其與小人之中庸分界，重在"有道"。道即達道、達德之所以然，有倫理之表裏精

---

① 餼：原脱，據《禮記正義·中庸》鄭注補。

粗，非不學而知，故須從"好學近乎知"，而力行，而知恥，始能由淺入深，以明善而知至善。

復次釋誠之義，誠字於文，從成、言。《易》曰"成言乎艮"，"艮，止也"，"天地之所以成始而成終也"，固確乎屬誠字正詁，但即成言乎艮之語，即不可解，何以謂之成言？又何以成言乎艮即是天地之成始而成終？此等處是自來以不解解之，直是未曾解得。愚按艮即古文根字，萬物從根發生，落實歸根，終則又始，義當是矣。然則何以謂之成言？口耳相傳者固謂之言，心目相接，無始以來，盡未來際，著之爲字，傳之於言①，默而識之者，皆是言也，故曰"成言乎艮"。名之必可言，言之必可行，成就爲言，即所謂元明本覺，理學家所指爲復其初也，故曰"誠者，天之道"，誠是靜詞。"誠之者，人之道"，"誠之"之誠，屬動詞。效其元明本覺之誠而誠之，乃立人之道也。重申兩義曰：本覺之誠，不勉而中，不思而得，從容而中道者，乃聖人本體；而下學可以上達，效其誠而誠之，然而欲希此上達者，必由於下學。下學者，擇乎中庸，而得一善，則有如顏氏之拳拳服膺，固執而弗失。回復上章，即析言其程序：先以"博學"，即博學於文，《詩》《書》、禮、樂，次以"審問"，次以"慎思"，次以"明辨"，然後"篤行"。是以學必有其物，《記》曰"仁者不過乎物"。《詩》《書》、禮、樂有形之物，所載所傳、施行日用行習者爲三達德，以行其五達道，亦其物也。故六德、六行、六藝統名之曰鄉三物。近世顏習齋知釋格物爲鄉三物，特不能實指以貫通其說，一傳李剛主，即已不知鄉三物爲何物。學者汩於名利，誤入玄虛，略識學而無問，任獨思而無辨，拘守一孔之見，輒自稱篤行。此可預決其臨義利之處，即不能守，因無下學擇善、固執之功，則所謂中庸者，小人之中庸，平居以此自表，臨事輒易其守，從而爲之詞，故曰："小人之中庸也，小人而無忌憚也。"須知擇而得，得而執，執而固，要由學而問，問而思，思而辨。問而仍弗知，知而仍弗得，得而仍弗明，均當契而弗舍。"弗措"，謂弗舍也。然後行之，又當策進弗懈。篤，策馬也，後起義通爲竺厚，此非其義。一能己百，十能己千，極策勵下學困勉，自愚而明，自柔而強。

自誠明謂之性，自明誠謂之教。誠則明矣，明則誠矣。

至是乃可進語於自明而誠之境。復用雙提者，覆首章性與教兩端，而道在其中。性謂本覺，"寂然不動，感而遂通"，是"自誠明"注腳。教謂模範取則，其則不遠。下學歷學、問、思、辨至明之一境，滌除玄覽能無疵，明白四達能無思。"明則誠矣"，是謂自明誠。久久純熟，亦達至誠，則上達之極功也。

唯天下至誠，爲能盡其性；能盡其性，則能盡人之性；能盡人之性，則能盡物之性；能盡物之性，則可以贊天地之化育；可以贊天地之化育，則可以與天地參矣。

次舉"及其成功"兩境，同歸而殊途，兼明學、知、利、行之程叙，而同歸於至誠。《內經·素問·天真論》所謂有聖人者，其究亦歸於真人。真人是古語，道家所傳，故其稱名爲聖人者在其次。孔門名學，推聖爲稱首，其稱元明本覺，統歸謂之神。《易》曰："神也者，妙萬物而爲言者也。"孟子推此義舉人範，以神合於聖，曰："聖而不可知之謂神。""至誠"與下文相起，而承上"誠者不勉而中，不思而得，生知安行之聖人"，即"自誠明，謂之性"，覆首章"天命之謂性"，其功用在能盡其性。其性即受中於天，其降曰命之性。鄭注謂"順理使之不失其所"，據《易》順性命之理爲言。不失其所，即釋典之"能我我所"，道家書說"剛

---

① 言：按，著之爲字，即爲"書"，故"言"疑爲"書"之誤。

健中正，純粹精也”①，即精氣神之真精，爲命之根。無形生有形，有形是無形，無形亦可謂有形也，是謂順性命之理。舉性而命在其中，孟子曰：“盡其心者，知其性；知其性，則知所以事天。”存此剛健中正純粹，聚精會神，以御六爻，發揮旁通之七情，即孟子所謂志爲氣之帥也。六爻，即六氣；六氣，即六子之子氣，得乾坤父母之氣，而以乾之元始統之，所謂乾元統天，乃見天則。精合其神，則神境即通，性境自通。萬物皆備於我，返身而誠，對照自他，理事無礙，故能盡人之性、物之性。物字，非指生物動植而言，舉凡一切事物，皆謂之物。勘透本原，世間一切事物，無非組合而成，皆各有其可能性，非自然非不自然，非和合非不和合。《易》謂之品物流形，天地無全功，人官物曲皆天地之分能，故曰“天工人代”。可以財成天地之道，輔相天地之宜，斯謂範圍天地之道而不過，曲成萬物而不遺。“化育”與下“洋洋乎發育萬物”相起，聖人之道在贊化育，以成就發育順天地生成之理，與無生之法所異在此，故以參天地爲極詣。然非不知有無始之先，故於卒章引《詩》“上天之載，無聲無臭”作結。

其次致曲。曲能有誠，誠則形，形則著，著則明，明則動，動則變，變則化。唯天下至誠爲能化。

其次明學、知、利、行。曲，讀爲曲禮之曲。猶今日科學，聲、光、電、熱固是科學，即象數、丹道亦是科學，醫術尤顯然。深之皆通造化徹地，到地亦能有誠。聲光電學，西人所到之程度尚淺；天文、堪輿、丹道、醫術，中國所留傳亦粗淺末法。譬如幾何之與易策，其迹均屬科學，而黃石齋氏《易》學發揮河洛之奧，就其達於言表，亦幾乎道。相傳邵康節《皇極經世》之學，黃氏獨得其微，蓋不虛也。形、著、動、變，鄭説“形謂人見其功”，“動，動人心也”，“變，改惡爲善也，變之久則化而性善”。育仁按“形著動變”，自謂本隱以之顯，據句例、詞例可知。但中間以明，終之以化，均覆上之詞。形謂誠於中，形於外；著則從微漸著。上既曰“誠矣”，於此復出“著則明”者，專指“學而知之，利而行之”，必從一科而入。由科學而上達，於反身求誠之境，例以今言，猶研究科學以通哲理，中間必資於試驗，始能澈地證明。自信而信於人，自明而明於世，故次云“明則動”。物能動物，則物從而變，然後理性與覺照，兩相化合，亦至於“至誠”。此亦揀外道別宗，不從五達道築基著手，故謂之致，屬於“利而行之”。而好學近知則同，故標目亦用學字。晚出之言道德哲理，無不主用知，亦無不主好學也。

至誠之道，可以前知。國家將興，必有禎祥；國家將亡，必有妖孽。見乎蓍龜，動乎四體。禍福將至：善，必先知之；不善，必先知之。故至誠如神。

神以知來，知以藏往，前知非本宗所尚，爲欲顯聖神同境，先著“至誠如神”，因以起後文。預言凡有血氣，莫不尊親，亦承其次致曲別宗所主，世多有之。而本宗所傳，其在於禮者，有視祲、保章、馮相之觀察妖祥與卜筮、稽疑大貞之典，以通人神之際，故先陳國家。視祲等官，建國始備。次舉宗廟、卜筮，有家立廟，百姓與能也。四體當從古義，鄭説“春占後左，夏占前左，秋占前右，冬占後右”是也。

誠者自成也，而道自道也。誠者物之終始，不誠無物。是故君子誠之爲貴。誠者非自成己而已也，所以成物也。成己，仁也；成物，知也。性之德也，合外內之道也，故時措之宜也。

---

① 按：此二句引自《易·乾》，宋育仁稱之云：“道家書”，當系誤記。

上文既覆首章性、教，此復出"道"，應"衛性之謂道"。誠所獨知，人不可得見；明可共喻，已修之軌道。自明以明人，設教之本也。至於"衛性之謂道"，非自性己誠，無以率之，故曰"誠者自成也"，屬過脈語。"而道自道也"，復次指明下學者，固尚未能率性，須待自成者，以先覺覺後覺，以自率率之，以自道道之，而以求誠爲主旨、爲正鵠。故次提誠者，乃萬物之所以成始而成終也，不誠則無所成就，故曰"無物"。鄭說："物，萬物也，亦事也。"物之廣義界說，本統謂事物；其狹義始屬動物、植物、流質、定質等，其涵義之抽象始以名身之一體、製造之一物。是故君子標本宗，立君子之教。"誠之"，即上文"誠之者，人之道也"。未能即誠，而所志之鵠，以誠之爲貴，再覆上言。及其成功，其究亦歸於"至誠"，故再次云"誠者，非自成己而已也"，言誠者固先自成，然非徒自成而已也，"所以成物也"。《易》曰"開務成物，冒天下之道，如斯而已[者]也"①。成己則仁道立，成物則知彌博。是以誠帥率所受天命之性，修之而有得於道。內以成己，外以成物，合而言之謂道，是名道德，故云"性之德也，合外內之道也"。道德無自了之義，俗云了道者，非也。佛家了義亦謂明澈，非謂了結。俗云自了漢者，古義所謂"鄉黨自好"，宋學支流以自了爲明道，貽誤後學不淺。看倫理太膚，視曲謹太重。適如荀子所舉目之小人，以從俗爲善，以貨財爲寶，以養生爲己至道。先未明乎善，是以不能誠乎身也。"時措之宜"，即覆次章"時中"。時者，必有事焉。而時措之，讀爲《禮記》有所措之措。"小人中庸而無忌憚"，語頗難明，以不明乎善詁之，則易明；不明乎善，又以從俗爲善詁之最明。從俗即同流合污。原人性質與生俱來，必有聖哲教民善俗，始能有善。今世語所謂順潮流，即由以從俗爲善遺傳爲第二根性。是以反是道中庸，反而"無忌憚"。

故至誠無息。不息則久，久則徵，徵則悠遠，悠遠則博厚，博厚則高明。博厚，所以載物也；高明，所以覆物也；悠久，所以成物也。博厚配地，高明配天，悠久無疆。如此者，不見而章，不動而變，無爲而成。天地之道，可一言而盡也：其爲物不貳，則其生物不測。天地之道，博也，厚也，高也，明也，悠也，久也。今夫天，斯昭昭之多，及其無窮也，日月星辰繫焉，萬物覆焉。今夫地，一撮土之多，及其廣厚，載華嶽而不重，振河海而不洩，萬物載焉。今夫山，一卷石之多，及其廣大，草木生之，禽獸居之，寶藏興焉。今夫水，一勺之多，及其不測，黿鼉、蛟龍、魚鱉生焉，貨財殖焉。《詩》曰："惟天之命，於穆不已！"蓋曰天之所以爲天也。"於乎不顯，文王之德之純！"蓋曰文王之所以爲文也，純亦不已。

復次至誠通天之道，上達天德，即上可與天地同流無息，與《易》"自強不（忍）[息]②"同義。息從自、心，鼻與心氣自相出納爲息。如息壤、息石、息肉，則以孳息爲義；即《易》之消息，與消爲對待；休息、安息，乃以歇息爲義。"不息""無息"正謂不增不減，非無休歇之義，如是乃久。於文，壬、微爲徵，壬即古文挺字，文史家謂"名世挺生"，是挺本義。從微出而顯於衆，是之謂徵。天道從微而顯，由於其能久，久則確乎可徵。徵之於前，以知其後，徵則悠遠。悠，古文爲攸，長也，長遠則博厚，謂天地之始，地體凝成，而天自顯。及其毀劫，則地球毀而天體固在。但地體既毀，則天體無界說可說，毀空始成，住爲五會，終則又始，亦博厚凝成，而高明自見，故曰"博厚則高明"。《道藏》說始劫，上無復色，下

---

① 開務成物：《易·繫辭上》作"開物成務"。
② 息：原作"忍"，據《易·乾》改。

無復淵。《楞嚴》説先有風輪，執持國土，有金剛際，金風相摩，上成火焰，爲變化性。是萬物緣起，博厚成體，上見高明，下載上覆，萬物出焉，故曰“博厚所以載物，高明所以覆物”。

據佛典四元行生之先後，與河洛説生成之次不合，蓋有先後天生成之兩期，故曰“悠久”然後“成物”。“配地”“配天”乃又回向無形生有形，即剛健、中正、純粹爲降命受中之精根。然博厚、高明之德，即是天地之根，玄牝之門，爲天地根，蓋謂是歟？“悠久無疆”不言配天地者，天地尚有時息，《易》謂“乾坤毁，則易不可見，易不可見，天地或幾乎息矣！”殆即《道藏》所云“上無復色，下無復淵”，空始初期之時耶？惟此悠久無疆，故道生天地。“如此者”如是，如是如天道不可見而自章，地道不覺動而日變，聖人參化育配天地，則常無爲而化成，故結以决言“天地之道，可一言而盡”。“其爲物不貳”，即《老子》所稱古之“得一者，天得一以清，地得一以寧”。而一之注脚，只見於《老子》“視之不見”“聽之不聞”“(博)[摶][①]之不得”之三者合之以名爲“一”，如日月經緯，終古不忒。物自受之以生，不知其幾，即是佛典所名之真空、真實。其所生之物，則佛説爲幻，此名之以“不測”，即説無邊無盡，若不可測。博厚、高明、悠久又分爲六言六德：廣博則物無不溥，敦厚則物無所擇，穹高則物無不容，光明則無物不照，悠長則行不暫停，常久則無處不遍，皆以形容周行而不殆，特立而不改。所謂絶立無對待，亦即視之而不見，聽之而不聞，摶之而不得，三者混合而爲一，是不貳也。天地之先，其能顯於言詮者，已盡於此。三界惟心，萬物惟識，亦假定之言詮。博厚、高明、悠久，即心識之德也。及發生大地山河，則天體亦顯爲有對待，爲名象者矣。

下次四段，言約而盡。六合之内，聖人論而不議，其可顯諸言者已概括於此。再析言更進，則屬專門科學之家，譬如文字，豈非孔門所應有之書？據許氏《説文》引孔子説字尚有七條，其教授有此科可知。又據《漢書志》列《爾雅》之後、“三倉”之前，有《古今字書》，當是孔門所轉傳之籍，特在經傳，不能詳説專門，據可決知“經”爲不易之典。傳記爲經作注，其有可變革者，均在他書。舍經傳而言國學，皆爲認鼠作璞，無異認賊作子也。即此四段科學之綱要已具，能盡物性，於此可推昭昭小明即光點，“之多”，謂其積而爲多，“及其無窮”，説天體亦言止於此。如必究天體安放何處，其里幾何，即窮於言。下“日月星辰繫焉”，即繫字以證他經，日月麗乎天，匏瓜繫而不食，知屬懸象。有氣扱之，萬物覆焉，知謂窮體，即可知天文主蓋天説。“一撮”，謂兩指所搯，今科學主粒點質，必詆爲粗，第不知佛典謂微塵，即科學説微點黴菌，而微塵七分之爲鄰虚塵，鄰虚塵又七分爲太虚塵，視微點質又反粗矣。“及其廣厚”，廣謂廣輪，據《周禮》廣輪之數，知爲堉圓，堉圓有上下四旁，古義與方同名；厚謂立體積。“載華嶽而不重，振河海而不洩”，據知蓋天亦主地四下旁沛而浮虚，但非浮於水際，蓋狀若浮漚，不主渾圓，自轉一周，繞日一周。山之“一卷石”，水之“一勺”，不從微塵粒珠起點，亦就常識易曉，由此積多而成。要之語小莫破，前已一語括盡，聖人有所不知者，亦非科學所測驗而能知者也。山亦廣輪，但不等邊，鈍角形爲多，用天空下視平測，亦極大寶藏，金玉、錫石礦產所出。黿鼉蛟龍，佛説海中爲大身衆生所居，貨財亦指海言。凡陸地所有物，海中皆有，故目爲貨財所殖，此與佛説大地山河同詞。分其類别，固勝於五行常識之論也。

引《詩》作結，與上文似不相蒙，細按實覆上至誠無息，不增不減，始“於穆不已”，亦

---

① 摶：原作“博”，據《老子》改。按，從下文“摶之而不得”看，此處應作“摶”。

即是純亦不已。於穆，於，發語詠歎；穆，寂然不動也；不已，乃屬感通流行，後學解爲息。"於乎不顯"，不顯，即是不增。純，古義爲束帛之兩端，今世語謂扣門不逾尺度也。《周禮》"淳制"，即純制，經傳通用爲緣衣邊之純。原引申義，樂一終亦爲純，均謂不逾尺度，後起義遂假作醇粹，義自可通。"之德之純"，用爲動詞，與後解義合，明天人之際，聖神同體，舉文王爲正所謂達天德也。

大哉聖人之道！洋洋乎發育萬物，峻極於天。優優大哉！禮儀三百，威儀三千，待其人而後行。故曰："苟不至德，至道不凝焉。"故君子尊德性而道①問學，致廣大而盡精微，極高明而道中庸。溫故而知新，敦厚以崇禮。是故居上不驕，爲下不倍。國有道，其言足以興；國無道，其默足以容。《詩》曰："既明且哲，以保其身。"其此之謂與！子曰："愚而好自用，賤而好自專；生乎今之世，反古之道。如此者，烖及其身者也。"非天子，不議禮，不制度，不考文。今天下車同軌，書同文，行同倫。雖有其位，苟無其德，不敢作禮樂焉；雖有其德，苟無其位，亦不敢作禮樂焉。子曰："吾説夏禮，杞不足徵也；吾學殷禮，有宋存焉；吾學周禮，今用之，吾從周。王天下有（有）②三重焉，其寡過矣乎！上焉者雖善無徵，無徵不信，不信民弗從；下焉者雖善不尊，不尊不信，不信民弗從。故君子之道，本諸身，徵諸庶民，考諸三王而不繆，建諸天地而不悖，質諸鬼神而無疑，百世以俟聖人而不惑。質諸鬼神而無疑，知天也；百世以俟聖人而不惑，知人也。是故君子動而世爲天下道，行而世爲天下法，言而世爲天下則。遠之則有望，近之則不厭。《詩》曰：'在彼無惡，在此無射。庶幾夙夜，以永終譽！'君子未有不如此而蚤有譽於天下者也"。

"大哉聖人之道"舊別爲章，非是，正承章首"文武之政"。武周達孝，不過繼文王之志，述文王之事。文王既没，文不在兹乎？孔子述周公，即述文王，故《春秋傳》曰："王者孰謂？謂文王也。"將舉其顯諸仁、藏諸用之道，故先出大哉爲冠詞。"聖人"統括自堯、舜至於文王。"洋洋""峻極"，體廣大高明；"優優"，體悠久。"禮儀三百，威儀三千"，舉實際之顯諸仁、藏諸用。"三百"，指《周官》；"三千"，指曲禮。故又曰："經禮三百，曲禮三千。"論其迹，屬科學之科，然苟非其人，道不虛行，但明其科跬者，只能執其分體。《老子》云："有德司契，無德司徹。"司契，謂執禮書而詔事；司徹即有司徹也。故曰："禮云，玉帛云乎哉？樂云，鐘鼓云乎哉？"曾子謂"籩豆之事，則有司存"，皆非抑詞，正謂行此籩豆、玉帛、鐘鼓之有司，必須有德者爲之司契，始能舉畫物、引繩、切墨之軌道，使庶績咸凝，以□③中於中庸之道，故結以"道中庸"，以崇禮。詞微而顯，一絲不漏。治經者，於此反復經文百轉，自然明澈。特舉文王，亦聖人未居天子之位，然地方百里，而爲政於天下，法傳於後世；次周公，不居天子之位，而定禮樂致太平，法傳於後世；及孔子，位不過侯國下大夫，而爲法於天下，傳於後世。故特立君子之名，以標開宗之實。故荀子稱文王、周公、孔子爲大儒，亦言每稱君子，蓋孔門轉傳授受之言。夫子稱文王至德，故此云"苟不至德，至道不凝焉"，結上起下。繼以"故君子"，列爲五科十旨。"尊德性而道問學"，爲一科二旨。鄭注"德性，謂性至誠者"，"問學，學誠者也"，"道，猶由也"④。道字用爲動詞，即是由義。分别"誠者"

---

① 而道：原作"道而"，據《禮記·中庸》乙。
② 此處原衍一"有"字，據文意删。
③ □：此處一字因頁面毁損無法辨識。
④ 按，《禮記正義·中庸》鄭注作"德性，謂性至誠者。道，猶由也。問學，學誠者也"。其序略異。

"誠之者"爲兩旨，用而字介系詞中，謂尊不思不勉而中道之聖爲典型，而下學"誠之者"擇善固執，以希於上達。"廣大"，括總上文。聖人之德法地，必有所行以致之，而必體於剛健、中正、純粹之精，與六爻發揮旁通之情，以周知一切微細種智，二科四旨也。高明法天，爲無止境，形容之爲峻極，而所由者乃擇乎中庸，先從固執而守，與衆共之，所謂"用其中於民"，此三科六旨也。溫故而知新，鄭注統謂學而時習。育仁謂注重知新，但必屬於溫故，預斷思而不學之惑，四科八旨也。"崇禮"專指"三百""三千"。老子貶禮爲忠信之薄，孔子主忠信，又曰"忠信之人可以學禮"，故先主敦厚。詞閒介系，易而爲以，預斷學不知本，所謂見惑，五科十旨也。

君子之道已明，爲守先待後說法。世有更降，學有不仕，時不可爲，詔以藏器待時，有明哲保身之一道，是故承上言君子五科十旨。道集在躬，如云"爲是之故"。"居上不驕"爲有位者說，"爲下不倍"爲無位者說。《易》曰君子"或出或處，或默或語"，均必先以知之既明，然後哲能自斷。引《詩》以結明君子中庸之時中，在守君子所傳先王之道，此與問強四矯義相反而正以相成。上章主自強，此節主自明，但皆主於修君子之道。君子之道，即孔子之道。孔子所述，即先王之道。以此斷詞，乃有"邦有道""邦無道"①，非爲普通處世自解者說詞。不明先王之道，先不能辨邦之何爲有道無道，明、強均無安放處也。以上自"自誠明"至此，詞皆往復相過，乃闡發天人之際，看似爲上智者言，仍是爲下學而上達說法。以誠爲主旨，明"誠之者"，及其成功，與"誠者"一也，故重復發明上達之至於至誠。但下學有功夫，而上達無功夫。宋學家因見此與首卒兩章語精微而旨高遠，遂誤認全書爲上知中行說法。從此七聖俱迷，遂引玄宗禪旨之靜坐功夫爲下學功夫，指靜坐爲學。不知靜坐可謂之養，可謂之存，不能詁爲學。於是漢學家又專以讀書爲學，不知讀書屬學之業，而非學之程，屬於修業，尚未語於進德。須知聖門動靜交修，非無靜坐。據經傳所見端，《曲禮》所云"若夫坐如尸，立如齋。禮從宜，使從俗"，推知士夫居家禮節，則以齋戒爲主課。先從祭祀之齋學起，即是下學；進而達於坐忘，到得心齋，即是上達。《莊子》"虛室生白，吉羊止止"，俗學多引此爲內景之證，不知此即指齋戒之禮而言。齋必遷坐，當室之白，常坐於宦，對於屋漏，光之所止。學者於此，正當於止知其所止，故下文云"於是②不止，是謂坐馳也"。存養之功，宋人所謂着力不得是也。

今一事不知、一卷未讀，但以靜坐爲學，出家則可，在世則非矣。此段應分"故至誠無息"以下，是己達"至誠"之境，即證聖之符；以上，是交互證"誠者""誠之"兩境，而示導下學。上文故君子承上聖人之道，謂修道立教之君子。次以"是故"，凡詞例故下承之以是故，是字，即引申上言"爲是之故"。所以居上則不敢驕，爲下則無敢倍，國有道坐而言者起而行，國無道則容身以傳道於後世。引"明哲"二句證云"其此之謂"，正謂《詩》之所云，謂此而言。故此下直舉下學學爲君子，應守君子修道之教，無敢自用自專。

愚指下學，學爲君子，必自下學始也；賤指下位，學爲君子，亦必自士位始也。鄭說："反古之道，謂一孔之人，不知今王之新政可從。"乃用荀子法後王之說，斥周末諸子爭鳴，各述前古。育仁謂此係誤解。"反古"正當與"反中庸"之反同訓，起下三重，考諸三王者，爲下固不敢倍，居上亦不敢驕，故推而致於天子。天子之始，亦士也。誠非爲天子不議禮制度，而即次以今天下同軌同倫，緊接云"雖有其位，苟無其德，亦不敢作"。再次復言"雖有其德，

① 邦有道、邦無道：《中庸》作"國有道""國無道"。
② 於是：今本《莊子·人間世》作"夫且"。

苟無其位，亦不敢作”，明己之述而不作，則後之學者可知。次徵三代，明删訂之理由，述“從周”之注脚。此節於《禮記》《論語》凡三見，而詞有異同。此兼明《春秋》黜杞，爲己降於夷，故宋新周，即《大傳》所云“尊賢不過二代”①。《春秋》當新王，故抑揚其詞曰“杞不足徵”“有宋存焉”，而揭言“吾學周禮”。“今用之”，今即上文“今天下車同軌、書同文、行同倫”，明《春秋》新制仍主“從周”，并稱三王以周爲備。

  “非天子”一節，是說其原理；“今天下”一節，是說其應用；“王天下”至終章，是明其感應之效也。“王天下”，謂後之王天下者，皆當取法於君子之道，而君子之道所傳之重，在三王之禮。君子存二代之後，猶尊賢也。尊賢不過二代，合新周爲三代。奉先王之道以王天下，國有道至此，祇云“其寡過矣乎”，其難其慎。再申論之曰：上焉者雖位爲天子，無徵不信，民有異議；其在下位雖德盛如聖人，而處位非一尊，民有越思，不能信從。然後乃結論“故君子之道，本諸身，徵諸庶民，考諸三王”，“建諸天地”，“質諸鬼神”，百世以俟後之聖王，而道始大行也，覆上章“道其不行矣乎”。君子知道之不能及身大行，而有制作以俟後聖。子思乃述《中庸》以明君子修道之教，爲天下後世法則。而志在《春秋》者，行在《孝經》。故“遠之有望”，謂由此道則張三世，以文致太平；“近之則不厭”，謂教孝之道，七十子以下，皆服習而躬行，即家庭之化，“淡而不厭，簡而文，溫而理”，與結章文相起也。引《詩》以證“夙興夜寐，無忝所生”，“夙夜匪懈，以事一人”。守事父事君之道，終身由之，乃能終不失其譽，故云君子未有不如此，而天下之有譽，可以一朝而至者也。亟，謂速也，猶云一朝一旦。此係下一轉語，舊解誤爲順遞，失之遠矣。

  仲尼祖述堯舜，憲章文武；上律天時，下襲水土。辟如天地之無不持載，無不覆幬；辟如四時之錯行，如日月之代明。萬物并育而不相害，道并行而不相悖。小德川流，大德敦化。此天地之所以爲大也。

  仲尼位止大夫，大夫以字，以伯仲。述其授受淵源，從大夫本稱。堯、舜、文武皆帝王，以廟謚爲稱也。鄭君説此引“志在《春秋》，行在《孝經》”，云祖述“堯舜之道而制《春秋》”。“《春秋傳》曰：‘其諸君子樂道堯、舜之道歟？末不亦樂乎堯舜之知君子也？’”“又曰：‘王者孰謂？謂文王也。’”育仁按，《孝經》舉郊祀宗祀、配帝配天，屬之周公其人，即此篇周公承文武之德，一分説三，三即是一。“文王既没，文不在兹？”孔子述周公，即述文王，尊二代而從周，乃傳三重以俟百世，故《春秋傳》又云“通三統以大一統”。素王者，即傳文王之統。道統即治統，其要語即“上律天時，下襲水土”盡之。天德以時爲大，聖人明天學以敬授人時，體四時以序五德，順陰陽以居寒燠，吉凶與民同患，即與鬼神合其吉凶。因陽舒陰慘，制吉凶之禮，其旨微而顯之，故曰“如四時之錯行，日月之代明”。水土，地德之合，萬物之所以成始成終。聖人因而（組織）[祖識]②，以前民用，故《國語》云“（組織）[祖識]地德”，“紏虔天刑”，於以制賓、軍、嘉之三禮。去其不合於受天之中者，而用其中於民，助天地之生成，是爲贊天地之化育。凡皆奉天時爲法律，法水土之（載）[裁]③制。律，猶俗言奉如律令；襲，猶俗言量體裁衣。故直下讚語，亦即揀外教標本宗之特有，故闡以道并行而不相悖之微言。凡別教皆各不相謀，必有妨礙。（猶）[今]④標本宗如天地之大，於別教外道亦

---

  ① 尊賢不過二代：文見《禮記·郊特牲》。宋育仁引文云“大傳”，不確。
  ② 祖識：原作“組織”，據《國語·魯語下》改。下句同。
  ③ 裁：原作“載”，據文意改。
  ④ 今：原作“猶”，據文意改。

可相容，但理事無礙，亦并行於世閒而不相悖惑。第其閒有小德大德之分，小德如五行之相勝，有時興滅，今見逝水，已非前水；大德則與本宗之敦厚，同歸一元。外教各宗之旨不同，而主仁則一致，可能合同而化，故結語直云“天地所以爲大”。

唯天下至聖爲能。聰明睿知，足以有臨也；寬裕温柔，足以有容也；發强剛毅，足以有執也；齊莊中正，足以有敬也；文理密察，足以有别也。溥博淵泉，而時出之。溥博如天，淵泉如淵。見而民莫不敬，言而民莫不信，行而民莫不説。是以聲名洋溢乎中國，施及蠻貊。舟車所至，人力所通，天之所覆，地之所載，日月所照，霜露所隊。凡有血氣者，莫不尊親，故曰配天。

至聖即指仲尼，唯即世言唯一無二。次舉“聰明睿知”之十六德，外教所同。惟文理密察，孔子之傳所獨有。佛家之句義不忘，辨才無礙，亦有此境。但彼只談理，此重辨事，即從書契起點，知分理之可以相别異也。即須識“溥博淵泉”無盡之藏，極其深廣，而特能時而出之。所謂諸顯仁，藏諸用，乃能使民見之而敬，聞之而信，推行而悦。行在《孝經》者，已現於前；志在《春秋》者，預俟於後。推之四海而准，至於無思不服。有舟車所不至，乃至覆載所不到，日月所不照，而人力所能通者，如今發現之南、北冰洋即是，恐尚不止於此。而凡生物，必有血氣，微蟲漿汁，亦即是血，乃至一草一木，皆屬含氣之靈，即是含靈之屬。萬物唯識，含靈開識，先知有所親，再進亦必知有所尊，此即科學猶可推知也，况能盡物之性乎？

唯天下至誠，爲能經綸天下之大經，立天下之大本，知天地之化育。夫焉有所倚？肫肫其仁，淵淵其淵，浩浩其天。苟不固聰明聖知達天德者，其孰能知之？

復次“唯天下至誠”，覆上“至誠”，明大聖雖不可幾，而學者學爲君子，即下學之困勉，學以誠之，實皆可以達天德而幾於“至誠”。大經，鄭注“謂六藝，而指《春秋》也”；大本謂“《孝經》”。六藝之匯宗，主於《孝經》，而其指歸化成世界，文致太平，終於《春秋》。《春秋》之義難知，以淺略譬喻明之，如製一小型模，繪一地球縮本圖，説文成數萬，其旨教千，舉例斷案，以爲標本。又譬如諸葛君云“我心如秤，安能爲人作輕重”，一是皆有法定之權衡，而以元繫天端，爲法定之公例，所謂法應如是故，故《傳》云“《春秋》貴義不貴事也”。非誅奸諛於既死，乃防奸諛於將然也。又其最顯之例，如“君親無將，將而必誅”。誅非殺戮之義，誅從言、殊，謂正其罪名，加以詰責，先遏其萌也。亂萌既遏，而天下之志定，則奸諛無從而得逞，故曰：“孔子成《春秋》而亂臣賊子懼。”其責爲人君父者亦甚嚴。從初下一筆“鄭伯克段”，即曰：“稱鄭伯，譏失教也。”君失教，即失其職任，應負其責。臣之視君，即如國人；弟之視兄，亦如國人耳。再一筆“公會戎於潛”，即殺其世子之晋獻，謂之曰戎，目此獠耳。設天子而明《春秋》者，遇此兩案發，則黜爵奪地，流之四裔矣，故曰：“《春秋》天子之事也。”此云“夫焉有所倚”，絶非後來講學據一面之詞以斷獄聽訟也，是偏倚也，非中庸也。偏、倚是同訓一誼，程子注此乃云“不偏之謂中，不倚之謂庸”，誤於不明詁訓之故。“淵淵其淵”，深而又深；“浩浩其天”，溥而又溥，均覆上文。增以“肫肫其仁”，或作忳忳、純純，字皆從屯，即上敦字本義。安敦不動，始能積廣積深。求誠之以達天德，其基在此。上達則無固，而下學須從固起。此覆上“擇善而固執”，以顔子之庶於中行，而猶從下學之“擇善而固執”作起，其餘可知。故示後王之范，結云“苟不固聰明聖知達天德”。猶云苟不固其聰明，則不到聖知；不到聖知，則不能達天德也。“其孰能知之？”鄭注“言唯聖人乃能知聖人”，引《春秋傳》“末不亦樂乎堯舜之知君子”也，甚是。自“仲尼”至此終，明法授淵源，傳以俟後，義竟。下統結首章，語其究竟。

《詩》曰“衣錦尚絅”，惡其文之著也。故君子之道，闇然而日章；小人之道，的然而日亡。君子之道，淡而不厭，簡而文，溫而理，知遠之近，知風之自，知微之顯，可與入德矣。《詩》云：“潛雖伏矣，亦孔之昭。”故君子內省不疚，無惡於志。君子之所不可及者，其惟人之所不見乎！《詩》云：“相在爾室，尚不愧於屋漏。”故君子不動而敬，不言而信。《詩》曰：“奏假無言，時靡有爭。”是故君子不賞而民勸，不怒而民威於鈇鉞。《詩》曰：“不顯惟德，百辟其刑之。”是故君子篤恭而天下平。《詩》曰：“予懷明德，不大聲以色。”子曰：“聲色之於以化民，末也。《詩》曰：‘德輶如毛。’毛〔輶〕[猶]①有倫，‘上天之載，無聲無臭。’至矣！”

孔門之教，雅言《詩》《書》。《孝經》惟一引《書》，《大學》引《書》三見，餘皆引《詩》為證。《書》自大學始教，《詩》從小學蒙誦，學樂語，幼長咸習，且家庭之教，專注於《詩》。故此終篇，舉引《詩》而隨文解說，卻非平列，乃逐層演繹，曲折歸納，至於微細，以明究竟。先由淺義，漸引入深。“衣錦尚絅”，謂《昏禮》之裧衣，彼謂以禦塵，屬狹義。此釋乃其正義，謂女子嫁衣盛飾，惡其文之太著，故尚加以絅衣。引此以明修君子之道，文以章質，不得文勝其質，故自修之道主於闇然，久而（自）[日]章②。非等小人之道，所見淺近，時欲表襮於外。“的然”猶曰少許，而不知其所得止此，而日亡矣。再提君子之道云何？實指家庭日用行習。所謂“君子之中庸”“君子而時中”者，意味似淡然而久習不厭，日用行習於禮文，亦甚單簡而彬彬有文。居家以敦厚、和平、溫柔為主，而不以禮之節為之節，知和而和，亦不可行，故曰“溫而理”。

“遠之近”是由彼達此，“微之顯”是由此達彼。“風之自”是彼此相緣會合，風即是風雅之風，風雅之風即風俗之風。風，風也，即譬於風火之風。知此互為感應之理，而時用其中，則中為能我，而非我所，故曰“中庸不可能”。若以中為我所能，則是襲而取之，須視中為能我，即是中為主觀，我為客觀，始可以興。由此入德，乃別異於小人之中庸。從此鞭辟入裏，再引《詩》為證。如魚之潛伏於淵，而淵上觀魚，昭灼可睹，故修君子之道，要在內省不疚。志雖在遠，心自無病，不在外飾高行，使人見為不可及。而內省所存，有所不可及者，卻唯人之所不可見處。結上既得入德之門，先當省其自心之病，覆首章“慎獨”已竟，再引《詩》示以齋戒之法，神明其德。室西北隅為屋漏，古宮室之制，皆為一式。西北隅有天窗開明，對東北隅之宧。宧在室之隱，為袵席坐臥處，面西北隅之屋漏，取召天光，常坐所嚮不定，齋必遷坐嚮明，故對屋漏，致齋於內，故云“相在爾室”。尚，庶幾也。齋時須滌除元覽，故警以庶幾。對屋漏天光，將毋不愧，故結釋其詞曰“故君子不動而敬，不言而信”。齋禮“坐如尸，立不倚”，不對客，少言語也，而敬信自存焉。再引《詩》示以祭禮之精義微旨。“奏假”，奏大樂於宗廟之時，駿奔在廟，百司執事，趨蹌惟謹，愀然無聲。言者無言，爭者更絕無靡有，故申釋其詞曰，是故觀君子將於祭事之際，不為行賞而民皆勸於其事，不能動怒而民皆嚴畏，甚於臨以鈇鉞之威，此是禮之文，即是禮之用，其精義在此，其明效亦顯然可見。故直接再引《詩》，即廟中頌文王之德，而百辟觀型，所謂諸侯助祭，及見文王者，愀然如復見文王焉。

結以“是故君子篤恭而天下平”，禮明樂備，宗廟孝享，而孝治天下之教成，則夫何為哉？

---

① 猶：原作“輶”，據《禮記·中庸》改。
② 日章：原作“自章”。按，《中庸》文作“日章”，此處應作“日章”，與下文“日亡”相對。

亦恭己正南面而已。再引《詩》"予懷明德，不大聲以色"，按此文王之篇，鄭於箋《詩》與此注義異，本《詩》"不大聲以色，不長夏以革"，未（議）[詳]①實義。此引據釋係讀爲別聲被色而生之聲色，指禮樂之原質爲詞。乃推進德元，自破禮樂之化民尚非其本，爲傳道之書，不得不窮原究委。而物有本末，自不能舍本求末，不語其究竟，然非爲有本無末。故曰：禮樂之化民，不離乎別聲被色，視德之化民，猶爲末也。再進一層，引《詩》一語斷句，言下即破云"毛（輴）[猶]②有倫"。續仍引《詩·文王》詞，而不間以"《詩》云"，即贊以"至矣"。語其究竟，屬詞宜然。自古注未明，宋學先入爲主，只認首末兩章，遂忽視禮樂之文化，而求諸如毛之道心，究問"於穆之表，無聲無臭"，仍渺不可得。信如所云，則《中庸》只載首末兩篇已足，別無餘語可增。訓詁章句之未明，而遽謂大義微言之已得，陵節而施之，非古大學之所以爲教也。

---

① 詳：原作"議"，據文意改。
② 猶：原作"輴"，據《禮記·中庸》改。

新刊富順宋氏考訂冠婚喪祭四禮

提　要

　　《新刊富順宋氏考訂冠婚喪祭四禮》爲宋育仁丁卯（1927）年所作。宋育仁去世後，其弟子李時品整理，1933 年由北京天華館印。

　　該著分三部分：李時品《新刊富順宋氏考訂冠婚喪祭四禮序》《新刊富順宋氏考訂冠婚喪祭四禮》和《富順宋氏考訂四禮後序》。

　　第一部分，即《新刊富順宋氏考訂冠婚喪祭四禮序》，乃宋育仁弟子李時品所作，李時品在明"道德仁義，非禮不成"的基礎上，有感於吾人不由禮，人道不備之現實，介紹了宋育仁"淵源經傳，權衡今古，因時制宜，不違禮意"考訂冠婚喪祭之意旨，并列出《新刊富順宋氏考訂冠婚喪祭四禮序》目録。整理此著時，將該序作調作"附録一"，置於文後，以保持宋育仁所著四禮的原貌。

　　第二部分，即宋育仁著《新刊富順宋氏考訂冠婚喪祭四禮》。第一篇，冠禮。主要介紹冠禮節目及冠禮序例。宋育仁參考古冠禮中的"筮日筮賓"，依時制及物件訂冠禮節目。第二篇，婚禮。主要依據清禮學館禮書稿，介紹了婚禮中的納采、納幣、請期、親迎、婦見舅姑、婦盥饋/舅姑饗婦、廟見、婿見各節之婚禮節目。第三篇，喪禮。介紹喪禮中的成服、既夕、啓賓、朝祖、至壙、反哭、虞祭、成主祔廟、小祥、大祥、禫祭各節之禮。此篇附《喪紀家訓》，幫助讀者理解喪禮各節。第四篇，祭禮。主要介紹祭禮節目及饋食時祭禮後案。

　　第三部分，《富順宋氏考訂四禮後序》，宋育仁介紹了四禮考訂完善過程。是按經傳喪禮各節，參以《溫公書儀》《文公家禮》《大清通禮》，稽《儀禮》《禮記》，結合妻喪禮，成《宋氏考訂四禮》。

　　《新刊富順宋氏考訂冠婚喪祭四禮》有三個顯著特色：其一，圖例豐富。宋育仁在《新刊富順宋氏考訂冠婚喪祭四禮》中，共列 16 圖（第一篇列冠禮圖，第二篇列主人醮子圖、親迎圖、合巹圖，第三篇列经帶圖、要经、成服圖、既夕圖、啓殯圖、朝祖圖、反哭圖、虞祭圖、成主祔廟圖、禫祭圖，第四篇列饋食圖、饋食筵上陳設圖）以說明行禮過程中的位置關係。用圖示例，既有助於閱讀理解，又利於依圖施行。其二，古禮省改有述。宋育仁結合社會經濟發展，對繁瑣的古禮進行省改，用現有的物件代替古時行禮用品。這在正文多有體現，在附録的《冠禮序例》（録光緒禮學館禮書稿原文）、《婚禮序例》中也有體現。尤其是在《饋食時祭禮後案》中，展現了對古禮的大量考辨，這有助於讀者理解其省改考訂的四禮相對於古禮的簡易和可行性。如在"祭禮節目"中説到古人四時皆祭，"今從省禮，可但於春、秋兩仲月行之。如僅能每歲一舉，則以冬日前後爲宜。""從省""則省"在宋育仁考訂的四禮中比比皆是。其三，理實結合，遇喪踐行。如在後序中所説："暮年遭妻之喪，堅意率家人由禮，以成守先待後之志。""不幸遭喪，自援七十唯衰麻在身之典，而志欲順時變，以復古先聖先王之教。""先以此率族，規定圖式於宋氏大岩族譜之中，有當其可之時。"宋育仁喪女琨，亦依禮而行。

《新刊富順宋氏考訂冠婚喪祭四禮》是宋育仁治禮的理論成果，是今人瞭解中國古代冠婚喪祭四禮的普及讀本。宋育仁結合社會生活之變遷，對傳統四禮有所損益，以因應時代變遷，以期四禮之施行於社會。

《新刊富順宋氏考訂冠婚喪祭四禮》現存民國單行本，著於丁卯（1927）冬至，是年宋育仁年滿七十。宋育仁逝世後，其弟子李時品撰序，并作案語，由北京天華館癸酉（1933）秋七月印，今收入《宋育仁文集》。

一、富順宋氏考訂四禮第一篇

冠禮節目古冠禮須筮日筮賓，今從省。依時習於昏禮[1]之前一日質明行事，詔禮者一人立於中庭，依下文讚之。

行士冠禮，設洗直于東榮，南北以堂深。直當於東階之屋簷，在阼階以南，如堂上之進身。**水在洗東，**用罍盛水，加勺。**篚在洗西，**篚內置巾。**陳服於房中西墉下。衣帶，**從時制。**一笲，**方竹器。**笄櫛，**今不用笄，但備梳篦可也。**一簞，**圓竹器。**陳於蒲筵。**用短足小榻，上加席，如圖設之。**設側尊，**特設一壺，無玄酒也。**醴酒於其北，**別設一桌。**設篚，**用茶盤代之。**其實勺觶、**角制之杯。**角柶，**即羹匙。**以上三物，代以今之杯著兩事。**設脯、**干肉一器。**醯醬一碟。**南上。**即酒壺在南，篚在其北，脯醢又在其北。**設內洗於房中，爵、弁緇布冠**今用禮帽及小帽兩種代之。**各一匴。**盛冠竹器，今用帽架或小帽盒代之。**有司二人執以待於西坫南，**古東西堂角皆有坫，西坫即在西階上之西南角，近西牆處。**南面，東上。**賓升則東面向賓。

　　案，爵弁之服，《禮》云："纁裳、純衣、緇帶、韎（韠）[韐][2]"。裳，清制爲袍，上衣爲端罩；俗名大褂。纁裳、純衣，當絳色袍青端罩；韎韐，古制如朝裙，加一幅繫於帶，今無其制，以補服當之；帶（韐）[韠][3]當以清制忠孝帶。以上爲一襲。不能備者，酌從時制。

　　皮弁之服，《禮》云："素積、緇帶、素韠。"全用白色，清制所無，從略不設。

　　玄端，《禮》云："玄裳、黃裳、雜裳可也，緇帶，爵韠。"則袍可隨用雜色。帶韠從略，此爲一襲。

　　禮服用三襲，以著三加彌尊。今制不備，依省禮文。用補褂、袍褂爲二襲，便服通衫爲一襲，以合三加。餘文從省。

主人父在則父爲主人；孤子冠，則伯叔父爲主人。**即位於阼階下，**直東序西面。**兄弟立于洗東，西面北上。**鄭云："兄弟，主人親戚也。"《釋親》云："母與妻之党爲兄弟"，則凡族姻來觀禮者，皆立於此。**擯者負東塾立，**鄭云：東塾，門內東堂，負之，北面。**將冠者采衣，紒，在房中，南面。**采衣有緣，若今襴衫；紒，挽髻也，可酌從時制，略爲童子裝。**主人之贊者立於房中，西面。賓至，立于門外。**贊者贊賓者也。**從。擯者告，主人迎賓。**擯者贊：主人迎賓。**主人出門左，西面再拜賓，**拜即今之揖，再拜則兩揖。**賓答再拜。主人揖贊者，**《說文》：揖，攘也，攘即讓字；又揖，舉手下手也。是古以揖爲揖讓字，揖爲拜揖字。今此揖贊者，即舉手讓之行也。**揖賓，**前已拜迎，而賓不肯先行，故再讓之。**入。**賓主皆入。**主人入門而右，**由阼階升。**賓入門而左，贊者從。**由西階升。**每曲皆揖，**每至轉灣處，主人皆讓賓先行也。**三揖，**主人讓賓也。**三讓，**賓讓主人也。**至於階。主人升，立於序端，西面；賓升，立於西序，東面。**

　　　案，禮文上有加冠之賓，無眾賓，故無其位。今行冠禮，來賓必眾，酌定其位於西階南，與兄弟立位相同。

贊者詣盥，卒盥，升自西階，入立于房中，西面。在主人之贊者之南。**主人之贊者出，布筵于東序，**在主人立位西北。**西向，**設椅向西，其前橫設一條桌，其後設一凳，桌前復設一椅，東向，桌上鋪席。**退立於筵東。將冠者出房，南面立。**向賓。

贊者取簞，出於房，奠於筵南端，退立于筵北。賓揖將冠者，讓其就坐也。**將冠者就筵坐。**坐於椅。**贊者坐，**坐於凳。**櫛，設纚。**纚：束髮帛也。今無其制，贊者但爲將冠者略理鬢示意而已。**贊者興，復位。賓降，**自西階。**主人降，**自阼階。**賓辭降，**賓曰：非禮耶，敢辭降。**主人對。**主人曰：禮也，敢不降。

---

① 昏禮：應作"冠禮"。
② 韐：原作"韠"，據《儀禮·士冠禮》改。
③ 韠：原作"韐"，據《儀禮·士冠禮》改"。

賓詣盥，主人立於阼階下。卒盥，賓還至於西階下，揖讓而升。主人與賓互讓先升。主人升，復初位。賓升，就筵前坐，正纚，亦略爲理鬢示意。興，降西階一等。下一梯級。執冠者升階一等，上一梯級。授冠。賓南面，執冠者東面，以冠授賓。賓執冠爲容以進，雅步而前。賓東向致冠詞。冠詞別書紅箋授賓。賓坐，乃冠。賓興，復位。西序東面立。

案，此節係始加緇布冠，其服爲玄端爵韠。今取《大清通禮》公服兩制，酌定爲始加用便衣小帽，再加用頂帽，服裏圓袍端罩，二加祇易補褂朝珠。若主人爲庶士，則省去三加，祇再加頂帽，冠者一次改服裏圓袍褂，情文已備。○品按裏二字疑有一誤。

冠者興。賓揖。讓也。冠者適于房，易成人之服，即便衣馬褂。出於房，南面立。賓揖。讓也。冠者就筵坐，贊者坐，櫛，設笄。仍略爲理鬢示意。贊者興，復位。賓降，同前。主人降，同前。賓辭降，同前。主人對。同前。賓詣盥，主人立于阼階下。卒盥，賓還至于西階下，揖讓而升。均同前。主人升，復初位。賓升，就筵前坐。正纚，同前。興，降西階二等，下二梯級。執冠者授冠。同前。賓執冠爲容以進，同前。賓東向致詞。詞別書。

贊者徹初冠，即小帽。置于筵北。賓坐，再加冠。賓興，復位。冠者興，賓揖冠者適于房，易公服。即絳色袍，天青大褂。冠者出于房，南面立。贊者徹筵入于房，席及冠櫛皆執以入房，椅桌則移置他處，賓主、贊者共爲之。賓揖冠者適于房，加命服。即補褂朝珠。冠者出于房，南面立。主人之贊者設筵條桌加席，設椅于其北。于堂西，南向，退，入於房。贊者洗觶于房中，酌醴加柶。今代以著。賓揖冠者就筵，冠者進立于筵西，南面。贊者出房，取籩持出。立于戶東，中堂室戶之東。賓進受醴加柶取杯著于筵。詣筵前北面，置于筵北，致醴詞。醴詞別書。冠者拜，揖也。受。賓退，復初位，答拜。贊者薦脯醢，入房取脯醢，出，薦于筵。脯在北，醢在南。退立于賓次。冠者即筵坐，以柶祭醴三，祭脯醢。先舉杯，後舉著代之。冠者興，就筵末，即原立處，東向。啐醴。取酒略嘗也。

案，古者飲食之前必祭，乃宗教所遺。隋祭、舉祭、繚祭，各有方式，後皆漸亡。今俗猶有祭酒，兩手捧杯，向空中如拱，爲舉祭；以酒灑地，爲酹祭。又俗誤解奠酒爲酹酒，相承多行之。不知禮文言奠，謂置杯于案；言祭，乃或拱舉向空，或酹酒於地。惟冠禮特有以柶祭醴，且三之，以昭鄭重，蓋挹酒酹地歟。今用著代柶，舉杯舉著，以存禮意。祭脯醢，亦空贊其文，俾習禮者有所悟入。作爲舉祭，不敢嘗食。既祭，乃降席嘗酒。啐酒者，略唼入脣，即嘗酒也。

冠者轉立于筵東，奠觶於薦脯，醢也。東，南面拜揖也。賓。賓答拜。冠者轉立於筵前，北面，取脯，降自西階，適東壁，北面見於母。進脯饌於母也。母拜受饌，子拜送饌，母又答拜。

鄭注、王箋說此節各異，皆有未明。案，《冠禮》之脯，爲父所以醴子，賓爲代獻之所設。禮隆，子不敢嘗食；醴畢，奉以獻于母，故母先拜受，爲受此饌。如父饋之而賓獻薦之，是以先拜受，子乃拜送。母則嘉其子之成人而與爲禮，又答拜之。主婦位常在東房，於冠子無事，則俟於東壁。房有東西兩壁，既陳服於西墉，母自當立於東壁空閒。東壁西墉，正是互文相備。

冠者還立于西階東，南面。不升階。賓降，直西序，東面。下階向冠者。主人降，復初位。階下初立之位。賓命冠者字，致字詞。字詞別書。冠者對。應曰：敢不夙夜祗奉？賓退，贊者從。擯者告請禮賓，擯者贊：請禮賓。主人出請禮賓。與賓遇于門，告以留飯，賓辭，主人固請，賓乃許諾，皆如通常接應之詞。**賓就次更衣**。主人陪賓入于廳事，設燕會，賓爲正客。贊者、擯者、及諸執事、諸親友，皆爲陪客。燕畢，賓出。主人送于門外，再拜賓，賓答再拜。**禮畢**。冠者見於諸父兄弟，諸姑姊妹，皆如時制，道賀常儀，不贊。

　　案，禮文尚有冠者，服玄冠、玄端、爵韠、奠贊見於君。遂以贊見於鄉大夫、鄉先生，今從省。

　　始加冠詞曰令月吉日，始加元服，棄爾幼志，順爾成德，壽考惟祺，介爾景福。

　　再加詞曰吉月令辰，乃申爾服，敬爾威儀，淑愼爾德，眉壽萬年，永受胡福。

　　醴詞曰甘醴惟厚，嘉薦令芳，拜受祭之，以定爾祥，承天之休，壽考不忘。

　　字詞曰禮儀既備，令月吉日，爾名○○，字爾○○，髦士攸宜，宜之於嘏，永受保之。

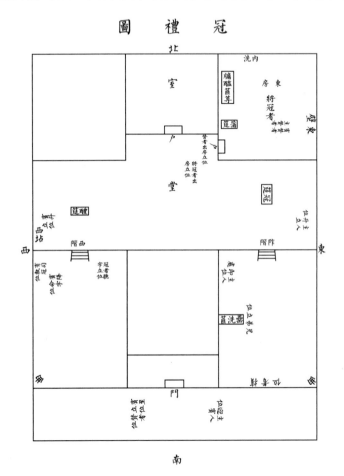

圖 禮 冠

附：**冠禮序例** 錄光緒禮學館禮書稿原文

　　禮之爲教也重矣。自子生三月咳而名之，以至成人而加元服，則家庭父教之事畢，而對於國人之義，自此始矣。其閒八年出就外傅，則未就外傅以前乃家庭教育之期也。十六而入大學，則十五以前乃小學教育之期也。四年謂之小成，則及冠之年，有十二年之學期。而後命以成人之道，舉士流以上之人，悉納於禮教之中。而以冠爲成人之期，乃範世之大經，而非節文之末飾也。《記》曰："家有塾，黨有庠。"考之《周官經》："五家爲比""五比爲閭""四閭爲家族""五族爲黨"，合以《尚書大傳》之文，乃合族而立塾。傳曰："古之致仕者，歸而教其鄉。""大夫爲父師，士爲少師。"所謂平明父師坐於左塾，即此塾也。然則家有塾云者，指百家合族而立塾。統名則家可謂族，族可謂家；析名則八口以上爲家，四間百家而爲族，此爲公立之學而言也。又按三代之典，自士以達於天子，於禮有隆殺，而規制則同。庶士得立一廟，適士則立二廟，仍以四時祀四親。諸侯以上，其禮加隆，則親各一廟。又云："庶士無廟者，無圭田則不祭。"庶士之列，多有升於鄉而不仕於朝者，未賜圭田，則不能有廟，不如適士以上皆在職在位有圭田也。有廟者有宗，有宗者有塾。有所統，然後能施其教也。臨之以先祖，統之以宗子，然後致仕之老，就而敷教焉，則所以尚賢也。古之仕者，由選秀書升而進，則爲大夫、士者必國之賢也。出而長其民者，歸而教其鄉，其義一以貫之。所謂"親親之殺，尊賢之等，禮所生也。"廟之左右爲塾，與百家公立之塾同名。然則士以上有廟者之家，就廟而立塾，是爲家塾之原起；其無廟之家，乃合族而公立一塾。比之於今，猶家庭專館與眾立學堂之異也，然而不可以同年而語也。禮之立塾在廟，教以致仕之老，師嚴而道尊，教以成己治人之學，責以孝弟忠順之行。《冠義》所云："孝弟忠順之行立，而後可以爲人；可以爲人，而後可以治人也。"故曰："冠者，禮之始也，嘉事之重者也。"凡學校之禮，屬於嘉禮，鄉飲、射、士相見皆教學之事。《六藝論》云："鄉飲、射、釋奠，於五禮屬嘉禮，是其義也。"冠之爲嘉禮也，乃成教之事也。比之以今言，猶云大學初畢業云爾。《儀禮》說"推士禮而致於天子"者，於冠禮爲尤著。《記》明言曰："天子之元子，皆士也，天下無生而貴者也。"以官爵人，德之殺也者。殺，讀如親親之殺，明命官之義，以其德之等差爲其爵之等差。德有日進而愈隆，而其初級則以棄幼志勉成德爲之始，以此爲士之及格，即以此爲士之正等。所謂孝弟忠順之行立，可以爲人，可以治人也，自士以上達於天子，皆治人者也，乃可以爲禮者也。故《冠義》①曰："成人而與爲禮也。"持此以往，德日進而隆，乃晉之以爵，所以明其德之等也。故於《禮》"五十始命爲大夫"，又云："四十命爲大夫"者，中才以上，學知之次，進德有先後，故相差以十年。要於禮意，其範圍治人之人命官之選者，懸士以爲格，亦言其人有德，斯可謂士矣。《書》云："行有九德者"，公卿之極軌也；"口宜三德"祇敬六德者，大夫之選格也；"亦言其人有德者"，士之通途也。比以今言，猶曰優級普通程度云爾。擬之以年，則凡入大學者，及小成之歲、冠字之年，皆應及此成人之格。《詩》所云："肆成人有德"，此之謂也。《冠義》云："死而謚，今也"以下，亦指士而言。有不及命爵而不祿，則同於普通之士格，而爲無爵之人，故無謚也。庶人無冠禮，據經而可知。不得興於畎者不入大學，十五成童而畢業，不與於州序之射，譬猶今之不與於考試也，此爲普及教育。凡民至十歲皆出就外傅，入於族塾，至成童習舞象而畢業，以從黨正，預於鄉飲正齒位爲畢業之期，此後不預於學校之事，乃所以教民也。無入大學、四年小成之學期年限，故無冠禮。是以三代之制，庶人不冠。若是乎冠禮之重也，小子與成人於此分途，學者能言之。士與庶人於此分界，學界終古未之聞也。

士禮與天子之元子同科，學者聞之而不能言其故，不知其所以然，誤疑爲崇道德之虛名，不知其爲核實程度之階級也。若是乎冠禮之重也，非家庭之事而學校之事；非學校之儀文，乃教成之典則也；又非一人之身於是教成而行立也，乃國家之眾於是道立而教行也。與於冠禮者，皆士之選；與於士之選者，皆有修己長人之責者也。比以今言，猶云有士人之資格云

---

① 據《禮記》篇名，此處原衍一"之"字，應作《冠義》。

爾。不與於冠禮者，不得與士爲儕伍，則齊民也。《記》屢言不與士齒，指庶人在官、工執藝事以上者而言，明其不表異齊民者，謂之庶人。比以今言，猶曰有普通民格云爾。今學堂規制未定，與其雜采列國，不若遠法先王。朝廷新又日新，不憚與民變革，動費編氓以應學務之誅求，久未有效，未始不可徐圖也。然謂不得與禮之學校同年而語者，則何以故？先王之造士，先責以民格之成；今日之教民，先導以利祿之路也。何謂先責成格，於冠禮可見也。與於冠禮得選於士，不選於士者不與於冠禮。教民與造士，截然劃分爲兩界。天子之元子亦士也，則雖皇太子同於大學畢業，亦如士冠之禮冠之。又皎然明示以共由，而又慮學者之誤以國君世及爲與士殊科也，乃又表而出之曰："繼世以立諸侯，象賢也。以官爵人，德之殺也。"明乎世子立爲諸侯，因象賢之義而繼世；庶士命爲大夫，因進德之義而加尊。其實於其爲士，已表異齊民，而得與公卿大夫齒分已定也；於其冠而加爵弁焉，明其非庶民之禮而與公卿、大夫并行也；於大學初級畢業之年而加以爵弁之尊，責以成人之道，於是字之，命曰：成人。比以今言，猶曰賜出身云耳。何言先導以利祿？今謀教育普及，采於列國。列國之言教育，亦云非强迫不能普及也。普及者，舉國之民皆受教育之謂也。舉國之民皆入學，未聞舉國之民皆賜出身者，無是理也。無出身之可圖，而必勒令其入學，所需强迫也。由現行學校之規則以觀，則凡畢業者皆有出身，凡入蒙館者必期遞進於高等，凡規定高等學校皆專以出身得官爲正鵠，無論持此以往，普及之效，斷無由至。假使或至焉，天下之民皆及於列國之士格，勢必不能；必且降程度而就之，徒致士夫之選僅及於列國之民格耳。僅及民格，而群起以兢於出身服官之一途，其敗亂無紀，將十倍於科第之時，不可爲也。此議學校者之誤也，誤於不明經術也，抑且未知列國政治之原理也，故曰：不可同年而語也。雖然，學校之成，可計日而待。伏見朝廷求治，修訂禮書。學校之禮正，而學校之官正；學校之官正，而學校之原理研究而易明，要在實行冠禮以教於國而已可也。又按《記》曰："女子許嫁笄而字"，其年限相同。謹考之《詩傳》，《采蘋》之詩爲教成之祭。《記》曰："女子十年不出，姆教婉娩聽從。"凡蟄婦守志不嫁年老無子者爲女師，其次有傅母、保母之名位，統言之則稱爲姆，尊同於母而非母。故禮有特異之文："女子者，十歲以外則有女師教之。二十及笄，亦同男子之冠。"《詩傳》曰："祖廟未毀，教於公宮；祖廟既毀，教於宗室。"祖廟未毀者，謂大夫之家；祖廟既毀者，謂士之家。大夫由別子以立宗。別子者，公子也，故稱爲公宮焉。士之先縱出於諸侯、大夫，皆得別立宗廟，但祇四親而無太祖，故曰"祖廟既毀也"。男子之塾設於廟門，女子之塾設於廟室，內外之別也。同宗合族屬就宗廟設學，以教其宗人子女。此與今之浮游無依而釀設女學者，又不可以同年而語矣。若是乎禮教經訓之明白昭垂如此，今欲興學校，宜何所取法？然則禮教之行，在修明學制而已；禮制之重，在審行冠笄而已。冠笄之禮，嘉事之重者也，即今語之謂學禮也，非直爲婚姻之先事而已，顧禮意之去古遠矣。伏承明詔，修復中國先王之典，乃千載之一時。《記》曰："君子行禮不求變俗"，謂因俗而導之也。竊見各省風俗衰頹，冠禮久廢；而山東、陝西、四川、雲南猶有冠禮遺風，每以男子婚期前日延賓加冠。略采《溫公書儀》《文公家禮》，仿佛爲之，皆士大夫之家，或其先世有科第仕宦相遺傳，其族乃沿爲故事，踵而行之。各省通俗，一族人有過數十戶，皆有宗祠支祠，江西、廣東爲尤盛。與其責令不相關屬之人醵資以設學，實效未睹，而流弊滋深，何如責令本族之人出資以教其族人子弟之爲愈也？擬請制定禮制，通飭天下各省所在州縣，查明鄉鎮民族，凡有宗祠者，得以立宗。立宗以賢不以長，由族公舉，凡能出資若干，立學教養生徒三十人以上，提學報聞，即以爲立宗之選格。女學二十人以上亦如之。就宗祠之地爲之，由族人醵資者，亦同一律。虛報不實行無效有過舉者，按官事律科罪定罰。增訂族設學堂律，凡品官五品以上，科第出身舉貢以上，其子若孫及胞弟姪男女，及年應就宗學行加冠加笄之禮，一遵欽頒儀式。無宗及從官在外者，就公學學堂行之。其年格限二十以後二十五以前，不以婚期爲斷，以學年卒業爲斷。在中學校卒業生，雖非品官選士子弟，亦得依限就中學同班行加冠之禮。提學主政，選通經明禮者爲賓，其卒業生之父兄在近者，就學校行禮，如主人之儀；遠者以證書倩人代主。既冠，注於册，彙報禮部，始同入於士籍。夫告朔之餼羊，爲復禮之張本。則儀節取其簡易易行，爲達禮意而已。抑維嘉禮之重，以冠禮爲主，而婚、相見次焉，所以勵學行而成風俗也。責成人之道者，示與小子有別，即責以及士人之格。示與齊民有異也，所謂表異齊民也。謹刺取冠義之旨要，而變通於當世，通行晉接之儀，以合於成人而與爲禮之意。擬撰儀式，別著於篇，其有損益。竊依《白虎》《石渠》之義，待制旨裁決焉。

二、富順宋氏考訂四禮第二篇

婚禮節目錄清禮學館禮書稿

納采

諏日，使媒氏預告女家。至其日，主人昏者之父、祖，孤子則自爲主人。夙興，具書，請女爲誰氏，并問生年月日，別以昏者生年月日附於書，方式即用通行之庚帖，但於生年月日之上，加記壻婦名字。并具禮物，物品酌從時習。以子弟一人爲使。公服待於廳事，主人公服奉書出，西面授使者，再拜。兩揖。使者授書避拜，側身立，不答拜。奉書。從者齊禮物，出，如女家。其日，女氏主人女之父、祖，孤女則擇于諸父諸兄。設案于廟，今謂之祠堂，無祠堂則設于居室正屋。灑掃廳事待賓。壻家之使者。亦使子弟一人爲擯，公服以竢。賓至，擯告主人，公服出迎于門外，揖讓也，見冠禮注。入，升堂。如以正寢爲廟者，即以前廳爲堂。賓左，主人右，即賓西主人東。至堂中。賓東面奉書致詞，從者陳禮物於庭。主人北面再拜，兩揖。受書。賓避拜，請退竢命。擯延賓，款于別室。主人以書入詣廟，陳于案上，告于祖禰，如常儀。乃具復書，即填庚帖。延賓升堂。主人奉書出，西面授賓，再拜。賓受書避拜，授從者，請退。主人請醴賓，賓辭。主人固請，賓乃許諾。皆如通常接應之詞。侍者布饌席于中堂，賓東主西，揖讓就坐，進饌。行酒三巡，賓興辭，離席拜一揖。主人。主人答拜，送賓于門外。使還覆命，主人納書如授書之儀，醴使者以家人之禮。

納幣

諏日納幣，使媒氏預告女家。主人備禮物：章服一稱，如其品。詳見親迎條。一品至四品，幣表里各八兩，束帛一匹，從兩端卷之，謂之一兩。容飾合八事，食品十器。五品至七品，幣表里各六兩，容飾合六事，食品八器。屆日，主人夙興，遣使奉書即用通常全束拜帖。及禮物如女家。女氏主人受書及禮物，告廟，具復書，同上。授賓，醴賓。使還覆命。主人醴使者，并同納采。八品以下至庶、士，禮節并同，但以次遞減幣、帛、容飾、食品。

請期

婚期既諏定，主人具書，俗謂之期單，以紅全束書之，并具拜帖。備禮物，三品以上羊酒，各二。

四品以下鵝酒。各二。豫日，亦先以媒氏告之。主人遣使如女家。女氏主人迎賓入。賓致詞請期，主人辭遜，皆如接應常詞。賓乃奉書告期。主人拜受，具復書，但復以拜帖。授賓。賓還復于主人。皆如納幣儀。

親迎

昏期前一日，女家使人奉其箕帚于壻，并送衾帷茵褥器用，張陳其壻之室。屆期，壻家筵于室中，位東西向；于新房中設一方桌，設兩椅，左右對向。別設案于牖下，陳尊一、酒壺。爵四、酒杯。合巹杯二；以一匏剖而爲二。設醮爵案于堂下之東，在阼階南。尊一爵一，以執事者司之。初婚，壻公服竢于堂下之西，在西階南。有官者各以其服。若品官之子孫無官，則攝盛，從其父祖父爲主人則從父，祖爲主人則從祖。之品降二等，如三品攝五品服，五品攝七品服，餘類推。儀從如之。壻車一乘，或用轎。二燭燭籠。前導，婦車一乘，或用轎。襜蓋，飾彩絹，垂流蘇。無儀仗者，車或轎。前可用傘扇，用馬，均竢于門外。主人公服出醮子，若孤子自爲主人，則省缺此禮。升自東階，立于堂東，西面。昏者升自西階，就位于堂中，北面拜，揖。跪，叩首。不興。執事者實爵，執以升，自阼階。授爵。昏者跪受，卒爵，略飲可也。反于執事者。父命之親迎，詞曰：往迎爾相，承我宗事。勉率以謹，[先妣之嗣，]①若則有常。昏者唯應，興，降，自西階。出。升車，儀從在前，婦車在後，如女家。是日，女父告于廟，詞曰：某之第幾女某，將以今日歸某氏，敢告。如常告儀。女盛妝于房中，姆以族姻內眷之年長嫺禮者爲之，即以充送親者。相女具采服，加飾，服覢壻之等，冠帔加補服蟒衣、蟒裙，大清禮名爲采服。出至父母前，在堂上。拜，跪，叩首，興。父訓女云：敬戒毋違！母爲施衿、結，衣帶也，今用鈕扣。結帨，佩巾。申以父命云：毋忘父命。女識之，不唯。壻既至，主人迎于門外，揖讓以入。主人由阼階升，壻由西階升，至于正廳，主人西面立。壻北面，拜，跪，叩首。主人不答拜，壻興。姆爲女加景，單外衣也，後世變爲蓋首，又有兼用之者，今酌定于外衣或蓋首任取其一，不復用。出。壻導女降自西階，主人不降送。姆導女升車，二燭在前。壻升車先行，歸竢于門外。婦至，降車，壻導之入門，升至西階，入室。媵御媵，女之侍者；御，壻之侍者，皆女子。布席。鋪紅氈。壻婦交拜，壻左婦右，立紅氈上，相向一揖。入于房。壻先婦從，姆脫婦景，壻婦對筵坐。姆出，媵爲壻設匕箸，御爲婦設匕箸。執事者設饌，饌入，卒食。略嘗三數品亦可。媵取爵實酒酳壻，古人食畢略飲酒，謂之酳。御取爵實酒酳婦，再酳，三酳用巹。卒酳，壻出，更衣于別室。授媵，婦即更衣于室；授御，執事者徹筵。媵御施衾枕，壻入。

婦見舅姑

厥明，昏之次日。婦夙興竣見。執事者設席于中堂，二桌二椅，皆南向。舅在東，姑在西。舅姑即席坐。婦執笲，竹筐而有衣者也，未備，則代以盤。實棗栗，升自西階，北面奠于席，置舅坐桌上。拜，跪，叩首。舅坐撫之。略爲起立。婦興，降西階，執笲，實腶脩，脯也。升，北面奠于席，置姑坐桌上。拜，跪，叩首，姑坐撫之。同上。舅姑興，入于室。通行故俗有拜尊長及拜內外賓，可于此節之次行之。

婦盥饋 舅姑饗婦 婦見後于朝食時行之。

婦具酒饌一筵，執事者設席于堂中，舅坐在筵東，姑坐在筵西，相向。設洗于西階下。婦就盥，卒盥，升堂，親設匕箸醯醬。舅姑即坐，婦奉饌序獻，覢舅姑嘗食卒，乃酳酒酳舅姑。婦拜，跪，叩首。舅姑卒飲，興，乃共饗婦。侍者設婦席于阼階上，西向，具酒饌，設匕箸醯醬。

---

① 先妣之嗣：原脱，據《儀禮·婚禮》補。

舅姑堂上，南向，坐臨之。婦嘗饌卒食，姑酯之，命侍者實酒。婦進受爵，立卒飲，跪，拜，叩首。姑答肅拜。饗畢，舅姑先降自西階，婦降自阼階，退。此爲冢婦之禮，衆婦則舅姑不降，婦降自西階。設筵燕客，如常儀。

廟見 據《禮》文，"若舅姑既没，則婦入三月，乃奠菜"。是舅姑存者即無此禮。而《大清通禮》有"（越）[昏]①三日，主人主婦率新婦見于廟"之文。初無婦見舅姑之禮，是則見舅姑亦于廟也。故以日易月，亦于義可通。又據《禮》文："婦入三月，然後祭行"，鄭云：謂助祭也，則與廟見爲兩事。蓋舅姑没，則三月廟見；舅姑在，則三月助祭。今列目雖通以廟見，而行事則亦兼二者，取事之便，皆以三日行之。

既昏三日，婦見于廟。無廟則于正寢。厥明，執事者設饌具，如常祭儀，主人，舅。上香，主婦，姑。獻酒，畢，主人主婦就拜位于神案前。主人在東，主婦在西。昏者及婦就位于其後，皆跪，叩首，俯伏，祝以子弟爲之。讀告詞。詞曰：某之第幾子某，今已授室，謹率新婦某氏見。讀畢，再叩首，興，退。若舅姑既没，則婦盥，獻，饌，畢。就拜位，跪，叩首，俯伏，祝讀告詞。詞曰：某婦某氏，敢奠嘉菜于皇舅某官某公某府君，皇姑封某母某夫人。讀畢，再叩首，興，退。

壻見 據《禮》文："若不親迎，則婦入三月然後壻見。"是則已行親迎者，即不必重見。但今俗通行同門，不可遽廢，但須廟見後乃行之爲宜。

廟見之明日，壻以贄眡分所應用，兼從時習，酌具禮物。往之婦家。主人婦父，若孤女則主婚者爲主人。迎于門外，揖讓入，升堂。從者陳禮物于庭。壻堂上北面拜，叩首。主人西面答拜。請見主婦，主婦立于門內，壻立于門外，拜、叩首。主婦門內答拜，壻出。主人設饌款之，如常儀。

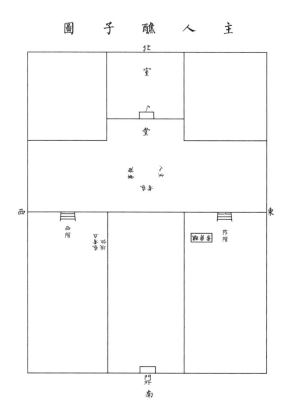

圖 子 醮 人 主

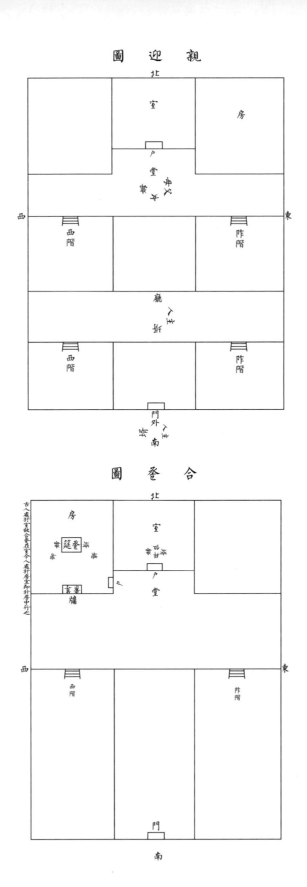

親迎圖

合巹圖

附：昏禮序例

《儀禮》昏禮，乃大夫之禮，而士庶通用之，故云昏禮下達。其贄①用雁"，大夫之贄也；納征加玄纁束帛，則孤之贄也。主人爵弁，大夫之服也；墨車，大夫之乘也。因《記》舉士昏禮之異於大夫者數事，學者遂誤題爲士昏禮矣。士通用大夫昏禮者，攝盛之義也，天子、諸侯亦同用此儀。而《經》不云上達者，天子諸侯一娶九女，二國往媵。如其嫡没，繼室以媵，無續娶之禮，當其冠也。雖天子之元子亦士也，天下無生而貴者也。禮有公例，四十、五十乃命爲大夫，大夫別立宗，即爲其宗宗子。宗子雖七十無無主婦，爲承祭祀之重，須夫婦親之。諸侯以上二國往媵者，皆貴族之女，可以繼嫡。故無大夫冠禮，而有其昏禮，爲嫡没繼娶而設也。天子、諸侯，惟妾媵之人數特異，以爲世子而娶爲常禮；其繼世即位而後娶者，必先君短折不禄，則以爲變也，故不著爲禮之正經。當其爲世子，貴不逾於大夫；年未及四十、五十，位不過與士齒。故天子、諸侯無昏禮，其昏禮下同於大夫，仍處之以士禮也。大夫昏禮即士昏禮，而其儀等則皆從大夫，昏禮攝盛，故也。凡攝盛者加一等，禮之公例也。《記》曰："男子三十而娶，女子二十而嫁。"言其極也，不是過也。男子二十而冠，有爲人父之端；女子十五而許嫁，有適人之道，故有國君十五而生子之文。言禮之有其變通者，以明天子、諸侯之娶女，宜在世子之時也。然有其變者，不載於經而著之於《記》。《王度記》曰"天子、諸侯一娶九女"，或曰"天子十二女"。人君無再娶之義，防淫佚也。九而無子，百亦無益也。天子、諸侯之世子，皆以諸侯之禮娶，示無再娶之義。所謂以諸侯之禮娶者，專指一娶九女而言，其儀式則與《儀禮經》之大夫昏禮同也。自納采以至廟見，凡十三節。雖文質遷流，古今異宜，奢儉不同，五方異俗。至於大綱所係，人倫正始，則中國自周禮以來，相承無遠。以視不同州之國，異教之民，山野夷苗之族，則去禮遠矣。《記》曰："男女有別，然後父子親，父子親然後義生，義生然後禮作，禮作然後萬物安。"至哉言乎！其端在男女有別，一言蔽矣，故不娶同姓，所以厚別也。日月以告君，齋戒以告鬼神，爲酒食以召鄉黨僚友，以厚其別也。此與尊尊、親親、長長之大義同科。聖人所以正人倫成治道之本也，故曰："親親也，尊尊也，長長也，男女有別也，此不得與民相變革者也。"此夷夏之所以別，倫教之所由生乎。其典要誠不係乎儀文之末，而其大義亦即寓乎儀文之中。正其義，即所以昭其敬；昭其敬，乃所以示其別也。別者，謂夫匹偶不亂，而能以禮自防也；以禮自防，而匹偶不亂，夫婦相保，親愛同體，榮辱與共。則爲是婦所生者，必其是夫之子也。父子之恩，由此而明；血統之義，由此而起，更數百世而能遠溯世係，知所從來。若爲神明之冑，若爲賢者之遺，皆由夫婦之道明，而男統女，女從男，同姓不相昏，昭穆不能亂其道得焉耳。自倫教以外，可以有種族而不能有世係，彼所冒爲世係者，非真有世係也。然則倫教之重，由昏姻始，皎然可知。非倫教則不足語文明，又昭然若揭。而昧者以爲出於自然，不由聖人設教所致；妄者又欲去夫婦有別之大閒，慕自由結昏之陋俗，或以女必從夫、男有二室爲非道，是皆未知異教之所以然，是皆不明聖人倫教之何以大，誤解"造端夫婦""察乎天地"之大義，視爲《黃庭内景》之寓言，不知所謂"君子之道，造端乎夫婦者"，正謂昏姻之禮正，而人倫之教明也。恭維明詔修訂禮書，以正人倫爲本，正人倫以正昏姻爲先，正昏姻以明其大義爲

① 其贄：《儀禮·士婚禮》作"納采"。

主，即《儀禮》釋冠昏之義。比以今言，謂之原理；原理既明，儀式乃有所附。凡禮之儀文，每條皆有其義理。故歷代以來，儒臣承詔而撰次，禮官敬謹而守之，雖因時小有損益，皆要述而不敢作焉。帝王法守於上，學者講論於下，緜衍以至於今。願民俗推遷，文野互變，往往失其禮意，流而愈遠。禮官所守，徒存於故府，不行於社會之間，聽其家自為典，郡殊其俗，不可以不正也。謹按《大清通禮》品官、士庶昏儀，依禮儀之節文，參以今之法度，簡而易行，固既盡善矣。然自品官至於士庶，皆各從其鄉俗，未悉遵行也。八旗華族，大略能行之，而滿漢不相為昏，無從丕變。通禮之所行，其教不出都門百里也。其民閒所習慣，有其迷謬鄙倍者，不可以不禁。如旗俗之跪門求親；楚俗之壻負新婦上轎，轎門用鎖；粵俗之婦家拒迎者，閉門不納，及成昏次日壻家使人送喜；越俗之坐筵，及贅壻易姓從妻；吳俗之婦父臨送，食女以餛飩，婦至，進姑以鐵頭盤，姑取而坐之，以相壓勝，相禮喜娘之用賤隸，看花燭之用人監守，三日作闔家歡之少長共器而食；蜀俗之交拜男不答拜，鬧房無度，及童養成昏；齊俗之童媳年長於男。若此之類，皆大違於禮意。今將一道德以同俗，宜申令通飭禁絕，頒行品官、士庶昏禮儀節，均為一式，務令實行。謹擬撰昏儀一篇，乃遵《通禮》之儀，按《儀禮》十三節之次，稽合於禮意。節目則法古，器服皆從時。凡滿漢習俗之不列於儀者，一概除之，惟拜堂、交拜與囘門之儀，不禁。為其順於民情習慣，而亦不違於禮意，仍引經義，謹為解說，因時之義，注釋於篇。

三、富順宋氏考訂四禮第三篇

喪禮節目

成服 以詔禮者一人立於中庭讚之。

行成服禮。設洗面盆。於阼階南，階下。罍勺罍，貯水者；勺，挹水者。以執事一人司之。在洗東，篚代以茶盤，內置新手巾一幅。在洗西，設新饌案空案。於阼階東，階上。尊酒壺。爵酒杯。從設，共置一茶盤中，設於空案之西端。執事一人司之。設徹饌案空案。於靈座西南。祝及執事者就位於中庭，北面。祝率執事者詣盥，沃盥。卒盥，祝復位，執事者具新饌於阼階東，陳於先設之空案上。匕箸從設，退，復位。主人長子為主人，如父在母喪，則父為主人。以下各服其服，主人即位，坐於柩東，衆主人即衆子。坐於其次，如父在母喪，則改讚：衆子坐於其後。西南向上，皆藉以藁；先設草薦。子姓期功以下，坐於其後，藉以席。先設。主婦主人之母，無則主人之妻。及父在母喪，則以上三字不讚。衆婦女應服三年者坐於柩西，東向南上，藉以藁；先設。期功以下坐於其後，藉以席。先設。異姓之親，指有服者。男子坐於帷外之東，北向西上；女子坐於帷內之西，北向東上，皆藉以席。先設。舉哀。執事者升阼階，詣靈座前，徹舊饌，靈座案上，須先有舊饌。置座西南，移於先設之空案上。進設新饌於靈座前，移阼階上之饌於靈座案上。匕箸從入，執事者復位。祝升，止哭者，由西階升堂，讚：哀止。詣酒尊所取爵，降西階適洗，沃洗，卒洗，升自西階，進詣尊所實爵，酌酒於爵中也。奉詣靈座前，奠於案北，復位。主人以次皆興，如父在母喪，則加"衆子以次"四字。各就拜位，一跪三叩首，如靈座前地廣，則凡男子共為一班，主人在前，其餘在後；凡女子共為一班，主婦在前，其餘在後。地狹則以次遞進行禮，拜興皆不讚。孝子孝婦拜畢，仍退入帷，哭盡哀。禮畢。

既夕 於啓殯前日之夕行之，以詔禮者一人讚。

行既夕禮。設洗於阼階南，階下。罍勺在洗東，以執事一人司之。篚代以茶盤，內置新手巾一幅。在洗西。設新饌案空案。於阼階東，階上。尊爵從設，共置一茶盤中，設於空案之西端，以執事者一人司之。設香案於堂西，香三炷，盛以茶盤，置於案上。設徹饌案，空案。於靈座西南。祝及佐食執事者即位於中庭，北面。主人以下即位，同於成服，一依前文讚之。祝率佐食執事者詣盥，沃盥，卒盥，祝及佐食者復位。執事者具新饌於阼階東，陳於先設之空案上。匕箸從設，退，復位。主人興，降自西階。待賓於阼階下西向。若父為主人，則改讚：主人興，降阼階西向待賓。賓及眾賓入，升，就西階位，東面北上。主人復位，復坐位。升自西階。父為主人則改讚：主人升，復位。執事者升阼階，詣靈座前，徹舊饌，靈座案上，須先有舊饌。置座西南，移於先設之空案上。進設新饌於靈座前，移阼階上之饌於靈座案上。匕箸從入。執事者復位。祝升自西階，取爵，降自西階適洗，沃洗，卒洗，升自西階，詣尊所實爵，奉詣靈座前，奠於案北，退，復位。祝命佐食啟會祝讚：佐食入啟會。會即敦之蓋也，敦所盛者黍稷，既設後須去其蓋，退於其南。如用今時常饌無敦，則虛讚之。退，復位。坐者皆興，主人眾主人皆就拜位，父為主人則改讚：孝嗣皆就拜位。再拜稽顙，伏，興，伏，興，退，復位立。舉哀，祝取功布用白布一幅，長三尺，係於長五六尺之旛竿。立於中庭止哭者。祝讚：哀止。祝升自西階，進立於柩前，北面請啟期祝讚：請啟期。主人曰：明日啟建。祝抗聲告曰：謹以明日啟殯。如不能行朝祖禮，則於此須并請葬期。詔禮者讚：祝請葬期。祝向主人曰：請葬期。主人曰："謹卜於某年某月某日某時下壙"。詔禮者讚：祝告葬期。祝抗聲述主人之詞。皆北面。祝復位，內外皆哭。賓進上香，再拜兩揖。眾賓亦再拜。賓東向，止主人哭賓進云：請節哀。祝聲哀止。祝讚：哀止。主人再拜送賓，兩揖。賓答再拜，主人及孝嗣哭而入。禮畢。

啟殯 於出柩時行之，以詔禮者一人讚。

行啟殯禮。設置同成服禮，一依前文讚之。祝及執事者即位於中庭，北面。自"主人即位"以下，以至"待賓於阼階下西向"，皆同既夕，一依前文讚之。賓及眾賓入，由西階升，序立於柩南，直前榮，當堂上屋檐。北面東上。主人復位，復坐位。升自西階，父為主人則改讚：主人升，復位。舉哀。執事者進，遷靈座於旁側，退，復位。祝執功布升，自西階。止哭者。祝讚：哀止。祝北面立於柩前，告啟殯。祝抗聲告曰：謹以今日吉辰啟殯。內外皆哭，盡哀，哀止。婦女興，退避於他所。主人眾主人興，輯杖謂不以杖拄地也。立，視啟殯。父為主人則改讚：主人率孝嗣立視啟殯。祝取銘旌，功布并執之。置靈座側，祝退立於柩前。仍執功布。坐者皆興。役者入，徹殯塗及墼，古者棺在，殯須以土封之，故有塗墼，今則但徹靈帷而已。掃地潔之。祝以功布拂棺上塵，拂畢，倚功布於壁。覆以袂衾，退，復位。中庭位。役者退，婦女出，各復位立。執事者復設靈座於故處，徹舊饌，靈座案上，須先有舊饌。置座西南；移於先設之空案上。進設新饌於靈座前，移阼階上之饌於靈座案上。匕箸從入，退，復位。祝升，自西階。詣尊所取爵適洗，降自西階。執事沃洗，卒洗，升自西階，詣尊所實爵，奉詣靈座前，奠於案北，退，復位。主人眾主人皆就拜位，父為主人則改讚：孝嗣皆就拜位。再拜稽顙，伏，興，伏，興，退，復位。立位。舉哀，哀止。商祝古喪禮兼用夏商之祝，今俗出柩用巫發引，不可遽廢，即以之當商祝。入，祝畢，退。執事者進，徹靈座。婦女皆退。役者入，舉柩。祝執功布在前，如不行朝祖，則別用人執之，不以祝。銘旌從，靈座從，影像無則缺之。從，以上皆以執事者奉之。如不行朝祖，則皆舁，以役夫。燭從，柩從，燭從。兩燭亦以執事者執之，如不行朝祖，則不從以燭。主人以下皆哭從。如不行朝祖，則送者男子步行，婦女乘輿，至於壙，如時俗。

朝祖 古者出葬，須先以柩辭於祖廟。今人居室褊隘，又未嘗專立廟，僅可於堂屋中行之。但俗多殯於中堂，於勢仍未可行。今姑具禮文於此，俟有其地者擇焉，仍以詔禮者立於門內，俟柩至，依下文讚之。至於廟，詔禮者讚。升自西階，饌俟於堂下。先具新饌，陳於階下，偏西東向。正柩於兩楹之間，北向。役者出，主人立於柩東，西向；衆主人序立於其後，父爲主人則改讚：孝嗣序立於其後。西向南上。主婦父爲主人則改讚：孝婦。立於户西，室户之西。南向；衆婦女序立於其後，南向東上。執事者設饌案於柩西，東向。案上仍陳舊饌。祝率執事者退立於中庭，役者薦車於庭，直東榮，圉人薦馬於門内。今不用車馬，則役者備異具，陳於庭，當東廂檐下，北向。主婦以次父爲主人則改讚：孝婦以次。皆東向。執事者升自阼階，徹舊饌，降自西階；進新饌，升自西階；畢設，退，降自西階，復位。主婦以次，父爲主人則改讚：孝婦以次。退立於堂西。役者入，奉柩却降，倒退而下也。載於庭。舉哀。祝飾柩，設披，屬引，祝進前臨視役者將事。陳明器於柩西，徹饌。徹堂上之饌，執事者爲之，畢仍復位。祝執功布導旋柩，將行，轉而向外也。取銘旌置於柩前，退，復位。哀止，主人以次降於柩東南，主婦以次父爲主人則改讚：孝婦以次。降立於階間。即在柩之後。祝進請葬期，祝向主人曰：請葬期。主人告葬期主人曰：謹卜於某年某月某日某時下壙。祝退，告葬期。祝復位，述主人之詞。執事設饌案於柩東，南向，薦三俎代以大盤。於案，薦四豆代以中盤。於案東，有巾；以白布一方蓋之。薦四籩代以高裝碟，其實以乾果乾肉。於案西，有巾；同上。薦醴酒於案北，匕箸從設。執事者退，復位。舉哀，哀止。執事者徹巾、苞牲、以蒲蒻包俎中牲體，將以從柩入壙者，即從今慣用瓦器貯之亦可。行器，明器從之行也。執事者舉物序出。祝執功布以御柩，柩行。主人以下哭從。

至壙

至於壙，詔禮者讚。陳明器於道東西，北上。主人男子西面立，女子東面立，北上。舉哀。祝命役者舉柩入壙。哀止，主人視窆，置銘旌於柩上，器物應從入壙者，依時習。既窆，實土三。主人男女各三掬土置樺上。主人男子以次皆就拜位，父爲主人則改讚：孝嗣皆就拜位。再拜稽顙，興，復位。女子以次皆就拜位，父爲主人則改讚：孝婦孝女皆就拜位。再拜稽顙，興，復位。焚明器。功布亦焚之。主人奉靈位，父爲主人則改讚：冢嗣奉靈位。返於廟。無廟則返於家。

反哭

入門，詔禮者讚。主人奉靈位升自阼階，安於堂上室中，退，立於户西，堂室户外之西。東面。衆主人升自西階，以此立於堂西，東面北上。主婦率衆婦立於室東，西面。父爲主人則改讚，冢嗣奉靈位升自阼階，主人入，升自阼階，立於户東，西面。衆子從入，立於其後。冢嗣奉安靈位於堂上室中，退，立於主人之後。衆婦女立於室西，東面。舉哀。賓弔者升西階，勸節哀。向主人勤慰如常詞。主婦率衆婦入於房。父爲主人則改讚：衆婦女入於房。哀止。主人拜賓，一揖。賓答拜。一揖。降出。

虞祭　即以葬日日中行事，詔禮者一人，依下文讚之。

行虞祭禮。設洗於西階西南，水在洗西，具罍勺。篚在洗東，以執事一人司之。設内洗於房中北墉下，設兩尊兩壺：一酒一醴，醴，甜酒也。於户東，室户之東。南向。酒在東，醴在西，以執事一人司之。爵篚、以茶盤盛酒杯三。苴篚一茶盤内置潔淨茅草一束，長約四五寸。從設。爵在尊南，苴在尊西。設饌案於堂東，在東房外南墉下。陳饌及匕箸於案。設香案於堂西。在西房外南墉下，以茶盤盛香三炷。祝即位於門内西方，東面；佐食即位於堂西階上，南面；執事者立於其後。主人即位於堂西，衆主人即位於其南，東面北上；父爲主人則改讚：主人即位於堂東，孝嗣即位於其後，皆西面。主婦及父爲主人則以上三字不讚。衆婦女即位於東房，西面北上；同姓異姓服親即位於户南，男子在東，同姓在西，異姓在東。女子在西，同姓在東，異姓在西。皆北面；賓及衆賓即位於門外西方，東面北上。主人出門外拜賓，降自西階，拜稽顙，一叩首。賓避拜。轉向南，不答拜。如父爲主人，則改讚：主人出，降自阼階，門東西面拜賓，賓答拜。拜：即今之揖也。賓入，即位於西階。主人復位。升西階，父爲主人則升阼階。主人以次北向舉哀，内外皆哭。哀止。祝詣盥，沃盥，卒盥，升，取茅苴降洗。執事沃洗，卒洗，升，進置於神案前，地上。出，詣尊所，取爵降洗，執事沃洗，卒洗，升。

主人倚杖於西序，父爲主人則改讚：倚杖於東序。入戶，詣靈位前，北面立。祝從入，西面立。仍執爵。佐食執事者降盥，沃盥，卒盥，升。佐食設匕箸。執事進俎，薦菹醢，薦四豆，薦四籩，設二敦，進鉶羹，退，復位。祝出，詣尊所酌醴，入戶，授主人祭舉之。酌，瀝瀝於茅苴上，不盡。奠爵於案北。執事者進香，執事詣香案取香焚之，入戶，授主人。上香。主人舉之，仍授執事者插爐中。執事者退，復位。主人就拜位，再拜稽顙，父爲主人則以上七字不讚。退，復位。祝命佐食啓會，祝讚：佐食入啓會，却於敦南。謂揭去敦之蓋，退置於其南也。佐食退，復位。祝取告詞。別紙書之，先置於神案之東。主人衆主人皆就拜位，父爲主人則改讚：孝嗣皆就拜位。再拜稽顙。贊者讚：跪、叩首、再叩首、俯伏。祝讀告詞，讀畢。拜稽顙。贊者讚：三叩首、興。祝命佐食祭。祝讚：佐食入祭黍稷，佐食用箸取飯少許，置茅上。祝又讚：祭膚。佐食取肴少許，置茅且上。佐食退，復位。主人衆主人皆拜稽顙，贊者讚：跪、叩首、興。父爲主人則詔禮者改讚：孝嗣皆拜稽顙，贊者讚仍同前。退，復位。〇品按小注，爵在尊南，且在尊西二句，與附圖不符俟考正。

行亞獻禮。主婦出於房，詣尊所取爵，適洗於房中，父爲主人，或長子無主婦，則以次子亞獻。改讚：次子詣尊所，取爵降洗。沃洗，卒洗。出於房，次子亞獻則改讚：升。詣尊所實爵，進詣靈位前，獻爵，奠於案北。退，就拜位，再拜稽顙。贊者讚：跪、叩首、再叩首、興。贊者取爵授祭酹，同上。奠爵於案北，再拜稽顙。贊者讚：跪、叩首、再叩首、興。退，入於房。次子亞獻則改讚：退，復位。

行三獻禮。賓升，衆賓不升。詣尊所，取爵降洗，沃洗，卒洗，升。詣尊所實爵，進詣靈位前，獻爵，奠於案北。退，就拜位，拜稽首。贊者讚：跪、叩首、興。贊者取爵，授爵，授祭酹，同上。奠於案北，拜稽首，贊者讚：跪、叩首、興。退，復位。祝出戶，命佐食闔戶，聲三；祝南面讚：闔戶、闔戶、闔戶。佐食進闔戶。祝命佐食啓戶。祝北面讚：啓戶、啓戶、啓戶。佐食啓戶。祝西面向主人。父爲主人則改讚：祝東面。告利成。祝讚：利成。舉哀，哀止。賓出。主人降西階，送賓於門外，拜稽顙。一叩首。賓避拜。轉向南，不答拜。父爲主人則改讚：主人降阼階，詣門外拜送賓，賓答拜。相向一揖而已。禮畢。

告詞曰惟某年某月某日，孝子某，敢昭告於某官顯考某公某府君（母則云某封顯妣某母某夫人），日月不居，奄及初虞，夙興夜處，哀慕不寧，謹以潔牲柔毛，嘉薦普淖，明齊溲酒，哀薦祫事，尚饗。

成主祔廟 虞祭後擇日行之，詔禮者一人讚。
行成主祔廟禮。陳栗主主題官封某公、某母、某府君、某夫人之神主，不加考妣稱謂，亦不題某人奉祀，仍依俗缺神字末筆、主字起筆，待題主賓填寫，內主左書生年月日時，右書没年月日時，亦預書之。於室內，中堂之室。東方。設題主案於堂西，東面。戶外之西。設洗於阼階東南，罍勺在洗東，篚在洗西。執事一人司之。設兩尊於戶東，玄酒即清水，設而不薦。在西，醴酒在東。執事一人司之。設篚於尊西，爵一觶一。用茶盤盛不同式之酒杯二。設徹饌案空案。於室內西南，設新饌案空案。於阼階上東方。主人衆主人即位於阼階下，父爲主人則改讚：主人即位於阼階下，孝嗣從立於其後。皆西面，北上。賓及衆賓即位於西階下，東面北上。祝即位於賓西北，東面。佐食執事者北面立於中庭，主婦及衆主婦婦贊者主婦之相禮者。即位於東房。父爲主人則改讚：孝婦及衆贊者即位於東房。主人阼階西面再拜兩揖。賓，賓西階東面答再拜。拜衆賓，衆賓答拜。主人讓賓升，不讓衆賓。賓讓主人升。主人升阼階，衆主人從升，就題主案，分南北行侍立。父爲主人則改讚：主人升阼階，堂上西南面傾立。孝嗣從升，就題主案分南北行侍立。賓升衆賓不升。自西階，就題主案西方，東面立。主人入戶，奉主櫝出，父爲主人則改讚：塚子入戶，奉主櫝出。安於題主案北方，南向，請賓升座。題主啓櫝，臥主舉筆，書主即填寫主字缺筆，仍用墨書。主成，讀主。先讀外主，後讀內主。賓降，復位。主人奉主入戶，父爲主人則改讚：塚子奉主入戶。奉安神主於位，退，就拜位，衆主人皆就拜位。父爲主人則改讚：退，就侍位。主人率孝嗣者皆就

303

拜位。祝降，詣盥，沃盥，卒盥，升自西階，入戶，進取告詞。別書之，先置於神案之東。主人跪，衆主人皆跪，父爲主人則改讚：主人跪，孝嗣皆跪。俯伏。祝讀告詞。畢讀。祝退立於室東，南面。主人衆主人一叩，興，父爲主人則改讚：主人及孝嗣皆一叩興。退立於堂西，東面。父爲主人則改讚：退，復阼階位。徹題主案，具新饌於阼階東，匕箸從設。陳於先設之空案上。佐食執事詣盥，沃盥，卒盥，升自阼階，入戶。徹舊饌置座西南，移於先設之空案上。進設新饌於神座前，移阼階上之饌，薦於神案。匕箸從入，畢設。佐食執事皆退，復位於中庭，降自阼階。祝出，詣尊所，取觶，降西階適洗，沃洗，卒洗，升自西階，詣尊南實觶。執事者酌醴。祝奉觶入戶，進奠於案北，退立於室東，南面。主人進，父爲主人則改讚：主人升。詣尊所，取爵，降西階，父爲主人則改讚：降阼階。適洗，沃洗，卒洗，升，由所降階。詣尊南實爵。執事酌醴。主人奉爵入戶，跪獻爵，奠於案南。一叩，興，退，復位。主婦出於房，進獻茶。先設茶於房中。婦讚者從，衆婦從，父爲主人則改讚：孝婦進獻茶（以長婦一人獻）。婦讚者從。奠茶於案北，退，就拜位，衆婦皆就拜位，一叩，興。主婦、衆婦、婦讚皆退，入於房。父爲主人則改讚：孝婦婦讚者皆退，入於房。祝出戶，命佐食闔戶，聲三；祝南面讚：闔戶、闔戶、闔戶。佐食進闔戶。祝命佐食啓戶，聲三；祝北面讚：啓戶、啓戶、啓戶。佐食啓戶。祝西面向主人，父爲主人則改讚：祝東面。告利成，祝讚：利成。主人詣靈堂，父爲主人則改讚：孝嗣詣靈堂。奉靈位至門外化靈，禮畢。

告詞曰惟某年某月某日，嗣孫某，敢用嘉薦普淖，明齊溲酒，祇薦於某氏歷代先祖考妣，曁曾祖考某官府君，用告隮附顯考某官府君於廟，伏維尚饗。

母則曰……曁曾祖妣某封某夫人，用告隮附顯妣某封某夫人……

妻則曰……曁祖妣某封某夫人，用告隮附孫婦某封某氏……

小祥 期年之祭也。以忌日行之，詔禮者一人讀。

行練祭禮。自陳設即位以至賓入即位於西階，主人復位，皆同虞祭。主人入，父爲主人則改讚：塚子入。奉主就几筵，自龕上移所祭主，安於堂室正中案北。退，復位，北向舉哀，内外皆哭，哀止。祝詣盥。以下至祝西面告利成，皆同虞祭。但刪去"倚仗於西序"五字，又凡靈位皆稱神位。主人入，父爲主人則改讚：塚子入。奉主還於神座。賓出。以下至禮畢，皆同虞祭。

告詞曰惟某年某月某日，哀子某，敢昭告於某官顯考某公某府君（母則云某封顯妣某母某夫人），日月不居，奄及小祥，夙興夜處，哀慕不寧，謹以潔牲柔毛，嘉薦普淖，明齊溲酒，薦此常事，尚饗。

大祥 再期祭也。以忌日行之，詔禮者一人讀。

行祥祭禮 節目全同小祥，依小祥全文讚之。

告詞曰同小祥，惟改"奄及小祥"爲"奄及大祥"，"薦此常事"爲"薦此祥事"。

禫祭 除服祭也。以大祥後本月内行之，詔禮者一人讚。

行禫祭禮。主人衆主人即位於阼階下，父爲主人則改讚"主人即位於阼階下，孝嗣即位於其後"。贊者從。子姓兄弟即位於其南，皆西面，北上。賓及衆賓即位於西階下，東面北上。宗人及祝即位於賓西北，東面南上。佐食執事北面立於中庭。主婦及衆婦衆女即位於東房，父爲主人則改讚"孝婦孝女皆即位於東房"。婦讚者從。設香燭於神案北，設兩尊於戶東，南向。玄酒在西，醴酒在東，爵篚、且篚從設。設洗於門内西方，罍勺在洗東，篚在洗西。設内洗於房中，罍篚從設，四豆、四籩、二鉶陳於房中，盛兩敦於西堂，陳五俎於阼階南，匕箸從設。祝入，筵几於室中，謂設几筵也。退，復位。宗人詣中庭，北面告有司具設，宗人讚"有司具設"。復位。主人阼階西向，不離位。再拜兩揖。賓。賓西階東向，不離位。答。再拜。拜衆賓，一揖。衆賓答拜。主人升，父爲主人則改讚"塚子升"。入戶，奉主就几筵，自龕上移所祭之主，安於堂室正中案北。退，復位。

祝詣盥，沃盥，卒盥，升自西階。主人升自阼階，父爲主人則改讚“主人率冢嗣升自阼階”。入户。祝先入，主人從入，父爲主人則改讚：主人率冢嗣從入。立於室東。祝南面，主人西面。父爲主人則改讚“主人率冢嗣西面”。佐食執事詣盥，沃盥，卒盥。俎入，上利執羊俎，下利執豕俎。上利下利，皆佐食，猶今言上手下手。執事三人執魚臘肉膚三俎，一人執匕箸，序升，升自阼階，入户，以次設於案。佐食執事出，立於户西，南面。主婦、父爲主人則改讚“孝婦或孝女”。婦贊者就盥於房中，沃盥，卒盥，出於房。婦贊者讚主婦，父爲主人則改讚“孝婦或孝女”。進設二敦，進設兩鉶，芼，加生菜於鉶羹也。退，入於房。祝出，取苴筐，降西階適洗，取苴就洗，沃洗，卒洗；實苴於筐，由西階升堂，入户。置苴筐於神案前，地上。退。詣尊所取爵，降西階適洗，沃洗，卒洗，升自西階。詣尊南實爵，執事酌禮。祝奉爵入户，進奠於神案北，退立於室東，南面。祝命啓會。祝讚“佐食啓會”。佐食入，啓會，却於敦南，揭其敦蓋，退置於其南。退。佐食及執事降自阼階，復立於中庭。婦贊者讚主婦，父爲主人則改讚“孝婦或孝女”。薦四豆，退，入於房。主人父爲主人則改讚“冢嗣”。進詣神位前，再拜稽首。贊者讚“跪、叩首、再叩首、興”。祝進取爵，取案北之爵。授授主人，或冢嗣。祭爵。主人父爲主人則改讚“冢嗣”。祭、舉爵。酢。瀝酒於茅苴上，不盡。祝受爵，奠於案北。祝退，復立於室東。主人父爲主人則改讚“冢嗣”。再拜稽首。贊者讚“跪、叩首、再叩首、俯伏”。衆主人父爲主人則改讚“孝嗣”。皆進就拜位，再拜稽首。贊者讚“跪、叩首、再叩首、俯伏”。祝讀告詞。告詞別書，先置於神案東。興。主人衆主人父爲主人則改讚“主人及孝嗣”。皆退，復位。祝退，復西階位。宗人詣中庭，北面告禫事畢。宗人讚“禫事畢”。主人入，父爲主人則改讚“冢子入”。奉主還於神座。孝嗣皆退，釋服，孝婦孝女釋服於房。母爲主婦則改讚“主婦及孝婦孝女皆釋服於房”。

告詞曰維某年某月某日，哀子某，敢用嘉薦普淖，祗薦禫事於某官顯考某公某府君（母則云某封顯妣某母某夫人），再期過隙，哀慕不寧，日月有時，遵禮除服，伏維尚饗。

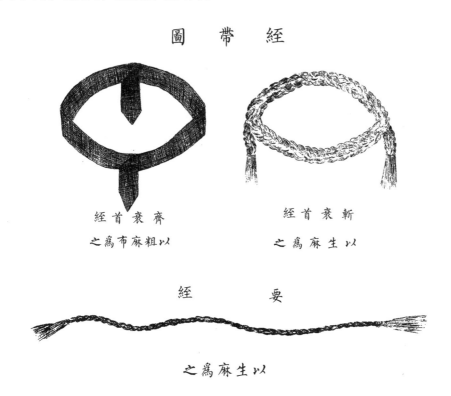

圖 帶 絰

絰首衰齊

之爲布麻粗以

絰首衰斬

之爲麻生以

絰 要

之爲麻生以

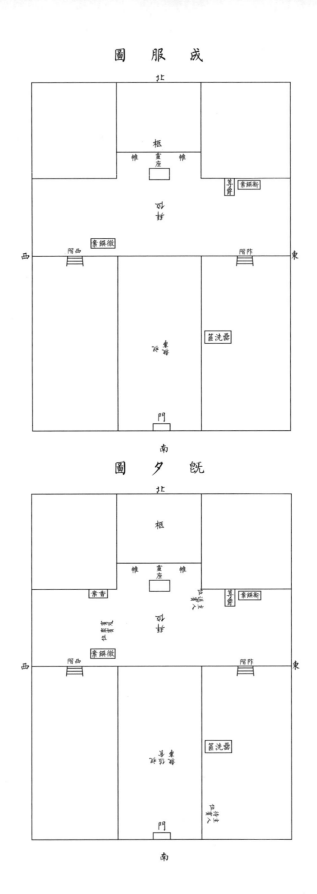

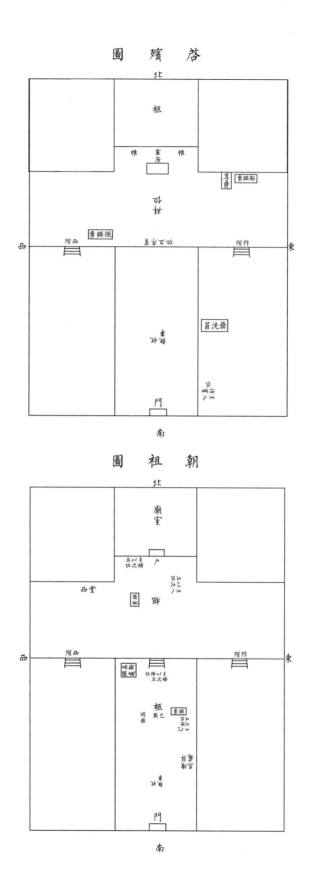

朝祖圖

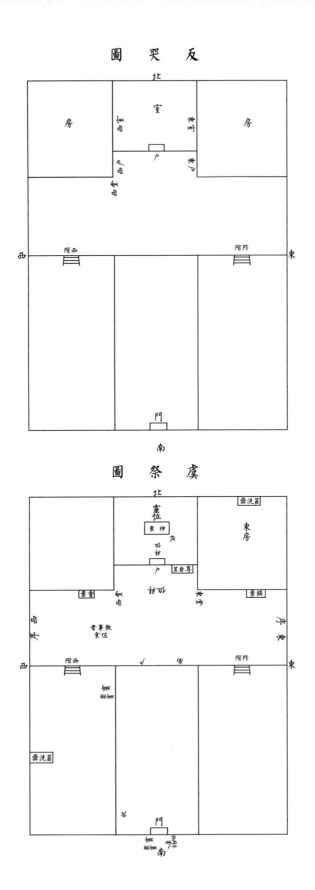

成主祔廟圖

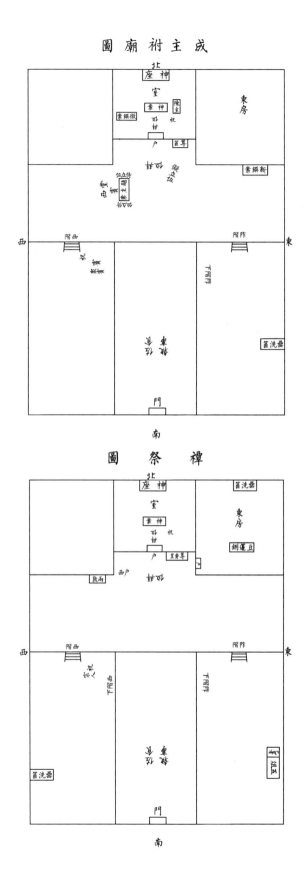

禫祭圖

附：喪紀家訓

喪禮乃人子送終大事，即人生送死之大事。以喪服爲紀，即世語紀念，非祇是禮文，乃以喪期爲紀限。以服制之範圍，爲居喪飲食起居之範圍；從始死至終喪，順時期而改變，以表示高等人道之軌則，皆統之以喪服變更之時節，爲飲食起居改常復初之紀念。從衣服楛劣、飲食粗糲、居處惡陋、漸次回覆過來，所以三日而成服。三月而葬，名爲卒哭，仍不改服。閲一期而小祥，始除首絰要絰。首絰即粗麻布抹額，下垂兩耳，内用粗布包頭，男女同式；要絰名爲絰帶，斬衰用生麻絞成股作帶，齊衰用粗麻布砭爲帶，與首絰略同。今皆據禮考訂，有圖式，改服之練衣練冠，即今通常之素冠服。再期而大祥，中月而禫，乃除素服易吉服，故祥而後復於寢，依衣服之粗陋在身以爲紀念。則居不安席，食不甘味，所以先寢苫枕塊，次居倚盧，先不食，次食饘粥。去送死之日稍久，哀情漸輕，衣服漸就細軟，飲食亦漸就細餌。三月既葬，卒朝夕之哭，始可照平時家常淡泊蔬菜擺桌喫飯。逾期而小祥，始可漸食小葷油煎帶肉。居處可離倚盧就側屋，但一切器具均取粗陋，床席亦然，總須比較平日減等。兒群居一室，媳或帶小孫孩，則酌宜同居一室，仍不歸寢。必待大祥祭畢，以吉祭易喪祭，始復於寢，飲食起居，乃可如常。祥祭猶有哭，所以重紀念也。故《禮》云："顏色稱其容[1]，戚容稱其服。"故又曰："禮，時爲大，稱次之。"此即尊重人格，學爲君子之大端。君子之名詞，乃上流人之稱也，質言之即是富貴家子。故曰："養生者不足以當大事，惟送死可以當大事。"孔教門下，傳爲儒教，祇此一事，特別是教人修苦行，能體行此禮，即是修儒行。所謂學爲君子儒也。

送終之禮，附身附棺，必誠必慎。故喪禮以勤爲上，是尊重死者之人格，即是生者尊重自己之人格。於至親之死者自盡其情，即是表示上品人格，對於至親看爲至尊，故《喪服經傳》屢次提明："父至尊也，母至尊也。"尊其親即是自貴其身，乃謂之君子。士大夫屬上流人品，始能責以由禮。不能由禮，即是自甘退處於下流人。所以《禮》云："不言而事行者，扶而起；待言而事行者，杖而起；身親而後事行者，面垢而已。"不言而事行者，係富貴人，身分尊重，則哀情宜重，故至於待人扶，而始能起立坐行。待言而事行者，尚有人支派，身分稍差，哀情雖重，而可稍減，故用喪杖而能起。躬親而後事行者，雖亦有人幫助，而身分同屬平等，既不能備奠祭禮文，此時以附身附棺爲重，則祇有廢忘梳洗，比於平日起居更因陋就簡。其於喪紀之顏色戚容，但見面垢而已。故《禮》又曰："飽而忘哀，非孝[2]也"，謂食旨而甘，至於如常飽食，嚴戒富貴之人也。"饑而廢事亦非孝[3]也"，謂躬親而事行者，防其哀重而食不下嚥，寬待貧賤人，哀其躬親執事不能兼顧也。知此則知聖人制禮，原以教富貴上流，尊尚人格，故喪禮嚴中有寬。其教君子，則曰："賢者俯而就，不肖者仰而企。"其教庶民，則曰："斂手足形，旋葬而無椁，稱其財，斯之謂禮。"所以普通教孝，使各等之人對於其親，各盡其分之所得爲，力之所能爲。非以徒苦生人，又非排場具文，如世俗所云：父母身上好安錢也。

喪禮是中國獨有，外域所無；孔教獨有，他教所無；君子道所有，小人道所無也。故曰"禮不下庶人"。庶人者，本無珍饌、錦衣、公服、燕閒、起居之節。士、大夫之居喪，即自貶損，降同庶人之粗衣、菲食、陋居、草寢，惟服制具有行禮禮服之式，而更加以粗楛之質料爲之。所謂三年之喪，自天子達者。庶人遭親喪，惟喪服質料，較平日所服尤粗楛，因此

---

① 容：《禮記·雜記下》作"情"。
② 孝：《禮記·雜記下》作"禮"。
③ 孝：《禮記·雜記下》作"禮"。

引而進之，則定其喪期亦同於士，所以示與無喪之時有異。故《周禮》：閭有喪則懸喪冠之式，族共吉凶二服。不樹者不槨，不績者不衰。喪冠懸其式於閭者，令其自製，工料均省簡易辦。喪服則族共制而公用之，臨奠薦送葬時閒，始交易而服之。一則無力自辦，一則躬親而後事行，不能身掛禮服也。此外禮節品物，皆略於庶人，即所以體恤貧民也。今世所通行，亦僅有古時庶人喪葬之式也，由學者不講喪禮居處飲食之節。但喪禮雖嚴，用其意寬，法亦甚活。《禮》云："期終喪，不飲酒食肉，不御於內。惟父在爲母，爲妻。"①六十不毀，七十惟衰麻在身，飲酒食肉處於內。童子婦人不杖，不能病也。有疾則飲酒食肉，疾止復故。所以體恤晚年與婦孺細弱及有疾者，均見於《禮記》，箸有明條。明乎此所以教天下之同歸於孝，不肖焉者皆可望而企也。不願自外於君子者，當自勉之；否則甘居庶人，無傷也。其餘期功之喪，亦祇士、大夫始能執行也，非所責於庶人也。

居喪飲食，經傳皆有規定。人子有賢者俯而就，則三日不食，杖而後能起，亦必不言而事行者始宜踐行此節。其次仰而企者，可以不必，祇三餐不食，業已逾日，則三不食，可也。禮，此後朝一溢米、夕一溢米以供饘粥，其量不必拘泥准率。但食薄粥，不進菜蔬，以待成服後再食乾飯，宜用糠米。古人老幼異糧，老者食熟米。今人不異，從略可也。此後可加小菜一具，不必上卓會食。同在喪次一處者，送食飯一盂，小菜一器，盌筯各分，自就取食。平日有人伺候者，尤當在此節自加貶損，送到手邊可受，勿出呼奴使婢氣象。思念己身常在親喪之側，思慮附身、附棺之事也。附身附棺，皆人子所應躬親之事。富貴者、老者有卑幼者代勞，是禮優尊者之義。一日小斂，三日大斂。小斂先浴體，抗衾而浴者。古人不常用帳子，今皆用帳，世俗氣絕則掀帳，爲有避忌，亦可從俗。但浴時再支帳，以代抗衾。既浴，即就床爲亡者穿內衣，別用一小榻爲夷床，襲外衣禮服迄。捧抬夷床，移屍就棺備斂。自浴至襲衣，男用男子，女用婦人。古人斂衣，帖身不用裹衣；及入棺，則外用冒加絞，所以束筋骸，後世以冒絞爲嫌，亦有理由。然承平時慎於喪者，每多用白綢裹身，與冒絞同意。有財力人手，能用此者，宜依此行之。又屬纊氣絕，口必閉。古人有製就之柶，楔其齒閒，備含食；禮文用米加貝，貝者，零星珠玉之代名。實口含滿，此係體帖入微，爲初絕氣，尚有餘氣在腹，若有知，則煩難。故實口以米穀，以使養其餘氣，漸緩而散，免受苦難。後世猶相承，臨終用米加金珠零星少許實口，若任其口自閉，則屆大斂時主人就夷床視含，不必加以實滿，但存此意足矣。入棺大斂，上有蓋衾，從額至踵掩之，不必露首，即與冒同意。禮知生死之故，人死則神魂與形體分離，魂不在棺，故爲之銘旌以題志其柩，而別設一物。名之曰重，其形式後儒失考。蓋植木杠爲干，樹於中庭，中半刊一方木，穿於木干近頂處，略如人身。方木鑿孔，以棲亡魂，其外交加蒲編，象衣叉袖相掩之形，今不能制。宋儒乃有束絹爲魂帛以代重之制，其式亦象人衣領兩袖相叉，今世盛行影片，有力者亦可加此，則宜設於靈位後。靈位者，古禮虞主之遺制，所謂桑主也。銘旌則宜設於柩旁，及行告奠，則依禮移銘旌置於中庭。惟無重可依，其銘旌插杠可用架代之，但仍屬缺典耳。

古制以西爲尊位，東爲主位，所以殯於西階，但係離正堂屋，在戶外，避堂室。因戶內爲祖先之神所居也，別於厝棺之處掘埠加磚，就以爲殯室。古制命士、大夫以上，堂皆高臺基，皆簷皆寬廣，故相宜也。後世士、大夫居多湫隘，故就堂停柩，然實宜避正堂屋，有兩廂橫堂屋可停棺，即殯於此。吾家君西女子之喪，斂殯於西廂橫堂屋；及遭陳夫人之喪，則殯於東山

① 語出《禮記·喪大記》，原作"期終喪，不食肉，不飲酒，父在爲母，爲妻。"

草堂家祠。適有西偏土室兩閒，因以一閒停柩，一閒代諸子倚廬。諸子婦則并居於堂下西客廳旁一室，遵行守殯之禮。按禮，大夫之堂，台基起高五尺，士至低亦起台基三尺，所以就階作後壁，搭半邊偏篷，此所謂父母之喪倚廬也。今堂基低者，可審量就側廂階簷上，夾蘆葭爲門壁居之，寢苫枕塊。自宋儒以來，士家由禮者皆略能仿行，但宜加延長時閒，斯合於禮矣。

禮殯於西階，哀子倚廬就正堂基下，則朝夕奠設於西階，在殯之旁。哀子朝夕哭奠，順於從事。今設靈位，宜傍柩安設几案，以便吊臨，及啓殯遣奠行禮，明其漸以事神禮事之也。婦女常守內，當仍在寢。但《禮記》有云：“夫婦方亂，故帷堂。”今設孝帷，最合於禮。在未葬帷堂期閒，婦女可守孝帷；在既葬以後，則惟以惡笄腰絰爲紀念。《禮記》孔子誨從女榛以爲笄，《記》曰：婦人重乎要。居要處可先就別室，但避匭具。其鋪帳美華者，亦暫撤去，以待除服，然後復常。縱説不能履行，或不免小有出入，但心中存此紀念，便是大知職。則所謂明大義也。

殯避正中堂，啓殯出葬，故必行朝祖之奠。正柩於兩楹之閒，奉靈位北面，傍柩之西，設朝見幾筵，傍柩之東，辭祖廟而後出葬。世俗喪用樂，萬不可從。於未朝祖之前，先行既夕禮，設庭燎。蓋象生時貴者出宿飲餞，可以張樂設懸，以表壯嚴，乃爲亡者而設。今如品官得用鼓吹者，可設鼓吹，用道鑼呵殿，備設應用儀仗牌扁執事。庶民通俗沿用簫鼓，可用於送喪，但不可鬧喪作戲。舊俗停柩中堂，吊賓、尊客皆向屍柩拜跪。非禮之禮，進於夷禮，決不可從。雖殯在側堂，其設靈座仍移在柩旁，不正對柩。如遠於先祠，不能朝祖，則中堂爲供奉先代神主設薦之堂，亦臨啓賓就中堂行祖奠之禮。若行館不薦其先者，則於禮無責爾矣。

古禮始死登屋而呼號，呼曰“皋，某復”者，係喪祝之事。“皋”係呼聲，“某”係亡者之名字，“復”者招魂來復於寢，如今俗叫魂之意也。今世俗開路，係送亡魂遠去，同屬僧道家行事。而絕對不同者，古人有宗廟，將亡者軀體收斂埋藏完結，即爲之立主祔廟，故惟恐其魂離散。後世無宗廟，雖有神主，設於堂屋，與生人閒雜，諸多防礙。且生人之居，亦同傳舍，遷徙不常，無棲神之處，故爲之開路，導引使歸鬼界而去。喪禮有夏祝、商祝，名爲夏商者，尚鬼神之時代所留傳。尚文時代存其一節，用於送死薦亡，正如今僧道，在國家則設官，名爲喪祝，自如僧官道官，民閒亦可延請也。所執功布，即今之引魂旛，引柩前導，謂以拂柩者，讀如祓除不詳，如今轉呪矣。至下窆則用夏祝，并堪輿落葬均包括在內。祝史正辭，載在《儀禮》者，譬如正壇法事，文見夏祝商祝者，則別爲一壇，聽由彼法各爲法事。宋儒知行禮爲重，而忌諱作佛事，世又或云從俗修齋，皆未明《儀禮》此節節文故也。

喪期見於《禮·三年問》，其文至明。至親以期斷，日月既改，四時既移，與《論語》宰我問同詞。然則何以三年？曰：“加隆焉爾，爰使倍之，故再期。”所以三年之喪，實祇二十五月而畢，踰兩期即達到三年，夫子必不允先縮短此加隆之一期者，爲示萬世，以賢者俯而就，不肖者亦能仰而企，表示人性之不齊而禮可以齊之，所謂“導之以德，齊之以禮”，而用法實寬。所以居喪未葬，始教以讀《喪禮》，其在固當有避忌，不能教人先習爲悲哀之事，及此悲慘之時，講求明白禮之於意云何，己對親當何若，亦所以節哀也。既葬則教以讀祭禮，明教以送終之後路，是重在承宗廟祭祀傳後代子孫也。

四、富順宋氏考訂禮第四篇

祭禮節目 古人四時皆祭，今從省禮，可但於春、秋兩仲月行之。如僅能每歲一舉，則以冬日前後爲宜。詔禮者一人，依下文讚之。

肅靜，行饋食禮。主人主祭者。及子姓兄弟即位於門東，門外之東。西面北上。尊者在北也。賓及眾賓即位於門西，東面北上。主人再拜兩揖。賓，賓答再拜。主人拜一揖。眾賓，眾賓答拜。主人入，子姓兄弟從入，即位於東階，西面北上。賓及眾賓入，即位於西階，東面北上。宗人及祝即位於賓西北，東面南上。佐食北面立於中庭。主婦、主人之妻，無則以長妾代，爲攝主婦。婦贊者及宗婦、宗女即位於東房，主婦、或攝主婦。婦贊者南面立，宗婦、宗女西面立。群執事設燭於神案北，設兩尊酒壺也。于戶東，南向。玄酒在西，玄酒即清水，設而不飮。醴酒在東，爵筐、用茶盤盛酒杯五，三爵二觶，形式分爲兩種。苴筐取淨茅草，截約五寸長，一束，亦以茶盤盛之。從設。與尊同在一處。設洗面盆。于東階東南，罍用瓷罐，盛清水，置勺其中。在洗東，筐茶盤内置新淨手巾。在洗西。設内洗於東房，罍筐從設。如外洗。實豆代以小盤，其數四，盛熱菜，品用時鮮，不求珍異。籩代以高裝碟。其數四，二盛果品，其二則盛乾肉之類。鉶代以鼓子。數二，盛湯菜。陳于房中，菹鹹菜。醢醬。從設。兩敦代以鼓子二，一盛米飯，一盛黍食，皆加蓋。陳於西堂。設太羹用大鼓子，盛清湯。于敦西，設香案于敦東。陳五俎代以大盤，其實豬羊魚兔雞鴨鵝肘子之類。于阼階南，匕箸從設。各三事。群執事各即位。酒尊所二人，或一人，盥洗所二人，其餘立於主人子姓之次。祝詣盥。執事沃盥，授巾，卒盥，升自西階，入，筵几於室中。謂鋪設幾筵也。設祝版案，祝版：即以紅色厚紙爲之，上書祝文。于室東，南向。祝出復位，宗人北面立于中庭，告有司具。宗人讚：有司具。祝入，立于室東，南面。主人詣盥，執事沃盥，授巾，卒盥，升自阼階。入戶，立於祝東南，西面。主婦或攝主婦。及宗婦、宗女皆即盥於房中，婦贊者從盥，卒盥。主婦或攝主婦。取菹醢，出于房，進薦于案中。菹在東，醢在西。退，入於房。主人出就陳俎位。宗人遣佐食執事詣盥，宗人讚：佐食執事詣盥。沃盥，卒盥，亦出就陳俎位。賓詣盥，執事沃盥，授巾，卒盥，亦出就陳俎位。主人及佐食載牲於俎，賓及執事載魚臘於俎。俎皆先載，但虛讚之。執事各取匕箸，三人各執一分。序進，升自阼階，設於案北。俎入，佐食執事取俎。上利執羊俎，下利執豕俎。上利下利，皆佐食。執事三人執魚臘膚三俎，膚即肘子。序升，進設于案東，退，復位。主人退，復東階位。賓退，復西階位。

　　主人初獻，主婦、或攝主婦。婦贊者出于房，詣西堂取兩敦，入戶，進設于俎南；退，入於房，取兩鉶，進設於案中，芼；加香菜也。退，入於房。祝出，詣酒尊所取苴筐，降西階適洗，取苴於筐。執事沃洗，卒洗，實苴於筐，升自西階，入戶，進奠於筵前，地上。出，詣尊所，取觶於筐，降西階適洗。執事沃洗，卒洗，升自西階，進詣尊所。執事酌醴酒。實觶，祝奉觶，詣神案前東南，西面立。

　　主人升自阼階，入戶，就拜位，跪。祝酳祭，瀝酒于茅苴上，不盡。奠觶于案南，略偏東。出戶，詣香案取香，進焚香，授主人。主人上香，拱舉也。授祝，供于神座。祝退立于室東，西面，命佐食啓會。祝讚：佐食啓會。佐食升自阼階，入戶啓會，却于敦南，會：敦之蓋也，揭去之，退置于敦之前方。佐食出，立于戶西，南面。主人興，出戶，詣尊所，取尊于筐，降阼階適洗。執事沃洗，卒洗，升自阼階，詣尊所。執事酌醴酒。實爵。主人奉爵，進獻爵，奠于案北，退，就拜位。佐食取太羹，進薦於鉶北，退，復位。主人跪，拜稽首，再拜稽首，俯伏。祝跪，跪一足。讀祝詞。祝取祝版讀之。主人拜稽首，再拜稽首，興，退，降復東階位。祝興，焚祝版于案前，退復西階位。

　　主婦亞獻。主婦、或攝主婦。婦贊者取四籩，出于房，薦于案西，畢設，出詣尊所取爵，婦贊者從。復入于房，洗爵，婦贊者沃洗，卒洗，出詣尊所。執事酌醴酒。實爵。主婦或攝主婦。奉爵入戶，進獻爵，奠于第一爵之東。退，就拜位，跪，拜稽首，再拜稽首，興，退，入于房。

　　賓三獻。主婦或攝主婦。婦贊者取四豆，出于房，進薦于案西籩北，畢設，退，入于房。賓升自西階，_{眾賓不升。}進詣尊所取爵，降西階適洗。執事沃洗，卒洗，升自西階，詣尊所。執事酌醴酒。實爵。賓奉爵入戶，進獻爵，_{奠于第一爵之西。}退，就拜位，跪，拜稽首，興，退，降復西階位。主人東階西面再拜_{兩拜}。賓，賓答再拜。_{拜一拜。}眾賓，眾賓答拜。

子姓兄弟旅獻。子姓兄弟升自阼階，序立于拜位南，北面。長嗣一人出班，詣尊所取觶，降阼階適洗。執事沃洗，升自阼階，詣尊所。執事酌_{醴酒}。實觶。長嗣奉觶入戶，進獻觶，奠于案南，_{略偏西。}退，就拜位，跪，子姓兄弟皆跪。拜稽首，再拜稽首，興，皆退，復位。祝升自西階，入戶，立於室東南，西面。主人進聽嘏，升自阼階，入戶，就拜位，跪受嘏。祝讚嘏。_{祝讀嘏詞畢。}主人拜稽首，再拜稽首，興，退，降復位。祝出戶，立于堂西，東面。

宗婦、宗女獻茶。_{玄酒尊，設而不薦，擬用茶壺茶杯置尊側。宗婦、宗女就尊側取茶，如家常設薦。}宗婦、宗女出于房，詣尊所取茶，_{三器}。進薦於案北，畢設，退，就拜位，皆跪。拜稽首，再拜稽首，興，退，入于房。

祝命佐食闔戶，聲三。_{祝讚：闔戶、闔戶、闔戶。}祝命佐食啟戶，聲三。_{祝讚：啟戶、啟戶、啟戶。}祝告利成。_{祝讚：利成。}祝降復西階位。佐食降自阼階，復位於中庭。宗人事告畢。_{宗人讚：禮畢。}

祝詞曰：維某年某月某日，孝孫某，敢用柔毛剛鬛，嘉薦普淖，明齊溲酒，用薦歲事。

尚饗

嘏詞曰：承致多福無疆，於女孝孫，使女受祿于天，宜稼于田，眉壽萬年，勿替引之。

附：饋食時祭禮後案

按禮文先有筮日、筮賓、筮尸、宿賓、宿尸、前夕視滌濯各節，禮教未通行，古今有異宜。今謹以《特牲禮》節，既未能復卜筮立尸，其先日宿戒，惟有從宜執行其大綱節目。竟從祭之日，宗人告有司具以下，主人以次入即位如初起，其陳設饌具，有當讚唱始能合節者，隨節補入臚傳。其前夕視滌濯，特殺于宗祠，合族舉祭，亦所宜行。若支祠專祭無特殺，則省。

出就陳鼎位節。按禮文是出廟門，主人與賓及佐食舉牲鼎，宗人執畢先入。今無鼎烹，鼎實牲體，即載于俎，故省此節。併入載俎，仍依禮節。主人指使佐食，賓長指使執事，盛牲體于俎。又按《少牢饋食》，五鼎則五俎。其佐食分為上利、下利二人，上利執羊俎，下利執豕俎。又《牢禮》有雍正執一匕，雍府執四匕，從鼎入。今依其節，以執事三人執匙箸，從俎入設。

主婦設兩敦兩鉶節。按《牢禮》爨饎在東，而司宮饌豆籩與篚于房中。下文云放于西方，書説有西房。愚按，禮無西房之文，但有西堂。士禮儉，婦執爨則在西堂，故此文略不言婦贊者。《牢禮》多韭菹醓醢，加二敦，又後薦鉶，其鉶與加羞四豆，皆佐食薦之。《士禮》惟佐食薦庶羞四豆，《牢禮》與《特牲》隆殺繁簡不同。大夫備官，士妻親之。兩敦出于西爨，容鉶匕加羞亦出于中饋。婦贊者卑微，或不能與禮事，故括其詞。而禮之本，祭祀夫婦親之，故于《牢禮》箸其文曰：放于西方。進從士禮，若主祭為大夫，即依《牢禮》增此節。《士禮》于此文無坐奠，若用《牢禮》，則薦菹醢四敦皆主婦跪奠，宗婦贊者傳設。

祝進香，主人上香節。按禮文無用香燭，《特牲禮》祝先酌奠，《少牢禮》并入酳尸雜節，據此推知為依人君祭祼之禮，以代鬱鬯灌地降神。祼鬯亦以酒合鬱香，今故于此節從《溫公書儀》，與祝酌奠相連，庶合禮意。

亞獻三獻節。按二節禮皆獻尸。今不立尸，從獻尸節省其文。均獻神，合於陰厭，禮于尸諑以後皆屬陰厭也。

主婦酌獻節。按《牢禮》有司贊者取爵于篚以升，授主婦贊者于房户。婦贊者以授主婦，若主祭尊，能備禮文，可照此增入。

薦庶羞四豆節。按《特牲》佐食薦庶羞四豆，在主婦亞獻之前。今主士禮，主婦薦鉶。又未見有庶羞四豆出於雍爨之文，因次於獻爵成拜之後。據經文先實豆籩鉶陳于房中，如初，指謂豆籩鉶在東房南上几席。《士禮》既無雍爨，則佐食所羞四豆，宜若亦出於西爨中饋，或婦贊者授佐食于房户，如《牢禮》之取爵，今從簡從宜。先饌具在東房，竟以主婦進設。

賓拜稽首節，按禮文三獻作止爵。實無酳獻，今依前爲酳獻者。據禮《鄭氏注》引舊説云：“賓入户，北面，曰‘皇尸請舉爵’。尸卒爵。”明賓助祭畢，次有陽厭獻酬，故以主人降阼階，西面拜賓，節文次此。

進聽嘏節。按禮在初獻畢後亞獻之前，但《特牲禮》有進聽嘏之文而不載嘏詞。《少牢禮》有詞云：“來女孝孫，使女受禄于天，宜稼于田，眉壽萬年。”大夫受采有田，士無田則薦而不祭。故《記》云：“非宗子祭，則不嘏，不受福。”元士則或有采或無采，諸侯之士則無采，故兩饋食禮於此不備其詞。今士、大夫雖無采，然能舉祭者，率皆自有其田。故仍用《牢禮》嘏詞，又據《大清通禮》飲福受胙之文，次在獻畢之後。

禮畢獻茶節。按禮文無茶，而生人常饋有酒有漿。漿有五，容不止五。《詩》之言荼，即今茶字，宜在漿之列。今象生時，依司馬《溫公書儀》有薦茶，主于婦事。據《禮》文有宗婦進兩籩棗栗，禮意亦象生時。今生人不常用棗栗，因省彼文。未附以進茶，俾宗婦、宗女助祭有事，以明孝敬。

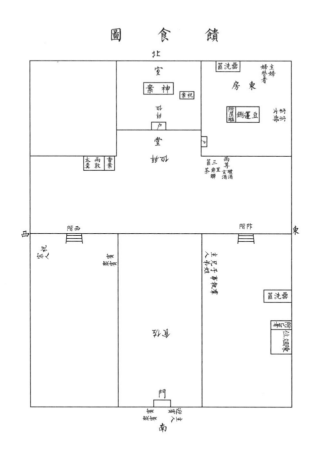

饋食圖

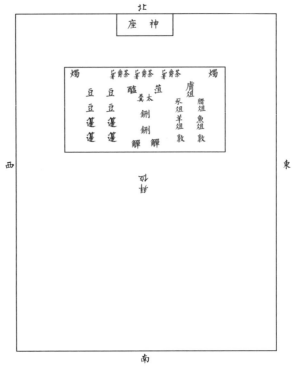

五、富順宋氏考訂四禮後序

　　宋育仁既訂冠昏虞饋四禮，惟喪禮之節，聖教禮經所重，而古今之遷流愈遠，昔在禮學館修訂士民通行四禮，亦缺而未敢奏略。暮年遭妻之喪，堅意率家人由禮，以成守先待後之志。乃謹按經傳喪禮各節，參以《溫公書儀》《文公家禮》二書。惟夫《周禮》之輕，孔聖所從，國凶荒札喪，有殺哀眚禮。自漢文帝減日代月以來，世有損益，而卒不能不師其意，節縮減期，道有隆污，與時消息。不肖焉者仰而企，則視身世之環境所處，人情物力之所能至。育仁本朝人也，《大清通禮·服喪百日》釋"白服"：用布素衣冠終制以當小祥深衣練冠，合於禮意順變之節。《記》曰："禮，勤爲上，稱次之，宜次之。"[1]此足當宜稱也，不可以不遵也。惟衰冠之制，未獲考究禮式。酌準溫公、朱子禮書，於冠衰皆遵用時王之制。《大清通禮》亦從公服衣冠，但易帛錦、織繡爲疏布。今世云最粗麻布者，合於禮之疏衰三升四升布也。謹稽《儀禮》《禮記》合以前代禮家所爲圖，參訂首絰要絰之式，是爲通喪之冠帶。《記》曰："男子重乎首，謂首絰也；女子重乎要，謂絰帶也。"以此當禮之冠衰，爲除變之節，亦庶幾合乎顏色稱其戚容，戚容稱其服矣。世尚有君子，當或取焉。今茲既降爲民國，消滅公服久矣，士夫亦降與庶民同服。則溯自高曾以來，祖傳相承，在殯未葬以前，通行疏布之孝服，但加以《宋氏考訂四禮》所發明之經弁經帶，先以此率族，規定圖式於宋氏大岩族譜之中，有當其可之時。居官當有公服者，加以衰冠，自當遵用時王之制也。今育仁年七十，且預將

---

[1] 語出《禮記·禮器》，原作"禮，時爲大，順次之，體次之，宜次之，稱次之"。

試行傳宗之法，不幸遭喪。自援七十唯衰麻在身之典，而志欲順時變，以復古先聖先王之教。從禮三年壓降爲正期，諸子從家尊壓降而除，爰次成服至禫除各節著於篇，乃以百日之薦當小祥之節。男子子、女子子、子婦有從事於在公修學之務，先除首絰，後脫絰帶。各當其可之時，以永紀念之情。《禮》云："親喪外除，兄弟之喪內除。"謂親喪雖壓降爲期，及期外除孝服，而孝思在內之情，與旁期之內除有別也。知此，自無疑於"父在，爲母三年降期"矣。禮之所以教爲人範（即今言人格）。重在顧名思義，非徒尚虛文也。所以教以居喪，即教人學禮以明禮，乃所謂讀書以明理也。謹聞之，三年之喪，再期也；期之喪，四時也。至親以期斷，《禮記·三年問》有明文。計至明年秋季，已更四時，不敢久曠宗祠之祭，決以來年八月禫而告除。是月也，即以吉祭易喪祭，并擬習行筮日於廟之禮。其禫除與祫祭之先後，以筮日于祖廟決之。傳宗與子，於是乎舉以畢吾講學之終事。重修《四川通志》告成，規入禮俗或學校門，寫[于]①上史館，丁卯冬至。

附录：新刊富順宋氏考訂冠婚喪祭四禮序②

道失而後德，德失而後仁，仁失而後義，義失而後禮。禮者，聖人因人情而制，爲仁義之節文。所以定親疏、決嫌疑、別同異、明是非，治神人、和上下，別禽獸、經邦國，養生送死而無憾也；是所以爲仁義之隄防，道德之溝洫；賢者可俯而就，不肖者可仰而企，通天人之路，觀進退之化者。故曰："道德仁義，非禮不成。"禮行則教行，經可明而道可宏。庶人觀摩而進於士，士希賢，賢希聖，聖希天，天下一家，中國一人。同爲無懷葛天之民，人道之樂何以加茲？出乎禮則亂無紀極，古往今來之故，其明徵也。禮之大別有四：有天地萬物之禮，有正心之禮，有修身之禮，有經世之禮。天地萬物之禮，即老子告孔子之言："至陰肅肅，至陽赫赫；肅肅出乎天，赫赫出③乎地"，足以範圍天地，曲成萬物者是。正心之禮，即孔子告知顏子之四勿：俾耳目口體，不失其職，以軌其常，足以返本還原，復性希天，顏子所謂"約之以禮"者是。修身之禮，有若九思三畏，三愆二慎，齋、戰、疾。《鄉黨》一章，《儒行》一篇，《容經》一書，四勿亦通用。經世之禮有二，國禮五，曰：吉、凶、軍、賓、嘉；民禮六，曰：冠、婚、喪、祭、鄉飲酒、士相見。其原理出於《中庸》，曰："仁者，人也，親親爲大；義者，宜也，尊賢爲大。親親之殺，尊賢之等，禮所生也。"國禮之要在保治安，故重尊賢而意主乎義；民禮之要在厚風俗，故重親親而意主乎仁。故曰："禮者，仁義之節文。"立人之道盡於是，所以配陰陽柔剛，而爲三才之心也。今當國者固無暇及此，而吾人一日不由禮，則一日之人道不備。其爲苦也大，其爲罪也多，是非可苟安而已。今此四禮文，乃吾師理學館纂修富順宋芸子先生所作，淵源經傳，權衡今古，因時制宜，不違禮意。客歲壬申，先生卒於蜀，品遠在北平，追思無已，爰述素所聞，序而刊之。願世之仁爲己任者，得此書熟讀深思，提倡實行，由近及遠，俾昭揭日月之聖教，大明於晦極之後，血氣尊親。此其嚆矢，功非小補，當人自爲。願共聖人之徒，馨香以祝之，拭目以俟之，是爲序。癸酉秋七月朔己未越七日乙丑西昌李時品謹撰。

---

① 于：原無，據文意補。
② 是序爲弟子李時品所作，原著在正文之前。
③ 出：今本《莊子·田子方》作"發"。

富順宋氏考訂四禮目録

孝經講義

提　要

《孝經講義》分"孝經正義序""孝經講義""周禮孝經講義後序"三個部分。

在"孝經正義序"中，宋育仁述孔子"志在《春秋》，行在《孝經》，爰手訂《孝經》，筆削魯史修爲《春秋》"以法援聖之旨，進而闡釋"行在《孝經》"和孝"德之本也，教之所由生也"的重要地位。宋育仁分析了《孝經》的結構，首章　"開宗明義"，次以天子、諸侯、卿大夫、士至庶人各等之孝。凡傳五章，明言"蓋天子之孝""　蓋'諸侯''卿大夫''士'　之孝""此庶人之孝也"。宋育仁希冀高法堯舜，憲法文武，勤求明於外王之道，即以成其内聖之功也。

第二部分"孝經講義"，宋育仁指出孔子曰"吾志在《春秋》，行在《孝經》"，揭明内聖外王之旨，爲學者指引内聖外王之路。分析了題名《孝經》之緣由，以及《聖治章》《廣要道章》《廣至德章》《孝治章》的主要内容，闡述了三禮爲《孝經》作注的關係，批判"視《孝經》爲空言勸孝之文，視三禮爲傳聞掌故、考古存古之學，曰誦《孟子》所云'聖人，人倫之至''堯舜之道，孝弟而已''仁之實，事親是也'諸要言等於詞章之比附、八比之點題"的末學支離，是"侮經，讀如不讀"。這部分是《孝經講義》的總括之詞，爲學習和研究《孝經》提供了理路。其後按照《孝經》分章，分十八章，詳細解讀《孝經》行文特點、内容和意旨。

第三部分"周禮孝經演講義後叙"，宋育仁介紹了其刺取《周禮》封建井田制度，附以學校軍禮，謹案《孝經章句》，申以孝弟禮樂，都爲《經術政治學》，凡四章十六節，《孝經義》十八章。宋育仁希望通過"試行封建，使試辦井田，由是安反側，以定民志；反側安，則兵爭漸熄，公理日伸，苛政減消，民生自裕，而禮樂可以興；民志靖，則家庭相保"而"孝道日光，倫教永固，良莠自分，而過激無由作。"《周禮孝經演講義後叙》曾單獨成文，刊載於《昌明孔教經世報》一九二四年第二卷第九期"學說"。

《孝經》得到宋育仁高度關注，宋育仁不僅著有《孝經講義》，還著有《孝經正義》（1924年鉛印單行本），《孝經正義》祇有"孝經正義序"和"孝經正義"（　僅有分章講解部分），《孝經正義》完整編入《諸經説例》。此外，宋育仁還著有《説孝經》（載於《昌明孔教經世報》

一九二四年第二卷第八期，内容與《孝經正義鉤命訣》基本相同。）《明夷後訪録 孝經義發微》（載於《國學月刊》一九二三年第十四期"學説"。）

《孝經講義》清末成書，从"孝經正義序"落款"臣宋育仁謹記"可證。從"孝經正義序"及"孝經講義"的總括之詞看，宋育仁著《孝經講義》不僅僅在於展示自己《孝經》研究成果，更重要在於爲社會治理者開出治病藥方。正如宋育仁在"周禮孝經演講義後叙"所説，熄兵争，伸公理，减苛政，裕民生，興禮樂，而致"孝道日光，倫教永固，良莠自分，而過激無由作"。當然，在其所處的清末乃至民初，社會處於大變革大動蕩時期，想要通過封建及其井田制度實現國平民安社會穩定，基無可能。但我們不能因此否認宋育仁對拯救中國的持續思考所體現的知識分子責任擔當，不能否認"孝"對於家國同構的中國社會治理的價值。通過讀《孝經講義》，理解《孝經》所主張的社會各階層應盡"孝"之責任，摒棄傳統孝道中的"愚孝"，對於當前的"孝"文化建設和公民道德建設具有著重要的現實意義。

故宫博物院編，海南出版社 2001 年出版的《故宫珍本叢刊》，將宋育仁著《孝經講義》（不分卷，一九二四年刻本）收入第十六册，同时收録於文聽閣圖書有限公司 2008 年 7 年出版的《民國時期經學叢書》第二輯（第 59 册）。此著以一九二四年刻本为整理底本。

一、孝經正義序①

孔子曰："吾志在《春秋》，行在《孝經》。"爰手訂《孝經》，筆削魯史，修爲《春秋》，以法授聖。又曰"周監於二代，吾學周禮，吾從周"②，謂二帝三王之治，萃在《周官》矣。而爲政以德爲本，至德又爲道之本，孝爲至德要道。故《論語》"有子曰孝弟爲'爲仁之本'""君子務本，本立而道生"。漢儒説此主於立政立教，故鄭康成説《中庸》"經綸天下之大經"，即指"《春秋》經世先王之志"，是爲"志在《春秋》"。立天下之大本，即指《孝經》"夫孝，德之本也，教之所由生也"，此謂知本，是爲"行在《孝經》"。是以《孝經》首章特題曰"開宗明義"，而即次以天子至庶人，凡傳五章，章各有名，舉名定實，實各舉要，斷結於終，明言"蓋天子之孝"，"蓋諸侯、卿大夫、士之孝"，"此庶人之孝也"，厥義甚明。

人各有身，身必有家。衣食居處之養，人人身家所同，而有貴賤、貧富之差。人同此心，雖曰心同此理，而有知愚、強懦、賢不肖之別。由是緣其貴賤、貧富、豐儉之差，以各爲之禮；如其智愚、賢不肖之量，以別立其名。庶民爲人之本位，身之所奉，凡所以養生送死，一如其本分之願欲，而身之所主心理無窮。治人者，必賢於所治之人，而又必先能自治，乃受治於心而非他人之所可見，乃更從自治、治心進，以"君子必慎其獨"爲之始終條理。詔以格致誠正以立於道本，謂之"大學之道"。士進於大學者，始教之也。自士以上，乃立君子之名。學焉者，有至焉，有不至焉，要不以責之庶民也。故曰"自天子以至庶人，壹是皆以修身爲本"，不曰以正心誠意爲本。有身則有家，庶人之分及家而止，天子以至於士之分，則自家而始。證以《大學》釋齊家，概括自天子至庶人之對於家人，而詞以庶人爲主，故引諺爲斷。他章皆正結，於此章獨反結云："此謂身不修，不可以齊其家。"庶人不能齊其家者，衆也。能齊其家者，即屬修君子之行，斯進而爲士矣；再進授位，則與君共治斯民者也。士居四選之初階，尚未離四民之本位，故尚不得爲仕位，亦得稱爲有位，居於下位而得備於天子、諸侯、卿大夫之等位。

天地設位，聖人成能。内聖外王之道，以位爲主體，人爲副體；以道爲主觀，身爲客觀。公、卿、大夫不過四選之進階，積功累德，得封建爲國君。故《學記》曰："學也者，學爲君也。"③然又曰："知爲人子，然後可以爲人父；知爲人臣，然後可以爲人君；知爲人弟，然後可以爲人兄；知事人，然後能使人也。"④故修士行者，必先盡其子、臣、弟、友之行，《中庸》所稱"君子之道四"是也。其所修之學，則《詩》、《書》、執禮、樂正。"順先王《詩》、《書》、禮、樂以造士"，《論語》"子所雅言，《詩》、《書》、執禮"是也。執禮，則樂在其中。而又云"子以四教：文、行、忠、信"者，"文"即《詩》、《書》、執禮之雅言；"行"即執禮之士行。禮之實，即孝弟之節文。故事親孝，忠可移於君；事兄弟，（敬）[順]⑤可移於長；居家理，治可移於官。而忠信者，禮之本也。故曰"忠信之人，可以學禮"，是謂士行即是

---

① 此篇爲《孝經講義》之《孝經正義序》。
② 语出《論語·八佾》，"吾學周禮"《論語·八佾》原作"郁郁乎文哉"。
③ 語出《禮記·學記》，原作"故師也者，所以學爲君也"。
④ 語出《禮記·文王世子》，今本《禮記·文王世子》無"知爲人弟，然後可以爲人兄"二句。
⑤ 順：原作"敬"，據《孝經·廣揚名章》改。

儒行，無異教也。

荀卿稱文王、周公、仲尼爲大儒，夫子亦目禹、湯、文武、成王、周公爲君子。《中庸》序仲尼授受淵源爲"祖述堯舜、憲章文武"，由今之言，詁古之義。然則孔子乃講帝王之學，而帝王當講聖人之學，皎如天日，明不可誣。乃後世儒生輒以聖人自期，而後世帝王乃不講聖人之學，兩失其義，而學者茫然迷路，不知所從。宋儒之理學，持世千年而理障浮烟，參互於二氏之遺説，七聖俱迷。初未知同歸而殊途，固無望殊途而同歸也。推其失道之由，自魏氏篡竊局成，倫教破壞，文辯之士泪於時俗之陋見，以私意窺聖侮經，臆説繁興，僞書競出，流波及於五季，學術散亡中絶。宋儒初受學於方外，先入爲主，又不明小學訓詁，因以望文生義。夫亦知以經爲宗，而未達古訓，安識聖言？孔子告魯哀公曰："學於《爾雅》，則可辨言。"①後人不解此爲何語，乃謂"《詩》《書》，雅言也"，其訓詁具在《爾雅》，學此則通於《詩》《書》政教之故也。揚雄書題《方言》爲"絶代語釋別國方言"者，即謂釋古之訓與譯同科，故聖爲天口，賢爲聖譯。漢儒説經兩派，一爲依經訓注，例如《毛詩故訓傳》謹嚴如今之直譯；一爲倚席講論，例如《白虎通義》發揮如猶今之演説。後來道學家至不説經傳，直道語録，空疏無所復入。乾嘉學者，始別標經學，張惶補苴，欲以彌縫其缺，適貽譏於不賢識小。今乃欲乞靈於科學而求所謂哲理，臣誠私心痛之。

夫孔子外王之道，即所以成其内聖之功也，故曰"行在《孝經》"。其詔示明王以孝治天下，廣孝治以成聖治，而其廣至德要道以成孝治之絜要，專在於禮經，曰："禮者，敬而已。"舊説誤解"敬"之一字，不明本經下文"敬"之注脚爲敬天下之爲人父者、敬天下之爲人兄者、敬天下之爲人君者，斯不能明禮之實爲節文。斯二者習承爲宋學所云内修之主敬，若與政教不相謀，不知其即指《周禮》之三百六十政綱及"淹中古記"與"十七篇"之節文也。知禮之實者，則知先有其行禮之實也。行禮之實安在？位與財是也。君子有財，用之行禮；有其禮，無其時、無其財，君子弗行。未有不使公、卿、大夫、士有等禄而能責以隆禮由禮，以禮化民；亦未有不使庶民家給人足而能責以謹身節用，以養父母者也。是則孝道之行，行之以禮。下孝之能養，先在養民。以法授聖者，先以授之後世之明王也。明乎此者，即明王矣。即孟子所云"行聖[人]②之政，是亦聖人也。"後世儒臣對君不敢徵聖，而惟聞頌聖，豈得爲敬乎？惟王者貴爲天子，富有四海，養無不備，尊無敢慢。故《記》曰故《記》曰："中心無爲也，以處至正。"③故《説命》曰"念終始典於學"。夫所貴終始典於學者，正謂"王者中心無爲，以守至正"，但勤求明於外王之道，即以成其内聖之功也。夫殷憂啓聖者，亦豈徒憂？尤當念典於學矣。

臣伏念昔漢之平時，天子臨雍養老，執經問難，講學於石渠、虎觀，稱制裁疑。去古未遠，盛事猶揚名於後世。證之於今，外域慈善救恤之會，創於比之潑漏姆；陳賽展覽之舉，起於英之匹令司，皆倡自王家，亦復型於四海。今新學者流，高談堯舜。夫堯舜，乃孔子所祖述，傳心殿帝師之位在焉。《春秋》傳義有云"抑亦樂乎堯舜之知君子也"④，豈有高法堯

---

① 語出《大戴禮記·小辨》，原作"爾雅觀於古，足以辨言矣"。
② 人：原脱，據《孟子·滕文公上》補。
③ 語出《禮記·禮運》，原作"王中心無爲也，以守至正"。
④ 語出《春秋公羊傳》，原作"末不亦樂乎堯舜之知君子也"。

舜，顧謙不敢憲法文武？輒以此義上陳，竊望以此問於諸大夫、國人，如曰國是烏乎定？天下得人難，儻謀復古，行《周官》之政，人民庶曰"實利賴焉"。若諸大夫、國人皆曰"不可"，然後已焉。亦各攄其政見焉爾，夫誰得而非之？抑能援保存三殿之議，推廣經筵之意，規復舊國子太學，以旗民教育爲言，廣額及於漢籍，相與講學，通於四海，質之海牙。夫講學於國中，何異遊學於歐美？古今之世變多矣，因革損益何必同途，亦在人爲也。帝摰庸非內禪，黃屋豈必堯心？惟其典學稽古之深，故能度越非常而殷憂啓聖。昔大禹錫疇，文王演易，開千古之奇局，繼王師之盛事，亦爲法於天下，揚名於後世也。臣學遜舊於甘盤，典或聞於雞次，講帝王之學，述先師之言，非從己意。義無所避，亦不知所忌。庸拜手稽首而爲奏記。

臣宋育仁謹記

二、孝經講義

孔子曰："吾志在《春秋》，行在《孝經》。"此即揭明內聖外王之旨，爲學者指引內聖外王之路。孝者，人人各有自盡之道，故不在位而設教自修躬行，學者相觀而善人盡能，行《論語》所云"吾無行而不與二三子者"是也。《春秋》則非位在二伯爲天吏，<small>《禮記》五官之長曰伯，曰天子之吏，</small>即孟子所稱天吏。執行天下之大政無由設施，故孟子曰："《春秋》，天子之事也。"《禮運》夫子所歎"大道之行，與三代之英，某未之逮也，而有志焉"，是其義也。由撥亂世反之正，入所聞世，治箸升平，即反於三代。治有次第，循是而進，入所見世。文致太平，進於堯舜，帝德廣運，即是大同。故張三世，通三統，然後大一統。《論語》說"如有王者，必世而後仁"，由王政進帝治，時必經一世，乃能致也。又曰"善人爲邦百年，亦可以勝殘去殺"，由撥亂世而反正，得善人爲邦，斯可矣。進化逮二世，舉成數百年，非俗儒舍王政、法西即希大同之說。<small>說《春秋》無家法者，固屬門外，即通二傳學說者，猶枝節耳。如欲徵此言何據，則告之曰《春秋》自始至終係一篇，每條無同復，試問《春秋》家知否？此非正題，再當別論。</small>

父子之道故屬天性，孟子所謂"良知"，但推原其初，祇有母子。自伏宓[①]制嫁娶之禮，女歸於男，夫婦之道以次安立，始有父子，故《易》曰"夫婦有別"，然後"父子親"。又曰"有夫婦，然後有父子"。至夫子始綜內聖外王之道，歸納於"孝"之一經，故特題曰"孝經"。孔穎達《正義》引"天之經也"句爲題名"孝經"作證，尚有古義之遺，即是《中庸》說"經綸天下之大經，立天下之大本，參[②]天地之化育"。鄭注分"大經"指《春秋》，"大本"指《孝經》，其實是合撰之注脚。據此，則孝道雖根於天性，而父子之愛始於夫婦有倫，乃中國特出之至教，西學名詞所謂"第二根性"。

父子之倫既立，始成其男主血統以立家道，而通之於國、於天下，推而放之四海，必有閎深細密之經綸組織，始能程效，故在《孝經》《春秋》皆爲作。而孔子自言"述而不作"，乃由先王之《詩》、《書》、禮、樂而經緯以成之，故首稱"先王有至德要道"，而於《聖治章》

---

① 伏宓：《康熙字典》在"伏"字條中有："伏宓同出伏羲氏"之語。
② 參：《禮記·中庸》作"知"。

舉周公以證明之，而《廣要道章》舉禮樂之綱，推究禮之本，《廣至德章》申述禮之本與禮之用。祇簡括數語，全經并無一句舉禮樂條文如《禮記》諸篇所述。其經以孝弟，緯以禮樂，主點在《孝治章》首尾重言"明王之以孝治天下"所舉，即按第二至第五章，次自天子至於士之"事生事死"，括其禮度，明其旨要。其分別執行禮樂之條目節文，則全在"三禮"，即謂"三禮"爲此篇之節目，可也。孟子所述"仁之實，事親是也；義之實，從兄是也"，至"禮之實節文斯二者，樂之實，樂斯二者"全節，皆爲《孝經》作注。即云《十七篇》之經禮一部、大小戴所傳之淹中曲禮古記皆爲《孝經》之節目，亦可也。舊以《十七篇》爲經，而禮經當屬周禮，《十七篇》可稱"經禮"，《禮記》舊統名"曲禮"，見《漢書志》。末學支離，視《孝經》爲空言勸孝之文，視"三禮"爲傳聞掌故、考古存古之學，曰"誦《孟子》所云'聖人，人倫之至''堯舜之道，孝弟而已''仁之實，事親是也'諸要言，等於詞章之比附、八比之點題"云爾，是謂侮經，讀如不讀。

開宗明義章第一

仲尼居，曾子侍。子曰："先王有至德要道，以順天下，民用和睦，上下無怨，女知之乎？"曾子辟席曰："參不敏，何足以知之？"子曰："夫孝，德之本也，教之所由生也。復坐，吾語女。""身體髮膚，受之父母，不敢毀傷，孝之始也。立身行道，揚名於後世，以顯父母，孝之終也。夫孝，始於事親，中於事君，終於立身。《大雅》云：'無念爾祖，聿修厥德。'"

夫子自筆之書，以授曾子，故題篇曰"開宗明義第一"，開立教之宗，佛經譯文"標宗"，譯家即取此義。今西學名詞之"宗教"，是否取此不可知，其必緣佛典之"宗"義而成。西書名詞，如悲觀、樂觀、原因、效果、平等、差別、品分等詞，不勝枚舉。明至德要道之義，故自稱字曰"仲尼"。重傳教之人，故稱弟子曰"曾子"。然曰"居"曰"侍"，明其爲師弟傳學囑累之詞，故此後仍用本稱，及門稱夫子曰"子"，乃復出"子曰"。

首揭"先王有至德要道，以順天下"。《禮記》云："孝弟，順德也。"開宗將言孝道，即統弟道之誼。次曰"民用和睦，上下無怨"。和睦，謂家庭宗族；上下，謂君臣上下長屬位分，詞皆各有所指，不可囫圇立解。《三才章》又重提"以順天下"，結以"是故先之以博愛"一節，至"導之以禮樂而民和睦"，與此文相起。方舉孝弟以明開宗設教之體，緊接即舉禮樂以達明義敷教之用。民者，統生民之詞，譬之猶佛經，統凡聖皆曰"眾生"。凡民用以此禮樂之教，而家和族睦。《周禮》"六德"末次"中""和"，"六行"孝友之次以"睦"。禮之用，以和爲貴，先行於家庭，然後能及遠。睦，謂睦族。《易》曰："有君臣然後有上下，有上下然後禮義有所措。"人情皆好自尊，聖人作爲禮教，以自卑而尊人。非有上下之等，禮教無由而施；非自卑尊人，禮節而無所措。而固非人情之所自願，故因人情而爲之節文。先教以自情分別所發之敬心而爲之禮節，故《廣要道章》提出禮樂以明教宗。夫禮以強教之，樂以易安之。先王禮樂本交相爲濟，而樂必附禮而後能施於教中，故群經并重禮樂。而舉禮之條文至繁，舉樂之條[文]①特少，故《廣要道章》并舉禮樂，而歸納於禮。又揭禮之根源，曰"禮者，敬而已矣"。後人讀書不細審前後章句，至此斷章取義，鹵莽武斷，將此一句納於宋學家相傳性理心學之夾中，謂禮不相沿，學禮者惟在"敬而已矣"。殊不按下文所申解"敬"之蘊義，謂："敬

---

① 文：原無。按，與前文"舉禮之條文"對應，此處應作"舉樂之條文"，據此補"文"。宋育仁著《孝經正義》亦有"文"字。

其父則子悅，敬其兄則弟悅，敬其君則臣悅。”而其下章《廣至德》又云：“教以孝，所以敬天下之爲人父者也；教以悌，所以敬天下之爲人兄者也；教以臣，所以敬天下之爲人君者也。”信若道學家所言，斯言何解？乃爲之強解，實在可解不可解之間，則亦惟以不解解之而已耳。設爲上下之位，拂乎人人自尊之情，是以民怨其上，習成通論。見《左傳》“盜憎主人，民惡其上”。今教之以禮，鞭辟入裏；教之以敬，自卑而尊人。如何始得其要道？必也就人有生以來所習相承，致其尊敬於己之父兄，以引之於道，是爲“要道”。故制禮之節文，於養老尊賢，定爲公例。國家天下，尚以敬其父兄爲通例、公例，目爲“達尊”。通例，即古言天下之通義；公例，即共同之公理。以此教爲人子、爲人弟者，自敬其父兄，自然悅而樂從。由此推暨於社會、國家、天下，事親孝，則忠可移於君；事兄悌，故順可移於長，習慣曉然。知上下即長幼之義，則上下無怨，而天下大順矣。鄭重而問曰“汝知之乎？”曾子於是皇然避席。侍問之禮，席閒函丈，有所更端，悚敬則降席負牆而立。子先揭示提綱二語，始命復坐。又鄭重言曰“夫孝，德之本也，教之所由生也”，指明以至德立教，乃所謂“要道”。

一部大經，開宗明義曰“吾語汝”，乃云“身體髮膚，受之父母，不敢毀傷”，似乎關係甚小。況且髮膚之關於身體又微，似有可疑，不容疑也。修出世之教，以心爲起點；修入世之教，以身爲起點。此即孔門性道與佛教分界處，始於守身不辱，終於立身行道。人之在世者，由吾有身，終其生而身沒，其能傳之於後世者，名也。俗學相沿，耳語目論，謂“貴顯”爲“顯揚”，太陋，太謬！夫居官貴顯，所謂“人爵”，在古義固然當然大賢受大位，次賢受次位，非賢不得有位。顧天運推移，人事推遷，即盛世尚且不能無差，況事降運夷！入春秋世，君子小人已漸易位。至於後世，學者尚且忘乎貴與賢之本位，以苟得爲榮。雖仕宦至將相，繩以孝道，堪稱“其次弗辱”者，殆不多人。夫事君不忠，非孝也；涖官不敬，非孝也；朋友不信，非孝也；戰陣無勇，非孝也。故非其罪，雖遭流貶刑戮不爲辱。當其罪，則一入爰書，贓私情實，即爲玷矣。死綏至怯如陳不占，猶賢於失律逃罪之馬幼常。龍、比之光昭青簡，關、岳之尊崇廟祀，無論矣。即司馬子長、郅君章、蔡伯喈①、范孟博、韓退之、蘇子瞻、楊用修，亦名稱千古。來歙、岑彭、張飛、武元衡，不必問爲何人所賊傷，而寧爲袁粲，不作褚淵，流傳萬口。降而至如高允之不負翟黑子，康海之不負李東陽，以視屠寄當世名流，特以賣友遺惡名於世，榮辱判然可知。此外，如伴食中書、歇後宰相、曲子相公、對聯相國、降將軍亦每封侯，《義兒傳》且有王者，斯皆未入孔門孝道之門者也，夫何顯揚之有？又何顯親揚名之足云？請玩經文，曰“立身行道，揚名於後世”，夫乃謂之以顯父母也，重在“行道”二字，爲全經眼目。

篇終重提結論，於“終”“始”中閒閒以“中於事君”一語，豈非贅詞？然非贅也。豈惟非贅詞，正是組織家庭國家互爲其根之鑰鍵關要。董子《春秋繁露·通國身篇》謂溝通小己之身與國家同爲一物，乃發《春秋》之微義，即發《孝經》之微義也。夫士之所以必出身而事主者，爲行道也，即行其所學之道也。故《學記》曰：“學也者，學爲君也。”②“知爲人子，然後可以爲人父；知爲人臣，然後可以爲人君；知爲人弟，然後可以爲人兄；知事人，然後能使人”。故又曰：“師嚴然後道尊，道尊然後官正，官正然後國治。”故子③曰：“立乎人之本

---

① 蔡伯喈：原作“蔡伯階”，據《後漢書·蔡邕傳》改。
② 學也者，學爲君也：語出《禮記·學記》，原作“師也者，所以學爲君也”。
③ 按“立乎人之本朝，而道不行，恥也”出於《孟子·萬章下》，據此“子”即“孟子”。

朝，而道不行，恥也。"及世衰道微，已知道不行於天下，而退而立教。據常識以爲教孝則已耳，何預人國？而猶必言敬事其君者，爲行其義也。何則？無論人閒何世，所居何位，皆有其各盡之義焉，亦自可揚名於後世，以顯父母而完成孝道。故子路之論荷蓧丈人曰："長幼之節，既不可廢；君臣之義，如之何廢之？"君子之仕於亂世，爲行其義也，道之不行已知之矣。此論"家國不能分離爲二"之理最精。何則？女辭家而適人，臣出身而事主，其義一也。必如此者何故？論父子天性，則孝爲原質。然祖之與孫，則有閒矣，又何則？祖母本自外氏，母氏又來自別姓，以云血統，則祖母不若己母之母爲尤親也。然非立男統，則家庭不能成立，说詳《爾雅講義》，易名《今釋》，有專書。故制其家統，母自王母以上，均自外姓來歸爲姬；父自王父以上，均以男統一系爲家之主。子婦無論直系、旁系，皆自異性來從夫家，事其家尊，則全以名相繫屬，故子婦稱夫之父母曰"君舅""君姑"。《易》所謂"家人有嚴君焉，父母之謂也"，又曰"妻道也，臣道也"，由是成立家庭。列舉等位名稱，有高、曾祖、王父、王母、嚴君、世父、叔父、諸母、君舅、君姑、少姑、諸姑、兄公、女公、冢子、長罦、伯姊、介弟、女君、諸娣、冢婦、介婦、庶弟、末妹、姒婦、娣婦、猶子、從子、幼子、童孫，家庭即備具君臣上下，實以名義爲主，非爲男統血統而設。

治家治國，是同一法式。國家固由家庭起例，換言治家庭，又以治天下國家爲比例，故曰："是亦爲政，奚其爲爲政？"《孝經》之教，合男女於一冶，故引《詩》殷士裸將於京之詞云："毋念爾祖，聿修厥德。"

天子章第二

子曰："愛親者不敢惡於人，敬親者不敢慢於人。愛敬盡於事親，而德教加於百姓，刑於四海，蓋天子之孝也。《甫刑》云：'一人有慶，兆民賴之。'"

天地設位，聖人成能。故聖人之道，以位爲主觀，人爲客觀；逆旅爲主人，旅行爲過客，理本如是。聖人設人世之位，即是天地之寄象。孟子發明此義，屬之於周室班爵祿，明王政即是聖道，己之願學孔子，孔子法周公。周公之道，傳自文王，而監於二代，思兼三王，一以貫之，故孟子屢稱周公、仲尼之道。而孔子云夢見周公，又曰："文王既沒，文不在茲乎？"漢師說《春秋》"素王"即文王也。

《孝經》以孝化成天下，故於《開宗明義》之次，即次以天子至於庶人。天子一位，公一位，侯一位，伯一位，子男同一位，皆君也。天子爲大君，五等爵統曰"諸侯"，爲分土而治之國君。《春秋傳》云"天子，爵稱也"。等位不同，而同於君臨其國，故復次云："君一位，卿一位，大夫一位，上士一位，中士一位，下士一位。"彼經據王朝爲統系，則士分三等；群經據諸國爲主位，列國無中士，故合三等士爲一等，而天子元士以上，統於諸侯。將以孝治天下，必先以孝教天子。首舉天子之孝，似若千言萬語所不能盡，謹誦經文，乃祇概括數語。首章即不可解，全經從何索解？唐明皇注、邢昺疏皆無可觀，孔安國注又屬僞託。今謹按子曰"愛親者，不敢惡於人；敬親者，不敢慢於人"四句，確乎專爲天子說法，非天子則必有同等之人，雖賢者不能使人皆好之而無惡己者，其上又有所承事之人。除君之惡，惟力是視，即亦不能無惡於人。非天子則必有同列，不能使人皆不慢我，或因公義政見之不同，不能免同列之爭；或時靜於上位，又不能必其不以辭色相加，故《書》曰："無有作惡，遵王之路。"

《論語》曰"無衆寡，無小大，無敢慢"，皆指王德而言。天子大君，君天下之至尊，自無敵體惡慢之相加，故直詔以廣至德要道之方，以立廣孝治之本，推其愛親之意。設使有惡於國人，則無以對國人愛戴之心，或漸至積疑生謗，積微成著，即已失其所以爲君，不待至屬王使巫監謗，流王於彘，始悟爲亡其身以及其親也。設使有惡於臣下，則無以合萬國歡心以事先王，不必待河上逍遙、取麥取禾、周鄭交惡，始悟其爲君不君、臣不臣也。推其敬親之心，則《孝治章》所云“不敢遺小國之臣，而況於公侯伯子男乎？”小國之臣，謂陪臣與王朝來接者。公侯伯子男，統王朝公卿大夫元士。既爲大君君天下，無人不敬；設使已有慢心，而使臣不以禮，已不勝其大孝尊親之責任而失其象賢崇德之本心，不待至肆心周行天下、舉烽戲召諸侯而始悔之已晚也。故直下承當曰，爲天子者如此，始得謂之愛敬盡於事親，而德教即加被於百姓，而四海奉爲典型，斯爲孝治天下矣。原夫貴爲天子，富有四海之內，萬方之養，宗廟之隆，世所求乎愛敬其親者，無有不足。所承者厚，所報者隆，實必德教加於百姓，刑於四海，始足以完其愛敬事親之道，故結云：“蓋天子之孝也。”

他章皆引《詩》爲證，此獨引《書》“一人有慶，兆民賴之”。“一人”謂天子。禮，“君天下曰天子，受職任功曰余一人”。明天子之受職任功，即其盡事親之孝，兆民賴孝治而民成，一人乃受其慶賞，非如公卿諸侯之加地進祿，即爲有慶也。《尚書》者，道政之書也。

諸侯章第三

在上不驕，高而不危；制節謹度，滿而不溢。高而不危，所以長守貴也；滿而不溢，所以長守富也。富貴不離其身，然後能保其社稷，而和其民人，蓋諸侯之孝也。《詩》云：“戰戰兢兢，如臨深淵，如履薄冰。”

諸侯者，世守封地之君，以君其國、子其民者也。承受於開國之先君，受命於天下之共主，生成富貴，不可離其身。非失國黜爵，則自然長守富貴，以成其奉先之孝。君臨一國，本然在上，居上以不驕爲義，即《孝治章》所云：“治國者不敢侮於鰥寡，而況於士民乎。”同列之班，更不待言。不遭讒嫉，庶無罪悔，則居高而不致有危。一國之富，宗廟百官之美，無所不足，亦易蹈於驕淫。五等之封，與干朝公、卿大夫、士比秩而加一命，古之九命，即後世九品。但古制以多爲貴，後世以少爲貴，恰是反比。詳見拙著《周官命數表》。其宮室、衣服、車旗，皆各以命數爲節，定有制度。制其節而不過，謹其度而不踰，不奢不僭，財自有餘。居常豐亨滿足而不溢於度外，則國不患貧而世祿饒益。富貴長守，不離其身，安富尊榮，名顯四國，則社稷弗辱，而人民和樂。

諸侯之孝，重在保其社稷、和其民人。故須謹持，保其富貴，惟恐失之。此亦專以教國君之孝，正如鐵案不移，俗說誤解爲通常之義。卿大夫若執此爲孝，即成患失無所不至之鄙夫；士、庶人若執此爲孝，即多非分夤緣，無理劫貸。二字見《漢書·食貨志》，即今時之盤剝放債。種種敗行，因緣而生，不可不察也。此即朱子致疑大孝尊親，天子之尊祖，嚴父配天，或致人臣有非分之想。視線一差，漸至疑經非聖，又不可不察也。由於末學支離，不通章句輒談大義之故也。

每章皆重提曰“蓋天子之孝也”“蓋諸侯之孝也”，唯其漢後學者，謬以經傳爲文辭，未常求義，直學作文，視爲文篇之架調云爾。引《詩》“戰戰矜矜”“臨深履薄”，爲世承富貴、君臨一國者示其要道也。

卿大夫章第四

非先王之法服不敢服，非先王之法言不敢道，非先王之德行不敢行。是故非法不言，非道不行；口無擇言，身無擇行；言滿天下無口過，行滿天下無怨惡。三者備矣，然後能守其宗廟，蓋卿大夫之孝也。《詩》云："夙夜匪懈，以事一人。"

卿大夫之孝，重在有宗廟，承先啟後，謂之有家。位進於士，四十五十命爲大夫，居首位執政爲卿，即與國同體，爲輔佐孝治之人。故《孝治章》舉言："治家者，不敢失於臣妾，而況於妻子乎？"

孝治之道，先治其家，而及於國。有國者，以化行於國爲限量；有天下者，以化行於百姓、光於四海爲限量；有家者，以孝傳於家、表率士民、奉天子之孝治，施於四國爲限量。此主王朝卿大夫，故引《詩》"以事一人"。王朝卿大夫，與諸侯同等，除公受成國之外，其受采與出封不同。食封不全，置官不備，則富貴不如諸侯。俊選起自田閭，國子興於國學，天子隨時可以與奪黜陟，即不得視同建置社稷、分茅胙土之諸侯，富貴可世守長保。則其受爵食采，不外於德進、事舉、言揚，故教其孝道，以法言德行爲主。"必則古昔，稱先王"，見於《曲禮》。臣下固無敢作，繼體守文之嗣君，亦無敢作也。而此經冠首以"先王之法服"，其意何居？可以思矣。

三代始有天下之王，皆必聖人，亦即天子爲聖人之位之定理。其所制制度，天下服從。爲卿大夫者之先人，亦既服從者累世矣，豈得自我而違之？若自我而服非法之服，即是自背其先人，不孝莫大焉。但禮親二代，爲尊賢也，其義爲前代二王之後，其始王亦皆聖王，故通三統俱稱先王。非天子不議禮改制，而學者稱先王可以考禮、議禮，故首言法服，次以法言，次以德行，而此下單承，側注言行。至於"口無擇言，身無擇行"孝行之節目，詳見於《曲禮》，極其淳深。至於不登高、不臨深、不服闇、不苟訾、不苟笑、行不履閾、立不中門，無往而不以懼辱親自警，故曰："孝子之有深愛者，必有和氣；有和氣者，必有愉色；有愉色者，必有婉容。"此言孝德之極，謂至是自然惡言不出於口，怨言不反於身，嗔恚悉泯，率慢俱無。淨法之八萬細行，無以加此。但此經於此又重提"是故非法不言，非道不行"，乃緊跟上文"先王之法"，而直接云"口無擇言，身無擇行"，謂一是服承於先王之法言道行而已，無所於擇，與《曲禮》之教孝行、孝德，逐境引入深細者不同。彼屬通教之擇言、擇行，此爲立教之示範、孝治之法程，即内聖外王之表現，所謂範圍天地之道而不過，曲成萬物而不遺，故曰"言滿天下無口過，行滿天下無怨惡""遵先王之法而過者，未之有也""無有作好，遵王之道；無有作惡，遵王之路"。

王朝卿大夫佐王出治，故其言行樞機所發，遍及天下；侯國卿大夫佐其國君，亦分布王政以廣孝治。名卿大夫，聲施四國，其揆一也。故其章引《詩》"夙夜匪懈，以事一人"，《廣孝治章》則引"有覺德行，四國順之"結，并承上文云"三者備矣，然後能守其宗廟"。卿大夫立宗廟，先王之制。無改法服，乃能長守宗廟。此中寓有微言，以俟後聖者也。

士章第五

資於事父以事母，而愛同；資於事父以事君，而敬同。故母取其愛，而君取其敬，兼之者父也。故以孝事君則忠，以敬事長則順。忠順不失，以事其上，然後能保其祿位，而守其祭祀，蓋士之孝也。《詩》云："夙興夜寐，無忝爾所生。"

修君子之行，自爲士始；出身而事君，亦自爲士始；由家庭之順德，而交際於國家，亦自爲士始。然則孝之中於事君，自士始也。

前説在家之婦道，比例於在國之臣道。再究根源，子之事母，比例於女在室事父母之道。

在家子事父之道，即比例在國事君之道也。士大夫有妾媵，則子有不同母，共出一父，則父爲家尊。上逮事王父，高、曾祖王父，則王父、高、曾王父爲家尊；或不逮事父，而世父、叔父統家，則猶子、從子亦奉以爲家尊，即皆家之君也。據子若子婦共事父母而言，則“家人有嚴君，父母之謂也”，故《喪服傳》曰：“母，至尊也。”據異母子對父母而言，則己母爲私親，而父乃家尊，故《喪服》：“父在，爲母降。”傳曰：“父，至尊也。”爲人後者，則其本生父母爲私親，所後者爲家君，以此推例，演爲倫理。士出身於國而事主，則父母爲私親，而君爲國尊。《喪服》斬衰章又云“君，至尊也”，國尊視其家尊。換言之，即家君例如國君也。所謂經緯人倫，組織細密，絲絲入扣，針孔相符，故云：“資於事父以事母，而愛同；資於事父以事君，而敬同，兼之者父。”以其爲私親，則重在取資於愛；以其爲共主，則重在取資於敬。“資”之義，猶云“儲備”，儲備所以事親事君者。惟於父，則在國爲私親者，在家爲共尊。能以事父之孝敬事君，則必忠於君矣。顧爲士，初仕位卑，必且年少，於其家有伯叔父母、諸姑伯姊，皆屬家之尊長；於其國比例，則部屬之長官、學官之師長、年輩之先進，事同一例。則當推其敬事君父之順德，以事其長上。《論語》“子曰‘出則事公卿，入則事父兄’”，其義一也，即其揆一也。禮，四十五十始命爲大夫。方爲士，年少位卑，故以忠順事上爲孝行之表見，知事人然後能使人也。位在百司執事，不在圖議國政之列，即不得位卑而言高。尚有父母在，逮事親之年，則當營祿養，積資累勞，得受圭田以奉祭祀。故詔其孝道，重在“保其祿位，而守其祭祀”，即“君子思不出其位”也。引《詩》“無忝所生”，以明次孝弗辱。

庶人章第六

用天之道，分地之利，謹身節用，以養父母。此庶人之孝也。故自天子至於庶人，孝無終始，而患不及者，未之有也。

自天子以至於士，皆各就其位之等秩，詔以各盡其道之天職。各盡其應盡之天職，即是各盡其能盡之子職，乃以成孝治之天下。此中微言，隱而不發之奧義，即含有“天地，大父母”之深理。《春秋穀梁傳》曰：“獨陽不生，獨陰不生，獨天不生，三合然後生人。”貴者得貴稱，賤者得賤稱，故或曰天子，或曰母子也。《禮》曰：“物本乎天，人本乎祖。”後生淺學小慧，反詆此言爲二本，不知人之知識靈於萬物者，以有五官百骸具足之身，由此始知身之所自來。

先知有母，次知有父，再推父之父，始識有祖。身固屬天地之委形，祖猶是天地之委蛻，但以位爲主觀，或曰天子或曰母子。據所已知某母也[1]所生之子，由後以推前，即果以求因，知某子者上推其前，乃知爲某祖之孫也，故必別其所分屬。而人本乎祖，乃以立人倫之教，而人道始成。西人粗識，謬說中國孔教不知有天，當於五倫之上加以天倫，此乃耶教摭拾佛典之土苴，而未明佛乘主張還元，不主張發育之微細智；又未明去來今劫、眷屬因果相尋，所以發心度盡衆生之無量義，又安知聖人之致廣大而盡精微，乃完成此天經地義乎？庶人無位而爲生人之本位，以孝治化成天下，又必須注重在多數之庶人。顧其所受於天、祖，而分屬於其父母，祇合得此養生送死之微分數。

爲主孝治者立算，應設有天子至於士五等之位；爲受孝治者立算，則須歸還其平等無位之本位。其分屬既寡，其責任自輕；其知識既短少，其職分自當簡易。故詔庶人之孝，祇要

---

[1] 也：疑爲衍詞。

言四句，曰："用天之道，分地之利，謹身節用，以養父母。"人以食爲天，故國以農爲本。《帝典》之"欽若昊天"，專注在敬授民時，即農時也。故愚按《夏小正》爲古代普及之教科，以授時爲主，而閒及國政與庶民之交際，兼教普通文法。詳《夏小正古文法今釋》。所謂"用天之道"，《周官》司徒之教，以十有二壤之名物分掌於稻人、草人諸官，皆庶民所應公知。所謂"分地之利"，如此即已成其民格，益詔以謹身不敢爲非，節用不敢踰分，就百畝之分所入，以孝養厥父母，安居樂業。又爲之雞彘桑麻之制，老者衣帛食肉，百室盈而婦子寧，於是乎康樂和親爲一書，而孝治廣矣。

上章皆言蓋天子、諸侯、卿大夫、士之孝。"蓋"者，不盡之詞。此章特斷言曰"此庶人之孝"，"此"者，盡詞也。廣孝治者盡於此，廣聖治者亦無以加於此也。此即"無君子莫治野人，無野人莫養君子"之義也。故總結諸章云："自天子至於庶人，孝無終始，而患不及者，未之有也。"他章皆引《詩》爲證，此獨不引。教庶民者，不必文言之也。

"孝無終始"，謂大孝尊親，其次弗辱，其下能養；始於事親，中於事君，終於立身。非一段終結，更從一段做起。在各素其位而行，方終方始，固不能責庶人以德教加於百姓，亦不得詔以富貴不離其身，且無望其以孝事君之忠，豈得期以言無口過、行無怨惡乎？君子之孝，自不容以謹身節用、能養父母爲終事。庶人之孝，但能謹身節用以盡孝養，亦何患有愧於"其次弗辱"耶？故曰："孝無終始，而患不及者，未之有也。"至如大孝尊親，疑若非在天子之位，則有所不及焉。然以觀於孔子之"行在《孝經》"，崇封五代，則有聖人之德者，亦不患無其位而孝不及也。

三才章第七

曾子曰："甚哉，孝之大也！"子曰："夫孝，天之經也，地之義也，民之行也。天地之經，而民是則之。則天之明，因地之利，以順天下。是以其教不肅而成，其政不嚴而治。先王見教之可以化民也，是故先之以博愛，而民莫遺其親；陳之以德義，而民興行；先之以敬讓，而民不爭；導之以禮樂，而民和睦；示之以好惡，而民知禁。《詩》云：'赫赫師尹，民具爾瞻。'"

自天子至庶人，各明其應盡之孝道，則民之行成矣。故次以《三才章》，即"天之經""地之義""民之行"，此"民"字亦即首章之"民"字廣義，猶佛典統聖凡皆謂"衆生"。董子《春秋繁露》釋此經精義，云：地之事天，猶王者之事天地、人民之事父母。凡天之所生，皆地之所出，至如雨雪，皆謂"天雨"，莫曰"地雨"也。是則，地承天時行而歸本於天，人受中以生，實生於地，故佛典説：食地所生之穀者，終不能離地而存在。人受生於地，即法地事天之義，以成民之行，孝道乃於此成立。

復次即承上文歸納"地之義"於天經，故撮合二語爲一辭曰"天地之經，而民是則之"，謂人之法地，亦復如是，取則於此。復次單承"則"字，其語專屬於天者。上文"民"字，即統凡聖而同於爲人，其所以爲民，表義有精粗，程有深淺，而要歸有同點所在，則統括爲詞。其所取則之知識，屬於天所降衷之明；其血氣身體之所養所因者，地產之利，順化而生，順化而盡，其閒必用順德之行，則聖凡所共。雖有以孝治天下之明王，順孝治之凡庶，宜有差別。而要之各盡所能，合之乃爲化成天下，故云"以順天下"，即首章"先王有至德要道，以順天下"，故次以"是以"，提出政教肅靜威嚴。政教之作用，但推原順德之本，乃因人之天性順施而行之，不用敦肅而教自行，不加嚴勵而政已治。教爲政之原母，故次又重提先王，單承教化，云："先王見教之可以化民也。"

《周禮》教國子三德，一曰"至德，以爲道本"，即《論語》次章之舉孝弟爲經，結云"君子務本，本立而道生"，亦即此經首章"先王有至德要道，以順天下"。下章《廣要道》《廣至德》所發明"以順天下"之理由，與上相覆，與下相起，再從人受中以生，同具於天性之起點，次第而陳説其故。人生同具之天性，祗是受得天地之生氣，故有愛力，即《禮記》所云"天地之仁氣也"。初民之知識，尚無所辨擇，祗示以博愛，則心所共知，即明此一端。思悟漸次入裏，乃知身所從生，由孩提孺稚所親者而親之，其始祗屬博愛中之一分。知其他之當博愛，則於其所親之愛不當有遺，即墨者夷之所謂愛無差等，施由親始。而至今耶教猶專以博愛爲主旨，尚未進於父子有親，即是本經舉施教次第之初步，至是然後"陳之以德義，而民興行"。"德義"連文，先見於《尚書傳》《禮記·保傅》篇，指謂德之見於行事者，謂之德義。"陳之以德義"，即保傅云"師者，教之以德義"①。謂由此進化，揚榷而陳之，若何之行誼合於德義，若者之行誼謂之德義。興，興也，<small>去聲，今蜀語猶古語，謂兩人競作云"興他""興我"</small>。相觀而起，見人稱若彼之行義，而亦效而行之。

復次"先之以敬讓，而民不爭"，此即《廣要道章》"禮者，敬而已。敬其父，則子悦；敬其兄，則弟悦；敬其君，則臣悦"之原點。"敬讓"連文，亦是以敬爲讓。告以其所親者，內有父兄，所當敬而讓之；推及外有君長，與家之父兄同例。先爲之示範，以止其爭，由淺而入，民即知以不爭爲敬讓。古義之"君"字，皆取廣義，凡一部分之首長，皆統謂之"君"，故莊子云："無往而非君也。"《曲禮》記云："夫禮者，自卑而尊人。雖負販者，必有尊也。"即因其本然心知之所尊而推之以立君臣之義，知不爭之爲敬讓，則敬近於禮，而可以學禮。乃於是"導之以禮樂，而民用和睦"，即覆《開宗明義章》，明周禮六德、六行普及萬民之教。禮者，由博愛、德義、敬讓組織而成，以爲朝聘、燕饗、冠婚、喪祭、射飲、相見各篇之節文。因時際會，就事演習，而以樂緯之於其閒，使人優遊灌輸，浸漬饜飫，而樂於行禮。又以使人情之所樂，皆歸納於禮而引之於正，是以民用是之。故而有中和之德、睦姻任恤之行，皆以孝弟爲綱領而演成禮文，以爲之節目。例如《內則》一篇，標明是②子事父母、婦事舅姑之節目；《弟子職》一篇，是標明弟子事長老之節目；《曲禮》上下篇，是條舉自居家庭、處宗族，以及交際於社會、國家之普通爲人處世之節要，而連帶演説理由，以教普通之知識；《祭禮》是事已殁之親，追報父母以上之祖若考妣；《喪禮》係聯合存殁親疏之際，全用節文以導民性，引而致之於孝敬之極點，以生其永久之和睦；《冠》《昏》是示爲父兄者爲其子弟之事，却對照即是教民孝弟之前塵影事也。其整篇之節文，在《儀禮》十七篇，一部《禮記》皆其條文之逐條説明也。故孟子曰："禮之實，節文斯二者。"

禮爲具體，樂爲抽象，人情皆有所樂以生。禮教失其範圍，則有非禮之禮、亡於禮者之禮。由風俗而演成，又自演爲風俗，如今世通俗所行之昏、喪、賓、祭，大率皆以意爲之。外域亦自有其結昏、燕客，俱可以單簡一言括之，皆沿於庶人之禮耳。庶人無祭禮，《記》云庶人無廟薦於寢，士有田則祭，無田則薦。父母之喪無貴賤，專爲服制言。《記》曰庶人不槨，旋窆而葬，面垢而已。凡居喪之節，皆不責於庶人，無祭則無虞。無廟則不命子、不廟見；非命士，父子不異宮，則不得質明始見舅姑；無賓燕，則無相見禮。故冠、昏、喪、

---

① 師者，教之以德義：《大戴禮記·保傅篇》作"傅，傅其德義"。
② 據下文文例，"標明是"應作"是標明"。

虞、相見諸篇皆題曰"士禮"，惟鄉飲、鄉射，則庶人皆得與焉。以責之孝弟者略，故其教之孝弟也簡，但使之觀禮以知好惡而已。故次云："示之以好惡，而民知禁。"《易》曰："何以聚民？曰財。理財正辭，禁民爲非，曰義。"《詩》曰："示民不佻，君子是則是效。"示民不佻，禁民爲非，即本經"示之以好惡，而民知禁"。有亡於禮之禮，即有亡於樂之樂。原人情必有樂，夷俗多好歌舞，自後世雅樂廢而梨園教坊起，至今有戲園，以至洋琴、大鼓、灘簧，仍屬人聲與樂器相和成聲成文，然適與禮樂之雅樂所教相反，甚至以相反爲教，世道安得而不墮落？

教孝弟之禮文，質而擬之，即如佛道家之一壇法事，亦如一段劇本，士君子習而演之，使衆人聚而觀禮，其閒用樂。《詩·鹿鳴》所稱鼓瑟（琴）[①]、吹笙、（吹）[鼓][②]簧，即指《儀禮》燕射之樂。堂上瑟歌、堂下笙詩，閒歌三終、合樂三終，文舞、武舞并作，極觀聽之歡欣。譬如演劇，與觀劇者同樂，而示民以莊重不佻，同其好惡。其君子相觀而善，迭相則效，詠歎流溢，以灌輸於人心，譬之觀劇者，耳目所注，久則當行，能分別其良否，所見略同。《書·洪範》所謂"無有作好，遵王之道；無有作惡，遵王之路"，此之謂王化之成。內聖外王之道，無往非提起教孝教弟之精神，寓之於五禮、六禮節目之中。《周官》目五禮：吉、凶、賓、軍、嘉。賓、軍二禮，天子諸侯主之，屬國禮。司徒六禮：冠、昏、喪、祭、鄉、相見，士爲主體，屬鄉禮。故題篇皆云"士禮"。五禮統括六禮，六禮屬吉、凶、嘉，無賓軍二禮。故曰："堯舜之道，孝弟而已。"故孟子曰："樂之實，樂斯二者，樂則生矣。"即新界語所云精神上之生活，尋味而不能自己，不自覺其手舞足蹈，謂引好樂之人情，納而范之於和睦家庭宗族。推鄉禮而廣爲國禮，視一國如家庭宗族，所謂"僕射如父兄也"。禮曰"樂自（樂）[順][③]此生，刑自反此作"，正本經"示以好惡，而民知禁"對勘之證。故《論語》次章云："而好犯上者鮮矣，不好犯上而好作亂者，未之有也。"

通章主謂化成天下，而結引《詩》"赫赫師尹，民具爾瞻"，其義何居？師者，教官及學官；尹者，行政至執政。內聖外王之道，在以禮教成孝弟化民，責在在位之君子能舉其官也，故曰"守道不如守官"，起下章"孝治"。

孝治章第八

子曰："昔者明王之以孝治天下也，不敢遺小國之臣，而況於公、侯、伯、子、男乎？故得萬國之歡心，以事其先王。治國者，不敢侮於鰥寡，而況於士民乎？故得百姓之歡心，以事其先君。治家者，不敢失於臣妾，而況於妻子乎？故得人之歡心，以事其親。夫然，故生則親安之，祭則鬼享之。是以天下和平，災害不生，禍亂不作。故明王之以孝治天下也如此。《詩》云：'有覺德行，四國順之。'"

承上章，"昔者明王以孝治天下"，首開宗明義，次以自天子至於庶人，盡人群之等，爲分別施行禮樂之位。而孝弟之道充滿其中，塞乎天地之閒，乃所謂際天蟠地。"三才"亦孔門特組之名詞。聖人貫通天地人之道，效地法天，爲人倫之代表，承天地之宗子，乃爲天下所歸往，而爲域中四大之王。王道乃由此出，故曰"內聖外王之道"，又曰"聖人人倫之至也"。

---

① 琴：原衍，據《詩·小雅·鹿鳴》刪。
② 鼓：原作"吹"，據《詩·小雅·鹿鳴》改。
③ 樂：《禮記·祭義》作"順"。

張橫渠《西銘》在理學中最淵深博大。今人但祗稱"民吾同胞"一語，而不解"大君者，吾父母（之）[1]宗子"也。其實今人所稱"同胞"，乃從耶教西方學者演傳而轉輸於淺學，第引《西銘》作證，學界不能破也。實則張子見到原本，詞非一偏，既探元於乾父坤母，自當見得物與民胞。然既知得天地父母、民吾同胞之神理，即應知得大君爲吾父母之宗子，宰臣爲吾宗子之家相。新界淺生耳學，固祗聽半句，不待詞畢，即已鼓掌譁然，所謂聽言則對。舊學陋儒，讀書亦原祗截取數句，又不求甚解，非所謂誦言如醉者乎？

統群經，則孝弟爲禮樂之原理，禮樂爲孝弟之應用；就本經，則《開宗明義》合《三才章》爲孝弟之原理，《孝治》《聖治》章爲孝弟之應用，《廣至德》《廣要道》章爲孝弟禮樂之效果。此章標名《孝治》，是統天子以至於士，各盡之孝道，導天下以禮樂，而施行其孝治各其分數。未嘗引禮之條文，而各有其範圍，如其禮度之縮影。

明王謂天子，故以治天下爲前提。治國者，謂諸侯；治家者，謂卿大夫，而士亦歸納於中。受采者爲有家，四十五十命爲大夫，非短折不禄，不以士終。而宗子守圭田、奉祭祀，亦比於有家。士則有妾，有妾即有臣，士之臣，即其僕役也。大夫始有家臣室老，其秩得比於士，故曰大夫有貴臣、貴妾。士有長妾，無貴妾。長妾謂始爲士所取，相從久，及生有子女，故《禮》云："大夫不名家老室婦，士不名長妾。"[2]古於婚姻最嚴，士祗一妾，及爲大夫，應增置妾，則須娶於有姓之家，或娣或媵，各有名分，視其母家身分爲之兩等，故有貴妾。其取自寒微無姓氏小家，乃所謂不知其姓，始有買妾，故云："買妾不知其姓，則卜之。"非如後世之紊亂無章，有財者任自爲之，豪貴者動無限制，如所謂田舍翁多收十斛麥便思易婦，亦無所謂後庭絲竹聲伎滿前也。禮教廢而世衰道微，以至今日世俗竟自承爲多妻之制，可爲噴飯，何其陋耶！

先王之制，原國家家庭之關係而制其財產。今乃因財產之關係，而僅有家庭。世學所稱五達道之僅存者，固賴有此。而其閧兄弟爭財，謀繼圖產，晚母威姑之虐待子婦，嫡室之殘暴妾娣，夫男之偏私妾婦，破亂家庭，訟獄纍纍，所在而是，家庭之倖存，亦甚可危矣！此無他故，產業與財用，兩俱無度，互相弛驟，則禮義無所措，而孝弟之教無由施也。雖日誦勸孝弟之言，亦惟輾轉相傳，作中國之陳設品、學者之門面語耳。

觀於本章結論"是以天下和平，災難不生，禍亂不作"，對照可知，不和不平，則災害生而禍亂作，隨發立應，速於影響。災害禍亂，今日之至於斯極者，推原其故，亦無他故，上下相怨而不和，財產傾奪而不平耳。非舉明王孝治天下之道，謹修其禮制而審行，天下無由而治也。故重覆章首之詞云"故明王之以孝治天下也如此"。天子、諸侯先君没，然後嗣位，故主於孝事宗廟，稱先王、先君。卿大夫、士，先其生事，而死事之禮在焉，故雙承三節云"生則親安，祭則鬼享"，引《詩》通結上三節。"覺"即"先覺覺後覺"，臨民者亦先覺也。古之臨民稱君子者，必從族塾書其敬敏有學而來，必取其先覺者也。非先覺者，不得與於其選也。孝治主旨在化萬衆兆民，而其責在天子、諸侯、卿大夫、士，不責之庶民也。詞引"四國"，統君、卿大夫、士皆有責焉，非匹夫有責也。新學誤讀顧亭林語，彼云"天下之亡，匹士有責"，非曰"天下興亡，匹夫有責"也，哀明季上習民風之壞而有此言，謂有罪責，非云責任，此又讀《爾雅》不熟，死未知冤之喻也。

---

① 之：原衍，據張載《西銘》刪。
② 語出《禮記·曲禮下》，原作"大夫不名世臣姪娣，士不名家相長妾"。

聖治章第九

曾子曰："敢問聖人之德，無以加以孝乎？"子曰："天地之性，人爲貴。人之行莫大於孝，孝莫大於嚴父，嚴父莫大於配天，則周公其人也。昔者，周公郊祀后稷以配天，宗祀文王於明堂以配上帝。是以四海之內，各以其職來祭。夫聖人之德，又何以加於孝乎？故親生之膝下以養①，父母日嚴。聖人因嚴以教敬，因親以教愛。聖人之教不肅而成，其政不嚴而治，其所因者本也。父子之道天性也，君臣之義也。父母生之，續莫大焉；君親臨之，厚莫重焉。故不愛其親而愛他人者，謂之悖德；不敬其親而敬他人者，謂之悖禮。以順則逆，民無則焉。不在於善，而皆在於凶德，雖得之，君子不貴也。君子則不然，言思可道，行思可樂，德義可尊，作事可法，容止可觀，進退可度，以臨其民。是以其民畏而愛之，則而象之。故能成其德教，而行其政令。《詩》云：'淑人君子，其儀不忒。'"

智、仁、聖之名義，有周孔古今義之異同，又有儒道墨三家之異僎。《周禮》六德，首智，次仁，次聖。證以《尚書》古義，聖與哲、謀、肅、乂并列，涵義相符，即訓爲通。《莊子》所稱聖人，即謂通人。故周公六德，列聖於仁智②之次。《墨經》名學詮解智仁涵義甚狹，其《明鬼》之目聖人，程度亦不甚高。外如佛典最推重智，而智有兩層，六度既以智爲究竟，而十波羅密終以一切智。智，梭格拉第③所稱愛智，乃佛乘所說之一切種智。智，所謂參透究竟，有如實知。推究字源，可明所以然之故。矢口爲"知"，知覺相符，則直宣於口；直宣於口，則知達於心。知白爲"智"，"白"者古文"自"字，知自、自知皆鞭辟入裏一層，即一切智智，猶云一切知智，故孟子始并稱五常。而於"智"之詮義，每有差別，如云"所惡於知者，爲其鑿也"。與佛典"重智""愛智"之言詮，距離甚遠。"仁"字亦然，從千心則謂人群所同之心理，從人二則謂仁偶相愛之感覺，從人人則謂人爲天地之仁。仁又爲人中之仁，如果實之仁也。孔門設教，特立君子之名，則推崇仁智之至者爲聖。"聖"從耳呈，最爲難解，蓋即耳順之義。見淺見深，釐括始終條理，殆微言也。古文或用呈字、壬字，自孔門後，儒家相承。荀、孟皆發明"善人""士君子"，以上之德等名稱，以聖爲極則，故曾子於聞三才之要道後，次舉聖人之德爲問，意聖人之德或有加於孝。

夫子直揭孝道之源於天生人，歸結於人配天，所謂人倫之至，即人道之極。獨舉嚴父者，天以陽爲統，人法天，故以男爲統。《禮》郊祀"大報天而主日，配以月"。月之配日，與"地之承天"其義同。人子之事父，資於事君，其敬又同，故宗廟之祭，以妣配祖；而郊宗之祀，以人配天。《大傳》曰"自內者，無配不行，自外者，無主不至"，即此義也。《周禮》有方澤祭地之特祀，而孔門所考訂演說，則統於郊天，於方澤減殺其禮，合之於秋嘗之社。西人說月、行星，皆一地球，古宣夜家亦主此說。緯書說地靈名"曜魄寶"，與鄭康成引緯說五帝，東方青帝靈威仰，南方赤帝赤熛怒，同其謚號。然則月即地靈，主於西方，不主太白，故董子以"孝子之行、忠臣之義，皆法於地也"。黃石齋《孝經集傳》說："月者，天下之至孝也，天下之至讓也，天下之至敬也，天下之至順也。四者至德，而孝子法之者。人，月之所生也。"釋董子天之大數，畢於十旬，陽氣以正月始出，積十月而功成，故人亦十月而生。黃氏深於易數，此由易數而推，義甚精微，以明祀天不以地配，而月、星、風、雲、雷、雨，皆從祀

---

① 按，宋育仁以"以養"斷句，與通行的"以養父母日嚴"斷句不同。
② 仁智：宜作"智仁"。按《周禮·地官司徒》"智"在"仁"前，且下文先論"智"後論"仁"。
③ 梭格拉第：即蘇格拉底（前469—前399），古希臘著名的思想家、哲學家。

於郊。郊宗祀天帝皆以祖配。其所以然之故，此經學家所宜知，非常識公知所必問。但即此可以證明聖人之制，惟天子得主祭天，而此下皆爲助祭執事，非西人野説"人人皆當祀天"之淺義所能議其毫末也。嚴父，即是主敬事君之義。父者，達於高、曾祖王父，推之太祖，亦曰太祖王父。其後儒者祇持庶人之義，是以末俗相承所謂孝者，亦祇知厚於父母，而略於王父母以上。厚於生養死葬，而昧於報本、追遠、尊祖、敬宗、收族、奉先、思孝之旨，其實皆未聞士君子之道也。

人之行至嚴父配天爲極則，而獨舉周公其人者，何也？周公，聖人，佐武王開國，踐阼攝王。聖人本當在天子之位，且既已攝王踐阼，而仍復子明辟，退居臣位，仍佐天子，承文武之德，制禮樂，定太平，追王太王、王季，上祀先公以天子之禮，告孝治功成。故本經撮舉郊祀、明堂二大禮以證嚴父配天，而顯其合萬國歡心以事其先王之實證。曰"是以四海之內，各以其職來祭"，此即能以天下爲一家、中國爲一人之實際，故重言之曰："夫聖人之德，又何以加於孝乎？"

次以"故親生之膝下以養"，兼父母并提，故次曰"父母日嚴"。嚴固主於事父，而宗廟祧配，亦即與祖配天一例，故又雙承愛敬以明聖治之所由成。"以養"斷句，此"養"字兼父母養子、子養父母兩義。仰事俯畜，習與性成，則子之對於父母，日見尊嚴，是以聖人因其良知之已然以教愛敬，再覆上章"不肅而成""不嚴而治"，增以注脚説明。云其所因者，乃人心之德所發源處，即覆首章"夫孝者，德之本也，教之所由生也。"再申之曰"父子之道，天性也，君臣之義也"，分疏愛敬二句，是順遞而下，非平列。謂"資於事父以事母而愛同"者，因其本然之天性也；"資於事父以事君而敬同"者，緣父之統家，猶君之統國，即家之君也，故云"君臣之義"。如誤解作父母由天性、君臣以義合，則經文何必橫插一語，又不能用"之"字挈合其詞？正謂緣父子之天性，而勘合以君臣之義以立家庭之孝治。黃氏《集傳》引"子云：'小人皆能養親，不敬何以辨？'""曾子曰：'孝有三：大孝不匱，中孝用勞，小效[1]用力'"釋《庶人章》，證於《禮記》親之"所愛亦愛之，至於犬馬盡然"[2]，與《論語》"至於犬馬皆有養，不敬，何別？"足徵士君子之孝與庶人之孝，分別在能敬與不能敬。備禮而將以誠，乃可謂致敬。但禮節過嚴，誠愛必疏，故必交修始爲能盡其道。知此，則《論語》之答問孝，其言各有分際，義皆通矣。

"父母生之，續莫大焉。君親臨之，厚莫重焉。故不愛親而愛他人者，謂之悖德；不敬其親而敬他人者，謂之悖禮。以順則逆，民無則焉。不在於善，而皆在於凶德，雖得之，君子不貴也。"《漢書·藝文志》注諸家説未安處，以校中古文奪誤四十餘字，此處舊説誠未安，義隱而難解。謹按父母君親對舉，即重申事父與事母愛同，事父與事君敬同。其閒相繼續之事，惟父母生子養以成人，其事爲大。父子天性，而以君道臨之。推此義例，父母對於家入，統謂嚴君，則以親厚之情而加以嚴重，故云"厚莫重焉"。"不愛其親而愛他人"，即指博愛而無差等。"不敬其親而敬他人"，即分晰庸敬與斯須之敬，明義內非外。孟子與諸人辨仁內義外，即發明此旨。博愛不可云非德，泛敬不可謂非禮，但不根於孝德以爲道本，《周禮》三行見前注。則可以謂之悖德、悖禮。若持此以爲教，是反其本然之順德，而使人則效其所主之悖德、悖禮。悖字古文作𢘳，兩"或"相倒，時俗語所云顛倒錯亂，

---

① 效：應作"孝"。
② 語出《禮記·內則》，原作"是故父母之所愛亦愛之，父母之所敬亦敬之，至於犬馬盡然"。

則民無所取則。縱有才辨知能，後世有述焉，然非吉德，而所存察於心者，皆屬於凶德。在，察也；善，吉也。如異學說人中以小孩爲最大，某陌生駁民之秉彝不在懿德。《天演論》駁恕非人情，其心所存察者，皆凶德也。此其爲異教者，亦自有所得，然非君子之道。即提出設教標宗，立君子之名義。

所謂君子之道四，即子、臣、弟、友之道。其一則夫婦之倫，側重在女教。《詩》屢稱"女士"，教女德有士行也。男正位乎外，國家由家庭起例，女正位乎內，家庭又由國家起例，互爲其根也，故特提起下曰"君子則不然"。可道、可樂、可尊、可法、可觀、可度，皆屬他人見得其如此。可道之道，非先王之法言不敢道，即俗語之言道，小説家乃習用之。經傳惟《論語》與本經用此義，文史家所不述，故於"道千乘之國"不得其解矣。"以臨其民"，上兼天子，下及諸侯、卿大夫、士。卿大夫、士中於事君，上事君然後得下臨民，所治有廣狹。故次其民，統結以"成其德教"，即孝德以爲道本，而"行其政令"，即至德以爲行本。三德以教國子，主於公、卿大夫、元士之子，本以備卿大夫之選也。

引《詩》點出君子"其儀不忒"，謂威儀，指禮樂，以覆上文之容止進退。士君子之異乎庶人者，禮樂不斯須去身。庶人之觀禮合樂舞，爲時疏且暫，固由學爲君子者，服習於禮樂之日久，亦由於古之分田制祿足以擧之，故曰："君子有財，用之行禮。"又曰："有其德[1]，無其財，君子弗行。"而《説文》字訓"竆"爲"無禮居"也。黃氏（《集解》）[《集傳》][2]刺取經傳作大傳，此章引郊社禮甚完備，小傳亦多可采。

紀孝行章第十

子曰："孝子之事親也，居則致其敬，養則致其樂，病則致其憂，喪則致其哀，祭則致其嚴，五者備矣，然後能事親。事親者，居上不驕，爲下不亂，在醜不爭。居上而驕則亡，爲下而亂則刑，在醜而爭則兵。三者不除，雖日用三牲之養，猶爲不孝也。"

全經惟此章屬統自天子至於庶人之通義，故標出有孝行可紀者，通稱曰孝子。敬雖主於禮，而敬謹以將其奉養，雖竆人亦自可致其敬。"啜菽飲水盡其歡，斯之謂孝。"養致其樂，貴或不如賤也。病致其憂，喪致其哀，無富貴貧賤一也。祭致其嚴，即庶人薦於寢，饌具精潔，拜跪謹嚴，家規所承，賢於宗祠牲獻者，亦多矣。故云："五者備矣，然後能事親。"此五者，人皆能備者也，對於家庭能事親矣。其出而交際於宗族、社會、國家，居上則有臨下，爲下則必事上。在醜者，平等也。古訓醜爲類，則醜謂在同等。居上臨下每易驕，人情自尊不甘爲下，任情則亂。同等尤易不相下，人世之爭，即由此起，故提出三者之逆理，與順德相反，而究其流禍之所（即）[極][3]，反應上章"天下和平，災害不生，禍亂不作"。

天子驕盈不保四海，如穆王欲肆其心，觀兵於戎，自是荒服者不至。諸侯驕滿不保社稷，如衛懿、宋捷并無大惡，而驕以亡國。卿大夫而驕，觀於童子備官之歎、欒黶爲汏之評，而考當日之覆宗滅氏者，靡不由此，史不勝書。爲下而亂則刑，警士庶人以事所必至。在醜而爭，小則白刃相仇，大則干戈相討，相爭不解，勢必至於弄兵，又必至兩敗俱傷，與推刃自殺無異。故統結以"三者不除，雖日用三牲之養，猶爲不孝"。

---

① 德：《論語·檀弓上》作"禮"。
② 《集傳》：原作《集解》。按，黃道周撰《孝經集傳》，此處《集解》應作《集傳》。
③ 極：原作"即"，參考宋育仁著《孝經正義》改。

五刑章第十一

子曰："五形之屬三千，而罪莫大於不孝。要君者無上，非聖人者無法，非孝者無親，此大亂之道也。"

孔作制，傳後世，有如制律。賢作傳，有如依律定例，附加引案説明，乃詔後王奉爲法典，非比於上條陳，希世主採擇。學者傳經解傳，有如學爲書吏，學習律例法令以待應用，非比作文考課，求月旦加美評也。知此則知治經。律是國法，經爲人法，故於《孝經》大本，特著《五刑》一章，以明出於禮即入於刑之大綱要。故標揭而括其詞曰"五刑之屬三千，而罪莫大於不孝"。

《周禮·司徒》有"不孝之刑""不弟之刑"，其目蓋在司寇所掌專篇，各有科斷，而惟科斷"不孝之刑"最重也，發明制刑所以弼教之根本法意。而下文承以"要君""非聖"，學者求其故而不得，則就文敷義而已。黄氏《集傳》引"事君三違而不出境，則利禄也。雖曰不要君，吾不信也"，又引"君子畏聖人之言""小人侮聖人之言"，列入《大傳》兩條，固是。後所續引《論》《孟》《禮記》，則支離未當。按《論語》子言"臧武仲以防求爲後於魯"斷語，與"三違不出境"詞同，謂懷利以事其君。非聖無法，指行僞而堅，言僞而辨，記醜而博，順非而澤，及異服異言、疑衆亂政，其始由於人臣懷利以事其君，先有無上之心。非聖無法者流，乃得因緣而起，以恣其僞行僞學。

何則？《卿大夫章》明示"非先王之法服不敢服，非先王之法言不敢道，非先王之德行不敢行"，斯士流自守爲下不倍之訓，必先有卿大夫輕視先王之"法服""法言"漫浪行爲，忘其舊德先疇，漸破高曾規矩。推見至隱，即是非孝無親，而非聖無法者起，又必至顯。然非孝無親，此乃大亂所由行之道也，此又決出孝治之中心，所以注重宗廟之原點，非廣勸人群但能各孝養厥父母，而可謂爲以孝治天下也。三句似平列，實屬順遞連文，釋明五刑三千，以科不孝之刑爲總綱者，爲預防大亂之道也。

廣要道章第十二

子曰："教民親愛，莫善於孝；教民禮順，莫善於悌；移風易俗，莫善於樂；安上治民，莫善於禮。禮者，敬而已矣。故敬其父則子悦，敬其兄則弟悦，敬其君則臣悦。敬一人而千萬人悦，所敬者寡而所悦者衆，此之謂要道也。"

先之以博愛，而民不遺其親；然後導之以禮樂，教以愛有差等。從親生之膝下以養，明其親疏之等，及由父子之愛天性，引而致之"資於事父以事母，而愛同"，而孝道乃立。由此乃標孝爲宗，以教民成化。設爲君、卿、大夫、士、庶人禮制之等，俾各依其禮，順而行之，其所發見行禮由禮之秩序，悉由悌道演成。如卿、大夫、士之對於君，則資於事父之禮。至於卿與大夫、士，大夫與士、庶人，士與庶人，其相接之秩序，皆從悌道起例，而各爲一組。其立根起點，特以敬養庶人之老，隨地隨時，表示身教言教。其最高之度，在天子養三老五更於太學，諸侯養耆老於庠，習射尚功，習鄉尚齒。其低度最要之切點，在鄉飲酒賓興賢能，黨正歲行鄉飲以正齒位，所以明貴貴尊賢，其義一也。不但明其貴即是賢、賢即當貴，而且示以耆老即是鄉黨之賢，尚齒即是長長老老，長長即是貴貴尊賢。故鄉飲有賓、介、三賓上座，示以尊賢；有遵者僎，特坐，示以貴貴；有鄉先生六十者坐，示以長長。故《記》

曰：“貴貴，爲其近於君也；老老，爲其近於親也；長長，爲其近於兄也。”①舉行鄉飲，凡有七事，詳閱琴閣著《禮》書稿。《記》引“孔子曰‘吾觀於鄉，而知王道之易易也’”，指此鄉飲，兼鄉射在內。

司徒六禮：冠、昏、喪、祭、鄉、相見，本以一字爲名也。其行禮，正用雅樂，明日息司正，雜用鄉樂。所以樂之也，使民樂於行禮。（《鄉飲記》）[《鄉飲酒禮》]②所謂“明日息司正”，“鄉樂惟欲”“（徵）[羞]惟所有”③，推求禮意，即今若行之，就用時俗演戲，洋樂、風琴，均無不可。羞惟所有，飲饌之品，亦不拘肴蒸品數。觀其景象，爲後史之“大酺三日”。後世百數年而一遇者，在三代每歲數舉之，三年而大一舉。此所謂“君子有財，用之行禮”，此所謂“與民同樂”，言之皆有實際，非空言也。《墨子·非樂篇》問“何以爲樂也？”答曰“樂以爲樂也”，正謂與民同樂，是以爲樂，乃是正答。不知墨子當日何以不解此語？吾故斷其爲墨家者流後學小生之所附益。樂之爲用，爲欲使人移情。人情移於邪僻，則風俗邪僻，情移於雅，則風俗雅馴，一定之理，故曰：“移風易俗莫善於樂。”

次乃出“安上治民”，重發禮之制度。安上，即所以治民，非屬二事。在上者不安其位，則精神不注在治民。後世之士流，終身營營，人人意中皆一心以爲有鴻鵠將至，未嘗專心致志於學禮，其將何以治民乎？重提“禮者，敬而已矣”，統括之詞。次即三復上章，以起下章“敬天下爲人父”“爲人兄”“爲人君”。三“敬”字，實確指天子視學養老，諸侯燕射習鄉尚齒，黨正鄉飲正齒位諸篇之國禮爲主干。國禮與民禮組合而爲一者，惟鄉飲養老之一大節。而聘禮、饗禮、冠禮、士相見禮之等數秩序，亦皆與悌道相爲發揮旁通，所以必連舉“敬其君則臣悅”，而總結其詞曰“敬一人而千萬人悅”。國家之公同敬，禮不能遍及，乃推擇其資格尤異者，而施其敬於行禮隆禮之中，明示正告以國禮所致敬皆其父兄，則民情自悅服樂從而自各敬其父兄。故又申之曰“所敬者寡，而所悅者衆，此之謂要道”，結明禮樂也者，所以推廣此教孝教悌之工具也，故篇題曰《廣要道》。

黃氏采集經傳作《大傳》，頗多出入，未悉符合。今分別刺取《文王世子》《大傳》《射義》《燕義》《鄉飲酒義》以次於篇，此與《孝治章》言相表裏，不嫌重見，備學者考焉。

廣至德章第十三

子曰：“君子之教以孝也，非家至而日見之也。教以孝，所以敬天下之爲人父者也；教以悌，所以敬天下之爲人兄者也；教以臣，所以敬天下之爲人君者也。《詩》曰：‘愷悌君子，民之父母。’非至德，其孰能順民如此其大者乎？”

首提君子，引《詩》結以君子。君子者，自天子至士之名詞。至德以爲道本，即《論語》之云“君子務本，本立而道生”，《周禮》教國子以三行所標之宗。國子者，皆儲備出而治民典教之君子也，故揭言“君子之教以孝也”。組織支配，行政施教，皆在於禮。皆以身教，而言教蓋寡，故曰“非家至而日見之”，謂并非逐家比戶，行至其門，每日見編戶之民而教以孝也。教以孝，教以弟，教以臣，復《廣要道章》第三節，重提綱領，爲下注腳。即如上説所引經傳：視學、養老、燕射、習舞、合樂、尚齒、鄉飲、賓興、正齒位諸篇之説明理由。爲教民以孝，所以制爲敬天下爲人父者之禮；爲教民以弟，所以制爲敬天下爲人兄者之禮；

---

① 老老、長長：《禮記·祭義》作“貴老”“敬長”。
② 鄉飲記：應作“鄉飲酒禮”。按，“明日息司正”“鄉樂惟欲”“（徵）[羞]惟所有”均出自《儀禮·鄉飲酒禮》。
③ 羞：原作“徵”，《儀禮集釋》《儀禮述注》《禮經本義》等均作“羞惟所有”，據此改。下同。

爲教以人臣，所以制爲敬天下爲人君者之禮。

《詩·鹿鳴》所謂"示民不恌，君子是則是傚"，實興之樂章，特著此文爲"示民不恌"，原爲普及而設；而君子之則傚，自先在其前矣，未有不自修而能示民以法程也。人情好尊榮而樂謙樂，易流於驕奢淫佚、放僻邪侈，而大亂由此作。觀於今世之大亂，可一言以蔽之，無非競争勢利耳。抵死争勢利者，何故？亦無非爲逸樂豪奢耳。此人情中外所同，不能用消極禁錮，是以聖人爲之積極引導，導以禮樂。故孟子發此旨曰："仁之實，事親是也；義之實，從兄是也。"此二條言下立解，人人能解，其實并未求甚解，至"智之實，知斯二者弗去"，即已難解。若推其究竟，須到佛乘以舍爲喜，以悲爲智，始謂透達。且即酌中言之，即是要樂於行禮，知禮之制作，每有事於廟、朝、鄉、射，無非孝弟之演義一段。如釋道法事，如章回小説，如舞臺演劇，但是莊嚴不恌，故曰："樂之實，樂斯二者，樂則生矣。"先知禮之實，無往而非斯二者之節文觀念。人生衣食有餘，居住器用齊整完備，非提起精神上之生活，更無餘事。就消極一方而論，勢必放僻邪侈，相争至於相殺，無由納己身於軌物；就積極一方而論，厭心一起，更無餘味，無由使其"淡而不厭，簡而文，温而理"。今導以禮樂，簡淡温文而始終條理，使人樂其生，故云："樂則生，生則惡可已。"譬如軍隊之步伐整齊，有軍樂，益形其興高采烈；官場之揖讓安坐，有吹打，益顯其雅步從容。自然之應，不期然而然，故云："惡可已，則不知足之蹈之，手之舞之。"普通文法，蹈舞即可落句。但必用之字，神情始活。"之"字斷句、起句，古義即是"此"字、"兹"字、"斯"字，合内外之詞也。

引《詩》"愷悌君子，民之父母"。"愷悌"即正詁禮樂二字，本作"豈弟"。豈，以强教之；弟，以樂易安之，即禮以强教之，樂以樂易安之。"民之父母"，正指卿大夫以至適士，而上賅公侯以至天子。民者，乃正謂庶人，故結論申言"非至德，孰能順民如此其大"，以覆上《開宗明義》"順天下而民和睦"。

廣揚名章第十四

子曰："君子之事親孝，故忠可移於君；事兄悌，故順可移於長；居家理，故治可移於官。是以行成於內，而名立於後世矣。"

覆上《士章》"以孝事君則忠，以敬事長則順"，復增以"居家理，則治可移於官"一則，統括由士上達至卿、諸侯。名教之旨，以名爲主體，人爲副體，即是以位爲主觀，人爲客觀。《老子》開宗以道與名并舉，道不可得見，因人而見；人不能久存，因名而存。教者，懸名以爲鵠，而行以副之，宇宙之相續者，比物此志也。故孔門設教，先立君子爲名，而尊仁爲元善之長，以樹鵠中之的。故特發其義，曰："君子去仁，惡乎成名？"又曰："君子疾没世而名不稱焉。"人必没世，前不見古人，後不見來者，惟有名之相續，則終古相聞。想見其人，即如見其人，孟子所謂"所存者神，上下與天地同流"也。俗學誤解"名"義，視若新學界之謂名譽，則與所謂利益者同科。其相去無幾何矣！

《孝經》之揚名後世，以立身行道爲注腳，而以君子爲前提。君子之名，又以子、臣、弟、友之四行爲樹鵠。蒞官之治，即與國人交。《孝治》言居家理，不敢失於臣妾，"故治可移於官"，是謂"行成（門）[於]①內"，《大學》所引釋絜矩之道盡之。

諫諍章第十五

---

① 於：原作"門"，據《孝經·廣揚名章》改。

曾子曰："若夫慈愛、恭敬、安親、揚名，則聞命矣。敢問子從父之令，可謂孝乎？"子曰："是何言歟？是何言歟？昔者，天子有爭臣七人，雖無（過）[道]①，不失其天下；諸侯有爭臣五人，雖無（過）[道]，不失其國；大夫有爭臣三人，雖無（過）[道]，不失其家；士有爭友，則身不離於令名；父有爭子，則身不陷於不義。故當不義，則子不可以不爭於父，臣不可以不爭於君，故當不義則爭之。從父之令，又焉得爲孝乎？"

承上章《廣揚名》能立身行道，始有喻親於道。曾子既聞安親揚名以顯父母，爲孝之終事，隆於報本。設如已有令名，而親未底豫，仍屬缺陷。因此發疑問，設親有亂命，從之則失令名，不從似違順德，故發此問。此即後世"忠孝不能兩全"之說，漢儒已有懷疑。朱公叔穆有《仁孝論》，見《後漢書》本傳。正不知忠孝爲一貫，非有兩歧，故夫子直從事君引比。通常之義，則國家以家庭起例，此等處，則家庭轉從國家起例。先折以"是何言"，重言之者，爲立身行道者說上乘法。

昔者稱先王七人者，四輔三公，合爲七數。三公：太師、太傅、太保；四輔：左輔、右弼、前疑、後承。官不必備，惟其人有其道義德行者，選居此位，無其人則闕之。雖四代每用兼官，然舉官各有分職，《記》所稱"虞夏商周有師、保，有疑、承，設四輔及三公"。詳見《文王世子》《大戴·保傅篇》《問琴周禮三公四輔三孤二伯九卿四代沿革除授表》。五人者，大國三卿、五大夫，二卿命於天子；小國二卿、五大夫，卿即在五大夫之中，舉小以賅大，故曰五人。大夫有家相、室老、宰士，雖不備，亦舉其員數。

言雖無道，不失天下國家者，明大過則必諫，小過可諱則諱，故《春秋》義有爲尊者諱，爲親者諱，爲賢者諱。起下《事君章》"將順其美，匡救其惡，故上下能相親"，推例以明事父之道，非諫諍則當陷於不義始諍之。士無臣，惟屬之友，以起父爲庶人、子爲士者。《記》所云"與其得罪於鄉黨州閭，寧復諫"也。詳見《論語》《禮記》《曾子》，黃氏采列《大傳》，今更釐訂補遺後出。後世儒者不得其解，即在此章與孟子答問匡章父子不責善，程子遂有"天下無不是的父母"之言，又云"人子之逆惡，衹是見得父母有不是處"，未明資父事君之理，從而爲之詞。此其閒分寸，全屬以道義爲準。

爲人子者，能立身行道，始可言喻親於道，是爲"大孝尊親"，責之大賢以上。其次修身慎行，僅及不辱其親，是爲"其次弗辱"，則當知父子之閒不責善。責善則離，離則不祥。至於"其下能養"者，以子視父，以父視子，須識同在普通之人格，即無責善之可能，必至其事當陷於不義，爲鄉黨州閭所不齒，始有諫諍之必要。故言"父有爭子"，謂若有數子，一人知義，謂當知責在於己，思免其親之陷於不義，乃重言之曰："故當不義，則子不可不爭於父。"《夏小正》說文法云"則者，盡詞也"，即今新名詞之云"必要"也。又重復上文一句，連云"臣不可不爭於君"，交互見例，以明事其家君，比例於事其國君，家國一致。結論再申言"故當不義則爭"，以證於從父之令不得爲孝。《春秋》之義，不以父命辭王父命。《孝經》之義，不以從父之令棄公理之義，明王之孝治所以化成天下，預防人之各私其親以忘公義。

孔門立孝之名義，爲子承考，涵義廣，從爻從子，謂子效父。上推宗廟，高、曾、遠祖，皆屬父道。入廟稱孝，無非子道。原其究竟，爲天地之肖子，即是爲父母之肖子，故云"教

---

① 道：原作"過"，據《孝經·諫諍章》改。下同。

之所由生”。《墨子》書改訓名義，其《經上》云“孝，利親也”，其義甚狹，而猶未敢非孝無親。今之亂名改作者，曷不返而求之矣？

感應章第十六

子曰：“昔者明王事父孝，故事天明；事母孝，故事地察；長幼順，故上下治。天地明察，神明彰矣。故雖天子，必有尊也，言有父也；必有先也，言有兄也。宗廟致敬，不忘親也；修身慎行，恐辱先也。宗廟致敬，鬼神著矣。孝悌之至，通於神明，光於四海，無所不通。《詩》云：‘自西自東，自南自北，無思不服。’”

此章統覆上章自天子至於士，進庶人之等，納入士等，尋文可見。重提“昔者明王”，王者，父天母地，天地爲大父母。人同爲天地所生，然是閒接而非直接，而有承宗；爲後，則入廟之中，全乎其爲子道。禮有爲祖父後，爲祖母後，中閒不嫌缺代，故《春秋穀梁》云：“獨天不生，三合然後生人。”貴者得貴稱，賤者得賤稱，或曰天子，或曰母子，即說明天子君天下，承天之宗，獨稱天子。質而言之，即是爲將以孝治天下，所以必須正名，制爲典禮，以其典禮首教天子奉行此禮。資於事父以事天，資於事母以事地，教成天子之聖德，成其爲明王，然後真能以孝治天下。與《三才章》相應，以聖人爲人倫之代表，以明王爲聖人之攝位，言外是統說禮，意內即指郊社宗廟大事之禮。《春秋》書“大事”“有事”即其事也，非空言孝敬足以爲孝治。

“長幼順，故上下治”，係指《儀禮》十七篇，包括《禮記》冠、昏、喪、祭、鄉飲、射、燕諸篇之事義，無處非明長幼以治上下，而無往非孝弟之道所組合之節文，以流行於其閒。“順”即“以順天下”，“順可移於長”。教以孝道爲主，而發見之故事，則弟道爲多，又非空言忠順事上，故復次“雖天子必有尊也，言有父也；必有先也，言有兄也”，即《記》云“雖天子必有父，雖諸侯必有兄”。先王之教，因而不改，所以順天下國家也。

復次“宗廟致敬，不忘親也，修身慎行，恐辱先也”，爲統論上下之詞，括自天子以至於士。宗廟，《卿大夫章》之詞，以卿大夫爲詞主；而天子、諸侯之孝，更重在宗廟；士亦有一廟。《大學》云“自天子以至於庶人，一是皆以修身爲本”，主修身爲本，則各有身家分際之不同。《庶人章》云“謹身節用，以養父母”，庶人之修身慎行，即此二語概括已盡其子職。故《大學》獨於《齊家章》不引《詩》《書》，而引諺以明之，曰：“莫知其子之惡，莫知其苗之碩。”惟此等詞意，可通乎庶人之齊其家。於其所親愛而僻，於其所哀矜而僻，正與謹身節用爲反對。其次弗辱之孝，庶人均可勉而致，故又統釋之云“恐辱先也”。

“天地明察”，承上天子、諸侯；“宗廟致敬”，承卿大夫、士，起下“孝弟之至，通於神明，光於四海”。祭則鬼享，極之於嚴父配天，躋家鬼於天神，故或曰神祇，或曰鬼神也。神明彰，鬼神著，凡屬宗教，一致而百慮，亦殊途而同歸。引《詩》明內聖外王祇是一事。“光於四海”，即凡有血氣，莫不尊親，故曰“無所不通”“無思不服”。《中庸》述武王、周公達孝，舜其大孝，正發揚《聖治章》與此章之正注，詳次於篇。

事君章第十七

子曰：“君子之事上也，進思盡忠，退思補過，將順其美，匡救其惡，故上下能相親也。《詩》云：‘心乎愛矣，遐不謂矣。中心藏之，何日忘之。’”

以上孝治之道已備，又閒以《事君》一章者，爲“民用和睦，上下無怨”再示機緘。義從士始，以達於公卿，故章題“事君”，而詞統於君子之事上。《記》曰：“天下無生而貴者也，雖天子元子、諸侯世子，皆士也。"①然富貴崇高之境，或敬至而恩疏，則須防上下有怨而不相親，故孝道中於事君，必教以忠。傳曰："子之能仕，父教之忠。"《論語》"臣事君以忠"，此忠孝并稱之原始。但聖人之以孝治天下，忠即資於事父，移以事君，例爲女子之事父母，移以事君舅君姑，初非二事，故《忠經》原可不作。世傳《忠經》係偽托馬融，即係未通《孝經》之故。

進謂進於君所，退謂退食自公。公朝之事，退而思之，日就月將，始能拾遺補缺。其要言在"將順其美"，乃能"匡捄其惡"，斯上下之情親而長，毋相忘矣。引《詩》以證"資於事（母）[父]以事（父）[母]而愛同"②，再推而進之，資於事父以事君，猶如事父之愛同於事母，則移事父以事君，而愛亦同。然藏之中心，固未嘗一日忘。而行之以敬，非私愛於知遇之一主，如後世張禹、孔光、趙普之流風，熙寧、元祐之黨禍，皆坐不知事君之義也。

喪親章第十八

子曰："孝子之喪親也，哭不偯，禮無容，言不文，服美不安，聞樂不樂，食旨不甘。此哀戚之情也。三日而食，教民無以死傷生，毀不滅性。此聖人之政也。喪不過三年，示民有終也。爲之棺槨、衣衾而舉之，陳其簠簋而哀戚之。擗踴哭泣，哀以送之；卜其宅兆，而措之。爲之宗廟，以鬼享之；春秋祭祀，以時思之。生事愛敬，死事哀戚，生民之本盡矣，死生之義備矣，孝子之事親終矣。"

喪祭，爲禮教所最重，名爲吉、凶二禮。人必有死，子必有親，爲之宗廟，以鬼享之，即以神禮祀之，子子孫孫，相引無極，是以爲吉禮。顧死生之際，人子終天之憾，無可如何，故於附身附棺，必勤必慎，勿之有悔，制爲喪以永哀，而又斷之以義。體夫天道，四時既改，至親亦以期斷，爲之加隆，是以三年，故此終篇隱括喪禮經、傳、記，而絜示其旨要。

五禮惟喪禮最繁重，所以聯死生之際，通幽明之界，爲世界進化之原。其理深微，非別教所有，惟學爲君子，始能課而行之，不爲庶人說法。"父母之喪，無貴賤，一也"，專爲喪服而言。例如期之喪，達乎大夫，謂諸侯即禮絕旁期；三年之喪，達乎天子，謂爲妻、爲嫡長子。此兩等喪服，庶人即不與焉。禮所云"上達""下達"，以士爲執禮之主體，乃所謂君子之道。其大小功之服，亦無及於庶人之文，故《周禮》"（閭）[比]③共吉凶二服"，從可推見庶民之喪，祭服皆公製公用。《記》曰："躬執事而後事行者，面垢而已。"④又閭師懸喪冠之式，又云："不樹者不槨""不績者不衰"。據以推知庶人執親之喪，自製者可以有槨，自績者可以爲衰。衰即負版，加於衰服之裂，由喪家自紉自拆，而絰之與冠，皆自製之。既葬而先除乎首，先除乎帶，聽民之自便。其閭供之吉凶二服，則事畢而除，仍歸之公，以此爲教足矣。其得書於族師之考，敬敏有學，升學於庠。望進爲士者，必先須學爲士行，無疑也。凡爲士者，自三年以至緦小功之喪，皆所有事，以居父母之喪爲主，故終篇直題爲《喪親章》，時有約舉喪禮之條文，而逐條隨釋其原理。

統自天子至士之稱曰"孝子之喪親也，哭不偯"三句，見《曲禮》條文。"服美不安"三句，即說明原理。云"此哀戚之情也"。"三日而食""毀不滅性"，亦舉《喪禮》條文。"教民

---

① 《禮記·郊特牲》原作"天子之元子，士也"。
② 據下句文意及《孝經·士章》"資於事父以事母而愛同"，此句"父""母"二字順序序有誤。
③ 比：原作"閭"，據《周禮》"正歲稽其鄉器，比共吉凶二服，閭共祭器"改。
④ 語出《禮記·喪服四制》，原作"身自執事而後行者，面垢而已"。

無以死傷生”，即説原理，結以“此聖人之政也”。“喪不過三年”，括舉《三年問》《喪服四制》各篇文意，釋以“示民有終”。“爲之棺椁”四條，括舉《喪禮》四節：始死、大小斂、朝夕哭、朝夕奠、既殯、啓殯、既夕、有司徹、筮葬、祖載、卒哭、三虞諸節之文。黄氏《集傳》未備，文多又不能備載，略舉條目，以備參考。既除喪，乃入廟。遷舊廟之主，祔新廟之主，以吉祭易凶祭，虞爲凶祭，三年喪内，祭不行，禫而除喪，乃祔廟，行祭禮。故次以宗廟、鬼享、春秋祭祀，“以鬼享之”，“以時思之”，既説制祭禮之原理，與送終之終事相緣而生；又從宗廟追遠報本。祖以溯祖，是爲高祖，其生死每不及相見，皆繫之以名。“如在，如神在”[1]，事死如事生，事亡如事存。夫乃以三爲五，以五爲九，旁推制爲五服之親，乃廣家庭爲宗族，即廣宗族爲民社。今宗教家所謂天國，無非意境所成，而人道訴合於天道。佛説世界由衆生意造，同此一理。此之謂彌綸天地，即是大悲大慈，究竟捨義，故總結兩言曰：“生事愛敬，死事哀戚。”《記》[2]云：“哭死而哀，非爲生也。修德不回，非以干禄也。”又曰：“禮之近人情者，非其至者也。”此微言也。

聖人所不明言而輒言之者，聖教之元宗，大義之本根。末學支離，益趨益遠，不悱不發，亦若會至其時也。“生民之本盡矣，死生之義備矣”，於隱而不發者，復發其微，明乎生人之本盡於此經，然後可見“死生之義”備於聖人至教也。惟聖人爲能享帝，惟孝子爲能享親。聖人之德無加於孝，故總章首之詞云：“孝子之事親終焉。”

三、周禮孝經演講義後叙[3]

宋育仁既刺取《周禮》封建井田制度，附以學校軍禮，謹案《孝經章句》，申以孝弟禮樂，都爲《經術政治學》，凡四章十六節，《孝經義》十八章。竟作而歎曰，世論謂“斯道也將亡矣”，育仁謂“斯道也，其始將興乎？”

自黄帝畫井分九州，立中國國界，其前之萬國不限九州内外，皆自闢地而有之，如西半球之美洲國土。燧皇以至庖羲、神農之世，大都視其國有，聖人出與於世，特有創造，利前民用。其他諸小國土，則梯航重譯而來學，因以來賓，是爲天下有王之原始，亦即聯邦之原始也。及有書契，乃制爲“皇”字，謂爲王之鼻祖。蓋自庖羲制嫁娶，人類始有傳代。其外來學之國，亦相繼來賓。來賓之聯邦，推之爲上國，自崇拜其繼體傳學之君，特加敬禮，或謂之“來朝”。因此沿爲世及，至帝榆罔承神農之後，嗣世爲君而失道。蚩尤苗民作亂，互相賊害侵陵，天下分崩，怙兵爲强，怙强爲惡。黄帝既平蚩尤苗民之亂，而榆罔之朝，亦習染於用兵。夫尚武力與右書契、垂衣裳之大興文化，固不相容之勢。況畫井分州，明屬九州歸化，榆罔君臣猶欲自居上國，加以兵威，是以有阪泉之師，即啓征誅之局。厥後少昊、高陽、高辛、顓頊、帝嚳之時代，即其前庖羲、神農迄於榆罔時代，繼世爲帝之後影也。

所謂萬國者，有分封、有來賓、有歸化、有聯邦、有天子使吏治之而不干其内政。堯舜更益，釐定制度，以成統一之規。增四嶽，設八伯，輯五瑞，頒五瑞。舊國則加封，新封則

① 語出《論語·八佾》，原作“祭如在，祭神如神在”。
② 《記》應作《孟子》。按，“哭死而哀，非爲生也。修德不回，非以干禄也”出自《孟子·盡心下》。
③ 此爲《孝經講義》第三部分，亦單獨成文，刊於《昌明孔教經世報》一九二四年第二卷第九期《學説》。

建國，大國則益以附庸閒田。名山大澤，置以虞衡，俾其世守。共工典天下製造，王畿亦設澤虞林衡，八伯統四方諸侯。禹佐堯舜平水土，分別內方三千里爲五服。外置三州之名，薄於四海，合爲九服。內五服建方伯、卒正、連帥、屬長之制，使大國統小國，小國事大國，略如聯邦制度，大政干涉，小政不干涉。外三州則咸建五長，略如東西四盟、歐美領土。故禹會於塗山，執玉帛者萬國。至周公定太平，益加詳密，分天下以爲左右，曰"二伯"。一相處乎內，總持大政，兼領東方諸侯、外八州方伯之國，設三監大夫，布行上國王朝之政令；一伯處乎外，五年代王一巡守，率王師以出，大國以師從，小國以旅從，一切納之於禮。其軍制即謂之軍禮。五禮，周禮名爲吉、凶、賓、軍、嘉。吉禮專指祭禮，賓禮統謂朝聘、會同，各以遠近、等位分時分期以次來朝，即從天子而祭於郊廟。郊天享帝，則天下之臣民咸在助祭執事侍班之列；祀太廟，則來朝之諸侯、邦君均與於祭，來聘之陪臣、國卿大夫均執其事。國君之祭社稷，其舉國之臣民亦咸在一壇。有事於其祖廟，則通率群臣，駿奔將事。大夫祀五祀，士承宗子，亦率從其宗族與采地之民集於壇廟，皆爲習禮以教之孝弟也。文武學并不分途，禮樂教以文學，射御教以武學。教民於農隙，講武、田獵，部署以兵法、步伐、坐作、擊刺，無人不習兵，故名之曰起徒。而司徒所屬治地方之官，名之曰教職。其兩司馬皆下士，國司馬皆上士，卒、旅長皆中下大夫，師帥皆上大夫，軍將皆命卿。正如後世之貢舉科場，臨時皆易官名，事後各復原位，故曰"有文事者必有武備"，即是習行軍禮。軍士所以稱爲士，而凡爲士者，皆以執禮爲學業之主科，故春官掌造士，而其職謂之禮典，曰"宗伯掌邦禮也"，故曰"禮有五經，莫重於祭"，又曰"國之大事，在祀與戎"，謂舉行吉禮、軍禮，乃胥通國之人而教之禮也。吉禮中組織有各種教科演習在其中。軍禮中并權謀、技巧、形勢、器械、資糧，皆預備在其前也。然此委曲而繁重之制，將恃何術以行乎？其必在建國親侯、分民而治也。

決天下之大疑，定天下之大計，舉天下之大政，必有其綱要，非提挈其綱則條理必亂。則謂之宜於古，不宜於今耳。夫古今中外之所以有異者，即其建國之根本不同，而其綱要異也。自庖羲至顓頊，皆爲推戴之世及，惟黃帝一舉征誅。自顓頊以至周末，皆傳位世及，惟中閒堯舜一行禪讓。自秦以至今，皆用兵爭。除敵國征服之外，皆以篡弑假名禪讓而世及則同，惟封建與郡縣不封建分。自庖羲以迄於三代，秦以後迄於今，治亂之數可睹矣！爲之建國分民而治，然後簡稽户口、生產、授田、歸田、轉户、撥户，教課農桑、蓋藏興發、委積均輸、起徒役、作邱甲一切，乃井井有條。於以行均產養民之政，俾民得分土而食，有一定之手續，明乎立國以安民，非屬民以自養也。其原理本來如此，故原則決定如此也。夫然後所謂公共衛生、普及教育，推行盡利，罄無不宜。後世祇有私心爲己之觀念，人主與人民分爲兩界，中閒士大夫又各自爲界，其行政專注在消防一方面，政策於是爲私爲己，上下相蒙。自秦始以天下爲家私，百姓遂各私其私產，從此學者遂誤認孝爲私德，_{私德二字，本不詞，欲破世迷，姑就世說。}人人自謂能孝，不知事父即事家君，事君即事國父。

《孝經》禮制首立宗廟，以爲教孝提綱，即推宗法以爲建國之法。自生子、冠婚、喪祭，以至天子諸侯之巡守、朝聘、會同、出師、告捷、頒朔、告朔，無不有事於宗廟，即無事不示以孝道。明其孝道之爲公德、公理，所謂"孝子不匱，永錫爾類"。不言之教，行乎其中也。統計其時通國之財，惟行政經費係統籌收入，再分別支出，而行政中之巨費，多數皆爲行禮之用。采地、祿餘，幾於悉歸之宗廟。大多之居食服用資生之具，直屬與大多數之平民，平均享用而各適所宜。祿在其中，別無所謂學校之儲費、軍需之籌款，而舉國皆比如退伍之兵，無人不經受普及之教。

數千年學術沈晦，爲國域廣大重力之所吸引，其因陋就簡、畏難苟安、習與性成者，宜也。然抑思今寰球之巨變，大亂何由而至於此？此是乾坤何等時哉！以分崩離析之天下，處震撼危疑之際會，延萬死一生之絶命，得法聖復古之美名，舉爲國以禮之盛事，收回日久離散之人心，復成隆禮孝治之天下，是誠千載萬期之一時也！則又何憚其難而不爲此？此事似繁而且難知也，何況於行？則請以簡要著手，明之考察有功德於民、昭昭在人耳目者，先封數國以爲模範，正告於天下將行先王聖人之政，則官吏非能執禮由禮者，不得列於士籍。以學位加於官位，即以爲議郎，代今之所謂代議士者。初封國仍五等，不世襲，終其身。察能以禮爲國，首舉均田，改良學制、軍政爲成績，再加世封，乃爲世襲。先令議郎終其身不爲行政官，不以無罪去舊官吏，再進選用簡任薦任官，以名列士籍者爲之等，量才授位。三年小效，百姓樂從，更益廣封而小其地，於是乃命大國并行貢士之典。其郡縣如故，而先爲之模範縣邑，即以均田、改良學制軍制爲課吏之殿最，則賈生所云“衆建諸侯而少其力”，顧炎武所云“經之以封建，仍緯之以郡縣”，於是乎在議事以制，則令大臣與儒臣、議郎參定之。復古之卿士亦即廧行兩院之制也，是誠宜古宜今，則又何所憚難而不爲此？試行封建，使試辦井田，由是安反側以定民志。反側安，則兵争漸熄，公理日伸，苛政减消，民生自裕，而禮樂可以興。民志靖，則家庭相保，孝道日光，倫教永固，良莠自分，而過激無由作。然明知此必居帝王之位而加聖人之心焉，始可得爲也，豈民舉之代表可以行之哉？但後世儒生每自命聖人，而後世人主反不究聖學，誠佛經所云見想顛倒，世界顛倒。顧由是以思述孔聖先師之言，非從己出，又何人不可言哉？堯舜讓天下於巢由，巢由不受，未足以損堯舜也。今既爲堯舜之大言矣，又何忌諱於封建井田之小言而不敢道乎哉？

爾雅義

提　要

　　《爾雅義》是宋育仁在京師大學堂（今北京大學）經學專科講授①《爾雅》之講義，是其《爾雅》研究的主要著作。《爾雅義》共分八卷。卷一主要概述《爾雅》的歷史、性質、旨要，評析了歷史上有關《爾雅》諸說。在明確"《爾雅》爲古小學教科書"的基礎上，宋育仁分析了"經學專科兼設小學"以資補習之目的。宋育仁在此卷還介紹了《爾雅》各部的主要内容與特點，尤其是詳析《釋詁》49 字，明確孰爲本義、孰爲引申義、孰爲後儒增益，爲後學者理解《釋詁》提供了思路和方法。卷二爲"讀雅條例"，宋育仁歸納分析來了字書"據形""釋義""分韻"三種類型，認爲《爾雅》兼具三型。他從語言到制文字，制文字以正名百物，由正名而産生政教，説明釋訓於行文、同倫之重要。宋育仁以"翻""譯"之異，明經訓之要，從"夫婦"二字，推演禮之義蘊，并分析了各篇先後次序的禮意，明確《爾雅》爲經訓之總匯。卷三，宋育仁結合前人與今人李映庚考訂聲譜，指出宫、商、角、征、羽之命名，"不能據形義以解説，祇當據音讀爲譬況，乃爲聲音專設之符號，無形義之可言，正所謂本無其字，依聲托事也"。進而指出"古今之名物傳於文字，據名義之推斷，可以知文字之先後；據文字之別異，可以知政教之文野，以及世界進化之階級次第"。宋育仁在分析十干十二支之名基礎上，揭示出依音制字，語言演爲文字的過程。卷四，宋育仁指出講《爾雅》須注重《釋親》"九族三黨"爲倫理名教之統系根源，倫教爲中國獨立之學説，補習《爾雅》以重中國國教倫理。卷五，宋育仁梳理了《釋親》之後即次以《釋宫》《釋器》《釋樂》，而《釋天》《地》"四時"反次於後的内在邏輯。宋育仁結合禮制，對《釋宫》《釋器》《釋樂》篇進行解讀。卷六，宋育仁闡述了《爾雅》在字書中的歷史地位，同時指出《爾雅》篇第、部居雖秩然有法，但"後學附益，逐節增入，以致參雜，猝難見其條理"之不足。卷七爲"圖釋"，宋育仁以圖釋《地》，用《内九州外五服影射圖》《禹貢五服圖》《職方九服圖》《爾雅鄒伯奇周禮九畿方率圖》對《釋地》的"十二州""九州"異同，"五服""九服"，"三千里""萬里"予以辨釋。此卷還述及《釋山》《釋丘》《釋水》。卷八，附釋草木蟲魚鳥獸通義。宋育仁認爲《爾雅·釋草》以下諸篇，"非專爲博物之譜録，實乃名學之綱領"。他還分析了釋草木蟲魚鳥獸諸篇取名之特點。

---

① 1910—1912 年，宋育仁受聘京師大學堂經學教習。

宋育仁認爲《爾雅》作爲古代小學教科，并非祇是博物普通知識，而是從《爾雅》與《詩》《禮》《書》等經的互證中闡述其名物學意義，爲禮張本。宋育仁在《爾雅義》中，從《爾雅》形成的歷史，及與其他字書的比較中，肯定了《爾雅》的歷史地位，指出了《爾雅》存在的問題，如博士增益而致邏輯雜蕪。這些都爲研讀《爾雅》，使用《爾雅》治經提供了新的理路。宋育仁在《爾雅義》卷六列圖四幅，便於理解《爾雅》中的名詞概念，以體現其教科和講義特色。

在《爾雅義》中，宋育仁關於《爾雅》的一些觀點，爲後學者理解、研究《爾雅》很有價值。如《爾雅》的成書歷史和性質，"古小學教科，則其書爲周公、史佚、孔子、子夏所定，以及沛郡梁文附益"。宋育仁根據"《釋訓》《詁》之文，多與《毛詩詁訓傳》相同"，認爲《爾雅》"成在毛公之後，纂集博士解詁，有沛郡梁文附益"。關於《爾雅》的旨要和特點，宋育仁比較僅存的小學教科書"經孔子論定而存"的《夏小正》和"經孔門誦習而存"的《爾雅》，指出"《爾雅》以記百事百物之名，開普通知識爲主"之旨要，其分別在於"《爾雅》主於識字，《小正》主於造句"。

宋育仁在《爾雅》中提出的一些觀點，既體現了《爾雅義》的教科性質，又爲後學者提供了治學方法。如在卷一提出"既推知其書爲何類之書，即知其書爲何用而設，便可推知作述源流，於諸家考訂聚訟之紛，可不煩言而解"。即是説讀書首先要瞭解該書的性質，作者著書目的，推知著述源流。宋育仁新發明一義"文字者，所以備一切治事之用也；欲得文字之用，須先通其訓詁"。宋育仁提出治經者，"不得但以考訂爲能，猶之聽言者不得但以審音爲貴也"。他還認爲六經爲大學專科之學，"不得不求諸深微，非求其深微不能達聖人言中之涵義，與其閒組織倫理、政治之原理"，主張治經"均守家法，不應破經，惟當依文詮次，以明訓詁之用"。宋育仁提出治訓詁之要領"依次訓詞爲主，逆數受訓之詞，以略見前後變遷古今損益之迹"。宋育仁結合名學和字學分析《爾雅》各篇。他説："嘗論名學之起點，即是訓詁；訓詁之切點，即是繙譯；訓詁之深觀，即是名學；名學之原料，即字學之部居也。"認爲通文字即通名學。從《釋詁》《釋訓》《釋言》到《釋親》以下、《月名》以上，再到草木鳥魚之例，自文字訓詁至天文地理、親屬倫理、宮室服器，以及草、木、鳥、獸、蟲、魚，都是應有之高等普通知識。宋育仁指出"一切學術起於文字，就文字名義，可以知古今之變遷；通古今之變，然後知聖明作述以前民用之理"，進而要求"考鏡其得失"，避免無知妄作，以學術誤蒼生。可見，宋育仁是非常看重治《爾雅》的重要性。

宋育仁研讀《爾雅》甚深，《爾雅》類著述凡四種：專著《爾雅義》（八卷）、《爾雅今釋》（七卷）；發表在《國學月刊》（一九二三年第十四期）"辨言"欄目的短文《爾雅》一篇；還有國學初級、普及教科兼女學及補習同訂讀本《問琴閣叢書·爾雅》（附有《爾雅宗族圖》《爾雅母黨圖》《爾雅妻党圖》《妻稱夫党圖》）。

一、爾雅義卷一

《爾雅》列於十三經，原於《漢志》。《論語》《孝經》《爾雅》在六藝之科，爲"群經之匯"，凡"小學""史篇"皆附此科。據此可推，小學《爾雅》屬古小學教科書，蓋無疑義。既推知其書爲何類之書，即知其書爲何用而設，便可推知作述源流，於諸家考訂聚訟之紛可不煩言而解。從來説經家篤信好古者，必主於周公、孔子、子夏所作；務博好辨者，又必刺取本書數言，參以旁證數事，破壞家法以就己説。將袪二弊，須討遠[1]流，必按切事理，先問此經將以何用，然後可期通經致用。後世學者通病，視人事自爲人事、書籍自爲書籍。於是，讀書者以書爲書，考據家即以考據此書爲終事。今經學專科兼設小學，以《説文》《爾雅》并列一門，正合《漢志》以《爾雅》《史篇》屬於六藝學科之例[2]。劉子政、班孟堅備聞古義，知《爾雅》爲古小學教科書，故其分別部居在此。今日設科附於大學，似屬不侔，但因未立學校以前，學者家自爲教，未治小學輒談經義，今列此科以資補習，實與《漢志》列科不同而同，不合而合。既推斷《爾雅》爲古小學教科，則其書爲周公、史佚、孔子、子夏所定，以及沛郡梁文附益，可以數言解決，不致疑滯難通。何則？春秋以前學術，一切典於史官，皆屬官家著述。官家著述決非成於一人之手，後世猶然。古人私家著述，亦不嫌弟子附益，故《晏子》《管子》《墨子》諸書皆然。茲論官書，不悉引證。

《周官》所載之分門圖籍，不啻汗牛充棟，六典、八法、八則、六聯、八成、九式、九法、三典、簡稽、版圖、繫世、方志、日會、月要、歲成，執禮書而協事辦事者考焉，"禮書"則其總名也。掌六典、八法、八則之貳，貳者，其副本也。至於九州土地之圖、十有二壤之名物、三皇五帝之書，悉數難終，乃指各官所掌之專書也。其不見書目，統掌於史官者尚多，惟經孔子刪訂論定，七十子後學所著録傳習者乃傳於後世。周秦諸子之書，亦因有弟子傳習而存。其當時學校傳本，則亡於秦焚；其官府存本，則亡於楚炬。以書類推，考其當時之學校課本，小學教科書之僅存者，惟《夏小正》經孔子論定而存，《爾雅》經孔門誦習而存。《月令》爲大正，分時列國家行政；《夏時》爲授民時而設，不舉國政，專言民事，故對《月令》爲小，即以爲普通學校之教科。《小正》以識天時氣候，因知農事爲主；《爾雅》以記百事百物之名，開普通知識爲主，此本書之旨要也。其爲教科之分別，《爾雅》主於識字，《小正》主於造句。《小正傳》例如《春秋傳》，而《春秋傳》乃釋詞以明大義；《小正傳》則專釋詞例，即講明造句法也。由此推斷，則原本爲成周小學教科，自是周公制作，不妨爲史佚所編；即經孔子所修，不妨子夏有述。今考《釋訓》《詁》之文，多與《毛詩詁訓傳》相同，謂書成在毛公之後，纂集博士解詁，有沛郡梁文附益，固不害其爲三代之遺書。揚子雲《方言》以爲"孔子門徒解釋六藝"，王仲任《論衡》以爲"五經之訓故"，諸説皆通矣。

《爾雅》本經既明爲先周小學教科，經孔子修訂、七十子後學傳習而列於六藝之科。其後之附益，自偏注於六藝之訓釋，縱不必盡宜於普通之教科，實最宜於經學大科之補習，可斷言也，亦學界所公認也。但蒙尚有新發明一義：文字者，所以備一切治事之用也；欲得文字之用，須先通其訓詁。《文言》之曰"訓詁"者，質言之即"講解"也；講解觸類旁通，則於一切文句，言下立解。訓詁篇中雖多經訓，但亦深者見深、淺者見淺。治經者自本之以説經，不治經者即因之以解字，此猶僅就《釋詁》《釋訓》《釋言》三篇而言。至於《釋親》以下、《月

---

① 遠：宋育仁著《爾雅今釋》作"源"。
② 例：宋育仁著《爾雅今釋》作"列"。

名》以上，皆屬普通常識所應知，即用以爲中國本國國學之普通小學教科書，亦無不宜也。

小學教科書必有圖，故終軍能據以識豹鼠。至晋時圖尚未亡，故郭景純爲之圖贊。"星名"至"九河"，以暨《草》《木》《鳥》《獸》《蟲》《魚》各篇，無圖則碩學難通，有圖則童蒙易曉。自二陸以來，箋注《蟲》《魚》，皆視《爾雅》爲考據博雅之資，不尋省所用，雕蟲刻楛，直同古玩。推求孔子言《詩》，并取多識之義者，爲由古可以知今，因文可以曉事，非徒欲人博文强記爲書籢、書厨，挾（兔）[兔]①圜册子而遇物乃不能名菽麥，反不能辨也。《爾雅》草木鳥魚之例，先舉古名，次廣異名，最後釋以方名。披圖既識其形，聞名即知何物，遇物自必能名，即今學科之普通博物學。注者，所以注明古之何詞，即今之何語。疏者，所以疏狀古之何名，即今之何物。經學者，所以求其所用，而非即以解經爲用。注疏者，所以通經之學，而非即以注疏爲學。考據者，爲經傳文字流傳其閒，慮有錯誤，考訂其誤，乃見其真象若何。譬如"兩人"通詞，先須諦聽其言，語音不誤，始能研究言中之意，於意云何。治經者，不得但以考訂爲能，猶之聽言者不得但以審音爲貴也。以普通教科之體例視《爾雅》，則《爾雅》之切用益明。自文字訓詁至天文地理、親屬倫理、宮室服器，以及草、木、鳥、獸、蟲、魚，所謂應有之高等普通知識，略備於此。在古爲普通小學教科，在今爲普通古學預備教科，此亦古今普通人格之進退，其程度蓋視社會之程度以爲衡，又即此可知也，不可以不察也。六經爲大學專科之學，即大學專科之主課，書不得不求諸深微，非求其深微不能達聖人言中之涵義與其閒組織倫理、政治之原理。《爾雅》爲古小學普通之學，即普通小學之教科書，不可不求諸淺顯；非求其淺顯，則穿穴文字之通假，博稽名物之異同，疏證草、木、蟲、魚之細碎，徒費腦力日力。其用止於能識古字，能考古物，能讀古書，是謂"食古而不化"。以讀書力學爲終身之域，而非以讀書力學通萬事之郵，此非先聖製作經典以垂教後人之意，即非今日朝廷設立經學專科以造士之意也。《易》曰"聖人所以極深而研幾也"，六經專科之學是也，子曰"辭達而已矣"，《爾雅》小學之科是也，義各有所當也。

按前期講義，王先生仁俊所講《爾雅大義述》一編所引，據周公、史佚、辛尹，并上溯黃帝、夏禹、伊尹、商高及太公、管子，及提要所引證《國語》《楚詞》《莊子》《列子》《穆天子傳》《山海經》《屍子》《吕氏春秋》，載籍既博，考證詳贍，旁搜遠紹，確見淵源，杼軸餘懷，毋庸贅述。其刺取提要，臚舉諸家得失，亦極摘要鈎沉作者之制，亦云備矣。今承乏續講，有慚博貫，惟就平日所發見新義聊代本經大義，未知其有也。《記》曰"惟教學半"，又曰"教學相長也"。其考訂訓詁名物異同，自仍以《皇清經解》正、續。兩編中諸家著述爲參考，同學諸君自筆於日記，以備析疑辨難。今按期分講，仍以注疏爲主課書，依次篇目，先自"初、哉、首、基"爲始。

《爾雅》之徵引最古者，子夏問孔子《春秋》何以不用"初、哉、首、基爲始"。舊解此說疑不能明，愚按子夏此問問"春秋之元也"。元年者，君之始年也。據古訓當作"初年"、如《洪範》"初一曰五行"。或"哉年"、如《尚書》"哉生明""哉生魄"。或"首年"、如《春秋傳》曰"首時必書"。或"基年"。如《詩》曰"基命宥密"。今獨曰"元年"，不從古訓，故發疑問也。據此即知"初、哉、首、基"爲周公所定名詞，"肇、祖"以下爲孔子以後所續也。名詞爲言語之範圍，必由規定。自黃帝正名百物，倉頡造字，必先規定名詞，殆無疑義。名詞先定，然後詞之所指即西東文例云"所謂"是也。及附屬於名詞所指之閒爲形容，區別疏、狀、介、系、挈合，以及連綴於名詞所

---

① 兔：原作"兔"，據《新五代史•雜傳第四十三•劉嶽》"《兔園册》者，鄉校俚儒教田夫牧子之所誦也"改。

指之首尾，爲稱代，爲嗟嘆，乃從之而定其例。自一字之單名詞始，據文法完備之後，究文字之所用，則有八部分別部居。而據制字之初，則凡天地之閒，一事一物、一動一作，爲之造一符號，統謂之曰名也。人事日繁，文字孳乳浸廣，由是始分別一字之部居，由是始增以兩字之組合，由是始益以連疊之標幟，由是始廣爲組合之成語。俾人習聞通曉，輾轉移用，以達人心之意與事物之情狀，此《釋詁》《釋訓》《釋言》三篇所以居《爾雅》之前，乃自然之序。而三篇之次第，又文字自然發生之序也。由單字獨訓，而兩字組合，而連字形容，而四言成句，又具由單簡而繁複自然之序。據此可推知，逐代增益不必在篇末，但要在逐條訓詞之前、前條名詞之後耳。嘗論名學之起點即是訓詁，訓詁之切點即是繙譯，訓詁之深觀即是名學，名學之原料即字學之部居也。中外文字原理規則皆同，深通文字即通名學，其理法亦同。然而中外亘古未嘗相通者，由於中文一字一音，西文合數音爲一字，原點既異，故難通也。凡治詁訓，須以訓詞爲主，如《釋詁》篇列字如下：

始："俶""落"爲後起之義，"權輿"爲兩字組合之名，"元"爲《繫易》及《春秋經》特取之名，"祖、胎"爲況譬之義，"肇"謂始筆之於書。

君："林""烝"皆衆也。疏引《白虎通》"君，群"之訓最爲切合，即"王者，天下所歸往"之說也。故謂訓詞爲諸詞之界說，受訓詞爲訓詞所涵之涵義，與名學相通。

大："大"爲諸詞之界說，自"弘"至"席"爲"大"之涵義。注疏中引重疊詞及方言爲證者，皆非"大"之涵義所應有，但因疊詞、方言有依"大"之界說設詞者，故以界說統之。

有：有者，"不宜有也"，"日有食之"。食日者，月也，月體本小，而視徑覺爲大，正以狀月近掩日。（"詹"當爲"占"，"占""貞"古同字。體之遠視形。）[1]此訓"憮""麗"，正釋《詩》"亂如此憮"爲下國駿厖，即東名詞"膨漲"之意，由"不宜有"之義所引申也。

至："艐"爲"屆"，則"庋"當爲"菭"，"摧"當爲"隤"。據經傳所借用之字，則非訓詞之涵義所應有。據所依之聲，其同聲之本文，則均當以"至"爲界說，餘可以此例推。

往："如"古通"于"，"于此乎，于彼乎"，有所往也。"嫁"從女、家，禮詞所謂"往之女家"，統詞爲"適人者"，別詞爲"嫁"。統詞即西文例之公名，即共，別詞即專名也。

賜："予"當爲"與"，經文傳寫通借"予"爲"與"耳，因出"予"字訓"賜"。《説文》因誤以"與"爲"黨與"、"予"爲"賜予"。於文，兩手奉勺，當爲"賜予"，連環下引當爲"黨予"。錫即"賜"字，最初古文只有"易"字，黃帝"名[2]民共財""交易而退""各[3]受其賜"。

善："善"之涵義甚廣，由於造字之本即取於況譬之義，古者人之"膳"以羊爲美膳，故字從口得羊，謂其味美。定字之形取此，而其字職所涵之義不止於此，凡適於人意之詞者，皆以爲界說。

叙：叙亦訓緒，此當重出不數。

緒："舒、業、順、叙，緒也"，又重言之曰"舒、業、順、叙，緒也"。據此可推知，"舒、業，緒也"爲原文，"順、叙"二字爲附益，"舒"義未詳。"業"上從木，上出枝葉，中從木心之半，下從木根，本謂"治木之工"，因爲凡事業之稱。"緒"如"纘禹之緒""纘太王之緒"，皆以事業爲言。由"緒"治絲之義，引申化專名爲公名，乃爲次叙。

① 按，《爾雅·釋詁》此句爲"至"條，誤入"有"條。宋育仁著《爾雅講義》亦爲"至"之解釋。
② 名：《禮記·祭法》作"明"。
③ 各：據《論語·憲問》"民到於今受其賜"作"民"。

樂："怡、懌"至"愷、康"十字皆"樂"之涵義。"妢、般"當屬增益，《詩毛傳》借"耽"爲"妢"，晚出偏旁，依聲移易。"般"即"盤"字，義取盤之圓轉，舟之般旋，譬况詞也。

服："悦、懌、愉、釋"爲正義，"賓、協"乃旁義。據此可推知，先爲原文，後爲附益。"服"從皮，取治皮五服五反之意，如《中庸》"服膺"，乃本義也。

自："遹、遵、從、（辵）①"，本屬循義。《詩》借"遹"爲"聿"，又借爲"粤"。"粤，爰也"，遂生"由""從"之義。"由、從"者有所自，因以詞"自"訓。

循："遹、遵、率，循也"，爲正義；"由、從、自"爲旁義。據此推知，"由、從、自"爲附益。"率"爲"捕鳥畢"，乃篆文"說"，古文正當爲"繩率"。"自"本義爲鼻，"由、從"之義後起。

謀：郭云"如、肇未詳"，疏絶解，據推爲博士附益。"漠"，舍人云"心之謀也"，蓋即"莫"字。《詩》"莫其德音"，正當作"莫"。"基"，本或作"謀"，即"愖"字。"肇、基"皆"始"之涵義。"如"無"謀"義，蓋因《詩毛傳》"不可以茹"，"茹，度也"而附益之。

常："常"從"尚、巾"，人日用所需也，故《周禮》謂官法"官常"。"庸""恒"二字屬"常"之後報義。故"形、範、律、矩②、則"五字錯見下條。

法："柯"當如《周禮》"柯欘"之"柯"，《注疏》引《詩》爲證，似失之。柯，柄也，斧之有柄，猶衡之有權度，起於柯以斧柄爲則。

皋：（內容原缺，參考宋育仁著《爾雅今釋》補："皋"從"自、辛"，篆文改古隸，從古文網飛鳥羽。）

壽："黄髮、兒③齒、鮐背"，皆據《詩》《書》二字組合之詞，可推知爲博士集解詁所增益。"壽"字次此，與前後次叙不同條貫，蓋全屬增入。

信："亶、展"，皆"諶"之音借，故引《方言》爲證。"詢"，借作"洵"。

誠："展、諶、允、亶"，均見"信"訓。"誠"之界說，專主於內；"信"義兼包內外，涵義更廣。除"謔浪笑傲"係釋《終風》成句，而以兩字爲訓詞，非《釋詁》之正例，顯爲漢博士集解詁所附益，當不數。

于：（內容原缺，參考宋育仁著《爾雅今釋》補："于"從音制字，本爲發聲警衆。後假于戲爲長聲嘆詞，而語中介合皆用之。）

於："曰、于、於"三字，在詞閒爲介系，爲挈合；在詞端爲發語，爲嘆詞。"那、都、繇"，推例當爲博士家據經傳通借所附益。

合："合"之涵義廣，受訓之詞涵義狹。"敆、合、盍、翕、會"爲一類，"仇、偶、妃、匹"爲一類，皆以"合"爲界說。

匹："知、儀"非本義，據推知爲附益。"知、儀"皆據《詩毛傳》轉義，故通"匹"，當在漢益以前，七十子後學所增也。

對："對"本義爲"應對"，有兩人相對，故轉注引申爲"匹對"。

媲："對、媲"，皆狹義。據例，訓詞主廣義，以廣義訓狹義，不以狹義訓廣義，當爲附益。

繼："綏、武"二字，蓋取"冠綏""冠武"，其義甚狹。"武"又借字，博士附益。餘七

---

① 辵：原衍，據《爾雅·釋詁》删。
② 举：《爾雅·釋詁》及宋育仁著《爾雅講義》爲"矩"。
③ 兒：《爾雅·釋詁》作"齯"。"兒齒"與"齯齒"意同。

文皆從治絲相續繼之涵義，正詁也。"嗣"，古文亦從"係"。

　　静："恳、慎、密、宓"爲本義，"蟄、貉"爲一例，"顗、顝"爲一例，"諡、溢、謐"爲一例，"諡、溢"乃"謐"之異文。以廣義爲狹義之界説，以涵義爲界説之分子，詁訓之通例也。

　　落："磒"即"隕"之或體。"湮""淹"古今字。"摽藟"即"飄零"。

　　告："僖①、畛"二字，據例推爲附益。從喜之字若僖、饎，從㐱之字若㳄、診，皆涵有預征來告之意，博士家據經傳訓義而增。

　　遠：所訓七文皆正詁。

　　遐："遠"爲廣義，"遐"爲狹義，"遐""遠"互訓者，因經傳古語多用"遐"。

　　毀：所訓四文皆正詁，以廣義涵狹義，以公名釋專名。

　　陳："陳"本義取於戰陣以定形，而涵義最廣，不專爲戰陣，亦取譬於戰陣之陳列最廣也。"引、延、薦、旅"爲正訓[陳]②兵。"繹、屍"爲轉借義。"雉"從矢，謂贊生一死士，贊雉用死陳列之順，即《儀禮》之"肆"。"劉"即"留"字，《春秋傳》鄭處於留，人居"留"名之，漢因名"陳留"。

　　主："屍"爲祭主，"職"爲事主，以公名釋專名。"屍"訓"寀"，"寀、寮"訓"官"。"寀"非專詞，亦當不數。"屍寀"之訓無征，義亦不能明。

　　官："官"從深屋，從㠯，古"堆"字，謂群萃事之處所，謂衙門，故"官地爲寀，同官爲寮"。

　　事：界説包涵如前例，"績、緒"爲一類，"㹫、采、業"爲一類，"服、宜"爲一類。"貫、公"乃引申數轉，就經傳"仍舊貫""夙夜在公""退食自公"之注説所增入，決爲博士附益。

　　高："嵩""崇"，古文同字。

　　充："崇"訓"充"，非本義，據《儀禮》"崇酒"增入。

　　勝："奢、果、毅"皆非"勝"字應有之涵義，特據《左傳》"殺敵""致果"二語附益。郭注説肩即克，"克"即"克"。人肩能勝重，所謂勝任，《周禮》"師有功"。"師不功"謂不勝也。

　　克："尅""克"古今字。"勝"本義爲舟任載，原屬專名，轉爲公名。故復重出以古文釋今文。

　　殺："克"字最古，涵義爲廣，故以古釋今。"殺"字晚出，通用爲統詞，故又以"殺"爲界説，釋"劉、獮、斬、刺"之析名。

　　勉："亹亹、矖没"，據連疊與組合詞附益，推例可知。"孟、釗"，郭注"未聞"，《補郭》引鄭漁仲説爲"愍"之（偕）[借]③，《引書》馬注爲"覆"之借，要非正訓，決爲博士附益。

　　强："强"本義爲"勉强"，本經訓詞，連文可證。"昏""暋"一字，"務""騖"亦古今字。强弱字本作弨，經傳傳寫借强爲弨④。

　　我：人之自稱，以身爲主，故《説文》曰"施身自謂也"。"台"，古"胎"字。"朕"，亦

---

① 僖：《爾雅·釋詁》作"禧"。
② 陳：原脱，據文意并參考宋育仁著《爾雅今釋》補。
③ 借：原作"偕"，疑爲"借"之誤，參考宋育仁著《爾雅今釋》改。
④ 弨：宋育仁著《爾雅今釋》作"弨弨"。

"初、胎"之名，身之始也，自小之詞。"卬"即"我"之聲轉。"余"從呆，古"保"字，自稱之本字。"吾""予"，皆"余"音之轉借。"我言"乃挈合之詞，其詞之閒見有自謂。

身："我"字篆文不可説，推知亦屬借字，因假借最初，相承已遠，故用爲自稱之界説。究其本誼以身爲主名，故復重出"朕、餘、躬"，而以"身"爲界説歸納之。

予："賚、畀、卜"，又從施身生誼，又因《魯詩》異文云"如之何"作"陽如之何"，説"陽"爲"我"。經傳轉寫相承，借"予"爲"與"，後師乃復增此條，餘文以此例推，不盡逐條詮注也。

進：此下詞重進不數。

慮：本亦作"勵"。

導：（原缺，據宋育仁著《爾雅今釋》補：次至"亮也"四條，轉輾互相訓釋。"亮"始見《書》"亮天工"，字從台門，屋下冗從是"相導"爲本義，光明義屬後起。）

右	亮	光	固	誰	美	和	重	盡	豐	聚	疾	速	虛	衆	多	擇	懼	病	
憂	勞	勤	思	福	祭	敬	早	待	危	汔	故	今	厚	僞	言	遇	遵	見	視
盈	閒	微	止	厭	業	功	成	直	靜	安	易	寡	報	樂	離	疑	榦	當	作
此	嗟	習	與	陛	竭	清	代	饋	徙	執	興	嘉	舍	息	具	愛	動	審	絕
乃	道	皆	長	曆	數	傳	相	治	養	墜	捷	慎	喜	獲	難	利	佞	使	從
因	正	孝	獻	亂	取	存	察	餘	迎	首	臻	續	祖	尼	定	近	坐	綸	維
侯	是	已	終	死															

此《釋詁》篇訓詞以次，若可屬讀如《曲禮》《弟子職》，而又不盡可屬讀，且有重復，故推知爲從後附益甚多。要之不必推見本原，已可知其體例，何則？其訓詞止九十字，始於"始"，次於"君"，終以"終"，結以"死"。其先製此訓詞應有次第無疑也，而中閒又有重復及反以疑難之字釋通易之字，則周公以後，後賢附益，各就其方音所易知，以釋古訓之難知，又可推見也。如登來爲"得來"，楚人謂"稻緩"之類。據此推知其爲小學教科更無疑也。今既以本經爲主課，無論其爲後人附益在孔子以後、在七十子以後，均守家法，不應破經，惟當依文詮次以明訓詁之用。君子於所不知，蓋闕如也。孔子爲政，主在正名。子路知古今名學之難，變遷太巨，有無從取證之處，故曰"子之于也"。《故訓》作"訐，大也"。猶莊子之河漢其言，故夫子告之曰"何其野哉"，謂此不難也。由其猶有草野之見存也。誠有無徵之難，但"君子於所不知義，蓋闕如"①，不因"蓋闕"而廢食也。今依次訓詞爲主，逆數受訓之詞，以略見前後變遷古今損益之迹，即治訓詁之要領也。

右説《釋詁》，先舉五十條見例。此篇增益頗多，出入浸廣，視《釋言》《釋訓》兩篇尤爲繁難。先其易者，後其節目，有質疑者再舉答之。

二、爾雅義卷二

讀雅條例

字書門類須先分別，然後可以治字書。今約分其例有三，一曰"據形"，許君《説文解字》是也。其書中解説，雖有形、義、聲三類，而其爲部居，則據形系連，是曰"據形"。

---

① 蓋闕如：原作"如蓋闕"，據《論語·子路》改。

許書之外有吕忱《字林》，全書已佚；此後惟（唐）[宋]①郭忠恕《汗簡》，爲古文字學；唐張參《五經文字》，唐玄度《九經字樣》，顏元孫《干祿字書》爲今文字學，此三種爲"據形"一類。二曰"釋義"，《爾雅》是也。其書不專説字，而以説字始，以説字終，《釋詁》《釋訓》《釋言》及釋《鳥》《獸》《蟲》《魚》《草》《木》是也。但釋其解説之相通，不究其本義之所主。《爾雅》之外則有《釋名》《方言》《廣雅》《通雅》《埤雅》等書，亦主釋義，其義相通，不辨孰爲主義，凡數十種，《小爾雅》出，《孔叢》爲次，古舊來考訂《孔叢》爲僞，不述。②晚出書多，不能悉數。爲"釋義"一類。三曰"分韻"，《詩》《易》之韻是也。《詩》《易》經③非爲韻而設，而韻之所始，以《詩》爲始。此後字書如《凡將》《尚元》《急就》以至《滂喜》，皆以斷字爲句，斷句爲韻，是爲音韻之始。而此後《玉篇》《廣韻》《切韻》《等韻》，通詞謂之"篇韻"，皆以韻爲斷，以字附韻，爲"依韻"一類。舉此三例，盡字書之類。④《爾雅》爲古小學教科書，約言兼此三類。今舉其凡，後剌舉其字説之，以備前説之證。

《疏》説揚雄《方言》"'皆古今語也，初別國不相往來之言也，今或同。'而舊書雅説⑤、故俗語不失其方，而後人不知，故爲之作釋也"，此即前説揚子《方言》其題名爲"輶軒使者絕代語釋別國方言"之意，謂"列國方言即絕代語釋也"。其稱"輶軒使者"，乃稱古義，使者乘輶軒，掌達書名於四方，以知別國方言而國史書之，知其所由來，爲絕代語釋之起例。別國方言，拼音之語，亦屬本無其字，依聲托事。揚子問故於林間，就六書聲形之例，依類配聲，繙成主形之字，故曰"繙譯即訓詁，訓詁即繙譯"，其義一也，其事一也。第統詞則如此，析言則有別。析言之，則縱爲絕代語，釋以今言解古言；橫爲別國方言，以此語釋彼語。再析言之，繙者，翻也，翻其音之謂也，即反其音之例也；如蓬爲蒲紅反，東爲都翁反。譯者，如《記》曰："北方曰譯。"譯，繹也，繹其義也。至今"繙譯"仍有兩例，而今新學家不能辨析其名詞，統曰"翻譯"而已矣，不知此不可以不辨也。豈惟治古學以求深者宜辨，即通今譯之淺近，亦不可以不辨也。

此非解經正義，不必旁生辨言，然既語及此，不可以不證，姑舉證之。譬如，"加拍利"乃繙日本國名之本音，"恰哀來"乃外國繙我國國名之本音也。今試問之，"加拍利"三音今爲何解？"恰哀來"三音今爲何解？則皆不（皆）⑥能立解。又如"米利堅"三音，此繙音也，問其何解？則群知爲"合衆國"矣。又如"獨逸志"，中國繙爲"德意志"，群不知爲何解？若就義解之，則知爲"獨立"之意。又如"憲法"二字，中國不問其所從來，究其本音爲"孔士九嵩"，問其原解則爲"組織"之意，則知所解矣。又如"比士業司"，中國不知所謂，究其意則雖與中國語不同，而其意可知爲"事業"之意也。如此以推，則郢書而燕説者多矣。譯文之郢書而燕説，正如注語之謬解，貽誤不淺而譯者不知也。今欲正譯，必先知學，知此理之是，然後知彼説之非也。知是非，然後能辨學；能辨學，然後能治學，不可誣也。今爲小學發一言詮，請諸君釋之：非明訓詁，不能通譯學；非通譯學，不能治邦交也。我中國邦交自《天津條約》以來，貽誤於舌人者十之七八，以數人之兒戲而貽誤蒼生可痛也，不可以

---

① 宋：原作"唐"，據《汗簡》爲北宋人郭忠恕所作改。
② 此句爲眉批。宋育仁著《爾雅今釋》爲夾註。
③ 詩易經：宋育仁著《爾雅今釋》作《詩經》。
④ 此處原衍"舉此三例，盡字書之類"九字。
⑤ 説：《爾雅注疏》作"記"。
⑥ 皆：原衍，據文意刪。

不辨也。我輩今日講經學，群不知其所用無怪也，欲破其說甚難也。今爲一淺語以破之，曰：君輩不治古學，必不能通譯學也；此輩之爲譯者，不知譯學者也，奈何以譯事委之不通譯學者乎？

各國文字，爲各國之國粹，即其國政教所由發生，謂文字爲政教之母，可也。即《易·繫》謂："易之以書契，百官以治，萬民以察，蓋取諸夬。""夬，揚於王庭"。夬，決也，萬事取決。由此著爲法典，垂爲訓詁，傳爲命令，議爲規則。非著之於文，無以爲據，固非前乎書契所能比較。"揚於王庭"者，中國先王爲天下所歸往。王者立政，即是立教，故曰："作之君，作之師。"而推原政教之產料，則由於始制文字以正名百物，教化由此行，財政由此理，故曰："以明民共財。"孔子論爲政"必也正名"。爲政，非修法令不成；修法令，非據名學理斷不可；治名學，非先正定文字、訓解又不能解決也。是以又推知世界原理，"書同文"則"行同倫"。中西文字不同，是書不同文，所以行不同倫。書文、行倫中間之間接是爲宗教，無論佛氏經（理）[1]典、可蘭法典，無非文字語言。未有文字以前，祇有單簡語言以應日習常識之用，雖人群之俊，獨有高深之理想，亦無由宣之於口，轉授與人，宗教即無從發生。及有文字，演成長言，即繁複語言。由此民智日開，交通日廣，人群相接，彼此無不達之意。從此發生文言，演出哲理，爲人群所悅服，是爲宗教。由其語言文字先異，是以所表之哲理不同，而宗教由此分途，行倫遂生差別。主音之字，一字爲一句，重在口記，口口相傳不易變動，其所表示哲理，亦不能出單簡範圍，故其宗教條約主於簡易；主形之字，一字縮爲一音，一音即有一義，兩音以上，即任意聯綴成爲一句。由是理想繁複變動不居，須憑心悟，心心相證，哲理愈衍愈深，愈深愈細，故其宗教獨造精微，所謂"君子之道費而隱"。彼教之宗旨提綱，曰"毋奪人之權利亦作權力。"，又曰"一心事天，愛人如己"。

我國禮教，即我中國之宗教。《中庸》之言，曰："君子之道，造端乎夫婦，及其至也，察乎天地。"如"夫婦"二字，即中文特制之名詞，"夫"字畫人正立之形，而頭上加橫貫一簪，以象男子之冠簪，所謂"男子重乎首"，于以表示頂天立地之意。《禮》所謂男子生而懸弧門左，"桑弧蓬矢，以射天地四方"。"婦"字旁畫女形，女從 𠃊，畫腹表示懷妊生子，篆變體作 𠁁，遂不可識。右從帚，手在屏內，下佩巾也。𦚢爲爪，冂爲屏，下垂巾也。于以表示女執箕帚。《禮》所謂女子生而"設帨於門右"，《詩》所謂"夙興夜寐，灑掃庭內"也。即此兩字，而夫婦人倫之界說，涵義顯然犁然，此所謂"男女有別"也。西文之稱"夫"語爲"阿士本"，稱婦語爲"咖負"，其音中含有"士婦"二音，然其字中之涵義，則斷無中文"士"字"婦"字之涵義，可決言也。何則？主音之字，其單文中絕無涵義可言，《穆勒名學》所稱爲"無意識之徽幟"是也。既非"士""婦"二字之文，初無"夫婦"二字之義，爲譯其言，則不得以文言爲比例，祇當以俗語爲比例。中國俗語之稱"夫婦"，通曰"男人""女人"，其稱"婦人"已屬由文言爲俗語，因學界稱文言爲習慣，非學界亦習聞而習知，遂亦效文言之語，沿習口傳女子對夫之稱曰"婦人"矣。對夫之稱曰"女人"，對婦之稱曰"男人"，其實即普通男子女子之別稱，無所謂"夫婦"之取義。則夫對於婦、婦對於夫，祇有人己之對待。從此起點，推之父子、祖孫、兄弟、伯叔皆然。名不立，則義不能生。由此觀念，世界之內，祇有人己之界，自然生平等心。人己兩界之間種種交涉，自然見權利之關係。人爲獨立，則人人各自爲獨立，獨立則防其害群，故首爲戒曰"毋奪人之權利"，又爲之訓曰"須愛人如愛己"。由此觀念，一切意識、習慣、政治，皆

---

[1] 理：原衍，據文意刪。

如是推演而成。中國文字先由拼音，而倉頡最晚出。見分理之可相別異，乃仰觀俯察，近取遠取，收束長音，改進字法爲主形之文字，^{所謂造文者三人“長次幼”，左行右行下行是也。兄弟長次幼，}乃文字孳乳浸廣以後之析名詞。古初字少，祇有統名詞，即“先後”二字，從“後”譯解。古書因誤以“先後”譯爲“兄弟”，或又譌爲“長次幼”矣。正如“夔一足”“人皇九頭”之類。迄今尚有可執爲左證者，如“太歲在（甲）[寅]曰攝提格”①，以下二十二（十）②名及“觜陬”“降婁”，十二星次是也。“鶉首”“鶉尾”諸名，則舍合音，而譯以合語。文字進化至此而至精，字字皆爲有意識之徽幟，一字有一字之涵義，有一字之界説，極天下之至（頤）[賾]③而不亂可也。𠂤象人形俠立，爲人類男女之公名，“大”象人形正立，以顯男子之符號。先由高深之哲理觀念，以製造此主形之文字，表示其極深研幾之理想。男子成人而冠，有爲夫之道，故從“大”上加冠簪，以爲男子對於其婦之專名；女嫁從男，以主家庭内職，潔清灑掃是爲婦之道，故從“女”加“帚”，以爲女子對於其夫之專名。乃所謂正名百物，察於天地，所以生人之情狀。以形定名，以意定音，清厘含糊、繁複，轉換拼合之音束爲一字一音，就其唇外之言，表示詞内之意。夫之符號，讀之曰“扶”，謂其有扶養其婦之職務。婦之符號，讀之曰“服”，謂其有服從其夫之職務。從名義之觀念，即見人道處處出於天道，由是見人群相接，各有其道，乃由此省悟“有物渾成，先天地生”。不可得而名，强字之曰道，故於文，“道”從人首、人足，即頂天立地，戴天履地之意。《易》曰“首出庶物”，《禮》曰“天之生上首，地之生下首”④，盈天地閒動植生物，惟人首向上戴天也。由此觀念制爲“道”字，以表示爲人所共由之路。各由名義觀念，則非權利思想，能盡生人之理。故《中庸》提出名義爲君子之道，而直抉其精微，曰“造端乎夫婦”。雖謂君子之道，造端乎“夫婦”之名詞，亦無不可。至於“天”字之界説，則中文涵義廣，而西文涵義狹。中文“天”字涵義，輕清之氣爲天，人所受中爲天，人之所戴爲天，人事之莫之爲而爲者爲天。一字涵四端，而仍可一以貫之。西文“天”字涵義則專指人所受造一端，故曰“一心事天”，譯又以爲“一心事神”。由此觀念，但知人與物同受生於天，而不知人與物受生之别。

　　《爾雅》又有一最古之證，學界所未能明。孔子告哀公曰：“學於《爾雅》，則可以辨言矣。”⑤魯哀公，人君也，而夫子教以學於《爾雅》則可以“辨言”，豈非可吒之語而不可吒也。即此可推見，孔子設教順先王《詩》、《書》、禮、樂四術，而雅言《詩》、《書》、執禮。《詩》《書》皆故訓，禮器皆正名。學於《爾雅》，則能辨《詩》、《書》、禮、樂之文言，於修身治國之全體大用，言下立解，心相契合，由此可證知《爾雅》確爲孔門普授治學之書，故《漢志》列於《孝經》《論語》之次，稱爲“六藝總匯”。《孝經》《論語》爲經義之總匯，《爾雅》爲經訓之總匯也，《詩詁訓傳》全從此經寫出。《郭注》引《詩》爲證尚多，《書》訓爲僞孔所亂，注家即不知引證。然《劉略》《班志》尚傳其義，云“古文讀取《爾雅》”，學者竟不解此爲何語？不知其正謂《尚書》古文訓釋在《爾雅》篇中也。故《釋言》之次，次以《釋樂》，即禮器也。

---

① 寅：原作“甲”，據《爾雅·釋天》改。
② 十：原衍據文意刪。
③ 賾：原作“頤”。宋育仁著《爾雅今釋》作“賾”。至賾：極其深奧微妙。
④ 所：原脱，據《大戴禮記·曾子天圓第五十八》補。
⑤ 語出《大戴禮記·小辨》，原作“爾雅以觀於古，足以辨言矣”。

三、爾雅義卷三

"宮謂之重，商謂之敏，角謂之經，徵謂之迭，羽謂之柳。"孫叔然說此五名，郭景純以無經據不用陸氏《釋文》釋其略，云"宮（音）濁而（庭）[遲]，故曰重"[①]，"商爲臣而佐君成政，故曰敏"，此由於經生不知樂律，故望文生義。夫"宮爲君，商爲臣，角爲民，徵爲事，羽爲物"云者，乃古樂家推究五聲之感應，又以喻五聲還相爲宮之次第條理也。至本經所云"宮謂之重"以下云云者，與"大瑟謂之灑，大琴謂之離，大笙謂之巢，大鐘謂之鏞，及徒鼓鐘謂之修，徒鼓磬謂之塞"詞爲一例，則義亦相符。此爲彼之代名，而代名之中具有涵義，不得以引申之旁義曲爲附會，可知矣。夫五聲之命名所以表示聲音之情狀，不得就形義爲訓詁。《管子》《淮南》《吕覽》所引古説，大同小異。所謂聽宮如牛鳴甕中，聽商如離群羊，聽角如雉登木，聽徵如負途豕[②]，聽羽如馬鳴在野，據此以推求五聲之情狀，須以俗言解釋，始能聽於耳而解於心。牛鳴甕中者，今人言所謂甕聲；離群羊者，羊離群則曼聲長叫，其音尖仄；負途豕者，人背負豕或以車載豕，豬性最劣，縛之則哀號聲直往無回音；馬鳴在野者，馬嘶也，聲如散絲而輕清上浮；雉鳴則今所未聞，不能定雉登木之聲音爲何狀。近人李映庚考訂聲譜，以上爲宮、尺爲商、工爲角、六爲徵、四爲羽。諦聽管吹之音，惟上音不甚似牛鳴甕中，尺音如羊鳴，六音如豬叫，四音如馬嘶，皆畢肖然。則工音如雉之且飛且啼，從下而上，即角聲矣。以余審聽與李君之説，工角互易，則工即宮聲，正如牛鳴。上乃角聲，從下而上，但未聞雉鳴之聲，究與吹上字之音相合否，未敢持爲定論也。要之，今之工尺聲字，即古之"宮商七音"，則毫無疑義。宮、商、角、徵、羽之命名，不能據形義以解説，祇當據音讀爲譬況，乃爲聲音專設之符號，無形義之可言，正所謂本無其字，依聲托事也。知宮、商、角、徵、羽五名之專屬音符，并無形義，則當知"宮謂之重，商謂之敏，角謂之經，徵謂之迭，羽謂之柳"諸代名亦必係狀其聲音，而不必牽合事理，又可知也。"宮謂之重"，五聲惟宮聲最重也；"商謂之敏"，謂商聲短而疾也；"角謂之經"，謂角聲引長如線也；"徵謂之迭"，亦謂聲長相連迭，止如西人論音始於爆，猶算理之點引爲線也；"羽謂之柳"，謂其聲散也。合之於古説如牛鳴甕、離群羊、雉登木、豕負途、馬鳴野，況譬相似。合之於今之聲字，猶云"工謂之宮，商謂之尺，角謂之上，徵謂之六，羽謂之四"，[③]此就部説分配，與李説小異。爲古今音譜之代名符號，以別五音七音之長短、疾徐、輕重、清濁、高下而已也。以此推例，"瑟謂之灑，琴謂之離，笙謂之巢，鐘謂之鏞"，皆狀其聲。惟"鏞"字依聲孳乳，始得據形聲字例以立解説，然亦係後起字，原文祇當作"庸"，乃狀其聲之鋐，然名之曰"庸"；猶聽其聲筮然，名曰灑；聽其聲犂然，名之曰離；聽其聲嘈然，名之曰巢。其"徒鼓鐘謂之修，徒鼓磬謂之塞"亦然。徒鼓鐘者編鐘也，徒鼓磬編磬也。編鐘編磬別無和音，其（磬）[聲][④]修修然，石音尤短而難諧，其聲塞塞然，因以爲此項樂器單調。樂譜之牌名，翟氏《補郭》以[《楚詞》][⑤]"塞修"之義説之，則無當矣。

《爾雅》爲先周普通教科書，條分各學科教授綱要，隱栝古今訓詁名物，其中可見古今學術源流、天文地理、九族三黨以至鳥獸草木之名，隨處指示，舉隅而反。一切學術起於文字，

---

① 音：原衍；遲：原作"庭"；據《爾雅注疏卷五·釋樂第七》改。
② 途豕：原作"豕途"，據下文"負途豕者"改。宋育仁著《爾雅今釋》亦作"途豕"。
③ "工謂之宮"，據文意並宋育仁著《爾雅講義》應作"宮謂之工"。
④ 聲：原作"磬"，參考宋育仁著《爾雅今釋》改。
⑤ 《楚詞》：原脱，參考宋育仁著《爾雅今釋》補。

就文字名義，可以知古今之變遷；通古今之變，然後知聖明作述以前民用之理，考鏡其得失，然後不致蹈無知妄作之咎，以學術誤蒼生，不可不慎。故孔子告哀公曰："學於《爾雅》，可以辨言矣。"①孔子曰："蓋有不知而作之者，我無是也。多聞，擇其善者而從之，多見②而識之，知之次也。"古今之名物傳於文字，據名義之推斷，可以知文字之先後；據文字之別異，可以知政教之文野，以及世界進化之階級次第。如樂之興，前於禮，故《爾雅》之名義最古。雅者，拍也，即樂節也。"爾雅"者，爲文言與俗言相通之節，謂"近於樂節"也。《記》稱"女媧之笙簧"是作樂。在黃帝、蒼頡之前，史稱古之造文者三人，左行、右行之字在先，下行之字在最後，即蒼頡見鳥獸蹄迒之迹，知分理可相別異，始制象形統系之字是也。左行、右行皆旁行，即今各國拼音文字。拼音者必須橫寫，故其屬句成文必須旁行，乃出於自然之勢，無容致疑者也。據形組合點畫皆自上而下，其下行亦自然之理。拼音則合數音始成一義，據形則分一字爲一音，即具一義。合數音爲一義者，依托語言以爲文字；析一音爲一義者，集合文字以達語言，乃有文言，此亦古今中外文字進化一定不移之階級也。然則先有合音之字，文明進化由觀念而歸納，始有形體組合之文，又何疑焉？樂律之名先有律，後從兩律之閒音分析其名，謂之"呂"，故六律即五音也。六律者，"黃鐘、太簇、姑洗、蕤賓、夷則、無射"是也。黃鐘爲宮，太簇爲商，姑洗爲角，蕤賓爲徵，夷則爲羽，無射爲變宮。假定此名以爲樂器聲音之符號，原屬無意識之標幟，本非今日所傳"黃鐘""蕤賓"等字，乃另有符號，依聲托事，正如今外國之音符，迨主形之文字既興，始以象形文字之音繙切。初有之拼音符號，仿佛"蕤賓""夷則"者，即以此二字爲古語之代名，正如"加拍理""米利堅"，其義爲"日本"、爲"合衆"，不得合"加拍理"三字望文生義，亦不能分（柝）[析]③"米利堅"三字逐文疏解也。律生呂，乃據聲之元點起義爲有意識之符號。古語名之曰"黃鐘"，更從"鐘"字起義，名其閒音爲"夾鐘"，爲"林鐘"，爲"應鐘"，始有義可言，其名本由義起也。以六律之閒音名爲"六呂"，則由"呂"起義，名之曰"大呂""仲呂""南呂"，合之"夾鐘""林鐘""應鐘"爲"六呂"，合以原音之"六律"，統名爲"十二律"。律爲先出，呂爲後起，而"十二律"還相爲宮，由律生呂，由呂又生律，故曰："律取妻，而呂生子也。"聲音之道，孳乳浸多，亦推求加密，乃知無"射"一律。宮聲之變，究其元素祇有五音，更將古音符號歸納於一字一名。易"黃鐘、太簇、姑洗、蕤賓、夷則、無射"之符號，爲"宮、商、角、徵、羽、變宮"，雖用象形之文立名，仍非取據形説字之義，良以聲音之符號其事，取於識別其義，猝語難明。惟以喉舌齒唇區別其清濁、疾徐、高下，取五字之音爲比例，以代表樂語之部居而已。唐以後別用聲字，皆以"工、尺、上、一、四、合"，代"宮、商、角、徵、羽、變宮"，即古之"六律"，更加"凡"字代表"變徵"，合爲"七音"，更亦不能以字義説也，音符而已矣。

次則十干、十二支之名，《爾雅》謂之"歲陽"。歲名見於《史記·天官書》《曆書》。《淮南·天文訓》《吕氏春秋》字多異同，如"屠維"爲"祝犂"，"玄默"爲"橫艾"，"單閼"爲"亶安"，"涒灘"爲"汭漢"，"大淵獻"與"困敦"互易，"屠維"與"著雍"文相似，而部又相次，似一名而分爲二名。又《史記》以"重光"爲"昭陽"，"昭陽"爲"上章"，而上章謂之"商横"；又如焉逢、閼逢，端蒙、旃蒙，遊兆、柔兆，執徐、執除，作鄂、作噩之類，一字之別，異者累累。李巡説與高誘注、孫炎説，皆就文附義，穿鑿傅會，蔓衍支離，徒使

① 語出《大戴禮記·小辨》，原作"爾雅以觀於古，足以辨言矣"。
② "多見"：原作"見多"，據《論語·述而》乙。
③ 析：原作"柝"，應作"分析"之"析"，據此改。

學者迷惑，無有是處。惟"攝提格""大淵獻""大荒落""赤奮若""昭陽""重光"數處，約略可通。其實"攝提[格]"①之爲星名，即已先不能解是何取義，仍屬偶合而非其本然。以愚見推證古今文字源流，於此又得一證。《世本》稱大撓作甲子與倉頡造文字同時，非於此始造日甲，乃於此始整齊曆象，正名定義，以甲、乙、子、丑等二十二字代"閼（蒙[逢]"②"攝提格"等二十二音符也。在蒼頡未作以前，先有合音之字；迨大撓既作以後，改定以一字一音之名，與倉頡同時并作，亦依分理以相別異，乃有名義可得而言。其"閼逢"至"昭陽"，"攝提格"至"赤奮"若二十二名，乃書契以前合音之符號。及文字改良進步，以主形之文易拼音之字，尚存繙音一例以見文字源流，不得據六書之文字以分疏合音之語言也。

由此推例，"月名""月陽"等字亦然，其義不可得而説。尋求文字源流階級，必先由縮短合音，取其重讀之一音爲主體，乃從此音爲標準，依音製字。又因同音而意指各別者多，於是仰觀俯察，見蹄迒之迹，知分理可相別異，乃據形爲標幟，以成中國數千年文字統系。其自昔所傳名物之符號，有改易名號者，有仍其舊名而繙音者。如星名之壽星、天根、大辰、大火、析木、星紀、北陸、大樑、啓明，乃後起改定之名；玄枵、顓頊、娵觜、降婁、渴柳、鶉火、河鼓，乃依前繙音之號也。文字源流，此其可知也。

四、爾雅義卷四

《釋親》九族三黨③，爲古來之普通教科所必要，此乃倫理名教之統系根源。在往日學界習聞習知，即不治《爾雅》，亦既聞而知之，遇而名之；在今日學界交通外域，平等之教闌入中國，則倫教爲中國獨立之學説，非補習《爾雅》必致漸久漸忘。今講《爾雅》須注重此點。"六親""九族"之名稱，均有涵義，即西文所謂字職。如王父、王母，乃比例於至尊之稱，云一家所歸往。歸往即歸向之義。曾祖王父、曾祖王母，曾，重也；高祖王父、高祖王母，高，上也，又在其上之謂。故孫之稱，對曾祖則同詞，亦言重也；對高祖則稱玄，言遠也。以祖視孫可謂之遠，以孫視祖不得以爲遠，稱其尊上云爾。經文謂之即俗言稱呼，乃所謂"名"也。有名即有義，名立而職分，即從之而定，是謂"名教"。董子《深察名號》篇所發明春秋之義，即此旨也。

由血統而定親屬，由親屬而定名稱，以父母爲特立之名詞，其字亦特別製定。父從手舉扑，扑即戒尺，古以爲教刑，《儀禮》，糾儀有播扑。明父之職主督家庭教育；母從女垂乳，乳以哺子，明母之職主以慈養子。世系親統，重在傳代，故曰"不孝有三，無後爲大"。立廟鬼享爲人子事親之終，即爲父受代之始。代者，代也，輾轉受代以成世代，故於父母之既没，又特立名稱。"父爲考，母爲妣"，"考妣"二字皆特製之名，由此上推至高祖，而親親之道備。自身而起，上至高祖爲五世；自身而起，下至玄孫亦五世，合上下而通數之爲"九世"，是謂"親親，以三爲五，以五爲九"，由此旁推以成"九族"。親親之恩義漸遠而漸殺，是謂"上殺、下殺、旁殺"，故曰"親親之殺"。親盡於上，則族單於下，爲中國堯舜至孔子立教立政根源。九族教親，確爲宗教之規定，而人倫之政治，依此而敷設，是爲中國人倫之政治。今之且勿論其

---

① 格：原脱，據《爾雅·釋天》補，即"攝提格"。
② 逢：原作"蒙"，據《爾雅·釋天》改。
③《釋親》九族三黨：原作"釋九親族三黨"，據《爾雅·釋親》改。

詳，先言其略。天子爲禮教領袖，頒行此教，即頒行此政。其不見於經，但見於史，如《通鑑前編》《路史》之類，姑置不談。本學校爲經科，一依夫子之言爲斷。孔子刪《書》，斷自唐虞。帝堯之德，曰：“克明俊德，以親九族。九族既睦，平章百姓。百姓昭明，協和萬邦。”然則“九族”之興，始於帝堯可知矣。“克明俊德，以親九族”者，由己以及人之起點也。由此起點，即以其親九族之法，推及於其時之貴族，貴族從而進化，是爲“九族既睦，平章百姓”。其時所謂“百姓”，在古訓爲“百官”，其實尚有未盡，應就其時事實推斷，乃有悟處。然則如何其時之“百官”，即其時之分土而治之君也，即三代所謂“諸侯”，即後世所謂“大姓豪家”，即今日各國所謂“貴族”也。由君主自行宗教之政以親“九族”，“九族”未有不歡迎；以“九族”歡迎之現象，聯合姻婭，即百姓也。“百姓”未有不歡迎。昭明者，即孟子所稱“以其昭昭，使人昭昭”之昭；“明”字，係附屬副詞。當時貴族分土而治，帝者布政“九族”，翕然推及姻黨，自然歡悅。其服從教化之貴族，皆分土而臨民之國君。處處有一君，即處處行此政，於是乃有“黎民於變”而且“時雍”之效。此《尚書·帝典》“九族”之解，與《爾雅》先周教科書前後互相發也。以上言血統之正系，而推暨中國堯舜至於孔子立政立教之原理，再就本經所列旁系加以說明，於中國政教之關係與各國之根本不同處可以啓悟。其平列之“親親”，由兄弟起點，即“男子先生爲兄，後生爲弟”二語是也。此二語乃緣初民時代之原稱，以爲血統本親之起義，何則“男子先生爲兄，後生爲弟”，尚未分明同[①]母耶？同父耶？抑同父同母耶？是以知爲緣初民之稱也。其下文又云：“謂女子先生爲姊，後生爲妹。”亦不明其爲同父耶？同母耶？抑又同父同母也？又於男女先生後生名次之間，加一“謂”字，其爲就初民稱謂沿襲之語音，而後緣音附義以制爲此名詞之專字，又斷可知也。按之《說文》，“兄”“弟”皆屬假借字，“姊”“妹”又爲後出字，即此可推父母、考妣、兄弟、姊妹輕重之倫，故云“黃帝正名百物”，故云夫子爲政“必也正名”，舉一反三，決無疑義。

由“九族”以生“三黨”，舊說不甚明，今請爲解決之詞，曰“由身而生也”。人生於天地之間，由身起點，生身者爲父母。生身之父者，不止生身之父，於是推其次叙，有世父、叔父；又由此推之有父之從父晜弟，爲從祖父；父之從祖晜弟，爲族父，是爲旁親。至此則名窮而親盡，此所謂“親親之殺”。其母黨則又較父黨而減等，母之考爲外王父，母之妣爲外王母；母之王考爲外曾王父，母之王妣爲外曾王母。仍自本身起點，上推至於母爲一代，再上推至於母之父母爲一代。禮教重男統，故[先]稱[母之]父[②]。其實際母黨即是推本女統，稱外王父者，實推本於外王母也，此乃文質之別。

母之祖父母爲一代，從本身爲三代，本支男統則“以三爲五”，因其上有祖父、曾祖父，則下有孫與元[③]孫，其恩義之相親本止有三代，而男統既立，則上有兩代，其下之對待亦有兩世，由此自然之理由化三爲五。至於“母黨”，則祇有上推兩代，其下之兩代則又屬別姓之女所生，與上推之外王父、外曾王父決不相屬，非厚於父而薄於母也。男統之所推父之系，可以“以三爲五”；母之系不能“以三爲五”也，斷於三而止者，乃自然之理也。母之視父，其恩不殺，而義當殺者，親之道盡也。降而“妻黨”，亦由此推例，何則？妻之所自出者，妻之父母。及其嫁而適人，則所承者，其夫家之統；及其既歿所受者，夫家之代也，故溯其來源，

---

① 明同：原作“同明”，據文意乙。
② 先、母之：原脫，參考宋育仁著《爾雅今釋》及文意補。
③ 元：本作“玄”，避康熙“玄燁”諱，本文下同。

祇能及於一代。如再溯以上，則壻之對於外姑，已屬兩姓之轉傳；血統再溯而上，則爲三姓之轉傳，此猶就中國男統既立而言，如就各國現狀，則當迭加爲六矣。不能成統系矣。是以《爾雅》於"妻黨"，又依例遞減，祇推一代。即外舅外姑之稱名是也。《釋親》"九族三黨"，爲古來之普通教科所必要，此倫理名教之統系根源，在往日學界習聞習知，即不治《爾雅》，亦既聞而知之，遇而名之。在今日學界交通，則倫教爲中國獨立之學說，非補習《爾雅》，必致漸久漸忘。今講《爾雅》，須注重此點。"六親""九族"之名稱，均有涵義，即西文所謂字職，如王父王母，乃比例於至尊之稱，猶云一家所歸往。歸往即歸向之義。曾王父、(者)[曾]①王母，曾，重也。高祖王父、高祖王母，高，上也，又在其上之謂。父母爲在生之稱，亦屬直系尊親，上至高祖之統稱"高祖"，至玄孫可及，生存相逮。高曾祖爲本名，王父母表尊號，謂之"名義"；名義立而職分即定，謂之"名教"。故孫之稱，對曾祖則同詞，亦言重也；對高祖，則稱玄遠也。以祖視孫，可謂之遠；以孫視祖，不得以爲遠，稱其尊上，謂之名義。名義立而職分即定，謂之名教。"男子先生爲兄，後生爲弟"，乃緣初民時代之原稱。聖人組織人倫，推血統傳重之義，又特製"晜"字，以爲長兄統諸弟之名詞。而"世父""叔父"之義由此起，"世父"者，傳世統家之義也。

《釋親》一篇，學者最當注意，此即中國國教倫理，首在正名以定血統。顧定血統，必須制定以男爲統，認定生我之身者爲父；再揭明正男統之義，爲世系傳代、一脉相承，不但爲生存計，即預爲傳代計。何則？有生必有死，乃人生天地之間不可逃之公例。生曰父曰母，死曰考曰妣，故首提"父爲考、母爲妣"者，世系之所考也。妣者，比也，與父爲配，以比於父爲稱。由此上推，則先其既歿之稱，至此而止，溯爲五。而後及在生之稱，故曰："父之考爲王父，父之妣爲王母。"上及高祖，而"親親"正系之稱至此而止。自身而上，溯爲五世而親盡，則統名爲"祖"，而不異其稱；自身而下，數至元孫，合上溯爲"九世"。從本親直系旁推支系，同此一系發生者，合爲"九族"，去九族而親亦盡。在九族之直系生死相續，即於其死終之際，制爲喪服，上服至於五世，反服亦至於五世，上溯五世下逮五世，連己身并數。合數爲"九族"。服親組織以成五服服制，示人以親親有殺。愈近者其恩愈深，漸遠者其恩漸淺，再遠者其恩不相及，但以姓氏相屬，雖百世猶可考其種姓，知其血統，仍有祖孫之名，故"係之以姓而弗別"，"雖百世而婚姻不通"。《禮》云："百世而婚姻不通者，周道然也。"據知夏商之制，親盡可相爲婚。孔子修訂爲萬世之法，善周道以廣"親親"，特取百世婚姻不通以爲通制。一爲正男統以定世系，親盡如相爲婚，則男女行輩或亂，所傳血統即不純全；一爲聯族姓以防黷亂。古者，女學校乃用合族教法，故曰："祖廟未毀教於公宮，祖廟既毀教於宗室。"先之以不通婚姻，則男女習知習聞，均無敢犯，然後聚同宗之女而教育之，坦然無嫌，有監查而無黷亂。一爲廣生育以遠疾病，傳曰"男女同姓，其生不繁"，又曰"美先盡也""遠其疾"也。同氣類而無交換，其生不茂，徵之植物、動物皆然；無交換生氣，則易致衰腐。傳所謂"美先盡""遠其疾"，即互明其理。由此先聖後聖述作人倫，以成我中國萬世一系之民族。除却此法，則須并計男女血統。從父之父母，即生別異，計父之父母，即須計母之父母，故歐法於外祖父母與祖父母同稱。自祖父母并計直系之親四人，曾祖父母并計則當八人，高祖父母并計則當十六人，再上推則三十二人，由此相加，如幾何級數，決不能理，亦無直系。由中國之倫理，則從本生支；據外國之血統，則前分後合，其同直系之分支，更無從推

① 曾：原作"者"，參考宋育仁著《爾雅今釋》及文意改。

認矣。別有圖説另出。

直系尊親以與外域三等親比較，尚缺彼中"妻親"一層。彼教男女并計血統，則須并計"妻親"。己之父母與妻之父母皆認爲直系，則上一代即四人；再上推直系尊親，則父之父母，母之父母，即中教之外祖父母。并妻之外祖父母爲六；再上推曾祖，已有直系尊親十二人；再上推高祖，則二十四人；若太高祖則四十八人矣。是以血統不能正名，而姓氏不能一系，由此"親親"之道不能立，而同姓、異姓無從別。妻之姊妹不得爲昏，而適堂姊妹轉可爲婚，由於其起點不同，視男女爲一律，故也。近世科學發明，亦知受生傳種之生氣屬於男子，且推究生理，男女同氣，生殖不蕃，易至衰弱，兼傳病種，最與《左傳》古義暗合。無如并計男女血統，直系已不可勝數。若據此以推旁支，則如父母各有兄弟姊妹各五人，即有四十姓不得相爲婚姻，於事實萬不能行。是以有其學説，無其辦法，如此比較可證，"君子之道，造端乎夫婦"一語爲立名教倫理之根源。倫教即君子之道，故曰"聖人人倫之至""堯舜之道，孝弟而已"。學則三代共之，皆所以明人倫。"舜明於庶務（物）①，察於人倫"，故《中庸》本章云"夫婦之愚，可以與知""夫婦之不肖，可以能行，及其至也"。察乎天地，知夫婦合而生子之故，乃可推知天地所以生人之故，三合然後生人。男受生氣於天，女受生氣於男，是謂"三合"，猶之地生萬物，而地之所以生物受氣於天，此男女不爲同物之原理也。再推究其根原，則《大傳》所謂"男女有別，不得與民相變革者也"。聖人先能盡性，以盡人之性，知男女受生之命不爲同物，乃循其性之自然而爲之裁制以立人倫之教，使男率女、女從男。首爲規定夫婦之倫，使匹偶不亂。男女有別、夫婦有別是兩層，先分別人所受中於天之原理，男不同於女，女不同於男，是謂"男女有別"；次爲制定以男率女，以女從男，規定血統，嚴男女之防以明傳代之義。注重於男，以守身之義注重於女，兩相維持，使其匹偶不亂，而後血統不亂。是婦所生決爲其夫之子，然後父子相親。假如男不注重傳代，則有子與無子相同，爲父者即不必親愛其子；假如女不重守身，則所生之子，不必能決定是其本夫之子，爲子者，即不必親其父與親其母之愛同，故曰："有男女然後有夫婦，有夫婦然後有父子，有父子然後有君臣，有君臣然後有上下，有上下然後禮義有所措。"故又曰："夫婦②有別然後父子親，父子親然後義生，義生然後禮作，禮作然後萬物安。"倫即始於夫婦也，禮即始於夫婦也。

第二段旁系之最親者爲"昆弟"，應從"昆弟"起點，而先言父之世父叔父者，先尊而後親也。然後及父之昆弟，然後及身之昆弟。至於姊妹，則先從本身上溯，乃及父之姊妹。女爲外宗，示男女有別之義。父之從父昆弟以至親同姓，則其親又殺，故離而言之。

兄之子、弟之子，應次於族父之子之前，因族父之子相謂連父爲叙。此文兼舉兄之子、弟之子，則目言指本身。以下族父之子相謂，則據本身之同輩而言，亦先尊而後親之義，所謂"重昭穆"也。"昭穆"二字，爲班軍之代名，猶云左班右班。玄孫以下又增數，合爲九，似屬後來附益。但《記》有"嫡來孫"，當是九世以後之裔，統名曰"來孫"，猶云"嗣孫""裔孫"，博士家因而增廣之耳。

"兄弟"本古先長次之名，非專制之字，視父母、夫婦之名義有閒。但禮制，兄尊於弟，兄之嫡長有宗之道，即君道也。因此更制昆弟③爲"兄"之專名，推廣其稱至於"族昆弟"，非同族昆弟則無此稱，故又申明其別，曰"母與妻之黨爲兄弟"。昆字從㚇，其義同群，視其

---

① 物：原衍，據《孟子·離婁下》刪。
② 夫婦：《禮記·郊特牲》作"男女"。
③ 按昆弟爲兄與弟，據"爲兄之專名"，此處應作"昆"，"弟"爲衍詞。

群皆弟也，隸省作"昆"。采音讀同鯤，後世語稱"哥"，不知所自始按采、哥雙聲，古音同讀。方音從雙聲轉變爲"哥"，本製爲"嫡長兄"之專名詞，猶"塚婦"之稱矣。《禮》稱"塚婦"者，本經爲"嫡婦"，要之別於諸弟之婦，其義則同。此宗法統家傳重之要義也。

婦稱夫之父母爲"舅姑"。舅，久也；姑，古也，皆長老之稱。字屬形聲，亦爲後起，乃男女長老之通稱。婦於舅姑，親不敵其父母，而義與之同，故本經特著其文，曰："在則曰君舅、君姑，没則曰先舅、先姑。"存則事如嚴君，没則承其宗祀也。

此名學之最重者，女學所宜先知也。聖門女教最重，其教科同在《詩》《禮》兩經。《爾雅》爲六經之總匯，凡載在《爾雅》者，皆常識所公知，男女學課并授。《釋親》更顯而易見，父母一例，兄弟姊妹并提，姑姪娣姒俱詳。母黨、妻黨亦屬直系，而伯父、叔父爲旁支，特祇以父爲統有異，即揭明立家庭之道以男爲統系。所謂"父爲子綱，夫爲妻綱"，俗學不解"綱"之文義，説誤爲"剛意"，應爲俗語之"鈐制"，豈止誤訶止爲拘執人乎？學理由此亂而反動，力乃決爲橫流。不知匪但"父爲子綱，夫爲妻綱"爲建立家庭之關鍵，非由此立根，則人道不能成立；而且"君爲臣綱"亦爲建立家庭之關鍵，非由此立例，則家道亦不能成立也。①

五、爾雅義卷五

《釋親》之後即次以《釋宮》《釋器》《釋樂》，而《釋天》《地》四時反次於後。普通教育，先使知近而後及遠，亦一定之次第，於此益可證其爲普通教科文字者，所以正其百物之名。字詁之緣起，即名學之緣起，先有公名，乃從公名抽象而有專名。"宮謂之室，室謂之宮"，互爲訓釋者，即明專名起於公名之例。疏引《釋名》云："宮，穹也，言屋見於垣上。穹②，隆然；室，實也，言人物實滿於其中也。"詞者，意内而言（而）③外，其言外稱之曰宮者，其意内狀其穹隆然；其言外呼之爲室者，其意内謂人物塞滿於其中也。其始制文字，并有二名，詞各有指而所稱同物，皆公名也。訓詁既興，則於同中見異，由全體抽象，則據詞内之意著其穹隆者，爲合數閒、數十閒、數百閒共一家居之統名。著其塞滿者，爲專指一閒或一套閒，或一人所獨居或夫婦所共居之析名，故云"由命士以上，父子異宮"，又云"半畝之宮"，其大者則曰"公宮"、曰"王宮"，皆合門庭堂房舍而合言之詞。其云"環堵之室""獨居一室""男女居室""嗟我婦子，[曰爲改歲，]入此室處④"，皆分析閤家之一處所、一閒房而言。西人謂西文名詞皆有區別、中文名詞無區別者，由於譯學未明。我國之治譯者，未能通訓詁小學，但解普通認字、普通屬文，無從知古先名學。因而翻譯西文不能區其詞界，縱能深於西文通其名學，而於中文不知確詁，則其比附中西文之解釋，隨文句而推移，失其本義，但假通訓，譬如後"夔一已足"譌爲"夔祇一足"，"人皇九代首出爲君"譌爲"人皇一身九首"是其比例，就文而屬讀，則成郢書而燕説；或有尋求前後文意，義有不得通，則以己意爲之，又成改漆書以合秦文矣。必祛二者之惑，始足以言譯學；必通譯學，始能作中西學術之郵，則非通中文之小學不能爲功。先從《爾雅·釋宮》《釋器》諸編，詳審其名詞之何以繁複，何以多生區別，自易悟入。

---

① 此段文字爲《爾雅義》校本增加文字。眉批："刻本有此一段。"
② 隆：據《爾雅注疏》卷五《釋宮》作"崇"。
③ 而：原衍，據文意删。
④ 曰爲改歲：原脱，據《詩·豳風·七月》補。

"牖户之閒謂之扆"。古時宮室建築有一定之式，一爲便於習行禮教，一爲便於治事衛生，户皆南向，門在室西，窗在室東，則户牖之閒，乃一室之當中行禮之位。人君則於此處當設屏風，以木爲之刻爲篆文，即今梓人所謂"漢文椅"，回轉作篆形，是其遺制。所謂"兩已相背畫爲黼"。"扆"字借爲斧，依正文作𠨍，𠨍即㠯字。内謂之"家"，承上文而言，室必有户牖其外，則户牖之閒謂之"扆"，其内則人所居也，故曰"其内謂之家"。家，居也，人所居也。

"東西牆謂之序"。此須知三代宮室之制與今不同，所謂"堂"者與今之"堂"異式，略如今之"飄簷走廊"，而進身所占地位甚寬，殆倍於室之進身，行禮布席皆在此。其兩旁衹以牆界之中架有楹，其後有室以行禮，在此東西牆界内，故謂之"序"。

"東西牆謂之序"，取義於次序行禮之地。其室之四隅各有名義，亦以行禮、衛生二義定其稱。宮室定制，牖在室之東南；户在室之西南，雙扇在外爲門，單扇在内爲户，記云："户開亦開，户闔亦合，有後入者，闔而勿遂。""言聞則入，言不聞則不入"，是室户以闔爲常，行禮則啓。户設饌於奥則闔户，故以奥爲幽隱之處，於奥既畢，改設饌於西北隅，則人啓户，故曰"當室之白，日光所漏入"，孫叔然之説是也。郭云"未詳"，補郭引《釋名》及熊安生説謂喪禮，撤此隅屋薪，值雨則漏，其義無取經傳，亦無此據。《疏》謂二家説皆無據，郭氏不取是也。古人尚右，以西爲尊，故行禮設饌皆在西南西北兩隅，其東南隅當牖之左，惟東北隅去户牖皆遠，當爲人所常居寢處之地，故謂之"宦"。李巡説"宦，養也"，是其義也。除户牖及户牖之閒，四隅皆容布席，則室制甚寬。古制布席其在地，席上仍幾，其地皆有莞，若今北方地坑之必有蘆席，然後上加細席，有再重三重，如今襪毯之屬，《詩》所云"下莞上簟"也。居常寢卧之衾枕，既起則輟而縣之。今日本猶循此法，其行禮設饌之席，亦臨時始布之，亦加幾，如今炕機矣。由此推見，古時宮室居處法度，約如今日北省地坑，東洋席地之式兼而有之。居常寢處多不用帳，以常卧處距户牖光線透入處均遠，抑或時改寢處於西北隅，則當户之白，亦用帳以蔽光。《詩·小星》説幬爲"單帳"，《抑》篇説屋爲"小帳"是也。屋、幄（帳）①古今字也。或用帳或不用帳，此又與西人同矣。"其東南隅謂之窔"，據《禮》，"掃室聚窔"。《既夕》文曰："朔月，童子執帚却之，左手奉之，從散者而入。比奠，舉席，掃室，聚諸窔，布席如初。"但言掃室之散者而聚諸窔，不言糞除，奉而出之，然則窔是下孔，在牖下之左旁下齊地爲孔。由此可②推，棄所掃而致於外，故云"舉席掃[室]③，聚諸窔"，又布席其上如初。此又適與西法衛生，上窗入空氣，下隙出冷氣之式相合矣。宮室之制，須重衛生，古先與今西法用意固同，其有異點，則又必便於行禮，爲中國古先所獨也。

次别門户上下四旁之名，注疏已詳，惟"樞達北方"注未得解，疏更就文傅義，不得其實。愚按，"樞達北方"者，示户扉開向後，前爲南，後爲北也，故云"樞達北方"。户扉之開向南、開向北，樞爲之主也。"落"如"落成"之"落時"是也。兩適相當之謂户扉向後開，附著於壁，適當户牖之閒廣狹所占地位相當如一，如落成，然俗語所謂"落井"，猶言"恰合式"云爾。據此推究古訓，則落時""落成"，皆合兩字以表一意，乃相傳古語爲拼音文字時代之名詞，亦即"歲陽""歲名""五音""星次"之比例也。故重申其名義，曰："落時，謂之㡰。"㡰即"𠨍"字，户扉向後開，附著於壁閒，其前面即正當户牖之閒之黼、𠨍共一堵，而前後略異。其稱古讀當不必異音，即容或異音，要之其爲同物，則據文可知也。此又古今

---

① 帳：原衍，據文意删。
② 此可：原作"可此"，據文意乙。
③ 室：原脱，據《儀禮·既夕禮》補。

文字音系在前，形系在後之明證也。

此下略分二例，一例有關於名學，一例有關於建築。據訓詁家舊詞例，有散文、對文，（柝）[析]①詞、統詞之別；據新學界釋名學詞例，有公名專名、察名소名之科。此篇所舉，如“堜謂之坫”，至“在地者謂之臬”，皆舉對文。析詞則各有主名，散文、統詞則其義相通，即名可互假。至“大者謂之（横）[栱]②，長者謂之閣”，又演其義云“閣謂之臺，有木者謂之榭”，則由專名而逐漸演爲公名。其“兩階間謂之鄉，中庭之左右謂之位，門屏之間謂之宁，廟中路謂之唐，堂途謂之陳”，以至“九達謂之逵”“大路謂之奔”兩節，則由察名而演爲소名，於此可究訓詁與名學密切關通之消息。先周之制度，爲中國文明極盛時代，無事不有法式，建築尤爲最（先）[精]③。欲以禮教爲國，先須正人群之爭，其原理須周給人群滿足之願欲與本分之願欲，而防禁其奢侈之願欲。先分別人群賢否之階級，以設爲地位高下之階級；就其地位高下之階級，以制定宮室、車服、飲食、器用之等級，必先自建築爲始，而尤以宮室爲先。不獨於此養生，又須於此行禮，所謂“君子賢其賢而親其親，小人樂其樂而利其利”。制合家庭以爲教政之起點，必先制其宮室之度，以爲家庭教育之範圍，故其宮室之制同爲一式，惟以其階級分別其占地廣狹、列屋多寡、用材良楛、度數崇卑之等差，《禮記》所舉自天子以至庶人之分數是也。“植謂之傳”至“櫋謂之（門）[楣]”④，物有定名，則工有定度，此自庶人所居，同於此名，即同於此度。“閍謂之門”至“衕（楣）[門]⑤謂之閣”，則推而上之至於諸侯、天子之宮。夫宮室有制，然後道路有經，推而廣之。匠人營國，司空量地以制邑，度地居民，地邑民居必參相得，無非工政之整齊畫一，恢之而彌廣。故孟子言國家之亂，“朝不通道”與“工不信度”對舉同論，是爲壞法亂紀之兩大原因，而其效果則成於“君子犯義，小人犯刑”，如立竿之見影。夫奢侈之願欲，人類所同；懷本分之願欲，生人所應有，而聖王之政以滿足之願欲爲執其中，而就其人格之等衰以爲之限制。如使人人競於奢侈之願欲，而無義務權利之原則以爲之權衡，則在位之君子，必致犯義以妄求；在野之小人，必致犯刑而盜竊。雖有法治猶不能正，況未成法治之國而先廢禮教之防，其何恃以處此。此篇“一達謂之道路”至“石杠謂之徛”，由宮室制度以演成營國規模，約舉工政以爲教科，言皆有次第也。

“雞棲”二句，“容謂之防”三句，“門側堂謂之塾”四句，“路旅途也”二句，“室有東西廂”五句，皆舉經詞，博士所附益也。

六、爾雅義卷六

古先遺書，非傳其專門之學，即屬普通教科，“史篇”之屬於普通教科審矣。古謂“史篇”者，今言“字書”，非爲教科，則勿庸作字書也。《爾雅》亦“史篇”之類，證以漢時“史篇”之尚存者，如《急就篇》，先以人之姓名，次以器用宮室，即係規仿《爾雅》體例。述人之姓名者，即《爾雅·釋親》之義，制九族以正血統，始有一脉相傳之氏系，而族姓從此別焉。

---

① 析：原作“柝”，據文意改。
② 栱：原作“横”，據《爾雅·釋宮》改。
③ 精：原作“先”，參考宋育仁著《爾雅今釋》改。
④ 楣：原作“門”，據《爾雅·釋宮》改。
⑤ 門：原作“楣”，據《爾雅·釋宮》改”。

彼用韻語，但取識字，其爲教科等級尤小，故僅能臚舉姓氏，綴系以名，讀而成句，察而可識，如後世通俗所行之《百家姓》。然而推其體例所從出，實仿於《爾雅》九族之意，次以宮室、器物、音樂之類綴字成句，其次第與《爾雅》正同矣。

《爾雅》爲先周教科，故其篇第、部居雖秩然有法，顧爲後學附益，逐節增入，以致參雜，猝難見其條理。如《釋器》篇該類甚廣，而紊亂亦甚。約分其節，"木豆謂之豆"四句，宜若先言祭器，而籩、簋、鉶、俎之名，又不悉具。"綴[罟]①謂之九罭"至"罺覆車也"，則次舉綱罟佃漁之器。"衣梳謂之禬"至"裳削幅謂之纀"，則次舉衣服縫紉之名。"輿革前謂之鞎"至"轡首謂之革"，則辨車馬之飾名。"餤謂之餃"至"有骨者謂之殽"，疏謂別魚肉所作食味之名也。但綱罟類，多取晚出之名；輿服類，亦不完備；食味先言餃、餬、餕、敗，又覺先後倒次；此後鼎鼐金錫略見；大凡羽革玉角，又前後錯舉；惟"弓矢"一節、"圭璧"一節、"染采"一節，尚見完好。猝未能條分縷析，辨其孰爲原文，孰爲附益，但亦仍可以前例求之。其專釋經詞及待證方言者，即所謂"博士集解詁梁文所附益"也。

此篇所該既廣，應是取日用常習所需，每類各舉其概，不應搜及僻隱。原文所舉應屬統名，無取析名，如"木豆謂之豆"四句，皆日用食器之大名。若"甌瓵謂之瓵，康瓠謂之甈"須證以方言，始能名其物，當爲後來增益。"斪斸謂之定"三句，則舉農器而不及耒耜，疑亦原文所無也。抑"耒耜"屬文言之名，此舉其習語之稱。古書流傳，文字孳乳，所書之字，多半非其本體，不徒水族安魚、飛禽著鳥而已也。據晚出之名，以求原有之物，因以通其最初之文，則是篇之例，可略得而説也。今用此推例，就所已知刺取疏證，以爲舉隅之助。治《爾雅》者，爲遇物能名，舉書能識，非以博聞《爾雅》之故以爲學也。

"斪斸謂之定"。《廣雅》云"定謂之耢"，《世本》云"垂作耒"，《呂覽》云"其耒六寸，所以閒稼也"，《詩·臣工》，《毛傳》云"鎛，耨也"，據此則"耒"即是犁，犁即是耒。耒、耜一物，就柄名之爲"耒"，就耑名之爲"耜"。文言爲"耒耜"者，於古恒言謂之曰"定"，又名爲"斪"，亦名爲"斸"。郭注"斪、斸、鋤，屬鋤犁一類也"。文字孳乳，文言浸廣，始由統名而抽象，別爲析名以爲稱。如"斪"本字當爲"句"，即俗寫之"勾"，又推原其始當爲乚，隸書變形作爲"乚"。斸當爲"欘"，即《周禮》"柯欘"之"欘"，又推原其始當爲"梀"，又推原其始當爲"丨"。耡，穰也、犁也、耙也、鎛也，皆一類也，統而言之曰"耕"也。"耕"字亦從"耒"成文，未知與諸文孰先孰後，究其初名則曰"作"耳，故《書》曰"平秩東作"。作，古文爲㞢，即乚之重形。要之舉統名，則"耕作"之名無別，即農作之器，其名義相通，則可斷言也。然則斪即句，即勾，即乚；斸即梀，即杚，即丨；定即莉，即杚，即丁矣。據此諸證以推其物，然則斪也，斸也，定也。三物而一物，一物而三形，三形而三用，三用而三名，舉此三物而農力耕作之事備矣。斪即乚，斸即丨，定即丁，中文下行，故將乚書作丨，其實丨即乚，乃鋤也，從上舉手挖下也。乙即乚，乃耙犁之屬，宛曲而上者也，從下耨上，使上疏也。丁即畗，即耑，即插，即鍤，即钁，從上插入地以種物也。農器之三用，備於此也。"斫謂之鐯"，舊說以爲大鋤，乃據後起之詞而名之也。愚按，斫，斤也；斤，鐮也；鐮者，橫腰刈草之器也，今語謂之"鐮刀"；鐯者，著也，即俗著字。字從者。草者，者，著也，以器著草，即以鐮刈草也，楚詞所謂"誅茅"是也。"斛斘"郭釋爲鍬鍤，愚按，斛當爲庌，斘當

---

① 罟：原脱，據《爾雅·釋器》補。

366

爲甾、爲菑。戽水以灌田，以名其戽水之器爲戽，演爲斞；以所灌之動詞爲菑，演爲釃矣。

　　"宮謂之重"一節，前已刺舉爲説。今按全篇名義，"大鼓謂之鼖，小者謂之應""大鐘謂之鏞，其中謂之剽，小者謂之棧""大篪謂之産，其中謂之仲，小者謂之䆷""所以鼓柷謂之止，所以鼓敔謂之籈""和樂謂之節"，此數名者可以義説。其餘皆以其音之狀爲其物之名，祇可以《釋名》之例説之，不得用詁字之例爲訓也。鼖鼓所以"鼓軍（旅）[事]"[1]，取義於其聲奮迅以鼓起衆，小者其聲應於樂節。疏以爲"應於大鼓"，失之。李巡説尚近之，孫炎説非也。"應"如《周禮》"春牘[2]、應、雅"，《詩》"應棘懸鼓"[3]，正謂"應樂節"。板眼在諸音之閒，爲諸音之節，如點句讀。然今樂所用簡鼓尚如此，俗音譌爲尖鼓，其實即"棘鼓"之遺語也。"剽"者聲輕疾而短聞，孫叔然説"聲輕疾"是也；"棧"謂編聯爲棧也，即"編鐘"是也；"産"之義難明，所未詳也；"仲"者，即取伯仲之誼；"䆷"即約矣；"止"即取以此止樂；"籈"《注疏》無説，籈即甄，甄作陶瓦之器也，所以起樂如陶之有甄，蓋其命名所取如甄之圓也；"節"者，如竹之有節矣。

　　《釋天》"穹蒼"者，特製之名詞，尊稱也；"蒼天"者，普通之習語，以習語釋文言也。此下分四時之別稱，郭注明矣。兩舉四時之名，見《黄帝内經·素問》，詞有出入。"載，歲也"，郭注"取物終更始"。"載"本字祇作𢦏，從才，草生才見弋以識之，故曰"物終更始"，古文遺説也。"夏曰歲，商曰祀，周曰（季）[年]"[4]，唐虞曰載"，首見《尚書》斷代易稱，餘經皆同此例。"夏曰歲"，故《周禮》用夏時所舉之政，皆改稱正月爲正歲也。"歲陽""月名"等古書亦罕見用，惟《楚詞》及《越語》兩引用之，即此亦可證其爲古語，不得以文言之訓義説之明矣。惟"月陽"義尚可説，但亦可無説。

　　"焚輪""扶摇"，亦未有形系文字時代拼音之語。"庉"字亦作"炖"，皆不見經傳，漢置"燉煌郡"即此誼，然皆晚出字，後所附益。

　　雺、霧古爲一字，《漢書》作𥄎[5]，即《書·洪範》"曰雨，曰霽，曰蒙"之蒙，孳乳浸廣，因名製字，遂又分爲二名。"霆霓"即"霹霓"，"霓"讀爲靂音，如"歷"矣。

　　此題星名以壽星、天根、大辰、析木、漢津、星紀、玄枵、娵訾、降婁、大樑、鶉火或數訾、室合爲十二次；或數濁味以當鶉首，濁即噣，即啄，即味也。十二星紀有"有星"有"無星"，故云"虚也"。玄枵、顓頊之虚，北陸三星次皆"無星"，故皆曰"虚"也。箕斗之閒亦"無星"，然不曰"虚"者，漢津亦"積星"也。"是類是禡""既伯既禱"，全舉《詩經》文爲釋，乃博士所附益。"乃立冢土"至"反尊卑也"，皆舉經傳全文，亦屬博士附益。

　　《周禮》"祠春、礿夏、嘗秋、蒸冬享先王"與《爾雅》同，《禮記》"春礿夏禘"，詞有所改。"祭星曰布"，即禮詞所謂"禜"也。禜者，營也，縈也，餘均《書》《禮》《春秋》名詞。大祭之"禘"，禮所謂"殷禘"，禮家説："三歲一禘，五歲之祫。"

　　因祭而次"講武"，"蒐、苗、獮、狩"，均《禮》《春秋》名詞。四時之田，一爲乾豆。"國之大事在祀與戎"，兵不可忘而武不可黷，故下舉宜於社，轉詮其義云："起大事，動大衆，

① 事：原作"旅"，據《周禮·地官司徒》改。
② 春牘：原作"牘春"，據《周禮·春官宗伯》乙。
③ 應棘懸鼓：語出《詩經·周頌·有瞽》，原作"應田縣鼓"。《毛詩正義》卷十九之三："田當作'棘'。棘，小鼓，在大鼓旁，應鞞之屬也，聲轉字誤，變而作田。"
④ 年：原作"季"，據《爾雅·釋天》改。
⑤ 𥄎：宋育仁著《爾雅今釋》作"瞀"。

必先有事乎社而後出，謂之宜。"

因講武次"旌旂"。古之立武以司耳目而便指臂，在於旗鼓。鼓已見《釋樂》"大鼓謂之鼖，小者謂之應"。"素錦綢杠"（而）[至]① "維以縷"六句，詳旗之製。舉九旒②者，諸侯之制，軍以守國，明國君爲主，不及王之太常。旗爲統名，曰旂，曰旆，曰旐，曰旟，曰旌，舉析名之別也。

七、爾雅義卷七

《釋地》"九州"，最關經制建國之綱要，自"十二州""九州"異同，"五服""九服""三千里""萬里"，諸家聚訟不得懸解，今先立圖式，以次詮釋如後：

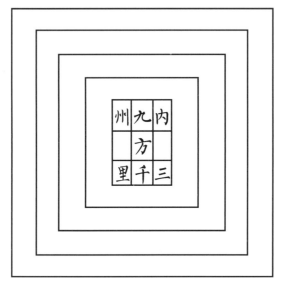

內九州外五服影射圖

立十二州之名，以括昆侖以南之地，故於文，地北爲"丘"。人所居在昆侖丘之南，則視昆侖丘爲地之北，此即黃帝以來劃定之中國國界也。帝王相傳之政策，宅中建國，旁畫八區，合中爲九，是爲"九州"。上象九宮，八星環繞，以明帝王法天下、制貢賦，分爲五服以治地政。《周禮》所稱侯服、甸服、男服、采服、衛服，即"內九州"也。面距各五百里，合之方三千里，所謂"王者治三千里"。置其外爲"外州"，《周禮》所稱蠻服、夷服、鎮服、藩服，面距又各五百里，弼成五千，故《虞夏書》云："弼成五服，至於五千。"就中國方域，制十二州之名，或拓東北入內九州版籍，則置西南爲外服；或收西南入版籍，則置東北爲外藩，故《帝典》又云"肇十[有]二州，封十[有]二山也"③。

---

① 至：原作"而"，疑爲"至"之誤。

② 九旒：《爾雅·釋天》作"旒九"。

③ 有：原脫，據《尚書·舜典》補。

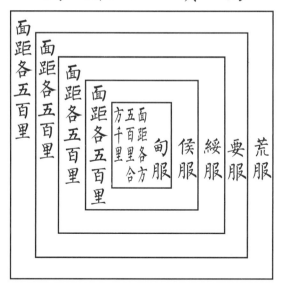

從五百里起度，合五百里者四爲甸服，面距各五百里。此外，則每服遞加面距各五百里，兩面弼成方千里爲一服。

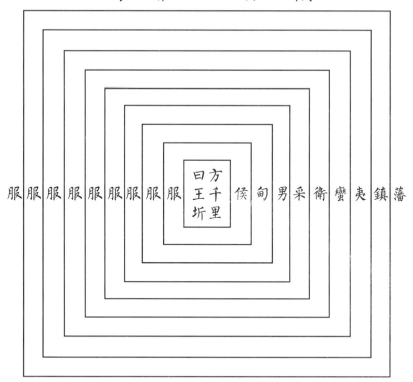

方千里起度，則遞加之九服，各等邊五百里爲一服。

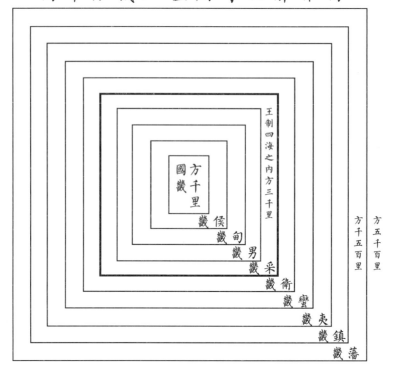

圖率方畿九禮周奇伯鄒雅爾

（圖中文字：王制四海之內方三千里　方千五百里　方五千百里　方千里國畿　畿侯　畿甸　畿男　畿采　畿衛　畿蠻　畿夷　畿鎮　畿藩）

　　并數蕃服，則除王圻不數；并連王圻，則不數蕃服。邊陲之域，皆奇觚地，爲廣輪不能正方，如圖，故略。外州約舉其面距爲五千里，合兩面爲九服萬里，故曰："至於五（千）[服]，弼成五（服）[千]。"①外薄四海，咸建五長，俾有統系而已。

　　五服方五千里，九服方萬里，九州、十二州及王者治三千里，爲今古文家説經之聚訟，因而疑及《王制》"東不盡東海，北不盡恒山"。面距千里而遙，千里而近，如鴻溝之界，絕不相通。此其説經皆於通處求塞，惟鄒伯奇《九畿方率圖》能於塞處求通。今先例兩圖説明《尚書》《周禮》本無不合，即本鄒氏之意而疏證之。次取鄒圖與前圖兩相印證，其餘皆通矣。抑尤有進者，治經須先認明經係何書？何爲而作？傳此書之主義安在？治此書將以何用？如何謂之通經致用？須知經是立法，而非記事，是以經異於史。《王制》地域係述王政所治之內九州，故除王畿數其四至，面距不過千里而近、千里而遙，劃此外爲要荒，以世朝貢而已。如唐之羈縻府州，今之藩屬土司，地距愈遠者愈不干預其內政，所謂"疆以戎索"，待以夷禮，故曰"王者治三千里"。又曰"王者不臣夷狄"，惟精於自治以俟其歸化，歸斯受之，不在乎恢拓疆域也。是以置十二州之名，而但建九州爲中國。求土中以建國，因王畿而定界，所謂"中天下而立，定四海之民"，乃孟子述王政建置之學説也。除九州之外，畫爲外州，故九州謂之"九有"，猶宋（主）[祖]②以玉斧劃大渡河曰"此外吾不有也"。并數要荒，則爲五千里，故云"弼成五服，至於五千"，又曰"肇十有二州，封十有二山"。繼以流共工於幽州，放驩兜於崇山，竄三苗於三危，殛鯀於羽山，惟其置幽州爲外州，乃流配共工於其地。幽州即十

① 服、千：原序有異，據《尚書·虞書·益稷》乙。
② 祖：原作"主"，據《資治通鑒前編》及宋育仁著《爾雅今釋》改。

二州之一也，崇山、三危、羽山即十二山之三也。外州不必悉如内九州之建置申畫郊圻，但封山以爲標識大界云爾。如我朝先與俄羅斯定界，以大興安嶺爲界，後與英定緬甸界，約以野人山爲界，所謂大興安嶺、野人山，可廣可狹，可長可短也。《春秋》之義所謂“略之”也，以要言之，黑龍江省内外、蒙古三姓四盟、車臣汗，即古幽、并州之域也；嶺、滇、藏、衞，皆古梁州之地也，此東北與西南之大限也；其正東之青州，海濱廣（斤）[斥]①，亦可置爲外州；其東南之徐，由海岱及淮地，亦瀉鹵，方域較狹，可以并入楊之域，亦可棄置爲外州。建置所宜視王畿爲申縮，亦因其物產人民之盈耗、域之荒熟爲之土斷，此王政之政策也。是以《爾雅》此文上與《禹貢》不同，下與《周禮》又異。《禹貢》有青、徐、梁而無幽、并、營，《周禮》有青、幽、并而無徐、梁、營，此有徐、幽、營而無青、梁、并。青州即營州異名，故此云齊曰營州矣。自殷以來，置梁州爲外州，爲營洛宅中整齊方域，故蜀山氏興於其際，別爲一帝，所謂“開明氏”是也。周建東都，朝諸侯以成王政，并置徐、營爲外州者，蓋將東北縮小，畫訖青州爲界。此外登萊、碣石、朝鮮、崑夷、奉吉之地，悉爲外州之境，則從青島以訖海、徐，亦并隸於要服。王者治三千里之外，統謂之爲“四海”矣。

“十藪”“八陵”“九府”“五方”以廣博聞，不甚關於要義，《周禮》“藪，以富得民”。所謂名山大澤不以封，由王朝設虞衡之官世掌之，因以周知九府之所出產及其五方之異物，故連類志之。“邑外謂之郊”至“林外謂之坰”，亦舉侯國爲主。先王之疆理天下，重在分土而治也。郭注此文最精，謂“邑，國都也”。假令百里之國，五十里之界，界各十里也。據《周禮》，王城外百里爲近郊，二百里爲遠郊，以外統名謂之野。王國六鄉，置於近郊百里之地域；侯國則三鄉，縮小範圍，界竟十里也。《書》“魯人三郊三遂”，蓋比王朝六鄉六遂，六遂置於遠郊之地域。侯國鄉改稱“郊”，則遂地遠郊避稱爲“牧”，牧外乃謂之“野”。據《周禮》，林在距王城五十里內之園圃，今侯國面距祇五十里，故野外始謂之“林”。坰，古文祇作冋，最初當作門，表界牌也，以表國界。

《周禮》，地域五名有山林、川澤、丘陵、墳衍、原隰，此獨詳原隰。丘陵亦土侯國名山大澤，不以頒阜即丘陵者，阪即墳。上既舉“溼曰隰”，復舉“下者曰隰”與“阪”連文，即謂衍也。

題爲“四極”，而目言“四荒”“四海”，推至南戴日，北戴斗，東至日出，西至日入。蓋由近及遠，殆亥章所步，禹、益所名，又在荒服之外矣。

《釋丘》別爲篇，不入《釋山》。古誼“山，宣也”，主名水之所出，綿亘枝干爲“宣”，通天地之氣，故曰“竅於山川”。丘以昆侖得名，爲地南祖山突起，因而名“起”。突、岡阜，別以爲“丘”，故篇中特提“人爲之京”與“非人爲之丘”對舉，以證明一成、再成、三成，乃指生成而名，非如築壇之成，人所爲也。“上正，章”《釋山》同詞，蓋“幛”借字，上平如覆帳也。“澤中[有丘]，都[丘]②”，都即“堵”，亦即“渚”也。“當途，梧”，謂“交迕”。“途出其前”，山面陰，如有戴；“途出其後”，山面陽，昌明也。“（在）左澤，定[丘]；右陵，泰[丘]”③，據史《地輿記》所增益。“丘上有丘，宛丘”重出，與“宛中”誼相左。“如畝”“如陵”，亦組合之誼。“陳有宛丘”，據《詩》；“晉有潛丘”，據《地記》；“淮南”以下四句，顯屬附益

---

① 斥：原作“斤”，據《禹貢》改。
② 有丘丘：原脱，據《爾雅·釋丘》補。
③ 在：原衍；丘：原脱；據《爾雅·釋丘》刪、補。

無疑。

“厓岸”，因邱陵川澤而生，故別其形狀以命地志之名。古中國立國中原，故無海角、海頸等名目。今談輿地者，亟稱外域方名，而於國文地域之類別，反數典而忘之矣。

《釋山》《水》以“五嶽”“四瀆”“河曲”“九河”爲綱領，篇尾“梁山，晉望也”。從《釋地》以下至“九河”，皆禹所名也，乃子夏以後所增。此外爲附屬條目製爲文字，因其形狀以命名，著於文篇，即因其名以知形狀，乃爲文言，而設俗語呼名，亦即察而見意也。“山脊，岡；未及上，翠微；山頂，塚；崒者厜㕒”；“山絕，陘”；“山西曰夕陽，山東曰朝陽”。“水自河出爲灉，濟爲濋，汶爲灛，洛爲波，漢爲潛，淮爲滸，江爲沱，過爲洵，潁爲沙，汝爲（墳）[濆]①”；“注川曰谿，注谿曰谷，注穀曰溝、注溝曰澮、注澮曰瀆”；“水中可居曰洲，小洲曰渚，小渚曰沚，小沚曰坻”，乃分別山之一部、水之支流之析名。餘皆狀況之名詞，約與“崖岸”同例，字多偏旁，皆緣後起，以類識別。如：崧即嵩之別體，岑即今之晚出。“嶠、歸、峐、嶧、巒、隋”字，本即作“喬、歸、互、睪、巒、隋”，推之“多草木，岵”，謂“老山林茂”；“無草木，峐”，謂“老林根，亥於下而難生”。石戴土，“崔嵬”，正當作“自畏”，古文有**畏**字，《莊子》有“畏壘”，即此所名也。“土戴石爲砠”，謂如且薦之下籍。“灉”爲水邕不流，“潛”爲犹犹水聲，“濋”爲水旁邪許，“沱”爲它盤，污、沱均不必逢陵著山，遇川加水也。

“華、嶽、岱、恒、衡”，舉吳嶽不及崧，結尾（自）[目]②言“五嶽”，又舉嵩、霍，不及吳嶽、衡山。“四瀆”舉江、淮、河、濟，不及漢；“水自河出”一節，則舉“漢（出）③爲潛”，即以示“九州”“十二州”建置轉移，所封名山大川可得而變易之誼。“濟爲濋”二句無征，斷自子云以後據《方言》所增。“水決之澤”以下，至“庶人乘泭”，則據《詩》傳附益也。

八、爾雅義卷八④

孔子言《詩》有曰：“多識於鳥獸草木之名。”古之博雅君子遇物能名，未有不資於多識。《郭序》亦云“可以博物不惑，多識於鳥獸草木之名者，莫近於《爾雅》”，與孔子之言正同。《爾雅》辨物之名，各從其類，分別部居，不相雜厠。其取資也宏，而致思也易。以視《詩》之名物，散見篇章不同。誠哉！“學覽者之譚奧，摛翰者之華苑也。”今日博物之學，在西國已成專科，審形辨性，析類分源，窮極微渺，非詳考圖說、實驗標本，未足明其要略，故《爾雅·釋草》以下諸篇，非專爲博物之譜錄，實乃名學之綱領。其中稱名取類元，與近正之本義相合，後人循其名而知其物，惟其稱之當也。自經生僻守故籍，耳目所及，不若田夫野老之廣，而徒知獵藻以矜瞻博。數典雖工，其去本旨益遠，而紛繆因之百出矣。注疏家但剌取群書傳說及《本草》諸譜錄之言，繁徵博引，頗涉蕪雜。然而取材甚富，統郭、邵、郝三家之書參觀之，可省搜集之功泰半；若再能以近世各地物産之志及新動植物學之説證之，以爲辨物之助，使前人定名之誼於以大明。世有博物君子，吾知必於是求之矣。物生而後有象，象而後有滋名，以別之其繫於物也，重矣。《爾雅》以稱名爲釋物之用，《郭序》所謂“辨同

① 濆：原作“墳”，據《爾雅·釋水》改。
② 目：原作“自”，參考宋育仁著《爾雅今釋》改。
③ 出：原衍，據《爾雅·釋水》刪。
④ 原著標題“釋草木蟲魚鳥獸通義卷八”，此處修改以資標題統一。

實而殊號者也"。其所重者在物名，故不甚舉其形性。凡鳥獸蟲魚草木，多別具（一）[異]①名。惟一名者，乃閒取形性言之，如《釋草》"桃枝四寸有節"，《釋魚》"蝮虺博三寸，首大如擘"，詳其形狀；《釋草》"卷施草，拔心不死"，《釋木》"守宮槐，葉晝聶宵炕"，詳其變態；又如東海綸、組，華山帛、布，伊雒之珧，江淮之（雉）[鮂]②，皆詳其所產之地。《釋獸》《畜》兼形性而言者尤多。其一名獨見者，惟《釋魚》篇首六物耳。三名以上，或多錯其旁見，如《釋草》"薜"爲"山蘄"，又曰"白蘄"；《釋蟲》"蝎"爲"蛣蚏"，又曰"蝤蠐""桑蟲"；《釋鳥》"皇"爲"黃鳥"，又曰"倉庚""商庚""鵹黃""楚雀"，鵹黃兩見，一作鸝黃。皆參出於全篇中，不盡相屬，類此甚夥，互相發明，其誼轉顯。又有名同而實異者，如"翰，天雞""密肌，係英"，蟲鳥同名；"諸慮"，木蟲同名；"蒺藜""果蠃"，草蟲同名，誼各有在，故異物而同名不嫌其溷，異名而同物不病其歧。近世名學不講，學者罕能知物，田夫野老探巢鷇、逐原獸、辨草木之狀、聞蟲鳥之音以知節候，習見而不能別其名，乃沿用鄙語呼之，以臆顧其所名，亦往往與名學合，而非所語於近正者矣。今海國動植物學之籍，譯録流傳，學子不辨其名，輒狗譯音之例，詰屈難通，殊乖於物，從中國之義，抑亦中國學者之恥也。

器物之名物，由人造而名隨之，若動植物之得名，固人定之而天限之矣，故名之亦較難於名器。《爾雅》之名，則名之最善者也。善爲名者，舉其名而物自見，故物狀可知，而名爲之記也。名之初生始於一字之名，衍爲二字則形象分焉。夫萬物雖本於天生，而族類蕃滋，日以殊異，稱名亦從之加多。一字之名限於發聲，同音多而不良於（白）[口]③，故恒以二字爲通名。字再增則音迂緩而詰屈，名例遂止於此，《釋蟲》"蟫奭父"或以爲三字之名，據《玉篇》則"蟫"與"奭父"各爲一名。此其所以爲近正也。《春秋左氏傳》申繻言命名五例，曰："有信、有義、有象、有假、有類。"雖祇論人名，而實通於名物。萬物羅列，非以例求之，則不得見其誼，故綜其大別約分爲五，曰："以性得名，以形得名，以類得名，以色得名，以聲得名。"無論其名之繁簡，可括於此數，苟通其例，則雖有異物來自殊方、發自近代，皆可援據以推定其名而不慮其失，正是即《爾雅》之大用也。詳例申釋於後。《爾雅》之主旨在正名，分形辨性，概從其略，前既言之矣。但其於草木蟲魚鳥獸之大別，每以片言括之，著於篇末，簡而有要，所以供人識別之資而易定其形聲之名字也。《釋草》"木謂[之]④華，草謂之榮"，是草木之大別也；《釋蟲》"有足謂之蟲，無足謂之豸"，是蟲豸之大別也；《説文》"豸，獸長脊，行豸豸然，有所司殺形"，與蟲不得對舉，疑并包釋魚蛇虺之類而言。《釋鳥》"二足而羽謂之禽，四足而毛謂之獸"，是鳥獸之大別也。而且於草有秀英之分，於木有喬條實核之判，是即植物學莖花、果種之分類法也。於蟲有螽、蚃、强、蠤、蠅之變態，於鳥有鵲、鶪、鳶、鷺、鷹、隼、梟、鴈之特徵，是即動物學昆蟲、鳥類之分目法也。於獸則寓鼠分屬，於畜則馬、牛、羊、狗、雞分屬，而鼉兼鳥言，須兼人與魚言，是即動物學以有脊骨動物爲一門法也。其體物也至精，故能盡物之性而極數千祺數萬里，專家積驗所得者多與冥符宜，其名之無不當也。知此，則《爾雅》定名之例備，而其用亦彰。

物生日蕃，其麗不億，後有繼者，如《小爾雅》《埤雅》諸書，但鶩淹博而於近正之旨或

---

① 異：原作"一"，參考宋育仁著《爾雅今釋》改。
② 鮂：原作"雉"，據《爾雅·釋鳥》改。
③ 口：原作"白"，參考宋育仁著《爾雅今釋》改。
④ 之：原脱，據《爾雅·釋草》補。

有閒焉。然而《爾雅》稱名既未能備，則其有待於後人補訂者正多，本書其先例也，必本諸古義，合於正音，方爲《爾雅》之訓；亦必旁述古籍以資佐證，方不流於鄙陋。《説文解字》可考古誼，以爲定名之本。《山海經》多具物之情狀而閒涉詭異，其名不盡合於《爾雅》。然名物之書，究以此爲最古，後人臆補圖説，失其真形，遂成詬病，指依爲托。今博物學西來，乃知非妄，凡此皆可與《爾雅》相發明，再參以西國博士所著之動植物學書，詳辯其物，與中國合者正其本名；中華未有之物産，則以名從中國之例補之。物滋則名滋，名滋則字滋，雖更造形聲相益之新字以爲物名，亦無所嫌。由此爲之，則《釋草》以下七篇，即爲博物學家定名之准的，可也。不然效勃姑之野言，徇嫗隅之蠻語，是以不學無術者矣。兹摘要發例申釋於左，所望博雅君子有以匡其不逮焉。

以性得名爲名物之公例，性不易名，自其變狀求之，則可見其獨異之性，即據以爲定名之本。如：垂水、出隧、石衣、守田、車前、守宮、澤虞，從其産地之異性而名；竊衣、乘車、異翹、貫衆、守宮、負版、繼女、含漿，從其見狀之異性而名；齧桑、守瓜、剖葦、斯木、竊脂、負（産）[雀][①]，從其食物之異性而名；入耳、至掌、狗毒、魚毒，則示其害以知其性；苦堇、苦菜、甘棠、苦荼，則辯其味以知其性，皆此例也。

以形得名，如：草之比葉、委葉，蟲之毛蠹、長踦，鳥之服翼、比翼，皆物之本形也；又如運目、百足、鼠尾、狼尾、豕首、鬼目、馬尾、牛脣、羊齒、麋舌，取象於物體；綬、経、履、綸、組、帛、布、雀、弁，取象於器服，皆其例也。

以類得名，其例最多，其用最善，因其假同類之物以定其形，視取象於他物者尤爲近也。有以形爲類者，"天、王、戎、蜀、馬、牛"，皆與"大"同誼。"蕲莧、大薺""檅，太椒""洗，大棗"，餘多訓誼從略，以"大"名；"龍，天蘥""蠑天螻""轄，天雞""鸐天鷄""翰天雞"，以"天"名；"箭，王彗""籙，王芻""不蜩，王（蛟）[蚥][②]""蟒，王蛇""雎鳩，王雎"，以"王"名；"戎叔""戎葵"，以戎名；"雞大者蜀"，以蜀名；"茟，馬帚""葳，馬藍""苺苢，馬舄""蝒，馬蜩""蜆，馬蟥"，以"馬"名；"茭，牛蘄""莙，牛藻""蕡，牛蘈""終，牛棘"，以"牛"名，皆是也。"女、童"，皆與小同誼。"蔽，小葉""輔，小木""鮂，小魚"，以"小"名；"唐蒙、女蘿""女桑、桋桑"，以"女"名；"稂，童梁""寓木，宛童"，以"童"名，皆是也。有以性爲類者，成子者曰"母"，"芋麻母"是也。無子者曰"牡薺""牡葭"，"薜，牡贊""（蘬）[蘬]，牡（黃）[茅][③]"是也。有以地爲類者，在山者以"山"名，"藿，山韭""茖，山葱""劤，山龘""蒿，山蒜""薜，山蘄""術，山薊""菗，山莓""薜，山麻""榙，山榎""栲，山樗""諸慮，山櫐""檴桃，山桃""梨，山檎""檘桑，山桑""鴽，山鵲""鸒，山烏""鶠，山雉"是也。在澤者以"澤"名，"澤，烏蕘""旄，澤柳""鵁，澤虞"是也。出於河海者以"河""海"名，"檉，河柳""薃，海藻""秩，海雉是"也。

以色得名者，"繁，皤蒿""白華，野菅""薜，白蘄""蕡，赤莧""藗，黃蓤""權，黃華""權，黃英""駁，赤李""檇，白棗""栈，白桵""榆，白枌""鱣，白魚""鮡，黑鰦""燕，白脰烏""楊烏，白鷹""皇，黃鳥""貘，白豹""虦，白虎""麟，黑虎""貔，白狐"是也。

① 雀：原作"産"，據《爾雅·釋鳥》改。
② 蚥：原作"蛟"，據《爾雅·釋蟲》改。
③ 蘬：原作"遽"；茅：原作"黃"，據《爾雅·釋草》改。

以聲得名者，惟動物爲然，蜋蜩、蟧蜩、蚚、蟋蟀、鳲鳩、鵠、喈喈、嘖嘖是也。此例亦多，茲取其考定者。

以上五例命名之法，大略已能最括物之得名，無論繁簡不同，皆有取誼之所在。但古今言語多方，必欲逐一而求其解，勢必流於穿鑿，如王元澤、著有《王氏爾雅》。陸農師作有《爾雅新義》。之弊，轉失其真，故但舉本誼之可尋者爲例，其不知者蓋闕如也。